人力资源管理译丛

薪酬管理

第13版

[美] 巴里·格哈特（Barry Gerhart）　　著
杰里·纽曼（Jerry M. Newman）

成得礼　译

Compensation

（Thirteenth Edition）

中国人民大学出版社
·北京·

总　序

　　自我和我的同事们于 1993 年在中国人民大学创办中国的第一个人力资源管理本科专业以来，已经过去了很多年，在这期间，无论是中国的人力资源管理教学与研究，还是中国的人力资源管理实践，都有了长足的发展。全国越来越多的高校开始开设人力资源管理方面的本科专业和研究生专业或方向，与此同时，与人力资源管理有关的各种译著、论著以及教材可以说层出不穷。此外，中国企业对于人力资源在企业中的重要性以及人力资源管理对于企业竞争力的影响也有了越来越深刻的认识。可以说，中国已经开始进入一个真正重视人的价值的时代。

　　1999 年，鉴于当时国内的人力资源管理教学用书还比较匮乏，人力资源管理本身对于绝大多数中国人来说还是一个新生事物，甚至很多从事相关课程教学的学者也知之甚少，因此，在一批美国学者，特别是在美留学和工作的人力资源管理专业博士的帮助下，我们精心挑选了涉及人力资源管理各主要领域的比较成熟的图书，作为一套译丛介绍到中国来。在几位译者的辛勤努力下，这套丛书终于自 2001 年开始在国内陆续面世，成为国内第一套比较完整的、成体系的、原汁原味的人力资源管理教学用书。这套丛书对于从事人力资源管理教学、科研以及实践的中国读者系统地了解人力资源管理的概念、体系、框架以及理念、技术和工具等产生了很大的影响，获得了一致的好评，一再重印。在 2005 年前后，我们对这套丛书进行了第二次大规模的全面再版更新，得到了广大读者的认可。很多大学的本科生、硕士生甚至博士生，以及企业的人力资源管理从业人员，都将这套译丛作为学习人力资源管理知识的教学用书或参考书。

　　在这套丛书上一版出版时，大家广泛讨论的还是新经济、网络泡沫、"9·11"恐怖袭击以及中国加入 WTO 等重大事件，如今，以美国金融危机为起源的全球经济不景气以及由此引发的一系列政治、经济和社会问题，对于人力资源管理领域中的很多问题都产生了深远的影响，在这种情况下，本套丛书的原著大都重新修订，将这些新的内容和主题纳入新的版本之中。原著的新版本增加了人力资源管理领域中的一些新的理论、工具和方法，同时调整了原来的很多案例，从而使这些人力资源管理图书既保持了理论、框架、体系等的连贯性，又使得原本就来自实践的人力资源管理理论和教学体系得以保持一种鲜活的时代特色。

　　我们在这些新版的重译过程中，一方面，立足于吸收中国学术界近年在人力资源管理领域的许多新认识以及中国人力资源管理实践的新发展，对原版本中的个别译法进行全面的修正；另一方面，将新版本所要传达的理念、方法和工具等忠实地传达给广大中国读者。

很多人对我们花费如此巨大的力量做这种翻译工作感到不理解，他们认为，中国已经跨过了知识引进阶段，完全可以创建自己的人力资源管理体系了。然而，我们却并不这样认为。人力资源管理作为一门科学，在西方国家已经有几十年的发展历史，而在中国，无论是人力资源管理研究还是人力资源管理实践，都还处于发展的初期阶段。我国企业中的很多人力资源管理者对于人力资源管理的理解都还不是很到位，尽管他们已经能够说出很多人力资源管理的概念、理论甚至工具和方法，但是在实际运用时，却由于对这些概念、理论、工具和方法的理解不深，结果导致无法达到西方很多企业的人力资源管理职能所能够达到的那种状态。因此，我们认为，在没有真正从根本上理解西方人力资源管理的理论起源、发展以及核心内涵之前，我们最好不要武断地说，西方的东西已经没有用了。就好比是一位没有任何武功基础的外国年轻人，仅仅看了两本少林寺的拳术图谱，跟着少林寺的和尚偷学了一招半式，便觉得自己可以创立美式或英式少林拳一样幼稚可笑。如果不进行反复的练习和长期的揣摩，没有扎实的基本功和一定程度的悟性，人们学到的任何武功都只能是花拳绣腿，中看不中用。同样道理，中国企业及其人力资源管理人员要想真正掌握人力资源管理的精髓，就必须继续加强自己的理论基础和综合修养，充分领悟人力资源管理的核心精神，从而在练就扎实基本功的基础上真正做到"形变而神不变"，只有这样，才能找到通过人力资源管理来帮助中国企业赢得竞争优势的机遇。在这一点上，我们非常欣赏深圳华为技术有限公司总裁任正非先生在引进西方管理系统和管理技术时所持的一种观点：要先僵化，再固化，最后再优化。也就是说，在没有真正学懂别人的管理系统和管理方法之前，先不要随意改动，否则会把人家有用的东西变成没用的东西，反过来还骂人家的东西没有用。总之，我们认为，对待西方的管理理论、管理思想、管理工具以及技术等应当坚持这样一个基本态度：既不妄自菲薄，也不盲目追随，但首先要做到充分理解，只有这样才能做到取舍有道，真正实现洋为中用。

翻译工作无疑是艰苦的，但也是充满乐趣的，我们愿意为中国人力资源管理事业的发展贡献我们的心血和汗水，同时也衷心地希望广大读者能够从中汲取对自己有用的知识，培养专业化的技能，从而使本套丛书能够为广大读者个人的职业发展以及中国企业人力资源管理水平的提高产生应有的作用。

最后，感谢广大读者长期以来对本套丛书的热情支持和厚爱，我们有信心让这套丛书成为一套人力资源管理领域中的经典译丛。如果您有什么样的要求和意见，请随时与我们联系。

我的联系方式：
中国人民大学公共管理学院
北京市海淀区中关村大街 59 号
100872
电子信箱：dongkeyong@mparuc.edu.cn

董克用
中国人民大学公共管理学院院长、教授、博士生导师
中国人民大学人力资源开发与管理中心主任

译者序

在笔者着手翻译这一版《薪酬管理》前后，国内外发生了不少重大事件，对于企业管理者而言，有几件事不得不提：一是中美爆发贸易战。美国特朗普政府将本国因储蓄与消费缺口逐年扩大造成的贸易逆差归咎于中国，悍然向中国发动贸易战，试图通过关税加征、市场封闭、技术脱钩等打乱中国发展节奏，遏制中国崛起。拜登政府上台后，美国全方位遏制打压中国的战略并未发生根本改变。中国企业特别是外向型企业承受巨大生产经营压力，增强转型发展能力、技术创新能力和产业链、供应链、价值链管理能力是企业家迫在眉睫的选择。二是新冠肺炎疫情席卷全球。在新冠肺炎疫情影响下，人们的生活方式和消费习惯发生了重大变化，企业的生产经营模式也需要相应转变，尤其是后疫情时代的企业运营管理问题已经摆上企业家的议事日程。三是供给侧结构性改革进入深化阶段。从微观层面看，企业也面临进一步"去产能、去杠杆、去库存、降成本、补短板"的压力和任务，具体而言，就是要进一步淘汰落后产能（有的企业甚至需要破产或兼并重组），降低债务杠杆（压缩债权融资规模，提升股权融资比例），去除低价值产品甚至无效产品的库存，降低生产经营成本（薪酬是其中重要的可变成本），补齐技术创新和产业链、供应链、价值链短板。四是人口红利已经终结。中国跨过刘易斯拐点后，劳动力已从过剩转向短缺，人力资源成本不断攀升，企业面临由向劳动力数量求红利转为向劳动力质量求红利的挑战。

当前，中国作为世界第二大经济体已进入新发展阶段，正坚定不移地贯彻落实新发展理念，加快构建以国内大循环为主体、国内国际双循环相互促进的新发展格局。在国家发展战略布局中，企业如何克服上述困难、风险和挑战，实现高质量发展，是每个企业家必须考虑的问题。这需要国家在宏观层面继续坚持以供给侧结构性改革为主线推进各项深水区改革，企业家也应当自觉自愿地加快建立健全产权清晰、权责明确、政企分开、管理科学的现代企业制度。然而，要建立健全现代企业制度，必不可少地需要建立一套现代企业人力资源管理制度。这是因为离开科学的人力资源管理制度，现代企业制度内嵌的科学管理企业的目标就会落空。在建立现代企业人力资源管理制度方面，中国政府和企业界正在进行多方面探索，内容主要包括：推进董事会建设，规范董事长、总经理行权行为；按照市场化方式甄选职业经理人，推行企业经理层成员任期制和契约化管理，严格任期管理和目标考核；建立健全与劳动力市场基本适应、与企业经济效益和劳动生产率挂钩的工资决定和增长机制；以绩效为导向，科学评价不同岗位员工的贡献，合理拉开收入分配差距；对国有企业领导人员实行与企业功能性质相适应、与经营业绩相挂钩的差异化薪酬分配办法；对市场化选聘的职业经理人实行市场化薪酬分配机制，以多种方式探索完善中长期激励机制；健全与激励机制相对称的经济责任审计、信息披露、延期支付、追索扣回等约束机制；建立健全企业各类管理人员公开招聘、竞争上岗等制度，拓宽选人用人视野和渠道。

他山之石可以攻玉。巴里·格哈特和杰里·纽曼教授合著的这本《薪酬管理》是美国学术界和企业界久负盛名的人力资源管理著作。全书以薪酬模型为核心，以薪酬战略、薪酬技术和薪酬目标为主线，从内部一致性、外部竞争性、雇员贡献、雇员福利、薪酬制度的拓展、薪酬制度的管理等六大领域，深入探讨了现代企业人力资源管理的几乎所有模块，包括薪酬战略选择、工作分析、工作评价、技能和胜任力分析、雇员招聘和甄选、薪酬调查、薪酬结构设计、绩效考核、雇员激励、福利管理、工会作用、政府和法律影响等，所有这些模块也是中国正在探索建立的现代企业人力资源管理制度的重要内容。全书还全方位展示了薪酬在人力资源管理和企业战略中的重要作用，系统比较了中国、日本、德国与美国的薪酬制度，详尽介绍了以薪酬管理为核心的人力资源管理理论和实践在全球的最新发展。毫无疑问，这些经过西方发达国家的市场和企业严苛检验的人力资源管理理念、制度、方法和经验，需要我们在构建具有中国特色的现代企业人力资源管理制度时积极加以吸收和借鉴，这对于中国企业应对上述困难、风险和挑战，建立健全现代企业制度是大有裨益的。

薪酬作为收入分配和人力资源管理的核心问题之一，涉及劳动者、企业管理者、投资者、社会和政府等各个利益相关主体，对宏观经济运行、微观企业管理、社会政治稳定、个人工作生活等都会产生重要影响。对于劳动者而言，他们需要获取薪酬以维持劳动力再生产，需要结合自己的劳动付出评估薪酬待遇的公正性，需要根据薪酬发出的信号规划自己的职业生涯。对于企业管理者而言，在市场竞争日趋激烈、外部经营环境日益多变、市场对薪酬分配的决定作用持续增强、薪酬在企业人力资源管理乃至整个企业经营管理中的核心地位不断提升、劳动报酬和劳动力构成逐步多样化的前提下，他们有责任深刻理解和把握薪酬的功能、结构、决定机制和技术变革，有责任通过有效发挥薪酬的积极作用来吸引、保留和激励优秀雇员，从而不断为企业发展赢得竞争优势。对于投资者而言，他们需要增强保护自己投资利益的能力，需要最大限度克服委托人与代理人之间信息不对称的风险，需要监督企业高级管理人员不因道德风险掏空公司利润。有时最低工资、养老保险、失业保障等作为特定的社会问题或政治问题会对社会稳定产生影响，这时还需要政府及时介入并发挥好宏观调控作用。正因为薪酬问题的日益复杂性和极端重要性，对于每个利益相关主体而言，学习了解发达市场经济国家企业薪酬管理知识，研究借鉴发达市场经济国家企业人力资源管理制度就显得尤为重要，这也是翻译这一版《薪酬管理》的意义所在。

由于平时工作紧张忙碌，对于笔者而言，是否继续跟踪翻译这一版《薪酬管理》的确是一个艰难的选择。笔者最终还是决定翻译，主要基于以下几方面考虑。一是为中国企业改革添砖加瓦的使命感使然。这本《薪酬管理》介绍的人力资源管理理念、制度、方法和经验是中国企业在百年未有之大变局中应对风险挑战、完善现代企业制度所需借鉴的，这在上文已做详细讨论，自不必多言。二是情感上无法割舍。这本《薪酬管理》是由笔者导师董克用教授引入中国的。早在 2000 年笔者在中国人民大学读书时就在恩师的带领下翻译这部著作，当时是第 6 版，随后我们共同跟踪翻译了第 9 版、第 11 版，现在已是第 13 版，也是最新版。经过这么多年的坚持，这部著作早已成为笔者成长经历的一个脚注，从情感上已无法轻言放弃。现在恩师已经退休，可以说，笔者坚持翻译这一版《薪酬管理》，是在向恩师致敬，向过去难忘的岁月致敬。三是受传承经典的责任感驱使。如前所述，这本《薪酬管理》既然是一部经典的企业人力资源管理著作，我们就有责任和义务将它介绍给国内读者。笔者是学经济学出身，虽不在一线从事微观的企业管理工作，但多年来一直关注中国宏观经济发展和微观经济改革，参与过具体经济领域的改革发展工作，也发表过一些理论文章，自认为具备翻译好这部专著的学力。而且，有前几版翻译经验的积累，翻译起来自然会驾轻就熟。在翻译这一版《薪酬管理》时，笔者依然坚持单兵作战、独立翻译，从而最大限度地保证中文版名词术语的统一性、语言风格的统一性和行文逻辑的统一性，以进一步提高翻译质量和增强可读性。在翻译过程中，对于一些专有名词和专业术语的译法，笔者结合中国大陆学术研究现状和企业管理实践，研究参考了港台地区有关文献的定义方法或翻译方法，力求在中国的学术语境下实现学术概念的统一，以期为学术界或企业界对有关问题的研究提供一个统一的平台，使大家对相关问题的讨论有一个共同的指向，以不断促进中国企业人力资源管理研究水平的提高。

　　笔者在翻译过程中再一次深深体会到，这一版《薪酬管理》仍然秉持着既注重理论又关怀实践的学术品质，书中任何一个结论的得出都有大量的实证研究作支撑，任何一种薪酬技术的应用都有大量鲜活的案例作例证，每一位读者都能够深入领会各个理论要点和管理技术的含义和应用。这体现了作者在学术研究上的严谨性和实证精神。这一版《薪酬管理》一如既往地继承了深入浅出、通俗易懂的行文特点，读者能够拥有一种与作者平等交流、相互启发的阅读体验，不会感到乏味。关于这一版《薪酬管理》的主要特色和创新之处作者在前言中作了说明，在此不再重复。

　　需要再次强调的是，本书与其他同类著作相比最大的特色在于它的实证精神。这主要体现在全书的大量参考文献上。作者在每个章节都引用了多达几十甚至上百种研究文献，包括学术专著、研究论文、实验数据和网络资源等。这些参考文献没有翻译，目的在于使读者在深入研究有关薪酬管理问题时可以直接查阅相关文献，拓宽阅读范围，增加研究储备。因此，建议有能力阅读英文文献而且愿意对有关人力资源管理问题进行深入研究的读者，不要轻易放过这些参考文献。在信息化时代，获得这些文献并不困难。

　　与传统的人力资源管理著作相比，这一版《薪酬管理》横跨管理学、经济学、金融学、社会学、心理学等多个学科和专业领域，翻译的难度不可谓不高。翻译既是学习的过程，也是再创作的过程，这种创作主要体现为在忠实原文的基础上，研究如何以符合中国人的语言特点、思维习惯和学术语境的方式，将作者的思想准确无误地传达给读者。这个过程是痛苦的，笔者虽然做了种种努力，但由于时间、精力和学术水平的限制，难免会有不尽如人意的地方。希望读者在阅读过程中多提宝贵意见，以便未来跟踪翻译本书的更新版本时作进一步修改和完善。中国人民大学出版社的熊鲜菊女士、谷广阔先生为本书中文版的面世付出了大量心血，在此表示衷心感谢。最后还要感谢儿子，小家伙每天晚上八点半准时入睡，这常常让我可以心无旁骛地工作至凌晨。

成得礼

前 言

在当今这个世界，不论阅读报纸还是浏览博客，你总会发现有不少人在大谈薪酬问题（谈论的内容不仅包括薪水、工资，还包括医疗保健、退休待遇等福利计划）。薪酬对于一个组织而言至关重要，因为它是组织单项最高运营成本的典型代表，特别是对于那些依靠雇员工作技能和人力资本获取竞争优势的组织（例如，谷歌/Alphabet、脸书，投资银行，律师、会计师事务所，咨询公司，专业运动队，大学等）而言更是如此。薪酬对于雇员同样重要，因为雇员在决定是否接受某个职位或者考虑是否辞职时，薪酬通常是一个最重要的影响因素。薪酬在引导雇员工作行为方面也发挥着重要作用，比如，薪酬对雇员的敬业精神、努力方向、追求目标、合作精神、可塑性及职业道德水平等都会产生影响。长期而言，所有这些因素交织在一起就决定了一个组织的生产效率、创新能力、客户导向性和盈利能力（单就追求利润而言）。利润反过来会创造工作机会。组织失去盈利能力，工作机会就会随之消失。一个组织向雇员支付过多或过少的薪酬，把过高比例的薪酬成本纳入固定成本，以及（或者）向雇员不当的工作行为支付薪酬，最终都会将组织及其投资者乃至雇员置于危险境地。另外，设计并执行一个有效的薪酬战略对于推动达成组织、投资者、雇员等多方共赢至关重要。

随着宏观经济形势的变化，薪酬管理也会面临不同的挑战。2008年金融危机及随后而至的经济大衰退导致工作机会大量减少（全美失业率上升至10%，为1983年以来最高），雇主同时缩短了雇员的工作时间，削减了向401(K)退休计划的缴费、奖金及利润分享支出，降低了计时工资水平。由于劳动力成本通常是单项最高运营成本，随着收入和利润的下降，雇主只得采取上述措施降低这一成本。经济大衰退也将人们的注意力集中到管理人员的薪酬上。当政府忙着为金融行业注资以助其摆脱困境时，报纸报道了华尔街的雇员所获取的巨额奖金，也正是这些人对这场金融灾难的爆发负有不可推卸的责任。当公司收入再度恢复增长时，我们会逐渐发现雇主相对而言不再强调削减劳动力成本，而是更加重视人员招聘。然而，就业量的增长一开始是十分平缓的。到2013年初，全美的失业率仍然在8%左右徘徊。这又是为什么？雇主需要保持对成本的控制能力，而且不希望在对收入增长和产品需求增加（进而引致对劳动力需求的增加）前景判断错误时被迫削减劳动力，他们对增加新雇员越来越谨慎。但是对某些种类的雇员的竞争已经越发激烈，向这些雇员支付的工资、薪水和福利也相应增加，这意味着雇主必须对他们的薪酬进行持续不断的评估并将之锚定在具有竞争力的位置。当经济持续增长的时候，对雇员的竞争也日趋激烈，全美的失业率已降到4%以下，为1969年以来最低。然而，就像我们将看到的那样，计时工资的增长仍然保持平缓态势。这不仅仅是因为雇主对招聘变得小心翼翼，也因为雇主对工资/薪水的增长更加谨小慎微。雇主认为，增长的工资/薪水一旦成为基本工资的组成部分，"它们就永远保持不变"。雇主越来越倾向于赋予薪酬更多的可变性，这意味着需要越来越多地依赖奖金/利润分享。在这种情况下，当公司经营业绩好的时候，雇员的薪酬水平会水涨船高；而当公司因经营业绩不好导致利润和收入下降的时候，雇员的薪酬水平会自动降低。

报酬在全球范围也是重要的。举个简单的例子，假如你是一名俄罗斯宇航员，每一次太空行走（在技术上称为舱外活动（EVA））可得到 1 000 美元的奖金，那么每次太空旅行最高可获得 3 000 美元的奖金。一份列有详细任务的太空飞行合同能使你获得高达 30 000 美元的报酬，远远超过在执行地面任务时获得的 20 000 美元。结论：报酬很重要。

（顺便说一下，与俄罗斯宇航员形成鲜明对比的是，现在美国的有钱人有机会通过向俄罗斯宇航机构支付数百万美元来实现自己在太空中进行舱外活动的梦想。埃隆·马斯克的 SapceX 公司已向社会宣布其太空旅行计划，该计划的旅行目的地不只是月球，还包括火星。马斯克把每个人的旅行成本锁定在 200 000 美元，但过去他的火箭发射还有不少次无法做到完全精确。）

读完本书后，你会更好地理解对什么付酬很重要。许多年前，当绿巨人公司发现其一个工厂的豌豆包装中有太多被昆虫咬坏的豌豆后，便设计了一种依据清除坏豌豆的数量发放奖金的奖励计划。绿巨人公司于是得到了它为之付酬的东西：被昆虫咬坏的豌豆。绿巨人公司的雇员非常富有创造性，他们把从家中带去的坏豌豆放入豌豆包装中，然后再挑选出被昆虫咬坏的豌豆领取奖金。

休斯敦公立学区也为弄错报酬支付对象付出了代价。学区曾经对教师的奖励作出如下规定：只要学生的考试分数超过规定的目标，任课教师就可以获得高达 6 000 美元的奖金。遗憾的是，后来有几位教师被解雇了，因为学区发现他们向学生泄露考题或直接篡改考试分数。教师受到激励去提高学生的考试分数，只是没有采取学区所希望的方式（提高学生的学习能力）来实现这一目标。富国银行希望客户注册更多的金融产品账户以增加公司的收入和提高盈利能力。为实现这一目标，富国银行对雇员进行了激励：完成绩效目标则受奖，完不成则受罚。这一激励手段理所当然"发挥了作用"，如果你认为这包括雇员为完成绩效目标（新注册的账户数量）而开设客户并未真正注册的假账户的话。这再一次表明，雇员虽然受到激励去完成绩效目标，但其完成目标的方式并不一定合适。①

这些问题是全球性的。英国一家电话公司根据话务员的接线速度向他们支付现金奖励。有些话务员发现提高接线速度的最佳方法是接错线，更快的方法是挂断电话。"我们实际上正在考虑新的奖励计划。"公司一位富有远见的发言人如是说。结论：明确你对什么付酬很重要。

读完本书后，你会认识到如何支付报酬也很重要。摩托罗拉公司废除了原来的薪酬制度，即雇员所称的"只要你还活着，就能保证每六个月晋升一级工资"。新的薪酬制

---

① E. Glazer，"Wells Fargo to Roll Out New Compensation Plan to Replace Sales Goals：Bankers Say Previous Lofty Goals Pushed Them to Open Accounts without Customers' Knowledge，"*Wall Street Journal*，January 6，2017.

度根据雇员对新技术的学习和在团队中的工作支付报酬。这听起来不错，但事实并非如此。雇员对那些脱产学习六周仍可以拿到全额报酬的团队成员很不满，因为他们必须完成那些脱产学习者留下来的工作。最后，摩托罗拉被迫放弃了这种新的薪酬制度。

毫不奇怪，富国银行也不得不在如何付酬和对什么付酬方面作出变革。[①] 具体的改革措施包括：

● 取消金融产品销售目标。
● 将客户服务、账户使用率和增长量而不只是新开账户数量作为绩效评价的依据。
● 将激励与直接的客户反馈和产品使用相关联。
● 提高雇员薪酬中基本工资的占比，降低可变的激励报酬的占比。
● 将绩效标准更多地聚焦于特定分行的任务目标而不是雇员个体的任务目标。

总之，薪酬作为一个强大的工具对一个组织的成败会产生至关重要的影响。我们的目标就是将你放在一个更好的位置去设计和（或）执行薪酬战略，以增加组织成功的可能性。不论你的职责范围有多广、责任有多大，也不论你身处一个只有几人的小部门还是整个组织，它都会向你提供帮助。本书也会帮助你更好地理解你的薪酬是如何被管理的，以及它如何帮助你实现自己的职业目标。

关于本书

本书聚焦于薪酬管理的战略选择。在第1章总体薪酬模型中，我们介绍了从纽约到新西兰的所有管理人员都必须面对的这些战略选择、现实问题及其中所有关键环节。总体薪酬模型提供了贯穿全书的整体框架。我们将结合当前有关薪酬管理的理论、研究和实践探讨薪酬管理的主要问题。薪酬管理实践既阐释了薪酬管理技术的新发展，又诠释了薪酬决策的成熟方法。

我们生活在一个非常有意思的时代。环顾当今世界，不论在什么地方，经济和社会的压力都迫使管理者重新审视雇员获取薪酬的方式及相应的结果。传统的薪酬制度受到质疑。但是我们所有的实验和变革正在取得什么样的成果呢？哪些薪酬管理模式仅仅流行一时或昙花一现，又有哪些薪酬管理模式得到研究证据的支持？在这本书中，我们力图从事实中磨砺信念，从可验证的结果中纠正认知偏差，从调查研究中归纳观点。但是说一千道一万，薪酬管理在一定程度上不仅是一门科学，更是一门艺术。

本书每一章都至少包含一个"网络资源"，引导你获取互联网上大量的薪酬管理信息。贴近现实生活的"案例练习"教你学会应用各章所讨论的薪酬管理概念和技术。例如，第9章的案例练习描述了纽曼教授用14个月时间在七家快餐店秘密打工的经历。这个案例将向你详细说明用餐高峰期快餐店雇员（当然也包括纽曼教授）的行为，那时他们会为满足顾客用餐需要和完成经理为他们设定的绩效目标而不顾一切地工作。在该案例练习中，我们会要求你推荐采用哪种报酬形式来提高雇员（包括纽曼教授）的工作绩效和顾客满意度。我们从理论、研究和实践三个方面讨论薪酬管理的重点问题，我们认为采用这种方法所有问题都可以迎刃而解！

---

① Kevin McCoy，"Wells Fargo Revamps Pay Plan after Fake-Accounts Scandal，" *USA Today*，January 11, 2017.

作为与本书配套的案例手册，我们同时出版了一本《薪酬管理案例》（*Cases in Compensation*），其目的是提供更多的实践技能，以帮助读者学会应用本书的有关内容。读者可以直接向作者索取这本案例手册（电子邮箱：cases. in. compensation @ gmail. com）。学习这本配套案例手册有助于开发你的薪酬管理技能，而这些技能可以非常容易地应用于未来的工作和实践。欢迎教师朋友就《薪酬管理案例》如何推动薪酬研究与薪酬理论应用于实践以及如何帮助开发与工作相关的各种决策能力等问题通过电子邮件与我们交流。

本版更新之处

考虑到组织持续不断地发生变革，而且组织所处的全球竞争环境不断变化，本版对所有章节进行了修订。许多例子源自特定知名公司现行的薪酬战略或薪酬管理实践。有些公司的薪酬战略或实践成熟而有效（如苹果、IBM、微软、美林证券、纽柯、丰田等），有些公司则遇到了实际问题（如美国航空、百思买集团、通用汽车等），还有一些公司的薪酬管理实践比较独特（如谷歌、全食超市等）。只要有可能，我们都会观察这些公司所面临的挑战是如何随着时间的推移而发生演变的。本版仍然强调总体薪酬的重要性及其与获取可持续竞争优势的相关性。它强化了这样一种信念，即除了向雇员支付多少报酬，真正重要的是如何向雇员支付报酬。对薪酬的管理意味着要确保正确的人因为以正确的方式完成工作目标而获得相应的报酬。我们更加重视薪酬管理的理论发展及相关研究得出的证据。在全书中我们将这种证据转化为改进薪酬管理的指南。

目 录

第Ⅲ篇 外部竞争性：决定薪酬水平

第Ⅳ篇　雇员贡献：决定个人报酬

第Ⅶ篇　薪酬制度的管理

第 I 篇

引入薪酬模型和薪酬战略

第 *1* 章　薪酬模型

第 *2* 章　战略：决策的总体性

我们为什么工作？如果我们足够幸运，工作会赋予我们生活的意义，会以各种新奇而又令人兴奋的方式向我们发出挑战，会让我们体会到社会对我们的认可，会给我们提供与各色人等交往并建立友谊的机会。当然，工作也会给我们带来相应的薪水。在本书的开篇，我们首先讨论通常所称的"薪酬"的意思是什么，以及以不同方式向雇员付酬将如何影响他们的行为，进而如何影响整个组织的业绩。不论是体力劳动者领取的计时工资，还是非体力劳动者获得的薪水，都理所当然地属于薪酬的一部分。不仅如此，公司支付给一些雇员的奖金、医疗保障福利、股票期权和（或）工作与生活平衡福利项目等，也都是薪酬的组成部分。

薪酬是组织用以影响其雇员行为的最有力的工具之一。如果薪酬管理得当，那么它会在组织依靠其雇员成功执行组织战略的过程中发挥重要作用。我们将会看到诸如全食超市、纽柯、赛仕软件研究所（SAS Institute）、微软、谷歌等公司如何运用薪酬来吸引、激励和留住合适的雇员，从而有效执行公司战略。我们也将会看到苹果等公司如何通过（在很大程度上）那些劳动力成本较低的供应商来实现以诱人的价位销售自己高品质产品的目标。如果薪酬管理不当，那么薪酬决策将会给组织的发展造成无穷的困扰，比如，通用汽车、克莱斯勒、雷曼兄弟（Lehman Brothers）、美国航空（它当时宣称为保持公司的竞争优势每年需要削减12.5亿美元的劳动力成本）等公司因薪酬战略出现问题而导致破产。在第Ⅰ篇，我们重点讲述组织所使用的薪酬政策和薪酬技术，以及组织希望通过有效管理这些薪酬决策所要实现的多重目标。

尽管薪酬管理有其指导原则，但我们将会看到"细节决定成败"，一个组织因地制宜地设计并实施薪酬管理计划将有助于其获得成功。当你遇到某人简单、笼统地判断某种特定的薪酬管理方式有效或者无效时，我们希望你能保持一种理性的怀疑态度。比如，从总体上看，向绩效付酬有利于组织的发展，但是绩效薪酬计划存在多种类型，总是很难设计和实施一种能够达到预期效果（或避免非预期效果）的绩效薪酬计划。由此可见，薪酬管理的总体指导原则是有效的，但这种有效性仅限于一定程度上。

因此，我们在第Ⅰ篇的目标就是帮助你理解薪酬战略决策如何与一个组织所处的具体环境（比如组织的经营战略和人力资源战略）相互作用，从而推动该组织获取成功。我们强调好的理论和研究不仅是理解薪酬管理可能效果的基础，也是理性质疑简单化薪酬有效论的基础，而且我们希望你能够始终对形形色色的薪酬有效论持理性的怀疑态度。

第 1 章
薪酬模型

■ 1.1　薪酬：它很重要吗？（或者"那又怎样"？）

你为什么应当关心薪酬问题？你是否发现只有在至少确保收入与支出相抵的时候，生活才会更加自在？（例如，我们可以听一听披头士乐队的那首名曲——Money。[1] 更夸张一点说，他们在歌中表达的意思是：金钱不能买到所有的东西，但如果金钱买不到东西，要金钱又有何用？）对于一个公司而言道理也是一样的。确保收入（实际上越多越好）与支出相抵对于公司而言十分重要。直到最近，克莱斯勒公司（Chrysler）生产工人的总体薪酬（包括计时工资和福利）大约是每小时 76 美元。丰田公司从事同样工作的美国工人的总体薪酬是每小时 48 美元，而美国制造业的平均总体薪酬是每小时 25 美元（韩国为 16 美元，墨西哥为 3 美元）。如果你比竞争对手付出更高的薪酬成本给公司带来了更多的回报（比如，劳动生产率的提升和（或）产品质量的提高），这无可厚非。但克莱斯勒并非如此，因此它的"战略"没有持续性。克莱斯勒最终以破产而告终——被菲亚特公司（Fiat）收购，随后将削减工人薪酬成本作为其夺回竞争优势战略的内容之一。具体而言，克莱斯勒采取措施将劳动力成本降至大约每小时 49 美元。[2]

通用汽车公司（GM）跟克莱斯勒一样，多年来给雇员的薪酬待遇都很高——不过相对于公司获得的回报而言，这种薪酬待遇或许高得有些过头了。这会造成怎样的后果？1970 年，通用汽车公司拥有 150 个美国工厂和 395 000 名小时工。与此形成鲜明对比的是，通用汽车公司现在只有 35 个美国工厂和 57 000 名小时工。[3] 2009 年 6 月，通用汽车公司不得不像克莱斯勒一样申请破产（破产拖延了一段时间，这要感谢来自美国政府的贷款，也就是要感谢纳税人）。通用汽车公司的问题并非都与薪酬相关，制造了过多的不符合消费者需求的汽车也是其中的一个问题。但是，维持着高于竞争对手的劳动力成本，却没有在效率、质量和客户服务方面产生相应的竞争优势，这种做法看起来确实没有维护好通用汽车公司及其股东的利益。2000 年 4 月，通用汽车公司的股票价格达到每股 93.62 美元的峰值。公司 2000 年的市场价值大约是 600 亿美元。在破产过程中，股东的财富化为乌有。想一想美国纳税人不得不向通用汽车公司投入的数十亿美元的巨额资金吧。再想一想这些年来所丧失的所有工作机会，以及破产给那些失去工作的社区所造成的影响吧。

相对于钢铁行业内外的其他公司而言，纽柯钢铁公司为其雇员提供了相当高的薪酬待遇。但纽柯同时还拥有比钢铁行业的代表性公司更高的劳动生产率。结果就是公司和雇员的表现都很好。苹果公司通过将装配业务外包给富士康的装配工厂确保自己能够降低苹果平板电脑和苹果手机的销售价格（参见第 7 章）。正如我们将在后文看到的那样，这种做法每年为苹果公司节省了数十亿（是的，你没看错，确实是数十亿）美元的成本。谷歌和脸书①也是以向雇员支付高薪而著称的公司。从目前看这种做法的效果还不错，因为高薪可以让它们更好地选择哪些雇员可以进入公司而哪些雇员必须离开公司，可以说它们的人才储备战略促进了公司的成长，并为公司培育了创新能力。

华尔街的金融服务公司和银行对那些开发出创新性金融投资工具并且甘冒风险为自己和公司赚取大笔利润的雇员实施了**激励**（incentive）计划。[4]但就在几年前，市场暴露出许多此类金融冒险活动已引发灾难性后果。像雷曼兄弟这样的蓝筹股公司迅速陷入破产境地，而其他的如贝尔斯登（Bear Stearns）、美林证券等公司在不同程度上通过寻求别的公司收购自己（收购这两家公司的分别是 J. P. 摩根（J. P. Morgan）和美国银行（Bank of America））才勉强存活下来。问题还没有结束。美联储官员"已经明确表示，银行从业者的不良行为并不像几个烂了的苹果那样简单，他们建议银行跟踪过度冒险及其他文化崩溃的危险信号"。用美联储官员的话说，"身处金融市场的冒险者就像是在参加一级方程式赛车"。驱动交易员及其他金融从业者采取冒险行为的一个重要因素就是激励制度，它鼓励这些人在金融市场保持"自信和侵略性"，并且在这种激励制度下成长起来的人通常会晋升至银行的高级管理职位。[5]

更加高超的薪酬计划设计和执行技术是否有助于控制过度冒险及其他有问题的行为，并激励一种更加正向的文化？美国国会和总统似乎是这么认为的，因为他们为避免未来再次发生类似的金融危机而实施了一项法案，即《不良资产援助计划》（Troubled Asset Relief Program，TARP），其中就有限制管理层薪酬的规定，该规定的目的就是阻止管理层采取"不必要和过度的冒险行动"。一位评论家也持类似观点。美国财政部公司财务政策原主管在《华尔街日报》发表的一篇题为《失败的商学院教育》（*How Business Schools Have Failed Business*）的评论文章中指出，错配的激励计划是导致全球金融危机的核心原因，他想知道在培训高级管理人员和董事的商学院中到底有多少家开设了薪酬制度设计课程。他的答案是：并不多。[6]我们希望本书在帮助你更好地理解和掌握关于管理人员和普通工人薪酬制度设计的知识方面发挥重要的作用。

人们获取报酬的方式影响着他们的工作行为，进而影响到一个组织能否取得成功。[7]对于大多数雇主来说，薪酬是总成本的一个主要组成部分，而且通常是单项最高的运营成本。综合考虑这两个事实，就意味着设计良好的薪酬制度能够帮助组织获取并保持竞争优势。另外，正如我们所看到的那样，设计不当的薪酬制度也会阻碍组织获取成功。

■ 1.2 薪酬：概念界定

人们对薪酬的看法会影响他们的行为。不同的人对薪酬概念的理解也不尽相同。这

---

① 脸书已更名元宇宙（Meta），本书仍用其旧称。——译者

种差异性源自每个人观察问题的角度不同，主要取决于你是社会大众、股东、管理者还是雇员。因此，我们从不同的视角来展开对薪酬概念的探讨。

1.2.1　社会大众

有些人把薪酬看作公平的衡量标准。例如，如果将女性的薪酬和男性的薪酬进行比较，薪酬决策的很多方面会被认为缺乏公平。2016 年，美国劳工统计局的数据显示，在美国全部全职工人中，女性雇员的收入为男性雇员收入的 82%，而在 1979 年这一比例为 62%。[8]如果女性与男性拥有相同的教育背景、工作经历和工会覆盖率，并且与男性在相同的行业从事同样的职业，那么这一比例会有所增加，但大多数研究表明增加的数量不会超过二者差距的一半。因此，即使在这种最理想的情境下，女性雇员的收入占男性雇员收入的比例大约是 90%，仍然存在相当大的差距。[9]性别方面的收入差异引发了全社会的关注。这种关注的一个表现就是相关法律法规的出台，这些法律法规旨在消除性别歧视在导致性别工资差异中所起的负面作用。[10]（参见第 17 章。）

作为总体薪酬组成部分的福利也可以被看作对社会公平、公正的反映。私人部门雇主每向一名雇员支付 1 美元的**工资**（wage）和**薪水**（salary）①，就要相应支出 46 美分的福利成本。（州和地方政府付出的成本更高：每 1 美元的计时工资需要相应支出 60 美分的福利。）[11]美国个人和企业每年在医疗保障方面的支出总额高达 3.5 万亿美元，占美国经济产出（国内生产总值）的 18%。[12]尽管如此，美国仍然有近 2 760 万人（占总人口的 8%）没有享受医疗保险待遇。[13]（2010 年《可负担健康保险法案》（The Affordable Care Act of 2010）实施之前，有 4 400 万人没有获得医疗保险。）[14]其中一个主要原因就是绝大多数人（年龄在 65 岁以下且处在贫困线以上）是通过其雇主获取医疗保险的，尽管小型雇主雇用了相当比例的雇员，但与大型雇主相比，他们向雇员提供医疗保险的可能性较小。结果，大多数没有获得医疗保险的人都来自工薪家庭。（在没有获得医疗保险的工薪家庭中，85% 的家庭拥有一个全职工作者，还有 11% 的家庭拥有一个兼职工作者。）[15]如果雇员依靠雇主获取医疗保险是一种常规方式，也就意味着只要失业率上升，医疗保障覆盖率就会进一步降低。（一些使用网上约会（相亲）服务的用户通常会提供关于雇主付费的医疗保险的信息。这些"消费者"说，他们将医疗保险的覆盖率看作职业发展前景好坏的一个标志。）

长期而言，一个国家的工作机会的流失（或增加）在一定程度上受制于不同国家之间相对劳动力成本（和劳动生产率）的对比。美国人担心墨西哥或其他国家的人抢走其制造业的饭碗。（同样，许多白领工作如金融服务、计算机编程、法律服务等也开始向境外转移。）图表 1-1 表明，墨西哥制造业的每小时薪酬（计时工资加福利，为 3.91 美元）约为美国（36.34 美元）的 10%。[16]（我们将在第 7 章和第 16 章再回到国际比较的议题。）

---

①　美国的雇员分为两类，一类是受《公平劳动标准法案》（Fair Labor Standards Act，FLSA）加班条款保护的雇员（例如生产工人），另一类是获《公平劳动标准法案》加班条款豁免的雇员（例如管理人员）。前者的薪酬通常按小时工资率而不是月工资率或年工资率计算，后者的薪酬通常按年工资率或月工资率而不是小时工资率计算。——译者

图表 1-1　以美元计算的制造业工人每小时薪酬成本和经济产值（每个雇员的 GDP）

	每小时薪酬成本	劳动生产率（每个雇员的 GDP）
墨西哥	3.91	38 306
捷克	10.71	65 467
美国	39.03	113 922
德国	43.18	89 309

说明：薪酬包括计时工资和福利。

资料来源："Hourly Compensation Cost：The Conference Board. International Comparisons of Hourly Compensation Costs in Manufacturing，2016，" February 16，2018. Productivity（projected for 2017）：The World Bank，http：//data. worldbank. org/indicator/SL. GDP. PCAP. EM. KD，retrieved March 15，2018.

有些消费者知道工资增长通常会导致物价上涨，因此他们认为劳动力成本上升不会给自己带来好处。有些消费者却四处游说提高工资。当新奥尔良狂欢节上参加狂欢派对的人正忙着搜罗塑料彩珠的时候，电影摄制者播放了关于制造这些塑料彩珠的某家工厂的视频剪辑。在视频中，这家工厂的经理描述了他对那些违反工厂操作规程的年轻工人的惩罚措施，即扣罚 5％的工资（即使这些工人的工资已经很低了）。看完视频后，一位参加狂欢派对的人抱怨道："（在这个时候播放这种视频）让人有点扫兴。"[17]

1.2.2　股东

股东同样对如何支付雇员的报酬感兴趣。有些股东认为，给雇员配发股票有助于雇员形成主人翁意识，改善绩效，最终为股东创造更多的财富。但是，有些人认为，给雇员过多的股权会稀释股东的财富。谷歌公司在实行股权计划的第一年就花掉了 6 亿美元。因此，购买谷歌公司股票的人（即股东）下注，为股权计划支出的 6 亿美元会激励雇员创造出多于 6 亿美元的额外股东财富。

股东（也称持股人）对管理层的报酬也特别感兴趣。[18]（我们将在第 14 章深入讨论管理层的薪酬问题。）[19]如果能够设法使管理层的利益与股东的利益在一定程度上保持一致（例如，将管理层薪酬支付的基础建立在诸如股东回报等公司绩效考评结果之上），就有望提高公司的业绩水平。但是，在典型的美国公司中管理层薪酬与公司业绩是否密切相关尚存争议。[20]在缺乏这种关联性的情况下，股东就会担心管理层在没有提升业绩的条件下，利用自身的影响来攫取高额报酬。图表 1-2 提供了关于首席执行官（CEO）薪酬的描述性数据。请注意总年薪以及与股东回报或其他（主要是短期，一年或更短时间）绩效评价指标（奖金）相关联的薪酬（股票类）。因此，有人会认为 CEO 财富的变化与股东财富的变化大体是一致的。我们将在第 14 章深入讨论这一问题。

图表 1-2　美国（标准普尔 500 指数）上市公司首席执行官的年薪　　　单位：美元

薪酬组成部分	中位数
工资	1 200 000
奖金	2 100 000
津贴	171 000
股票奖励	5 800 000

续表

薪酬组成部分	中位数
股票期权奖励	666 000
总年薪	11 700 000

说明：样本数为339。样本中的首席执行官在标准普尔500指数公司至少工作两年。由于使用的是中位数，因此薪酬各个组成部分相加不等于总年薪。

资料来源：The Associated Press. How AP and Equilar Calculated CEO Pay. AP News，May 26，2018. https：//apnews. com/a3d216dc488347b8b9b23651b5f08e31.

在第14章中我们将指出，一般而言，CEO的利益和股东的利益看起来是显著一致的，但也有一些重要的例外，确保管理层的行为符合股东的最大利益无疑是一个需要长期面对的挑战。例如，在金融服务行业步入萧条期时，贝尔斯登和雷曼兄弟的高层管理人员却在2000—2008年有规律地行使股票期权和卖出股票，得以在金融危机爆发前一刻脱身。有人估计，2000—2008年这些与股票相关的收益加上各种奖金为贝尔斯登排名前五的高级管理人员创造了14亿美元的收入，为雷曼兄弟排名前五的高级管理人员创造了10亿美元的收入。"在这种情况下，虽然公司的长期股东大部分都亏得倾家荡产，但以绩效为基础的薪酬计划让管理层挣得盆满钵满。"这里的问题在于股东为管理层采取的那些过度冒险的行为付出了巨大代价，管理层却因为"拥有兑现以短期结果为基础的巨额薪酬的能力"全身而退。[21]

股东能够通过多种方式影响管理层的薪酬决策（例如，通过股东提案和以代理投票方式选举董事会）。另外，《多德-弗兰克华尔街改革和消费者保护法案》（Dodd-Frank Wall Street Reform and Consumer Protection Act，简称《多德-弗兰克法案》）于2010年颁布。其中就有"向薪酬说不"的条款，它要求上市公司必须提交管理层的薪酬计划以供股东投票表决。事实上，股东的投票表决并不具有约束力。但是，上市公司似乎也在有意设计不会招致反对票的薪酬计划。此外，在《多德-弗兰克法案》中还有追回条款（目的在于允许上市公司在某些情形下向管理人员追索薪酬），这一条款也已被一些公司以更强硬的方式采用。[22]

1.2.3　管理者

对于管理者来说，薪酬在两方面影响着他们的成功。首先，薪酬是一项必须管理的主要成本。其次，它是决定雇员态度和行为（进而影响组织绩效）的主要因素。我们首先讨论成本问题。来自国内外的竞争压力迫使管理者在作出薪酬决策时必须考虑能否负担得起。劳动力成本可能会占到总成本的一半以上。在金融、专业技术服务等行业，以及学校和政府机构，这个比例更高。但即使在同一个行业，不同公司的劳动力成本占总成本的比例也是不同的。例如，社区小型日杂商店的劳动力成本占总成本的比例通常为15％～18％，销售相同商品的超市则为9％～12％，前者因此被逐出了零售行业。而今天超市的市场份额也正逐步被像山姆俱乐部（Sam's Club）和开市客（Costco）这类仓储俱乐部式商场所抢占。尽管开市客的计时工资水平高于零售行业的平均水平，但这些商场的劳动力成本更低（仅占总成本的4％～6％）。现在亚马逊通过收购全食超市进入了食品杂货行业，预计这将进一步降低成本并导致商品零售市场重新洗牌。

图表1-3比较了开市客、沃尔玛和山姆俱乐部（由沃尔玛控股）零售工人的小时

工资率。每个商场都努力向消费者提供独特的购物体验。沃尔玛和山姆俱乐部以低价位参与竞争，其中山姆俱乐部作为一家仓储式超市，还对相对较小范围的商品实行特殊低价，并且经常采取批发方式销售商品。开市客也以低价格为基础参与市场竞争，但它的商品组合中同时包括以高收入消费群体为目标客户的更多高端产品。为争夺市场份额，开市客采取向雇员支付更高计时工资的办法来吸引和留住高素质人才。[23]开市客在其年报中宣称："对于与薪酬相关的成本问题，我们的哲学是不谋求雇员的计时工资和福利最小化。相反，我们认为，要实现降低雇员流动率和提高雇员满意度等长期目标，就必须为雇员提供高于行业平均水平的薪酬待遇。"相比之下，沃尔玛只是在其年报中表示"每年都有大量的工作人员（即雇员）流动"。[24]通过图表1-3的比较我们可以看出，相对于竞争对手，开市客在留住人才、提升顾客满意度以及提高销售效率（如每平方英尺销售收入、每个雇员的销售收入）等方面做得都十分成功。因此，虽然开市客的劳动力成本高于沃尔玛和山姆俱乐部，但这种模式看起来对开市客的发展起到了很好的促进作用，因为它帮助开市客赢得了超越其对手的竞争优势。

图表1-3　零售业工资标准、顾客满意度、雇员流动率及每平方英尺销售收入

	药品导购年均工资（美元）	采购员平均每小时工资（美元）	收银员平均每小时工资（美元）	顾客满意度（满分为100）	每年雇员流动率	是否列入最佳雇主名单	商场数量	销售收入（亿美元）	商场平均规模（平方英尺）	雇员数量	每平方英尺销售收入（美元）	每个雇员的销售收入（美元）
开市客	45 239	13	14	83	较低	是[b]	741	1 260	144 804	239 000	1 176	528 033
山姆俱乐部		11[a]	10	80			660	570	133 333	—	652	—
沃尔玛	29 352	10	9	71	较高	否	11 035	4 240	97 508	—	394	—
沃尔玛及山姆俱乐部							11 695	4 810	99 530	2 300 000	414	209 268

a 表示估计值。

b 表示福布斯排行榜第一名。

资料来源：Customer Satisfaction data from American Customer Satisfaction Index TM，http：//www. theacsi. org/，retrieved March 27，2017；Annual Turnover after 4 Years from Liza Featherstone，"Wage against the Machine，" *Slate*，June 27，2008；Number of Stores，Revenues，Store Size，Number of Employees from Wal-Mart 2017 10-K（Annual Report）and Costco 2017 10-K（Annual Report）；Average Wage from www. glassdoor. com，retrieved March 27，2017.

因此，管理者也可以利用薪酬来影响雇员的行为并提升组织的绩效，而不是只把它当作要千方百计最小化的成本。只要能够证明高工资通过影响雇员行为为公司带来高回报，这种高薪战略就是一种好战略。开市客的例子（相对于山姆俱乐部和沃尔玛而言）似乎表明薪酬支付的方式影响雇员的工作质量及其对顾客的态度。[25]一方面，薪酬支付方式可能会影响雇员灵活处理事务和学习新技能的主动性，或者影响雇员提出创新和改进性建议的积极性。另一方面，雇员也可能会因为薪酬支付方式问题（例如，他们觉得工资过低、不公平）倾向于加入工会或采取法律行动来对抗雇主。薪酬对雇员的行为进而对组织的生产力和效率的这种潜在影响意味着你有必要花费一定的时间研究薪酬问题，难道你不这么认为吗？[26]

1.2.4　雇员

作为对雇员从事工作及创造价值的回报，薪酬通常是雇员收入保障的主要来源。因此，薪酬在人们的经济与社会福祉中扮演着至关重要的角色。雇员可能会将薪酬看作自己与雇主之间交易的一种回报，也可能将薪酬视为作为公司雇员应该获得的一项**权利**（entitlement），还可能把薪酬当作促使自己决定接受某项工作并为做好它而投入精力的激励，或者是出色完成工作任务的报酬。薪酬可能是所有这些东西。[27]

薪酬的重要性在许多方面都是显而易见的。工资和福利是工会关注的焦点，它们会努力在这方面为自己所服务的会员争取利益（参见第 14 章）。管理薪酬的广泛法律框架——包括有关最低工资、生活工资、加班和反歧视的法律，也指出了薪酬在雇佣关系中对雇员的极端重要性（参见第 17 章）。接下来，我们讨论薪酬是如何影响雇员行为的。

1.2.5　薪酬对雇员行为的激励和筛选效应

薪酬通过两种方式影响雇员的**动机**（motivation）和行为。第一种或许也是最明显的方式是薪酬影响在职雇员的激励强度、激励方向和持久性。动机、雇员**能力**（ability）及工作或组织设计（可以促进或阻碍雇员绩效的提升）共同决定诸如绩效等雇员行为。我们把薪酬的这种效应称作**激励效应**（incentive effect），即薪酬在任何时间点对在职雇员个体动机和集体动机的影响程度。

薪酬还可以通过**筛选效应**（sorting effect）对员工队伍结构产生间接而重要的影响。[28]也就是说，不同类型的薪酬战略可以导致不同类型的人员加入并留在（即自我选择进入）一个组织中。就薪酬的结构或水平而言，一种可能的情形是更高的薪酬水平有助于组织吸纳更高素质的人才，使得组织在招聘过程中有更大的选择余地。同样，更高的薪酬水平可以提升雇员的忠诚度。（在第 17 章，我们将讨论什么情况下提升薪酬水平最值得。）

或许不太容易看出的一点是，不仅薪酬的数量而且薪酬的支付方式也可以产生筛选效应。[29]问问你自己：那些能力出众、职业道德高尚且有兴趣多赚钱的人会选择留在一个不论干多干少报酬都一样的组织中吗？或者，他们会选择留在一个以个人绩效决定薪酬水平的组织中吗？如果你对后一个问题的回答是"是"，那么你就会认为筛选效应很重要。在薪酬制度的选择方面，人们有着不同的偏好。对于组织而言，问题很简单：你使用的薪酬政策能够吸引并留住你想要的雇员吗？需要记住的是，高绩效的雇员拥有更多可选择的工作机会，而在其他条件保持不变的情况下（如果他们的更高绩效没有相应地给自己带来更高的报酬），更多的工作机会就意味着更高的流动率。如果高绩效雇员不断流失，就可能给组织带来严重问题，尤其是当流失的是那些身处关键岗位、为组织创造巨大价值的雇员时，组织面临的问题将会是毁灭性的。[30]这也就涉及如何处理雇员收到的外部工作邀请的问题。我们知道，很大一部分雇员离职是由于收到其他雇主主动提供的工作邀请。换句话说，雇员流动率并不总是其对组织不满的反映，有时它是由机会驱动的。这些收到外部工作邀请的人很可能是组织最有价值的雇员，因此处理外部工作邀请的政策和做法（希望在这方面有更多的启发性研究）十分重要。[31]

让我们来看看爱德华·拉齐尔（Edward Lazear）所做的一项关于激励效应和筛选效应的研究，该研究非常具有启发意义。[32]一家玻璃安装公司将它的一个工厂的单一薪资（salary-only）制度（不向绩效付酬）改革为个体激励制度（每个雇员所获报酬取决于各自的绩效水平），在这种背景下研究者对薪酬制度改革前后单个工人的劳动生产率进行了度量。通过对比发现，改革后工厂的劳动生产率整体上提升了 44 个百分点。在这一成效当中，大约有一半归因于单个雇员劳动生产率的提高，余下的另一半却无法用事实加以解释。那么，获得改进的这一半劳动生产率到底来自哪里？答案是：劳动生产率相对较低的工人不太可能再留在这种新的个体激励制度中，因为个体激励计划对他们没有吸引力。当他们离开，他们的位置通常会被更高劳动生产率的雇员（这些雇员非常乐意把握这种依靠绩效奖励制度能够比在其他地方挣更多钱的机会）取代。因此，仅仅关注薪酬对在职雇员的激励效应可能会疏忽薪酬所具有的其他更为重要的机制（筛选效应），而薪酬决策正是通过这种筛选机制来影响雇员的行为的。

本章后半部分将要讨论的薪酬模型包括薪酬政策及其施加影响的对象——薪酬**目标**（objective）（效率、公平、合法）。我们在此需要指出的是，薪酬政策通过对雇员的激励和筛选效应发挥作用，决定着薪酬目标能否实现。

1.2.6　全球视角——差别万岁！

在英语中，"薪酬"（compensation）一词具有平衡、弥补、补偿的意思。但是，如果在不同的语言环境中考察该词的起源，我们就会认识到它的丰富内涵，即薪酬是权利、回报与奖励的复合体。[33]

在中国，薪水为人们提供了生活必需品。另外，"待遇"一词也被广泛使用。待遇是指公司如何对待你——你的工资、福利、培训机会等。当人们说起薪酬时，总是互相询问在各自公司中的待遇。现在薪酬的含义不仅包括权利，还包括更广泛意义上的回报，而且不再假设每个人都有权享受同样的待遇。[34]

在日本，"kyuyo"代表薪酬。这个词由两个相互独立的字符（kyu 和 yo）构成，都是"给予某种东西"的意思。"kyu"是一个敬词，指的是地位高贵的施予者——诸如封建地主、国王或武士阶层的领导者等。传统意义上的薪酬被看作上级给予的东西。现在，日本的企业顾问试图用"hou-syu"来代替"kyuyo"，前者的含义是"报酬"，与上级的概念无关。作为日本薪酬制度组成部分的大量津贴被称为"teate"，这一概念与许多日本公司现在仍然使用的家庭津贴、住房津贴、通勤津贴一致。[35]

对这些薪酬概念的对比——多重角度（社会大众、股东、管理者、雇员，甚至全球化的视角）与多重意义（回报、奖励、权利）——给我们讨论的主题赋予了极大的丰富性。但是，除非我们讨论的是同一个事物，否则这种丰富性也会让我们感到迷惑。因此，让我们来给本书所讨论的"薪酬"（compensation）或"工资"（pay）（这两个词在本书中交替使用）下个定义：

薪酬　是指雇员作为雇佣关系的一方所得到的各种形式的经济回报、有形服务与福利。

■ 1.3 薪酬形式

图表 1-4 展示了雇员工作回报的多样性。它们主要分为两大类：**总体薪酬**（total compensation）与**相关性回报**（relational returns）。相关性回报（学习机会、社会地位、富有挑战性的工作等）是心理学意义上的薪酬。[36]总体薪酬更具交易性质。它包括以现金形式直接获得的报酬（如基本工资、绩效加薪、激励工资、生活成本调整），或者以福利方式（如养老金、医疗保险、工作与生活平衡计划、色彩鲜亮的制服等）间接获得的报酬。[37]薪酬的形式多种多样，因此薪酬分配方案的设计也有多种方式。世界薪酬协会（WorldatWork）有一个类似的总体报酬模型，内容包括薪酬、福利、工作与生活的平衡、绩效与认可以及职业生涯发展机会等。[38]与其他形式的报酬（例如，工作的乐趣等内在报酬）相比，作为一种激励因素的货币报酬的重要性一直是人们津津乐道的话题，比如，在哪些条件下货币报酬对人们更重要（有时甚至太过重要），或者在哪些条件下货币报酬对人们更不重要。[39]虽然专家学者经常讨论这两种形式的报酬孰轻孰重的问题（有时会争论说货币报酬并不能对人产生激励，甚至会使人泄气），但文献研究表明，这两种报酬形式都很重要，而且讨论这一话题通常没有实际意义。[40]毫无疑问，本书重点关注货币报酬问题。不论雇员重视何种形式的报酬，我们的经验是他们都期望自己的工作得到报酬，而且雇主如何支付薪酬、支付多少薪酬都会影响他们的态度、绩效、工作选择，同时也会影响他们的生活水平。正如我们将要看到的那样，薪酬对雇员产生的影响（连同组织付出的薪酬成本）对于组织如何成功地执行战略并实现目标具有重要的启示。

图表 1-4 工作的总体回报

1.3.1 现金薪酬：基本工资

基本工资（base wage）是雇主对雇员承担的工作支付的一种现金报酬。基本工资只反映工作或技能的价值，通常忽略雇员的个体差异。举例来说，机械操作员每小时的基本工资是 20 美元。但是，有些机械操作员可能凭经验或（和）绩效得到相对较高的工资。有些薪酬制度把基本工资设定为雇员的技能水平或受教育水平的函数；这在工程师和学校教师中很常见。[41]

在美国，薪水和计时工资通常在概念上有明显的区别。**薪水**（salary）是指支付给那些**豁免**（exempt）于《公平劳动标准法案》相关规制的雇员的报酬，因此这类雇员通常没有加班工资。[42]管理人员和专业技术人员通常属于这一类，因为这部分人的工作时间无须记录，通常以年薪或月薪而不是小时工资率来计算他们的报酬。与此相反，对于那些受《公平劳动标准法案》加班和报告条款保护的非豁免雇员（nonexempts）的报酬通常以小时工资率计算。一些公司，比如 IBM、伊顿（Eaton）、沃尔玛，把所有的基本工资都称为"薪水"。它们并没有把雇员分成薪水阶层和计时工资阶层，因为它们认为将全体雇员都界定为薪水阶层有利于强化组织**文化**（culture），增强雇员的团队精神。但是，术语的变换却不能改变对《公平劳动标准法案》的遵守。

1.3.2　现金薪酬：绩效加薪、绩效奖金与生活成本调整

基本工资的生活成本调整有可能基于以下事实：其他雇主对同类工作所付薪酬有所改变；生活成本（cost of living）发生变化；雇员的工作经验进一步丰富，或工作技能有所提高。由于雇主不断试图控制固定成本，并将工资增长与个人和（或）公司业绩挂钩，这些做法不像过去那么普遍了。

绩效加薪（merit increase）作为基本工资的增量部分支付给雇员，加薪的基础是绩效。[43]世界薪酬协会的调查结果显示，94％的美国公司都使用绩效加薪。[44]考虑到有 22％的调查对象来自非营利组织或公共部门（我们知道这些领域的单位和机构较少使用绩效加薪）[45]，可能接近 100％的美国私人部门组织使用绩效加薪。绩效加薪的规模基于对雇员过去绩效的评价结果，绩效评价的方式可以是正式的，也可以是非正式的。近年来，绩效加薪预算（或者平均绩效加薪）一直在 3％左右。[46]调查数据显示，平均而言，绩效优秀的雇员获得的绩效加薪为 4.4％，绩效中等的雇员为 2.8％，绩效较差的雇员为 0.4％。[47]最后需要指出，美国公司也越来越多地使用绩效奖金。与绩效加薪相同，绩效奖金发放的基础也是绩效评价结果，但是，与前者有所不同的是，绩效奖金是一次性发放，而不会成为基本工资的永久组成部分。[48]绩效奖金现在或许比传统的绩效加薪更为重要。"事实上，现在绩效奖金在绩效与薪酬关系中的位置似乎超出了传统的、最常被讨论的个人绩效薪酬形式——绩效加薪。"[49]近年来，在使用绩效奖金的公司中，计时工资雇员平均每年获得的绩效奖金在 5％左右，低等级薪水雇员在 6％左右，高等级薪水雇员（但不包括高级管理人员）在 13％左右，所有这些比例都比最近经常讨论的绩效加薪幅度（3％）高。[50]我们在第 18 章再对这一问题进行讨论。

1.3.3　现金薪酬：激励工资

激励工资（incentive）也将工资增长与绩效水平挂钩[51]，但是激励工资与绩效加薪并不相同。第一，激励工资通常与以特定公式计算出的客观的绩效评价指标（例如，销

售额）相关联，而绩效加薪计划一般依赖于主观的绩效评价。后者对特定绩效评价等级的加薪幅度也存在一定的主观性。第二，由于激励工资并不增加基本工资，因此雇员只能通过努力在下一个薪酬支付周期中重新获取激励工资。第三，激励工资的潜在数额一般事先都会知道（根据公式计算得出）。绩效加薪计划必须先对雇员过去的绩效进行评价，然后决定加薪的规模；相反，激励工资计划事先必须确定雇员获得激励工资所必须达到的具体绩效目标。例如，丰田公司的销售人员在交易之前都知道陆地巡洋舰（Land Cruiser）与普锐斯（Prius）的**佣金**（commission）。卖出陆地巡洋舰比卖出普锐斯能获得更高的佣金，这就激励销售人员向客户兜售陆地巡洋舰而不是普锐斯。第四，虽然激励工资与绩效加薪都试图影响雇员的绩效，但激励工资明确地试图影响雇员的未来行为，而绩效加薪是对雇员过去行为的认可（奖赏），并希望借此影响其未来行为。激励与奖赏的区别主要在于时机的选择。

　　激励工资可以与雇员个人的绩效、团队的绩效、整个经营单位的绩效相关联，或者与个人、团队与经营单位的联合绩效相联系。[52]绩效目标可以包括费用减少、销售额增加、顾客满意度提高、收入增长、投资收益或股票价值增加等，不胜枚举。比如，普莱克斯公司（Prax Air）就将资本回报率（ROC）作为公司的绩效目标。如果每个季度的资本回报率达到或者超过 6％，公司就会按照付酬天数向雇员进行奖励。当资本回报率达到 8.6％时，参与该季度激励工资计划的雇员就可以获得相当于两天工资的奖金。当资本回报率达到 15％时，相关雇员就可以在该季度得到相当于 8.5天工资的奖金。

　　由于激励工资都是一次性发放给雇员的，因此并不会永久地增加劳动力成本。当绩效水平下降时，激励工资也随之减少。因此，激励工资（有时包括绩效奖金）通常被称为**可变薪酬**（variable pay）。

　　激励工资对绩效的影响是强大的，但这种影响有好有坏。一般而言，这些影响是积极的、实实在在的。然而，激励工资是有风险的，它们可能会以惊人的方式出错。[53]一个例子就是 2008 年的金融危机。这次危机显然在很大程度上源于不恰当和激进的激励工资计划，这些激励计划鼓励信贷员把住房贷款（抵押贷款）发放给那些不太可能具备偿还能力的人。（富国银行最近发生的事件进一步证明了这一点）。我们将在后面的章节讨论更多的案例。

1.3.4　长期激励

　　激励分为短期激励和长期激励。长期激励旨在将雇员的努力集中到多年绩效目标上。典型的长期激励通常是授予雇员股权或股票期权，使其以固定的价格买进公司股票（股票价格在后期增长到一定程度即可获得货币收益）。股权背后的信念是：拥有公司金融股份的雇员将会关注公司的长期财务目标，如投资回报率、市场份额、净资产回报率等。百时美施贵宝公司（Bristol-Myers Squibb）就向那些为公司的成功作出杰出贡献的"关键贡献者"授予股票。股票期权通常是管理人员薪酬的最大组成部分。一些公司将股权授予的对象扩展到管理层和专业技术人员以外的雇员。例如，英特尔、谷歌以及星巴克等公司都给予雇员股票和（或）股票期权。[54]

1.3.5　福利：收入保障

图表 1-4 表明，包括收入保障、工作与生活的平衡、津贴等在内的福利都是总体薪酬的组成部分。在美国，有些收入保障计划是法定的；雇主必须建立基金，以向那些伤残或失业的工人提供替代收入。为了筹集社会保障项目基金，雇主还必须为每一位雇员支付一半的工资税（雇员支付另一半）。不同的国家有不同的法定福利项目。

医疗保险、退休计划、人寿保险以及储蓄计划都是常见的福利项目，它们可以帮助雇员抵御日常生活中各种潜在的财务风险。公司提供的这些社会保障项目在费用上要比雇员自己购买便宜。在美国，雇主每年花在医疗保障方面的成本大约为 6 570 亿美元，约占全国医疗保障总费用的 20%。在提供医疗保险的雇主中，提供家庭医疗保险的成本为每年每位雇员 18 764 美元。平均而言，雇主要支付其中的 13 050 美元（占 70%），其余的 5 714 美元（占 30%）由雇员支付。[55]这方面的费用如此之大，难怪雇主都在想方设法控制或削减福利成本。一个已经采用的方法就是将成本转嫁给雇员（例如，让雇员承担医疗保险费用的更大份额）。[56]有的公司由于任由福利成本肆意增长以至于失控，最终不得不采取更加激烈的行动。比如，前文提到的克莱斯勒、通用汽车和美国航空等公司经历了破产，而这种破产行动已经成为一种广为使用的削减福利成本和劳动力成本的方法。通用汽车公司在福利上付出的成本非常高，以至于人们称它是一个兼具汽车制造功能的养老金和医疗保险供应商。

1.3.6　福利：工作与生活的平衡

帮助雇员把工作责任与生活责任更好地结合起来的计划包括非工作时间（休假）、满足特殊需要的服务（药物咨询、理财及照顾儿童或老人的转托服务）和弹性工作安排（远程办公、非传统的工作时间安排、不带薪休假）。由于劳动力人口统计特征的持续变化（双职工家庭或单亲家庭需要雇主提供弹性工作时间以履行家庭义务），许多美国雇主都给予这些福利形式更高的优先权。例如，美敦力公司（Medtronic）就在兜售自己的"全面幸福计划"，试图通过该计划为每个雇员提供"心智、身体、心灵及精神——成长的资源"。健康与保健、经济回报与安全、个人与家庭的幸福以及令人愉悦的工作环境等都是这种"全面幸福计划"的一部分。[57]美敦力公司认为，这种计划使雇员可以"全身心地"投入工作，减少因工作责任与非工作责任之间的冲突导致的分心。

1.3.7　福利：津贴

津贴通常是物品供给短缺造成的。在越南和中国，住房和交通津贴常常是薪酬的组成部分。由于第二次世界大战导致的食物短缺，在战后 60 年的时间里，许多日本公司仍然根据雇员负担的家庭人口数量向其提供"大米津贴"。在中国的外资企业都发现，雇员通常期望能够获得住房、交通及其他形式的津贴。[58]在许多欧洲国家，管理人员认为公司应当为自己配备轿车——只有品牌和款式是可以商量的。[59]

1.3.8　全部收入机会：收入流的现值

到目前为止，我们其实一直把薪酬看作雇员在某一时点获得的东西。但一个公司的薪酬决策还有一个时间效应问题。比如，你获得了一份年薪为 50 000 美元的工作。假设你在该公司工作五年，每年工资增长 4%，那么五年后你每年的薪酬将是 60 833 美元。对于你的雇主而言，决定雇用你五年的承诺成本是 331 649 美元。假如你再要求额外增加 30% 的福利，那么雇用你五年的这一决策意味着你的雇主须付出 430 000 美元的承诺成本。你值那么多钱吗？是的，学完这一课程后你的身价就真的会那么高。

如果从收入现值角度考虑薪酬问题，那么对今天初始薪酬的比较就会转化为对未来奖金、绩效加薪和晋升机会的权衡。有时候一个公司会告诉应聘者，虽然起薪相对较低，但未来有更大幅度的工资增长。实际上，这个公司此刻正在推销自己未来收入流的现值。但是很少有应聘者使用这种分析方法来计算弥补较低起薪所需的未来工资增长额。希望所有学完本章的人都能使用现值分析法来分析自己未来的收入流。

1.3.9　工作的相关性回报

为什么谷歌公司的百万富翁们每天早上还要打卡上班？为什么安迪·博罗维茨（Andy Borowitz）要不计报酬地在网站（www.borowitzreport.com）上撰写那些有趣的讽刺性新闻？毫无疑问，工作的非货币型报酬对雇员的行为产生了实质性影响。[60] 图表 1-4 中列出的相关性回报包括认可与社会地位、就业保障、富有挑战性的工作以及学习机会等。其他形式的相关性回报可能还包括从以下方面获得的满足感：成功地应对新的挑战、与高水平的同事合作、获得新的制服等。[61] 这些因素都是总体回报的一部分，而总体回报是比总体薪酬更广泛的"保护伞"。

作为一种回报网络的组织

把组织想象成一个由各种不同的报酬形式（包括总体薪酬与相关性回报）构成的回报网络有时候很有意义。挑战在于如何设计这种回报网络，以使其促进组织的成功。[62] 就好像皮划艇选手划桨那样，如果所有选手都同心协力而不是相互对抗，成功的可能性就更大。同样，如果奖金、发展机会以及晋升等能够共同发挥作用，那么回报网络就更有可能发挥作用。

因此，下次当你迈进某个雇主的大门时，不要只看他所提供的现金报酬和医疗保障，而是要看看构成回报网络的所有报酬。虽然这本书关注的是薪酬，但是我们不要忘记薪酬仅仅是影响人们工作决策的诸多因素之一。（你或许喜欢罗杰·米勒（Roger Miller）的 Kansas City Star 或者切利·赖特（Chely Wright）的 It's the Song，这些歌曲唱出了人们之所以选择工作的其他一些原因。）

■ 1.4　薪酬模型

图表 1-5 所示的薪酬模型既可以作为现行薪酬制度的检验框架，又可以作为本书大部分内容的阅读指南。它主要包含三个模块：（1）薪酬目标；（2）构成薪酬制度基础的政策；（3）构建薪酬制度的技术。因为薪酬目标是整个薪酬制度的驱动力，所以我们首先对这些目标进行讨论。

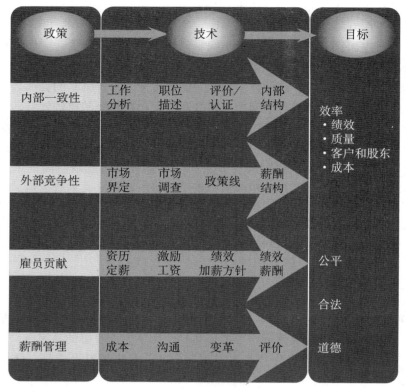

图表 1-5　薪酬模型

1.4.1　薪酬目标

设计薪酬制度是为了实现某些特定的目标。在薪酬模型右侧列出的基本目标包括效率、公平、合法及道德。效率（efficiency）目标又可以进一步细化为：（1）提高绩效，改进质量，让客户和股东满意；（2）控制劳动力成本。

图表 1-6 对比了美敦力公司与全食超市的薪酬目标。美敦力公司是一家医疗技术公司，是心脏起搏器产品的开创者。它的薪酬目标强调的是绩效、经营成功、固定成本最小化，以及吸引和激励顶尖人才。

图表 1-6　美敦力公司和全食超市的薪酬目标

美敦力公司	全食超市
支持组织使命和复杂性日益增加的经营活动。 最大限度地减少固定成本的增加。 吸引和留住顶尖人才。 强调个人、团队及整个公司的业绩。 重视个人和家庭的总体福祉。 确保公平待遇。	增加股东的长期收益。 通过与顾客的自愿交易赚取每天的利润。 通过利润，为增长、繁荣、机会、工作满意度和工作保障创造资本。 支持团队成员提高幸福感和工作能力。 承认团队成就是通过集体努力得来的。

全食超市是全美最大的有机食品和天然食品销售商。它的每一个商店都像是在举办"食品盛典"：食品色泽鲜亮、码放整齐，外加优秀的店员。[63]全食超市把提供最高品质、

最低加工度的食品作为公司全员的共同责任。它的第一个薪酬目标就是"增加股东的长期收益"。

公平（fairness）（有时称为公正）是薪酬制度的基本目标。[64]在美敦力公司的薪酬目标中，公平的意思是"确保公平待遇"和"重视个人和家庭的总体福祉"。全食超市的薪酬目标强调"同舟共济"。在它的平等主义的企业文化中，基本工资以外的报酬与团队的绩效相关，同时每个雇员对把谁留在自己的团队里有一定的发言权。

公平目标要求通过认可雇员的贡献（例如，向绩效突出或经验丰富、训练有素的雇员支付更高的薪酬）和雇员的需要（例如，公平的工资和公平的程序），让所有的雇员都能获得公平的待遇。程序公平（procedural fairness）指的是薪酬决策过程的公平性。[65]它表明，对雇员而言，薪酬决策的方式和薪酬决策的结果（分配公平（distributive fairness））同等重要。

合法（compliance）作为薪酬目标之一意味着要遵守联邦和州的有关薪酬的法律法规。一旦法律发生变化，薪酬制度也应做相应调整，以确保持续遵守法律规定。随着公司经营的全球化，跨国公司还必须遵守所在国的相关法律。

道德

亚洲哲学提出了阴和阳的概念——对立事物之间的关系是相互补充而非相互替代或抵消的。不是非阴即阳，而是阳中有阴、阴中有阳。对于薪酬模型中的薪酬目标而言也是如此。效率、公平、合法三者并非相互对立。相反，薪酬管理的目的在于同时实现这三个目标。由于同时让所有目标协调一致存在一定困难，这就为道德困境的产生提供了温床。

道德意味着组织关心其目标实现的方式。[66]浏览一下有关网站或公司总部大厅的宣传栏，你一定会发现有关"关键行为"、"我们的价值观"以及"行为准则"的宣言。图表 1-7 展示了一个公司的行为准则。挑战在于如何将这些宣言付诸日常管理实践。图表中的安然公司（Enron）过去一直受人尊敬，现在却遭到了人们的唾弃，雇员不仅失去了工作，对公司股票的投资（对有的人而言是他们的全部退休积蓄）也血本无归。

图表 1-7　安然公司的行为准则

前言

作为安然集团及其子公司、附属公司的管理者和雇员，我们有责任按照所有适用的法律，以道德和虔诚的方式开展经营活动……我们要为安然感到骄傲，要分享安然因公平和诚实而享有的声誉和受到的尊重……安然的声誉最终取决于公司所有人，取决于你和我。让我们共同维护安然的良好声誉。

董事长兼首席执行官肯尼思·莱（Kenneth L. Lay），2000 年 7 月 1 日

价值观

尊重　我们对待他人如同对待自己。我们不能容忍谩骂或不敬。粗鲁、无情和傲慢不属于这里。

正直　我们开诚布公、忠实、热情地与我们的客户和潜在客户并肩工作。我们要言必行，行必果。

沟通　我们有沟通的义务。在这里，我们要花时间与别人交流……同时要倾听。

优秀　我们只对我们所做的每一件优秀的事情感到满意……在安然最大的乐趣在于我们所有人都能发现自己到底有多优秀。

资料来源：*Enron's Code of Ethics*, The Smoking Gun, July 2000.

薪酬管理如此重要，以至于有时会不可避免地产生道德困境。操纵结果以确保管理层奖金的支出，滥用（或错误理解）用于测算竞争对手工资标准的统计数据，通过重新定价或回溯股票期权来操纵（增加）其价值，鼓励雇员在管理层纾困时用自己的部分工资投资公司股票，只知道用高薪把新雇员招进公司而忽视其与同事的薪酬关系，削减雇员考勤卡记录的工作时间等，所有这些都是道德滑坡非常常见的例子。

有些（但并非全部）薪酬专家和顾问在面对道德不端和公然渎职时保持沉默。在缺乏专业准则的情况下，薪酬经理必须审视自身的道德修养，同时也必须关注薪酬模型，因为薪酬模型要求将效率、公平与合法三大目标结合起来。[67]

有多少雇主，就有多少关于薪酬目标的声明。实际上，经营高度多元化的公司，如涉足多个领域的通用电气和伊顿，它们每个经营单位可能拥有不同的**薪酬目标**（pay objective）。在通用电气，每个经营单位的薪酬目标必须服从公司总体薪酬目标。

薪酬目标有多个用途。首先，它们是设计薪酬制度的指导方针。如果某个雇主的薪酬目标是提高顾客满意度，就可以使用激励计划和绩效加薪计划对雇员的绩效付酬。如果另外一个雇主的薪酬目标是开发创新性产品，它就可以通过工作设计、培训和团队建设来实现这一目标。与该目标相一致的薪酬制度向雇员支付的报酬可能要满足以下条件：薪酬水平至少不低于竞争对手（外部竞争性），并且随着雇员知识和技能的提高而增长（内部一致性）。这种薪酬制度与第一个例子有很大的不同，因为前者关注的是顾客满意度的提高。需要注意的是，薪酬政策和技术是实现薪酬目标的手段。

总之，薪酬目标指导薪酬制度的设计。薪酬目标还可以作为衡量薪酬制度成功与否的标准。如果薪酬目标是吸引和留住那些最优秀和最能干的雇员，而这些雇员却盘算着跳槽到其他雇主那里谋求更高薪的职位，那么这种薪酬制度就是失败的。虽然雇员跳槽也许还有许多非薪酬因素，但是薪酬目标提供了评价薪酬制度有效性的标准。[68]

1.4.2　四种政策选择

每个雇主都必须处理薪酬模型左侧所列的四个薪酬政策的决策问题：（1）内部一致性；（2）外部竞争性；（3）雇员贡献；（4）薪酬管理。这些政策是设立薪酬制度的基础。它们也可以作为薪酬管理的行动纲领，指导雇主以确保实现薪酬制度既定目标的方式去管理薪酬。

内部一致性

内部一致性（internal alignment）指在同一组织内部不同工作之间或不同技能水平之间的比较。工作和技能比较的基础是它们对组织经营目标的相对贡献。例如，程序员的工作如何与系统分析员、软件工程师、软件架构师的工作比较？一个人是否比另一个人更能为客户和股东提供解决方案？在同一个组织内部不同经营单位的两个营销经理，他们的贡献又如何比较？内部一致性不仅涉及从事相同种类工作的雇员的工资标准，而且涉及从事不同种类工作的雇员的工资标准。事实上，如何合理地拉开从事不同种类工作的雇员之间的薪酬差距是管理者面临的重大挑战。全食超市采用薪水封顶的做法来管理公司的薪酬差距，通常将管理层的**总体现金**（total cash）薪酬（工资加奖金）限定在不超过所有全职雇员现金薪酬平均值的 19 倍。管理层薪酬的上限最初定为全体雇员平均薪酬的 8 倍。但是，从那以后，吸引和留住雇员问题被数次说成是提高管理层薪酬上限的理由。（注意，管理层的薪酬上限不包含股票期权。）

组织内部的薪酬关系影响薪酬的所有三个目标。它们影响雇员是否愿意继续留在公司，是否愿意通过投资额外的培训以使自己更加灵活，是否愿意承担更大的责任。通过激励雇员多参加培训和承担更大的责任来处理客户问题，内部薪酬关系可以间接地影响雇员的工作能力，进而影响整个组织的效率。公平因雇员之间在组织内部的薪酬比较而受到影响。合法因薪酬内部比较所使用的基础而受到影响。以雇员的种族、性别、年龄或国籍作为薪酬支付的依据在美国是非法的。

外部竞争性

外部竞争性（external competitiveness）指与竞争对手的薪酬比较。相对于竞争对手的薪酬水平，我们愿意支付多少薪酬？

许多公司声称，它们的薪酬制度是"市场驱动型"的，也就是几乎完全根据竞争对手的薪酬水平来制定自己的薪酬政策。"市场驱动"在实践中有不同的表现形式。[69] 为吸引最优秀的求职者，有的公司设置的薪酬水平比竞争对手高。当然，前提是雇主能从劳动力大军中甄选和招聘到"最优秀"的雇员。那么，什么是合适的市场？比如，什么时候应该考虑国际工资标准？印度新德里或白俄罗斯明斯克的软件工程师的薪酬应该影响硅谷或波士顿的软件工程师的薪酬吗？

外部竞争性决策——不论是薪酬水平还是薪酬组合——对薪酬目标具有双重影响：（1）确保薪酬足以吸引和留住雇员——一旦雇员发现他们的薪酬水平低于业内的其他同行，他们就很有可能会选择离职。（2）控制劳动力成本以使本公司的产品或服务的价格在全球经济中具有竞争力。

雇员贡献

应该在多大程度上强调对雇员的绩效付酬？某个程序员绩效突出和（或）工龄较长，是否应该比其他程序员得到更多的薪酬？或者对所有程序员实施**统一工资标准**（flat rate）？公司应该与雇员分享利润吗？应该与包括临时雇员和全职雇员在内的所有雇员分享利润吗？

对**雇员贡献**（employee contribution）（或**薪酬组合**（pay mix）的本质）的重视是一项重要的薪酬决策，因为它直接影响雇员的工作态度和工作行为。伊顿和摩托罗拉使用薪酬来支持工作场所中的其他"高绩效"实践。[70] 二者都使用团队薪酬计划和公司利润分享计划。星巴克强调股票期权和与雇员分享公司业绩的成功。通用电气在个人、部门和全公司层面使用不同的绩效工资计划。以绩效作为付酬基础会涉及公平问题，因为雇员只有理解了绩效评价的依据，才会确信自己所得薪酬是公平的。

相对于我们采用的薪酬组合，竞争对手使用了怎样的组合——基本工资、激励工资、股票、福利？全食超市将基本工资与**团队激励**（team incentive）相结合，在团队完成绩效目标时向雇员提供更高的报酬。纽柯公司将其基本工资锁定在市场水平以下，但确保其全部现金薪酬（包括利润分享、收益分享和工厂产量奖金）远远高于市场中位数。美敦力公司在基本工资方面实行市场跟进政策，但将奖金与绩效挂钩。它根据公司的总体绩效水平向所有雇员分配股票。[71] 而且，美敦力认为它所提供的福利，尤其是对工作与生活平衡计划的重视，使公司成为具有较大吸引力的工作场所。美敦力相信，它的薪酬定位以及使用的薪酬形式为公司赢得了竞争优势。

外部竞争性决策和雇员贡献决策应当联合作出。很明显，如果领先于市场的薪酬水平与领先于市场的雇员贡献（如对劳动生产率、产品质量、客户服务或其他重要战略目标的贡献）能够同时存在，那么这种薪酬水平就最有效也最具可持续性。

薪酬管理

关于薪酬制度管理的政策是薪酬模型的最后一个组成部分。管理意味着要确保"正确的人因为以正确的方式实现正确的目标而获得恰当的报酬"。缺乏有效的管理，世界上再完美的薪酬制度也无济于事。

管理薪酬意味着要回答"那又怎样"的问题——这个政策、这个技术、这个决策的影响是什么？虽然公司有可能基于内部一致性、外部竞争性、雇员贡献设计一种薪酬制度，但这样做的意义在哪里？这一决策能够帮助组织实现预定的目标吗？[72]

薪酬管理的基础已经发生变化。如何管理各种薪酬技术的传统观点已不复存在，取而代之的是更具战略性的思维——将薪酬管理作为企业经营管理的一部分。它超越了那种简单地将薪酬作为一种成本加以管理的做法，转向更好地理解、分析薪酬决策对雇员行为和组织绩效的影响。薪酬决策对成本的影响作为一种结果性的东西是比较容易理解和测算的。但是，对其他一些结果的测算，比如对薪酬在吸引和留住人才、促进雇员提高劳动生产率等方面的影响的测算，目前还没有广泛应用于薪酬管理中。目前正朝这些方向不断努力，薪酬管理的视角也逐步从"如何做"转向努力回答"那又怎样"。[73]测算的简单性并不等同于其重要性；成本容易测算（当然也很重要），因此就有一种重视成本的趋势。尽管薪酬的结果通常不太容易测算，但它无疑是十分重要的。

1.4.3 薪酬技术

图表1-5薪酬模型其余部分的内容展示了用以构建薪酬制度的技术。因为本书余下的内容都是围绕这些技术展开的，所以图表所示的只是一个概览。薪酬制度设计技术把四种基本政策与薪酬目标联系起来。

薪酬技术（pay technique）存在诸多差异，本书将对其中一些差异进行讨论。大多数咨询公司都在自己的网站上兜售它们的调查结果和薪酬技术。简单浏览相关网站，你就可以获得各种最新的薪酬管理实践信息。

网络资源

世界薪酬协会（www. worldatwork. org）提供与薪酬有关的各种期刊、专业出版物信息以及针对专业人员的短期培训课程。美国人力资源管理协会（Society of Human Resource Management，www. shrm. org）也提供与薪酬有关的信息以及更具一般性的人力资源管理信息。其中的"学生服务"栏目提供了人力资源专业领域的就业指导信息。对于那些对人力资源管理职业感兴趣的人来说，以上两个网站都是不错的信息来源。关于欧洲薪酬趋势的信息可以在欧洲产业关系观察站（European Industrial Relations Observatory，http：//www. eurofound. europa. eu/observatories/eurwork）获得。国际劳工组织（ILO）的网站（www. ilo. org）提供了一个可以通过主题词（雇佣条件）或国家名称浏览的数据库（http：//www. ilo. org/travail/info/fs/lang-en/index. htm）。在该数据库标题为"计时工资"（wage）的二级栏目中列有2 000 多篇论文，甚至包括瓦努阿图的最低工资信息。康奈尔大学产业与劳动关系学院提供了一个用于交流有关人力资源管理论文的门户网站（http：//guids. library. cornell. edu/hrm）。雇员福利研究院（Employee Benefits Research Institute，EBRI）的网站（www. ebri. org）纳入了其他有关福利管理的资源链接。我们在本书每一章也会提到许多相关的有趣网站。你们可以将这些网站作为搜索其他资源的起点。

1.5　本书计划

薪酬这个话题是如此广泛而又引人注目，以至于有不少著作专门讨论。本书重点介绍薪酬制度的设计与管理。为帮助读者理解薪酬制度运作的过程和缘由，我们的薪酬模型提供了关于本书大部分内容的结构安排。第 2 章探讨薪酬战略的制定和执行。我们将分析如何向雇员支付薪酬以及薪酬如何帮助组织获取并维持竞争优势，并分析其中所蕴含的战略意义。[74]

在组织的薪酬战略制定和实施过程中，薪酬模型发挥核心作用。薪酬模型确定了作为薪酬战略核心的四项基本政策选择。在讨论完薪酬战略之后，本书接下来的各章对每项薪酬政策进行了详细考察。在第 II 篇"内部一致性"（第 3～6 章），我们考察单个组织内部的薪酬关系。在第 III 篇（第 7 章和第 8 章），我们考察外部竞争性——相互竞争的组织之间的薪酬关系——并分析市场驱动力量的影响。

一旦确定了工资标准和薪酬结构，其他问题就会随之出现。我们应该给每个雇员支付多少薪酬？雇员的薪酬应该增加多少？多长时间增加一次？增加的依据是经验、资历还是绩效？薪酬的增加是否应视组织和（或）雇员的绩效而定？组织如何与雇员分享成功或者失败？这些都涉及作为薪酬模型第三大组成部分的雇员贡献问题，我们会在第 IV 篇（第 9～11 章）进行详细讨论。

在第 V 篇（第 12 章和第 13 章），我们研究雇员的服务和福利。福利如何与组织总体薪酬组合相适应？雇员应该怎样选择自己的福利？在第 VI 篇，我们讨论针对特殊群体——销售代表、管理层、合同工、工会员工的薪酬制度（第 14 章和第 15 章），并提供关于全球化薪酬制度的更为详细的信息（第 16 章）。在第 VII 篇，我们将关于薪酬制度管理的必要信息的讨论作为全书的结尾。第 17 章讨论政府在薪酬管理中的作用。第 18 章的内容包括理解、沟通、预算和结果评估。

尽管我们按照薪酬模型的组成内容将本书分成若干章节，但这并没有割裂薪酬决策的内在联系。相反，所有的薪酬决策都是相互关联的。它们共同影响雇员的行为和组织的绩效，并且形成一种可以成为组织竞争优势源泉的薪酬制度。

在这本书中我们始终有一个目的，那就是尽量研究多种替代性方法。我们相信正确的方法不止一种，必然存在或可以设计替代性方法。环境决定哪种方法可能最有效。我们希望本书帮助你更深入地了解这些备选方法，并懂得如何评价和选择最有效的方法，以及如何设计新的方法。不管你是雇员、管理者，还是对薪酬问题感兴趣的社会一员，都应该有能力评价薪酬制度的效率和公平性。

1.6 购者自慎——成为有判断力的消费者

大多数管理人员不阅读研究报告。他们不订阅研究型杂志；他们发现这些杂志充斥着太多专业术语和故弄玄虚的东西，而这些东西既不切实际，又无相关性。[75]但是，在最近的一项研究中，研究者把近5 000名人力资源经理的观点与几个领域的研究证据进行了对比，结果发现这些经理持有七个常见且重要的错误观念。[76]研究者得出的结论是：如果管理人员对关键的研究发现无动于衷，组织可能要付出沉重的代价。例如，当论及激励雇员时，如果组织不懂得"金钱是关键的激励……就工具价值而言甚至没有其他的激励手段或激励技术能够与之接近"的道理，那么它的努力在某种程度上就会被误导。[77]

因此管理人员有必要阅读研究资料。毫无疑问，许多研究不具有相关性，而且研究过程十分粗放。但是，如果你不能成为研究文献的一名读者，你就会变成最新的商业快餐文化的俘虏。信仰，甚至热情，只是对有见地的判断的蹩脚的替代物。因此，在本章的结尾，我们制定了一份包含三个问题的消费者研究指南，以此帮助你成为一个有判断力的读者，一个能够掌握充分信息的决策者。

1.6.1 问题一：这项研究有用吗？

研究选取的变量有多大作用？度量的水平如何？例如，许多研究声称要度量组织绩效。然而，绩效的度量既可以是会计指标，如资产收益或现金流量；又可以是财务指标，如每股收益；还可以是经营性指标，如废品率或缺陷率；或者是定性指标，如顾客满意度。绩效度量甚至还可能使用薪酬管理者的观点，比如"你的收益共享计划效果如何"。（答案选项有五个："高效""有效""一般""令人失望""无效"。"灾难性后果"并不是一个常用选项。）因此，有判断力的消费者必然会问：这些研究度量到有用的东西了吗？

1.6.2 问题二：这项研究能够分清相关关系和因果关系吗？

一旦我们确信变量是有用的并且得到了准确的度量，那么就必须确保这些变量是真正相关的。通常情况下，我们用统计分析的方法来处理这种相关性问题。**相关系数**（correlation coefficient）是度量相关性的常用指标，它反映出一个变量变化与另一个变量变化的相关程度。许多研究都采用一种叫作回归分析（regression analysis）的统计分析方法。回归分析的一个输出变量为R^2。R^2是回归分析的拟合优度，它告诉我们所使用的预测变量或解释变量能够在多大程度上对被解释变量发生的变化作出解释。

即使变量之间存在某种关系，"相关"也并不意味着"因果"。例如，我们不能仅仅因为工厂实施了新的激励计划和工厂的绩效得到提升，就得出激励计划导致绩效提高的结论。工厂绩效水平的提高也可能是新技术、**流程再造**（reengineering）、市场份额增加，或当地经济的普遍复苏等因素带来的。两个变化之间有联系，甚至相关，但因果关系很难确定。

一直以来，人们总是认为案例研究、对优秀实践的标杆研究以及咨询公司的调查能够揭示因果关系。事实并非如此。案例研究是一种描述性的解释，我们既要承认其价值所在，也不能忽视其局限性。不能仅仅因为绩效最好的公司正在实施某种管理实践就认为这种实践是产生优良绩效的原因。确定某种变化是因还是果十分困难，IBM 就提供了一个例证。IBM 多年以来一直推行一种"不裁员"政策。在 IBM 经营业绩不错的时候，"不裁员"政策被认为是推动公司业绩上升的部分原因。后来，当经营业绩不佳的时候，IBM 最终终止"不裁员"政策以应对公司业绩下滑。"不裁员"政策是否曾经对 IBM 的成功作出贡献，但后来由于环境的变化而不再发挥作用？这个政策总是阻碍公司的成功吗？或者终止这个政策是个错误？因果关系之所以很难推断，是因为我们不知道如果 IBM 从未有这个政策或者如果有这个政策并保留它（而不是终止它）将会发生什么。也许正是由于存在这种推论的挑战，薪酬研究确实经常试图回答因果关系问题。然而，好的政策决策取决于作出好的因果推论。[78]因此，我们需要努力应对在回答关键问题（例如，使用基于绩效的薪酬如何影响雇员的能力和动机、顾客满意度、产品质量和公司绩效？）方面存在的挑战。

1.6.3　问题三：有替代性的解释吗？

现在考虑一个试图评价绩效薪酬计划影响的假设性研究。研究者通过评估产品质量、劳动生产率、顾客满意度、雇员满意度、公司业绩等来度量绩效水平，最后观察未来某段时间的绩效水平是否比此段时间有所提高。如果答案是肯定的，我们能否有把握地认为激励工资提升了绩效？也许对绩效提升还有其他的解释，比如，货币价值波动或者公司高层管理人员的调整。

在这个案例中，因果关系的证据看起来很弱。这可能存在其他替代性解释。如果研究者在绩效薪酬计划实施之前和之后的几年都对绩效指标进行度量，那么这种因果关系的证据就会更有力一点。进一步而言，如果研究者在其他公司也重复进行这一研究过程，并且所得结果相似，那么这种因果关系的证据也就更强。然后就可以得出结论：很明显，该公司正在做一些正确的事情，而激励工资可能只是其中的一部分。

通过统计分析或控制组对相互矛盾的解释进行说明是确立因果关系的最好方法。关键在于替代性解释是经常存在的。如果这些替代性解释真的存在，就需要对其进行说明以确立因果关系。通过厘清薪酬计划的影响来明确确立因果关系是件很难的事情。然而，我们可以从证据的总体模式来判断薪酬的影响。

因此，我们鼓励你成为所有管理文献（包括这本书）的批判性读者。正如《哈利·波特与火焰杯》中霍格沃兹魔法学校著名教授阿拉斯特·穆迪（Alaster Moody）告诫的那样："要时刻警惕那些伪装成研究的草率分析。"[79]

本章小结

本章的薪酬模型为理解薪酬制度提供了一个框架。薪酬模型的主要组成部分包括薪酬目标、指导如何实现薪酬目标的薪酬政策，以及构建薪酬制度并将薪酬政策与薪酬目标关联在一起的薪酬技术。本书接下来将逐个讨论四项薪酬政策决策——内部一致性、外部竞争性、雇员贡献和薪酬管理——以及薪酬技术、新的发展方向和相关的研究。

阅读本书的管理者和读者必须牢记两个问题。第一，为什么要这样做？设计薪酬制度或支付个人薪酬并非只有一种正确的方法，因为组织、人员和环境千差万别。但一个训练有素的管理者能够挑选或设计出一种适当的方法。第二，那又怎样？这种技术对我们有什么用？它怎样帮助我们实现组织的目标？如果对"那又怎样"的问题没有一个明确的答案，这种技术的意义也就无从谈起。调整薪酬制度以满足雇员需求并帮助组织实现预定的目标是本书内容的全部。

本书的基本前提是薪酬制度确实会产生深远的影响。然而，很多时候，传统的薪酬制度似乎是为了应对历史上早已被遗忘的一些问题而设计的。虽然实践仍在继续，但这些实践背后的逻辑并不总是那么清晰甚至互不相关。希望下一代的薪酬制度设计更加灵活——能够在变化的条件下实现特定的目标。

复习题

1. 不同的观察视角如何影响我们对薪酬的看法？

2. 你如何给薪酬下定义？从雇员的角度看，哪种薪酬的定义最恰当：回报、奖赏、权利？把你的观点与那些有工作经验的人、来自其他国家的人以及来自其他研究领域的人的观点做一下对比。

3. 你所在的大学向你的老师提供了一种怎样的"回报网络"？你认为什么样的回报可以促进教师提高教学水平？为改进教学效果，你会对教师的"回报"作出怎样的调整？

4. 薪酬模型的四个政策问题是什么？薪酬模型中薪酬目标的作用是什么？

5. 为你从工作中获得的所有形式的薪酬列出一个清单。把你的清单与其他人的清单进行对比，并解释其中的差异。

6. 阅读任何教你如何支付别人薪酬的学术论文或商业文章时，记得回答本书"购者自慎——成为有判断力的消费者"中提出的三个问题。

案例练习　劳动力成本在零售电子产品中的作用

让我们先来评估一下在两种不同的竞争环境中，薪酬在多大程度上是公司成功（或失败）的重要原因。

首先，我们考察一下消费类电子产品的案例以及美国电路城公司（Circuit City）和百思买集团的经历。电路城使用的是一种传统的佣金报酬计划：向经验丰富、表现突出的销售人员支付高额佣金。顶级的销售人员都非常了解产品的性能并且能及时更新产品知识，顾客也知道在电路城能够获得更加专业的建议。这种薪酬战略使电路城与主要竞争对手百思买区别开来，后者的特点是向顾客提供一种自助式的消费服务，卖场的商品库存丰富，但专业销售人员较少。百思买雇用年轻但缺乏经验的销售人员，向他们支付较低的工资和较少的奖金。但是，百思买的销售量和股东总回报却远远高于电路城。随后，电路城在 2003 年解雇了 3 900 名高薪销售人员，代之以 2 100 名缺乏销售经验的雇员，电路城只需向这些雇员支付较低的工资和奖金。电路城称，在竞争对手采用低薪战略的情况下，它没有能力再向销售人员支付高额佣金。[80]

2007 年，电路城再次解雇 3 400 名薪酬水平最高的雇员，并开始用低薪雇员代替他们，以期降低劳动力成本。在接下来的一个季度，电路城报告称公司出现亏损。有些评论家将亏损归咎于电路城舍弃了经验丰富、训练有素的雇员，令消费者的消费体验更加糟糕，进而降低了公司的收益率和利润率。

例如，《商业周刊》（*BusinessWeek*）评论道："在昂贵的消费类电子产品世界里，顾客服务无疑与产品质量处于同等重要的地位，而电路城丢失了它的特色，进一步削弱了其盈利能力。"但是，一位公司发言人声称，电路城的每个卖场只有少数销售人员受到劳动力裁减的影响，而且受到影响的人大多是客户服务代表或库房管理人员。他质疑裁员是否真的对卖场的消费体验产生重要影响，是否真的因此而导致公司绩效降低。但最终，电路城的利润和股价还是跌入谷底，不得不破产清偿债务，关闭了 500 个卖场（导致 30 000 多名雇员失业）。[81]

现在我们考察这个故事的下一部分。百思买随后也设法进一步削减自己的劳动力成本，它采取的办法是将 8 000 名高级销售代表降级到薪酬只有原先一半的工作岗位。一个问题是百思买降低工资水平的做法是否会招致与电路城几年前相同的后果——有人将这种后果描述为"灾难性的人事流动"。[82] 很明显，百思买并不这么认为。随后，2012 年百思买宣布将关闭 50 家卖场并裁掉 400 个公司职位以削减 8 亿美元成本。为什么百思买要大幅削减成本？《今日美国》（*USA Today*）称，百思买"正在努力避免电路城 2009 年的破产命运"。（另可参见睿侠电器行（Radio Shack）。）它既面临高价商品（如电视机）销售量下降的问题，也面临来自亚马逊和折扣店（沃尔玛和塔吉特（Target））的挑战。[83]裁减公司总部的雇员一直是百思买持续不变的目标，目前总部约有 5 000 名员工，低于 2005 年 9 000 人的峰值。在裁员、关闭卖场和减薪之后，百思买下一步（2014 年）的目标是裁减约 2 000 名卖场和区域办事处的雇员。不过，百思买希望以对消费体验负面影响最小的方式进行裁员。裁员的目标大多是中层经理，他们中的许多人有 6 位数的薪水，而且每个人都监管着 10 多家卖场的商品销售。这样一来，中层管理人员就会越来越少（每个卖场分摊到的人更少），而卖场管理人员的职责也会越来越多，他们现在需要具备"管理各自卖场的全面能力"。百思买将区域办事处雇员而不是卖场雇员和直接帮助购物者的雇员作为裁减对象，目标是把裁员对卖场内部客户服务的影响降到最小，同时帮助公司继续降低成本，以使其能够成功地与亚马逊、沃尔玛、塔吉特以及其他具有低成本结构的公司在价格和服务上展开持续竞争。

我们在此提供了电路城、百思买以及其竞争对手亚马逊和沃尔玛的股票价格、顾客满意度数据。

年份	股票价格（美元）				顾客满意度（ACSI 指数）			
	电路城	百思买	亚马逊	沃尔玛	电路城	百思买	亚马逊	沃尔玛
2000	48	26	82	68			84	73
2001	16	18	16	53		84	75	
2002	29	32	11	58		88	74	
2003	7	18	19	51	73	72	88	75
2004	9	36	53	53	73	72	84	73
2005	14	37	45	54	72	72	87	72
2006	23	47	48	46	70	71	87	72
2007	19	50	37	47	69	76	88	68
2008	4	44	96	47	71	74	86	70
2009	0	28	51	56	72	74	86	71
2010	*	40	136	53	*	77	87	73
2011	*	34	181	54	*	77	86	70
2012	*	24	176	60	*	78	85	71
2013	*	12	257	69	*	77	88	71
2014	*	41	398	79	*	77	86	68
2015	*	39	309	86	*	74	83	66
2016	*	30	656	61	*	77	86	72
2017	*	43	758	69	*	78	85	71
2018	*	69	1 172	99				
2019	*	54	1 539	93				

说明：没有 ASCI 的最近数据。ACSI 为 American Customer Satisfaction Index 的缩写，参见 http://www.theacsi.org/。电路城、百思买和沃尔玛 2003 年之前的 ACSI 数值有缺失。＊表示因电路城不再营业而无相关数据。

资料来源：The American Customer Satisfaction Index.

问题：

1. 回顾一下本章有关"购者自慎——成为有判断力的消费者"的讨论内容，请回答：电路城是否因为使用低薪雇员代替高薪雇员的策略导致经营失败？你对你的结论有信心吗？为什么？

2. 百思买是怎么做的？它削减劳动力成本的做法起作用了吗？

3. 为什么沃尔玛、亚马逊比百思买和电路城做得更好？它们向雇员支付更高的薪酬吗？

4. 对于百思买而言，在当前的竞争格局中是否存在只通过薪酬战略变革（比如，削减劳动力成本）无法解决的更大问题？消费者选择购买电子产品时，除了百思买还有什么其他选择？为什么他们没有选择百思买？消费者在哪里测试产品？又在哪里购买这些产品？薪酬变革能够应对这些挑战吗？请予以解释。

5. 百思买对削减成本的关注是过多还是过少？请予以解释。

6. 如果你在 2013 年（当时百思买的股票价格为每股 12 美元）回答了这些关于百

思买的问题，那么你预计百思买会发生什么变化？你对百思买自 2013 年以来的表现感到惊讶吗？你从百思买命运的逆转中总结出什么教训（如果有的话）？

注　释

第 2 章
战略：决策的总体性

你或许会认为可以直接跳过本章。毕竟，薪酬战略能有什么挑战性呢？何不采用这种方法来制定薪酬战略：让市场决定我们应当向雇员支付多少报酬！遗憾的是，一剂现实的药方很快就揭示出雇主们的行为并非如此简单。即使真的这么干，他们也必须在信息收集和认知处理方面有所投入，以弄清楚"市场""决定"的到底是什么。信息是有成本的，而在信息处理方面，人类只有"有限理性"（这是诺贝尔奖得主赫伯特·西蒙（Herbert Simon）创造的术语）。

2.1 战略的相似性与差异性

我们在图表 2-1 中比较了谷歌、纽柯和美林证券三家公司的薪酬战略。谷歌是一个非常流行的互联网搜索引擎公司。纽柯是一家通过回收钢铁废料和其他金属材料来生产钢铁制品的先锋企业，其产品包括螺纹钢、角钢、环形钢、槽钢、扁钢、钢片、钢梁、钢板等。美林证券现在属于美国银行的一部分，经历了几年的多事之秋（继 2008年金融危机之后），主要为全球投资机构或个体投资者提供咨询服务，我们将重点关注它的金融投资顾问（经纪人）（见本章结尾部分的案例练习 1：美林证券）。这三家公司都属于各自所在行业的创新者。它们在薪酬战略五个维度上的决策既有相似性又有差异性。它们制定的薪酬战略都服务于公司的经营战略，都强调提高雇员绩效和忠诚度，但也存在显著差异。

图表 2-1 三种薪酬战略的比较

	谷歌	纽柯	美林证券
目标	强调创新 对成本控制的承诺 认可贡献 吸引和奖励优秀人才	关注客户 最高效的劳动生产率 最高水平的产品质量	关注客户 吸引、激励并留住最优秀的人才 公平、容易理解的薪酬政策和实践
内部一致性	使层级结构最小化 每个人都身兼数职 强调合作	通过集体努力获取成功 没有明确的职业发展路径，但有许多发展机会	内部薪酬的公平性 工作的重要程度取决于四个因素：知识/技能、复杂性、业务影响、战略价值

续表

	谷歌	纽柯	美林证券
外部竞争性	市场领先的薪酬和福利 独一无二的福利	低于市场水平的基本工资 市场领先的总体现金薪酬	具有市场竞争力的基本工资和福利 具有市场竞争力的激励工资/奖金和股票奖励
雇员贡献	重视个人贡献 丰厚的股权计划	基于工厂产量和公司利润的奖金计划	根据客户资产管理费和佣金及公司管理的全部客户资产总额对金融投资顾问实施强有力的激励
薪酬管理	热爱雇员，并希望雇员知道这一点	不针对每一个人 从不解雇雇员，但收入会浮动	容易理解并具有一致性的信息

　　虽然谷歌（现在被称为 Alphabet）事实上是全球最大的公司之一（市值超过 7 000 亿美元），但它对自己的定位是：由书呆子和数学天才组成的充满活力的创业公司。它向所有雇员提供非常慷慨的股票奖励计划，以至于许多人现在都变成了百万富翁。与竞争对手相比，谷歌的福利"远远超出基本标准"。（是的，这里有免费的午餐、健身房、大钢琴、地滚球场、保龄球馆和轮式曲棍球场，公司内部的 25 个咖啡馆全部向雇员免费开放。）难怪《财富》杂志分别在 2007 年、2008 年、2012—2017 年将谷歌评为最适合工作的公司。谷歌虽然在传统上不重视现金薪酬（基本工资加奖金），但实际情况有所不同。例如，谷歌在 Glassdoor 发布的薪酬福利最佳公司排行榜上排名第一。[1]根据 Glassdoor 的数据，谷歌高级软件工程师的平均年薪为 163 277 美元，外加平均 37 562 美元的可变薪资（例如奖金），共计 200 839 美元。相比之下，高级软件工程师的全国平均年薪为 121 185 美元，加上 9 977 美元可变薪酬，共计 131 162 美元。几年前，谷歌基于一项调查结果实施了全员加薪计划——将全体雇员的基本工资提升了 10%。据报道，当时这项调查的结果显示"谷歌雇员认为薪水比奖金或股权更重要"。[2]谷歌也坚信绩效工资制度的作用。谷歌前人事运营主管拉兹洛·博克（Laszlo Bock）在他的《工作规则！》（Work Rules!）一书中建议组织"支付不公平的薪酬（这样更公平！）"。博克解释说，一小部分员工创造了很大比例的价值，组织支付给他们的薪酬必须体现他们的突出贡献。

　　纽柯钢铁公司重视的是高劳动生产率、高质量和低成本的产品。纽柯为那些愿意为促进公司劳动生产率和盈利能力的提升而努力工作的雇员创造机会。在业绩较好的年份，纽柯的一名小时工一年的工资加奖金能达到 75 000 美元或者更多。相比而言，美国制造业的年平均工资是 47 000 美元（基于美国劳工统计局的数据）。此外，纽柯从未裁撤过雇员，即使在销售额从 2008 年的 237 亿美元锐减至 2009 年的 112 亿美元时。因此，当纽柯在公司使命宣言中宣称"同心协力"获取成功和重视所有客户（包括雇员）时，它的行动证明它认真履行了这些诺言。然而，纽柯公司的一些工人几年前确实经历了薪酬（主要是奖金）的大幅下降，当时包括钢材进口等因素引发的钢铁行业竞争拉低了钢铁制品的价格和利润。[3]因此，纽柯的劳动力成本是富有弹性的，必要时可以下降，但这种弹性不是通过裁员实现。（事实上，这种弹性有助于避免裁员。）

美林证券的薪酬目标非常直接：吸引、激励并留住最优秀的人才。美林证券主要依赖其雇员的人力资本参与市场竞争。它的全球市场和投资银行部，正如我们在过去 10 年的金融危机中所看到的那样，是一个既能赚大钱又能赔大钱的地方。我们在这里关注的是它的全球财富管理部门及其核心团队和金融投资顾问（经纪人）。美林证券大约有 1.5 万名金融投资顾问。金融投资顾问每管理 1 亿美元的客户资产就会为美林证券创造 100 万美元的管理费和佣金（被称为"产值"）。[4] 在美林证券，如果金融投资顾问的产值在 500 万美元或以上，他将获得高达 50％的奖金，即 250 万美元。对于产值较低的金融投资顾问，其奖金也相对较少。例如，一个产值为 50 万美元的金融投资顾问的奖金比例为 40％，即 20 万美元。随着时间的推移，根据年份（和战略重点）的不同，美林证券还有针对团队产值、新客户增加和产值增长等的单独奖励。[5]

美林证券经历了一个震荡期，通过美国财政部牵线被美国银行收购。但是，同原来的主要竞争对手雷曼兄弟和贝尔斯登不同——前者陷入了破产，后者被 J. P. 摩根收购后似乎失去了自身的特点，美林证券保留了自己独有的特色，并作为美国银行的全资子公司存活下来。美林证券对经纪人和关键雇员群体所实行的薪酬制度基本保持不变。[6]

多年以来，美林证券这种激进的绩效薪酬制度被看作美林证券借以为广大股东和多数雇员创造巨额财富的一个关键因素。然而，美林证券（及其竞争对手）这种激进的薪酬制度如今却被视为导致金融行业"崩溃"的一个关键因素，在这一点上美林证券的全球市场和投资银行部表现得更为明显。一个广为流传的观点是，这种激进的薪酬制度引发了太多的冒险行动（例如，在次级贷款和货币交易等业务领域），最终导致金融行业许多公司倒闭。同一种薪酬制度，过去被视为美林证券为其股东和多数雇员创造巨额财富的组织文化的核心，后来却被指责为导致美林证券及其他同类公司破产的罪魁祸首。下一步该怎么走？在美国银行收购美林证券几年后，《福布斯》杂志刊登了一篇题为《美国银行爱上美林证券的原因分析》（*Here's Why Bank of America Loves Merrill Lynch*）的文章。[7] 文章称，美林证券在美国银行的整体净收入中所占的份额高得不成比例，这种情况仍在继续。[8] 例如，最近的统计结果显示，占美国银行雇员总数 8.6％的美林证券却创造了美国银行 15.9％的收入。在本章结尾部分的案例练习中，你将有机会进一步考察美林证券的薪酬问题。

这三家公司的经营管理差异非常大，它们要面对不同的竞争环境，争取不同的客户，抢夺不同的人才。因此，它们的薪酬战略存在差异并不令人奇怪。对于那些竞争相同人才和相似客户的公司而言，薪酬战略也可能存在差异。[9]

2.1.1　同一行业中的不同战略

软件工程师和市场营销人才是谷歌、微软和 SAS 三家公司竞相争取的对象。目前微软公司采取了与谷歌非常相似的战略，不同的是前者要求雇员也"参与到游戏中来"；也就是说，雇员同意接受较低的基本工资加入一家股价呈指数级增长的公司。[10] 但当公司的股票表现不再出色时，微软进行了薪酬战略调整：将基本工资和奖金总额由占竞争对手的 45％ 提高到 65％。虽然微软依然保持对与股票（仍表现不佳）相关的薪酬的高度青睐，但它废除了长期存在且涵盖广泛的股票期权计划，转而支持股票授予。微软的雇员福利仍处于市场领先位置。最近，微软就像科技资讯网（CNET）所说的那样，通过"大幅削减对雇员的股票奖励而代之以现金薪酬"，"又向中年迈进了一步"。科技资讯网将这种转变描述为"含蓄地承认其股票表现不足以留住顶尖人才"。在"百家最适合工作的公司"排名中，微软已经从 1998 年首届的第 8 名跌至 2014 年的第 86 名。[11] 2017 年它又再次反弹至第 2 名。

SAS——全球最大的私人软件公司——采取了一种截然不同的薪酬战略。相较于现金薪酬，它更加重视工作与生活平衡计划，只向雇员提供有限的奖金，且没有股票奖励。同谷歌一样，SAS 在"百家最适合工作的公司"排名中也经常名列前茅（比如，2011 年排第 1，2012 年排第 3，2013 年和 2014 年排第 2，2015 年排第 4，2016 年排第 8，2017 年排第 37）。位于美国北卡罗来纳州凯里市的 SAS 公司总部设有免费的现场儿童抚育中心、公司资助的面向雇员子女的私立学校、在现场提供免费医疗服务的医生，还配备了一些娱乐设施。[12]公司并不主张雇员每周的工作时间超过 35 小时。SAS 认为，通过尽可能地消除雇员日常生活中的各种挫折和干扰，可以促使雇员全身心地投入工作，并且能够保持旺盛的精力。例如，SAS 发现，一周工作 35 小时的雇员编写的程序代码要优于身心疲惫的雇员编写的程序代码。谷歌目前仍然保留着创业时的激情，微软公司已经变成了"新波音——一个赚大钱的可靠场所"。[13]SAS 重视它的工作与家庭平衡计划，以及工作与非工作的平衡。

由此可见，以上这些例子说明了不同行业的公司（谷歌、纽柯、美林证券）之间，甚至同一行业的不同公司（谷歌、微软、SAS）之间薪酬战略视角的差异性。

2.1.2 同一公司内的不同战略

同一个组织的不同经营单位有时会面临非常不同的竞争条件，采取不同的经营战略，从而配置不同的薪酬战略。联合技术公司（United Technologies）的经营单位包括奥的斯电梯（Otis Elevator）、普惠（Pratt & Whitney）航空发动机、西科斯基飞机（Sikorsky Aircraft）、温控系统/安保（Climate Controls/Security）、航空航天工业（Aerospace）以及建造/工业系统（Building/Industrial Systems）。这些经营业务都面临差异性极大的竞争条件。韩国 SK 集团的经营单位更加多样化，包括汽油零售商、手机制造商，以及 SK 建筑集团（SK Construction）。SK 集团针对每个极具差异性的经营业务采取了不同的薪酬战略。[14]

简单的"让市场决定薪酬"的做法在国际上也难有作为。许多国家并不像美国那样拥有完善的劳动力市场，有的国家根本就不存在劳动力市场。人们或者不去更换雇主，或者在某些情况下不能自由地更换雇主。亚洲和东欧等地的劳动力市场出现得比较晚。在一些经济高度发达的国家，比如德国和法国，劳动力市场也是受到高度管制的。结果，在这些国家和地区的企业中人员流动比较少见，而在美国、加拿大，甚至韩国和新加坡，人员流动则更为普遍。[15]

问题的关键在于从战略的角度看待薪酬要比它最初的样子更复杂。因此，我们建议你继续读完本章。

2.2　战略选择

战略（strategy）是组织选择的基本方向。[16]组织通过权衡做什么与不做什么的选择过程来界定它的战略。图表 2-2 将这些战略选择与对竞争优势的追求联系起来。在公司层面，基本的战略选择是：我们应该进入怎样的业务领域？在经营单位层面，战略选择转变为：我们如何在这个业务领域中获取并保持竞争优势？职能部门层面的战略选择是：总体薪酬应如何帮助该业务获取并保持竞争优势？终极目标——"那又怎样？"——就是获取并保持竞争优势。

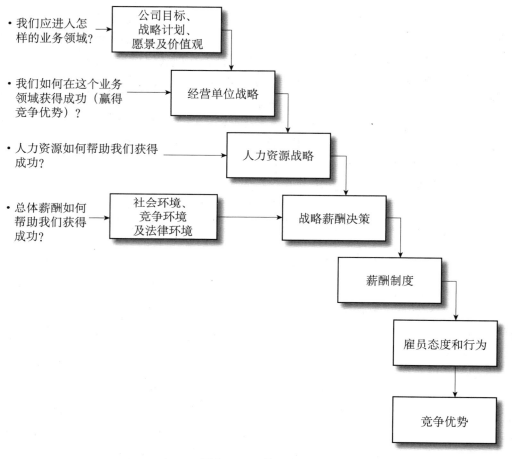

图表 2-2　战略选择

战略视角　关注的是那些可以帮助组织获取并保持竞争优势的薪酬选择。

2.3　支持经营战略

几乎每本商业书籍或每份咨询报告都流行一种理论，它告诉管理者去调整薪酬制度以使其与本组织的经营战略相一致。这一理论的立论基础是"权变观念"。也就是说，一个公司经营战略的差异应该获得本公司相应人力资源战略（包括薪酬）差异的支持。其中隐含的前提是组织与薪酬制度之间的一致性越好或匹配性越强，组织的经营效率就越高。[17]

图表 2-3 用一个例子说明了如何根据三种常见的经营战略调整薪酬制度。**创新者**（innovator）重视产品创新和对市场趋势的快速反应；支持性的薪酬制度是降低对技能评价和职位评价的重视程度，而更加强调以鼓励雇员创新为目标的激励计划。**削减成本者**（cost cutter）的以效率为中心的经营战略强调以最低成本创造最大收益，鼓励提高劳动生产率，以及更加详细而精准地制定工作操作流程。**以客户为中心者**（customer-focused）的经营战略强调提高客户满意度，并且根据雇员在提高客户满意度方面所做的努力支付薪酬。

图表 2-3　根据经营战略调整薪酬制度

经营战略	经营响应	人力资源计划的调整	薪酬制度
创新者：增加产品复杂性和缩短产品生命周期	● 产品领先 ● 转向大规模定制化 ● 循环时间	● 致力于灵活、具有冒险精神和创新精神的人	● 奖励产品创新和产品生产创新 ● 基于市场定价的工资 ● 弹性化——通用的职位描述
削减成本者：关注效率	● 高水平运营 ● 寻求低成本、高效率的解决方案	● 低投入、高产出	● 关注竞争对手的劳动力成本 ● 增加可变薪酬 ● 强调劳动生产效率 ● 重视系统控制和工作规范
以客户为中心者：增加客户预期	● 向客户提供解决方案 ● 快速进入市场	● 取悦客户，超越预期	● 基于客户满意度的激励工资 ● 基于客户联系的技能价值和职位价值

其他经营战略框架也都依赖于类似的观念。在迈克尔·波特（Michael Porter）有关战略的论述中，公司削减成本被称为实行成本领先战略（cost leadership strategy），而公司谋求以高价提供独特的创新性产品或服务被称为实行差异化战略（differentiation strategy）。同样，迈尔斯（Miles）和斯诺（Snow）将公司实行的防御型战略（defender strategy）称为在稳定市场上运营业务并在成本上开展竞争，而将公司实行的开拓型战略（prospector strategy）称为更加注重创新和新市场，等等。[18]这些被称为通用的经营战略框架。传统的观点会认为通过成本进行竞争的经营战略需要降低雇员的薪酬，而强力的激励工资/绩效薪酬更有可能确保通过创新进行竞争的经营战略获得成功。

但是，多数公司没有通用的经营战略。相反，正如我们在下面的讨论中所表明的那样，它们往往涉及成本和创新方面的内容。同样，薪酬战略也并不必然与通用的经营战略保持完全的匹配。[19]林肯电气（Lincoln Electric）、纽柯、西南航空（Southwest Airlines）的经营战略严重依赖成本领先，但在公司效益好的时候（需要指出的是，只有在公司效益好的时候），它们会向雇员支付远高于市场水平的薪酬（例如，实行股票和利润分享计划）。SAS 实行的是以客户和创新为中心的经营战略，但在薪酬战略上很少使用绩效薪酬。可以设想，如果每一种特定的经营战略都自动对应一种最有效的薪酬战略，那么管理人员就是可有可无的了。这些通用的经营战略和薪酬战略观念是一个很好的起点。[20]但是，如果一个公司要想比竞争对手做得更好，就必须考虑如何通过经营战略和薪酬战略的匹配来打造自己独特的增加价值的方法。[21]

　　在这些通用的经营战略中，谷歌、纽柯和美林证券又分别对应哪一种呢？再考察一下图表2-3。乍一看，谷歌可能是一个创新者，而美林证券属于以客户为中心者。纽柯在回收利用废旧钢材的能力方面是一个创新者，而它同时专注于削减成本和提高劳动生产率。但是，这些公司的管理者或许会认为他们的公司均符合以上所有关于三种经营战略特性的描述。美林证券在金融投资衍生品方面是创新者，同时也在努力控制成本。因此，每个公司实际上都是三种经营战略的独特混合体。

　　由此可以断定，当经营战略改变时，薪酬制度也应该做相应的调整。一个经典的例子是IBM的战略和文化转型。多年来，IBM高度重视内部一致性。当公司控制了利润丰厚的大型计算机市场时，它的成熟的职位评价计划、清晰的决策结构、平衡工作与生活的福利、无裁员的人力资源政策都发挥了重要作用。但是到了21世纪，这种对内部一致性的强调并不能为适应新世纪竞争形势的变化提供足够的灵活性。转型后的IBM不再销售它所推崇的个人电脑。相反，IBM把它当前的经营战略描述为"关注IT行业增长快、价值高的业务板块"。例如，IBM指出，"它已经退出了诸如个人电脑和硬盘驱动器等商品化业务"。IBM声称它当前的全球能力包括"服务、软件、硬件、基础研究和融资"，而且"这些业务和能力的广泛组合共同为公司经营提供了洞察力，为公司客户提供了解决问题的方案"。[22]图表2-4描述了IBM为执行其战略而制定的"新蓝"（New Blue）计划。一个新的经营战略意味着需要一种新的薪酬战略。在IBM，这意味着通过削减管理层级使组织扁平化、重新设计工作以增加灵活性、提高激励工资以强有力地推动绩效差异化，以及持续关注成本。IBM为了支持已变化的经营战略改变了自己的薪酬战略和薪酬制度。由于IBM的股价在过去五年内大幅下跌，而与此同时道琼斯指数却大幅上涨了66％，因此IBM的这一举措能否奏效还有待考察。

图表2-4　IBM的战略原则与战略执行的优先级

战略原则	战略执行的优先级
1. 市场是一切事物背后的驱动力。 2. 在我们的心中，我们是一家对质量作出最高承诺的技术公司。 3. 我们衡量成功的根本标准是客户满意度和股东价值。 4. 我们要成为官僚等级最小化且永远关注劳动生产率的企业组织。 5. 我们永不忽视自己的战略愿景。 6. 我们带着紧迫感去思考和行动。 7. 优秀的、有奉献精神的雇员会将愿景变为现实，尤其是当他们组成团队协同作战时。 8. 我们要体察所有雇员的需求以及我们所在社区的需要。	1. 传播经营价值。 2. 提供世界级的开放的基础设施。 3. 开发创新性领导技术。 4. 发掘新的利润增长机会。 5. 创造品牌领导力和卓越的客户体验。 6. 吸引、激励和留住我们行业的优秀人才。

资料来源：改编自IBM.

■ 2.4　支持人力资源战略

　　虽然薪酬战略支持经营战略意味着薪酬与整体人力资源战略之间存在一致性，但是这个话题实在太过重要，我们需要详细讨论。在关于高绩效工作系统（HPWS）和人力资源战略的文献中，博克索尔（Boxall）和珀塞尔（Purcell）描述了一个"非常基本的绩效理论"，称为"AMO 理论"：

$$P = f(A,M,O)$$

在这个等式中，P 代表绩效，它被指定为三个变量的函数：A 是**能力**（ability），M 是**动机**（motivation），O 是**机会**（opportunity）。[23]换句话说，AMO 理论的逻辑是当通过甄选、培训和开发等手段使雇员的能力得到提升时，当薪酬制度激励雇员发挥自己的能力时，当通过角色设计允许雇员参与决策并发挥影响时（通常也把变量 O 称为 E，表示环境（environment）），人力资源制度最有效。薪酬是吸引、留住和激励（通过激励效应和筛选效应）那些具备执行组织经营战略能力和承担更大决策责任能力的雇员的关键。薪酬也是激励这些雇员充分利用这些能力的关键。因此，更高的薪酬水平和绩效薪酬通常是这种高绩效工作系统（HPWS）的组成内容。

　　让我们考察一下 SAS 的薪酬与其人力资源战略其他组成部分的一致性。SAS 的软件都实行授权使用，而不是一次性出售。这是 SAS 经营战略的一部分，通过这种方式 SAS 从客户那里得到有关如何持续改进产品质量和何种新产品最受消费者欢迎等大量不间断的信息反馈。为支持这种长期客户关系，SAS 努力降低雇员流动率。它对薪酬组合中福利的高度重视似乎在帮助其留住雇员方面发挥了良好作用。SAS 同时也收到许多求职申请，因此可以在招聘雇员时精挑细选。这无疑有助于 SAS 建设一支高素质的雇员队伍，并甄选到与公司倡导的团队合作和创意分享的组织文化相适应的雇员。SAS 不再强调基于个人绩效向雇员付酬，这或许降低了由于雇员之间的竞争而破坏团队凝聚力的风险。正如我们在下面所讨论的那样，全食超市也把团队合作作为自己的组织文化。但是，与 SAS 不同，全食超市高度依赖绩效薪酬。不过，它看重的是团队绩效。（与 SAS 和全食超市对个人绩效差异不予重视的做法相比，另外一种完全不同的薪酬支付方式——高度重视按照个人绩效水平付酬——似乎适用于通用电气、纽柯、林肯电气和美林证券等公司的经营战略和人力资源战略。）如果薪酬战略与整体人力资源战略相悖，那么它在支持组织经营战略方面又能发挥多大作用？在阅读下文关于全食超市的案例时向自己提一个问题：如果采用一种不同的薪酬战略，全食超市依赖团队并给予雇员广泛的决策自由的做法会产生怎样的效果。这种错配经常惊人地发生。[24]

　　薪酬战略和人力资源战略对于经营战略的成功执行尤为关键。图表 2 - 5 试图捕捉这一理念，即 AMO 和（薪酬战略、人力资源战略和经营战略）的匹配度的重要性。它同时也揭示了一个非常简单但又十分重要的发现：所有这些都归结为对收益或成本的影响。薪酬战略、人力资源战略和经营战略的最终目标都是相对于竞争对手降低成本或增加收益。[25]同时，关键的利益相关者（例如，雇员、客户、股东）必须对他们与公司的"交易"或与公司的关系感到满意。如果这一切都能发生，那么好的效果就更有可能出现。

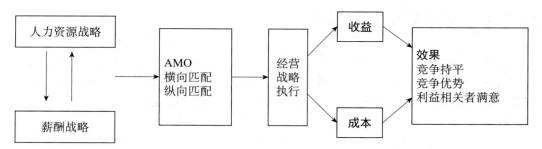

图表 2 - 5　人力资源战略与薪酬战略的匹配和效果

说明：横向匹配是指薪酬战略与整体人力资源战略之间的匹配；纵向匹配是指薪酬战略、人力资源战略与经营战略的匹配；AMO 代表能力、动机和机会。

2.5　薪酬模型指导战略薪酬决策

让我们继续讨论全食超市。即便你第一次光顾全食超市的任何一家卖场，也很容易发现它的竞争优势十分明显，这种竞争优势被描述为"令人垂涎的色泽、味道和质地的狂欢；向胃口致敬。"[26]全食超市在 1978 年创业之初还只是得克萨斯州奥斯汀市的一个小型健康食品店，通过战略决策，目前已成为全球领先的天然和有机食品超市，它的目标是改变美国人的饮食方式。沿着这条道路，全食超市的管理层设计了一种总体薪酬制度以支持公司的快速成长（从 1996 年的 10 000 名团队成员和 9 亿美元销售额，增长到今天的 87 000 名团队成员和 160 亿美元销售额），并始终不渝地坚持公司创始人约翰·麦基（John Mackey）制定的愿景。全食超市已连续 20 年荣登《财富》杂志"最适合工作的公司"排行榜。（全食超市在 2017 年被亚马逊以 137 亿美元的价格收购，其薪酬和人力资源战略是否能保持不变还有待观察。不过，到目前为止，约翰·麦基仍担任全食超市的首席执行官，这意味着战略的连续性已列入规划。）[27]

让我们运用薪酬模型来考察全食超市的管理者所面临的五项战略薪酬选择。

1. 薪酬目标：薪酬战略应该如何支持经营战略并适应全球化背景下的文化和法律约束？（全食超市的目标：通过提高利润和促进企业成长增加股东价值；竭尽全力满足和取悦客户；寻找并雇用那些准备为提高公司盈利能力做贡献的雇员——每个新雇员必须经所在团队 2/3 的成员投票同意后才能获得永久性职位。）

2. 内部一致性：不同类型和水平的技能、工作在组织内的报酬应该有什么不同？（全食超市：以 8~10 人组成的自我管理的团队负责卖场日常运营；将过去通常由管理人员所做的决策——例如订购和储存哪些商品——转由这些团队作出。平等主义和同舟共济的理念要求管理层的薪酬不超过所有全职雇员平均薪酬的 19 倍，这个比例以前是8 倍，需要注意的是，对于高管而言，薪水通常占总薪酬的一半以下；所有全职雇员都有资格获得股票期权，公司股票期权的 94％都用来分配给普通雇员。）

3. 外部竞争性：与竞争对手相比，总体薪酬应该如何定位？（全食超市：提供一种相对于竞争对手而言独一无二的"交易"方案。）应该采用什么样的**薪酬形式**（form of

compensation)？（全食超市：为每周至少工作 20 小时的所有雇员提供医疗保险，而且每年向雇员提供带薪的 20 小时做义工时间。）

4. 雇员贡献：给雇员加薪的根据是什么？是个人和（或）团队的绩效，还是雇员的工作经验和（或）持续不断的学习？是雇员日益熟练的工作技能，还是生活成本的上涨？是个人需求的增加（如住房补贴、交通补助、医疗服务），还是每个经营单位的绩效？（全食超市：同舟共济——每四周对每个团队的工作绩效进行一次评估，评估指标是每工作一小时所创造的收益，这直接影响团队成员的薪酬水平。这是公司在决定人员去留时给予雇员发言权的一个原因——大家都想留下那些能够帮自己赚钱的人！）

5. 薪酬管理：薪酬决策应在多大程度上对所有雇员公开和透明？应该让哪些人参与薪酬制度的设计和管理？（全食超市："无秘密"管理：每个连锁卖场都有一本列有上一年度包括管理层在内的每个雇员薪酬的小册子；"由你决定"——雇员通过投票选择自己的医疗保险，而不是由领导层强行指定。）

这些决策综合在一起形成一个模式，从而成为一个组织的薪酬战略。

2.5.1　明确的与未明确的战略

所有支付薪酬的组织都有薪酬战略。为了便于组织的全体人员查阅和理解，许多组织以书面形式公布自己的薪酬战略。其他一些组织或许还没意识到它们有薪酬战略。如果就薪酬战略问题询问后面这类组织的某位管理者，你可能会得到一个务实的回答："我们会竭尽全力。"这种组织的薪酬战略是从它所采取的薪酬决策推演而来的。[28]所有组织的管理者都要作出前文讨论过的五项战略决策。有些管理者会以理性、慎重的方式作出这些决策，有些管理者做决策的方式则更为混乱——对来自组织所处的经济、社会政治和法律环境的压力的临时性反应。但是，对于任何支付薪酬的组织而言，总存在一个正在发挥作用的薪酬战略。

■ 2.6　开发总体薪酬战略：四个步骤

如图表 2-6 所示，开发薪酬战略涉及四个简单步骤。虽然步骤简单，但实施起来非常复杂。试错、经验和洞察力在每个步骤都发挥着重要作用。研究证据对总体薪酬战略的开发也有帮助。[29]

2.6.1　第一步：评估总体薪酬的含义

考察一下组织的过去、现在和未来（对组织而言未来最为重要）。经营环境中有哪些因素有助于组织获取成功？当组织展望未来时，这些因素中又有哪些可能变得更重要（或更不重要）？图表 2-6 将这些因素划分为竞争动力机制、文化/价值观、社会和政治环境、雇员/工会的需求以及其他人力资源制度等。

经营战略和竞争动力机制——理解业务领域

开发总体薪酬战略的第一步包括理解组织所处的具体行业以及组织如何规划在行业

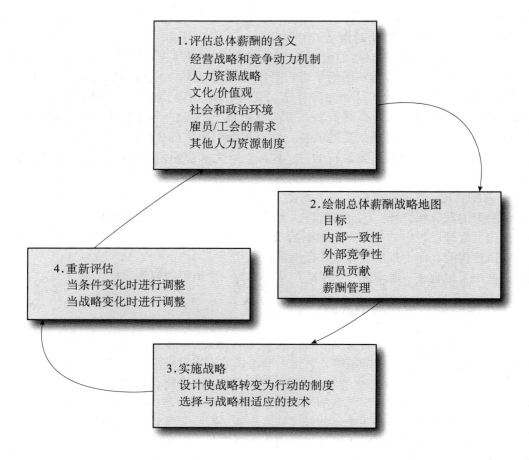

图表 2－6　制定总体薪酬战略的关键步骤

内的竞争。这与图表 2－2 的前两个决策相呼应：我们应该进入怎样的业务领域，我们如何在这个业务领域获得成功。[30]要想处理好复杂多变的竞争动力机制，就需要关注组织当前经营环境中存在哪些重要因素（即正在变化的客户需求、竞争对手的行动、正在转变的劳动力市场条件、变化的法律法规及全球化）。对于组织未来发展而言，哪些因素是重要的？

你公司的经营战略是什么？你如何在竞争中取胜？薪酬制度应该如何支持公司经营战略？要学会评估你所在业务领域的潜在的竞争动力机制（或者与那些能够开展这项评估的人建立联系）。我们已经使用削减成本者、以客户为中心者和创新者（见图表 2－3）的例子讨论了根据不同经营战略调整薪酬战略的问题。但是要注意：正如我们已经指出的那样，现实更加纷乱复杂。许多组织既是创新者又是削减成本者，同时还要以客户为中心，集三者于一身，甚至更为复杂。因此，图表 2－3 所传递的理性、有序的表象并没有完全捕捉到潜藏在这一过程中的复杂多变的竞争动力机制。[31]

竞争动力机制可以在全球范围内评估。[32]但是，薪酬的国际比较是一件非常复杂的事情。在第 1 章我们曾经提到每小时劳动力成本以及劳动生产率（每一美元工资的产出）在各国之间的差异。但是，正如我们将在第 16 章讨论国际化薪酬制度时所看到的那样，各国之间在工作时间的平均长度、带薪假日的平均数量、国家医疗保障和退休计划的种类，甚至薪酬支付方式等方面都存在差异。尽管如此，管理者必须对组织所面临的国内外竞争条件了如指掌。

人力资源战略：薪酬是配角还是变革的催化剂？

我们在前面曾经提到薪酬战略也受其与组织的其他人力资源制度的匹配程度的影响。[33]不论什么样的整体人力资源战略，都需要对薪酬在人力资源战略中所处的重要地位作出决策。薪酬既可以像在高绩效系统中那样作为配角，也可以发挥带头作用，充当变革的催化剂。但不论扮演什么样的角色，薪酬都会深深嵌入整体的人力资源战略。[34]

因此，上述所有因素——组织的经营战略、全球竞争动力机制、组织文化和价值观、社会政治环境、雇员偏好、薪酬与其他人力资源制度的匹配状况等——对构建薪酬战略都是必不可少的。

文化/价值观

薪酬制度反映了指导雇主行为并作为雇主制定雇员待遇决策基础的价值观。薪酬制度折射出组织的形象和地位。正如我们在第 1 章中指出的那样，大多数公司都在自己的网站上公布了价值观宣言。美敦力使用了 24 种语言来发布价值观宣言。图表 2-7 是美敦力价值观宣言的一部分。美敦力的第五项价值观是"通过培育雇员个人对已完成工作的满足感、工作保障、晋升机会以及用以分享公司成功的方法来认可雇员的价值"。美敦力通过在薪酬战略中纳入用以满足雇员工作保障需求的工作与生活平衡计划、激励计划以及用以分享公司成功的股票期权计划来反映它的这种价值观。

图表 2-7　美敦力的价值观

起草于 30 多年前的使命宣言，确定了我们工作的目标，描述了我们赖以生存的价值观，是我们所有行动背后的动机。

1. 将生物医学工程应用于研究、设计、制造和销售减轻病痛、恢复健康和延长寿命的医疗器械或器具，以造福人类。
2. 引导公司在生物医学领域朝着能够展示我们最大实力和能力的方向发展；集中人才和设施强化我们在这些领域的存在；通过教育和学习促进公司在这些领域的持续发展；避免涉足我们不能作出独特和有价值的贡献的领域。
3. 不遗余力地去最大限度地提高我们产品的质量和信誉；成为同行中不可超越的标杆，并使社会承认我们是一家具有奉献精神、忠诚、正直和为公众提供高品质服务的公司。
4. 从当前的经营活动中获取合理的利润，以履行我们的义务、维持我们的增长并实现我们的目标。
5. 通过培育雇员个人对已完成工作的满足感、工作保障、晋升机会以及用以分享公司成功的方法来认可雇员的价值。
6. 维持公司良好的公民形象。

资料来源：美敦力的使命宣言.

但是，确实有人持怀疑态度。使命宣言被描述为不能给人留下任何印象的"陈词滥调的大集合"。[35]相反，强生公司（Johnson and Johnson）认为自己的价值观宣言是"道德指南"和"公司经营成功的处方"。[36]

社会和政治环境

环境（context）指的是各种各样的因素，包括法律法规的约束、文化的差异、变化的劳动力人口特征以及各种期望等。这些因素同样影响薪酬选择。以全食超市为例，它的业务具有劳动密集型特征。因此，全食超市的管理者发现多元化的劳动力队伍和多样的薪酬形式（儿童看护、药物依赖咨询、教育补助、雇员援助计划）能增加公司价值，并使竞争对手（其他超市）难以模仿。

由于在制定薪酬战略方面政府是一个主要的利益相关者，因此通过游说政府来影响法律法规的制定或许也是薪酬战略的内容之一。在美国，当国会考虑对雇员福利征税时，雇主不会坐视不管。同样，欧盟的"社会契约"也涉及利益问题。[37]因此，从战略视角看，薪酬管理者在努力改造社会政治环境的同时，可能也会被社会政治环境所改造。

雇员的偏好

在制定薪酬战略时，一个简单的事实——雇员的差异性特别容易被忽视。个体雇员加入组织、作出投资决策、与客户互动、设计新产品、组装零件等，从而领取报酬。设计下一代薪酬制度的一个主要挑战就是如何更好地满足个体雇员的需求与偏好。向雇员提供更多的选择是应对该挑战的办法之一。年纪较大的高薪雇员可能希望通过把钱存入退休基金来推迟纳税时间，而年轻雇员可能需要大量的现金购买住房、养家糊口或支付教育费用。拥有双重家庭保险的双职工夫妇可能更愿意把他们的共同收入用于子女抚养、汽车保险和财务咨询等，或者更希望获得诸如弹性工作等其他福利。需要抚养子女和照顾老人的雇员可能更愿意获得家属看护保险。[38]全食超市的年报显示，全食超市每三年进行一次雇员投票来决定其福利项目的实际内容。

以收集的雇员偏好数据为例，赫德森（Hudson）从对10 000名美国工人的调查中发现：

● 将近3/4的美国工人声称对自己的薪酬满意，但调查样本中很多人（44%）认为，如果有机会，他们希望调整现金和福利的组合。

● 当让雇员自己选择非传统福利时，很多人愿意选择更富有弹性的工作计划（33%）或额外的家庭福利（22%），包括产假和私人事假、在职培训（13%）或补充保险（16%）。

● 1/5的工人认为提高医疗保障福利比重会使他们对薪酬组合更满意。另外，41%的工人坦言唯一能让他们更高兴的事情就是增加现金报酬。[39]

选择是个好东西吗？是，不是，可能是?[40]

美国的现代薪酬制度确实向雇员提供了一些选择。弹性福利以及在医疗保障计划和退休投资基金方面的选择就是实例。正如我们在上文提到的，全食超市的雇员通过投票决定自己所需要的福利。网飞公司（Netflix）的雇员可以选择股票期权与薪水的组合。通用磨坊公司（General Mills）的做法是允许雇员用几周的工资交换股票奖励。公司认为赋予雇员选择权可以为公司增加价值，并使竞争对手难以模仿——这正是通用磨坊公司竞争优势的来源。这种观点正确与否，还有待进一步研究。

有些研究发现，雇员并不总是能够作出正确的选择。他们并不总是能够理解不同选择之间的替代性，而且过多的选择只会使他们一头雾水。因此，通过提供选择和满足雇员偏好增加的价值可能往往被由此而带来的沟通成本和给雇员造成的困惑抵消。[41]

除了可能给雇员造成困惑，无限制的选择对于薪酬制度设计和管理来说也是一大挑战。此外，向雇员提供的选择权还会遭到美国国内收入署（Internal Revenue Service，IRS）的反对（国内收入署并不把医疗保障福利视为雇员收入）。一方面，在不同的国家向雇员提供更多选择权的做法还必须符合各种令人眼花缭乱的法律法规的规定。另一方面，美国联邦政府（包括国内收入署）已为其雇员在工作时间安排方面提供了一些选择权。43% 的雇员利用这一选择权以休假方式补偿自己的加班时间。相反，美国私人部门的工人由于受《公平劳动标准法案》保护（即**非豁免**（nonexempt）雇员），如果一周工作时间超过 40 个小时，雇主就必须为他们的加班时间支付 1.5 倍的工资。补偿时间（即休假）的选择对于这些非豁免雇员而言是不允许的。[42]

工会的偏好

薪酬战略应当重视工会与管理层关系的性质。[43]尽管今天美国私人部门的工会会员人数尚不到私人部门就业总人数的 7%，但工会仍然对一些关键行业（例如，制造业、医疗行业、教育行业）的薪酬决策有巨大的影响力。工会对不同的薪酬形式（例如，退休保障和医疗保障计划）的偏好以及对工作保障的关注都会影响薪酬战略。

工会的利益可能有所不同。在美国科罗拉多州的首府丹佛市，公立学校和教师协会（Denver Classroom Teachers Association，当地工会的一个分支）通过协商决定实施一种绩效加薪计划。教师们以 59：41 投票通过了这一协议，丹佛市的选民则批准增加 2 500 万美元财产税来为此买单。相反，在马萨诸塞州的首府斯普林菲尔德市，许多教师离开当地学校转而到邻近学区的高薪学校谋职，部分原因就是他们所在的学区想强行实施一种绩效加薪计划。[44]

改变与工会约定的薪酬"交易"可能需要付出巨大的代价。美国的汽车企业从 1984 年开始就与全美汽车工人联合会（United Auto Workers）签署了"工作银行"（The Job Banks）协议。那些暂时不需要的工人仍从工厂领取报酬，直到他们再次被工厂召回。有些工人每年加上福利可以获得 10 万美元的报酬。他们每天的工作就是坐等开工。但对许多人而言，这些等待从未变为现实。在全美各个城市，大约有 15 000 名工人每天上午 6 点在指定的地方出现（不工作只取酬），下午 2 点半离开，中间还有 45 分钟的午餐时间。有些人自愿参与已获批准的社区项目，或者参加课程培训。杰里·梅隆（Jerry Mellon）声称："六年来他们向我支付 40 万美元来让我学习如何玩 21 点。"[45]有些读者可能会想知道"工作银行"是否就是一个打败了经营战略的薪酬战略。难怪通用汽车公司最终会通过买断的办法使自己走出"工作银行"的泥沼，发现有必要对公司进行破产重组。

2.6.2　第二步：绘制总体薪酬战略地图

薪酬战略主要由薪酬模型的要素组成：目标和四项政策选择——内部一致性、外部竞争性、雇员贡献和薪酬管理。绘制这些选择的决策图是开发薪酬战略的第二个步骤。

在市场营销中经常通过绘图来阐明和交流某种产品的特性。战略地图提供了公司薪酬战略的全景图，它也可以阐明公司的薪酬制度所传递的信息。

图表 2-8 展示了微软与 SAS 的薪酬战略地图。五个战略维度被分解为一系列描述

符，并依据重要程度排序。这些排序结果出自本书的作者之手，不是由公司管理人员给出的。如果某个公司认为有必要，还可以对每个战略维度下的描述符进行修改。

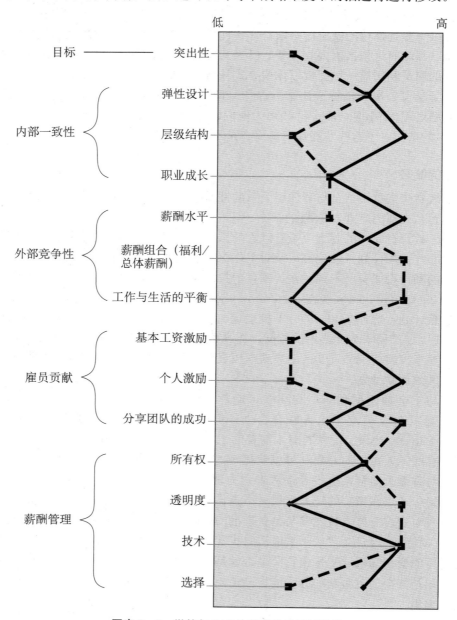

图表 2-8 微软与 SAS 的薪酬战略地图比较

说明：实线代表微软公司；虚线代表 SAS。

●目标：突出性是对总体薪酬在整体人力资源战略中的重要程度的衡量。它是一种催化剂，扮演主要角色？或者它并不那么重要，更多情况下只充当其他人力资源计划的辅助角色？薪酬在微软非常重要，在 SAS 却只起辅助作用。

●内部一致性：这一战略维度通常被描述成组织内部的等级化程度。比如，如何为不同层次的工作支付差异性薪酬？薪酬对支持雇员职业成长的效果如何？SAS 和微软都使用薪酬来支持弹性工作设计和雇员晋升，但 SAS 的薪酬差异程度要比微软小，因为前者信奉的管理哲学是"每个人都是 SAS 大家庭的一分子"，而后者将薪酬差异看作对高绩效者的回报。

● 外部竞争性：这包括对两个问题的比较。竞争对手的薪酬水平是多少？它们采用了什么样的薪酬形式？工作与生活平衡（通过福利和服务实现）的重要性也是外部竞争性的组成内容。根据战略地图可知，微软薪酬的**竞争地位**（competitive position）对其薪酬战略来说十分关键，SAS 则依靠以家庭为导向的福利——工作与家庭的平衡（比如公司园区内的私立学校和医疗服务等）取胜。

● 雇员贡献：这两家公司对于绩效薪酬采用了截然不同的做法。SAS 只使用非常有限的基于个人绩效的薪酬支付计划。这与它的平等主义理念是一致的。微软更为广泛地使用基于个人绩效和公司绩效的薪酬支付计划。

● 薪酬管理：所有权是指非人力资源管理者在薪酬决策制定过程中扮演的角色。透明度（transparency）是指薪酬的公开性和沟通性。正如有人可能期望的那样，微软和 SAS 都把技术在薪酬制度管理中的应用放在首位，前者在医疗保障和退休投资计划方面向雇员提供了更多选择。

每家公司在战略地图上的轮廓线都反映了各自薪酬战略的主要信息或"薪酬品牌"：

微软：把总体薪酬放在突出位置，重视市场竞争力、个人业绩以及基于绩效的回报。

SAS：总体薪酬支持公司的工作与生活平衡计划。竞争性市场地位、在全公司范围分享成功以及平等主义都是公司薪酬战略的主要特点。

与本章前面的文字描述相比，战略地图提供了一种直观的参考，能够帮助雇员和管理者更加容易地理解薪酬战略。[46]虽然战略地图不能告诉我们什么样的战略是"最好的"战略，但是，它能为我们提供一个框架和行动指南。恰如一张地图，它可以告诉你现在在哪里，要到哪里去。[47]

本书余下的部分将会详细讨论这些薪酬决策。但是，对薪酬模型的决策应该步调一致而不相互掣肘，认识到这一点至关重要。正是这些决策的整体性形成了薪酬战略。

2.6.3　第三、四步：实施战略与重新评估

图表 2-6 中的第三步就是通过设计和执行薪酬制度来实施薪酬战略。薪酬制度将战略转化为具体的实践——进而转化为人们的银行账户。

第四步是重新评估，至此，总体薪酬的开发流程形成闭环。这一步认识到，为适应不断变化的外部条件，必须对薪酬战略进行调整。因此，为了持续不断地了解、调整和改进现行战略，有必要定期对薪酬战略进行重新评估。应该对照我们期望实现的目标对薪酬制度的使用效果进行评估。

■ 2.7　竞争优势的源泉：三种检验

设计和实施一种能够成为组织持续的竞争优势源泉的薪酬战略说起来容易做起来难。并不是所有的薪酬决策都具有战略性或者都能成为竞争优势的源泉。一种薪酬战略

到底能否成为组织竞争优势的源泉取决于以下三种检验结果：（1）它具有一致性吗？（2）它是差异化的吗？（3）它能为组织增加价值吗？

2.7.1　一致性

我们之前已经讨论过，薪酬战略的一致性包括三个方面：（1）与经营战略保持一致；（2）与外部的经济和社会政治条件保持一致；（3）与内部的整体人力资源制度保持一致。一致性或许是最容易通过的检验。

2.7.2　差异化

有些人认为，关于薪酬战略唯一真正重要的事情就是它在多大程度上与众不同。如果任何竞争对手都可以轻易地复制组织的薪酬战略，这种战略又如何能够成为竞争优势的源泉呢？按照战略方法支持者的观点，问题的答案在于如何对薪酬制度进行管理。这种说法虽然很有吸引力，但支持它的证据却很少。[48]

图表2-8描绘的战略地图展示了微软和SAS薪酬战略的差异性。一个公司把薪酬作为一种强烈的信号；另一个公司用薪酬支持其工作与生活平衡的人力资源战略。虽然两个公司都宣称拥有重视绩效的组织文化，但是它们的薪酬战略却大相径庭。

它们的薪酬战略都难以模仿吗？或许真的不好模仿，因为每一种薪酬战略都已被织入公司整体人力资源战略的"大网"之中。复制薪酬战略的一个或另一个维度意味着会割裂整体战略并在其中打上一块新补丁。因此，从一定意义上讲，一致性检验（将薪酬战略织入整体人力资源战略的"大网"）有助于确保组织通过差异化检验。微软向所有雇员都提供股票奖励——金额远远超过雇员的基本工资，它的这种做法就让竞争对手很难模仿。SAS的工作与生活的平衡计划（就像美敦力"全身心投入工作"战略）也难以模仿。或许复制竞争对手的单个行动（即向更多的雇员授予股票期权或在医疗保险方面为雇员提供更多的选择）要相对容易一些。但是从战略的角度考虑，真正难以复制的是各个薪酬计划之间的匹配方式以及它们与整个组织的匹配方式。以盲目锚定最佳实践的方式对他人的薪酬战略进行简单复制，只能说是试图参加或留在比赛中，但不能赢得比赛。[49]（当然，对于一些组织来说，参加比赛或者在比赛中与对手打个平手可能就是一个重大的进步。）

网络资源

薪酬顾问

薪酬顾问是薪酬战略的主要参与者，实践中为了获得有关数据和建议，每个组织都至少使用过一个薪酬顾问。因此，更多地学习这些薪酬顾问提供的咨询服务内容是大有裨益的。至少应浏览其中两家咨询公司的网站。你可以选择浏览以下网站，也可以自己寻找其他网站。

FW Cook 咨询公司 www.fwcook.com

合益管理咨询公司（Korn Ferry Haygroup）www.kornferry.com/haygroup.com

美世公司（Mercer）www.mercer.com

怡安翰威特咨询公司（Aon Hewitt）www.aon.com

辐睿惠悦咨询公司（Willis Towers Watson）www. towerswatson. com

纽波特集团（Newport Group）www. newportgroup. com

1. 对比咨询公司。根据咨询公司网站的内容制作一张表，比较它们所宣称的价值观、文化以及经营战略，重点关注它们提供的服务。

2. 批判性评价这些咨询公司的战略和服务是否具有独特性和（或）是否难以模仿。根据网站的信息，你会选择哪家公司来帮助自己构建总体薪酬战略？

3. 根据网站上的信息，你愿意去哪家公司工作？为什么？

4. 准备好与班上的其他同学分享这些信息。

投资回报：假如每个人就这些网络资源做了大量的工作，你们就都拥有了关于薪酬顾问的有用信息。

更多的背景信息见 Lewis Pinault，Consulting Demons：Inside the Unscrupulous World of Global Corporate Consulting（New York：Harpers Business，2000），and Fred Cook，"A Personal Perspective of the Consulting Profession," *ACA News*，October 1999，pp. 35 - 43。

2.7.3　增加价值

组织一直期望能从它们的激励工资、福利甚至基本工资的支出中获得回报。薪酬通常是一个公司的最高可控成本。由于一些薪酬管理顾问和研究人员将不同形式的薪酬视作投资，所以现在的任务就是确定计算投资回报率（ROI）的方法。但这是个非常棘手的问题。正如一位作家所言，"数葡萄酒瓶要比描述葡萄酒容易得多"。[50]把成本打入电子账单很容易，但这些成本所创造的价值却难以说清，更不用说去计算了。[51]我们将在第 18 章对此详细讨论。

试图去计算薪酬战略的投资回报意味着要像其他生产要素一样把雇员当作一种"人力资本"。许多人发现这种观点缺乏人性化。他们认为把薪酬当成一种可以衡量回报的投资的做法会使组织忽视公平对待雇员的重要性。[52]我们在第 1 章讨论过同时关注所有薪酬目标（包括效率和公平）的必要性。毋庸置疑，在对薪酬战略的三个检验——一致性、差异化和增加价值中，最后一项检验最困难。

创新性的薪酬战略能带来什么优势？我们知道，在产品和服务方面，第一个吃螃蟹的人（创新者）会获得公认的优势——高利润、高市场份额、高客户认可度（品牌认可度），这些优势抵消了创新带来的风险。[53]但是我们不知道总体薪酬的创新者是否会自然增加这些优势。微软是第一家向所有雇员提供高额股票期权的公司，但一旦它的许多竞争对手采取同样的措施，微软的这种做法还能够为自己增加什么样的收益（如果有的话）？作为第一批允许经理人员在高股票期权与低基本工资之间做选择的公司，通用磨坊的情况又是怎样的呢？薪酬创新者能够吸引到更多更好的雇员吗？能够激励这些雇员留在公司并作出奉献吗？有成本优势吗？回答这些问题还需要进一步的研究。

■ 2.8 　"最佳实践"与"最优匹配"

　　任何战略视角的前提都是：如果管理者可以确保薪酬战略与组织的战略和价值观相一致，对雇员和工会关系作出回应，而且具有全球化竞争能力，组织就更有可能获得竞争优势。[54]挑战在于如何设计这种与环境、经营战略及薪酬计划的"匹配性"。匹配性越好，竞争优势就越大。

　　但是，并不是每个人都赞同这种观点。与这种战略匹配理念相反的是，一些人认为：（1）存在一组**最佳薪酬实践**（best-pay practice）；（2）这些实践可以普遍适用于不同的环境。他们认为，不管组织实施什么样的经营战略，最佳薪酬管理实践总会提高组织的绩效，而不必为了使组织获得更好的业绩而追求经营战略与薪酬计划之间更好的匹配。[55]

　　这些人认为，采取最佳薪酬管理实践将会使雇主优先获得优秀雇员，这些优秀雇员会成为组织获取竞争优势的源泉。但问题在于如何从推荐的名目繁多的最佳薪酬管理实践中作出恰当的选择。[56]哪种实践是真正最佳的？我们相信过去几年的研究将为优化我们的选择指明方向。

■ 2.9 　来自研究证据的指导

　　研究证据一致表明，以下薪酬管理实践对于组织目标确实很重要。

　　● 内部一致性：同一组织内不同工作之间较大或较小的薪酬差异都会对结果产生影响。较小的内部薪酬差异和较大的内部薪酬差异可能都是"最佳"实践。到底选择哪种取决于特定的背景或环境，也就是说要与组织的经营战略、其他人力资源实践、组织文化等相适应。[57]

　　● 外部竞争性：支付高于竞争对手平均水平的薪酬可能会对结果产生影响。向雇员支付具有竞争力的高工资就是"最佳"实践吗？同样，这要取决于具体的背景或环境。

　　● 雇员贡献：绩效薪酬能够影响结果。绩效激励就是"最佳"实践吗？这同样也取决于具体的背景或环境。[58]

　　● 薪酬管理：不要仅关注薪酬战略的某个维度（比如，绩效薪酬或内部薪酬差异），而要全盘考虑所有维度。[59]

　　● 薪酬战略：最后，将薪酬战略嵌入组织更宽泛的人力资源战略之中会对结果产生影响。薪酬并不是独立运转的，它是总体人力资源视角的一部分。[60]

　　因此，一个特定的薪酬管理实践在某些环境中似乎要比在其他环境中对组织更有益。[61]所以，最佳实践与最优匹配的二分法看来并不是提出问题的最有效方式。一个更有用的问题是：什么样的实践在什么样的条件下能发挥最大的作用？本书余下部分的许多内容都会对这一问题进行探讨。

■ 2.10 　良性循环与恶性循环

　　一组研究成果揭示了制定战略性薪酬决策时需要考虑的具体条件。一项研究对美国

180 家公司八年的数据进行了分析。[62]研究者指出，虽然这些公司在薪酬水平（外部竞争性）方面存在差异，但这些差异与各公司随后的财务绩效没有相关性。不过，当综合考虑奖金规模差异及有资格获得股票期权的雇员数量时，这些公司的薪酬水平就与公司的未来财务绩效呈现出相关性。这项研究的结论是：支付多少薪酬很重要，如何支付薪酬也很重要。[63]

　　我们可以把薪酬想象成一个循环体系的组成内容。如图表 2 - 9 所示，当组织有成功可以分享时，绩效薪酬计划就会发挥最佳效果。利润和市场份额正在增加的组织能够向雇员支付更多的奖金和股票奖励。公平地向雇员支付这些奖金可以改进他们的工作态度和工作行为，从而提高组织绩效。[64]这一循环获得了向上的冲力。[65]雇员获得了可以补偿他们所承担风险的回报。因为雇员分享组织的成功，所以他们的行事风格就更像组织的主人。

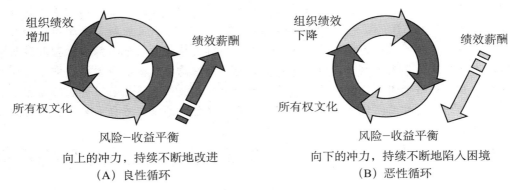

图表 2 - 9　良性循环与恶性循环

　　另外，有些研究将薪酬战略作为高绩效工作系统（HPWS）（我们在前面讨论过）的组成内容加以分析。这些研究侧重于特定的工作和工作场所，比如，呼叫服务中心的销售和服务代表、工厂中的工作。[66]这些研究的结果显示，与雇员分享组织成功的绩效薪酬计划确实改进了雇员的态度、行为和绩效，尤其是与其他"高绩效"人力资源实践配合使用时。有一项研究甚至指出，薪酬战略的影响等于其他人力资源实践（高参与度、团队建设、选择性招聘、培训计划）影响的总和。[67]这些研究发现让我们颇感欣慰。因此，其他"高绩效"人力资源实践也成为绩效改进和良性循环的支持性因素。

　　你一定已经注意到上述循环体系也可能会招致向下的冲力从而变成恶性循环。如图表 2 - 9 所示，当组织绩效下降时，绩效薪酬计划将难以为继；没有了奖金，股票价值下降会对组织的绩效产生潜在的负面影响。组织绩效的下降增加了雇员面临的风险——持续减少奖金、降级、降薪，甚至失业。除非有更大的收益来抵消这些风险，否则这种收益与风险的失衡会再一次使雇员态度恶化并加速恶性循环。遗憾的是，我们还不知道什么样的薪酬战略可以把组织从衰败的旋涡中拯救出来，使其蒸蒸日上。

　　或许我们过于相信薪酬的重要性以及在工作场所中研究薪酬所能带来的好处，以至于我们形成这样一种认识——所信为所见。因此，我们需要谨慎行事，而且需要获得更多的证据。尽管如此，这些研究结论似乎表明，在适当的条件下，绩效薪酬可能就是最佳实践。（绩效薪酬可能会是"最差实践"吗？是的，当激励制度不再发挥作用，当它们孤立和疏远雇员，或者引发政府调查可能的股票期权操纵时，绩效薪酬就变成了最差实践。）另外，关于人们如何看待各种薪酬战略，我们确实没有太多的信息。所有的管理者都以同样的方式"看待"美林证券或谷歌的总体薪酬战略吗？有证据显示，如果你就人力资源战略问题询问 10 个公司的管理者，你将会得到 10 种完全不同的答案。如果战略与人们对战略的认知之间的联系模糊不清，那么我们就有可能正在使用证据来构建虚幻的理论大厦。

本章小结

对总体薪酬实施战略管理意味着要使薪酬制度与组织所面临的经营条件和环境条件相匹配。我们认为最好的处理方法是以薪酬模型为起点——目标和四个政策选择——并采取本章所讨论的步骤：(1) 依据具体情境评估组织的总体薪酬的含义；(2) 绘制总体薪酬战略地图：薪酬目标和实现目标的四个政策选择（内部一致性、外部竞争性、雇员贡献、薪酬管理）；(3) 通过建立和实施薪酬制度将这些政策应用到工作场所；(4) 通过结果与薪酬目标的对比，重新评估薪酬战略。同时要持续不断地了解、调整和改进现行薪酬战略。这听起来很简单，但事实并非如此。管理总体薪酬的主要挑战在于理解你的薪酬制度如何增加组织价值并使组织获得更大成功。我们认为相关研究正不断地为我们提供以证据为支撑的薪酬管理指导方针，而且未来类似的指导方针会更多、更有效。

复习题

1. 选择一家你熟悉的公司，或者分析你所在的大学向助教或教师支付薪酬的方法。运用五个维度（薪酬目标、内部一致性、外部竞争性、雇员贡献、薪酬管理）推演它的薪酬战略。如何将你的公司或学校与微软或美林证券进行对比？它的薪酬制度看上去适合哪种经营战略（削减成本者、以客户为中心者、创新者，还是其他）？

2. 比较最优匹配观点与最佳实践观点的本质区别。

3. 回顾一下图表 2—7。讨论这些价值观如何在薪酬制度中得到体现。这些价值观是否与"让市场决定薪酬"的理念一致？

4. 一致性、差异化和增加价值是检验竞争优势源泉的三种方法。讨论这些检验是否难以通过。薪酬真的是竞争优势的一种源泉吗？

5. 针对如下观点展开讨论：相对于工资而言，非财务回报（良好的工作场所、学习的机会、工作保障以及弹性工作）更重要（即最佳实践）。

案例练习 1 美林证券

在 2008 年的金融危机中，美林证券被美国银行以 500 亿美元的价格收购。这次收购的原因是美林证券不确定是否能够依靠自己的力量在这场危机中存活下来。

美国银行在金融危机期间通过《不良资产援助计划》（TARP）获得美国政府的资金援助（美国银行因此要接受 TARP 有关限制公司薪酬条款的管制）。因此，美林证券也被纳入 TARP 的管制范围。TARP 引发的一个最初后果是，许多雇员，包括高级别、高产出的雇员开始离开美林证券或美国银行这样的大型金融机构，转而投身于所谓的"精品店"式的金融服务公司，后者没有获得 TARP 的资金支持，也就不受 TARP 有关限制公司薪酬条款的约束。TARP 引发的另一个最初反应是金融机构提高了基本薪水水平而降低了奖金水平，很明显这是对管理层奖金所招致的所有负面报道的回应，同时也是规避 TARP 相关限制条款的一种方式。但是，一位在获得 TARP 的资金支持并采取了降奖金、提薪水措施的公司任职的高级管理人员质疑 TARP 引发的对基本工资的重视是否真的有意义："你是要经常向他们多付报酬，而不是偶尔多付报酬？"[68]

　　然而，随着时间的推移，经济复苏，股票市场也已经回暖，美林证券（就像我们早前看到的那样）和其他一些金融服务公司又开始大笔赚钱。在美林证券，围绕薪酬战略总会有许多行动和讨论。美林证券通过引入一项计划将其金融投资顾问的数量扩充了 8%（大约 1 200 人）。这些人来自哪里？美林证券将如何吸引他们？美林证券采取了向招聘对象提供高得出奇的预付签约奖金的策略，并以下放权力的方式将这一策略付诸实施。传统上，从其他公司来到美林证券的顶级经纪人会得到原公司 1.5 倍的薪酬。[69]美林证券并不是寻求增加顶级经纪人的唯一公司。实际上，所谓的价格大战已经爆发，有报道称，签约奖金在某些情况下已被推升到先前报酬的 3～4 倍。[70]为什么会发生价格大战？按照薪酬律师凯腾·穆钦（Katten Muchin）的说法，"财富管理公司前 10% 的顶级经纪人创造了公司的大部分利润"。[71]而且，每一位有钱的客户都倾向于更加信任他们的金融投资顾问而非金融投资顾问所在的公司。

　　在美林证券，金融投资顾问也心存担忧。首先，在美国银行的非美林证券业务部门，经纪人面对的是一种主观随意性很强的奖金支付制度，而不是一种基于特定换算公式的（客观）激励制度。美林证券的金融投资顾问担心美国银行会将这种制度应用于自己身上。其次，可能与第一点相关的是，美国银行希望非美林证券业务部门的经纪人开展交叉销售——推销美国银行其他部门的产品。这种协同作战的机会对于像美国银行这样的多元化的大型金融机构而言通常被视为竞争优势的源泉。但是，交叉销售的绩效（及合作）难以客观评价。因而，主观的绩效评价可能在所难免。美林证券的经纪人似乎反对这种交叉销售，他们担心交叉销售会破坏自己与客户的关系，他们更愿意以客观的绩效评价决定自己的报酬。[72]

　　问题：

　　1. 争夺顶级经纪人的价格大战将会导致怎样的结果？大多数公司都会受益吗？谁将是胜利者和失败者？经纪人会受到怎样的影响？

　　2. 请解释为什么经纪人的薪酬与绩效之间存在如此显著的相关性。为什么对许多工作而言不会出现这种情况？

　　3. 美国银行应当变革它的薪酬战略以纳入更加主观的绩效评价并更加重视交叉销售吗？在争夺顶级经纪人的价格大战中，这种薪酬战略变革会对其获取成功产生怎样的影响？

　　4. 在第 1 章，我们讨论了薪酬战略的激励效应和筛选效应。请描述美林证券的激励效应和筛选效应，以及薪酬战略变革如何影响激励效应和筛选效应。

　　5. 观察一下美林证券金融投资顾问薪酬计划的最新变化。为什么要作出这些改变（目标是什么）？你认为这些改变会产生怎样的效果（为什么）？

案例练习 2　绘制薪酬战略地图

选择任何一个你熟悉的组织——你目前的雇主、你所在的商学院、你实习的公司，或者你朋友所在的公司。再观察一下图表 2-8 "微软与 SAS 的薪酬战略地图比较"。绘制你选择的组织的薪酬战略地图，然后与微软和 SAS 的薪酬战略地图进行比较。

1. 概括你的组织薪酬战略地图的关键点。

2. 与微软和 SAS 的薪酬战略地图相比，关键的差别是什么？

或者请同一组织的几个管理者绘制该组织的薪酬战略地图。在他们绘图的过程中，你可能要为他们提供相应帮助。然后比较一下这些管理者的薪酬战略地图。

3. 概括关键的相同点与不同点。

4. 为什么会产生这些相同点与不同点？

5. 如何使用这些薪酬战略地图分别向领导者和雇员阐明组织的薪酬战略？

注　释

第 II 篇

内部一致性：决定结构

根据美国劳工统计局的《职业就业统计》（Occupational Employment Statistics）数据，不同职位或不同工作之间存在巨大的薪酬差异。一个在医院工作的持照实习护士的平均年薪是 43 550 美元，而注册护士的平均年薪则是 72 070 美元。对于内科医生和外科医生来说，他们在初级保健行业的平均年薪为 251 578 美元，而在专科行业的平均年薪为 425 509 美元。另一项由医景网（Medscape）开展的关于医生薪酬的调查显示，初级保健行业的平均薪酬为 217 000 美元，专科行业的平均薪酬为 316 000 美元。如果将目光转向足球领域，我们会再一次看到职位的重要性。洛杉矶银河队（Los Angeles Galaxy）几年前赢得了美国职业足球大联盟的冠军。球队中报酬最高的前锋罗比·基恩（Robbie Keane）的年薪是 450 万美元，报酬最高的中场球员兰登·多诺万（Landon Donovan）的年薪是 450 万美元。（另一位已从银河队退役的中场球员大卫·贝克汉姆（David Beckham）年薪曾高达 650 万美元。）那么银河队报酬最高的后卫的收入是多少呢？那位名叫奥马尔·冈萨雷斯（Omar Gonzalez）的后卫的年薪为 1 000 000 美元（与前几年的 197 000 美元相比有大幅增长）。浏览一下美国职业足球大联盟收入最高的 10 名球员，我们可以发现其中包括 7 名前锋、3 名中场球员，但没有后卫。（奥马尔·冈萨雷斯是薪酬排名第 12 位的球员。）为什么与薪酬联系在一起的时候，职位变得如此重要？为什么医院或足球队不向所有类型的"工作"支付同等水平的报酬？在上面的例子中，一个人能否通过晋升获得更高的收入？例如，一个注册护士能否成为一名内科医生？一名后卫能否前移成为一名中场球员，然后再成为一名前锋？律师事务所和咨询公司的情况又是怎样的？高级经理能否变成合伙人？如果可以，又该如何支付薪酬？

第 **3** 章
内部一致性的界定

有个寓言故事:葡萄园主清早出去雇人到他的葡萄园做工。在与工人讲定每天支付一个银币后,他把工人派到葡萄园劳动。他出门看见街市中还有人站在那里,闲着无事,就对他们说:"你们也去葡萄园干活,我会给你们应得的报酬。"之后,他又出门两次,做了同样的事情。到了晚上,他吩咐管家:"把工人们都叫来,发给他们工资,先从最后一批来葡萄园的工人发起,到第一批工人为止。"当第一批工人领取工资时,每个人也只得到一个银币,他们开始埋怨园主:"最后加入劳动的那些人只工作了一小时,你给我们的报酬竟与他们一样,而我们劳累了一整天!"园主回答:"朋友,我没有亏待你们,拿上钱走吧。"[1]

这个寓言提出了一个古老的问题,即针对单个组织的内部一致性和薪酬结构问题。[2]工人们认为那些"劳累了一整天"的人应该比那些只工作几个小时的人获得更多的报酬。显然那位园主只考虑了个人需要,而忽视了:(1)工作的内容;(2)完成工作所需要的技能和知识;(3)工作对实现组织目标的相对价值。这三个方面是构建当今薪酬结构的共同基础。如果决定薪酬结构的程序不能被相关各方接受,今天的雇员也会怨声载道。这种抱怨可能会导致工人流失,致使他们不愿意尝试新技术,甚至对葡萄质量或者顾客的满意度漠不关心。本章主要研究内部一致性及其结果。

■ 3.1 工作与薪酬

正如我们刚刚在第 Ⅱ 篇的导言中看到的那样,薪酬因工作的不同而存在巨大的差异。在本章我们将会看到组织围绕工作和工作层级设计它的薪酬结构,同时也会看到在一个组织内部,雇员的薪酬(他们的薪酬会随着时间的推移而增长)既取决于工作的性质,也取决于工作的层级(及以后的晋升率)。[3]

■ 3.2 薪酬战略:内部一致性

在战略薪酬方法中,设定目标是我们的第一个议题。第二个议题是**内部一致性**(internal alignment)——处理组织内部的关系问题。前述寓言故事并没有告诉我们葡萄园的工作是如何组织的。也许工人们以团队的形式工作:一些人修葡萄枝,一些人绑葡萄蔓。修葡萄枝比绑葡萄蔓更需要判断力吗?修葡萄枝的人的责任和报酬与绑葡萄蔓的人、园主的厨师或管家的责任和报酬之间的关系是怎样的？内部一致性处理这些关系背后的逻辑问题。这些关系形成的薪酬结构应该支持组织战略、支持工作流程，并激励雇员的行为与组织目标保持一致。

> **内部一致性**　通常称为内部公平性（internal equity），是指单个组织内部不同工作/技能/能力之间的薪酬关系。[4]

图表 3－1 列出了一家公司某个部门的工程工作结构。该工程工作结构包含从新手到顾问六个层级。你可以从每个工作层级的描述中看到它们之间的关系。关于如何为每个工作层级付酬的决策就形成了**薪酬结构**（pay structure）。

> **薪酬结构**　是指单个组织内部不同工作或技能的工资标准组合。工作层级的数量、不同工作层级的薪酬级差以及确定薪酬级差的标准共同构成对薪酬结构的描述。

图表 3－1　一家公司的工程工作结构

工程师
有限运用基本的原理和概念。为有限问题制定解决方案。受到严格监督。

高级工程师
充分运用标准的原理和概念。为多种问题提供解决方案。受到一般性监督。

系统工程师
广泛运用原理和概念以及其他相关领域的工作知识。为大量困难问题提供解决方案。解决方案有创造性，并且全面、可行。工作上只接受非常一般的指导。

首席工程师
作为一个多面手或专家，可运用广泛的专业知识。为经常需要运用独创性和创造力的复杂问题提供解决方案。工作无须明显的指导。在决定任务的技术目标方面有相当大的自主权。

咨询工程师
运用先进的原理、理论和概念。对新的原理和概念的发展作出贡献。研究非同寻常的复杂问题，并提供高度富有创新性和独创性的解决方案。在顾问工程师的指导下为实现预定的长期目标开展研究。工作任务通常具有自发性。

顾问工程师
显示出非凡的独创性、创造力，足智多谋。运用和（或）开发非常先进的技术、科学原理、理论和概念。开发的信息超出既定领域现有的知识边界。经常独立发现和解决与操作程序的开发、应用相关的问题。

3.2.1　支持组织战略

上述公司将工程工作划分为六个层级，目的在于支持公司研究、设计和开发先进技术体系的战略。

3.2.2　支持工作流程

工作流程（work flow）是指将产品或服务送达消费者的过程。薪酬结构应该支持有效的工作流程和组织设计。[5]例如，传统上美国的金融服务公司通过客户中心向投资者提供投资建议和产品。在美林证券，客户助理过去通常负责接听来自客户或新的潜在客户的所有电话，并把这些电话转接给金融投资顾问。如果打电话的人想进行某项特定交易，比如，买入股票、共同基金或大额存单等，客户助理就将信息传递给具备完成相关交易法定资格的金融投资顾问。过去在美林证券单个雇员不会单独"拥有"客户。美林证券不鼓励雇员个人与客户维持长期关系。

但美林证券意识到，其客户投资需求因资本净值（不考虑其他因素）而有所不同。拥有 2 500 万美元投资资金的超高资本净值人士对大额存单和股票交易不感兴趣。他们希望从自己熟悉的人那里得到符合自己具体情况的投资建议。对于这些人，金融投资顾问不能坐等他们打电话过来，而要主动联系他们。这将有助于公司围绕增加客户投资价值与客户建立长期关系。美林证券同时也注意到，满足这些高资本净值客户的需求可以为公司带来高额利润（也就是在管理费和金融产品上获取更高的边际利润）。[6]为此，美林证券重新设计了工作流程以更好地反映客户需求，进而增加公司利润。

美林证券按照资本净值将客户分为五类：投资者、新兴富人、富人、高资本净值人士、超高资本净值人士（"鲸鱼"类）。为与客户分类相匹配，美林证券重新调整了工作结构。金融投资顾问的工作被划分为五个层级，范围从初级金融投资顾问、助理副总裁、助理副总裁投资人到高级副总裁、高级副总裁投资人。美林证券按照金融投资顾问管理的客户资产数量和金融投资顾问所拥有的专业技术和知识对新的工作层级进行界定。与那些"鲸鱼"类客户建立长期关系需要复杂的互动。小型客户（投资者）仍然通过金融投资顾问中心购买股票、债券和大额存单。新培训和经验丰富的金融投资顾问与不同类型的客户群体建立关系。除了金融投资顾问中心，美林证券还创立了私人银行业务中心，专门为那些高资本净值人士服务。

为支持这种新的金融投资顾问工作结构，美林证券相应设计了一种新的薪酬结构。高级金融投资顾问（高级副总裁投资人）与初级金融投资顾问之间在基本工资上的级差比例为 8：1。激进的奖金和股票激励是这种新的薪酬结构的重要组成内容。初级金融投资顾问、助理副总裁投资人和高级副总裁投资人之间的薪酬差异——正如公司工程师之间、医疗工作者之间、足球运动员之间以及葡萄园工人之间的薪酬差异那样——是这种薪酬结构的重点所在。

3.2.3　激励雇员行为

内部薪酬结构是第1章讨论的回报网络的一部分：雇员由于职务晋升、承担更富有挑战性的工作，以及随着工作层级提升而承担更多责任等原因所带来的加薪。难点在于如何设计这些薪酬结构，以使它们能够激励雇员为实现组织的目标而努力。美林证券的金融投资顾问通过与客户建立长期关系来满足客户的具体需求。承担一项"更大"的工作值得吗？通过参加更多的培训获得晋升有意义吗？这些都取决于能否设计出合理的薪酬结构。

薪酬结构应该明确每项工作与组织目标之间的关系。这是**"薪酬视线"**（line-of-sight）的例证之一。雇员应该能够"看见"自己的工作、其他人的工作与组织目标之间的联系。薪酬结构应该对每个雇员都是公平的。葡萄园主的内部薪酬结构或许已经与他的经营战略保持一致，但是雇员的不满增加了人们对其薪酬结构缺乏公平性的担忧。

3.3　不同组织的结构变化

可以从以下三个维度界定内部薪酬结构：（1）工作层级（level）的数量；（2）不同层级之间的薪酬级差；（3）用于确定这些层级和级差的标准或基础。

3.3.1　层级数量

任何薪酬结构都有一个特征——层级化属性：层级的数量和（上下级）报告关系。有些薪酬结构层级化特征较浓，拥有多个层级；有些薪酬结构则更为扁平化，层级数量较少。[7]通用电气医疗集团（GE Healthcare）的既定目标是"提供开启病患护理新时代的转型医疗技术和服务"。在它的多条产品线中，有一条产品线是核磁共振成像（MRI）。图表3-1中一家公司单独一个工程工作就划分为六个层级不同，图表3-2中通用电气医疗集团使用五个宽泛层级覆盖了所有专业人员和管理人员的工作，包括工程工作。按照通用电气医疗集团的工作层级划分方法，或许可以将图表3-1所示公司的工作结构调整为两个或三个层级。

图表3-2　通用电气医疗集团的职业宽带

职业宽带	工作属性
辅助人员	第一线，行政管理和文秘
专业人员	开发专业技术
首席专业人员	团队领导、主管，或者经验丰富的独立贡献者
高级专业人员	经理或者资深专业人士
管理人员	管理团队的关键成员和（或）对经营产生重大影响的独立贡献者
	职业宽带划分标准：工作范围、责任和技能

资料来源：GE Healthcare.

3.3.2　级差

级差（differential）是指不同工作层级之间的薪酬差异。假设一个组织有一笔固定数额的薪酬预算要在雇员之间分配，那么这个组织采取很多种方法。它可以用薪酬预算除以雇员数量从而给每个人分配相同数额的薪酬。位于纽约伊萨卡的姆斯伍德素食餐厅（Moosewood Restaurant）采用的就是这种分配方法。但是世界上采用这种平均主义做法的组织极少。大多数情况下，雇员之间的薪酬都是变动的。[8]那些需要更多知识或技能、劳动条件比较恶劣，或者能为组织增加更多价值的工作通常被支付更高的报酬。[9]图表3-3展示了传统上一家公司工程工作结构的薪酬级差百分比。诺斯罗普·格鲁曼公司（Northrup Grumman）使用了一个类似的六层级工程工作结构，并采用了相似的薪酬级差。这些薪酬级差的目的之一是激励雇员为晋升到更高的薪酬等级而努力工作。如图表3-3所示，就薪酬级差百分比而言，相同的基本结构可以与不同的薪酬水平政策相匹配。例如，位于薪酬结构图右侧的首席工程师所获得的报酬多于左侧的首席工程师，但二者的首席工程师与系统工程师之间的薪酬级差百分比是相同的。

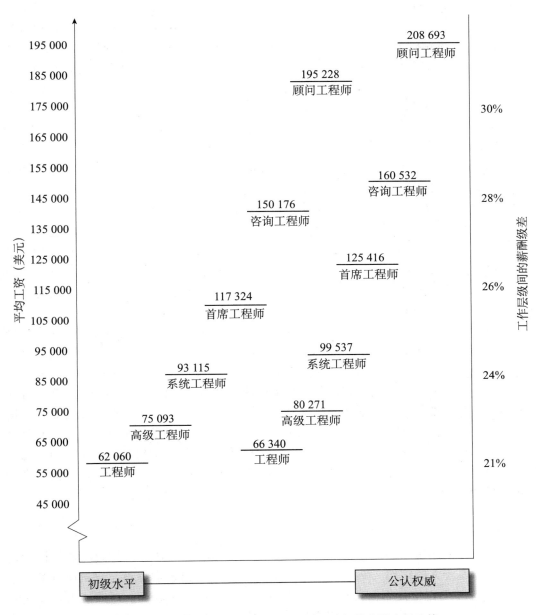

图表 3-3　一家公司的薪酬结构：两种可选择的薪酬水平政策

3.3.3　标准：内容与价值

工作内容及其价值是决定内部结构的最常见基础。**内容**（content）是指工作中需要完成的东西以及完成的方式（任务、行为、所需要的知识等）。**价值**（value）是指工作的意义——对组织目标的相对贡献。典型的基于内容的结构依据工作所需的技能、任务的复杂程度、需要解决的问题和（或）工作的责任对工作的重要性进行排序。相反，基于工作价值的结构则关注这些技能、任务以及责任对组织目标的相对贡献。虽然最终形成的结构可能相同，但其中存在重要的差别。除了相对贡献，价值还可能包括外部市场价值（也就是竞争对手对同一种工作支付的薪酬水平）。或者，它还可能包括通过集体谈判达成的工资标准，甚至法定工资标准（最低工资）。在中央计划经济体制下，如古巴，所有组织的工作价值全部由政府某个机构确定。古巴政府采用某些国家已经抛弃的做法规定了一个包罗万象的结构：产业工人分为 8 个层级，技术与工程类工作分为 16 个层级，政府雇员分为 26 个层级。

使用价值和交换价值

使用价值（use value）反映了雇员从事某种工作所生产的产品或服务的价值。**交换价值**（exchange value）是雇佣双方针对某种工作所达成的任何一种水平的工资。想想生活在印度班加罗尔、乌克兰基辅、美国纽约州帕切斯的 IBM 的软件工程师。在这三个地方，软件工程师的工作内容非常相似。他们都忙于同样的项目——相同的公司、相同的内部工作、相同的工作内容。他们具有相同的使用价值，而班加罗尔和基辅的工资标准大大低于帕切斯的工资标准。因此，他们的工作具有不同的交换价值。[10] 就晋升而言，IBM 在薪酬结构中将这些软件工程师工作视为同一层级。但是在印度、乌克兰和美国的外部市场却产生了截然不同的工资标准。

当一家公司兼并另一家公司时，交换价值与使用价值的差异也会浮现出来。IBM 兼并普华永道（Pricewaterhouse Coopers，PwC）就是一个典型的例子。咨询顾问是普华永道的命脉所在。当时，IBM 正从一个电脑制造商转型为信息技术解决方案的提供商。IBM 的信息技术解决方案应用领域非常广泛，已经远远超越原来的 IT 部门。普华永道的咨询顾问能够在一个更高的组织层面帮助 IBM 的营销团队与客户建立联系。这些咨询顾问在 IBM 的使用价值不同于其在普华永道的使用价值（他们如何为实现 IBM 或普华永道的目标而作出贡献）。因此，基于对组织目标的贡献情况，两家公司中相似的市场营销工作可能会得到非常不同的使用价值评价。另外，由于地域不同，同一个组织内部的相同工作（IBM 的软件工程师）的交换价值也可能不同。

基于工作的结构和基于人的结构

基于工作的结构（job-based structure）以工作内容——任务、行为和责任作为建立的基础。**基于人的结构**（person-based structure）将焦点转向雇员：雇员所具备的不管在其特定的工作中是否会使用的技能（skill）、知识（knowledge）或能力（competency）。图表 3-1 所示公司的工程工作结构就以工作内容作为标准。通用电气医疗集团以每个工作层级对雇员个人的能力/知识要求作为标准（见图表 3-2）。

在实际工作场所中，很难脱离任职者的知识和技能来描述一种工作。相反，脱离工作内容也很难界定一个人所拥有的与工作相关的知识或能力。因此，基于工作的结构和基于人的结构并不是对立的，在现实中二者往往融合在一起。

■ 3.4　影响内部结构的因素

影响内部结构的主要因素如图表 3-4 所示。尽管这些因素都是相互联系和相互作用的，我们还是将它们分为外部因素（external factor）和组织因素（organization factor）两大类。确切地说，这些因素之间到底是如何相互作用的并不总是非常清楚。在讨论这些因素时，我们将同时考察各种相关的理论。[11]

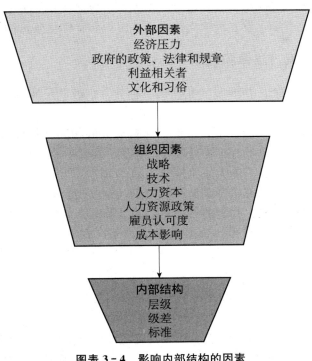

图表 3-4 影响内部结构的因素

3.4.1 经济压力

亚当·斯密是让市场力量决定薪酬结构的早期倡导者。他是第一位同时赋予人力资源交换价值和使用价值的学者。斯密指责工业革命带来的技术创新只增加了劳动力的使用价值而没有相应提高劳动力的交换价值（即更高的工资）。

卡尔·马克思进一步深化了这种批评。[12]他认为雇主榨取了由使用价值与交换价值的差额带来的**剩余价值**（surplus value）。他鼓励工人们推翻资本主义制度，成为自己的主人，并收回自己劳动创造的全部使用价值。

19 世纪下半叶产生了与此相对的理论——**边际劳动生产率**（marginal productivity）理论，该理论认为雇主事实上的确向雇员支付了使用价值。[13]除非雇员能够生产与其所获工资相等的价值，否则雇主就会认为不值得雇用这名雇员。一份工作的报酬比另一份工作的报酬更高或更低，是因为工作的相对劳动生产率的差异和（或）消费者对产出评价的不同。尤其是从短期看，可能会发生许多有趣的事情。例如，有些护士（特别是麻醉护士）现在的平均年薪是 182 000 美元，高于一些初级保健医生的平均年薪。[14]这些护士的年薪虽然低于麻醉医生（364 000 美元），但可以承担许多与麻醉医生相同的工作任务。毫不奇怪，市场对这些护士的需求量非常大。外科医生可能会接受这种情况，因为有关走穴做手术的可能限制被取消。人们想知道初级保健医生的看法。因此，劳动生产率差异为建立内部薪酬结构提供了根据。

除了劳动力的供求，产品和服务的供求也会影响内部结构。[15]不论是竞争对手产品/服务的变革（就像网络购物的兴起），还是客户偏好的变化（就像节能汽车的流行），这些快速变化的外部环境迫使组织重新设计工作流程，也促使雇员不断学习新的技能。无法预测的外部条件要求雇主建立能够支持灵活性组织和弹性化雇员的薪酬结构。[16]

3.4.2　政府的政策、法律和规章

美国公平就业立法禁止薪酬制度在性别、种族、宗教或民族等方面歧视雇员。《公平工资法案》（Equal Pay Act）和《民权法案》（Civil Rights Act）均要求"同工同酬"——如果工作所需的技能、努力、责任和劳动条件相同，则被认为是"同工"。只要内部结构设定层级和级差的标准不是雇员的性别、种族、宗教和民族，那么结构就可以包含任意数目的层级，级差的大小也不受限制。

许多与薪酬相关的立法都试图调节经济力量以实现社会福利目标。对内部结构产生影响的最明显的两个方面是：薪酬的最小化限制（最低工资立法）和最大化限制（对管理人员薪酬的特殊报告要求）。但立法也将薪酬级差作为关注的目标。在当今美国的一个例子就是"生活工资"。[17]美国许多城市都要求每小时最低工资标准高于联邦法律的规定。这种立法可预期的结果是社会上会产生一个更扁平、更紧缩的工资标准结构。

3.4.3　利益相关者

在如何确定薪酬结构方面，工会、股东甚至政治团体都是利益相关者。工会就是最明显的例子。大多数工会把谋求降低不同工作的薪酬差异和基于晋升引起的薪酬差异，作为促进会员团结的一种方式。

一种经常采用的特定比较方式是计算首席执行官的薪酬与普通雇员或初入职雇员薪酬的比率。实际上，《多德-弗兰克法案》就要求上市公司披露这一比率。例如，百事公司（PepsiCo）在第一份被要求提交的报告中披露其首席执行官的薪酬为 31 082 648 美元，其普通雇员的薪酬为 47 801 美元，二者之比约为 650∶1。[18]百事公司指出，公司一半以上的雇员都在发展中/新兴经济体，这些地方雇员的薪酬低于美国本土。我们再看看这一比率的平均水平。所使用的数据不同，对该比率的估计值也会有所不同，但首席执行官的薪酬一般是制造业工作岗位的薪酬的 110～500 倍。[19]在劳联-产联（AFL-CIO）的网站（https://aflcio.org/paywatch）上有一个被称作"管理人员薪酬表"的计算工具。该网站称，首席执行官与工人的薪酬平均比率为 347∶1。（雇员将自己的薪酬与首席执行官的薪酬进行比较的程度尚不清楚，因为目前还无法掌握系统的数据。）

3.4.4　文化和习俗

一位前广播节目主持人通过众所周知的歌曲——校园歌曲、宗教赞美歌和那些在我们 15 岁时风靡一时的流行歌曲——来对文化进行定义。通用磨坊公司的管理者认为文化就是我们吃的食品。对文化更为学术化的定义是"处理人们所共享的信息的心理程序"。[20]有相同思维方式的人可能会就薪酬差异的公平程度达成一致。古希腊的柏拉图宣称，如果一个社会最富有者的收入高达最低收入的 4 倍，那么此时这个社会最强大。

亚里士多德认为报酬差距的最大限度应该为 5 倍。1942 年富兰克林·罗斯福总统提出了一个最高工资议案：对高于最低工资 10 倍的所有收入征收 100％的所得税。

历史学家指出，14 世纪的西欧基督教教会提倡过一种支持当时阶级结构的教义，即 **"公正工资" 教义**（"just wage" doctrine）。实施这一教义是为了遏制由于瘟疫流行造成的经济和社会的混乱，在那次瘟疫流行中西欧丧失了 1/3 的人口。令教会和政府十分沮丧的是，瘟疫流行导致的工人短缺使任何普通人都有权索要更高的工资。诸如技能短缺（更高的交换价值）这样的市场力量被 "公正工资" 教义明确拒绝作为决定薪酬结构的合理因素。今天，生活工资的支持者正试图改变关于工资公平性的社会判断。

在当代，文化因素仍然影响着薪酬结构。许多传统的日本雇主在其内部薪酬结构中都非常重视资历。但是，来自全球竞争对手的压力以及劳动力老龄化问题使维持这种基于年龄的薪酬结构的代价十分高昂。结果，有些日本雇主开始将年龄大的雇员调入低报酬的经营单位，并强化绩效，弱化资历。[21]

3.4.5　组织战略

前文已经讨论过组织战略如何影响内部薪酬结构。基本的观点是：与组织战略不一致的薪酬结构可能会成为组织获取成功的障碍。然而，即使今天薪酬结构与组织战略保持一致，明天也有可能变成组织的障碍。因此，兼具一致性与可变性可能是最好的选择。

3.4.6　组织的人力资本

人力资本——完成工作所需的教育、经验、知识、能力和技能——是影响内部薪酬结构的一个主要因素。[22]技能和经验为组织增加的价值越大，其所要求的工资就越高。由于顾问工程师的人力资本为一家公司带来了更大的回报，因此在该公司的薪酬结构中，顾问工程师的薪酬要高于首席工程师或高级工程师，也就是说顾问工程师的工作对于公司的成功更为关键。

3.4.7　组织的工作设计

用于生产产品和服务的技术影响组织的设计、要完成的工作以及完成工作所需的技能/知识。生产精密武器的技术不同于生产塑料的技术。这些技术差异导致了通用电气医疗集团的薪酬结构的差异。

在同一个组织内部，由于工作的类型不同，通常会存在多重结构。例如，诺斯罗普·格鲁曼公司就拥有管理类、工程类、技术类、行政类和非豁免类岗位等结构，每种结构都有 5～6 个基本工资的分组或层级。

组织设计正经历着深刻的变化。在一些组织工作的人当中，许多并不是这些组织的雇员。他们或者受雇于某个供应商（比如，作为 IT 供应商的 IBM 或惠普，或者作为电路设计商的 Primarion 等），或者受雇于某个临时性工作供应商（比如，临时会计服务公司、人力服务公司）。他们也有可能按照临时合同（限定时间或限定项目）的要求参与组织相关工作。保安、软件工程师、会计等或许都可以由 **外包**（outsourcing）专家提供。向这些雇员支付薪酬所依据的是提供外包服务的雇主（比如 IBM 或临时会计服务公司）的内部结构，而不是他们当前所在工作场所雇主的内部结构。工作设计方面的另外一个重要变化是组织的**扁平化**（delayering）。[23]整个工作层级已经消失。惠普新任首席执行官马克·赫德（Mark Hurd）到惠普上任仅几个星期，就听到有关惠普对客户的需求反应迟钝的抱怨。他发现是组织内部的层级结构拖延了这种反应。在惠普把管理层级从11级削减为8级后，客户立刻对缩短的反应时间表示欢迎。[24]扁平化可以削减那些不必要的、对组织缺乏贡献的工作。它也可以增加其他工作的工作内容，使其范围扩大。通过在生产性工作中使用自我管理式的工作团队，组织取消了监督管理类工作的全部层级，而且将更多的决策责任下放给工作团队。[25]这将改变工作的价值和结构。

3.4.8 整体人力资源政策

组织的其他人力资源政策（human resource policy）也影响内部薪酬结构。大多数组织为了激励雇员申请更高层级的职位，通常将金钱与晋升联系在一起。[26]如果一个组织拥有更多工作层级，它就可以为雇员提供更多晋升机会，但不同工作层级之间的薪酬差异可能会更小。基本的观点是：更加频繁的晋升（即使并没有伴随大幅的薪酬上涨）会为雇员提供一种"职业进步"的感觉。[27]

3.4.9 内部劳动力市场：外部因素与组织因素的结合

由图表3-5可知，内部劳动力市场（internal labor markets）把组织因素与外部因

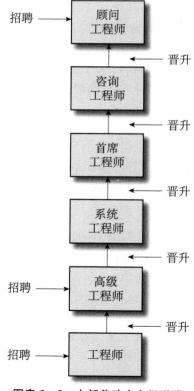

图表3-5 内部劳动力市场说明

素结合在一起。内部劳动力市场由规则和程序组成，这些规则和程序包括：（1）确定单个组织内部不同工作的薪酬；（2）在不同的工作之间配置雇员。[28]在图表 3－5 所示的组织中，招聘的新人只能从事那些初级工作（工程师可以从刚走出校门的大学毕业生中招聘；高级工程师应当有几年的工作经验）。在工作一段时间后，他们晋升或调动到组织内部的其他工作岗位。由于雇主要在外部市场上竞争人才来填补这些**初级工作**（entry job）空缺，因此他们必须提供足够高的薪酬来吸引合格的申请者。相反，对于那些以内部晋升或调动的方式来填补空缺的工作，其薪酬虽然与外部市场力量联系在一起，但这种联系并不那么直接。外部因素是影响初级工作薪酬的主要因素，非初级工作的薪酬差异主要反映组织内部因素。[29]

3.4.10　雇员认可度和公平感

雇员通过把自己的薪酬同那些从事与自己相关的工作的人的薪酬进行比较，来判断自己所获得的薪酬是否公平。[30]因此，影响内部薪酬结构的一个重要因素是该薪酬结构对相关雇员的可接受程度。[31]雇员通过进行多重的薪酬比较来评价组织内部薪酬结构的公平性。他们既与同一内部薪酬结构中其他工作岗位的薪酬对比，又与他们的工作在外部市场（即雇主的竞争对手）能够获得的薪酬对比。[32]

公平性有两种重要的来源：决定薪酬结构的程序，被称作**程序正义**（procedural justice）；这些程序的结果——薪酬结构本身——被称作**分配正义**（distributive justice）。

假设你被开了一张超速罚单。程序正义是指作出处罚决定的过程：委托律师的权利、获得公正法官的权利、取得开罚单警察陈述书副本的权利。分配正义是指处罚决定的公平性：有罪。研究表明，雇员对程序公平的认可程度将对他们是否接受结果产生重大影响；如果雇员和管理者认为确定薪酬水平的方式是公正的，就会更加愿意接受低工资。这项研究也表明，如果做到以下四点，薪酬决定程序将更有可能被认为是公平的：（1）这些程序被一致地用于所有雇员；（2）雇员参与了薪酬决定过程；（3）薪酬决定程序中包含申诉程序；（4）所使用的数据是准确的。尽管如此，一项更新的研究还是对雇员参与的有效性提出质疑。[33]在一个低工资的公司，雇员参与和薪酬公平之间没有任何联系。可能的原因是雇员的工资太低，以至于任何参与程度都无法打消他们的不满。因此，我们并不主张对雇员参与的观念置之不理，但是在极端（工资非常低）的案例中，增加工资可能会胜于雇员参与。

就内部结构而言，程序正义涉及如何作出结构的设计和管理决策，以及程序是否以一致的方式应用；分配正义强调组织内部雇员之间实际的薪酬差异能否被雇员接受。我们稍后将在本章探讨公平理论时再回到分配正义问题。

3.4.11　薪酬结构变化

薪酬结构随着外部因素（如技能短缺）的变化而变化。随着时间的推移，人们可能会习惯那些被扭曲的薪酬差异，并认为其具有公平性而予以接受；所有试图改变这些差异的努力都会遭到抵制。因此，由于组织或经济原因在早期建立的薪酬结构可能会由于文化或政治原因而得以维持。或许需要经过再一次的经济震荡才能消除对薪酬结构变革的抵制，然后围绕新的结构形成新的标准。但这种"变化—凝固"过程已不支持当代经济持续不断的变化。[34]衡量雇员认可度的新标准可能需要包括这样一种认识，即人们必须习惯不断的变化，在内部薪酬关系方面也是如此。

相对于机场的其他工作而言，机场安检员的薪酬问题就说明了这种"变化—凝固"过程。在"9·11"事件之前，机场安检员只能获得每小时5.50美元的报酬，而且没有福利。因此，机场雇用许多新移民、一些没有合法身份的移民以及相对缺乏技能的人来检查旅行者及其行李。在机场星巴克咖啡屋和书报亭工作的人可能都比安检员挣得多。"9·11"事件之后，美国运输安全管理局（Transportation Security Administration，TSA）接管了机场的安检工作。现在安检员的工资与警察和消防人员的工资大致相当。[35]在机场从事其他工作的雇员不得不调整他们对安检工作的比较。[36]

3.5 设计内部结构的战略选择

具有内部一致性的薪酬结构会支持工作完成的方式、适应组织的经营战略并公平对待所有雇员。内部一致性越强，匹配性越好，就越有可能引导组织获取成功。缺乏内部一致性的薪酬结构会成为组织前进的障碍。或许它们仍然可以激励雇员的行为，但是那些行为可能不是组织所期望的。如果杰夫·戈德布卢姆（Jeff Goldblum）获得了令自己满意的加薪，他这种具有数学家性格的人就不会在侏罗纪公园里偷盗恐龙蛋了。

但是，为达到内部一致性而对薪酬结构进行调整或改进又意味着什么呢？这涉及两种战略选择：（1）如何具体针对组织设计和工作流程来建立内部薪酬结构；（2）如何为内部薪酬结构的所有层级分配薪酬。

3.5.1 精确对应还是松散关联？

一种低成本、以客户为中心的经营战略（如麦当劳或沃尔玛所采取的战略）可能需要一种精确对应的结构作为支持。在实施这种经营战略的组织中，工作界定十分清晰，每种工作都有详细任务或具体实施步骤。到克利夫兰、布拉格或上海的麦当劳转一圈，你就会发现工作都非常相似，薪酬结构也是如此。每家麦当劳门店都有七种工作（在主管和经理之下）。为了消除这些工作的操作差异，麦当劳对这些工作都进行了清楚的界定。制作炸薯条需要九个步骤。雇员似乎很难在这些工作上犯错误。[37]同样，要想成为整个麦当劳最好的炸薯条烹饪师也不是一件容易的事。麦当劳各种工作之间的薪酬差异非常小。

与麦当劳形成鲜明对比的是3M公司，后者的经营战略要求持续不断地改良产品并缩短产品从设计到上市的周期。3M公司的外部竞争环境非常激烈且无法预测，雇员根本没有具体的工作步骤可循。3M公司的工程师可能会同时在几个不同的工作团队之间奔波，这些团队通常需要在同一时间开发多种产品。为了提高灵活性，3M公司的薪酬结构与组织的关联较为松散。

3.5.2 等级化与平等化的结构和层级化与扁平化的结构

薪酬结构可以在等级化与平等化的两极之间变动。图表3-6说明了二者的差异。平等化的结构具有更少的层级，并且（或者）在相邻的层级之间以及最高收入与最低收入的雇员之间，薪酬级差更小。

图表 3-6 结构的等级化与平等化

	等级化 ←→ 平等化	
层级	多	少
级差	大	小
标准	人或工作	人或工作
支持：	紧密匹配	松散匹配
工作组织	个体	团队
公平性	绩效	平等待遇
行为	晋升的机会	合作

换句话说，薪酬结构可以在层级化与扁平化的两极之间变动。如图表 3-7 所示，相对于只有三个层级的扁平化结构，层级化的结构拥有八个层级，并且层级之间的薪酬级差相对较小。层级化的结构比扁平化的结构等级化程度更高，而且在层级数量方面平等化程度更小；多重层级要求组织对每个层级的工作内容给出详细的描述，并且明确每个人的职责所在。等级化的结构传递出这样一种信息，即组织重视雇员在工作内容、个人技能以及对组织的贡献等方面的差异。[38]

图表 3-7 结构的层级化与扁平化

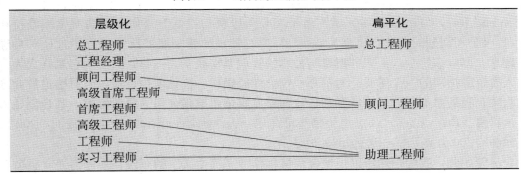

在扁平化的结构中，有几个层级的工作头衔被取消，因此所有层级中全部雇员的任务职责范围扩大，雇员在决定如何以最优方式完成组织所期望的目标方面拥有更大的自由（更少的严密监督）。扁平化的结构更具平等性，因为它所传递的信息是组织平等地对待每一位雇员。组织减少了对雇员的严密监督，并赋予他们更多的自主权（更少的严密监督），以期能够促使他们独立地思考、创新和行动。基本的假设是组织越平等地对待雇员，就越能提高雇员的满意度，越能促进雇员之间的合作，从而进一步影响雇员的绩效。当然，如果扁平化的结构中层级越少，并且组织中最高薪酬与最低薪酬之间的差值与层级化的结构（如图表 3-7 所示）相同，那么扁平化的结构中不同层级之间的薪酬级差实际上会更大，而不是更小。为了能更加匹配图表 3-6 中所列的平等化的结构标准，相对于层级化的结构而言，图表 3-7 中扁平化的结构需要提高助理工程师的薪酬，并降低总工程师的薪酬。这将缩小员工之间总体薪酬的差异（变异性/分散性），使薪酬级差更具平等性。例如，开市客努力将首席执行官的现金薪酬（基本工资加奖金）与公司工会雇员平均薪酬的比率维持在 8∶1。全食超市的目标是这一比率不超过 19∶1（见图表 3-8）。公司认为结构越扁平化越有利于强化合作性团队建设。（不过，这两家公司的首席执行官通常拥有更高的总体薪酬，按照股票期权价值计算，他们的总体薪酬

是普通雇员的 8 倍或 19 倍以上。）

图表 3-8　全食超市雇员工资和管理人员薪水上限

会计年度	雇员每小时工资（美元）	雇员每年工资（美元）	倍数	管理人员薪水上限（美元）
2016	20.15	41 911	19	796 300
2015	19.70	40 976	19	778 500
2014	19.16	39 853	19	757 200
2013	18.89	39 289	19	746 500
2012	18.63	38 747	19	736 200
2011	18.24	37 947	19	721 000
2010	17.84	37 107	19	705 037

说明：平均每小时工资是一个财政年度中所有全职团队成员的现金薪酬总额除以该年度中所有全职团队成员的总工作小时数。平均每年工资是平均每小时工资与 2 080 小时的乘积。全食超市每年按 2 080 小时计算，表示每周 40 小时与每年 52 周的乘积。

资料来源：Proxy Statements，Whole Foods，December 30，2014 and December 21，2016.

　　但是，平等化的结构并非没有任何问题。例如，优质冰激凌供应商本杰里公司（Ben and Jerry's Homemade）试图将最高收入雇员与最低收入雇员的薪酬比率维持在 7∶1。（公司初创时期这一比率为 5∶1。）相对较小的薪酬级差反映了公司这样一种经营理念，即应该将生产工人的财富与公司的管理紧密联系在一起。但是，它最终成为公司人力资源招聘的一个障碍。为招募一位会计经理和一位首席执行官，公司被迫放弃这一政策。直到本杰里公司被联合利华收购时，媒体才披露公司的股票价值，联合创始人本·科恩（Ben Cohen）和杰里·格林菲尔德（Jerry Greenfield）分别净赚了 1 900 万美元和 4 200 万美元——远远超过 7∶1。

　　尽管如此，我们仍然难以拒绝任何被称作"平等主义"的东西。平等待遇（也就是说，缺乏绩效工资，无论是工作层级内部还是工作层级之间的工资增长）意味着会让那些知识更渊博、绩效更高的人——明星雇员——感到没有获得应有的报酬。他们可能会离职，去找一个更认可他们所做贡献并给他们更高工资的雇主（即存在负面的筛选效应的风险），或者干脆拒绝做任何不明确属于自己职责范围的事情（例如，由于负面的激励效应和（或）不公平的感觉）。他们行为上的这些变化会降低整体绩效。因此，平等化的结构和等级化的结构都是有道理的。

　　但需要牢记的是，设计内部薪酬的战略选择并非"非此即彼"。相反，差别只是一个程度问题：层级可以由多到少，级差也可大可小，而且标准既可以以工作为基础，又可以以人为基础，或者综合考虑二者。

3.6　来自研究证据的指导

　　在管理者向自己的组织推荐一种薪酬结构之前，我们希望他们不仅要考虑组织的战略、工作流程、公平性以及雇员动机，还要考察有关的研究成果。关于各种结构的影响问题，经济学家和心理学家都会告诉我们一些有用的东西。

3.6.1　公平理论：公平

正如我们在前面所指出的那样，雇员通过进行多重比较来判断他们薪酬的公平（公正）性。[39]一项对 2 000 名学校教师的研究表明，如果教师在内部薪酬结构中被支付相对较高的工资，他们就更有可能认为这种薪酬结构是公平的。如果这些教师工作在一个高薪学区，即使他们在内部薪酬结构中被支付相对较低的工资，他们仍然会认为这种薪酬结构是公平的。把这些发现应用于图表 3-1 所示公司的工程师、咨询工程师和顾问工程师身上，我们便可以认为如果他们都处在一个更高的薪酬等级，那么他们就更有可能认为公司的内部薪酬结构是公平的。对于处于低薪酬等级的工程师而言，只有在公司向他们支付高于其他竞争对手的薪酬时，他们才会认为公司的内部薪酬结构是公平的。我们所不知道的是，当公司招募只有 5 年工作经验的雇员来做首席工程师时，那些拥有 10 年工作经验的首席工程师会如何评价公司的内部薪酬结构。这种情况可能不会发生在工会化的教师薪酬结构中，但在其他组织中却十分常见。

因此，研究表明，雇员对自己所在组织的内部薪酬结构的公平性作出判断时，会进行多重比较：

- 将相似的工作与自己的工作做对比（内部公平性）。
- 将自己的工作与同一雇主的其他工作做对比（内部公平性）。
- 将自己工作的报酬与外部薪酬水平做对比（外部公平性）。

关于雇员在多大程度上对内部公平性和外部公平性进行比较的问题，我们有哪些研究证据呢？图表 3-9 提供了一些数据。在被调查的组织中，至少就雇员与管理者的比较类型而言，内部薪酬与外部薪酬的比较似乎同样普遍。[40]请注意，1/4～1/3 的组织报告说它们的雇员会经常或不间断地进行这些比较。因此，作为一名薪酬管理专业人员，不仅需要设计一个支持组织目标的薪酬制度，而且需要定期向雇员解释选择这种薪酬制度的理由。

图表 3-9　雇员对缺乏内部或外部公平/公正问题关注的频率

	内部公平/公正			外部公平/公正		
	经常或持续	偶尔	很少或从不	经常或持续	偶尔	很少或从不
基本工资数量	21%	45%	34%	28%	51%	22%
绩效加薪额度	27%	45%	28%	24%	42%	34%

资料来源：Adapted from Dow Scott, Tom McMullen, and Mark Royal. *WorldatWork Journal*, Fourth Quarter, 2011, 50-64. Survey of 568 compensation professionals (primarily mid-level to senior-level).

这些比较的结果部分取决于雇员对其他雇员工作、内部结构和外部薪酬水平了解的准确度（accuracy）。[41]教师的工资表通常是公开的，但在私人部门组织中很少出现这种情况。一项历时 30 年的研究表明，雇员常常无法获得关于自己在薪酬结构中相对位置的正确信息。[42]公平理论可能既支持平等化的结构又支持等级化的结构，这取决于对它们所做的比较以及相关信息的准确性。

公平（equity）与平等（equal）并不是一对可以互换的概念，搞清楚这一点十分重要。作为投入产出结果的薪酬在不同雇员之间可能是不平等的，但如果那些被认为作出更大绩效贡献的人获得了更高薪酬，那么薪酬仍然可以被认为是公平或公正的。公平理论认为，雇员会拿自己的投入（例如，努力、能力、绩效）产出（例如，薪酬、地位、满意度）比与其他人的投入产出比进行比较，比较的角度可能是一个或多个（内部的、外部的，或者自己在过去或将来的情况等）。如果投入产出比都是非常相似的，那么雇员就会感知到公平。只要绩效的差异被感知到确实存在，那么尽管薪酬存在差异，投入产出比仍然可以表现出相似性。[43]

一项对大量组织的研究发现，在那些管理层薪酬级差较大的组织中管理人员的流动率相对更大，原因可能在于管理人员对薪酬产生的不公平感。薪酬级差的规模每增加一个标准差，管理人员的平均任期就会缩短 2%～6%。但是，这项研究没有检验薪酬级差在多大程度上以管理层绩效作为决定的基础，也没有考察那些离职管理人员的绩效水平。因此，我们无法评估管理人员对薪酬公平性感知的具体含义，也不知道薪酬级差的大小会产生怎样的筛选效应（假如能够产生这种效应的话）——是高绩效者还是低绩效者更有可能离职？我们仅仅知道组织的薪酬级差越大，流动率也就越大。其他的研究也发现，更高的薪酬离散度与管理人员更大的流动率相关，但这些研究同样没有考察离职的管理人员和留下的管理人员的绩效情况。[44]

3.6.2 锦标赛理论（和薪酬离散度）：激励与绩效

与人们对结构的看法相对的是，经济学家已经更直接地关注结构的激励效应。我们以一场高尔夫球赛为例，比赛的奖金总额是 100 000 美元。这 100 000 美元奖金的分配方式会影响所有参赛者的表现。比较以下两种奖金分配计划：将奖金分为三个层级——60 000 美元、30 000 美元与 10 000 美元；将奖金分为 10 个层级——19 000 美元、17 000 美元、15 000 美元、13 000 美元……按照**锦标赛理论**（tournament theory），在奖金级差更大的第一种分配方式中，所有参赛者的表现都将更好。[45]有一些证据支持这一结论。在美国职业高尔夫球协会（Professional Golf Association）举办的高尔夫球赛中，奖金总额提高 100 000 美元之后，每个参赛者的杆数均有所降低，平均每 72 洞降低 1.1 杆。[46]越是接近最高奖金的参赛者，其杆数下降得越多。（不打高尔夫球的人请注意：高尔夫球赛中杆数降低意味着球技的进步。）

如果将这些结论应用于组织的薪酬结构，就意味着你与你老板的薪酬级差越大，你（和除了老板本人之外的其他每一个人）工作就会越努力。如果公司支付给咨询工程师的薪酬是 125 000 美元，支付给顾问工程师的薪酬是 162 000 美元，那么根据锦标赛理论，将顾问工程师的薪酬增加到 200 000 美元将促使公司每个雇员（除了顾问工程师以外）更加努力地工作。所有层级的工程师并不会抱怨顾问工程师的薪酬太高，相反这种更大的薪酬级差会激励他们为成为"优胜者"而加倍努力，争取在成为顾问工程师的职业道路上尽早迈上一个新的台阶。[47]在一定限度内，上升到更高一个层级所获得的奖金越多，结构的激励作用就越大。有几项研究支持锦标赛理论。其中一项研究表明，如果公司给每次晋升以更大幅度的加薪，就会提高雇员的努力程度并减少旷工现象。[48]其他研究发现，结构上层更大的薪酬级差提升了雇员绩效。"赢者通吃"的想法就出自这些研究。[49]

团队环境中薪酬的差异性和离散度

对于团队环境而言，情况又会怎样？[50]实际上，只有在以下情况下，所有的研究才会支持等级化的结构和锦标赛理论：个体的表现最重要（汽车拉力赛、保龄球赛、高尔夫球赛），或者，最好是在对合作的要求相对较低的小团队中（教授、股票经纪人、卡车司机）。[51]

相对于个体运动而言，团体运动提供了一种环境，在这种环境下单个运动员的表现以及整个团队的合作都很重要。[52]基于对美国职业棒球大联盟八年数据的研究，马特·布鲁姆（Matt Bloom）发现球员薪水差异较小的球队的表现要比那些球员薪酬级差很大的球队好。除了影响球队的成绩，平等化的结构也会对球员的个人成绩产生巨大影响。一个普通球员的成绩在采用平等化结构的球队中要比在采用等级化结构的球队中提高得更快。也有可能是平等化的结构反映了一种更富有弹性和支持性的组织文化，普通的球员在这种文化里获得了提高竞技能力所必需的训练和支持。

在为薪酬离散度（平等化与等级化的薪酬）影响研究提供范式方面，棒球运动研究发挥了重要作用，但一个潜在的问题是棒球运动既不是一项以球员之间高度依赖为特征的运动，也不是一项球员之间拥有多种（自由）合作方式的运动。最近的一项研究是在曲棍球队中进行的，在这种团队环境中，大量任务相互依存，而且球员在合作行为上拥有自主权。这项关于曲棍球运动的研究发现，那些根据个人成绩（而不是与成绩无关的因素）来区分球员薪酬的球队表现更好，这在很大程度上是因为这样的球队更成功地吸引和留住了最有才华的球员。换句话说，基于绩效的更大的薪酬级差产生了积极的筛选效应。如果没有基于绩效的薪酬级差，富有才华的球员就会转到其他球队。[53]同样重要的是，要记住平等和公平意味着不同的东西。平等的薪酬实际上可能会被认为是不公平（不公正）的，尤其是在高绩效人员看来。[54]其他的研究也得出类似的结果：薪酬离散度对绩效的影响取决于一些随机因素，比如，确定薪酬离散度的基础（有多少合理性）和程度（太大或太小的离散度的效果可能都不佳）。[55]然而，关于薪酬离散度的影响和环境因素的调节作用仍然存在争论。[56]

网络资源

美国职业棒球大联盟和全国曲棍球联盟（National Hockey League）所有球员和球队的薪酬情况都公布在 http://www.usatoday.com/sports/mlb/salaries/ 和 http://www.usatoday.com/sports/nhl/salaries/上。挑选几个你喜欢的球队，比较每个球队最高收入球员和最低收入球员的薪酬级差。根据这些薪酬级差，本章所讨论的理论模型和研究预测哪些球队将会获得更好的比赛成绩？

可以通过《今日美国》和其他来源获取关于球队排名的信息。问题：你会把你的学费赌在球员薪水级差与球队成绩之间的关系上吗？（球员的薪酬等级是怎样的？球员的成绩与作为预测球队成绩基础的薪酬之间的关系又是怎样的？）

3.6.3　制度理论：模仿与遵循

有时候某些内部薪酬结构之所以被采用，是因为这些结构被认为是"最佳实践"。[57]这些组织只是单纯复制或模仿其他组织的做法。这种追随标杆的行为包括一窝蜂地实行工作外包、重视团队、弱化对个人贡献的重视，或者转向推行**基于胜任力的工资制度**（competency-based pay system），往往很少考虑所采取的实践是否与本组织及雇员相匹配，以及能否为组织增加价值。

制度理论认为，公司为了获得合法性并降低风险，会对自己所处环境的规范性压力作出反应或调整。就这一点而言，制度理论预测几乎没有组织愿意"第一个吃螃蟹"；相反，大多数公司只是在创新者学会如何让创新实践发挥作用之后去模仿。这种模仿行为的潜在缺陷是：与另一个组织的战略相匹配的实践可能并不与本组织的战略相匹配。根据组织的资源基础论的观点，如果你只是简单地模仿竞争对手的实践，那么你就不太可能战胜竞争对手。[58]然而，如前所述，对于一个比竞争对手表现差的公司来说，这种模仿可能对获取竞争优势很有帮助，而且对公司发展来说可能是一个重大进步。

3.6.4　更多的来自研究证据的指导

图表3-10归纳了内部一致性结构给组织带来的影响。

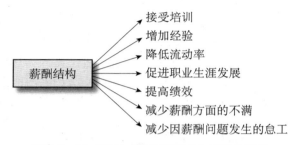

图表3-10　内部一致性结构产生的部分影响

内部结构的影响力大小取决于它们运行的环境：

● 当工作流程依赖于个体贡献者时，等级化程度更高的结构与更高水平的绩效相关（例如，咨询和法律业务、外科手术团队、股票经纪人，乃至大学研究人员）。

● 当薪酬以绩效而不是以资历为基础且雇员对内部结构有所了解时，高绩效者在等级化程度越高的结构中离职的可能性越小。

● 当需要紧密合作和共享知识时，平等化程度更高的结构与更高水平的绩效相关（消防和救援队、生产班组、全球化软件设计团队）。当工作流程和组织设计需要团队合作时，"赢者通吃"的竞赛等级制度所培育的竞争性会对绩效产生负面影响。

● 任何内部结构对组织绩效的影响都受制于薪酬模型的其他几个维度——薪酬水平（竞争性）、雇员绩效（贡献）及雇员对薪酬结构的了解（管理）。[59]

除了以上几点，还有许多问题有待研究。目前还没有针对晋升加薪的最佳规模或晋升加薪对雇员的行为、满意度、绩效的影响的研究。对于工作性质变化不大的高频率晋升是否比工作性质变化较大的低频率晋升更好（或更差）的问题，我们也知之甚少。每种工作场所经常会出现非正式的期望。（"在这里，你有望三年后获得晋升，通常还会有10％的加薪。"）大学虽然没有晋升加薪的标准，但从助理教授晋升为副教授大约需要六年的时间。在日本公司的薪酬结构中，从助理岗位晋升到主管岗位需要五年的时间。军队也存在类似的标准。目前我们还不知道这种经验法则是如何形成的，它们最初的逻辑是什么，但是它们确实很重要。比预期发生得更早（或更迟）并伴随着较大（或较小）的薪酬增长的晋升通常传递着一种强烈的信息。

那么图表 3-1 所示公司工程工作层级之间的薪酬级差的规模应该是多大？要回答这个问题，我们需要理解公司**职业路径**（career path）内的薪酬级差是如何支持公司经营战略和工作流程的，这种薪酬级差是否激励工程师为公司的成功作出贡献，工程师又是否认为这种薪酬级差是公平的。下面几章将讨论如何管理这些内部结构。

■ 3.7　结构的结果

让我们再次回到"那又怎样"的问题，并再次考察薪酬模型。究竟为什么要担心内部一致性问题？为什么不简单地按照雇员所需来支付薪酬以使其每天按部就班地工作？为什么不让外部市场力量或者竞争对手的薪酬水平来决定内部薪酬级差？或者为什么不让政府机构来决定薪酬级差？

3.7.1　效率

研究显示，具有内部一致性的结构有助于提高组织绩效。[60] 如果一种结构不能激励雇员为实现组织的目标而努力，那就得考虑重新设计这种结构了。

内部薪酬结构暗示着未来的回报。薪酬结构中最低等级薪酬与最高等级薪酬之间的级差规模可能会激励雇员留在组织中、增加自己的经验和接受培训、与同事合作并寻求承担更大的责任。[61]

第 2 章提出了战略问题——你想让自己的战略不易被别人模仿吗？我们已经注意到，职业路径中的层级数量和头衔可能比头衔所附带的工资收入带来的回报更高。微软公司在其结构中增加了一个"杰出工程师"头衔。麦肯锡咨询公司在其结构中增加了一个"副合伙人"头衔。它们的理论根据是职业阶梯中更多的梯级会对雇员产生激励作用。这些都是还没有被外部市场了解的新头衔和新层级。

3.7.2　公正

长期以来，学者们一致认为背离一种可接受的薪酬结构会引发雇员离职、不满和动机减弱。[62] 这也正是发生分歧的地方。一方面，有一部分人认为，如果公司不同工作之间的薪酬级差缺乏公平（即差距不够大），雇员可能会对雇主心怀敌意、抵制变革、在可能的情况下另谋高就、变得散漫消沉，并"缺乏能提高效率和带来个人满足感的热情和兴趣"。[63] 另一方面，包括工会在内的其他团体主张尽力缩小不同薪酬等级之间以及相似工作之间的薪酬级差，认为更加平等化的结构会支持团队合作、提高雇员对组织的忠诚度并提升绩效水平。同所有的规则一样，也存在例外。例如，在美国像棒球、曲棍球这些专业运动的运动员都是工会化的，但运动员工会并不去争取平等化的结构。相反，这些工会多年来一直通过激烈的谈判来争取运动员的自由代理权，这样可以使个体运动员尤其是高水平球员获得的薪酬远高于一般运动员。

3.7.3　合法

正如任何一种薪酬决策那样，内部薪酬结构必须遵守组织所在国家的法规。

虽然关于内部一致性的研究为我们提供了非常丰富的信息，但是还有许多不为我们所知的东西。薪酬结构有多少层级才算合适？薪酬级差的规模应该多大？通过薪酬结构推动雇员职业发展的标准是什么？我们认为这些问题的答案依赖于对本章讨论的各种因素的理解：组织的战略意图、组织设计和工作流程、人力资本，以及组织所面临的外部条件、法律法规和文化习俗。我们也相信确保薪酬结构适应组织条件更有可能为组织赢得竞争优势并使雇员感知到薪酬的公平性。另外，有时候人们把内部一致性的概念看得过重。美国休斯敦市的一家石油公司规定，工作场所的所有壁挂必须与薪酬结构中的职位相关联。高级管理人员的办公室要悬挂原创壁画，而处于薪酬结构底层的雇员只能悬挂公司炼油厂的照片。一位分析家评论道："层级划分得如此细致，以至于在进入某个办公室时，你一眼就能看出处于最低工资等级的那个人是谁。"[64]

本章小结

本章讨论了内部一致性及其对雇员、管理者和雇主的影响。内部一致性是指单个组织内部工作/技能/胜任力之间的薪酬关系。内部薪酬结构潜在的影响对于组织和个人都至关重要。最近的研究结果及实践经验为内部薪酬结构的设计和管理提供了指导方针。

薪酬结构——一个组织内部不同工作的工资标准组合——是由社会、经济、组织及其他因素共同决定并形成的。雇员通过与组织内部其他工作的比较以及与雇主的竞争对手对类似工作支付的薪酬的比较来判断一个薪酬结构的公平性。雇员对工作之间薪酬级差的认可程度是对薪酬结构公平性的一个关键检验。这样的薪酬结构是组织提供的回报网络的一部分。它们为雇员提供了向更高薪酬工作晋升的职业路径，并使雇员有成就感。

当思考内部薪酬结构时，要把整个薪酬制度的目标牢记在心。广泛的经验和越来越多的研究结论证明：内部薪酬结构的差异加上薪酬制度的其他维度会影响雇员的态度和工作行为，最终影响组织的成功。

复习题

1. 在战略薪酬视角中，为什么内部一致性是一项重要的政策？

2. 讨论影响内部薪酬结构的因素。根据你自己的经验，你认为哪些因素是最重要的？为什么？

3. 内部结构是组织所提供的多种激励之一。考察任何一种组织：你所在的大学、工作场所或者你购物的商场。描述这些组织的工作流程。工作结构是如何与组织的经营、工作流程以及组织目标保持一致的？你认为这种一致性是怎样影响雇员行为的？

4. 什么是"公正工资"教义？你能想到现在的应用吗？

5. 讲师、助理教授、副教授和教授组成的序列是学院的典型结构。这是一种平等化的结构还是等级化的结构？作出回答前你还需要哪些附加信息？这种结构会影响教员的哪些行为？它是内部一致性的吗？它难以模仿吗？它能为组织增加价值吗？

案例练习 1　你想领导一支管弦乐队

　　彼得·德鲁克（Peter Drucker）把管弦乐队称作21世纪日趋流行的组织设计的一个例子，因为它们要雇用技艺娴熟、能力出众的雇员共同组成一个团队来生产产品和提供服务。德鲁克或许可以听到他想听到的东西。也有人说管弦乐队是专制的。乐队演奏什么和如何演奏都要听从指挥家的指令。与沐浴在管弦乐队团队合作的光芒中相反的是，乐队成员中经常流传如下玩笑：问：为什么这么多人一下子就厌恶中提琴了？答：它节省时间。

　　管弦乐队的工作说明看起来很简单：演奏音乐。（问：闪电为什么会像键盘手的手指呢？答：它们都不会两次击中同一个地方。）小提琴演奏小提琴部分，小号演奏小号部分。但一项研究表明，管弦乐队成员的工作满意度低于监狱看守，但他们从工作中获得的满足感比手术室护士和曲棍球运动员高。

　　图表3-11展示了一个地方性室内管弦乐队几年前的薪酬表。（问：怎么使单簧管奏出法国号的声音？答：把所有的音符都按错。）薪酬涵盖六场管弦音乐会、一场烛光颂歌活动、三场周日室内系列音乐会、几场艺术教育小学音乐会、两场长笛四重奏演出、一场"假日铃声"黄铜管乐音乐会，以及日常的彩排。（问：你怎么知道长号吹跑调了？答：当拉管移动的时候。）

图表 3-11　管弦乐队的薪酬表

乐器	薪金（美元）	乐器	薪金（美元）
乐团首席小提琴	6 970	小提琴 I	2 483
首席贝斯和指挥	5 070	小提琴 I	2 483
首席中提琴	5 036	小提琴 II	2 483
首席长笛	4 337	小提琴 II	2 483
首席小号	4 233	中提琴	2 483
首席大提琴	4 181	小提琴 II	1 975
首席单簧管	4 146	中提琴	2 212
小号	3 638	双簧管	2 206
首席双簧管	3 615	长号	2 137
首席小提琴 II	3 488	中提琴	2 033
首席圆号	3 390	小提琴 II/中提琴	1 784
键盘乐 I	3 361	大提琴	1 634
大提琴	3 228	单簧管	1 548
首席打击乐	3 049	圆号	1 548
小提琴 I	2 899	长笛	1 455
大提琴	2 882	键盘乐 II	1 392
首席巴松管	2 824	巴松管	1 265
小提琴 I	2 685	小提琴 II	1 178
小提琴 I	2 483		

问题：

1. 从薪酬等级、级差和以工作定薪或以人定薪等方面描述管弦乐队的薪酬结构。

2. 讨论哪些因素可以解释这种薪酬结构。为什么小提琴手比双簧管手和长号手的薪酬高？为什么首席小号手的薪酬比首席大提琴手和首席单簧管手的薪酬高，但比首席中提琴手和首席长笛手低？如何解释这些差别？是小提琴手的供求状况与长号手的供求状况不同吗？是小提琴手演奏了更多的音符吗？

3. 首席中提琴手与薪酬第二高的中提琴手的薪酬级差是多少？首席小号手与薪酬第二高的小号手的薪酬级差是多少？为什么首席乐手的薪酬与其他乐手的薪酬之间存在这些级差？为什么这些级差不是更大或更小？为什么小号手之间的薪酬级差不同于中提琴手之间的薪酬级差？

4. 公平理论与锦标赛理论的应用情况如何？习俗或传统发挥作用了吗？制度理论的应用情况又会怎样？

案例练习 2 （假如你不想领导这支管弦乐队……）

请使用另外的例子来考察组织是如何决定不同工作或不同技能的薪酬的，以及雇员职业发展路径是如何运作的。你可以选择我们在第Ⅱ篇导言中提到的医疗和体育行业的例子。你也可以选择其他的例子。你可以使用图表 3-12 中宾夕法尼亚电力与照明公司（Pennsylvania Power & Light）与国际电气工人兄弟会（International Brotherhood of Electrical Workers，IBEW）协商达成的薪酬结构。请回答我们在案例练习 1 管弦乐队的例子中提出的关于薪酬级差大小及其原因的一般性问题。

图表 3-12　宾夕法尼亚电力与照明公司部分工作族的薪酬结构

最低年薪（美元）	最高年薪（美元）	工资等级	簿记	煤炭设备操作工	核电厂操作工	电气设备维修工	废水处理技术员	辐射防护技术员
36 660	43 992	1	现金收入管理员					
40 352	47 684	2					废水处理杂务工	
43 992	51 376	3						
47 684	55 016	4						
51 376	58 656	5		煤炭设备操作工Ⅰ			废水处理辅助工	
55 016	62 348	6				三级电气设备维修工		
58 656	65 988	7					废水处理技术员Ⅰ	
62 348	69 680	8		煤炭设备操作工Ⅱ				

续表

最低年薪（美元）	最高年薪（美元）	工资等级	簿记	煤炭设备操作工	核电厂操作工	电气设备维修工	废水处理技术员	辐射防护技术员
65 988	73 320	9	现金收入管理员主管	煤炭设备操作工Ⅲ		二级电气设备维修工		
69 680	77 012	10					废水处理技术员Ⅱ	
73 320	80 652	11	簿记员	煤炭设备操作工Ⅳ				
77 012	84 344	12	高级簿记员					
80 652	87 984	13				一级电气设备维修工		初级辐射防护技术员
84 344	91 676	14						
87 984	95 368	15				电气设备维修主管		高级辐射防护技术员
91 676	99 008	16						
95 368	102 700	17			核电厂实习操作工			
103 220	103 220	18						
113 568	113 568	19			核电厂操作工			

资料来源：Agreement between Local Union No. 1600 of the International Brotherhood of Electrical Workers, AFL-CIO, and Pennsylvania Power and Light Company. Pay rates shown are effective May 9，2016. http：//www. dol. gov/olms/regs/compliance/cba/pdf/2014/private/K9292. pdf.

案例练习 3 全国大学生体育协会（NCAA）

NCAA 与哥伦比亚广播公司（CBS）和特纳体育公司（Turner Sports）签订了 14 年的合同，根据合同，为获得 NCAA 男子篮球锦标赛的转播权，这些电视网需向 NCAA 支付 108 亿美元。球员没有报酬，一些球员可以获得奖学金。目前，不给球员付酬面临法律上的挑战。最近，NCAA 的五次权力会议决定，通过每月额外向球员提供 200～400 美元生活津贴的方式来提高奖学金水平，以帮助球员支付学费、书本费和住宿费之外的费用。这足够了吗？还是应该像对待雇员一样向球员付酬，并且使报酬水平与他们为大学创造的收入更加一致？

在考虑了这个问题之后，接下来需要思考应该如何设计薪酬制度。开发一个随时可派上用场的薪酬战略（应急计划），以防将来像对待雇员一样向球员支付薪酬。在评估薪酬制度设计选项时，请考虑以下由 NCAA 男子篮球锦标赛分析师（也是前大学篮球和职业篮球明星）肯尼·史密斯（Kenny Smith）、查尔斯·巴克利（Charles Barkley）

和克拉克·凯洛格（Clark Kellogg）提出的问题。肯尼·史密斯认为球员应该得到报酬，但前提是他们必须毕业。查尔斯·巴克利认为，只给大学篮球运动员付酬而不给大学击剑运动员、体操运动员、垒球运动员和游泳运动员付酬是不公平的，甚至是歧视性的。巴克利还警告说，不要让大学运动员签赞助协议（例如，与鞋或服装公司），这会破坏球队的战斗力；如果他是一名进攻边锋，四分卫在赚钱，而他没有，他不会阻挡四分卫。克拉克·凯洛格认为球员应该得到报酬，部分原因是，无论是在比赛季还是休赛期，球员的时间投入都非常多。他指出，球员连打一份暑期工的时间都没有了。分析人士前大学教练比尔·拉夫特里（Bill Raftery）担心给球员发工资会使 NCAA 大学体育比赛的平等性更低，因为小型学校可能没有能力向球员支付工资，或者无法向球员支付与大型学校球员一样高的工资。

问题：

1. NCAA 运动员应该像雇员一样获得报酬吗？

2. 如果 NCAA 运动员像雇员一样获得报酬——无论是由于法律诉讼还是学院/大学自己决定改变现行制度，那么应该如何设计薪酬战略，以确保其"发挥作用"并避免上述潜在的陷阱？

3. 你的薪酬战略设计成本是多少？如何向它提供资金支持？所需的资金水平对学院和大学有什么影响？篮球和足球等运动以外的运动员会受到什么影响？

资料来源：Matthew Futterman, "The Debate Continues: Should the Players Get Paid?" *The Wall Street Journal*，March 19, 2015, D8; Steve Berkowitz, "NCAA Increases Value of Scholarships in Historic Vote," *USA Today*, January 17, 2015; Joe Nocera, "It's Business, NCAA. Pay the Players: Only the Magic of the Market Can Cure What Ails College Sports," *Bloomberg View*，October 13, 2017, www. bloomberg. com.

注　释

第 **4** 章
工作分析

　　三个人坐在各自的电脑前浏览。第一个人是俄亥俄州的客户代表，他正在检查一份来自得克萨斯州一家零售商的 48 部手机订单的处理进度，这家零售商刚刚在公司的网站上将这 48 部手机加入购物车。第二个人是一名工程师，他正打开这些手机下一代机型设计项目的软件。忙于同一项目的中国同事在昨天晚上（中国时间是白天）将关于新机型设计的修改意见传了过来；美国的团队今天将继续对这一项目进行研究，并在下班前将当天工作的进展情况传给中国同事。第三个人是一名身在爱尔兰的雇员，正在使用最近在全球范围内安装的商业软件分析最新的销售报告。在今天的工作场所，为同一家公司工作的人不需要再"从一个走廊走到另一个走廊"。他们可以在现场，也可以天各一方。网络和商业软件把他们联系在一起。尽管如此，他们所有的工作仍然是组织内部结构的一部分。

　　如果要根据雇员所完成的工作来决定薪酬，就需要用某种方法来发现和描述工作之间的差异性与相似性——仅靠观察是不够的。**工作分析**（job analysis）就是一种系统性方法。工作分析产生两个结果。一个结果是**工作说明**（job description），它是作为工作组成内容的任务、职责和责任的清单，相关的活动是可观察的。另一个结果是**任职要求**（job specification），它是雇员完成某项工作所需具备的知识、技能、能力及其他特征的清单。因此，工作说明关注的是工作，任职要求关注的是人。

■ 4.1　基于工作、人或二者的内部结构

　　图表 4-1 概述了构建与工作相关的内部结构的流程。不论使用什么样的方法，这一流程都要以考察"工作的人"为起点。基于工作的结构着眼于人们在做什么以及组织期望获得的结果；基于技能与胜任力的结构则着眼于人。然而，不论是基于工作的结构还是基于人的结构，这一流程每个阶段的基本目标（如图表中左侧内容所示）都是相同的：（1）收集和归纳可以识别工作相似性与差异性的工作内容信息；（2）确定评价内容；（3）评估相对价值；（4）将相对价值转化为内部结构。（到第 6 章时，我们会为图表 4-1 中基于人的结构的空白部分填补上相应内容。）本章和第 5 章重点关注基于工作的结构。[1]

　　图表 4-2 是关于注册护士的工作说明的部分内容。工作概要部分对注册护士的工作进行了简要概括。工作关系部分说明了这项工作在组织结构中的位置：哪些工作由该任职者监督，而该任职者又要接受哪些工作监督，以及所有的内部与外部关系的性质。

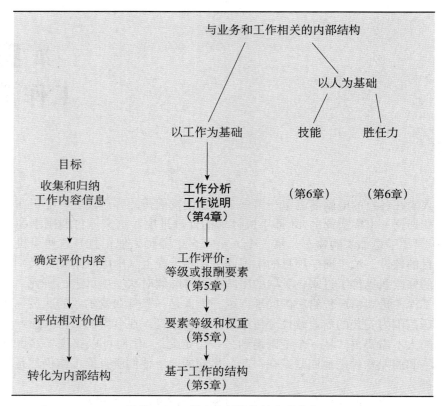

图表 4－1　创建内部结构的多种途径

图表 4－2　注册护士的工作说明

工作名称：注册护士

工作概要

通过对护理过程的评估、计划、实施和评价，负责患者从入院到转院或出院的全部护理内容。每位注册护士都有基本的权力在指定班次履行护理责任，并预测患者/家属的未来需求。在保持专业护理标准的同时，管理和指导对患者的辅导活动以及其他辅助人员的活动。

工作关系

上级：护士长或主管护士。
下级：负责监督持照实习护士、护理助理、护工等的护理工作。
同级：辅助护理部门。
外部关系：医生、患者、患者家属。

任职资格

受教育程度：经过认证的护士学校的毕业生。
工作经验：重症护理要求具有最近一年的医疗/外科护理经验（具有特殊护理经验者优先），医疗/外科护理经验（非管理岗位可以考虑应届毕业生）。
资格证书：持有现行的注册护士证书或明尼苏达州的从业许可证。
身体条件：
A. 能够帮助较重的患者做弯曲、伸展动作，或者协助患者转移。
B. 在 8 小时值班过程中，能够在 80％的时间里站立和（或）走动。
C. 为完成工作相关的任务，视觉和听力要灵敏。

基本职责

---

1. 从身体、情绪、心理等维度对患者进行评估。

标准：在患者入院一小时之内提交书面评估报告，每个班次至少提交一次报告。按照医院的政策将患者评估情况传达给其他医护人员。

2. 为患者制定一个从入院到出院的书面护理计划。

标准：在患者入院的 24 小时之内制定出短期目标和长期目标，并根据对患者的持续评估情况在每个班次检查并更新护理计划。

3. 实施护理计划。

标准：执行普通护理程序的技能与特定领域已建立的注册护士书面技能清单相一致（但不局限于技能清单所列技能）。

说明：图表中省略了基本职责部分的其他内容。

基本职责部分对注册护士的工作概要进行了详细描述："在患者入院一小时之内提交书面评估报告，每个班次至少提交一次报告。"收集这些基本职责的信息是工作分析的核心所在。

■ 4.2 基于工作的方法：最常见

图表 4-3 展示了如何将工作分析及相应的工作说明与内部结构的建立过程相匹配。工作分析提供了基本信息。它识别工作的内容。工作内容是描述和评价工作的"输入变量"。

工作分析 是收集用以识别工作的相似性与差异性的信息的系统性过程。

图表 4-3 决定内部工作结构

组织内部工作关系 →	工作分析 →	工作说明 →	工作评价 →	工作结构
	收集用以识别工作的相似性与差异性的信息的系统性过程。	根据工作实际执行情况，对工作进行识别、界定和描述的总结报告。		

工作分析的主要决策
- 为什么要进行工作分析？
- 需要哪些信息？
- 如何收集信息？
- 要求哪些人参与？
- 工作分析结果的效用如何？

图表 4-3 也列出了在设计工作分析时要面临的主要决策：（1）为什么要进行工作分析？（2）需要哪些信息？（3）如何收集信息？（4）要求哪些人参与？（5）工作分析结果的效用如何？

4.2.1 为什么要进行工作分析？

每一个重要的人事功能都被认为是工作分析的潜在应用。不同的人事功能通常需要的工作数据的种类也不同。例如，确定承担某种工作所需的技能和经验既可以澄清招聘和晋升的标准，又可以明确培训的需求。在绩效评价方面，雇员和主管都希望找到工作所要求的行为和预期结果，以帮助组织推进绩效评价工作。IBM 最近确定了公司 300 000 多名工人、管理人员所承担的每一种角色（总数为 490 个）。例如，IBM 的学习副总裁承担的角色是学习的领导者和管理者。IBM 同时也评估和监测 4 000 个技能组合。[2]

以工作相关信息为基础的内部结构为管理者和雇员提供了薪酬差异的工作相关性理由。理解这一理由的雇员可以看清自己的工作在整个组织中的位置，并可以指导自己的行为与组织目标保持一致。当管理者遇到挑战时可以使用工作数据为自己的决策辩护。

在薪酬管理方面，工作分析有两个关键用途：（1）确定各种工作在内容上的相似性与差异性；（2）帮助建立具有内部一致性和公平性的工作结构。一方面，如果工作的内容等同，为这些工作确定的薪酬也要尽可能相同（除非它们处在不同的地域）。另一方面，如果工作的内容存在差异，这些差异加上竞争对手所支付的市场工资率，就可以作为薪酬差异化的部分依据。

对薪酬决策者来说，关键的问题仍是确保所收集的数据能为决策服务，并被相关的管理者和雇员接受。正如图表 4-3 中的箭头所示，收集工作信息仅仅是一个中间步骤，并不是终点。

■ 4.3 工作分析的程序

图表 4-4 总结了工作分析的一些术语以及它们之间的相互关系。工作分析通常收集关于特定任务或特定行为的信息。[3] 由一个人承担的一组任务构成一个职位（position）。相似的职位构成一种工作（job），具有广泛相似性的工作组合在一起形成**工作族**（job family）。[4]

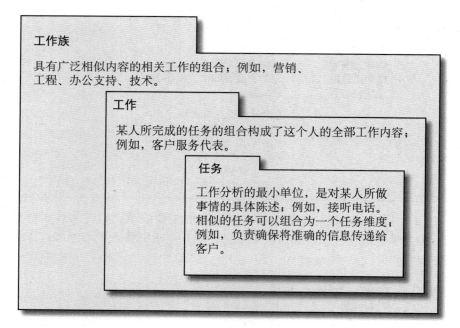

图表 4-4 工作分析术语

　　美国联邦政府是工作数据的最大使用者，它为开展**传统工作分析**（conventional job analysis）开发出一种循序渐进的方法。[5]如图表4-5所示，联邦政府的工作分析程序主要包括挖掘初步工作信息，访谈任职者及其主管，然后用收集到的信息创建和验证工作说明。通过阅读图表4-5中的工作分析步骤，我们可以看到一个非常稳定的工作场所，其中，工作之间的界限划分非常清晰，相互之间几乎没有重叠。

图表4-5　传统工作分析的程序

步骤	需要记住或需要做的事情
1. 挖掘初步工作信息	a. 检查现存的文件以建立对被分析工作的"初步印象"：主要任务、主要职责或职能、工作流程模式等。 b. 准备一份初步的职责清单，作为访谈的框架。 c. 把那些不清楚、不明确或需要在数据收集过程中加以澄清的主要事项记录下来。
2. 首次考察工作现场	a. 首次考察工作现场主要是为了让工作分析者熟悉工作布局、所使用的工具和设备、工作场所的总体条件以及主要职责的端对端执行机制。 b. 当有些工作使用过于复杂的设备和技术时，对工作现场的首次考察尤为重要，因为对一个复杂或不熟悉的设备的现场观察可以节省受访者描述不熟悉的设备和技术所需的若干口舌。 c. 为确保工作的连续性，建议指派受访者的一级主管担任工作现场考察的向导。
3. 实施访谈	a. 建议将第一个访谈对象锁定在一级主管，因为他们可以从一个比任职者更好的角度来对工作及其主要职责之间的配合情况进行总体描述。 b. 为做好时间安排，建议每天访谈不超过两次，每次的访谈时间不超过三个小时。
选择受访者的注意事项	a. 把受访者当作"主题事务"专家，因为他们是工作的具体执行者（对任职者而言）或者完成工作的负责人（对一级主管而言）。 b. 被访谈的任职者应该是典型雇员的代表，他们应该熟悉被分析工作的方方面面（而不是刚入门的实习生或所在工作单位的佼佼者）。 c. 如果可能，选择受访者时尽量考虑种族、性别等方面的合理搭配。
4. 第二次考察工作现场	a. 第二次考察工作现场的目的是澄清、确认并提炼访谈中获得的信息。 b. 正如首次考察工作现场那样，建议同样由受访者的一级主管担任工作现场考察的向导。
5. 整合工作信息	a. 工作研究的整合阶段要把通过以下渠道获得的数据整合成一个连贯而全面的工作说明：对主管和任职者的访谈、工作现场考察以及关于所研究工作的书面材料。 b. 过去的经验表明，每一分钟的访谈都需要有相应一分钟的数据整合。为了做好计划，至少应该为整合阶段留出五个小时。 c. 在整合阶段，"主题事务"专家应该作为工作分析者的参谋，而受访者的主管可以充当这一角色。 d. 工作分析者要核对那份关于职责和问题的初步清单——确保所有的职责和问题都得到了确认和回答。
6. 核实工作说明	a. 为确定所整合的工作说明是否准确、完整，在核实阶段应该将所有的受访者召集在一起。 b. 核实过程以分组讨论的形式进行。把打印的或书写清楚的工作说明副本（对工作环境的叙述性描述和工作任务陈述清单）分发给受访的任职者及其一级主管。 c. 工作分析者要逐字逐句地审核整个工作说明，并将任何疏漏、模糊或需要澄清的地方记录下来。 d. 工作分析者在工作说明核实会议结束时将全部有关材料收集起来。

在这种工作场所里，所有工作都遵循一种稳定的等级化发展过程，工作的职责随着工作层级的上升而逐步增加，工作之间的关系很清晰。晋升到更高工作层级需要具备什么样的资格条件也都被清楚地界定。虽然有些人认为这种传统的、稳定的结构在整个工作场所所占的比例正在缩小，但这种结构仍然不同程度地存在于许多大型组织之中。[6]因此，美国劳工部对传统工作分析的描述为我们提供了一种有用的行动指南。

4.4　应该收集什么样的信息？

如图表4-5所示，典型的工作分析从检查已经收集到的信息着手，以便为进一步的分析构建框架。工作名称、主要职责、任务维度以及工作流程等信息可能已经存在，但是可能不再准确。因此，工作分析者也必须澄清这些现有的信息。

通常来讲，成功的工作分析都会收集足够丰富的信息以确保可以充分地识别、界定和描述某个工作。图表4-6列出了一些通常需要收集的信息。这些信息被分为两大类，即"与工作相关的信息"和"与雇员相关的信息"。

图表4-6　工作分析需要收集的典型信息

与工作相关的信息

工作识别	工作内容
工作名称 所属部门 任职人数	任务 活动 行动的限制 绩效标准 关键事件 冲突性需求 工作条件 角色（比如，谈判者、监督者、领导者）

与雇员相关的信息

雇员特点	内部关系	外部关系
专业/技术知识 手工技能 语言技能 写作技能 计算技能 机械技能 抽象技能 管理技能 领导技能 交际技能	雇主及其他上级 相同层级的同事 下属	供应商 客户 监管部门 专业性行业 社区 工会/雇员团体

4.4.1 工作数据：识别

工作名称、所属部门、任职人数以及是否豁免于《公平劳动标准法案》等都是识别工作所需的信息。

工作名称表面上看浅显易懂，事实上可能并非如此。美国银行系统的一位观察家评论道："每位年满 25 岁的雇员看上去都是一位副总裁。"有一项研究指责美国政府在最近 6 年里创造的工作名称比此前 30 年的总数还要多。[7]一些最新的职位包括"副秘书长助理"、"首席助理副部长"与"副首席副助理秘书长"。这些头衔大多创设于政府服务部门的最高层级，常用于吸引那些具有独特才能的特殊人才。在工作名称设计方面我们比较赞赏位于加利福尼亚州帕萨迪纳的喷气推进实验室（Jet Propulsion Laboratory）的做法，它将行星际网络指挥部（Interplanetary Network Directorate）的领导者称为指挥部主管，这显得自然贴切。[8]另外，你缴纳的税收还一度用于支付 484 名"副助理秘书长"、148 名"助理秘书长助理"、220 名"助理助理秘书长"以及 82 名"副助理助理秘书长"的工资。

4.4.2 工作数据：内容

这是工作分析的核心环节。工作内容数据包含基本的任务或工作单元，同时强调每一项任务的目标。图表 4-7 是一份用于收集任务数据的工作分析问卷的摘录。这份调查表根据工作的实际任务——比如"阅读技术出版物"和"与同事协商"——来描述分析工作所涉及的沟通维度。该调查表使用 8 个项目来描述"获取技术信息"，用另外 7 个项目来描述"交换技术信息"。事实上，图表中摘录的任务清单共包含 250 个项目，并且仅涉及系统及分析员的工作。对于每一组新的工作都需要设计新的以任务为基础的问题。

除了对任务的强调，图表 4-7 中所示的问卷调查表的另一个显著特征是对任务目标的强调，例如"阅读技术出版物以把握最新行业动态"和"与同事讨论，以交流思想和技术"。**任务数据**（task data）揭示了实际执行的工作内容及其目标或结果。

4.4.3 雇员数据

我们可以看看那些会导致结果的行为类型。图表 4-6 将雇员数据分为三类，即雇员特点、内部关系及外部关系。图表 4-8 展示了如何使用动词（比如，谈判、劝说）来描述分析工作的沟通维度。所选择的动词与所要识别的雇员特征（比如，谈判技能、交际技能）相关联。动词后面括号中的内容用以帮助识别这些行为是否涉及某种内部关系或外部关系。因此，虽然图表 4-7 与图表 4-8 都关注分析工作的沟通维度，但二者借以达到目的的方法不同。

图表 4-8 摘录自**职位分析问卷**（Position Analysis Questionnaire，PAQ）。该问卷将工作信息分为七个基本要素：信息输入、思维过程、工作结果、与其他人的关系、工作环境、其他工作特征以及一般性维度。工作之间的相似性与差异性都按照这七个要素而不是每种工作的特定方面进行描述。[9]图表 4-8 中所示的沟通行为只是"与他人的关系"这一要素的部分内容。

图表 4 - 7　沟通：基于任务的数据

	承担	当前职位时间消耗 非常少 远低于平均水平 低于平均水平 稍低于平均水平 平均水平 稍高于平均水平 高于平均水平 远高于平均水平 非常多	

1.根据你当前承担的任务，在"承担"栏对应的圆圈内做标记。
2.在任务清单的末尾写出未被列出的你当前所承担的任务。
3.根据所消耗的相对时间评价你所承担的每项任务的等级，并在"当前职位时间消耗"栏对应的圆圈内做标记。
请使用2号铅笔并涂黑整个被选圆圈。

执行沟通活动	承担	当前职位时间消耗
获取技术信息		
421.阅读关于竞争性产品的技术出版物。	○	①②③④⑤⑥⑦⑧⑨
422.阅读技术出版物以把握最新行业动态。	○	①②③④⑤⑥⑦⑧⑨
423.参加必要的、被推荐的或者与工作相关的培训和（或）研究班。	○	①②③④⑤⑥⑦⑧⑨
424.研究现有的操作系统/程序，以熟悉它们。	○	①②③④⑤⑥⑦⑧⑨
425.针对产品开发进行必要的文献检索。	○	①②③④⑤⑥⑦⑧⑨
426.与系统软件工作团队进行沟通，以弄清他们近来的变革是如何影响项目的。	○	①②③④⑤⑥⑦⑧⑨
427.研究和评估最先进的技术，以保持竞争力或（和）所在领域的领先地位。	○	①②③④⑤⑥⑦⑧⑨
428.参加行业标准会议。	○	①②③④⑤⑥⑦⑧⑨
交换技术信息		
429.与编码人员沟通，以核实软件设计工作是否按规定方式实施。	○	①②③④⑤⑥⑦⑧⑨
430.与同事讨论，以交流意见和技术。	○	①②③④⑤⑥⑦⑧⑨
431.与公司内部其他技术团队成员协商，以交流新理念和新技术。	○	①②③④⑤⑥⑦⑧⑨
432.与提供支持的顾问或组织沟通，以澄清软件设计和教学软件内容。	○	①②③④⑤⑥⑦⑧⑨

资料来源：Excerpted from Control Data Corporation's Quantitative Job Analysis.

图表 4 - 8　沟通：基于行为的数据

第四部分：与他人的关系	工作重要性编码（1）
这部分讨论从事各种工作的人之间开展互动的不同方面。	N 无用 1 很不重要 2 不重要 3 一般 4 很重要 5 非常重要

4.1 沟通

根据对完成工作所发挥作用的重要性对以下项目进行排序。有些工作可能会涉及其中几个或所有项目。

4.1.1 口头（通过语言进行沟通）

99. _____建议（与人打交道，以针对某些问题向他们提供建议和（或）指导，这些问题可能要通过法律的、金融的、科学的、技术的、临床的、精神的和（或）专业的原则来解决）。

100. _____谈判（与他人交流，以就某些问题的解决方法达成一致，例如，劳资谈判、外交关系等）。

101. _____劝说（与他人交流，以影响他们的某种行动或观点，例如，营销、政治竞选等）。

102. _____教导（以正式或非正式的方式教授其他人知识或技能，例如，公立学校的教师、带徒弟的机械师等）。

103. _____访谈（为某种特定的目标而访谈他人，例如，面试求职者、户口调查等）。

104. _____与工作相关的例行性信息交流（发出和（或）接收例行性的工作相关信息，例如，票务代理商、出租车调度员、接待员等）。

105. _____非例行性信息交流（发出和接收非例行性或非寻常性的工作相关信息，例如，专业委员会会议、工程师讨论新产品设计等）。

106. _____公开讲话（在相对较多的听众面前发表演说或正式讲话，例如，政治演说、广播/电视直播等）。

4.1.2 文字（通过文字/印刷材料进行沟通）

107. _____写作（例如，书写或口授信函、报告等；撰写广告副本、报纸文章等；不包括4.3条所述抄写活动，只包括任职者创建书面材料的活动）。

资料来源：E. J. McConnick, P. R. Jeanneret, and R. C. Mecham, *Position Analysis Questionnaire*, copyright ©1969 Purdue Research Foundation, Licensed by ERI Economic Research Institute, Inc.

　　整个职位分析问卷包括194个项目。问卷开发者声称这些项目足以分析任何工作。但是，你会发现这份问卷要求具备较强的阅读理解能力。多数雇员需要有人帮助才能完成这一问卷。

　　关于"沟通"的另外一个微妙的观点关注人与人之间互动的本质及完成这些互动所需要的知识。互动被定义为知识和行为，这些知识和行为涉及完成工作所需的搜寻、监督和协调等。有些互动是事务性的——例行公事，只需"照本宣科"即可。图表4-9所示的麦当劳制作炸薯条的九个步骤看起来就是事务性的。其他一些互动则更为隐性——复杂而且模棱两可。人们通常认为，相对于事务性任务，包含更多隐性互动的工作内容能够为组织创造更大的价值。[10]

图表4-9　麦当劳制作炸薯条的九个步骤

1. 打开一袋薯条。
2. 装上半篮子薯条（由于人工操作可能会出错，在麦当劳这一步骤通常由机器完成。在多数地方这一任务由人工完成）。
3. 将篮子放入油炸锅中。
4. 按下定时器按钮，记录烹饪时间。
5. 扮演巴甫洛夫实验狗——当蜂鸣器发出报警声时将篮子从油炸锅中提起，同时将篮子翻转过来使薯条落入托盘中。请注意，完成这一步骤需要双手并用，此时的热油可能四处飞溅。不要让油洒在地板上，否则你一整天都像是在溜冰而不是走路。
6. 给炸完的薯条加盐。
7. 按下另一个按钮，七分钟后它会发出信号，表示薯条的建议保存时间。
8. 检查屏幕，查看下一个订单的薯条订购量。
9. 用相应的容器装满薯条并放入储物箱中。

资料来源：Jerry Newman. *My Secret Life on the McJob*, New York：McGraw-Hill, 2007.

发生在美林证券金融投资顾问和需要完成一项股票交易的客户之间的沟通，与发生在美林证券高级副总裁投资人和拥有1 000万美元投资资金并需要建立长期关系的客户之间的沟通，在内容上有很大不同。这两种情况下的沟通都包括与客户的互动，但是"完成交易"与"建立长期关系"揭示了沟通内容上的巨大差异。

无论把工作分析理所当然地作为全部人力资源决策基础的做法看起来多么诱人，但为如此多的目标收集所有信息的代价是非常高昂的。另外，对于任何单个目标（包括薪酬管理）而言，工作分析所获得的信息可能也缺乏针对性。如果把这种信息用于多重目标，工作分析者必须确保为每种用途所收集的信息是正确的、充分的。试图想对所有人所用，结果往往是对所有人都不重要。

4.4.4　"本质要素"与《美国残疾人法案》

除了工作说明有对工作进行识别、描述和定义的内容外，《美国残疾人法案》（Americans with Disabilities Act，ADA）也要求凡属于法案调整范围的工作，都必须明确规定工作的**本质要素**（essential element）——这些要素无法再分配给其他工人。如果求职者能够完成这些本质要素，就应该认为他能够胜任这项工作。从那以后，对于原本符合任职条件的残疾人士，雇主必须作出合理的安排以帮助其完成这些要素。[11]

《美国残疾人法案》规定："本质职能是指残疾人士当前所在的或希望获得的岗位的基本职责。"确定本质要素的困难会因工作自主性和工作稳定性的变化而有所不同。技术革新减少了完成工作任务所需的体力或活动能力，从而使一些工作对包括残疾人士在内的许多人来说更容易完成。遗憾的是，残疾人的就业率仍旧很低。

《美国残疾人法案》对残疾人士的工资标准或福利问题未作出特殊安排。例如，一家公司向驾车的雇员发放停车补贴。一位由于身体残疾而无法驾车的雇员要求公司为自己提供与停车补贴等值的现金作为合理补偿，这样他可以用这笔钱去支付其他交通费用。

虽然《美国残疾人法案》没有要求任何特定形式的工作分析，但许多雇主已经改变了工作说明的格式，力求将工作的本质要素详细、明确地界定下来。缺乏合法性会使组织处于一种危险的境地，同时也是对薪酬模型合法性目标的忽视。

4.4.5　工作分析的层次

图表4-4所定义的工作分析术语是按层次排列的。工作分析从哪一个层次开始往往会影响对工作内容异同的判断。本章开头所描述的三种工作——客户代表、工程师、账目分析员——都涉及计算机的使用，但进一步考察会发现，这些工作是非常不同的。从工作族这一层次来看，可以认为簿记员、出纳员和会计文员是相似的工作；而从工作这一层次来看，三者又截然不同。这好比是从两个角度观察两粒盐：一是显微镜中看到的两粒盐，一是作为炸薯条辅料的两粒盐。如果工作数据表明众多工作都是相似的，就必须给这些工作支付同样的薪酬；否则，就必须支付不同的薪酬。[12]

网络资源

　　许多公司都在自己的网站上发布招聘广告。比较一下几个公司的招聘广告。这些招聘广告包含的工作说明的完整性如何？招聘广告中是否列出了本质要素？工作名称是具体的还是笼统的？从公司的招聘广告中你能否了解公司的企业文化？

　　这是否意味着微观的方法就是最好的方法呢？不一定。许多雇主发现，很难证明在收集任务层次的信息上耗费成本和时间的合理性，对于那些频繁变换任务的弹性工作来说更是如此。在确定薪酬水平时，他们或许只需收集足够的工作层次的数据来进行外部市场比较就可以了。但是，《美国残疾人法案》规定的做雇佣和晋升决策所需要的本质要素的信息看来要比做薪酬决策所需要的信息更为详细。设计职业路径、配备雇员、遵守相关法律可能也要求更详细和更精准的信息。

　　宽泛、笼统的工作说明涵盖了大量与工作族层次紧密相关的任务（见图表 4-4），使用这种工作说明是提高灵活性的一种方法。从事定义宽泛的同一种工作的两名雇员可能执行着完全不同的任务组合。但从薪酬的角度而言，他们的工作价值或许一样。在这些定义宽泛的工作中，雇员可以在同一个范围广的区间内灵活地变换任务，而且不会给组织带来制定转岗要求及进行工资调整的"官僚体制"负担。因此，雇员可以更容易适应工作流程的变化。负责招聘的人员、薪酬分析人员和培训专家可以分别作为单独的、不同的工作进行分析，也可以合在一起，组成一个更为宽泛的工作大类——人力资源助理。

　　尽管如此，仍然有一种相反的观点值得我们考虑。晋升到一个新工作头衔（名称）是组织回报网络的一部分。削减工作头衔的数量可能会减少强化雇员正面行为的机会。亿创理财公司（E* Trade）对工作重新命名，导致雇员流失率上升。该公司通过重新命名使副总裁和董事从 170 人减少到 85 人。[13]从联邦政府"助理助理秘书长"升为"助理秘书长"（或相反）要比身处华盛顿特区之外的人所想的更有意义。

■ 4.5　如何收集工作信息？

4.5.1　传统方法

　　收集工作信息最常用的方法是请承担该工作的人填写调查问卷。工作分析者有时要对任职者及其主管进行访谈，以确保他们理解问卷中的问题及所收集信息的准确性。或者，工作分析者可以对工作中的雇员进行观察并将其所做的事情记录下来。

　　图表 4-10 展示了一份工作分析问卷的部分内容。问卷包含的问题从"举例说明你在工作中遇到的特殊难题。它为什么会出现？它出现的频率是怎样的？解决这个难题需要什么样的特殊技能和（或）资源？"到"你在工作中与国外的个人或公司所产生联系的本质是什么？"这些例子都摘自 3M 公司使用的工作分析问卷的"职责的复杂性"部分。问卷的其他部分包括"所运用的技能/知识"（19 个选项）、"该工作对 3M 公司经营的影响"以及"工作条件"。问卷最后以询问访谈对象如下问题作为结尾：你认为这份问卷在多大程度上抓住了你所做工作的职责？

图表 4－10　3M 公司的结构化访谈问卷

Ⅰ.工作概述	
工作 概要	你的工作的主要目标是什么？（你的工作为什么存在，它对3M公司的贡献是什么？） 例如：通过执行办公室和行政职责为本部门提供秘书服务。 　　　以最低成本采购符合规格的产品和服务。 　　　执行与计算机应用程序的开发、安装和维护相关的系统分析。 提示：在回答问题之前先列出工作职责可能会有所帮助。
职责 和责任	你的工作的主要职责和责任是什么？（它们是通常占据你大量工作时间并且在你执行工作时经常发生的主要工作活动。）
	在下面左边空格内列出你的工作的五个最重要或最经常发生的职责，然后在右边的空格内估算你每天在每个职责上所消耗时间的比例。　/　消耗时间的比例（总和可以小于但不能大于100%）
	1.

Ⅱ.所运用的技能/知识	
正规的 培训或 教育	从事你的工作需要什么样水平的正规培训/教育？ 例如：高中，两年数据处理的职业技术培训。化学专业学士学位。 对于有些工作，雇员的教育背景和工作经验的结合可以替代学历。 例如：会计学学士学位，或者两年一般商务工作经验加3~4年的会计领域工作经验。

经验 工作技能/ 胜任力	你所从事的工作需要哪些重要的技能、资质或能力？（请举例说明你识别的每一项技能。） A.协调能力（比如安排活动、组织/维护的记录） 需要协调能力吗？　　□是　　□否　　　如果选择"是"，请列出所需要的具体技能的例子。 例子： B.管理能力（比如监督）

Ⅲ.职责的复杂性	
工作的结构 与变化	你所从事工作的任务和程序是如何确定的？你是怎样完成的？这两个问题对于理解你在3M的工作至关重要。描述你的工作流程。思考一下你的工作重心或最消耗时间的工作活动。 1.你从谁/哪里（工作名称而非个人）接收工作？ 2.为完成工作，你执行了哪些程序或任务？
解决问题 与分析 问题	3. 举例说明你在工作中遇到的特殊难题。 它为什么会出现？ 它出现的频率是怎样的？ 解决这个难题需要什么样的特殊技能和（或）资源？

Ⅵ.总体评价	
总体评价	你认为这份问卷在多大程度上抓住了你所做工作的职责？ □ 0%~25%　　□ 26%~50%　　□ 51%~75%　　□ 76%~100% 你所做工作的哪些方面在这份问卷中还没有充分反映？

　　传统的问卷调查和访谈的优势在于雇员参与，这种参与增进了雇员对工作分析过程的理解。但是，传统方法的效果受制于参与调查或访谈的雇员。如果工作的重要方面被忽略，或者任职者没有意识到或不能表达出工作某些方面的重要性，由此得到的工作说明将是错误的。留意一下某个组织的工作数量，你就会明白期望工作分析者去理解所有不同类型的工作内容以及工作的某些方面的重要性是多么困难。不同的人看问题的角度不同，这可能导致在解释和侧重点方面的差异。工作分析的整个过程都容易受到偏见或偏好的影响。[14]由于这种潜在的主观性以及工作分析过程所耗费的大量时间，传统的工作分析方法已经让位于更加定量化（和系统化）的数据收集方法。

4.5.2　定量方法

现在越来越多的雇员被引导到网站上，通过在线的方式填写调查问卷。[15]由于可以对问卷调查结果进行统计分析，因此这种方法被称为**定量工作分析法**（quantitative job analysis，QJA）。图表 4-7 和图表 4-8 即摘录自定量调查问卷。除了便于对调查结果进行统计分析外，定量数据收集可快速收集更多数据。

调查问卷的典型做法是要求任职者评定每个项目是否属于他们工作的一部分。如果属于，则要求任职者评价这些项目的重要性和花在它们上面的时间。可以像多项选择题测试（区别在于这里没有错误答案）的处理过程那样，用机器来对调查问卷答案进行评分，评分结果可以用来形成工作说明。调查问卷上的问题大体上可以归类为五个报酬要素（将在第 5 章讨论）：知识、责任、推理、沟通及工作条件。知识要素又进一步细分为深度范围、资格、经验、职业技能、管理技能及学习时间。为帮助填表者完成调查问卷，可以向其提供一些提示性问题，或者提供一个任职者已经以类似方式回答了每个问题的工作清单。调查结果可以用于准备一份以报酬要素为基础的工作说明。如果某个特定工作的任职者不止一人，可以通过对该工作不同任职者的调查结果进行比较或平均来形成工作说明。工作说明不但可以在相同工作的任职者之间进行比较，也可以在不同工作的任职者之间进行比较。

可以根据特定组织的需要或针对特定工作族（比如数据/信息处理工作）量身定制定量调查问卷的项目清单。[16]许多组织发现，修改现有的项目清单并加以利用要比从零开始开发自己的分析工具更加切实可行、经济有效。但是，请记住，正如我们说过的，结果的好坏取决于输入变量的质量。因此，调查问卷中的项目很重要。如果工作的某些重要方面被忽略或者任职者没有意识到某些方面的重要性，由此得出的工作说明就是有问题的。在一项研究中，对于某些工作任务所耗费时间的长短问题，高绩效股票经纪人与低绩效股票经纪人的回答就有所不同。这种结果带给我们的启示是，为确保工作分析的有效性，任何分析都需要高绩效任职者的参与。[17]

4.5.3　谁收集信息？

通过一对一的访谈来收集工作分析信息可能是一件费力不讨好的事。不论你的工作做得有多好，总有一些人会对所得出的工作说明不满意。过去，组织通常把这一任务交给新雇员来做，他们认为这将有助于新雇员熟悉公司的工作。今天，如果需要进行工作分析，就要由人力资源通才和主管承担这项工作。只有那些全面熟悉组织及其工作并且在如何进行工作分析方面训练有素的人才能将工作分析做到最好。[18]

4.5.4　谁提供信息？

关于工作数据来源（任职者、主管和（或）工作分析者）的决策取决于如何确保数据的一致性、准确性、实用性及可接受性。任职者和主管掌握相关工作的专业知识，因此他们是工作数据的主要来源。由于"两级以上"的主管对于管理类和专业类工作如何与整个组织匹配的问题具有更加战略性的把握，因此建议也把这些人作为此类工作数据的重要来源。在其他情况下，还应该将与所研究的工作相关联的其他工作的下属和雇员当作提供工作数据的人选。

从每种工作的任职者中挑选多少人来提供数据应视工作的稳定性以及信息收集的难易程度而定。界定不清或处于变动中的工作需要更多的受访者，或者应该更加慎重地挑选受访者。虽然使用计算机可以提高工作效率，但是很显然，参与数据收集的人越多，数据收集过程所耗费的时间和资金成本就越高。

不论是传统分析方法还是定量分析方法，完成调查问卷都需要雇员和主管的大量参与。参与工作分析可以增进他们对工作分析过程的理解，由此也就增加了工作分析结果被接受的可能性。[19]但这也要付出高昂的成本。

4.5.5　如何处理分歧？

如果主管和雇员对工作数据产生了不同的看法，这时应该怎么办？虽然从理论上讲主管应该对工作非常了解，但事实可能并非如此，尤其是当工作处于变动中时。实际承担某个工作的人在工作中可能会改变这个工作。他们可能会发现各种更有效的做事方法，也可能没有意识到某些任务应该是自己的分内之事。

3M 公司在从一组工程师那里收集工作信息时遇到了一个有趣的问题。工程师列出了一系列自认为工作范围内的职责，公司管理者却发现这些职责实际上属于更高层级工作的内容。工程师的工作范围已超出了他们所获报酬。没有人愿意让这些高产出的雇员扼杀自己的工作热情而懈怠下来。3M 公司寻找其他方法来奖励这些工程师，不让他们因官僚主义的结构而僵化。

如果雇员与主管对工作数据的意见不一致，管理者应该怎么办呢？任职者之间同样会产生工作数据的差异。对同一个工作，不同的人有不同的看法。最好的解决办法是收集更多的数据。为确保结果的一致性、正确性、实用性和可接受性，需要收集足够多的数据。可以召开由某个焦点小组中多个任职者和主管参加的会议来讨论工作数据差异问题，然后让雇员和主管在修改后的结果上签字，这样做有助于确保对结果达成共识，或者至少能增进对结果的理解。意见分歧可能会为雇佣双方提供一个机会，以澄清组织对任职者的期望，学习更好地履行职责的方法，记录工作实际执行情况。雇员之间的意见分歧甚至可能表明在同一工作名称下混合了多种工作。

高层管理者（和工会）的支持至关重要

在工作分析过程中，除了需要工作分析者、任职者及其主管的参与，高层管理者的支持至关重要。在工会化组织进行工作分析时，工会官员的支持同样必不可少。他们知道（希望如此）哪些方面是与战略相关的。他们必须对全面工作分析的成本、工作分析的费时性以及工作分析将会引发变革的事实保持警惕。例如，工作或许会被合并，工资标准或许会被调整。如果高层管理者（和工会）不愿意认真考虑工作分析所建议的任何变革，就不值得如此兴师动众地去进行工作分析。

■ 4.6　工作说明：对数据的总结

到目前为止，工作信息已被收集，甚至已被整理好。但是，我们仍然需要按照一种对人力资源决策（包括第 5 章将要讨论的工作评价）有用的方式对这些信息进行总结和记录。正如我们在前文指出的，这种对工作数据的总结就是**工作说明**（job description）。工作说明是对工作的一种"语言描绘"。让我们回到图表 4 - 2 所展示的注册护士的工作说明。它包含任务、人以及事的信息。追溯一下工作说明不同部分的内容与所收集的工作数据之间的关系。我们可以通过工作的名称以及它在结构中与其他工作的关系来识别该工作。工作概要提供了对工作的一种概述。工作说明中基本职责部分是对工作概要的详细说明，它的具体内容包括对任务的表述。相关联的任务可以组合成为任务维度。

这一特定的工作说明还包括用于判断是否完成基本职责的具体标准——例如，"在患者入院一小时之内提交书面评估报告，每个班次至少提交一次报告"。最后一部分的内容列举了应聘该工作必须具备的任职资格。这些都是可以作为招聘基本标准的**任职要求**（job specification）——全面完成工作任务需要具备的知识、技能和能力。但需要记住的是，工作概要必须与薪酬决策相关，因此必须聚焦于工作内容的相似性和差异性。

4.6.1 使用通用性工作说明

通用性工作说明不是为特定组织量身定制的，因此，为了避免从零开始（如果是第一次起草工作说明的话）或者作为一种进行外部交叉检验的方法，参考通用性工作说明可以说大有裨益。通过访问职业信息网（O*NET，www. onetcenter. org）可以随时获取这方面的资源。

网络资源

使用 O*NET 查找作为计算机程序员（或者你选择的其他工作）所需具备的知识、技能及其他特征。

进入 http：//online. onetcenter. org；

选择 Find Occupations；

在 "Keyword or O*NET-SOC code" 下的空格中输入工作名称，然后点击 "go"；

点击工作名称查看该工作所需的知识、技能等。

如果你需要为自己所在组织撰写工作说明，来自 O*NET 的这些信息有用吗？

4.6.2 管理类和专业类工作说明

管理类/专业类工作说明通常包括关于工作的本质、范围及责任等方面的更详细的信息。挑战在于管理者个人会影响工作内容。[20]管理类/专业类工作说明必须抓住工作、执行该工作的人和组织目标三者之间的关系——工作如何与组织匹配、期望的结果是什么以及执行工作的人给工作带来了什么。掌握强大的信息系统和金融专业知识的人与那些掌握强大的谈判和（或）协商专业知识的人，由于专业知识背景的差异，在就任相同的薪酬经理职位时会对该工作产生完全不同的影响。

图表 4 - 11 摘录了某护士长的职责范围和工作责任信息。这份工作说明并非强调护士长需要完成的各种任务，而是关注护士长的工作责任（例如，负责人事与服务的

协调、指导、实施、评估和管理；实施对下属的领导；参与战略规划和确定未来发展方向）。

图表 4-11 护士长的工作说明

名称：护士长
部门：重症监护室（ICU）
职位描述：
在患者护理服务副总裁和患者护理服务主任的指导下，护士长承担确保患者特护服务 24 小时正常运行的责任和职责。护士长在行政上负责人事与服务的协调、指导、实施、评估和管理。护士长以一种与医院的使命、价值观以及理念相一致的方式领导下属，并遵守圣·约瑟夫医院（Saint Joseph's Hospital）和患者护理服务部所确立的政策和程序。护士长参与战略规划并参与确定所属责任领域和组织的未来发展方向。
任职资格：
受教育程度：从经过认证的护士学校毕业。拥有护理或相关专业的学士学位。拥有硕士学位者优先。注册护士须持有威斯康星州现行的从业执照，并且最少具有三年的临床护理经验。具有两年及以上管理经验或相当经验者优先。

4.6.3 核实工作说明

工作分析流程的最后一步就是核实所得到的工作说明的准确性（图表 4-5 的第 6 步）。核实工作通常要召集受访者及其主管来确定所得到的工作说明是否准确、全面。他们要与工作分析者一起对工作说明进行逐字逐句的讨论，工作分析者要将那些疏漏、模糊或需要澄清的地方记录下来（这常常是一件费力不讨好的事情）。如果能听到 100 年前护士（她们的工作说明如图表 4-12 所示）与其主管之间的讨论，一定非常有趣。虽然我们怀疑那个时代的护士不会有太多的机会为工作说明的准确性而有所投入，但这份工作说明生动地描绘了那个时代对护士工作的要求。

图表 4-12 100 年前护士的工作说明

除了要护理 50 位患者，每个护士必须遵守如下规定：
1. 每天打扫和清洗个人所负责的病房的地板，清除患者的储物柜和窗台的灰尘。
2. 为保持病房恒温，请准备一筐能用一天的煤。
3. 光线对观察患者的病情十分重要。因此，每天要给煤油灯添油、清洗灯罩并修剪灯芯。每周擦一次窗户。
4. 护士的记录对于医生开展工作十分重要。请备好鹅毛笔，可以根据自己的偏好削笔尖。
5. 值白班的护士必须每天早上 7 点到岗，晚上 8 点下班。只有在安息日当天，才可以在中午 12 点到下午 2 点之间休息。
6. 在护士长那里有良好信誉的新毕业护士，每周可以有一个晚上的约会时间，要是定期去教堂，每周可以休息两个晚上。
7. 每个护士都应该在每个工资日储蓄一笔钱作为自己年老时的福利，这样就不会成为社会的负担。例如，如果每个月挣 30 美元，应该储蓄 15 美元。
8. 对于任何一位抽烟、以任何形式使用酒精饮料、在美容院美发或经常光顾舞厅的护士，护士长有理由怀疑她的价值、意图和诚实。
9. 在医院没有负债的前提下，医院管理部门将会为符合如下条件的护士每天增加 5 美分的工资：恪尽职守地为病人和医生服务，并且连续五年不犯任何错误。

■ 4.7　工作分析：重要基础还是官僚主义？

人力资源网（HRNet）是一个聚焦人力资源问题的互联网讨论小组。它曾经提出"工作分析有什么好处"的问题，引发有史以来全网最大规模的一次讨论。有些人认为，如果没有工作分析，管理者就会缺乏作出与工作相关的辩护决策的依据。有些人则认为工作分析过程体现的是一种官僚主义作风，最终会徒劳无获。工作分析员已是一个濒临灭绝的"物种"。出于控制成本的考虑，许多雇主不再设置工作分析员岗位。工作分析耗费大量未知成本，但这种成本支出的合理性尚难以证明。

一位作者写道："不论我在什么时候考察一个组织的人力资源部，我都会问是否进行（工作分析）。除了政府组织，我已经好几年没有得到一个肯定的回答了。"[21]但是，如果工作分析是人力资源决策的基础，在不再严格收集工作信息的情况下，作出这些决策的依据又是什么呢？

这一分歧主要集中在灵活性问题上。为提高劳动生产率和降低成本，现在许多组织使用更少的雇员去执行更多的任务。减少工作的数量并交叉培训雇员，可以使工作内容更流畅、雇员更灵活。[22]

通用性工作说明涵盖了大量的相关任务（比如"助理"），这样可以使雇员在各个任务之间灵活地调动而无须调整薪酬。雇员可以更容易地适应工作流程的变化，也能明白富有灵活性的工作行为的重要性。

由于传统的工作分析方法明确地区分了工作之间的层级，人们指责这种方法加速了组织的僵化。雇员可能会拒绝承担工作说明中没有明确规定的某些任务。但需要指出的是，这种问题主要产生在劳工关系已经恶化的组织中。在工会化背景下，工会会员可能会将"按章工作"（也就是拒绝从事工作说明中没有明确规定的任何任务）作为向资方施压的方法。

有些组织现在将工作内容分析作为工作流程和供应链分析的一部分。**供应链分析**（supply chain analysis）着眼于一个组织如何完成自己的工作：组织为实现针对特定客户所确立的特定目标而进行的活动。对于组织而言，"客户"既可能是组织内部的，也可能是组织外部的。因此，星巴克在不断追求改善服务质量的过程中常常为如何缩短"平均等待时间"而殚精竭虑。当你在星巴克消费的时候，如果超大杯双巧克力星冰乐加奶油饮料递到你手上的时间被延迟，是因为排在你前面的顾客为收银台前待售的新CD而陷入沉思，你可能会选择去街对面的康恩都乐（Dunkin' Donuts）。星巴克通过在咖啡师工作中加入"机动性任务"而将等待时间缩短了20秒。承担"机动性任务"的人记下你的订单，在杯子上标上序号，然后将杯子交给咖啡师（其实是由咖啡师最终完成你的订单）——所有这些工作都在你走到收银台之前完成。承担"机动性任务"的人同时也与排队等候的顾客沟通以尽量减少等候过程的乏味感。我们需要注意的是，作为工作流程研究的一部分，工作分析被用于理解工作的内容以及工作为组织增加价值的方式。现在咖啡师的工作内容与"机动性任务"存在差异吗？是的。我们将在后面的章节中讨论是否要向承担"机动性任务"的人支付差异化工资。[23]

4.8 工作分析、全球化和自动化

4.8.1 工作分析与工作境外转移的敏感度

工作**境外转移**（offshoring）是指工作地点的跨国转移。从历史上看，劳动密集型、低技能型工作的境外转移的敏感度最高。正如我们在第1章中所看到的，不同国家制造业工人的每小时薪酬成本存在巨大差异，这一点对公司决定在什么地方布局生产作业至关重要。其他低技能职业（比如，呼叫中心的有关工作）薪酬水平的类似国别差异也已对相关组织生产作业的布局产生相似影响。（因此，当你打电话订机票或者请厂家维修打印机时，你接触到的人可能来自另一个国家。）当然，也正如我们曾经指出的那样，劳动力成本并不是故事的全部。不同国家之间的劳动生产率也存在差异，这意味着在某些情况下低劳动力成本可能被低劳动生产率抵消。能否招聘到符合教育经历和技能水平要求的雇员是另一个潜在的限制。是否接近消费者也是需要考虑的问题。有时它是组织向境外转移工作的理由，有时则不然。

境外转移敏感度高的工作已经不局限于低技能工作。白领工作境外转移的风险也越来越大。[24]有没有一种方法可以系统地度量哪些工作最容易受境外转移的影响？美国劳工统计局试图就服务性工作的境外转移敏感度问题开发一种度量方法。图表4-14展示了美国劳工统计局研究发现的境外转移敏感度最高和最低的职业清单。图表末尾四个子项目的得分之和就是工作境外转移敏感度分值。照此计算，最容易外包的工作具有以下特征：投入和产出能够非常容易地实现电子化传输，不必与其他雇员进行过多的互动交流，无须太多关于工作所在地的知识，工作只需照章行事。

图表4-13 工作境外转移敏感度和预期就业增长率

敏感度得分	职业	预计10年就业增长率
	境外转移敏感度最高的职业	
16	计算机程序员	−4%
16	药剂师	32%
16	零部件销售员	−2%
16	话务员	−4.9%
16	记账和过账文员、机械操作员	−39%
16	计算机操作员	4%
16	数据录入员	−25%
16	文字处理员和打字员	−5%
15	报税代理人	−11%
15	医疗记录员	−9%
15	电话销售员	14%
15	薪酬核发和计时员	−10%

续表

敏感度得分	职业	预计 10 年就业增长率
15	校对员和复印员	6%
	境外转移敏感度最低的职业	
6	首席执行官	2%
6	总经理和运营经理	1%
6	行政服务经理	12%
6	计算机和信息系统经理	16%
6	批发和零售采购员（农产品除外）	0%
6	计算机系统分析员	29%
6	景观设计师	16%
6	工业工程师	21%
6	动物科学家	9%
6	广告销售代理	21%
5	广告和促销经理	6%
5	市场营销经理	15%
5	销售经理	10%
5	公共关系经理	17%
5	工程经理	7%
5	自然科学经理	12%
5	管理分析师	22%
5	土木工程师	18%
5	艺术指导	9%
4	环境工程师	26%

境外转移敏感度问题（最高分＝16，最低分＝4）

1. 工作的投入与产出在多大程度上可以实现电子化传输？

很低（1分）　　　低（2分）　　　高（3分）　　　很高（4分）

2. 工作的职责在多大程度上要求与其他类型的雇员进行交流互动？

很低（1分）　　　低（2分）　　　高（3分）　　　很高（4分）

3. 为完成工作任务，在多大程度上要求任职者了解当地社会和文化特质或者其他相关知识？

很低（1分）　　　低（2分）　　　高（3分）　　　很高（4分）

4. 工作内容在多大程度上是程序化的或照章行事的？

很低（1分）　　　低（2分）　　　高（3分）　　　很高（4分）

资料来源：Roger J. Moncarz, Michael G. Wolf, and Benjamin Wright, "Service-Providing Occupations, Off-shoring and The Labor Market." *Monthly Labor Review*，December 2008，71－86.

　　有趣的是，境外转移敏感度高的工作不仅包括只需少量教育和培训的工作，如数据录入员和电话销售员，而且包括计算机程序员和报税代理人等需要大量教育和培训的工作。现在把目光转向外包可能性小的工作，我们会看到各种管理类工作，以及需要当地知识（例如，市场营销经理可能需要通晓世界某个特定区域的消费者的偏好）和要求在当地"落地"（就景观设计师而言确实如此）的工作。

据我们所知，对于在多大程度上能够预测出工作境外转移的真实情况，上述工作境外转移评价体系尚未通过有效性检验。尽管如此，图表4-13表明，境外转移敏感度高的职业清单上的工作的增长率（在美国）通常很小甚至为负数，但境外转移敏感度低的职业清单上的工作已经出现强劲增长。除非这两组工作在不同国家有不同的增长率，否则这种增长率差异意味着这样一种可能性，即境外转移敏感度高的职业清单上的工作之所以拥有较低的增长率，部分原因至少是这些工作已经历过更大量的境外转移。此外，在境外转移敏感度高的职业清单上的工作（例如，数据录入员、电话销售员和计算机程序员）被转移至海外的例子肯定有很多。在第7章，我们将回到工作境外转移话题来讨论劳动力成本和效率的影响。

在图表4-14中，我们还报告了各种工作实现自动化的可能性（它们对自动化的敏感度）。对工作自动化可能性的估计主要基于以下两点：（1）专家根据对以下问题的回答作出的关于自动化的潜在性的判断——这项工作的任务能否充分指令化，是否以大数据的可用性为条件，能否由先进的计算机控制设备来执行；（2）根据以下工作属性/工作要求对自动化的"潜在瓶颈"的评估：手指灵活性、手工灵巧度、狭窄的工作空间/令人不舒服的姿势、独创性、美术能力、社会洞察力、谈判能力、说服能力和对他人的帮助/照顾。例如，就手工灵巧度而言，增加工作自动化可能性的低水平手工灵巧度相当于"把一个灯泡拧到一个灯座上"；中等水平手工灵巧度相当于"把橙子尽快装进板条箱子里"；高水平手工灵巧度相当于"用手术器械进行心脏手术"。[25]因此，我们会看到，内科医生和外科医生的工作实现自动化的可能性非常小。相比之下，收银员和出纳员的工作实现自动化的可能性很大。一些白领人员（例如，房地产经纪人、信贷员、报税代理人）的工作，就像模特和裁判员的工作一样具有很大的自动化可能性，这一点或许有些出人意料。

图表4-14 职业自动化的敏感度

自动化可能性	职业
很低	
0.30%	机械师、安装师和维修工的一线主管
0.30%	听觉矫正专家
0.40%	职业理疗师
0.40%	医疗保健社会工作者
0.40%	饮食专家和营养师
0.40%	公寓经理
0.40%	销售工程师
0.40%	内科医生和外科医生
0.44%	警察和侦探的一线主管
0.44%	牙医和全科医生
0.44%	小学老师

续表

自动化可能性	职业
0.48%	临床、咨询和学校心理学家
0.60%	人力资源经理
中等	
48%	航空航天工程和运营技术员
48%	计算机程序员
49%	电信线路安装员和修理工
49%	警察、消防和救护车调度员
50%	安装、维护和修理工
51%	产品示范和促销人员
51%	牙科助理
51%	建筑绘图员和文职人员
很高	
97%	眼科实验室技术员
97%	收银员
97%	房地产经纪人
98%	模特
98%	簿记、会计和审计员
98%	司机/销售人员
98%	信用分析师
98%	包装和灌装机操作员、看管员
98%	出纳员
98%	裁判员和其他体育运动官员
98%	信贷员
99%	报税代理人
99%	保险人
99%	标题审查员、摘录员、检索员
99%	电话销售员

资料来源：C. B. Frey, & M. A. Osborne, "The Future of Employment: How Susceptible Are Jobs to Computerisation?," *Technological Forecasting and Social Change* 114 (2017), pp. 254–280.

4.8.2　工作分析信息与跨国比较

当公司将工作分散到多个国家或地区时，就越来越需要通过工作分析来实现以下目标：保持工作内容的一致性，或者能够度量工作的相似或不同之处。例如，如果一个软件开发团队要想与美国和印度的程序员以同等的效率工作，就需要对工作说明和任职要求进行衡量和理解。一个潜在的挑战是，对于哪些内容属于某个特定工作而哪些内容不属于这个特定工作，不同国家或地区在判断标准和认知上存在差异。然而，一项对美国、中国和新西兰等国家三种不同工作（一线主管、办公室文员和计算机程序员）的研究发现，这些国家对工作活动的重要性、数量和工作要求的评分都"十分相似"，这表明工作分析信息"在不同的国家可能传播得很好"。[26]

4.9　对工作分析的评价

除了对工作分析在提升雇员和雇主满意度方面是否有效进行讨论外，还有几种方法可以对工作分析进行评价。

4.9.1　信度

如果度量某一事物时，明天的度量结果与今天的度量结果一致，我的度量结果与你的度量结果一致，就可以认为度量是可信的。但这并不意味着度量结果是正确的——它只能说明重复度量的结果是一致的。**信度**（reliability）是对不同工作分析者、不同分析方法、不同数据来源或不同分析时间得出的分析结果的一致性的度量。信度是**效度**（validity）的必要条件，但不是充分条件。

两位评价者对工作内容的评价结果的平均相关系数（对信度进行估计的典型方法之一）是 0.083。[27]因此，使用单个评价者进行工作分析通常会导致分析结果的信度很低。使用多位评价者并取评价结果的平均数可以提高信度。如果使用五位评价者，评价结果的平均相关系数为 0.312。如果使用 15 位评价者，评价结果的平均相关系数则为0.488。这些信度仍然不是非常高，这意味着工作分析结果在很大程度上依赖于进行工作分析的人。专业的工作分析者之间存在更高的信度，而且在对更加具体的工作任务（相对于更一般性的工作要求或知识、技能要求而言）进行评价时通常会获得更高的信度。[28]有关雇员和主管对工作分析信息的看法的研究结果是复杂的。[29]例如，经验可以改变雇员对工作的看法，因为该雇员可能已经发现完成某种工作的新方法或者为该工作增加了新任务。主管可能没有意识到变化的程度。在这种情况下，该雇员实际从事的工作可能并非主管原先分配的工作。绩效方面的差异可能会影响信度。其他研究发现，对于那些与其他工作存在更多依赖关系、拥有更多自主权及非常规性较强的工作而言，信度更低。[30]到目前为止，还没有研究可以证明性别差异和种族差异会影响信度。[31]显然，提高工作分析信度的方法就是理解并减少差异的来源。定量工作分析方法有助于达到这一目的。但是我们必须确保在消除各种差异的同时并不降低调查问卷内容的丰富性。有时确实可能不止一项工作。培训可能也会提高信度。[32]

关于信度如何影响薪酬结果的进一步细节，请参阅第 6 章"工作评价技术的信度"部分的内容。

4.9.2　效度

工作分析是否准确地描述了工作内容？几乎没有什么办法可以从统计学的角度说明工作分析的准确程度，对于那些复杂的工作来说，情况更是如此。黄金法则并不存在。效度（validity）考察了数据来源和分析方法之间的结果的收敛性。如果一些任职者、主管和同事对调查问卷的回答大致相同，那么调查问卷所获得的信息很有可能就是有效的。但是，单纯在工作分析结果上签字并不能保证工作分析信息的效度。[33]它可能仅仅意味着工作分析的所有参与者对工作分析过程厌恶到了极点，他们希望尽快摆脱工作分析人员，尽早返回自己的工作岗位。

4.9.3　可接受性

如果任职者和管理者对最初收集的数据和数据收集的过程不满意，他们可能就不会接受由此得出的工作结构或与这种结构相关联的工资标准。由于潜在的主观性和偏好性，工作分析者通过一对一的访谈或观察收集的数据并不总被人们接受。有位作者写道："我们都知道经典的程序。一位工人观察并记录另一位工人的行为……正在完成工作。二者的行动都是有偏见的，所得到的信息也是'闻风而动'的，尤其随政治风向而动。"[34]然而，计算机辅助的定量分析方法也可能会陷入困境，尤其是当这种方法屈从于诱惑——为实现太多的目标而收集太多的信息时。有一种应用程序在开发后四年就遇到这种严重的问题，其庞大的规模和让人无法理解的问题招致管理者直接弃用。

4.9.4　即时性

要做到有效、可接受和有用，工作信息必须是最新的。有些工作从长期看会保持相对稳定，而其他一些工作即使在短期内也会发生重大变化。如图表 4-15 所示，大多数组织报告说它们有最新的工作信息，但有一部分组织报告说其工作信息不是最新的。这种情况不仅会妨碍薪酬管理实践和薪酬决策制定，也会影响雇员的甄选、培训和开发。大多数组织没有对工作信息进行任何定期的（每年或每两年）更新，在它们认为重大变革已经发生或者为实现薪酬管理目标而需要对工作进行重新评估时，才更有可能去更新工作信息。[35]当工作信息需要更新时，开发一种系统性的评估协议可能是有用的。[36]

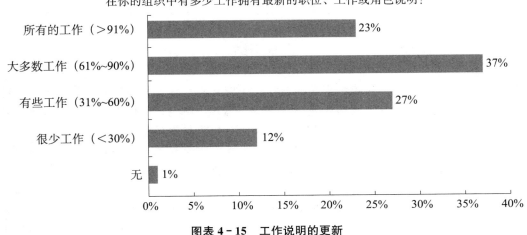

图表 4-15　工作说明的更新

资料来源："Job Evaluation and Market-Pricing Practices," November 2015，©WorldatWork. 经世界薪酬协会许可转载。内容仅允许付费者使用。如果没有得到世界薪酬协会的书面许可，这篇文章的任何部分都不能被复制、摘录或以任何形式重新发布。

4.9.5　有用性

有用性（usefulness）是指所收集的信息的实用性。就薪酬目标而言，工作分析为确定某种工作的薪酬提供了与工作相关的信息——有助于确定该工作与其他工作是相似还是相异。如果工作分析以一种可信、有效且可以为人们所接受的方式做到这一点，而且工作分析的结果可以用于薪酬决策，那么这种工作分析就具备有用性。[37]

正如我们所注意到的那样，有些人认为工作分析有多种用途，比如招聘和培训等。但是多重用途所要求的信息可能要比薪酬决策所要求的信息更多。由于其相对复杂的程序和分析方法，无所不包的定量工作分析计划的实用性一直受到质疑。有些支持者过分痴迷于他们的统计数据和计算机，以至于忽视了人的判断在工作分析中的重要作用。邓尼特（Dunnette）在 35 年前提出的观点至今仍然适用："我愿意强调人的判断在所有这些程序中所起到的核心作用。据我所知，没有任何方法论、统计技术或客观指标可以否定理性判断的重要性。"[38]

4.9.6　个人的判断

面对所有的困难、时间和费用的投入以及不满，作为管理者的你到底为什么还要不辞辛苦地开展工作分析呢？因为薪酬决策需要各种与工作相关的信息，而工作的差异决定了薪酬的差别。没有任何令人满意的替代方案可以确保最终所得到的薪酬结构与工作相关，或者能够为制定和解释薪酬决策提供准确可信的数据。

如果薪酬决策需要工作信息，真正的问题就应该是：作出这些决策需要多少详细信息？答案是：足以帮助确定雇员个人的薪酬，激励雇员不断学习，增加雇员的经验和技能，以及使薪酬投诉风险最小化。忽视详细信息致使未掌握充分信息的管理者制定出错误的、代价高昂的薪酬决策，可能会导致雇员不满：他们会用糟糕的服务赶走顾客，提起法律诉讼，或者抱怨管理者没有能力证明其决策的正确性。面对不充分的工作分析，管理者不应该抛弃它，正确的做法应该是获取一种更有用的工作分析。

<h2 style="text-align:center">本章小结</h2>

激励雇员实施有助于实现组织目标的行为和培育雇员的公平感是有效的内部薪酬结构的两大标志。首先要做的战略性薪酬决策之一就是与保持同外部市场力量的协调相比，薪酬结构需要做多大程度的调整以实现内部一致性。不要被误导。实现薪酬结构内部一致性与保持同外部市场力量的协调并不是非此即彼的关系。相反，战略性薪酬决策的重心在于保持薪酬结构内部一致性与外部反应灵敏性之间的最佳平衡，以帮助组织实现其使命。内部一致性与外部反应灵敏性二者缺一不可。本书在这一部分重点关注管理者在设计薪酬制度时所面临的一个首要决策：应该在多大程度上重视与组织的工作、结构及战略保持内部一致性的薪酬结构。不论作出什么样的选择，决策必须支持组织的整体人力资源战略（同时也要得到组织的整体人力资源战略的支持）。

接下来，管理者必须决定是否把工作和（或）雇员的个人特征作为支持薪酬结构的工作分析的基本单位。之后就需要决定收集什么样的信息，使用什么方法来收集信息以及哪些人应该参与信息收集的过程。

对于公平有效的薪酬结构的一个关键检验就是管理者和雇员均认可工作分析的结果。确保工作分析结果被二者接受的最好方法是让雇员及其主管参与工作分析过程。至少应该让所有的雇员了解工作分析活动的目的和程序。

如果几乎每个人都认同工作分析的重要性，是否就意味着每个人都参与工作分析？当然不是。遗憾的是，工作分析不仅枯燥乏味，而且耗费时间。通常这一工作都交给组织新招聘的薪酬分析员来做，表面上看是为了帮助他们熟悉组织的情况，或许在这种任务中也有某种"成人礼"的暗示。

许多公司正在尝试实施基于技能或胜任力的制度，以替代基于工作的结构。这样做的假设前提是以这些标准作为结构的基础可以使雇员更有灵活性，从而使相同水平的产出只需更少的雇员。这或许是他们的论点，但是随着对这些替代方案使用经验的增加，管理者越来越发现它们可能与工作分析一样有浪费时间和官僚化的缺陷。需要记住的是，工作内容仍然是结构的传统标准。

复习题

1. 工作分析被认为是人力资源管理的基石。准确地描述工作分析是如何支持管理者制定薪酬决策的。

2. 工作分析与内部一致性有何关系？

3. 请描述工作分析涉及的主要决策。

4. 请说明任务数据与行为数据之间的区别。

5. 与传统工作分析方法相比，定量工作分析方法的突出优点是什么？

6. 在基于工作的结构与基于人的结构之间，你将如何作出选择？

7. 为什么许多管理者认为工作分析是对他们和雇员的时间的巨大浪费？他们的观点正确吗？

案例练习　客户服务代表

请阅读关于比尔·瑞安（Bill Ryan）工作生活中的一天的文章，然后写出客户服务代表的工作说明。利用本章的相关图表来指导你确定故事中的哪些信息与工作分析相关。

为完成案例练习，你需要在线阅读文章：Alex Frangos，"The Customer-Service Agent," *Wall Street Journal*，July 16, 2001。如果你订阅了《华尔街日报》，可以通过访问 https：//www. wsj. com/articles/SB995046210750147553 获得该文章。如果你没有订阅《华尔街日报》，可以通过图书馆的某个数据库（例如，ABI/Inform、Proquest 或者其他包含《华尔街日报》这篇文章的数据库）访问该文章。或者，你可以选择你和队友所观察的工作，并使用该工作回答以下问题。

1. 日志包含充足的信息吗？

2. 找出文章中你认为有用的具体信息。

3. 你还需要哪些额外信息？那些信息会对你有怎样的帮助？

选择一位同学（或由教师指定）并相互交换工作说明：

1. 这两份工作说明有哪些异同？你和队友一开始就有完全相同的信息。哪些因素可以解释这些差异？

2. 你将通过什么程序来理解差异并使差异最小化？

3. 这个工作的相关性回报有哪些？

注　释

第 **5** 章
基于工作的结构与工作评价

组织是如何评估工作价值的？你逛超市时可以考察一下那里各种不同的工作：商场经理、产品经理、前台经理、熟食工、屠夫、库存管理员、结账员、面包师——不胜枚举，而且工作内容的多样性令人吃惊。如果让你管理一个超市，你将如何评估这些工作的价值？（在本章末尾的案例练习中，你将有机会设法解决这个问题。）

本章和第 6 章将讨论评估工作价值的技术。这两章都侧重于"如何做"的问题——所涉及的具体步骤。本章从工作本身的角度讨论工作评价技术。第 6 章从人的角度（基于技能和基于胜任力）讨论工作评价技术。所有这些技术都被用于设计可以影响雇员行为并有助于组织维持自身竞争优势的薪酬结构。

阅读本章时，你会看到工作评价有三个主要目的（稍后再作更详细的解释）：

1. 通过将非关键工作的内部价值与有市场薪酬调查数据的工作（关键工作或基准工作）相比较，帮助确定没有市场薪酬调查数据的工作（非关键工作或非基准工作）的薪酬。

2. 将某一特定公司的工作与市场薪酬调查中具有同等价值的可比较工作进行匹配，对于确定该公司工作的市场薪酬必不可少。

3. 为某一特定公司的工作支付薪酬，一定程度上要看哪些工作对该公司的战略最重要，而不只是根据市场薪酬调查数据，把其他公司为这些工作支付的薪酬作为唯一参考。

■ 5.1 基于工作的结构：工作评价

图表 5-1 由第 4 章的图表 4-1 变化而来，引导我们了解构建基于工作的内部结构的过程。我们的工作分析和工作说明（见第 4 章）收集和归纳了工作信息。本章我们讨论的焦点是：工作中什么东西是有价值的，如何评估这种价值，如何将评价结果转化为**基于工作的结构**（job-based structure）。工作评价是一个确定**工作相对价值**（relative value of jobs）的过程。

> **工作评价** 是为创建组织的工作结构而系统地确定工作的相对价值的过程。工作评价要以对工作的内容、所需技能、工作对组织的价值、组织文化以及外部市场的综合考量为基础。这种把组织力量与外部市场力量相融合的潜在力量既是工作评价的优点，又是工作评价面临的挑战。

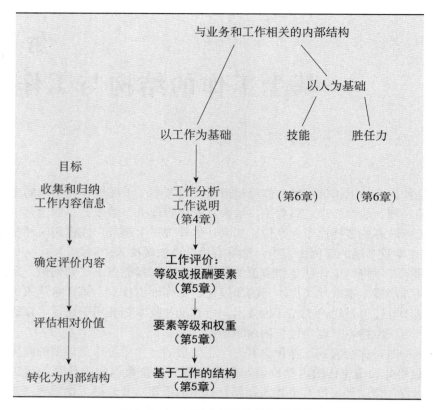

图表 5-1　创建内部结构的多种途径

■ 5.2　定义工作评价：内容、价值及外部市场联系

5.2.1　内容与价值

我们在第 3 章已经提到，**内容**（content）是指工作中需要完成的东西以及完成的方式。对于工作评价到底是以**工作内容**（job content）为基础还是以工作价值为基础，不同的人有不同的看法。以内容为基础的内部一致性按照工作所要求的技能和工作本身的职责、责任来对工作进行排序。以价值为基础的内部结构按照每种工作的技能、职责、责任对组织目标的相对贡献来对工作进行排序。但是能否直接将这种结构转化为工资标准而无须考虑外部市场、政府法规或任何单独的谈判过程？多数人认为不能。回想一下即可知道，内部一致性只不过是薪酬模型的构成要件之一。工作内容固然重要，但它并不是薪酬的唯一基础。工作价值可能也包括工作在外部市场的价值（交换价值）。而且，工资标准还会受到集体谈判或其他协议的影响。

另外，相同的工作为一个组织增加的价值可能会高于（或低于）为另一个组织增加的价值。在第 3 章我们已经观察到普华永道的收入由其咨询顾问直接创造，而 IBM 的收入来自它所提供的各种各样的服务，因此在 IBM 收购普华永道之后，咨询顾问为两个公司创造的价值就有所不同。咨询顾问在普华永道实现组织目标的过程中发挥着关键作用，而在 IBM，他们的作用就不那么关键了。因此，那些留在 IBM 的咨询顾问的基本工资可能会被冻结，但在他们的基本工资符合 IBM 的薪酬结构之前他们会获得更加高额的奖金。因此，虽然我们基于对组织目标的贡献来讨论内部工作价值，但外部市场价值可能会有所不同。内部工作价值与工资标准之间不一定存在一一对应的关系。

5.2.2　将工作内容与外部市场相关联

有些人将工作评价看作一种把工作内容、内部价值与外部市场工资标准相关联的过程。工作内容各个方面（例如，所需的技能、客户联系）价值的体现以它们与市场工资的关系为基础。在劳动力市场上如果雇员具备较高的技能水平或愿意进一步加强与客户的联系，他们往往要求获得更高的工资。因此，技能水平和客户联系的性质就成为确立不同工作薪酬差异的有用标准。如果工作内容的某些方面（如充满压力的工作条件等）与外部劳动力市场的工资没有联系，那么这些方面就会被排除在工作评价之外。从这个角度讲，工作内容的价值以它在外部市场所能获取的价值为基础，其本身并无内在价值。[1]但是，并不是每个人都赞同这一观点。正如我们将要看到的那样，对于那些希望将自己与竞争对手区分开来的组织而言，工作评价就是可以使用的一个重要工具。例如，如果某些组织的特定战略比其他组织（即外部市场）更依赖某些工作或技能，就需要通过工作评价来确定这些工作或技能的内在价值。

5.2.3　技术和过程维度

研究人员对于工作评价也有自己的观点。有些人认为如果工作评价足够严格和系统化（客观性、数量化、抽象性、证据性、可靠性），就可以按照技术标准进行评判。正如招聘测试那样，工作评价计划的信度、效度及有用性都可以加以比较。（我们将在第6 章讨论这些问题。）

那些依据工作评价制定薪酬决策的人有时持有不同看法。他们把工作评价看作有助于赢得雇员对不同工作薪酬差异的认可的过程——一种相关各方借以参与并作出承诺的行政管理程序。它的统计效度并不是唯一问题。它的有用性还在于它提供了一种交流看法、交换意见的平台。雇员、工会代表以及管理者可以就决定工作相对价值的"游戏规则"进行讨价还价。如果所有的参与者都认为技能、努力、职责和工作条件很重要，就可以把这些要素作为工作评价的基础。就像体育比赛，如果我们接受了比赛规则并认为这些规则被公平运用，就更愿意接受比赛的结果。[2]这种诠释与工作评价的发展历史是吻合的。工作评价最初就是一种用于平息雇佣双方在工资决定过程中经常发生的混乱与争论，从而建立和谐稳定的劳资关系的方法。[3]

图表 5 - 2 总结了隐含在各种工作评价观点背后的假设。一些人认为工作内容具有内在价值，需要通过工作评价加以揭示；另一些人认为只有在外部市场才能够找到对工作价值唯一公平的衡量。一些人认为当代的工作评价实践具有正义性和公平性；另一些人认为工作评价只具有公平性。"在工作评价技术和研究结果井然有序的外表下，存在许多混乱的东西。"[4]本章我们试图解释所有这些观点。

图表 5－2　工作评价不同观点的隐含假设

工作评价方面	假设
工作内容评价	工作内容具有独立于外部市场的内在价值。
相对价值评价	利益相关者能够就价值达成一致意见。
外部市场联系	离开外部市场无法确定价值。
度量	精确的工具可以提供客观的度量结果。
谈判	谈判为社会/政治过程注入理性；确定游戏规则并邀请参与者。

■ 5.3 "如何做"：主要决策

　　图表 5－3 描述了在确定内部结构的过程中工作评价所扮演的角色。你已经知道，这一过程的起点是工作分析——收集与工作相关的信息，制定工作说明对工作信息进行总结、提炼并作为工作评价的输入变量。图表 5－3 列出了工作评价过程中的一些主要决策，包括：（1）确立工作评价的目标；（2）决定使用单一计划还是多重计划；（3）在备选方法中作出选择；（4）争取利益相关者参与；（5）评估计划的有用性。

图表 5－3　确定具有内部一致性的工作结构

内部一致性：
组织内部的
工作关系 ——→ 工作分析 ——→ 工作说明 ——→ 工作评价 ——→
工作结构

工作评价的一些主要决策

- 确立工作评价的目标。
- 决定使用单一计划还是多重计划。
- 在备选方法中作出选择。
- 争取利益相关者参与。
- 评估计划的有用性。

5.3.1　确立评价目标

　　工作评价是建立内部一致性薪酬结构过程的一部分。从第 2 章可知，如果一种薪酬结构能够支持组织战略、支持工作流程、公平对待雇员、以组织目标为导向激励雇员行为，这种结构就具有内部一致性。

　　● 支持组织战略：工作评价通过纳入那些可以增加组织价值——为实现组织战略和组织目标作出贡献——的工作内容来保持与组织战略的一致性。工作评价帮助回答这样一个问题：这种工作是如何增加价值的?[5]

　　● 支持工作流程：工作评价通过两种途径支持工作流程。它把每种工作的报酬与其对组织的相对贡献相结合，并且为那些新颖、独特或正在变化的工作确定报酬。

　　● 公平对待雇员：工作评价通过建立一个可行的、相关各方一致同意的结构——这种结构可以削弱随机性、偏袒和偏差对薪酬决定过程的影响——来减少雇员对不同工作的薪酬差异的争论和不满。

● 以组织目标为导向激励雇员行为：工作评价向雇员阐明组织看重他们哪些方面的工作，他们的工作如何支持组织战略及其成功实施。通过增进雇员对自己新任务中哪些是有价值的、为什么有些价值可能已经发生变化等方面的理解，工作评价也可以帮助雇员适应组织的变革。因此，工作评价有助于创立可以激励雇员的回报网络（晋升、富有挑战性的工作）。

如果工作评价的目标不明确，就很容易在复杂的程序、谈判和各种繁文缛节中迷失方向。工作评价过程本身就成为目的，而不是成为实现某种目标的途径。确立工作评价目标有助于确保工作评价真正成为一个系统化的有用过程。

5.3.2　单一计划还是多重计划

雇主很少一次性地评价组织中的全部工作。更为典型的是，由相关工作组成的工作群会成为评价的重点，比如制造类、技术类或行政类工作群。例如，就像我们在第 3 章中所看到的那样，诺斯罗普·格鲁曼公司就拥有四种不同的工作结构。许多雇主针对不同类型的工作内容设计了不同的评价计划。之所以这么做，是因为他们认为工作内容千变万化，很难用单一的计划对其进行有效评价。例如，生产性工作可能会因为操作技能、统计质量控制相关知识和工作条件等方面的要求不同而有所不同。但这些任务和技能可能与工程类和金融类工作无关。相反，客户联系的性质可能与工程类和金融类工作具有相关性。因此，如果所评价的工作内容是高度多样化的，那么单一、通用的工作评价计划可能不会得到雇员的认可，或者不会对雇主起到帮助作用。即使如此，仍然有一些工作评价计划以跨越不同工作广度和工作深度的方式得到成功应用。最突出的例子包括合益集团计划（稍后会详细讨论）和**职位分析问卷**（Position Analysis Question-naire）（参见第 4 章的相关内容）。

基准工作——一个样本

为确保将工作的所有相关方面纳入工作评价范围，组织可以从选择一组**基准（关键）工作**（benchmark（key）job）样本入手。如图表 5 - 4 所示，要尽可能地为更多的工作层级和工作群（行政类、制造类及技术类）确定基准工作。图表中灰色的部分即是所选的基准工作。

基准工作有如下特征：
● 它的内容众所周知并且长期保持稳定。
● 该工作在许多不同的雇主中很常见；它并不为某个特定的雇主所独有。
● 该工作雇用了相当比例的劳动力。

基准工作的代表性样本要包含被评价工作的全部领域，如行政类、制造类、技术类等，并能抓住该领域内工作内容的多样性。

工作内容的多样性可以从深度（纵向）和广度（横向）两个角度加以考虑。在多数组织中，工作深度（depth of work）的变化范围可能包括从战略性领导工作（首席执行官、董事长）直至初级办公室工作中的整理文件、分发邮件任务。从横向角度看，工作广度（breadth of work）取决于业务的性质。类似的工作可以在专业化咨询

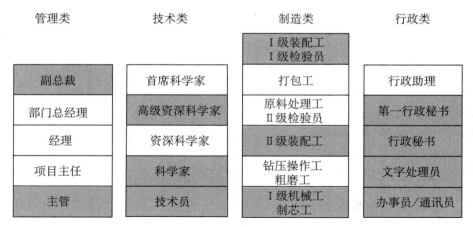

图表5-4　基准工作

说明：灰色部分的工作代表所选的基准工作。

公司（例如，薪酬管理公司或高级管理人员猎头公司）中找到。诸如通用电气公司等一些跨国集团，它们的工作广度反映了其在整个国家涉足的职业领域。通用电气公司的工作横跨金融服务、娱乐（NBC）、飞机引擎、医疗器械、电力系统及家用电器等多个业务领域。

　　关于工作评价的典型做法是先使用基准工作开发出一种工作评价计划，然后将这种计划应用于余下的非基准工作。从每个工作层级选择基准工作，可以确保工作评价覆盖全部工作领域，这样有助于保证根据工作评价作出的决策的准确性。

　　所采用的工作评价计划的数量与薪酬决策所需工作评价的详细程度以及工作评价所耗费的成本相关。对于"使用单一计划还是多重计划"的问题，目前还没有现成的答案。当前的实践（对于未来而言可能并不是最好的答案，因为实践总是以过去为基础）是针对各个主要工作领域——高级管理类/领导类工作、管理类/专业类工作、运营类/技术类工作、办公室类/行政类工作——分别使用独立的评价计划。考察其他一些组织，你还会发现另外一些用于销售、法律、工程/科学及技术行业工作的评价计划。

　　所有这些工作评价计划所耗费的成本（包括时间）会促使组织简化自己的工作结构（减少工作名称和层级）。有些雇主，最明显的是惠普公司，通过使用一种单一计划来简化工作评价。这种单一的工作评价计划通常拥有一套核心的适用于全部工作的通用评价要素，同时针对各种特定职业或职能领域（财务、制造、软件和系统、销售）确定了附加评价要素。

5.3.3　工作评价方法的选择

　　尽管形式不计其数，但排序法、归类法、计点法仍然是工作评价最常用的三种方法。过去40多年的研究一致表明，不同的工作评价计划会产生不同的薪酬结构。因此，选择哪种方法很重要。

　　图表5-5比较了这三种工作评价方法。它们都假定一个有用的工作分析已经被转化为工作说明方法。

图表 5 - 5　工作评价方法的比较

	优点	缺点
排序法	快速、简单、容易解释。	随着工作数量的增加而变得烦琐；比较的基础不明确。
归类法	可以将一大批工作组合在一个体系中。	工作说明可能会留下过多的人为操纵空间。
计点法	报酬要素是比较的基础；报酬要素指明哪些东西是有价值的。	可能会陷入官僚主义并为规则所累。

5.4　工作评价方法

在一项对世界薪酬协会（一家由薪酬管理专业人士组成的社会组织）约 1 000 名会员的调查中，调查者询问他们所在的组织采用的主要的工作评价方法是什么。如图表 5 - 6 所示，最普遍的回答是"没有什么真正意义上的工作评价方法"。相反，**市场定价**（market pricing）被广泛地选择为主要的工作评价方法（根据不同的工作层级，采用这一方法的比例在 68%～74%）。什么是市场定价？我们将在后文（尤其是第 8 章）更加详细地讨论这一问题。现在，我们只把市场定价看作将你所在组织尽可能多的工作直接与外部薪酬调查描述的工作直接匹配。工作匹配的程度越高，调查数据越可能成为决定你所在组织工作工资标准的基础。内部公平性被大大弱化（就像组织战略所发生的变化那样——第 8 章将对此详加讨论）。

图表 5 - 6　主要的工作分析方法

	你所在组织采用的主要的工作评价方法是什么？		
	市场定价法	要素计点法	所有其他方法
高级管理类工作	74%	16%	11%
中级管理类工作	70%	19%	12%
专业类工作	69%	20%	11%
销售类工作	72%	17%	11%
行政类工作	68%	20%	12%
生产类工作	69%	17%	15%

说明："所有其他方法"包括排序法、配对比较法和工作要素法。被调查组织的数量为 543～625 家。
资料来源：WorldatWork，"Job Evaluation and Market-Pricing Practices，" November 2015.

我们也要注意到，图表 5 - 6 显示 1/4～1/3 的组织仍然使用传统的工作评价方法作为它们主要的工作评价工具。甚至在那些高度依赖市场定价的组织中，工作评价也有可能被广泛应用，因为通常它们不太可能直接将所有的工作都与市场调查工作相匹配。因此，工作评价仍然是必要的，我们现在讨论三种工作评价方法，重点关注计点法或要素计点法。

5.4.1　排序法

排序法（ranking）就是根据工作的相对价值或对组织的贡献——相对价值和对组织的贡献由组织统一定义——简单地对工作说明从高到低进行排列。排序法简单、快捷、易于理解，并且容易向雇员解释；至少在初始阶段，这种方法的费用是最低的。然而，排序法没有告诉雇员和管理人员他们的工作中什么是重要的，因此也会造成一些问题，而针对这些问题的解决方案复杂且潜在成本高昂。

排序法有两种常见形式：**交替排序法**（alternation ranking）和**配对比较法**（paired comparison）。交替排序法通常在极端值处对工作说明进行交替排序。评价者先就哪种工作价值最大、哪种工作价值最小（即哪种工作得 10 分、哪种工作得 1 分）达成一致意见，然后再分别确定下一个价值最大和价值最小的工作（即哪种工作得 9 分、哪种工作得 2 分），依此类推，直到所有的工作排列完毕。配对比较法使用一个矩阵尽可能地对所有工作进行两两对比。如图表 5-7 所示，在两两对比中，价值较高的工作被输入到矩阵的方格之中。当完成所有比较后，被判定为"价值较高"的频数最多的工作即为层级最高的工作，依此类推。

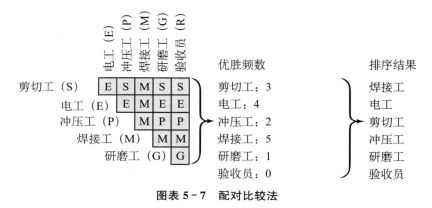

图表 5-7　配对比较法

交替排序法和配对比较法（二者一致性地产生相似结果）可能比简单排序更加可信。尽管如此，排序法仍然存在缺陷。如果说工作排序的标准得以根本界定的话，这种界定却是如此含混不清，以至于工作评价完全成为主观的看法，无法在战略性和工作相关性方面证明其正当性。而且，使用这种方法的评价者必须熟悉所研究的每一种工作。仅仅是对比的次数就会使本应简单的任务变得令人生畏——50 种工作需要进行 1 225 次比较，而且当组织发生变革时，评价者也很难了解全部的工作。有些组织试图通过先在单个部门内部进行工作排序，再将结果加以汇总的方法来克服上述缺陷。然而，即使排序法看似具有简单、快捷、费用低的特点，但是从长远来看，其结果很容易受到质疑，其产生的问题也会需要付出巨大的成本才能解决。

5.4.2　归类法

想象一个具有多层书架的书柜。每层书架都有一小段说明性文字作为标签，用以描述存放在该层书架中的书的种类，或许标签中还有一两个有代表性的书名。我们可以用同样的方式来描述工作评价的另一种方法——归类法（classification）。一系列的类别（class）覆盖了工作的所有范围。类别说明就是"标签"。通过工作说明与类别说明的比较来确定哪个类别最适合该工作。对每个类别的描述方式是这样的：类别"标签"可捕捉充分的工作细节，而且又有足够的概括性以确保在把某个工作说明分配到合适的"书架"或类别中时不会遇到困难。可以使用包含每个类别的基准工作的名称对类别做进一步描述。

确定类别数量并撰写类别说明以定义各个类别之间的界限（例如，有多少层书架，如何区分各层书架——小说、散文、悬疑故事、传记文学等）在某种意义上是一门艺术。着手处理这一问题的一种方法就是找到工作内容中的自然"断裂"或变化。在前面几章所讨论的公司的工程类工作中，工程师（独立贡献者）与首席工程师（负责全部项目）之间就存在自然断裂。但是要分别为它们划分多少个类别才有意义呢？图表 5-8 显示的是克拉克咨询公司（Clark Consulting）为调查不同雇主的工程类工作的薪酬而使用的归类方法。管理类工作包括三个类别，而独立贡献者的工作包括五个类别。用于指导撰写类别说明的信息可以来自管理者、任职者，也可以来自工作说明以及职业发展考虑等。

图表 5-8　克拉克咨询公司的工程工作归类法

工程师 1	工程师 2	工程师 3	工程师 4	工程师 5	工程经理 1	工程经理 2	工程经理 3
参与软件程序的开发、测试和说明书的编制。作为项目团队的成员，执行设计和分析任务。通常要求拥有科学或技术领域的学士学位或同等学力，以及 2 年工作经验。	开发、测试更具挑战性的软件程序并编制说明书。协助制定工作任务和工作计划。通常要求拥有科学或技术领域学士学位，并具有 2～4 年工作经验，或者拥有硕士学位并具有 2 年工作经验。	制定项目计划、职责规范和工作计划。设计和分析复杂的程序和系统。协助确定产品需求并改进。通常要求拥有工程、计算机科学或相关技术领域学士学位并具有 4～6 年工作经验，或者拥有硕士学位并具有 2～4 年工作经验。	担任设计、开发和分析复杂程序的项目工程师。提出新的想法和产品并指导实施。提供专业领域内主要产品的技术指导。通常要求拥有工程、计算机科学或相关领域的学士学位并具有 6 年及以上工作经验，或者拥有硕士学位并具有 4～6 年工作经验。	就新领域技术研究长期规划的管理提供技术指导和建议。设计、研究、开发新系统，同时为支持人员提供指导。通常要求拥有工程、计算机科学或相关领域学士学位并具有 10 年及以上工作经验，或者拥有硕士学位并具有 6 年及以上工作经验。	监督软件产品或系统的设计与开发，以及相关工作计划的实施和成本控制。参与制定对软件开发团队的管理政策。通常管理 10 名执行相似任务的雇员。负责人力资源的一级管理。	为开发或实施完整的产品和程序创建环境。制定长期规划、工作计划和成本控制目标。通常管理 10～20 名雇员，且包括一级管理人员。（可能来自多个学科。）	为某个产品族的定位、营销和定价制定长期战略。管理工程产品团队以确保及时交付高质量产品。通常管理 25 名以上来自多个学科的雇员。

资料来源：Clark Consulting，2008.

当使用一种单一计划对来自几个工作族的工作进行评价时，撰写类别说明可能会非常棘手。虽然提高类别定义的针对性增强了工作评价的可靠性，但它也限制了那些易于归类的工作的种类。例如，基于销售类工作撰写的类别定义可能会导致办公室类或行政类工作的归类变得困难，反之亦然。工作归类法的一个问题是试图将各种不同的工作纳入一个类别之中可能会导致工作说明模糊不清，从而留出了诸多需要"判断"的空间。[6]将基准工作的名称纳入各个相应类别有助于工作说明更加具体化。

实践中，使用归类法不仅需要将工作说明与类别说明和基准工作相比较，工作说明之间也可以相互比较，以确保每个类别内的工作更具有相似性，从而将它们与相邻类别的工作区分开来。

归类法的最后结果是一种由一系列类别构成的工作结构，并且每个类别包含许多相似的工作。所有这些比较的目标就是确保这种工作结构以组织战略和工作流程为基础、具有公平性并关注有助于实现组织所期望的结果的雇员行为。每个类别内的工作被认为具有等同（相似）的工作内容并应获得相同的报酬。不同类别的工作应具有不同的工作内容并具有不同的工资标准。

美国人事管理办公室（Office of Personnel Management）出版了《工作分类人员手册》（Classifiers Handbook）（45 页）和《职位归类标准导引》（Position Classification Standards）（73 页），二者共同介绍了如何将工作分类归入联邦政府普通薪酬表。[7]可以浏览一下美国人事管理办公室网站，看看政府工作归类法的详细程度。相比之下，"蓝色巨人"IBM将其完整的工作归类计划放在网站的一个单独页面上。

5.4.3　计点法

计点法（point method）有三个常见特征：（1）报酬要素；（2）要素的量化等级；（3）反映每个要素相对重要性的权重。[8]每种工作的计点总数决定了它的相对价值，从而也决定了它在薪酬结构中所处的位置。

计点评价计划是欧美国家最常用的工作评价方法。计点法是对排序法和归类法的重要改进，因为它制定了工作评价的明确标准——报酬要素。[9]

确定**报酬要素**（compensable factor）的依据是组织的经营战略导向以及工作如何对组织目标和战略作出贡献。通过对报酬要素的等级测量来反映它们在每种工作中的重要程度，再为报酬要素赋予相应的权重来反映它们对于组织的总的重要程度。每个**要素权重**（factor weight）被赋予相应的点数。每种工作的总点数就决定了它在工作结构中的位置。

设计计点评价计划主要有八个步骤：

1. 开展工作分析。
2. 确定报酬要素。
3. 制定要素量表。
4. 根据重要性确定要素权重。
5. 选择标准薪酬结构。
6. 沟通评价计划并培训使用者。

7. 应用于非基准工作。
8. 开发在线软件支持。

1. 开展工作分析

与排序法和归类法一样，计点评价计划也从工作分析开始。通常要选取具有代表性的工作样本（即基准工作）作为分析对象。这些工作的内容是对报酬要素进行定义、**测量**（scaling）和加权的基础。

2. 确定报酬要素

报酬要素在计点评价计划中发挥着关键作用。这些要素反映了工作是如何增加组织价值的。它们源于工作本身和组织的经营战略导向。

> **报酬要素** 是指受组织重视的工作的若干特征，它们帮助组织执行战略、实现目标。

为选择报酬要素，组织就需要问问自己：到底是工作的哪些方面增加了组织的价值？组织通常可以首先从现有的报酬要素框架入手。图表 5-9 提供了一个被称为"工作控制和复杂性"的报酬要素的例子。然后组织可以调整现有的报酬要素，以及（或者）增加与自己的战略更贴近的新要素。例如，某家公司把"制定决策"作为一个报酬要素，它一定程度上类似于图表 5-9 中的"工作控制和复杂性"要素。对"制定决策"的定义有三个维度：（1）风险和复杂性（能否获得指导以帮助制定决策）；（2）决策的影响；（3）决策发挥作用所需的时间。

实际上，这家公司认定它的竞争优势取决于雇员在工作中所做的决策。而决策的相对价值取决于它们的风险性、复杂性及对公司的影响。因此，该公司向全体雇员发出的信号是：组织确定工作价值的基础是承担这些工作的雇员所做决策的性质。要求制定更具风险性的决策并能给组织带来较大影响的工作与很少要求制定决策且不会给组织带来影响的工作相比，前者的相对价值要大于后者。

为了有效发挥作用，报酬要素应该：

- 以组织的战略和价值观为基础。
- 以所执行的工作内容为基础。
- 要得到那些受最终薪酬结构影响的利益相关者的认可。

以组织的战略和价值观为基础

任何一个组织的领导层都是关于该组织经营战略的发展方向和发展方式的最佳信息来源。显然，组织的领导者关于报酬要素选择的投入至关重要。如果组织的经营战略是与客户和供应商合作设计并生产创新性、高质量的产品和服务，那么对产品改良和客户联系负有更大责任的工作就应有更高的价值。或者，如果组织的经营战略更像沃尔玛——"尽可能以最低的成本和最便利的方式提供令客户满意的产品和服务"，那么报酬要素或许就应该包括对**成本控制**（cost containment）、客户联系等的影响。

图表 5-9　报酬要素举例：工作控制和复杂性（八个等级中的三个等级）

报酬要素的定义：接受指导的数量和类型、工作的复杂性和工作内容的性质。

等级 1

● 雇员不偏离主管和指导人员给出的详细指示；例如，标准操作程序（SOP）、指南和参考手册。

● 任务是明确的和相关的。在决定做什么或如何做方面几乎没有选择的余地。复杂程度很低。

● 工作可以让单位/办公室里的其他人摆脱简单重复的任务。该工作在直属的组织单位之外的影响最小。

等级 4

● 雇员（a）在最低限度的监督（即管理者只设定目标、优先事项和最后期限，雇员使用的指导方针适用于大多数情况）下开展工作；或者（b）遵循主管关于方法和预期结果的指示，但可以调整方法以处理不可预见的情况和问题。

● 尽管任务在功能和目标上是相关的，但针对不同的任务，工作的过程、程序或软件是不同的。基于任务，雇员必须使用不同的手段、技术或方法，但这些手段、技术和方法都是传统的。

● 工作产品或服务影响下一步程序或服务的准确性、可靠性或可接受性。

等级 8

● 雇员工作（a）只能获得管理和政策上的方向性指导；并且（b）必须基于宽泛的、没有针对性或被证明有效的指导方针（如一般政策声明、基本法律或科学理论）作出决策。雇员定义目标、计划工作，并提出新的方法或假设，被作为技术权威而获得广泛认可。

● 工作需要许多不同的应用于既定管理和专业领域的程序和方法。问题通常是由不寻常的环境、方法的变化、不完整或相互冲突的数据造成的。为完成任务，雇员必须解释数据和完善方法。

● 雇员工作影响其他专家的工作，影响机构的重要的专业或管理活动，或影响许多群体的福祉。

资料来源：U. S. Bureau of Labor Statistics，*National Compensation Survey*：*Guide for Evaluating Your Firm's Jobs and Pay*，May 2013（revised）.

　　报酬要素强化了组织的文化和价值观以及它的经营导向和工作性质。如果经营导向发生变化，报酬要素也要加以调整。例如，许多组织的战略计划都要求关注业已深化的全球化趋势。宝洁公司和 3M 公司就在它们的管理类工作评价计划中纳入了"跨国事务责任"要素。对跨国事务责任的定义包括三个维度，即责任的类型（在制定政策和战略时，其角色是协助、领导还是承担包括核准权在内的全部责任）、在国际事务上花费的时间比例以及跨国事务涉及的国家数量。

　　同样，当报酬要素不再支持经营战略时，就应该将它们剔除。伯灵顿北方铁路公司（Burlington Northern）对自己的工作评价计划进行了修改，将"所监督的下属人数"这一报酬要素从评价计划中剔除。它认为，一个强调增加雇员人数的报酬要素与公司减少官僚等级和提高经营效率的目标背道而驰。重大的经营战略转变并非每天都在发生，但当它们确实发生时，就必须重新审视报酬要素，以确保它们与新的战略导向保持一致。[10]

以工作本身为基础

　　在任何一个组织当中，雇员与主管都是实际工作的专家。因此，关于工作本身的哪些方面应该得到重视，寻求他们的答案非常重要。各种形式的证明资料（即工作说明、工作分析、雇员和（或）监督焦点小组）必须支持报酬要素的选择。与工作相关的证明资料有助于获得雇员和管理者的支持，易于理解，而且能够经受住对薪酬结构提出的各种质疑。例如，经理们可能会争辩说，自己雇员的薪酬水平与其他雇员相比太低，或者提供给工作候选人的薪酬太低。工会领导者可能会关心为什么不同工作之间会出现薪酬差异。关于**工资歧视**（pay discrimination）的指控可能会随之出现。雇员、直线经理、工会领导者以及薪酬经理必须理解而且能够解释存在工资差异的原因。那些明显以工作本身为基础的报酬要素差异为解决这些问题提供了依据，甚至会减少发生纠纷的可能性。

可靠性与有效性

请参见第 4 章和第 6 章关于信度和效度的讨论。

让利益相关者能够接受

对薪酬结构中用于工作定位的报酬要素的认可，可能至少部分依赖于传统。例如，那些在医院、疗养院和儿童看护中心工作的人认为，相对于"对财产的责任"而言，"对人的责任"很少被当作报酬要素，而且经常得不到重视。[11]忽视"对人的责任"可能是一种历史的产物，那个时候提供护理和儿童看护服务的都是家庭成员（通常为妇女），而且服务都是无偿的。现在那些为挣工资而从事此类工作的人认为，适当地重视"对人的责任"这一要素将会增加他们的报酬。因此，问题在于这一报酬要素对于哪些人来说才是可接受的？答案应该是利益相关者。

使用现有的标准化计划或根据现有评价计划调整报酬要素

使用现有的标准化计划（例如，下文将讨论的合益集团计划）的优势在于能够比较组织内部工作与其他组织类似工作的相对范围、内容和内部价值，这对于决定与其他公司类似工作的薪酬有很大的帮助。然而，正如我们已经指出的，为适应组织的独特战略和价值观，工作价值和工资标准进行多大程度的调整，工作评价系统就要进行相应的调整。虽然现有的标准化计划使用了多种报酬要素，但这些要素大致可以归为四类：所需的技能、所需的努力、责任以及工作条件。这四类报酬要素早在 60 年多前就被**全国电气制造协会评价计划**（National Electrical Manufacturers Association（NEMA）plan）采用，而且被纳入《公平工资法案》（1963 年），用以定义"同等工作"。许多早期的计点评价计划，比如**全国金属贸易协会评价计划**（National Metal Trades Association（NMTA）plan）和全国电气制造协会评价计划以及钢铁制造业评价计划，都主要用于对制造类和（或）办公室类工作的评价。从那以后，计点评价计划也逐渐应用于管理类和专业类工作的评价。《国家薪酬调查》（National Compensation Survey）（可从美国劳工统计局获得）把知识、工作控制/复杂性、联系、物理环境等作为报酬要素，这些要素可广泛用于对各种工作的评价。雇主可以使用《国家薪酬调查》将自己组织的工作与美国劳工统计局薪酬调查的工作相匹配。[12]

被全球 8 000 多家雇主（包括美国 500 家最大企业中的 150 家）采用的"合益集团指引表——剖面图工作评价法"（Hay Group Guide Chart—Profile Method^{SM}）可能是应用最广泛的一种计点评价计划。合益集团工作评价法将工作看作一个过程，在这个过程中知识/技能/能力被应用于处理各种问题和挑战以创造对组织有价值的产出（见图表 5 - 10）。

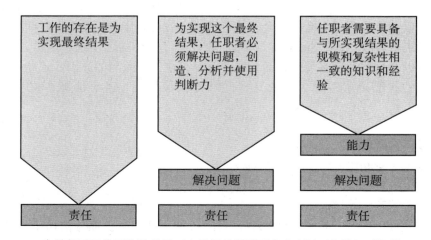

合益集团工作评价法使用三个通用的报酬要素来度量工作的相对规模

图表 5－10　合益集团：责任、解决问题、能力三个报酬要素的作用

　　三个合益报酬要素——能力、解决问题、责任——使用指引表对每个要素的要求进行更加细致的量化。图表 5－11 总结了三个合益报酬要素的基本定义。如果有必要或法律有要求，还可以使用合益的第四个报酬要素——工作条件。

图表 5－11　合益集团：报酬要素的定义

能力：胜任这项工作所必须具备的知识和技能（不论以何种方式取得）的总和。
能力通常有三个维度：
● 实用的、技术的、专业化的知识和技能（包括深度和广度）。
● 规划、组织、协调和整合知识。
● 沟通和影响他人的技能。
解决问题：衡量问题的性质和复杂性以及工作面临的挑战。
解决问题通常有两个维度：
● 环境——在思考政策、程序、行动纲领和行动说明方面能否获得指导，以及问题界定的清晰程度。
● 挑战——问题的内在复杂性，以及所需要的思维过程。
责任：对工作为企业获取成功所发挥影响的衡量结果。
责任通常有两个维度：
● 行动的自由——在工作中被授予的行动、批准或做决定的权力。
● 影响——这项工作对组织完成其任务的能力的影响的大小和性质。

　　在图表 5－12 中，合益的能力要素通过以下几个维度来衡量：所需专业知识的广度和深度（测量等级从 A 至 G）；为实现组织的目标进行规划/组织/协调/整合资源的管理能力的数量（测量等级从 T 至 V）；通过与他人联系实现组织目标所需的沟通和影响技能的程度（测量等级从 1 至 3）。与被评价报酬要素的所有三个维度的正确等级对应的单元格位于指引表中，并给出为该要素分配的点数。在图表中，工厂经理的能力要素获得了 400 个点数。可以通过类似的流程使用指引表确定解决问题和责任报酬要素的点数，然后通过加总就可以计算出该工作的总点数。

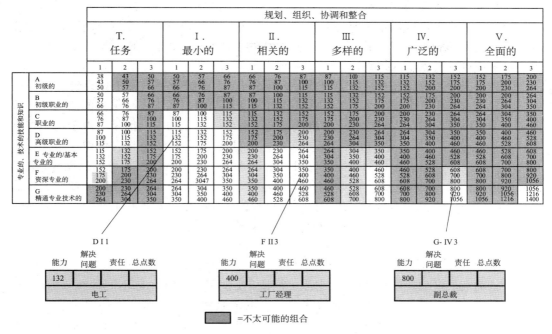

图表 5 - 12　合益集团：报酬要素评分

资料来源：Hay Group，personal communication，August 10，2012.

需要多少个报酬要素？

剩下的问题就是考虑计点评价计划中应该纳入多少个报酬要素。有些报酬要素的定义可能会有交叉，或者无法解释所选择的标准工作的某些独特方面。实际上，全国电气制造协会评价计划明确指出报酬要素——工作经验——应该与受教育程度相关。有位作者称之为"效度幻觉"——人们从主观上倾向于认为报酬要素能捕捉到工作的各个不同方面，而且每个方面都很重要。[13] 很早人们就认识到报酬要素之间存在重合或高度相关的现象，这引发社会对重复计量报酬要素价值问题的关注。事实上，在合益计点评价计划中，解决问题要素被算作能力要素的一部分。所以，根据定义，一个要素是建立在另一个要素的基础之上的。合益计点评价计划的一个核心原则是报酬要素不是独立的——能力要素之所以必不可少，是因为要实现既定目标（责任），就必须解决某些问题——集中于某个工作内部的各报酬要素的相对比例为观察这个工作提供了洞察力。相对比例的概念即为"合益集团指引表——剖面图工作评价法"使用的剖面图理念。

另一种挑战称为"小数定律"。在基准工作样本中，即使只有一种工作拥有某种特征，我们也倾向于将这种要素应用到整个工作范围。恶劣的工作条件就是常见的例子。即使只有一种工作是在恶劣的条件下进行的，也倾向于将这些恶劣条件当成一种报酬要素，并应用于所有的工作。一旦某个报酬要素成为制度的一部分，其他的工人就有可能会说他们的工作也具备这种要素。例如，办公室工作人员可能会认为电话铃响或者打印机墨盒漏油构成了压抑的或危险的工作条件。

一位高级经理因为某个工作评价计划未将工作条件作为报酬要素，就明确表示反对这一计划。计划的设计者是一位刚刚毕业的大学生，他通过统计分析证明对于 90% 的工作而言，工作条件的变化都不足以对最终的薪酬结构产生有意义的影响。尽管如此，这位经理还是指出，这位刚毕业的大学生没有到工厂的铸造车间工作过，而工作条件在那个地方确实是非常有意义的。为了让铸造车间的工人接受这个工作评价计划，设计者还是将工作条件要素纳入计划。

这种情况并不少见。一项研究表明，一项包含 21 个报酬要素的工作评价计划与另外一项只包含其中 7 个报酬要素的工作评价计划所得出的工作排序结果相同。而且，只需用 3 个报酬要素就可以将这些工作准确地放入薪酬等级结构中。但是，由于这项包含 21 个报酬要素的计划"可以被雇员接受并能达到目的"，公司还是将它保留了下来。早在 20 世纪 40 年代研究即证明技能维度可以解释 90％或以上的工作评价结果差异；3 个报酬要素通常就可以解释 98％～99％的这种差异。[14]然而，正如我们在第 6 章所展示的那样，即使在信度很高的情况下，工作评价点数的分配（至少对某些工作而言）可能也会有所不同，这主要取决于所选择的评价者或报酬要素。

3. 制定要素量表

一旦确定了报酬要素，就需要制定一个用于反映每个要素内部不同等级（即层级）的要素量表。为说明每个报酬要素的等级，可以按照从基准工作中提炼出来的典型技能、任务和行为对每个等级进行锚定。回顾一下图表 5－9，"工作控制和复杂性"要素共有 8 个等级（图表中只展示了其中 3 个等级）。

大多数**要素量表**（factor scale）都由 4～8 个等级构成。在实际操作中，许多评价者都采用未经定义的附加等级，比如，围绕某个测量等级进行上下浮动。因此一个 5 等级的要素量表——1，2，3，4，5——经过附加等级变换后就变成了一个 15 等级的要素量表——－1，1，1＋，－2，2，2＋，依此类推。之所以使用围绕某个测量等级上下浮动的办法，是因为评价者认为要想充分区分各种不同的工作就必须建立更多的测量等级。如果我们试图为工作结构设计 15 个层级，报酬要素却仅仅使用 3 个或 5 个等级，在这种情况下增加附加等级或许是正确的。[15]然而，频繁增加附加等级只会给人们一种可以提高测量精度的错觉，事实上并不能真正提高测量精度。

是否要让要素内部相邻等级之间的距离相等（**定距量表**（interval scaling））是确定要素等级的另一个主要问题。例如，在一个 8 等级的要素量表中，定距量表的目标是确保等级 1 与等级 2 的差别接近等级 4 与等级 5 的差别。

制定要素量表的标准主要有：（1）确保必要的等级数量以区分不同的工作；（2）使用容易理解的术语；（3）用基准工作的名称和（或）工作行为来锚定等级定义；（4）使相关人员明白如何将这些等级应用于相应的工作。

4. 根据重要性确定要素权重

要素等级分配完毕后，就可以确定要素的权重了。要素权重反映了每个要素对工作总价值的相对重要性。不同的权重反映了雇主对各个要素重视程度的差异。例如，全国电气制造协会评价计划将"受教育程度"要素的权重定为 17.5％；一个雇主协会将其定为 10.6％；某个咨询公司的评价计划建议将其定为 15.0％；某个行业协会将其定为 10.1％。

权重通常是由咨询委员会确定的，该委员会将 100％的总权数分配给各个要素。[16]

如图表 5 - 13 的例子所示，某个委员会将 40％的权数分配给技能要素，30％的权数分配给努力要素，20％的权数分配给责任要素，10％的权数分配给工作条件要素。每个要素都有两个子要素，而每个子要素又分为五个等级。在这个关于书店经理的例子中，子要素智力得到了分配给技能要素的 40％权数的一半，子要素经验获得了另一半的权数：4 等级的智力子要素乘以 20 等于 80 点，而 3 等级的经验子要素乘以 20 等于 60 点。[17]

	职位名称：书店经理			
	选择：☒ 行政性　□ 技术性			
报酬要素	等级　×	权重　=		合计
技能：（40%）	1 2 3 4 5			
智力	✕（4级）	20%		80
经验	✕（3级）	20%		60
努力：（30%）				
体力	✕（2级）	15%		30
脑力	✕（4级）	15%		60
责任：（20%）				
错误影响	✕（4级）	10%		40
创新/革新	✕（3级）	10%		30
工作条件：（10%）				
环境	✕（1级）	5%		5
危险	✕（1级）	5%		5
				(310)

图表 5 - 13　工作评价表

5. 选择标准薪酬结构

传统上，工作评价将统计分析作为对委员会判定报酬要素权重的补充。[18]委员会成员推荐的**标准薪酬结构**（criterion pay structure）是一种他们希望使用计点评价计划来"复制"的薪酬结构。推荐的标准薪酬结构可以是基准工作的当前工资标准、基准工作的市场工资标准、男性主导的工作的工资标准（为了消除性别歧视）或工会议定工资标准。[19]一旦达成标准薪酬结构，就可以使用统计建模技术确定每个要素的权重和各个要素的内部等级，使所产生的薪酬结构尽可能与所选定的结构保持一致。这种统计方法常常被贴上**"政策俘获"**（policy capturing）的标签，以与**委员会先验判断法**（committee a priori judgment approach）区别开来。要素权重不仅反映了每个要素的相对重要性，有关研究也清楚地证明要素权重还会影响最终的薪酬结构。[20]因此，选择合适的工资标准作为薪酬结构的建立标准是至关重要的。工作评价及其结果均建立在此基础之上。[21]

或许最清楚的例子可以从市政当局中找到。消防员使用的并不是市场工资标准，有些工会通过谈判已经成功确立了消防员薪酬与警察工资标准之间的联系。因此，消防员的标准薪酬结构在一定程度上变成了警察的薪酬结构。我们将在第 8 章再详细讨论这一过程。

6. 沟通评价计划并培训使用者

工作评价计划设计完毕后，需要准备一份说明手册以帮助其他有关人员使用这一计划。说明手册要描述评价方法，定义报酬要素，并且提供足够的信息以确保使用者能够区分每个要素的不同等级。说明手册的关键之处在于让没有参与评价计划开发的使用者可以按照开发者的既定目标使用评价计划。衡量培训成功的一个标准是（内部）评价者的可靠性得到提高。同时也需要就如何使用评价计划以及有关评价计划如何与组织的总体薪酬制度相适应的背景信息对使用者进行培训。另外，还应该设立一种**申诉程序**（appeals process），使那些感觉自己的工作没有得到公正评价的雇员获得相应援助。如果组织希望雇员承认最终的薪酬结构具有公平性，雇员对工作评价过程的认可就至关重要。为了获得这种认可，组织必须与那些负责构建薪酬结构的雇员进行沟通。沟通可以采取信息交流会议、网上讨论或其他方式。

7. 应用于非基准工作

回想一下，报酬要素和要素权重都是通过基准工作的样本得出的。最后一个步骤就是将工作评价计划应用于余下的非基准工作。如果使用前文（和第 9 章）所描述的政策俘获方法，那么可以用一个等式将工作评价点数转化为薪酬。完成这一步骤的不一定是那些参与工作评价计划设计过程的人，但要获得有关计划应用的充分培训。目前的发展趋势是一旦工作评价计划开发完成并得到人们的认可，它就会立即成为经理人员和人力资源专家的工具。他们可以去评价那些新产生的职位或者重新评价那些内容已经发生变化的工作。他们也可能是负责听取牢骚满腹的雇员申诉的专门小组的成员。

8. 开发在线软件支持

在线工作评价广泛应用于各类大型组织之中。专供经理人员和人力资源专家使用的总体薪酬服务中心（Total Compensation Service Center）将在线工作评价作为自己的评价工具之一。[22]

■ 5.5　谁应该参与工作评价？

如果内部结构的目的是帮助管理者，如果确保雇员的高参与度和高忠诚度非常重要，那么作为评价结果的利益相关者的管理者和雇员就应该参加工作评价计划的设计过程。一种常用的方法是使用委员会、特别工作组或团队，其成员包括来自关键业务部门的代表及非管理类雇员。在有些情况下，这些工作专班只起到咨询、顾问的作用；在其他情况下，它们要设计评价方法，选择报酬要素，并且核准主要的变化。工会化的组织常常发现在工作专班中纳入工会代表有助于获得雇员对结果的认可。包括劳资双方代表在内的特别工作组就参加了美国联邦政府新的工作评价体系的设计。然而，有的工会领导者认为理念上的差异降低了他们参与的积极性，而集体谈判可以获得更加公平的结果。这样看来，工会的参与度各不相同。正如并不存在唯一的管理学观点一样，对于积极参与工作评价计划设计过程的价值，也是众说纷纭。

前面我们讨论过一项对世界薪酬协会会员的调查，图表 5-14 展示了这项调查获得的进一步发现。从图表中我们可以发现，对大多数工作的评价主要是由薪酬管理专业人员（也就是薪酬分析员，有时也包括更高级别的管理人员如薪酬经理）完成的。虽然这一结论对高级管理工作的评价同样适用，但我们看到，在这种情况下，更高级别的薪酬经理更有可能负责工作评价，薪酬顾问也扮演着更重要的角色。

图表 5-14　承担工作评价责任的人员

	薪酬管理专业人员	雇员委员会	薪酬顾问	高级管理人员
高级管理工作	76%	2%	15%	7%
中级管理工作	95%	2%	2%	2%
专业、销售工作	95%	2%	2%	1%
行政工作	95%	3%	2%	1%
生产工作	95%	3%	2%	1%

说明：被调查组织的数量为 535～621 家。

资料来源：WorldatWork，"Job Evaluation and Market-Pricing Practices，"November 2015.

网络资源

O*Net 是美国劳工部的数据库。该数据库识别和描述的对象包括：职业；工人知识、技能和能力；全国各个经济部门的工作场所要求。想获得更多信息，可以访问 O*Net 的网站 www. onetcenter. org。

公共部门的有关机构是如何使用这些信息的？研究一种你感兴趣的职业。把美国劳工部提供的信息与你所看到的公司的招聘说明（见第 4 章"网络资源"）进行比较。它们为什么不同？它们各自为什么目标服务？

5.5.1　设计过程很重要

相关的研究表明，更多关注设计过程的公平性以及所选择的方法（工作评价、基于技能/胜任力的计划、市场定价）而不是只盯着结果（内部薪酬结构）更有可能获得雇员和管理层的忠诚、信任和对结果的认可。缺乏参与可能会让雇员和管理者想象按照他们的个人喜好对薪酬结构进行重新设计的方式。两位研究人员写道："如果人们没有参与决策，就没有什么可以阻止他们作出这样的假设——'如果让我来负责'，事情本来可以做得更好。"[23]

至于提高参与度所带来的收益是否可以抵消其潜在的成本（为达成一致意见所消耗的时间、扰乱当前的认知所导致的潜在问题等），还需要做进一步的研究才能给出明确答案。我们前面已经提到，如果工资很低，参与度再高也无济于事。在跨国组织中，由于区域经理与总公司经理考虑问题的角度不同，二者同时参与设计过程就增加了发生冲突的潜在可能。区域经理可能希望更多地关注所在国市场的特殊业务需求，而总公司经理可能需要一种在各国都可以运行良好的薪酬制度。区域经理有自己的经营目标，不想让关键雇员流失，因此把薪酬当作帮助实现这些目标的一种手段；而总公司经理采取的是一种全球化的视角，重在确保决策与公司总的全球战略一致。

申诉/审查程序

不论采用哪种技术，任何工作评价计划都无法预测到所有情况。某些工作被错误评价的情况不可避免地会发生——至少雇员和管理者可能会产生这种怀疑。因此，需要有处理这类问题并有助于确保程序性公平的审查程序。过去通常由薪酬经理负责审查工作，但现在越来越多地由经理甚至同级雇员组成的团队来承担这一任务。有时这些审查以某种正式的申诉程序（例如，记录在案的投诉、反馈及批准层级）表现出来。也可以由经理人员和劳工关系专家通过非正式讨论的方式来解决有关问题。[24]

完成工作评价之后，通常需要获得更高等级管理人员的核准。核准过程有助于确保工作评价带来的任何变化都与组织的经营及导向保持一致。

"我知道，当我说我代表我们所有人说话时，我就是在代表我们所有人说话"

一项研究发现，在一所大学中实力较强的院系相对于实力较弱的院系更有可能成功地使用申诉程序改变薪酬或工作分类。[25]这一结论与另外一项研究结果是一致的，后者发现**工作评价委员会**（job evaluation committee）中有影响力的成员通常会左右评价结果。[26]因此，我们在判断工作评价设计程序时应该考虑其对政治影响的敏感性。一位研究者写道："看来对薪酬结果最具影响力的并不是评价工具本身，而是制定决策的过程。"[27]

5.6　最终结果：结构

"工作分析—工作说明—工作评价"过程的最终结果是一种结构（structure），即一种工作**等级**（hierarchy）结构。如图表5-3所示，这种等级结构将雇主的内部一致性政策转化成了实践。图表5-15展示了单个组织内部四种假设的工作结构。这些结构是通过不同的工作评价方法获得的。所有工作按照四种基本职能进行排列：管理类、技术类、制造类、行政类。管理类和行政类工作结构通过计点评价计划获得；技术类和制造类工作结构通过两种不同的基于人的工作评价计划获得（见第6章）。制造类的评价计划是由雇主与工会经过谈判确定的。该图表说明了工作评价的结果：支持内部一致性政策的结构。

通过在不同职能部门或团队运用多种不同的工作评价方法，组织通常会获得多重内部结构（见图表5-16）。虽然身处某种内部结构的雇员可能想把另一种结构所采用的评价程序与自己所处结构的评价程序进行对比，但实践中的基本前提是：在同一技能/知识团队从事类似工作的雇员获得的公正平等的待遇对内部一致性的影响最大。

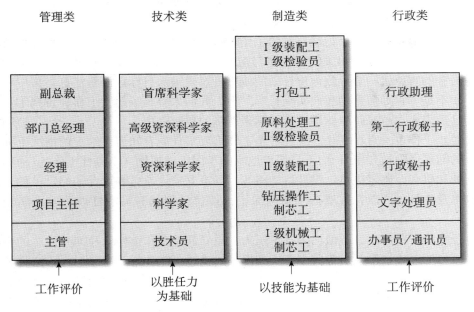

图表 5-15　最终的内部结构——以工作、技能和胜任力为基础

图表 5-16　组织内部薪酬结构的数量

薪酬结构的数量	频率
1	28%
2	12%
3	10%
4	9%
≥5	42%

说明：调查样本数 $N=342$。

资料来源：WorldatWork. Compensation Programs and Practices Survey. August 2016.

5.7　混乱与控制的平衡

回顾一下我们在前 3 章讨论的内容（决定内部一致性、工作分析、工作评价），你或许会认为为了开发技术我们消耗了大量的时间，也花费了组织大量的财力。但我们还没有付给任何一个雇员一美元。我们为什么要不辞辛苦地做这么多工作呢？为什么不简单地向雇员支付一个数目，然后就一劳永逸地坚持下去呢？

在广泛使用工作评价之前，20 世纪三四十年代的雇主就是这么做的，并且形成了一种不合理的工资结构——前人遗留下来的分散的和不协调的设定工资的做法。工资差异是导致工人中间存在不安定状态的主要因素。例如，美国钢铁制品公司（American Steel and Wire）就有 100 000 多个工资标准。公司很少保存雇佣记录和工资记录；只有工头才确切地知道自己所在的部门雇用了多少工人以及他们的工资标准是多少。这样工头就可以"自由管理"，他们使用所掌握的信息来改变自己喜欢的工人的日工资标准，或者给他们分配计件工资标准不精确的工作。

具有详细程序并将结果记录在案的工作评价计划改变了这种状况。工作评价技术提供了与工作相关、与业务相关的"秩序与逻辑"。但是，随着时间的推移，复杂的程序和日益臃肿的官僚机构会导致评价计划的使用者忽视组织目标，而将注意力集中在"如何做"而不是"它如何帮助我们实现目标"上。我们太容易沉迷于工作评价技术，以至于我们已经陷入对越来越少的事情懂得越来越多的危险之中。

同时，工作也一直在变化。现在许多工作都要求任职者知道在给定的情况下如何处理相应的问题（隐性知识），而不是简单地求助于固定的惯例（事务性工作）。他们必须识别问题和机会，制定决策，设计行动路线，寻求支持，总之要设计他们自己的工作方法、技术及工具。所以，挑战在于要确保工作评价计划具有灵活性以适应不断变化的环境。

对于那些需要应对日益增加的竞争压力、重新调整工作结构以及削减成本的管理者来说，诸如助理或技术人员等通用要素和模糊的描述可能非常具有吸引力。这种灵活性可以避免官僚主义并可以使管理者实现"自由管理"——正如美国钢铁制品公司的工头那样。但这同时减少了控制和指导准则，进而又会出现难以确保雇员获得公平待遇的问题。有必要对混乱与控制作出一些平衡。历史经验表明，当只有灵活性而没有指导准则时，常常会导致混乱和不合理的工作标准。消除低效率的官僚作风固然重要，但为了确保雇员受到公平对待并保证薪酬决策有助于实现组织目标，制定可以起到平衡作用的指导准则也是必要的。

本章小结

不同工作和技能的工资标准差异影响经理人员实现其经营目标的能力。工资差异至关重要。工资差异之所以对雇员很重要，是因为雇员是否愿意承担更多责任和接受更多培训、专注于为客户增加价值和改善产品质量，以及增加灵活性以适应变革，至少部分取决于如何为不同层级的工作确立薪酬结构。不同工作和技能的工资标准差异也会影响雇员对自己是否获得了公平待遇的看法。不公平待遇最终必然会阻碍劳动生产率的提高。

到目前为止，我们已经考察了为不同工作设计工资差异的最常用方法：工作评价。在下一章我们将讨论其他几种替代性方法。不论采用何种方法，我们都要对其有效性进行评价。

工作评价已经发展形成多种不同的形式和方法，因此，对它的使用和理解存在巨大差异。本章讨论了一些关于工作评价作用的观点，也评论了对工作评价的有关批评。不论工作评价如何设计，其最终目标都是设计和管理一种与工作相关、以业务为核心、得到利益相关者认可的薪酬结构。

1. 工作评价如何将内部一致性政策（松散地关联或严格地匹配）转化为实践？组

织战略及目标、工作流程、公平性、以组织目标为导向激励雇员行为与工作评价分别有什么关系？

2. 为什么工作评价会有三种不同的方法？考虑一下你周围的雇主（大学、医院、零售商、7－11便利店等），你认为它们分别会采用哪种工作评价方法？为什么？

3. 在单个组织内部使用一种以上的工作评价方法有什么优点和缺点？

4. 为什么一定要进行工作评价？为什么不单纯地使用市场价格？工作评价是如何将内部一致性与外部市场压力联系起来的？

5. 考虑你所在的学院或学校。它们进行工作评价时需要哪些报酬要素？你如何识别和确定这些要素？这些报酬要素应该反映学校的教育使命吗？或者，更多地使用合益集团计划的通用要素就可以了吗？请进行讨论。

6. 假设你是某大型公司10名雇员的经理。这些雇员在接到人力资源部要对他们的工作进行评价的通知时都感到焦虑不安。你将如何安慰他们？

案例练习　全食超市的工作评价

为了让你有机会检验超级市场的不同类型的工作，我们将为你介绍全食超市的部分工作。目前你已具备关于工作评价的知识背景，现在是时候将这些知识应用于实践了。第一步，全食超市做了工作分析，并准备了工作说明，结果如下所示。现在需要一个新的工作结构。经理将这项工作交给了你。

1. 每4～6名同学组成一个小组。每个小组都要进行工作评价（也就是将工作评价点数分配给每个工作），并根据评价结果准备一个工作结构。为每个工作命名，并按照工作名称和工作代码列出工作结构。提示：请回忆我们对全食超市经营战略和薪酬战略的讨论，其中工作团队发挥了重要作用。

2. 你所在的小组需要说明得出工作结构的具体过程。同时也要描述工作评价的技术和所使用的报酬要素，并说明选择这些技术和要素的理由。

3. 每组都要将所得出的工作结构（也就是分配给每个工作的点数）写到黑板上。然后对每组所提交的工作结构进行比较。不同组的工作评价点数之间的平均相关性是多少？这种相关性是否高到足以获得充分的信度？（你可以跳到第6章"工作评价技术的信度"部分，并特别注意这样一个例子：即使是高信度也不能消除因评价者不同而产生的重要薪酬差异。）所使用的工作评价方法看上去会影响结果吗？所选择的报酬要素会影响结果吗？工作评价的过程会影响结果吗？

4. 评价工作说明。这些工作说明的哪些部分最有用？如何改进？

工作 A（团队成员，熟食）[28]

工作内容

提供优质的顾客服务。遵循现行的健康和卫生程序。准备食品：三明治、熟肉块和奶酪。按照要求准备派送清单上的食品。储存和周转库内产品，及时储存供应品和纸制品；储存所有器皿以备使用。检查库存产品的生产日期以保证新鲜度，在必要时将有关产品周转出库。按照指导合理使用废旧纸张。安全合理地操作所有设备并为设备消毒。遵循全食超市的安全程序。遵守既定的度量程序（皮重）。以适当的礼仪迅速接听电话。练习正确使用刀具、切削机、垃圾压缩机、打包机（使用者必须在18岁以上）以及其他在食品准备和卫生清洁过程中会用到的设备。承担分配的其他职责，及时完成主管交办的其他任务。

任职条件

- 有熟食销售经验者优先。
- 清楚有效沟通的技能。
- 有耐心，乐于工作和指导别人。
- 具备职位所要求的身体素质。
- 学习正确使用刀具、切削机、打包机（使用者必须在 18 岁以上）以及其他在食品准备和卫生清洁过程中会用到的设备的能力。
- 与团队中其他成员协作的能力。
- 了解全食超市的政策和标准。
- 理解并能够与顾客沟通质量目标。

工作 B（收银员）

工作内容

在整个结账过程中协助和关心顾客。按照既定的程序履行所有的收银职责。通过提供礼貌、友好和高效的客户服务保持良好的公司形象。准确、高效地为客户结账。通过初级 PLU 代码测试。在任何时候都保持一种专业风度。根据需要进行库存登记。遵守正确的收讫程序。清洗、整理和装饰前端区域，尤其要注意自己的收银机。在必要的时候更换日志带和色带。在每个班次开始时到产品部以了解和学习新的产品代码。恪守张贴的所有健康和安全规定。

任职条件

- 维护良好的顾客和团队关系所必需的优秀的沟通技能。
- 与他人协作的能力。
- 学习正确使用打包机（使用者必须在 18 岁以上）的能力。
- 渴望学习和成长。
- 在快节奏的环境中有紧迫感地工作的能力。
- 理解团队合作的重要性。
- 良好的计算能力。
- 富有耐心。

工作 C（团队领导，预制食品）

工作内容

向商场团队负责人汇报工作并与其保持联系。对预制食品部进行全面的管理和监督。负责团队成员的招聘、开发和解雇。也负责提高盈利能力、控制成本、采购/促销商品、遵守法律及完成上级分配的其他项目。对部门运营的所有方面负有完全责任。始终如一地传播全食超市的愿景与目标。按照有助于建立和维持高绩效团队并使人员流失最小化的方式面试、甄选、培训、开发和诚勉团队成员。在商场团队负责人的指导下作出招聘和解雇决策。建立和维持一种积极向上的工作环境。管理存货以实现预定的毛利率。管理订购过程以满足全食超市的质量标准。维持市场领先型定价并实现预定的销售目标。与供应商建立和维持积极高效的合作关系。开发和维护有创意的店面布局和产品陈列以支持区域性和全国性愿景。建立和维持富有合作性和生产力的工作关系。塑造和培养跨部门和跨商场的有效沟通。在每日、每周、每月、每年及临时的管理报告中提供准确、完整的信息。全面了解相关法律和标准知识并确保严格遵守。

任职条件

- 担任团队领导、领导助理、主管或采购员两年。
- 关于产品、采购、定价、促销和存货管理的全面知识。
- 优秀的口头表达和书面沟通能力。
- 强大的组织技能。
- 了解全食超市的政策和标准。
- 电脑操作技能。

工作 D（团队成员，预制食品）

工作内容

执行预制食品团队成员的全部任务并履行相关责任。提供优秀的顾客服务。协助团队领导开展夜班工作。向团队领导或团队领导助理报告违反全食超市政策和标准的团队成员的全部活动。教导和培训团队成员。在生产过程和柜台展示中遵守质量标准。遵守所有现行的健康和安全规定。帮助实施和支持所有区域性计划。

任职条件

- 至少六个月的零售食品生产经验或其他相当的工作经验。
- 公司内部运营的全部知识。
- 全面的产品知识。
- 全面的质量标准知识。
- 优秀的组织技能。
- 优秀的人际交往技能和培训他人的能力。
- 优异的决策能力和领导技能。
- 具备职位所要求的身体素质。
- 能够按照商场的需要灵活安排工作计划。

工作 E（团队成员，厨房）

工作内容

承担与洗碗工作相关的所有任务：卸下厨房用具，清洗所有的碗碟、器皿、瓦罐和平底锅。可能是预备性工作。维持厨房内的食品质量和卫生。通过礼貌、友好和高效的工作作风维持良好的公司形象。清洗所有的碗碟、器皿和容器并消毒。帮助正确储存所有的厨房用具。周转和码放产品。按照指导完成预备性工作。为设备提供正确的日常保养维护。在清洗和处理食品时坚持遵守卫生部门的标准。按照既定周期执行深度清洗任务。清除所有垃圾并回收可利用的材料。在必要时清扫和冲洗地板。

任职条件

- 初级职位。
- 具备职位所要求的身体素质。
- 正确、安全地操作刀具的能力。
- 操作箱式打包机（使用者必须在 18 岁以上）的能力。
- 与他人协作并作为团队的一分子参与工作。

工作 F（团队成员Ⅱ，储存和展示）

工作内容

执行同分解和码放货物相关的所有职能。在组织和开发促销展示方面提供帮助；维护仓库，培训初级店员。经过培训，能够根据需要处理任何下属部门的业务。在当班期间维持和保证零售标准。负责实施团队轮休计划。承担与食品杂货团队成员相关的所有任务和职责。布置展台并申请适当的标牌。监督当班人员以保证标准得到遵守。实施每个班次的轮休计划。在团队领导或团队领导助理不在时负责解决相关问题。全面负责货物检查单的完整性。负责货物签收。

任职条件

- 至少一年的食品零售店工作经验，或其他相当的工作经验。
- 熟练的计算能力（加减乘除）。
- 具备职位所要求的身体素质。
- 正确使用打包机（使用者必须在 18 岁以上）的能力。
- 能够指导团队成员和实施轮休计划。
- 与他人协作的能力。

工作 G（团队领导助理，预制食品）

工作内容

直接向预制食品团队的领导报告工作。在全面管理和监督预制食品部方面提供协助。可能负责团队成员的招聘、开发和解雇。也负责提高盈利能力、控制成本、采购/促销商品、遵守法律及完成上级分配的特殊项目。对部门运营的所有指定任务负有完全责任。始终如一地传播全食超市的愿景与目标。按照有助于建立和维持高绩效团队并使人员流失最小化的方式，在面试、甄选、培训、开发和诫勉团队成员方面提供相关协助。在他人指导下讨论招聘和解雇决策。建立和维持一种积极向上的工作环境。管理存货以实现预定的毛利率。管理订购过程以满足全食超市的质量标准，维持市场领先型定价并实现预定的销售目标。开发和维护有创意的店面布局和产品陈列以支持区域性和全国性愿景。与供应商建立和维持积极高效的合作关系。建立和维持富有合作性和生产力的工作关系。塑造和培养跨部门和跨商场的有效沟通。在每日、每周、每月、每年及临时的管理报告中提供准确、完整的信息。全面了解相关法律和标准知识并确保严格遵守。

任职条件

- 1～2 年的部门工作经验或同等行业工作经验。
- 分析能力和熟练的运算能力，以满足计算利润、监控盈利和管理存货之需。
- 清楚有效沟通的能力。
- 有耐心、乐于工作和指导别人。
- 强大的组织技能。
- 了解全食超市的政策和标准。
- 电脑操作技能。

工作 H（区域团队领导）

工作内容

在不同的商场之间轮转。围绕商场各项工作帮助和支持商场团队领导。面试、甄选、评价、诫勉和解雇团队成员。协调和监督所有商场产品和人员。跟进所有顾客和团队成员的问题和要求。评估顾客服务质量并解决相关申诉。按照高效、盈利的方式经营商场。对商场的财务和人力预算有深入了解。确立并实现销售量、劳动力和贡献的目标。评审部门工作计划并研究提高劳动生产率。订购商场设备并确保及时供应到位。强化既定的食品安全、清洗和维护程序。检查商场；确保清洁；在非工作时间查看相关规定执行情况。保持准确的零售定价和标签。确保商品在其他部门交叉销售。协调、监督和报告实际库存。分析产品的转移、报废、损耗。管理成本以实现净利润最大化。为团队成员提供、维护所有设备与工具，并进行安全培训。立即解决违反安全规程、有危险性的操作问题。维护商场安全，确保遵守营业和歇业程序。展示指定周期的经济增加值（EVA）改进状况。促进销售增长以提高商场盈利能力。帮助处理债务纠纷并使纠纷发生率最小化。建立和维护良好的社区关系。创造一个友好、高效和专业化的工作环境。与团队成员沟通，传达公司目标及信息。保证并支持对团队成员的开发和培训。评估团队成员的职责、对话、加薪和晋升。确保区域领导层知晓影响商场的所有重大事件。确保商场的政策和程序得到遵守。定期研究竞争情况并对当前的行业发展趋势作出反应。

任职条件

- 对零售业的热情。
- 能全面理解全食超市的零售业务。
- 强大的领导力和创造力。
- 经营和管理技能并兼备金融专业知识。
- 良好的组织性并具备优秀的执行力。
- 专注于细节，同时胸怀组织发展的远大蓝图。
- 自我激励和以问题为导向。
- 优秀的促销技能和对细节的关注。
- 有效的授权能力和最大化发挥人才作用的能力。
- 强大的沟通或激励技能；能够与他人协作并传递热情。
- 与供应商和社区维持良好关系的能力。
- 能够培训和激励团队成员在各方面表现优秀。
- 制定艰难决策的能力。
- 热爱有机食品并掌握相关知识。
- 强大的电脑操作技能。

工作 I （团队成员，储存和展示）

工作内容

执行同分解和码放货物相关的所有职能。可以在组织和开发促销展示方面提供帮助；维持仓库清洁卫生。整理和清洁货架、大型货箱、冰柜、牛奶冷藏柜。确保库存商品井然有序。清洁整个商场的地板和货架表面。遵守现行的所有健康和安全规定。提供优质的顾客服务。记录并快速处理顾客特殊订单。应客户要求为其检索特殊订单并提供用车服务。对涉及食品杂货的重要事件迅速有效地作出反应。布置展台并申请适当的标牌。

任职条件

- 有食品零售经验或有机食品销售经验者优先。

- 熟练的计算技能（加减乘除）。
- 学习掌握部门涉及的所有产品的基本知识的能力。
- 具备职位所要求的身体素质。
- 安全正确地使用箱式切割机、打包机（使用者必须在 18 岁以上）及所有设备的能力。
- 与他人协作的能力。

注 释

第 **6** 章
基于人的结构

　　历史爱好者告诉我们，古埃及的法老在建造金字塔时曾使用过某种形式的工作评价。中国古代的皇帝借助工作评价对长城的建设进行管理。在美国，公共部门于 19 世纪 80 年代开始使用工作评价，当时芝加哥的改革者正设法取消政府部门在招聘和薪酬管理方面的操控行为。薪酬的确定不再取决于人脉关系，而取决于你所从事的工作，这在当时确实是一个革命性的观念。

　　基于工作的薪酬结构的潜在逻辑源于 20 世纪初弗雷德里克·泰勒（Frederick Taylor）所倡导的科学管理。工作被分解为一系列步骤并加以分析，以详细界定完成工作的每个要素的最有效方式（甚至包括如何铲煤）——就是所谓的"最佳方法"。从战略角度看，泰勒的方法是与大规模生产技术相适应的，这些技术使工作的完成方式发生革命性变化。

　　泰勒主义仍然充斥在我们生活的每个角落。不仅工作被按照"最佳方法"（也就是图表 4 - 9 所示制作麦当劳炸薯条的九个步骤）进行分析和评价，烹饪书和软件说明书还把烤制蛋糕或使用某个程序的方法详细地分解成一系列简单、基本的步骤。高尔夫球运动可以被分解为一系列基本的任务，通过组合这些任务，可以成功地减少一个人在比赛中面临的不利因素。在工作、比赛乃至日常生活中，"泰勒的思想简直无孔不入，以至于我们不再意识到它的存在"。[1]

　　当今的组织也着眼于提高自身的竞争力和成功机会对工作开展分析。常规工作——**事务性工作**（transactional work）从更加复杂的**非常规工作**（tacit work）中分离出来。投资银行家可以将日常性的交易——甚至对财务报告书的例行分析——从为客户制定正确投资策略所必需的、更为复杂的金融分析和问题解决中分离出来。诸如检索专利、将证据输入可读数据库，甚至审查简单的合同等法律工作，也可以从更加复杂的客户关系中分离出来。常规性越强的工作产生的收益越少，需要的知识也就越少。相对于承担能够带来更多收益的复杂工作的人，从事常规工作的人获得的报酬会更低。

　　工作过程一旦被分解，就可以重新组合成新的不同工作。[2]基于每个人的技能、知识和经验的薪酬结构提供了灵活性，使组织的人才能够适应不断变革的工作场所。几年之前，伊顿公司装配线的机器操作工需要懂得如何操作一台机器；现在，作为生产车间的一部分，机器操作工成为自我管理团队的成员。伊顿公司的装配线现在要求工人必须掌握多种技能、持续不断地学习、具有灵活性，同时要具备解决问题和谈判的技能。人们仍然在寻找支持分解和重组工作流程的薪酬制度，甚至考虑将常规工作外包出去，尽管外包麦当劳炸薯条的做法还未出现。

　　支持雇员持续学习、不断改进工作方法和支持弹性化的薪酬制度通常是内容更加复杂的工作所需要的。基于人的结构有望使其成为现实。基于人的方法是本章讨论的主题。在本章的末尾我们还将讨论各种基于工作和基于人的方法对确定内部结构的有用性。

　　图表6-1指出了基于工作的方法和基于人的方法的内在逻辑的相似性。不论结构的基础是什么，都需要有一种方法用于：（1）收集并总结工作信息；（2）确定哪些工作对组织最有价值；（3）对价值进行量化；（4）将价值转化为内部结构。

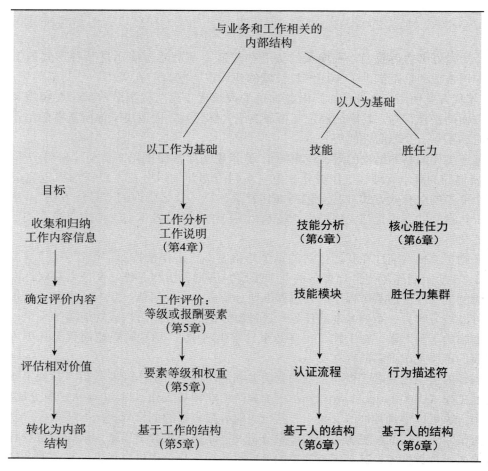

图表6-1　创建内部结构的多种途径

■ 6.1　基于人的结构：技能计划

　　基于技能的薪酬（skill-based pay）已广泛应用于制造业，因为这一行业的工作通常涉及团队合作、多种技能和弹性化。技能计划的优势在于能够以与工作流程更加匹配的方式配置雇员，这样就可以避免出现工作忙闲不均的现象。[3]

6.1.1　技能计划的类型

技能计划关注技能的深度（公司法、财务或焊接和液压维修等方面的专家）和（或）广度（掌握包括营销、生产、财务和人力资源等各阶段业务知识的通才）。

专家：深度

你的小学老师或中学老师的薪酬结构可能就是以他们所接受教育程度衡量的知识水平为基础的。每份典型的教师聘用合同都规定了一系列梯级，每一个梯级都与特定的学历水平相对应。学士学位就是第一梯级，通常是聘用的最低要求。为获得更高的工资而上升到另一个梯级，就需要接受更高水平的教育。同时，每增加一年工作资历，也会相应增加一定的工资。结果可能是两位教师虽然从事本质相同的工作——教高中英语，但他们获得的工资标准可能并不相同。工资水平以任课教师的知识（以大学学分或教学年限作为衡量标准）而不是工作内容或工作产出（学生的成绩）为基础。[4]这种做法的假设前提是：更多的知识会转化为更好的教学效果。

基于技能的结构　将雇员的工资与其所获得的与工作相关的技能、能力和知识的深度和广度相关联。基于技能的结构根据雇员获得的通过认证的技能来支付工资，而不管他们所从事的工作是要求具备所有这些技能，还是只要求具备其中部分特定技能。工资与从事工作的人紧密关联。相比而言，基于工作的计划根据雇员被分配的工作来决定其工资，而不管他们具备什么样的技能。

通才/以多技能为基础：广度

正如教师一样，在**多技能制度**（multiskill system）中，雇员也是通过掌握新知识来获得加薪的，而这些知识特定于一系列相关的工作。加薪的基础是雇员所取得的新技能的证书而不是被分配的工作任务。根据工作流程，这些雇员可以被委派任何与他们已经取得的技能证书相关的工作。鲍尔泽工具加膜公司（Balzers Tool Coating）的例子就说明了这一点。该公司通过运用金属离子对切割工具进行轰击来为这些工具加膜。通过加膜处理可以使刀口的锋利性持续更长时间。最初，加膜流程共涉及八种不同的工作。开始时每个人都被支付相同的工资标准，而不管分配的是什么样的工作。雇员接受了不同工作的交叉培训，但是并没有一个具体的培训路径或等级。在不同的地点起先都由新手来承担不同的工作。为了增强薪酬制度的有序性并充分发挥雇员的作用，公司决定对所有的计时工人包括行政人员和销售人员实施技能计划。它的新结构包括从入门到高级共四个不同等级。图表 6 - 2 展示了这种新结构及每一技能等级的技能模块。新雇员主要为入门等级。入门等级的技能主要包括熟悉公司的报表和程序、基本的产品知识、安全生产规章以及计算机基本应用等。一个从入门等级（100%）起步的雇员，如果掌握了包括最高等级（193%）在内的每个等级的所有技能，那么其工资可以增加 93%。因此，一个起薪为每小时 10 美元的新雇员，通过学习技能可以将工资提高到 19.30 美元。

图表 6 - 2　鲍尔泽工具加膜公司的技能阶梯

工资等级	行政类	销售类	工具类	机器类
高级 （150%～193%）	办公室 行政管理	内部销售	进货检查	服务 电弧技术
中级 （136%～179%）	行动方案 加速执行	客户服务 定价—B	出厂检验 运输	蒸发 技术加膜
基础 （107%～164%）	软件 定价文件/办公流程	货车驾驶执照 包装快递	接收货架 包装夹具	去瓦斯 清除喷砂
入门	初级	初级	初级	初级

说明：工资幅度以占入门等级雇员的入职工资（100%）的百分比表示。

一旦一名雇员取得入门等级的全部技能认证，他将获得 7% 的加薪，并相应地晋升到基础技能等级。每额外取得基础技能等级中一个模块的技能认证，工资会增加 5%～6%。对处于基础技能等级的雇员，可以把他们已经取得技能认证的任何工作任务分配给他们；按照他们所获得的最高级别的技能认证支付工资。可以将同样的方法应用于中级和高级技能等级的雇员。取得顶级技能认证的雇员可以被分配结构中的任何任务。这种多技能制度为鲍尔泽工具加膜公司带来的好处是增加了劳动力的灵活性——人员与工作流程更好地匹配。[5]它为雇员带来的好处就是学得更多，挣得更多。

鲍尔泽工具加膜公司的多技能制度与教师技能制度并不相同，因为公司分配给雇员的职责在短期内就可能发生巨大变化，教师的基本职责却日复一日并无多大改变。另外，鲍尔泽工具加膜公司的制度是要确保所有的技能都与工作内容明确相关。培训提高了公司所重视的技能。相对而言，一个学区无法保证教师所修的课程会提高他们的教学技能（或学生的知识或成绩）。

6.1.2　基于技能的结构的目标

可以使用已经为内部一致性结构所规定的目标来评估基于技能的结构：支持组织的战略与目标，支持工作流程，公平对待雇员，以组织目标为导向激励雇员行为。

支持组织的战略与目标

作为某种结构基础的技能应该与组织的目标和战略直接相关。然而，在实践中却很难清楚地界定完成鲍尔泽工具加膜公司任务所需的特定操作技能的变化（从初级到高级）与股东收益的增长之间的联系。在某种宽泛的意义上我们知道这些操作技能很重要，但是它们与工厂业绩的联系要比与公司目标的联系更清晰。

支持工作流程

这里的联系更加清晰。技能计划的一个主要优点是它促进了人与工作流程的匹配。[6]例如，一家全国性的连锁酒店在每天下午 4 点至 7 点大多数客人办理入住手续时把许多雇员安排到酒店前台。7 点之后，这批雇员又被安排到餐饮服务区，以满足客人对客房服务和饮食服务的需求。通过保证客人办理入住手续和就餐不必等待太长时间，这家酒店认为用较少的雇员就可以提供高水平的服务。

公平对待雇员

学习可能会带来工资的增长，这是雇员所乐见的。而且，通过鼓励雇员对自身的发展负责，技能计划可以使雇员更好地掌控自己的工作生活。

然而，在确定谁首先参加获取高薪的技能认证所必需的培训时可能会存在袒护和偏见。有些雇员会抱怨说他们被迫承担那些参加培训的雇员所留下的工作。此外，对于向承担相同任务的两个人支付不同（基于技能的）薪酬的合法性问题，至今还没有要求法院作出裁决。

以组织目标为导向激励雇员行为

基于人的计划具有阐明新的标准和行为预期的潜在作用。技能计划促使工作任务的分配更为顺畅，这样可以激励雇员对完整的工作过程及其结果负责，而不需要主管人员给予太多的指导。[7]如果所需主管的指导减少，那么主管数量也就相应变少。事实上，一项对九个制造工厂的研究发现，实行技能薪酬计划的工厂的管理者数量要比传统工厂少 50%。[8]减少主管可以节省大量的劳动力成本，但是也会带来潜在的后果：基于人的计划必然会挫伤他们对技能薪酬的热情，也会挫伤他们对使用相关管理实践（即运用团队工作模式和将一些决策责任从主管身上转移到工人身上）的热情。[9]

■ 6.2　"如何做"：技能分析

图表 6-3 描述了确定基于技能的结构的过程。这一过程始于技能分析，它类似于工作分析中的任务陈述。相关的技能可以组合为**技能模块**（skill block）；按照不同的等级可以将技能模块组合成技能结构。为建立技能结构，需要一个描述、认证和评价技能的过程。

图表 6-3　确定基于技能的内部结构

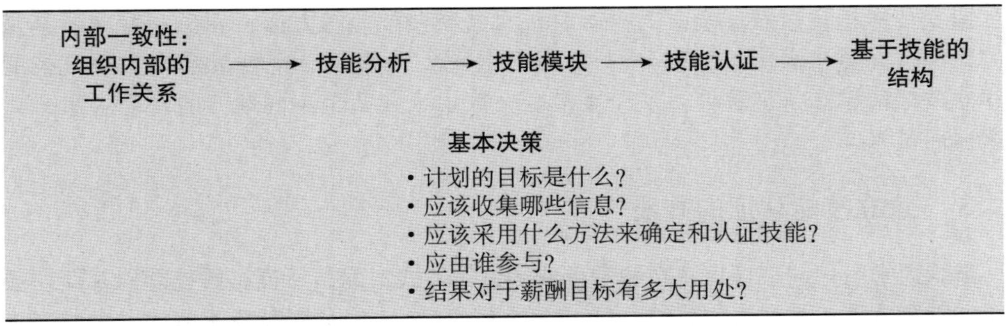

图表 6-3 同样明确了**技能分析**（skill analysis）的主要决策：（1）计划的目标是什么？（2）应该收集哪些信息？（3）应该采用什么方法来确定和认证技能？（4）应由谁参与？（5）结果对于薪酬目标有多大用处？这些决策恰好与工作分析的决策相同。

技能分析　是一个识别和收集完成某个组织的工作所需的技能信息的系统过程。

6.2.1 收集哪些信息？

基于人的计划在术语的使用上并不像基于工作的计划那样统一。设备制造商 FMC 公司将技能分为基础技能、核心选修技能以及自愿选修技能三类，并给每种技能分配相应点数。图表 6－4 对 FMC 公司技术员的技能计划进行了详细讨论。

● 基础技能包括一次质量研讨会、关于原材料处理和危险品的视频、为期三天的安全教育，以及半天的岗前培训。所有的基础技能都是强制性的，而且必须通过认证后才能晋升为Ⅰ级技术员。

● 与设施运行相关的核心选修技能（例如，加工、焊接、油漆、后期处理、组装、检验）都是必要的。每种技能都被赋予一个点数。

● 自愿选修技能是附加的专业能力，包括计算机应用、团队领导以及意见协调等。

为达到Ⅰ级技术员工资标准（为入门等级雇员入职工资的 114％），除了基础技能外，还必须获得 40 个点数（总点数为 370 点）的核心选修技能认证。为达到Ⅱ级技术员的工资标准，需要再获得 100 个点数的核心选修技能认证，外加一项自愿选修技能。

一个完全合格的Ⅳ级技术员（获得基础技能、365 个点数的核心选修技能和 5 个点数的自愿选修技能认证）能够承担设施内部任何单元的全部工作。Ⅳ级技术员的工资标准为入门等级雇员入职工资的 162％，而不管他们承担什么任务。FMC 公司的方法对于任何大学生来说都应该是熟悉的：必修课程、指定科目的选修课程以及自愿选修课程。当然，这里存在一个微小的差异——FMC 公司的雇员修完这些课程之后会获得报酬，而大学生却需要付费来学习这些课程。

FMC 公司的计划说明了支撑技能计划的信息类型：在生产过程的各个方面非常具体的信息。这就使计划尤其适用于雇员以团队形式参与其中的"流水作业工艺"。

6.2.2 应由谁参与？

在制定技能计划过程中，雇员的参与几乎必不可少。在定义技能、划分技能等级、建立技能模块以及鉴定某人是否真正具备某些技能等方面，雇员和管理者都是信息的来源。在鲍尔泽工具加膜公司和 FMC 公司，通常由一个委员会来为每个技能阶梯建立技能清单和认证程序，这个委员会一般由来自几个不同地方的管理者组成，并有普通雇员参与。

6.2.3 建立技能认证的方法

组织通常采用同事评审、在职示范或测试等方式对雇员所拥有的技能以及应用技能的能力进行认证。霍尼韦尔公司（Honeywell）在雇员学完相应技能后的六个月之内对雇员进行评价。技能认证过程有领导和同事参与。仍有公司要求雇员成功修完某些正式课程。然而，我们不需要向学生指出，在教室里坐着并不能保证可以学到任何东西。学区以各种方式来解决这一问题。有些学区会认证所有课程；有些学区只要求对教师学科领域内的课程进行认证。但是，没有哪些学区要求证明课程和对课程的认证会改进教学效果。

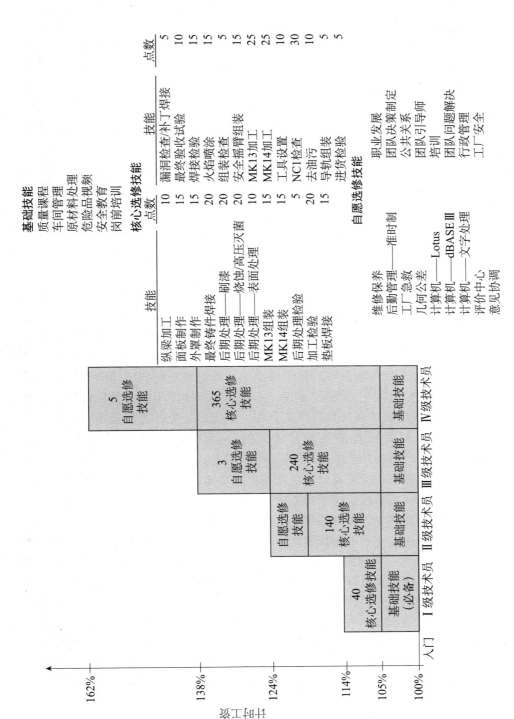

图表 6-4 FMC 公司技术员工技能的结构

说明：工资幅度以占入门等级雇员的入职工资（100%）的百分比表示。

更新的技能应用似乎正从按需评审转向在一年内安排固定评审时点进行评审。这种固定时点评审使对工资总额增幅的预算和控制变得更加容易。其他的变化还包括对技能的持续再认证，这种方法取代了传统的一次性认证流程，有助于确保相关技能紧跟时代步伐，并且当某种特定技能被认定已经过时时，可以及时取消对该种技能（及相应工资）的认证。[10]然而，一旦一种制度付诸实施，可能就很难再对认证程序进行修改。TRW公司在为其亚利桑那州梅萨安全气囊制造厂开设正式课程时就遇到了这种问题。TRW公司感觉到有些雇员只是投入了"座位时间"。然而，没有人愿意承担拒绝认证的责任，因为课堂出勤以外的签到并不是原始制度设计的一部分。

由于有些技能不经常使用就会变得生疏，因此许多计划都要求对雇员的技能进行再认证。东芝公司在东京的Ome笔记本电脑制造厂就要求每24个月对所有团队成员的技能进行一次再认证。那些没有通过技能认证的雇员在被降薪之前还有机会接受再培训并进行再次认证。然而，保持技能紧跟时代而不至于被淘汰的压力是十分巨大的。

6.2.4 基于技能的薪酬计划的结果：来自研究和经验的指导

基于技能的计划容易使雇员看清计划本身与工作、薪酬之间的联系，因此受到雇员的普遍欢迎。因此，技能计划可以有效地激励雇员提高工作技能，促进劳动生产率和质量大大提升。[11]"学以致富"是这些计划的流行口号。一项研究将沟通和理解技能计划的难易度与雇员对公平待遇的总体认知相联系。[12]技能认证程序的设计对于这种公平待遇认知至关重要。在考察技能薪酬计划下劳动生产率是否更高的三项研究中，有两项研究得出了肯定结论。其中一项研究发现，对劳动生产率产生的这种积极影响源自工人工作弹性的增加（比如，雇员具有团队合作、承担多任务、进行自我管理和更好地应用技术的能力）；雇员在技能薪酬计划下的态度比在传统薪酬制度下更加积极。[13]另一项研究发现，那些有着强烈的成长需求、高组织忠诚度、对工作场所创新持积极态度的更年轻且受教育程度更高的雇员能够更成功地获取新技能。[14]尽管如此，由于一些不明确的原因，研究者建议按照资历来分配培训机会。

当多数雇员获得了最高等级工资的技能认证后，技能计划的成本就会与日俱增。结果，采用技能计划的雇主会比不采用技能计划的雇主支付更高的平均工资。除非组织增加的灵活性允许精简雇员，否则雇主就会面临更大的劳动力成本压力。为解决这一问题，有些雇主要求雇员在接受可以提升工资等级的技能培训之前在一定时间内保持工资标准不变。摩托罗拉公司放弃了技能计划，因为三年之后每个雇员都达到最高的技能等级（通过积累必要的技能模块）。TRW公司也发现，实行技能制度的两个安全气囊制造厂的雇员几年之后都**突破最高的技能等级**（topped out），他们都非常灵活且训练有素。现在怎么办？接下来几年会发生什么？每个人都会自动获得工资增长吗？工作流程要重新设计吗？对生产劳动密集型产品的公司，技能计划下的劳动力成本增加可能会成为其处于竞争劣势的原因。

那么，哪种工作场所看起来最适合使用技能计划呢？技能计划的早期研究者发现，在初始调查样本中，大约60%的公司在七年之后仍然采用技能计划。决定一种技能计划是否成功的一个关键因素就是它与组织战略的匹配状况。许多技能计划对于实施成本削减战略（即以最低成本创造最大收益，见第 2 章）的组织更加可行。技能薪酬承诺的减少训练有素、富有弹性的雇员，非常符合这一战略。[15]

另外，也有人认为技能薪酬导致的更高的劳动力成本（估计占总成本比例达10％～15％）意味着技能计划更适用于那些劳动力成本占比较小的行业（比如造纸和林产品、化工和食品加工等）。如果劳动力成本占总成本的比例为 15％，并且技能薪酬将劳动力成本提升了 10％，那么由于技能薪酬计划的实施，总成本就会增加 1.5％。[16]问题在于这种劳动力成本的增加是否会被获得的收益（比如，在劳动生产率、产品质量、顾客反应、工作弹性或雇员队伍稳定性等方面获得的收益）所抵消。

最后一个问题是多技能计划造就的"万事通"是否真的什么都不懂。有些研究表明，灵活性只稍微增加就能立即对结果产生最大的影响。[17]灵活性的增加幅度越大，结果的改进幅度就越小。对于雇员个人而言，可能会存在一个最优技能数量。超过这一数量，劳动生产率的回报就会小于工资的增长。另外，有些雇员可能不愿意放弃自己正从事的工作。像这样的"露营者"就会带来一种瓶颈，使其他雇员无法轮换到他的岗位以获取相应技能。组织应该提前确定是专门设计一种针对"露营者"的技能计划，还是强迫他们执行组织既定的技能制度。

底线就是基于技能的方法可能仅仅是针对特定环境的短期措施。遗憾的是，对于40％的案例中技能薪酬存在时间未超过六年的问题，以上关于技能计划存活率的长期研究并没有予以讨论。

6.3　基于人的结构：胜任力

与工作评价一样，关于**胜任力**（competency）是什么以及它应该实现什么目标也有不同的观点。胜任力是一种可以学习和开发的技能吗？或者它是一种包括态度和动机的特质吗？胜任力关注的是维持组织经营所需的最低要求吗？或者它们关注的是卓越的绩效？它是组织的特征还是雇员的特征？遗憾的是，对以上所有问题的回答都是肯定的。[18]缺乏共识意味着胜任力可能是任何东西；因此，它处于无足轻重的危险之中。

到目前为止，你应该能够绘制下一个图表（见图表 6－5）。图表的上半部分说明了通过创建**基于胜任力的结构**（competency-based structure）来使用胜任力解决内部一致性需求的过程。创建结构的所有方法都始于对组织内部的工作的考察。**以工作和技能为基础的制度**（skill-and job-based system）都强调具体的任务信息，而基于胜任力的制度却采取了相反的做法。它试图抽象出潜在的、广泛适用的知识、技能、行为，而这些知识、技能和行为是组织中任何层级雇员或工作取得成功的基础。这些都是**核心胜任力**（core competency）。核心胜任力通常与表达组织的理念、价值观、经营战略和计划的使命陈述相关联。

胜任力集群（competency set）把每个核心胜任力转化为行动。例如，对于经营意识（business awareness）这一核心胜任力，胜任力集群可能与对组织的理解、成本管理、第三方关系以及识别经营机会的能力相关。

图表 6-5 确定基于胜任力的内部结构

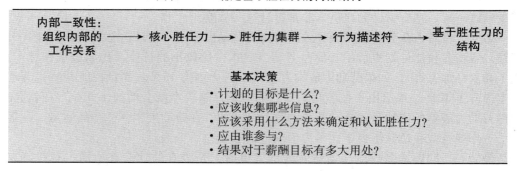

胜任力指标（competency indicator）是可以表明每个胜任力集群内部胜任力的等级的可观察行为。这些指标可用于雇员配置、评估及薪酬管理。

图表 6-6 是 TRW 公司人力资源管理部门的胜任力模型，其中包括四个被认为对经营成功起到关键作用的核心胜任力。[19] TRW 公司期望所有的人力资源管理人员都能够不同程度地表现出这些胜任力，但是并不期望所有的人都能够达到所有胜任力的最高等级。人力资源职能部门应该掌握人力资源管理团队内部所有各个层级的核心胜任力。雇员可以把胜任力模型作为行动指南，借以判断 TRW 公司需要自己发展哪些能力。

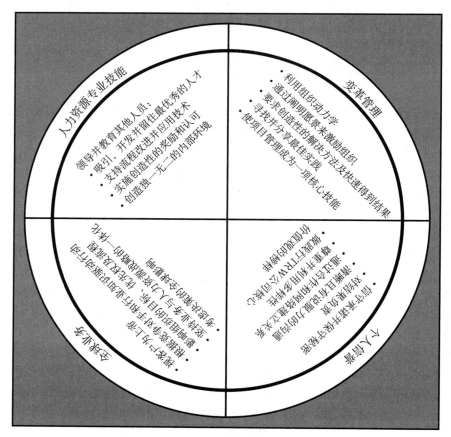

图表 6-6 TRW 公司的人力资源胜任力模型

胜任力指标锚定了工作的每个复杂性水平所要求的胜任力等级。图表 6 - 7 显示了"作用与影响"的五个等级的胜任力指标。这些行为锚使胜任力变得更加具体。该胜任力指标等级的变化范围包括从第一等级的"直接劝说"到第五等级的"使用专家或第三方施加影响"。有时行为锚可能包括对行动的强度、行动的影响程度、行动的复杂性以及（或）行动付出的努力程度的等级化测量。等级化的胜任力指标类似于第 4 章和第 5 章讨论的工作分析问卷和报酬要素等级。

图表 6 - 7 行为胜任力指标范例

作用与影响：劝说、说服或施加影响旨在产生特定的作用。它包括对其他人的需求和关切的预测与反应能力。作用与影响被认为是最关键的胜任力之一。

等级	行为
0：不做反应	● 顺其自然，不干预 ● 引述政策，发布指示
1：直接劝说	● 在讨论或演讲中进行直接劝说 ● 摆出理由；使用数据或具体实例 ● 没有做到演讲与观众的兴趣或水平相适应 ● 遇到反对意见时只重申同样的观点
2：多重努力的劝说	● 尝试使用不同的策略（例如，在讨论中提供两个或更多不同的论据或论点）进行劝说，而无须为适应听众的兴趣或水平作出努力
3：建立信任和培育双赢意识（期望的绩效水平）	● 调整演讲或讨论以吸引不同的人 ● 寻找"双赢"机会 ● 在探寻潜在的关切、兴趣或情绪时，表现出对他人的敏感和理解，并利用这种理解对反对意见作出有效回应
4：运用多重行动施加影响	● 采用一种以上的行动施加影响，并使每种行动适应特定的听众（例如，举行小组会议陈述情况后再进行个别会面） ● 可能包括采取一种深思熟虑的不寻常行动来施加影响
5：通过他人施加影响	● 使用专家或其他第三方施加影响 ● 与客户、内部同事和同行建立并维持一种有计划的关系网 ● 当需要时，为寻找机会和（或）解决问题提供"幕后"支持

资料来源：Reprinted from Raising the Bar: Using Competencies to Enhance Employee Performance. Contents © WorldatWork. 经世界薪酬协会许可转载。内容仅允许付费者使用。如果没有得到世界薪酬协会的书面许可，这篇文章的任何部分都不能被复制、摘录或以任何形式重新发布。

6.3.1 胜任力的定义

正如冥王星的支持者已发现的那样，定义很重要。因为胜任力试图挖掘工作行为背后潜在的东西，所以对胜任力的定义存在许多模糊的地方。早期的胜任力概念关注五个方面：

1. 技能（专门技术的证明）；
2. 知识（积累的信息）；
3. 自我概念（态度、价值观、自我印象）；
4. 特质（以某种方式行事的一般倾向）；
5. 动机（反复出现的驱动行为的想法）。[20]

随着定义胜任力的经验的增加，组织似乎正从自我概念、特质和动机的模糊性中走出来。它们更加注重对与业务相关的行为的描述——"高绩效的任职者的表现要比平庸的任职者更具一致性"。胜任力变成"一个无须推断、假设或解释的可观察行为的集合（而非单一行为）"。[21]图表 6-7 展示了"作用与影响"胜任力的行为锚。通过与第 5 章工作评价所使用的报酬要素——"制定决策"和"跨国事务责任"进行对比，可以发现胜任力具有更显著的行为导向性。然而，二者的实际差异可能并不大。例如，"咨询技术专家"锚定的是图表 5-9 中第 6 等级的"制定决策"报酬要素，"使用专家"锚定的是图表 6-7 中"作用与影响"行为的胜任力。

6.3.2　基于胜任力的结构的目标

胜任力有助于建立一个内部一致的结构吗？使用目前我们所熟悉的标准，胜任力在支持组织战略和工作流程、公平对待雇员和以组织目标为导向激励雇员行为方面的效果如何？

组织战略

胜任力结构的主要魅力在于其与组织战略的直接关联。识别胜任力的第一步就是公司领导层确定哪些因素会给组织带来成功。这类似于在工作评价过程中识别报酬要素。

使用基于胜任力的结构已超过 10 年的菲多利公司（Frito-Lay）认为，做好管理工作须具备四方面要素：对结果的领导、提升全员工作效率、利用技术和经营系统以及以正确的方式行事。这些要素如图表 6-8 所示。图表顶部显示的是胜任力影响等级。第一等级的胜任力影响团队。第二等级的胜任力产生跨团队影响。最高等级的胜任力影响整个工作场所。

工作流程

与你在阅读前面相关图表时作出的判断一样，胜任力的选择主要是为了确保满足组织的所有关键需求。例如，通常需要注意的是："这些技能对于所有的专业人员都非常重要，但是职位、组织及经营条件不同，其重要程度和所要求的熟练水平不尽相同。"[22]因此，虽然基于技能的计划都与当今的工作密切相关，但胜任力只是松散地应用于诸如管理类和专业类等要求更多隐性知识的工作。

公平对待雇员

胜任力的支持者认为，胜任力可以使雇员获得掌握自身发展的主动权。胜任力通过关注最优绩效而非平均绩效可以帮助雇员保持市场开拓能力。[23]然而，胜任力

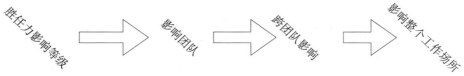

胜任力维度	行为
对结果的领导	运用首创精神和对他人的影响去驱动结果并推动持续的改进。
提升全员工作效率	指导雇员个人发展并强化运营、项目或跨职能团队能力，以实现经营目标。
利用技术和经营系统	获取和应用一定深度和（或）广度的知识、技能和经验，以提升职能部门的业绩水平。
以正确的方式行事	塑造、教育、指导公司的价值观。

图表 6-8　菲多利公司的管理胜任力

资料来源：Nancy Jagmin，"Assessing and Rewarding Competencies：The Ten-Year Tune-Up at Frito-Lay，" presentation for the Center for Organization Effectiveness，April 2003，Marina del Rey，CA.

的批评者担心薪酬问题退回到 20 世纪中叶，当时标准的做法是把个人的特征作为薪酬的基础。[24] 把种族或性别作为薪酬的基础在今天是骇人听闻的，在当时却是一种惯例。与之类似的是，现在把薪酬建立在一个人对另一个人的诚实性的判断基础之上。根据推断出的胜任力为薪酬差异找理由，这种尝试带来的风险需要得到妥当管理。

网络资源

回顾一下第 4 章的案例练习。你认为比尔·瑞安这位客户服务代表的薪酬是多少？访问薪酬管理网站 www. salary. com 并搜索相关信息。你关于瑞安的工作说明与网站所做的描述有何不同？这很重要吗？

以组织目标为导向激励雇员行为

胜任力实际上为雇员提供了行为准则，并使他们保持专注。胜任力还可以为组织沟通和雇员合作共事提供一个共同的基础。随着组织经营活动的全球化以及有截然不同观点和经历的雇员担任这些全球性组织的领导职务，胜任力的第二种可能用途正变得越来越重要。

网络资源

访问 http：//www. shrm. org/hrcompetencies。考察那些被认为对人力资源专业人员成功履职至关重要的胜任力及其在不同的职业阶段有何不同。考虑一下你将如何使用这些胜任力信息为人力资源专业人员支付薪酬。

■ 6.4 "如何做"：胜任力分析

图表 6-5 的底部描述了构建基于胜任力的内部结构的基本决策。[25]第一个也是最重要的一个决策就是明确计划的目标。

6.4.1 目标

我们已经指出，胜任力制度的缺陷之一就是使用不合适的制度去做过多的事情。胜任力可能对雇员个人发展和传递组织发展导向具有很大价值。但是模糊性和主观性（这个人确切的动机到底是什么?）使胜任力成为"薪酬制度的一个危险基础"。[26]胜任力或许只是以胜任力集群和等级化的行为指标的形式存在于纸面，与雇员所做的工作却鲜有联系。菲多利公司的胜任力计划已经使用了 10 年。或许向胜任力付酬是使雇员关注胜任力的唯一方法。

6.4.2 收集哪些信息？

人们提出了对胜任力进行分类的多种方案。[27]其中有一种方法使用了三个胜任力集群。

1. 个人特征：这些特征包括可信、忠诚、礼貌。在商业活动背景下，相关的特征或许包括个人的诚实性、判断的成熟性、灵活性以及对他人的尊重。组织希望自己的雇员天生就具备这些特征，并且在日益复杂和不确定的工作环境中发展和展示这些特征。

2. 远见卓识：这些都是最高等级的胜任力。或许可以将它们表述为：考虑问题具有全球化的视角；采取主动措施推动组织朝新的方向发展；能够清楚说明蕴含在市场、全球性事件及本地社区中的发展趋势对组织的影响。

3. 与特定组织相关：介于以上两个胜任力集群之间的是与特定组织和特定职能具体相关并应用于其中的胜任力。它们通常包括领导力、客户导向、专业知识以及开发人才——反映公司的价值观、文化及战略意图的一切东西。

例如，3M 公司为其全球化管理者开发了一组胜任力。[28]行为锚被用来评估管理者在每种胜任力上的等级。有三个胜任力领域：基础胜任力（道德与诚实、智力能力）、关键胜任力（客户导向、开发人才、激励他人、经营健康与成果）、先见性胜任力（全球视角、愿景和战略、培育创新、建立联盟、组织灵活性）。这些胜任力评级被 3M 公司用于评估和开发全球范围的管理者。3M 公司很大程度上依赖内部晋升，所以胜任力评级有助于为 3M 公司的接班人计划开发管理人才。这再一次表明胜任力与人才开发的关系很清晰，但与薪酬的关系要模糊得多。

由于这些胜任力源于每个组织的使命陈述或其获取竞争优势的战略，你可能会认为这些核心胜任力对于每个组织来说都是独一无二的。事实并非如此。一项分析显示，大多数组织似乎都从同一份包括 20 种核心胜任力的清单中做选择（见图表 6-9）。[29]各个组织之间呈现的差异主要体现在它们如何使用胜任力。这与我们在第 2 章中所讨论的一个问题相似：可能只是在文字上存在些许差异，但行动迥然不同。行动才是竞争优势的源泉。例如，3M 公司以创新闻名于世。它的胜任力培养创新被定义为"创造和维持一个支持实验、奖励冒险、增强好奇心、以不加评判的自由和开放挑战现状的环境，影响3M 未来的优势地位"。这一胜任力，特别是就其独特的执行方式而言，被认为是 3M 公司竞争优势的关键。

图表 6-9　排名前 20 的胜任力

成就导向	开发人才
关注质量	团队领导力
主动性	专业技术
人际洞察力	信息搜寻
客户服务导向	分析思维
作用与影响	抽象思维
组织意识	自我控制
网络联系	自信
指导性	业务导向
团队工作与合作	灵活性

6.4.3　应由谁参与？

与报酬要素一样，胜任力也来自管理层对组织及其战略意图的看法。然而，有证据表明并不是所有雇员都理解这种联系。一家银行的雇员坚持认为处理学生学费贷款所需的胜任力不同于处理汽车贷款所需的胜任力。宝丽来公司（Polaroid）的法律部门列出了一份包括 1 000 多种胜任力的清单，认为清单上的胜任力对于法律部门是独一无二的，并且为组织创造了价值。（对于已破产的宝丽来公司来说，如果当初它把更多的时间和精力投入到相机的数码摄影效果上，是否会有一个更好的结局呢？）

图表 6-10 展示了一家大型玩具公司使用的部分胜任力。这是营销部门的八种胜任力之一。其他部门也有各自的胜任力。我们注意到，其详细程度令人吃惊。虽然这种方法对于职业发展可能是有益的，但值得怀疑的是所有这些信息对薪酬目标而言是否有用，更不用说它们是否有必要了。简单化与灵活性的最初承诺在基于人的制度中仍然没有实现。

图表 6-10　某玩具公司营销部门产品开发胜任力

按照以下要求管理产品开发过程：	
● 分析评价市场以识别机会/机遇 ● 评价产品/理念 ● 开发营销战略	● 协调和评估产品研究/试验 ● 提出产品建议并获得管理层的支持 ● 推动产品计划/活动

第一阶段：基准期望	第二阶段：胜任/熟练	第三阶段：高级/教练	第四阶段：专家/导师
● 在监督下分析市场/竞争数据（例如，TRST、NPD），提供高质量的趋势分析 ● 评价产品/理念（参见"玩具可行性"胜任力） ● 参与产品头脑风暴会议 ● 监督市场研究活动并确保及时完成 ● 为产品开发活动获得客户管理支持 ● 在监督下开发并实施营销战略：产品、定位、定价/财务、促销、包装、推销和广告 ● 推动成本削减以实现价格/利润目标；确保成本的执行符合后续步骤 ● 确保遵守产品计划 ● 协助生产许可证颁发部门批准产品概念/模型	● 在最低限度监督下监控和分析市场/竞争数据（例如，TRST、NPD），就产品开发时机提出建议 ● 在产品头脑风暴会议上作出实质性贡献 ● 分析市场研究结果并制定适当的产品建议 ● 与客户管理团队合作，为产品开发活动获得支持 ● 在最低限度监督下开发并实施营销战略 ● 推动成本削减以实现价格/利润目标 ● 推动产品生产进度并解决产品计划问题（交货迟缓、纠错不及时） ● 与生产许可证颁发部门谈判以获得产品许可	● 独立监控和分析产品/竞争数据（例如，TRST、NPD），为产品开发时机提出建议，并指导他人执行 ● 领导并推动正式的产品头脑风暴会议 ● 指导他人分析市场研究结果和提出产品建议 ● 开发创新性的营销计划（例如，新的分销渠道、利基市场） ● 独立开发和实施营销战略并指导他人执行 ● 识别/评价成本削减时机并指导他人执行 ● 确定和实施产品计划改进策略 ● 指导他人管理产品计划 ● 与其他团队/部门分享产品理念/战略	● 评审/批准产品开发时机建议 ● 为开发跨品种、跨品牌的产品组合提供短期和长期愿景与目标 ● 评审/批准营销战略，并根据内部/外部环境变化提前调整战略 ● 批准成本削减建议 ● 预测可能会影响产品计划的关键问题并制定备选方案 ● 保证按照战略要求交付货物

6.4.4 建立胜任力认证的方法

基于人的计划的核心是雇员以自己所拥有的相关技能或胜任力获取报酬，而不管它们是否被运用。技能计划的假设是：这些技能将使工作流程与人员等级的匹配更容易，因此某个雇员是否在特定的日子使用某种特定的技能并不是问题。基于胜任力的计划的假设又是什么呢？全部的胜任力时时刻刻都被用到吗？对这种假设，我们并不确定。然而，有一个要求是明确的，即如果雇员的薪酬以他们的胜任力为基础，就必须通过某种方法来展示或证明该雇员具备相应水平的胜任力。虽然管理顾问对于胜任力与 360 度反馈和雇员个人发展之间的兼容性争论不休，但他们对客观地证明一名雇员是否具备某种胜任力保持沉默。

6.4.5 生成的结构

回顾一下前面的有关内容就可以知道，我们是从等级数量、薪酬级差和工作结构所依据的标准等几个方面对内部结构进行描述的。在实践中，在设计基于胜任力的结构时，为提高灵活性，通常会使用相对较少的等级——4～6 个，并建立相对较宽的薪酬级差。图表 6－11 根据图表 6－10 所示的四个阶段（等级）描绘了玩具公司的结构。这种通用的结构可以应用于几乎任何专业性工作，甚至是大学教师的工作。

图表 6-11　玩具公司基于胜任力的结构

等级	阶段	名称
4	专家	富有远见的人；冠军；执行官
3	高级	教练；领导
2	资源	贡献者；专业人士
1	熟练	助理

6.4.6　胜任力与雇员甄选和培训/开发

我们在第 2 章中指出，人力资源战略可以被认为是通过对劳动力能力、动机和机会（AMO）的影响来影响效率的。就胜任力而言，有明确的证据显示能力（广义的定义包括性格特质）与一般性的胜任力是相关的。像图表 6-9 那样，图表 6-12 展示了一组通用胜任力，即所谓的"八大胜任力"，似乎以一种有效的方式捕获了在一系列可用的胜任力框架中发现的主题。图表 6-12 所增加的是关于这些胜任力如何与个人性格特征（"大五人格特征"）、动机和能力相关的假设。因此，举例而言，根据图表 6-12，如果我们希望管理人员具有领导和决策的胜任力，就需要甄选或培训和开发那些对权力、控制力具有强烈需求并具有外向型性格的人。如果没有充分筛选出具备这些性格特征的人，不仅会给培训和开发造成更大压力，而且会潜在地打击那些正在寻求获取和展示这些胜任力，但可能又不太合适这样做的雇员的积极性。在这种情况下，基于胜任力的薪酬不太可能会取得成功。

图表 6-12　八大胜任力的名称和高级定义

要素	胜任力名称	胜任力定义	与大五人格特征、动机和能力的关系假设[a]
1	领导和决策	实施控制并进行领导。发起行动，给予指导并承担责任。	对权力和控制的需求，外向型性格
2	支持和合作	在社交场合支持他人，并对他们表示尊重和关切。以人为本，与个人、团队、客户和员工进行有效合作。在行为上始终保持清晰的个人价值观，并与公司的价值观相辅相成。	亲和性
3	互动和展示	有效地沟通并编织人际网络。成功说服并影响他人。以自信、轻松的方式与他人相处。	外向型性格，一般心智能力
4	分析和解释	清晰分析思考的能力。能够抓住复杂问题或事件的核心。有效运用个人专业知识。迅速接受新技术。具备良好的文字表达能力。	一般心智能力，对新经验的开放性

续表

要素	胜任力名称	胜任力定义	与大五人格特征、动机和能力的关系假设[a]
5	创造和构思	在要求包容新理念和新经验的工作环境中表现出色。寻找学习机会。用创新和创造力处理情况和问题。考虑问题具有宏观性和战略性。支持并推动组织变革。	对新经验的开放性，一般心智能力
6	组织和执行	提前计划并系统、有序地工作。遵循指导和程序。专注于客户满意度，按照约定的标准提供高品质的服务或产品。	责任心，一般心智能力
7	适应和应对	适应变革并积极应对。有效地管理压力并应对挫折。	情绪稳定性
8	进取和表现	专注于结果和实现个人目标。当工作与结果密切相关且个人努力的影响显而易见时，工作效果最佳。表现出对经营、商业和财务的理解力。寻找个人发展和职业进步的机会。	渴望成功，负的亲和性

a 表示当出现一个以上预测指标时，排在后面的指标的重要程度要小于前者。

资料来源：Dave Bartram, SHL Group, "The Great Eight Competencies: A Criterion-Centric Approach to Validation," *Journal of Applied Psychology* 90, no. 6, 2005, 1185–1203. Copyright ©2005 by SHL.

6.4.7 来自胜任力研究的指导（和警告）

虽然胜任力概念可能在识别典型绩效表现与真正杰出绩效表现的区别方面有一定价值，但对于胜任力能否转化为一种可衡量的、客观的薪酬基础存在争议。胜任力经常演变成报酬要素。但是，如果胜任力的开发不是为了这个目标，就会造成困难。[30]

到目前为止，研究还很有限。一个关于胜任力潜在应用的研究领域涉及人力资本管理和知识管理问题。[31]将雇员的胜任力看作类似于多元化投资组合的做法突出了这样一种事实，即有些胜任力会比其他胜任力带来更大的收益。按照这一思路，问题的焦点就变成根据组织总体收益最大化的方式来管理现有的胜任力并开发新胜任力。[32]在一项研究中，管理人员的胜任力与他们的绩效评价等级相关，但与单位层面的绩效无关。[33]（也许未来的研究将会得出不同的结果。）随着组织全球化的发展，他们可能会重新平衡自己的价值观和视角，以使全球化战略发挥作用。[34]他们在全球化组织中寻求文化、功能和产品胜任力的广度与深度之间的适当平衡。但这只是一种推测，仍有待转化为薪酬管理实践。

最基本的问题仍然是：根据我认为你能做什么而不是你在做什么来付酬，这合适吗？就薪酬目标而言，关注那些容易衡量并与组织绩效直接相关的因素（也就是与工作/绩效相关的知识和技能）难道不更有效吗？此外，还有一个早些时候提出的问题：基于胜任力的制度是否更容易造成基于雇员人口特征的歧视？

6.5　再提一次：反映在基于人或基于工作的结构中的内部一致性

既然我们已经用 3 章的篇幅讨论了所有的"树木"，让我们再回头看一下整个"森林"。基于工作和基于人的程序的目标实际上非常简单——设计和管理一种有助于实现组织目标的内部薪酬结构。

与工作评价相同，基于人的计划的最终结果也是组织的一种内部工作结构。这一结构应该反映组织的内部一致性政策（松散关联还是精确对应，平等化还是等级化）并支持组织的业务运营。而且，必要的时候管理者必须通过对工作/技能/胜任力的重新评估来确保这一结构保持内部一致性。如果做不到这一点，就可能将组织的薪酬结构置于危险境地——为偏见和潜在的不道德、误导行为的侵入大开门户。

在实践中，当评价具有更高价值的非常规工作时，基于工作的方法与基于人的方法之间的区别会很模糊。焦点在于是什么因素（既有工作又有人）在为组织创造价值。人会影响管理类和专业类工作的内容。基于技能的计划更适合制造业的工作。[35]但还是要谨慎：现代制造业车间的许多工作都要求任职者掌握隐性的、非常规的知识（解决问题、互动和谈判）。

6.6　计划的管理和评估

无论设计什么样的计划，不论是基于工作的计划还是基于个人的计划，一个关键问题都是计划管理的公平性。正如工作评价一样，计划的运用应该具有充分的信息，比如，报酬要素、要素等级的定义，或者技能模块、胜任力及认证方法的细节等。现在有越来越多的在线工具可供管理者学习和使用这些计划。[36]我们已经提到雇员理解和认可的问题。沟通和雇员参与对于提高雇员对最终薪酬结构的认可度至关重要。有关薪酬沟通的更多讨论参见第 18 章。

相对基于人的结构，工作评价有大量的研究文献。其中多数文献关注的是工作评价的程序而不是所获得的结构在激励雇员行为或实现组织目标方面的有用性。实际上在所有的研究中，对工作的评价被看作一种度量工具；相关研究评估了它的信度、效度、成本，以及是否符合相关的法律法规。工作评价所增加的任何价值（例如，减少对薪酬的抱怨、增进雇员对薪酬决定方式的理解）都被忽略了。[37]相比而言，对基于人的结构的研究倾向于关注它们对于行为和组织目标的影响，而忽略了信度和效度问题。

6.6.1　工作评价技术的信度

衡量工作评价是否可信的标准是：不同的评价者能否产生相同的评价结果。大多数研究显示，不同的人对工作的排序结果具有高度一致性——相关系数介于 0.85～0.96。[38]这一点很重要，因为在实践中工作评价通常是由几个人完成的。工作评价的结果不应该取决于实施评价的某一个人。然而，尽管采用通常被认为是高信度（例如，相关系数为 0.90 或更高）的评价技术，但由不同的人或小组分配工作评价点数时，仍然会在薪酬分配方面产生重大差异。让我们考察一下图表 6-13 中的例子。有两组评价者评价 9 个工作（从工作 A 到工作 I）。在第 8 章中我们将会看到工作评价点数是如何通过薪酬政策线转化为预测工资标准的。在这个例子中，薪酬政策线是：预测工资＝4 800 美元＋360 美元×工作评价点数。不论是以第 1 组还是第 2 组的工作评价点数作为基础来计算，我们获得了相同的预测工资吗？答案很明显：没有。比如，以工作 G 为例，以第 1 组工作评价点数为基础计算得出的预测工资比以第 2 组工作评价点数为基础计算得出的预测工资高 28 800 美元。也就是说，尽管第 1 组和第 2 组工作评价结果的相关性（评价者之间的信度）很高（$r=0.94$），但最终形成的预测工资仍然存在差异。预测工资的某些差异源于第 2 组给出的评价点数平均值较低。然而，尽管我们消除了组与组之间的差异，如图表 6-13 右半部分所示，预测工资仍然存在令人难以接受的差异。而且，要记住每个工作都有不同的任职者。因此，许多雇员将会受到影响。一个重要的警告是，正如我们已在第 5 章看到的和将在第 8 章讨论的那样，大多数组织现在正使用市场定价的方法决定薪酬，即通过将许多工作直接与薪酬调查的工作相匹配来决定薪酬。在这种情况下，工作评价结果对薪酬的影响通常会减小。然而，重要的是要记住：当工作评价点数在薪酬设定中确实发挥重要作用时（例如，非基准工作无法直接与薪酬调查的工作匹配），即使不同评价者之间看似存在很高的信度，也可能为产生非常不同的薪酬结果留有空间。

图表 6-13　评价者之间"高"信度（$r=0.94$）情况下预测工资之间的差异

原始数据						第 1 组与第 2 组[a] 工作评价点数的平均值相等					
工作 名称	工作评价点数		预测工资 （美元）		工资差异	工作 名称	工作评价点数		预测工资 （美元）		工资差异
	第 1 组	第 2 组	第 1 组	第 2 组			第 1 组	第 2 组	第 1 组	第 2 组	
A	70	85	30 000	35 400	−5 400	A	70	120	30 000	48 000	−18 000
B	85	65	35 400	28 200	7 200	B	85	100	35 400	40 800	−5 400
C	200	180	76 800	69 600	7 200	C	200	215	76 800	82 200	−5 400
D	130	85	51 600	35 400	16 200	D	130	120	51 600	48 000	3 600
E	65	50	28 200	22 800	5 400	E	65	85	28 200	35 400	−7 200
F	135	105	53 400	42 600	10 800	F	135	140	53 400	55 200	−1 800
G	215	135	82 200	53 400	28 800	G	215	170	82 200	66 000	16 200
H	300	240	112 800	91 200	21 600	H	300	275	112 800	103 800	9 000
I	130	70	51 600	30 000	21 600	I	130	105	51 600	42 600	9 000
平均值	148	113	5 800	45 400		平均值	148	148	58 000	58 000	
总和					124 200	总和[b]					75 600

预测工资＝4 800 美元＋360 美元×工作评价点数

a 表示为第 2 组每个工作的评价结果增加 35 个点数。

b 表示工资差异绝对值的和。

　　使用熟悉工作内容并且在工作评价程序方面训练有素的评价者可以提高工作评价的信度。有些组织使用通过集体讨论获取一致意见的方式来提高评价信度。每位评价者都预先进行独立评价。然后，他们对评价结果进行讨论，直至达成一致意见。当然，通过这种方法得出的一致性结果表面上看会更容易被人们接受。然而，有些研究表明，通过集体讨论获得的结果与那些通过独立评价获得的结果或将单个评价结果平均化获得的结果没有显著的差异。其他一些研究认为，评价委员会中有权势或有经验的人可能会左右评价结果。关于工作的现行工资水平的知识也可能会影响评价结果。这些工作评价结果的信度高于我们在第 4 章中所看到的工作分析结果的信度。一个可能的原因是那些执行工作评价的人或许已经知道被评价工作的薪酬，这可能会使不同的评价者达成更具一致性的意见。另一个因素是工作评价研究通常让评价者依赖工作说明来分配工作评价分数。这（依靠相同的工作说明，而不是从头开始让每位评价者重新观察工作）可能会再一次使不同评价者得出更加一致的意见。不管怎样，正如我们已经看到的，即使工作具有很高的信度，对于那些评价结果受不同评价者影响的工作而言，仍然会产生不同的工资标准。

　　为削减成本，工作评价委员会正在消失。取而代之的是，管理人员以在线的方式进行工作评价，这已经成为组织"人力资源工具箱"或"分享服务"的一部分。关于以这种方式获得的评价结果的信度和效度，目前还没有相关的研究。

6.6.2　效度

　　效度是指工作评价评估到它应该评估的东西——工作对于组织的相对价值——的程度。工作评价的效度通常从两个方面来衡量：（1）根据工作评价得出的工作排序结果与预先议定的作为参照标准的基准工作排序等级之间的一致性；（2）**"命中率"**（hit rate）——工作评价计划与预先议定的基准工作工资结构的匹配（命中）程度。[39] 在这两种情况下，预先确定的工作排序等级或工资结构都是针对基准工作而言的。它可以由组织的领导层确立，也可以依据外部市场数据、与工会的谈判、男性主导的基准工作的市场工资标准（试图消除市场上所反映的任何性别歧视）或对这些因素的综合考虑来确立。

　　许多研究表明，对不同的工作评价计划进行比较时，通常会获得"非常相似的工作排序等级"，但是"命中率非常低"——对于向工作支付多少报酬没有达成一致意见。[40] 一项对应用于同一组工作的三种不同工作评价计划的研究发现，运用不同评价方法的评价者获得了相似的工作排序结果，但是他们最终得出的工资结构大相径庭。[41] 有些研究发现，使用的评价方法不同，工资差异高达每月 427 美元（按照现在的美元价格计算是每月 750 美元，或每年 9 000 美元）。

　　很明显，效度的定义需要扩大，还应包括对薪酬决策的影响。对结果如何评判依赖于所使用的标准。就薪酬管理而言，正确的标准是工资结构——任职者获得多少报酬，而不是简单的工作排序结果。

　　对不同工作评价计划在多大程度上得出相同结果的研究首先假设：如果不同方法得出了相同的结果，这些方法就必定是"正确的"，也就是说是有效度的。但是在一项研究中，三种评价计划都给出了相同的结果（它们是有信度的），但这三种评价计划在进行工作排序时都将警察排在侦探之前，它们是没有效度的。[42]电视迷都知道，在美国的警察部门侦探的地位高于警察。这种没有效度的计划的信度从何而来？要么是报酬要素没有抓住侦探工作的重要方面，要么是侦探拥有更强的谈判力量来获取更高的工资。因此，这三种计划获得了相同的结果，却不会得到侦探的认可。

你或许会奇怪，为什么管理者或雇员在意这些细节呢？这是薪酬专家在为自己发明工作吗？如果你的组织正面临不满的雇员或他们的律师的挑战，你就会认识到薪酬专家工作的重要性。忽略这一点，你的组织将被置于危险的境地。[43]

6.6.3 雇员认可度

可以采用多种方法来评估和提高雇员的认可度。一个明显的方法就是纳入一种正式的申诉程序（formal appeals process）。那些认为自己的工作被不当评价的雇员应当能够要求再次进行工作分析和（或）再次对技能进行评价。大多数公司只对管理人员的这种要求作出回应，几乎没有企业将这一程序扩展到所有的雇员，除非这种程序是工会议定的申诉程序的一部分。[44]雇员态度调查（employee attitude survey）可以评估雇员对作为一种管理工具的工作评价的作用的理解。可以询问雇员他们获得的工资是否与自己的工作相关联，以及他们如何理解组织对他们工作的期望。[45]

◼ 6.7 内部结构中的偏见

男性、女性及有色人种的工作一直存在的差异及随之产生的工资差别已经把人们的注意力集中到内部结构上，人们认为内部结构可能是歧视的来源。对内部结构的这种关注已经转移到工作评价上，既把工作评价视为歧视女性的潜在原因，又将其作为一种减少偏见的机制。[46]人们普遍推测，工作评价容易受到性别歧视的影响——仅仅由于任职者的性别差异低估了女性主导的工作的价值。但是并没有证据支持这样一种猜测。[47]另外，也没有证据证明工作评价者的性别会影响工作评价结果。

相对于任职者或工作评价者的性别而言，关于报酬要素和偏见的证据就显得更不清晰了。有研究发现，与工作内容（比如，与他人的联系及判断）相关的报酬要素确实反映了对女性主导的工作的偏见，但那些与雇员任职条件（比如，教育和经验）相关的报酬要素并未反映出这种情况。[48]

6.7.1 工资标准的偏见

偏见的第二种潜在来源通过工作的现行工资间接影响工作评价。如果工作评价是基于现行工资，而女性主导的工作的工资低于现行工资，那么这种工作评价的结果就是对当前工资标准歧视的真实写照。[49]既然许多工作评价计划的构建都是为了刻意反映现有的薪酬结构，那么现行工资影响工作评价的结果也就不奇怪了。一项对400名薪酬专家的研究发现，市场工资数据比工作评价或现行工资数据对薪酬决策产生的影响更为深远。[50]这一研究是对可能影响薪酬结构的几种因素的独特观察。

为确保工作评价计划远离偏见，可以参考如下几项建议：

1. 定义报酬要素和量表时纳入女性主导的工作的内容。例如，工作条件可以包括办公设备的噪声和压力，以及与使用计算机相关的重复性活动。

2. 确保因素权重不会始终对女性主导的工作产生偏见。与女性主导的工作相关的报酬要素总是被赋予较小的权重吗？

3. 尽可能以一种无歧视的方式使用评价计划。确保工作说明客观公正，在工作评价过程中不显示任职者的姓名，并培训多元化的评价者。

我们不妨指出这样一种事实，所有与工作评价相关的问题也都适用于以技能和胜任力为基础的计划。例如，可以从度量（信度和效度）和管理（成本、简单性）角度来研究雇员对基于技能的计划的认可度。技能认证过程中可能出现错误和歧视性判断的各个关键节点（例如，对技能模块定义的不同看法，对团队成员可能产生的偏爱，以及对过时技能的定义与评估），以及技能模块要点和评价者是否会产生影响，都需要加以研究。鉴于围绕工作评价所产生的官僚化程序，我们有理由相信基于人的计划也同样会带来各种繁文缛节。除了成本管理的烦琐程序，如果没有通过技能或胜任力认证的雇员对认证程序提出质疑，那么认证的整个方法就可能充满了潜在的法律漏洞。遗憾的是，对于基于技能的计划和基于胜任力的计划中的性别影响，至今还没有相关的研究。对评估者的培训或认证过程的验证，也还没有得到应有的重视。正如用于招聘和晋升决策的雇佣测试必须被证明不存在非法歧视一样，用于确定薪酬结构的认证程序也必须遵守这一要求。

6.8 理想的结构

图表 6-14 分别对基于工作、技能和胜任力的方法进行了对比。在基于工作的结构中，雇员晋升到需要承担更大责任的工作可以获得加薪；而在基于人的结构中，雇员获取更高价值的技能/胜任力可以获得加薪。从逻辑上讲，雇员将会关注如何获得晋升（经验、绩效）或如何获取必要的技能或胜任力（培训、学习）。

图表 6-14 不同方法的比较

	基于工作	基于技能	基于胜任力
价值对象	● 报酬要素	● 技能模块	● 胜任力
价值量化	● 要素等级权重	● 技能等级	● 胜任力等级
转换为薪酬的机制	● 分配用以反映标准薪酬结构的点数	● 认证和外部市场技能定价	● 认证和外部市场胜任力定价
薪酬结构	● 基于完成的工作/市场	● 基于被认证的技能/市场	● 基于所开发的胜任力/市场
工资增长	● 晋升	● 掌握的技能	● 开发的胜任力
管理者关注的焦点	● 将雇员与工作相关联 ● 晋升与配置 ● 通过工资和预算增额控制成本	● 有效地利用技能 ● 提供培训 ● 通过培训、认证和工作任务控制成本	● 确保胜任力增加价值 ● 提供开发胜任力的机会 ● 通过认证和工作任务控制成本
雇员关注的焦点	● 寻求晋升以获得加薪	● 获取技能	● 获取胜任力

续表

	基于工作	基于技能	基于胜任力
程序	● 工作分析 ● 工作评价	● 技能分析 ● 技能认证	● 胜任力分析 ● 胜任力认证
优点	● 明确的期望 ● 进步的感觉 ● 基于所从事工作的价值支付工资	● 持续的学习 ● 灵活性 ● 减少劳动力数量	● 持续的学习 ● 灵活性 ● 横向移动
局限性	● 潜在的烦琐性 ● 潜在的僵化性	● 潜在的烦琐性 ● 需要控制成本	● 潜在的烦琐性 ● 需要控制成本

　　对于雇主采用基于工作的评价计划的管理者而言，其重视的是将合适的雇员安排到合适的工作岗位。向基于技能/胜任力的计划的转变则逆转了这一程序。现在，管理者必须将合适的工作分配给合适的雇员，也就是说，要将工作分配给那些具有合适技能和胜任力的雇员。基于工作的方法通过严格按照工作的价值支付工资的方法控制成本，不考虑雇员可能拥有的任何更高水平的技能。因此，如图表 6-14 所示，使用基于工作的方法的管理者通过工作的工资标准或工作任务以及预算来对成本进行控制。

　　相对而言，在基于技能/胜任力的计划中，雇员的工资是依据他们所掌握的最高等级的技能/胜任力支付的，而不考虑他们所完成的工作。这就可以最大限度地实现灵活性。但是，这也激励所有的雇员去获取与最高档工资对应的技能/胜任力认证。除非雇主能够控制获得技能/胜任力认证的雇员比例，或者能够减少雇员数量，否则组织的劳动力成本会高于使用基于工作的方法的竞争对手。关键在于要以更高的劳动生产率来抵消这种较高的工资标准。一家顾问公司声称，一个转而采用基于技能的制度的普通公司，其工资标准会增加 15％～20％，人员培训与开发成本会上升 20％～25％，而且实现人员交叉培训和轮岗目标所需的总人数也会首次增加。[51]而另一项研究发现成本并未增加多少。[52]

　　除了可能会导致更高的工资标准和更高的培训成本，基于技能/胜任力的计划或许也会变得像基于工作的计划那样复杂和烦琐。此外，关于技能/胜任力制度是否遵守《公平工资法案》的问题仍然悬而未决。

　　那么，所有这些问题都出自哪里？建立薪酬结构的最佳方法是什么？当我们运用某种方法时，又如何知道它是不是最佳的？这些问题的答案就是：具体问题具体分析。最佳的方法可能是：提供充分的模糊性（与内部一致性松散关联）以产生灵活性，从而适应变化的环境。通用性过强的方法或许无法提供充分的细节以清晰界定工资与工作及结果之间的联系；太详细的方法可能又会变得过于僵化。界定过于模糊的工资基础将无法取信于雇员，无法指明哪些因素对于组织的成功真正重要，而且可能会导致雇员对偏袒和歧视的猜疑。

　　本章结束了关于内部一致性的讨论。在我们转向考虑外部因素之前，让我们再次处理"那又怎样"的问题。为什么要不厌其烦地讨论薪酬结构？答案应该是：它有助于改善组织的绩效。一种具有内部一致性的薪酬结构，不论在战略上精确对应还是松散关联，都可以用于实现以下目标：（1）帮助确定一个组织内部各种类型的工作的薪酬；（2）确保薪酬影响雇员的态度和工作行为，并引导他们实现组织的目标。

本章小结

本书的这部分内容主要考察一个组织内部的薪酬结构问题。内部一致性的潜在前提是内部薪酬结构需要与组织的经营战略和目标、工作流程的设计、对雇员公平待遇的关注和激励雇员的意图保持一致。单个组织内部的工作关系是内部一致性的一个重要部分。

薪酬结构是组织内部激励网络的一部分。它们会影响雇员的薪酬满意度、寻求并接受晋升到承担更大责任的工作的意愿、持续学习和进行额外培训的努力以及继续留在组织的倾向。它们也减少了与薪酬相关的申诉事件。

建立内部一致性结构的技术包括工作分析、工作评价以及基于人的方法（用于基于技能/胜任力的计划）。但是，在实践中，工作和人的各个方面都得到了利用。虽然有人认为这些技术会造成官僚主义负担，但是如果设计和管理得当，它们有助于实现薪酬制度的目标。没有这些技术，提高竞争力和公平性的薪酬目标会更加难以实现。

我们已经讨论了建立内部一致性的技术及其对薪酬目标的影响，接下来关注的是薪酬模型的下一个战略问题：外部竞争性。

复习题

1. 雇员参与薪酬决策的利弊分别是什么？雇员参与可以采取什么方式？

2. 为什么设计内部薪酬结构的过程很重要？对于基于人的方法和基于工作的方法，设计和管理过程有哪些相同点和不同点？

3. 如果让你管理雇员薪酬，你会建议公司怎样评估工作评价计划或基于人的计划的有用性？

4. 根据对工作评价的研究，基于技能/胜任力的计划中可能产生性别歧视的原因是什么？

5. 管理者如何确保工作评价计划或基于技能/胜任力的计划支持以客户为中心的战略？

案例练习 攀登法律的阶梯

作为纽约一家在全球各地均设有分支机构的大型律师事务所，苏利文·克伦威尔律师事务所（Sullivan & Cromwell）2007 年将法学院毕业生的起薪从前一年的 145 000 美元提高到 160 000 美元。但从那时起，像许多律师事务所一样，苏利文·克伦威尔律师事务所新雇员的起薪没有涨过，直到 2016 年才再次上涨至 180 000 美元。实际上，在此期间，有些律师事务所进行了降薪和（或）裁员。《纽约时报》报道称，自金融危机以来，律师事务所的法律服务业务出现了下滑。几年之前还在全球拥有 26 个分支机构、

2 500 名雇员（包括 1 400 名律师）的杜威·路博律师事务所（Dewey & LeBoeuf）在 2012 年申请破产。虽然杜威·路博律师事务所破产的根本原因有待讨论，但有人认为它破产的原因在于它采取了缺乏约束的扩张战略（包括 2007 年的一次大型并购），并且通过提供多年期、有保证的巨额薪酬从其他律师事务所大肆挖人。当业务量下降时，杜威·路博律师事务所就陷入固定薪酬成本的困境。还有一些人认为，杜威·路博律师事务所企业文化的缺失使其很难再重整队伍。实际上，一旦感觉到公司的经营走下坡路，大多数合伙人就会改投其他律师事务所。在此类律师事务所中，高级合伙人赚取的报酬可能是其他合伙人的 9 倍。与杜威·路博律师事务所不同，许多律师事务所仍然实行传统的薪酬管理制度，这是一种同步管理模式，即采用一种狭窄的薪酬区间（在区间内收入最高的合伙人的薪酬通常是其他合伙人的 4~5 倍），主要根据合伙人的资历来决定其薪酬水平，人才主要是从内部培养而不是从其他律师事务所猎取。包括苏利文·克伦威尔在内的大多数大型律师事务所都使用包括从律师到合伙人的 6~8 个等级的薪酬结构。律师的薪酬水平取决于个人的经验和业绩（见图表 6-15）。对于律师而言，业绩评价的标准是计费时数。因此，每年达到或超过预定计费时数的律师就会晋升到上一个薪酬等级。类似于学术界终身教授的晋升程序，在 6~8 年之后律师也有望成为合伙人或"到其他地方另起炉灶"。在不同的律师事务所，律师变成合伙人的可能性各不相同，但总的规律是最终成为合伙人的律师不到 1/3。律师每年被要求完成的计费时数大约为 2 200 小时。这相当于一年 365 天中每天要完成 6 小时。据报道，苏利文·克伦威尔律师事务所的合伙人平均每年的薪酬是 297 万美元。

图表 6-15　律师事务所的薪酬结构　　　　单位：美元

基本工资		奖金
年限	金额	
第 1 年	180 000	15 000
第 2 年	190 000	15 000
第 3 年	210 000	25 000
第 4 年	235 000	50 000
第 5 年	260 000	65 000
第 6 年	280 000	80 000
第 7 年	300 000	90 000
第 8 年	315 000	100 000

每个律师每小时向客户收费 250 美元。（纽约的一些合伙人向客户的收费现在已经达到每小时 1 000 美元。）因此，如果律师达到或超过他们的目标，每年将为律师事务所创造 550 000 美元（250 美元×2 200 小时）的收益。许多律师事务所也对律师实施绩效奖金计划。几年前，在苏利文·克伦威尔律师事务所，律师的奖金为 30 000~65 000 美元。最近，如图表 6-15 所示，律师的奖金更高了。《纽约时报》将最近的总体趋势描述为，"大型律师事务所重新向律师发放巨额奖金"，这是由于"美国企业界的复苏推动了并购、股票和债券发行以及知识产权等法律事务的发展"。一位观察人士还暗示，"律师事务所正在采用一种华尔街薪酬模式，将奖金与公司的总体盈利能力挂钩"。另一

位观察人士表示，"我们将继续看到律师事务所不断寻找能够独立办案并能为公司客户带来高价值的人才"。

问题：

1. 思考一下我们在书中讨论过的研究证据。你认为苏利文·克伦威尔律师事务所的律师会对自己薪酬结构的公平性作出怎样的判断？他们可能会作出怎样的比较？你认为苏利文·克伦威尔律师事务所的薪酬结构会激励怎样的工作行为？请作出解释。

2. 四年前加入苏利文·克伦威尔律师事务所的律师的薪水情况会是怎样的？如果把新来的律师的工资提高 20 000 美元，你认为薪酬结构中其他等级的薪酬应该作出怎样的调整？请作出解释。

3. 合伙人的薪酬大约是薪酬最高的律师的 10 倍。《华尔街日报》的一位作者慨叹，律师事务所形成了"巨大的金字塔……资金不断从处在塔底的律师涌向位于塔尖的合伙人"。这位作者的分析遗漏了什么？提示：推测一下合伙人的工作内容与律师的工作内容可能存在的差异。与美林证券的金融投资顾问、高级副总裁投资人有哪些相似性？

4. 几年前苏利文·克伦威尔律师事务所宣称将把年终奖削减一半，规定刚入职的律师年终最高奖励 17 500 美元，工作八年的律师年终最高奖励 32 500 美元。在接下来的两年里，奖金被进一步削减。然而，这一趋势随后被逆转，奖金随之增加。图表 6-15 显示了最新的奖金水平。是什么因素驱动着这些奖金发放决策？它们如何随时间变化？与苏利文·克伦威尔律师事务所的律师工资相比，图表 6-15 中的奖金是如何随时间发生变化的？长期来看，如何解释工资和奖金管理方式的不同呢？

5. 苏利文·克伦威尔律师事务所与杜威·路博律师事务所在薪酬管理方式上有何不同？各自的优点和劣势是什么？

资料来源：Joe Patrice, "Associate Bonus Watch：Cravath Announces Its 2017 Associate Bonuses! Lawyers Get Exciting Holiday News!," AbovetheLaw. com, November 27, 2017; David Lat, "Associate Bonus Watch：Cravath Announces Its 2016 Associate Bonuses! Hooray! The 2016 Biglaw Bonus Season Is Now Underway!," AbovetheLaw. com, November 28, 2016; Staci Zaretsky, "Associate Bonus Watch：Candy Is Dandy, but Bonuses Are Better. For Biglaw Associates, Money Makes Everything More Fun," AbovetheLaw. com, Nov 28, 2017; David Lat, "Breaking：NY to ＄180K!!! Cravath Raises Associate Base Salaries!!! Happy Happy, Joy Joy! What Does the New Cravath Pay Scale Look Like?," June 6, 2016; Elizabeth Olson, "Law Firm Salaries Jump for the First Time in Nearly a Decade," *New York Times*, June 6, 2016; Lindsey Fortado, "Linklaters Becomes Latest Law Firm to Cut Starting Lawyer Pay," Bloomberg. com, April 30, 2009; "The American Lawyer," *The AmLaw* 100, April 2009; Susan Beck, "Are Blue—Chip New York Firms Losing Their Balance?," Law. com, April 30, 2009; "Heavy Lies the Crown：Associate Cuts Were the Story in 2008. Are Partners Next?," *American Lawyer*, February 2009; "Sullivan & Cromwell Halves Associate Bonuses," *JD Journal*, December 19, 2008; Nathan Koppel and Vanessa O'Connell, "Pay Gap Widens at Big Law Firms as Partners Chase Star Attorneys," *Wall Street Journal*, February 8, 2011; Peter Lattman, "Dewey & LeBoeuf Files for Bankruptcy," *New York Times*, May 28, 2012; David Lat and Elie Mystal, "Breaking：Sullivan；Cromwell Announces (Paltry) Spring Bonuses," April 26, 2012, http：//abovethelaw. com; Matthew Goldstein, "Big Law Firms Bringing Back Hefty Bonuses for Associates," *New York Times*. December 3, 2014, p. B1.

注　释

第Ⅲ篇

外部竞争性：决定薪酬水平

在第Ⅱ篇，我们讨论的焦点是内部结构，或者说是组织和市场分配给不同工作的相对价值。在第Ⅲ篇，我们将继续关注这个焦点，同时也将研究组织如何确定它们的总体薪酬水平，以及不同的组织如何以及为什么选择不同的薪酬水平。例如，组织A和组织B可能为工程师工作和高级工程师工作（比如，在价值上存在20%的差异）支付相同的相对薪酬（即相同的内部结构），但组织A可能会为两种工作选择一种较低的薪酬水平（比如，分别为60 000美元和72 000美元），而组织B可能会为两种工作选择一种较高的薪酬水平（比如，分别为70 000美元和84 000美元）。要识别组织的薪酬水平差异，我们可以集中考察某个单一工作。

外部竞争性是我们在描述"支付多少薪酬"和"如何支付薪酬"时使用的术语。外部竞争性是总体薪酬模型的第二个战略决策。薪酬的两个因素将外部竞争性转化为实践：（1）相对于竞争对手的薪酬水平而言，应该支付多少薪酬——高于、低于竞争对手，还是与其保持一致；（2）相对于竞争对手的薪酬组合而言，应该如何确定基本工资、奖金、股票期权及福利的组合。从某种意义上讲，"薪酬形式"（基本工资、奖金、福利）是蛋糕的组成部分。"薪酬水平"是蛋糕的大小。外部竞争性同时涉及这两个问题。

正如我们在下面两章将会看到的那样，这两个问题有多种答案。第7章讨论外部竞争性政策的选择、选择所产生的影响以及相关的理论和研究。第8章包括两个部分：第一，讨论如何将外部竞争性转化为薪酬水平和薪酬形式。第二，讨论如何将关于薪酬水平和薪酬形式的信息与第Ⅱ篇所讨论的内部结构相结合。

第 **7** 章
竞争性的界定

　　对于纽约伊萨卡的旅游公司来说，1月总是一个好时节。长居于此的人急于外出，当地两所大学即将毕业的大学生也奔赴全国各地参加雇主的招聘面试——全部费用由雇主承担，而且周六晚上不需要住宿。当结束面试之旅回到学校时，这些求职的学生比较面试记录发现，即使对于在同一所学校同一个专业获得同样学位的毕业生，不同公司提供的薪酬也不相同。产生这些差异的原因是什么？地理位置会产生影响——旧金山和纽约的公司所提供的薪酬相对较高。不同的工作也会产生影响——比如在人力资源管理行业，雇佣管理工作的薪酬就低于薪酬管理工作。（现在你不为自己没有放弃本课程的学习而感到高兴吗？）公司所在的行业也会产生影响——制药公司、经纪人公司和石油公司提供的薪酬水平高于消费品生产公司、保险公司及重工业公司。[1]

　　毕业生会把这些差异归因于他们自身——成绩差异、课程差异、面试技巧差异等。但是同一个公司会向同一所学校的多数求职者提供相同的薪酬。因此，求职者的个人资历无法完全说明公司的薪酬问题。为什么公司会向大多数求职者提供相同的薪酬？为什么不同的公司会提供不同的薪酬？本章将讨论这些选择以及这些选择对组织的意义。

　　公司的薪酬水平并不是完全静止的，还可以随着时间的推移不断调整以适应持续变化的市场条件和（或）经营战略。近年来，失业率大幅下降，导致零售商之间在招聘和留住计时工人方面的竞争加剧。因此，亚马逊、Gap、沃尔玛和塔吉特都提高了最低工资标准。[2]

　　医疗保险公司安泰保险（Aetna）也宣布了一项计划，将其处于最低工资等级的部分员工的工资最高提升 1/3。德意志银行（Deutsche Bank）的一位经济学家解释说，最低工资的增长是由于劳动力市场的紧缩："我们正在进入一个公司再也找不到合适的工人的阶段。"不过，安泰保险首席执行官也提到了战略上的原因："我们正在为公司未来的发展做准备，我们的经营将更加以客户为导向。"出于这个原因，安泰保险希望拥有"一支更优质、更有见识的员工队伍"。[3]

　　关于薪酬管理的大量纯粹的经济学理论可能会使本章的学习有一定的难度。另外一个困难在于薪酬决策的现实并非必然与理论一致。本章的关键还是不断地询问"那又怎样"的问题。这个信息将如何帮助我们？让我们一起在本章中寻找答案。

■ 7.1　薪酬战略：外部竞争性

在第Ⅱ篇"内部一致性"中，我们考察了组织的内部比较。在第二个薪酬政策——**外部竞争性**（external competitiveness）中，我们将考察组织的外部比较——与雇用具有相同技能雇员的其他雇主的比较。一个主要的战略决策就是是否要反映竞争对手的薪酬支付情况，或者是否要设计一种既区别于竞争对手又能较好地与组织经营战略相适应的薪酬组合。

外部竞争性在实践中表述为：（1）设定一个高于、低于或与竞争对手相同的**薪酬水平**（pay level）；（2）决定相对于竞争对手的**薪酬组合**（pay mix）。

> **外部竞争性**　是指组织之间的薪酬关系——相对于竞争对手的组织薪酬。
> **薪酬水平**　是指一位雇主所支付的一系列劳动力费用的平均值，它的计算公式为：（基本工资＋奖金＋福利＋股票价值）/雇员的数量。
> **薪酬组合**　是指构成总体薪酬的各种报酬或薪酬形式。

薪酬水平和薪酬组合决策都关注两个目标：（1）控制成本和增加收益；（2）吸引和留住合适的雇员。

7.1.1　控制成本和增加收益

薪酬水平的决策对成本具有重大影响。在其他条件保持不变的情况下，薪酬水平越高，劳动力成本越高：

$$劳动力成本＝薪酬水平×雇员数量$$

而且，相对于竞争对手而言，组织支付的薪酬水平越高，其提供等量产品或服务的相对成本就越高。因此，你或许会认为所有的组织都会对相同的工作支付相同的工资标准。然而，事实并非如此。为什么谷歌给软件工程师支付的薪酬会比 IBM 高？如何确定一个尽可能低但又足以招聘到工程师或其他雇员的薪酬水平？

向雇员支付高于市场水平的薪酬，既可能有效，也可能无效。这完全取决于组织获得怎样的回报以及这种回报是否转化为超过战略成本的收益。让我们看几个例子。图表 7-1 比较了美国三大汽车制造商和在美日资汽车制造商（丰田、本田）的劳动力成本，也比较了这些汽车制造商所获得的回报。截至 2007 年，美国汽车制造商有更高的劳动力成本，汽车的可靠性和道路测试结果评级却比较低。通用汽车公司和克莱斯勒公司（现为菲亚特克莱斯勒汽车公司，股票代码 FCAU）随后经历了破产。有人或许会推断美国三大汽车制造商的薪酬水平战略没有发挥应有的作用（我们在第 1 章曾提到诸如通用汽车等制造业公司的大幅裁员）。作为破产程序的一部分以及政府参与的结果之一，通用汽车公司和克莱斯勒公司与全美汽车工人联合会达成降低劳动力成本的协议以提升它们对日资汽车制造商的竞争能力。事实上，从 2007 年到 2015年，这两家公司的计时工资没有任何增长。与增加固定劳动力成本相比，美国三大汽车制造商长期以来更倾向于利润分享。如图表 7-1 所示，截至 2018/2019 年，福特、通用汽车和克莱斯勒的劳动力成本都比以前明显降低。

图表 7-1　美国各汽车制造商不同时期薪酬成本和结果比较

	2007 年		2018/2019 年				
	福特 通用汽车 克莱斯勒	丰田 本田	福特	通用汽车	菲亚特 克莱斯勒	丰田	本田
平均每小时总体薪酬	73 美元	48 美元	60 美元[a]	60 美元[a]	56 美元[a]	50~52 美元[a]	50~52 美元[a]
每小时工资	29 美元	15~26 美元					
每小时工资（1级）			29.71 美元[a]	29.71 美元[a]	29.71 美元[a]	*	*
每小时工资（2级）			17~28 美元[a]	17~28 美元[a]	17~28 美元[a]	*	*
2级雇员所占百分比			29%	20%	45%		
每辆车劳动力成本[b]			2 401 美元	2 350 美元	2 500 美元	1 042 美元	1 042 美元
质量与可靠性							
消费者报告							
道路测试结果（分值越高越好）	59	77	74[c]	74	85	67	78
可靠性（分值越高越好）	43	77	3[d]	2	3	5	3
君迪车辆可靠性检测结果，每 100 辆车的问题（分值越低越好）	143	114	152[c]	144	211	127	140
劳动生产率							
每辆车总工时	32.2	31.2	*	*	*	*	*

说明：平均每小时总体薪酬包括工资和福利。就 2007 年而言，平均每小时总体薪酬还包括福特、通用汽车和克莱斯勒的遗留成本。通用汽车和克莱斯勒的遗留成本：退休雇员的医疗保障和养老费用。这些数据不再对外公布。双层工资结构于 2007 年开始实施。

* 表示无数据。

a 表示平均每小时总体薪酬的测算中至少考虑至 4 个因素：(1) 美国三大汽车制造商已经与全美汽车工人联合会签订了双层工资结构协议，规定新入职雇员起薪最高为每小时 19 美元。与通用汽车每小时总体薪酬和福特相比。菲亚特克莱斯勒雇用的无工作经验雇员与有工作经验雇员的数量对比。(2) 日本汽车制造商也规定了较低的起薪（与它们的平均工资相比）。因此，平均总体薪酬成本将取决于公司未来雇用的无工作经验雇员的数量对比。(3) 美国三大汽车制造商已通过全美汽车工人联合会签订协议将截至 2009 年的遗留成本"撤出账面"，该协议规定由未来汽车制造商向汽车工人制造商一次性支付一笔费用和（或）股票，并由后者承担退休雇员的养老和医疗保障责任。这也是福特、通用汽车和克莱斯勒的总体薪酬随着时间而推移逐步下降的主要原因。(4) 利润分享和其他奖金影响劳动力成本。在 2017 年的利润分享计划中，通用汽车为每个全职时工产工人支出 1.15 万美元，福特为 7 500 美元，菲亚特克莱斯勒为 5 500 美元。相比之下，2010 年通用汽车的这笔支出为 4 800 美元，福特为 5 000 美元，菲亚特克莱斯勒为 0 美元。

b 表示估计值。

c 表示雪佛兰、凯迪拉克和 GMC 的平均值。

d 表示 2018 年改为 5 级评分法（5 为最佳）。

资料来源：J.D.Power Vehicle Dependability Study 2018, http://www.jdpower.com/cars/awards/vehicle-dependability-study; Oliver Wyman, The Harbour Report TM, North America 2008, www.oliverwyman.com; Consumer Reports, April 2008 and April 2018; David Leonhardt, "$73 an Hour: Adding It Up," New York Times, December 10, 2008; Chris Woodyard, "VW Exec Knows of No Talks to Unionize Tennessee Plant," USA Today, August 1, 2011; Bernie Woodall, "For UAW Members, Two-Tier Wage Issue Is Personal," Reuters.com, June 2, 2015; Michael Martinez, "Ford: Labor Costs Up about 1.5% Yearly after UAW Deal," Detroit News, November 30, 2015; Brent Snavely, Chrysler Has Lowest Per-Worker Labor Costs," Detroit Free Press, March 24, 2015; "GM Contract May Yield Flat Per-Vehicle Labor Costs even with Hourly Raises, Study Says," Automotive News, November 20, 2015; Phoebe Wall Howard, "Why Investors Like Detroit Automaker-UAW Profit-Sharing," Detroit Free Press, February 9, 2018.

2015 年，全美汽车工人联合会与通用汽车、福特和菲亚特克莱斯勒公司达成了类似的协议，协议内容包括对 1 级雇员在第 1 年和第 3 年加薪 3%，在第 2 年和第 4 年一次性支付 4% 的工资（也就是说薪水不会增加）。2 级雇员得到了更大幅度的加薪，以大大缩小与 1 级雇员的工资差距，但差距的拉近经过几年才能实现。（参见图表 7-1。）与过去的协议相比，有助于控制固定劳动力成本的利润分享和其他奖金计划至少发挥了同样大的作用。（参见本章结尾部分的案例练习 1：双层工资结构。）

更加难以回答的问题是汽车的质量和性能是否也将变得更具竞争力。实际上，根据图表 7-1，美国三大汽车制造商已经取得了长足发展。然而，从道路测试、可靠性评价（来自消费者报告和君迪检测结果）的整体情况以及劳动力成本来看，美国三大汽车制造商要想赶上丰田和本田还有一段路要走。在一个全球化竞争的市场中，汽车制造商可以通过选择生产地点来实现成本、劳动生产率和质量目标最优化。[4]我们可以考虑一下 2005 年以来北美新开设的汽车厂的位置。在美国，最近一次宣布开设新工厂是在 2008 年（2011 年投产），该厂由大众汽车在田纳西州的查塔努加投资兴建。在此之前，自 2005 年以来，已有另外三家工厂在美国开设，全部都在南方（亚拉巴马州、密西西比州、佐治亚州），并且这些工厂都没有参加工会组织。相比之下，自 2005 年以来，已经有七家新工厂在墨西哥投产或宣布设立，其中六家是在 2011 年之后开设的，而在这一年美国最后一家新工厂宣布投产。墨西哥的劳动力成本比美国低（大众汽车估计，这些地方的劳动力成本比田纳西州低 50%，田纳西州的劳动力成本已经低于美国北方各州，也低于大众汽车总部所在的德国）。墨西哥还签署了自由贸易协定，这使其可以免税进入占世界经济产出约 60% 的市场。汽车制造商似乎觉得，能够同时实现汽车生产效率和质量目标，为此它们投入了大量精力。[5]

图表 7-2 追溯了两家传统航空公司——全美航空（USAir）和美国航空的历史，并考察了相对较新的西南航空的发展情况。就像汽车行业一样，我们可以考察航空公司的劳动力成本和相应的回报，它们是推动公司收益增长的重要因素。美国航空是最后一家经历破产的大型航空公司，2011 年进入破产程序，2013 年底退出，其中包括与全美航空拟议的合并（随后得以执行）。值得注意的是，到 2014 年，与西南航空相比，合并后的新公司实际上拥有更低的劳动力成本和更低的单位有效座位里程（ASM）运营成本。然而，随着航空业的整合和更健康的利润前景，美国航空（和其他航空公司）面临雇员要求加薪的压力，劳动力成本压力随之也越来越高。2000 年，全美航空和美国航空的效率低于西南航空，其单位 ASM 的总运营成本为 14 美分，几乎是西南航空（7.7 美分）的两倍。同样，全美航空的单位 ASM 劳动力成本几乎也是西南航空的两倍（5.5 美分比 2.8 美分）。虽然美国航空的劳动力成本不像全美航空那么高，但仍然比西南航空高得多。全美航空以及其他一些所谓的传统航空公司意识到必须降低成本才能与西南航空抗衡。（问题：如果美国航空和全美航空的单位 ASM 劳动力成本与西南航空一样的话，那么它们在 2000 年的劳动力成本和运营收入会是多少？）截至 2008 年（未显示），全美航空和美国航空都取得了相当大的进步，至少在劳动力成本方面，基本与西南航空公司的单位 ASM 劳动力成本持平。到 2014 年，合并后的新公司的劳动力成本低于西南航空（尽管只有西南航空实现了正的运营收入）。全美航空在削减劳动力成本方面取得成功的部分原因是它在 2002 经历了破产（它是第一个这样做的主要航空公司，随后其他航空公司纷纷效仿），并将破产作为降

图表 7-2　全美航空、美国航空与西南航空收益、运力、运营成本及劳动力成本比较

	2000 年 美国航空	2000 年 全美航空	2000 年 西南航空	2014 年 美国航空（包括原全美航空）	2014 年 西南航空	2017 年 美国航空（包括原全美航空）	2017 年 西南航空
收益（百万美元）	19 703	9 269	5 650	30 802	18 605	29 238	21 171
运营成本（百万美元）	18 322	9 322	4 628	31 885	16 380	31 603	17 656
劳动力成本（百万美元）	6 783	3 637	1 683	8 508	5 434	11 816	7 319
雇员数量	93 951	43 467	29 274	94 400	46 278	103 100	56 100
有效座位里程（ASM，百万英里）	167 286	59 910	59 910	237 522	131 004	243 806	153 811
劳动力成本与收益比	34.4%	39.2%	29.8%	27.6%	29.2%	40.4%	34.6%
劳动力成本与雇员数量比（美元）	0.072	0.084	0.058	0.090	0.117	0.115	0.130
运营成本与 ASM 比（美元）	0.110	0.156	0.077	0.134	0.166	0.130	0.115
劳动力成本与 ASM 比（美元）	0.041	0.061	0.028	0.036	0.055	0.048	0.048
养老金和医疗保障负债				未减少		未减少	
运营收入（百万美元）	1 381	(53)	1 021	(1 083)	2 225	(2 365)	3 515
乘客投诉（每 10 万人次）	3.5	2.6	0.5	2.1	0.5	1.5	0.3
美国客户满意度指数	63	62	70	66	78	76	80

说明：2014 年和 2017 年，只使用了美国航空自己的劳动力成本数据。在 10-K 报告中，劳动力成本数据可能以薪水、计时工资和福利的形式出现。全美航空于 2011 年申请破产。美国航空于 2002 年和原利福尼亚合并，因为区域和干线合并运营后的劳动力成本数据没有对外公布。2000 年，美国航空的雇员人数来自美国运输统计局。在破产期间，全美航空做出许降低与退休人员相关的成本。美国航空却没有那么做，显然是因为公司在不降低此类成本的情况下也能参与竞争。2014 年（和 2017 年），美国航空的财务数据是合并后的数据，因此包括原美国航空和原全美航空所有业务（干线、区域、货运）的运营收入为 405.8 万美元。

资料来源：Financial data come from company 10-K reports, available at www.sec.gov. Annual data on customer complaints are from the U. S. Department of Transportation and appear each year in the February issue of American Travel Consumer Reports, available at http://www.dot.gov/airconsumer/air-travel-consumer-reports. American Customer Satisfaction Index ® is available at http://www.theacsi.org/.

低工资和福利成本的机会。然而，美国航空（包括原全美航空）在乘客体验方面仍然处于劣势地位。在所有的年份，至少直到最近（比如，2017 年），西南航空的乘客投诉少了很多，乘客满意度更高。如果说有什么不同的话，那就是从 2000 年到 2014 年，在全美航空和美国航空削减成本的时候，西南航空在乘客满意度方面的优势似乎有所增强。然而，到 2017 年，西南航空在乘客体验方面的优势已经大幅减弱。尽管西南航空在持续改进，但美国航空的进步更大。因此，尽管西南航空在乘客体验方面的持续优势使其可能继续成为乘客的一个更好选择，但这种优势已经被侵蚀。观察美国航空能否在这一指标上继续改进将是一件很有趣的事情。无论如何，西南航空的历史表明，支付多少薪酬并不一定是问题的关键所在。相反，可以认为向雇员支付竞争性薪酬并从雇员那里获得巨大回报的能力才是至关重要的。西南航空的总体薪酬战略得到了广泛的研究，不仅包括雇员利润分享计划和股票奖励，还包括工作的乐趣和坚实的雇员关系。西南航空在航空业是独一无二的，不仅因为它连续 45 年保持盈利（相比之下，全美航空从 1989 年到 1999 年连续亏损），而且是唯一一家没有破产的大型航空公司。然而，人们越来越担心西南航空的劳动力成本已经或可能会成为一个问题。对于那些采用不同薪酬和人力资源管理方法的公司来说，观察未来将会给航空业带来什么将是一件很有意思的事情。

7.1.2　吸引和留住合适的雇员

一个公司可能会向工程师支付相对较高的工资，因为它认为获得高薪的工程师比其他公司的工程师具有更高的劳动生产率。这些获得高薪的工程师可能训练有素；或许他们在构思新的应用程序方面更具创新性；或许他们更不太可能离开公司，因而为公司节省了招聘和培训成本。另一个公司可能会向工程师支付相对较低的工资，因为它要在更多的非金钱的相关性回报上实行差异化策略——更具挑战性和趣味性的项目、执行国际外派任务的可能性、高级培训、更快速的晋升，甚或更好的工作保障。不同雇主设定了不同的薪酬水平；也就是说，相对于竞争对手同等工作的薪酬水平，它们谨慎地选择超越策略或跟进策略。这也就是一个特定工作在劳动力市场上没有"通行工资标准"的原因。[6]

不仅各个雇主为相似工作支付的工资标准不尽相同，同一个公司内部也会对不同的工作族设定不同的工资水平。[7]图表 7-3 所示的公司就说明了这一点。图表 7-3 的上半部分表明，该公司向初级工程师支付的薪酬比市场工资标准高 2%。然而，它向大多数的市场营销人员和营销经理支付的薪酬分别比市场工资标准高 13% 和 25%，办公室人员和技术人员的薪酬比市场工资标准低。因此，该公司对于不同的工作族采用了非常不同的工资水平。

这些数据基于对**基本工资**（base wage）的比较。当我们考察图表 7-3 下半部分的**总体薪酬**（total compensation）时，就会发现一种不同的模式。该公司对不同的工作族仍然支付不同水平的薪酬。但当纳入奖金、股票期权和福利时，只有营销经理的薪酬高于市场水平。其他每一个工作族的薪酬水平都大大低于市场水平。工程经理的薪酬水平降幅最大，从比市场水平低 2% 下降到比市场水平低 30%。[8]

这个基于真实公司数据得来的图表说明了两点：第一，公司通常对不同的工作族

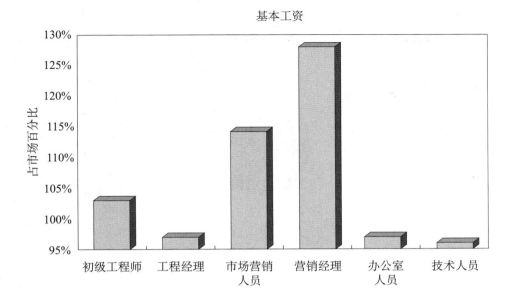

基本工资

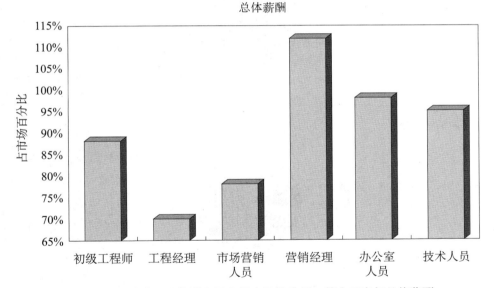

总体薪酬

图表 7 - 3　单个公司薪酬水平市场定位的差异：基本工资与总体薪酬

实施不同水平的薪酬政策。第二，一个公司与市场的对比状况取决于所对比的竞争对手以及其采用的薪酬形式。还不清楚图表中的这家公司是故意在薪酬计划中选择了抬高营销经理和贬低工程经理的做法，还是为没有雇用你们这些读者中的一员为其设计薪酬计划而付出代价。[9]不管怎样，关键是人们乐于谈论"市场工资标准"，好像市场上真的存在适用于任何工作的单一工资标准，而且组织似乎被迫要向承担这种工作的雇员支付这样的单一工资标准。尽管如此，图表 7 - 4 却表明，不同组织在与"通行工资标准"匹配的紧密程度方面能够而且确实有所不同。同样也不存在单一的"通行薪酬组合"。图表 7 - 4 比较了同一个地区的两家公司向同一种工作（软件营销经理）

支付的薪酬组合。两个公司提供了大致相同的总体薪酬。然而，基本工资、奖金、福利及股票期权在薪酬组合中的所占比例并不相同。

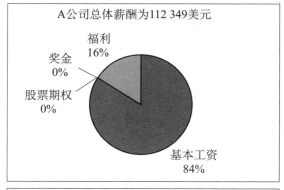

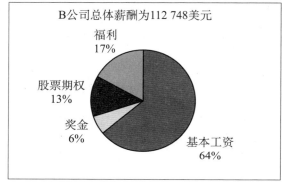

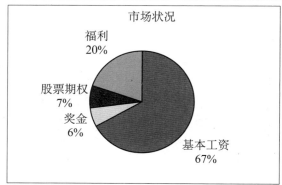

图表7-4　两个公司：大致相同的总体薪酬，不同的薪酬组合

7.2　外部竞争性的影响因素

图表7-5列出了影响薪酬水平和薪酬组合决策的因素。这些因素包括：（1）劳动力市场对拥有各种技能的人才的竞争；（2）影响组织财务状况的产品和服务市场的竞争；（3）各个组织及其雇员所独有的特点，如组织的经营战略、技术，以及雇员的劳动生产率和经验等。这些因素相互作用，共同影响组织关于薪酬水平和薪酬组合的决策。

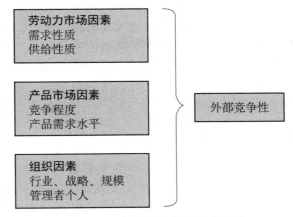

图表 7-5　外部竞争性的影响因素

■ 7.3　劳动力市场因素

　　经济学家描述了市场的两种基本类型：**报价市场**（quoted-price market）和**交易所**（bourse）。标明每种商品价格的商店或列出某种工作的起薪的招聘广告就属于报价市场。从亚马逊网站订购商品时你无法报出自己的价格，但通过 Priceline 公司在线购买旅游产品时你就可以给出自己的报价。然而，Priceline 公司并不能保证你的报价会被接受，而亚马逊的订单会在几天内到货。与亚马逊的报价市场相比，eBay 允许对交易的条款和条件讨价还价，直至达成一致协议；eBay 就是一种"交易所"。即将毕业的大学生通常会发现他们处于一个报价式的劳动力市场中，尽管有些人也可能会进行少量的讨价还价。[10] 不论在交易所还是报价市场，雇主都是买方，而潜在的雇员是卖方。如果雇主的出价（总体薪酬）与雇员提供的技能是双方都能接受的，交易即可达成。它可能是一份与工会、专业运动员及管理人员经过谈判达成的正式合同，或者是一份简短的信函，或者仅仅是一次心照不宣的握手。所有这些活动即构成了劳动力市场，其结果是以特定的工资标准实现人与工作的匹配。

7.3.1　劳动力市场的运行方式

　　劳动力市场理论通常始于四个基本假设：

　　1. 雇主总是寻求利润最大化。

　　2. 所有雇员都是同质的，因此可以相互替代；所有商学院的毕业生都是相同的。

　　3. 工资标准反映了与雇佣有关的所有成本（例如，基本工资、奖金、假期、福利，甚至培训）。

　　4. 雇主所面临的市场是竞争性的，因此，单个雇主不可能通过支付高于或低于市场水平的工资标准获得任何优势。

　　虽然这些假设是对现实的高度简化，但它们为理解劳动力市场提供了一个框架。

　　组织经常声称自己是"市场驱动"的；也就是说，它们通常支付具有市场竞争力的薪酬，甚至在薪酬水平上做市场的领导者。要理解劳动力市场是如何运行的，需要分析劳动力的供给与需求。需求侧关注的是雇主的行动：需要多少雇员，愿意并且能够向新招聘的雇员支付多少薪酬。供给侧关注的是潜在的雇员：他们的任职资格，他们愿意接受的作为他们向雇主所提供服务的交换条件的薪酬。

图表7-6是对商学院毕业生供求状况的简单说明。纵轴代表某一年的工资标准，变化区间从25 000美元到80 000美元。横轴描述的是市场上商学院毕业生的数量。需求曲线是所有雇主在各个工资水平上对商学院毕业生雇佣偏好的总和。当薪酬为80 000美元时，仅有少量的毕业生被雇用，因为只有很少的公司负担得起如此高的薪酬。当薪酬为25 000美元时，各个公司都有能力雇用大量的毕业生。然而，考察供给曲线时，我们会发现没有足够的商学院毕业生愿意应聘薪酬为25 000美元的工作。实际上，只有少量的人愿意在25 000美元的薪酬水平上接受工作。当工资标准上升时，会有更多的毕业生对工作感兴趣，因此供给曲线是向上倾斜的。"劳动力供给曲线与需求曲线的交点决定了市场工资标准。"在此例中，所有的雇主与所有的商学院毕业生的相互作用决定了40 000美元的市场工资标准。因为任何单个雇主在40 000美元的薪酬水平上可以雇用到他所需要的所有商学院毕业生，而且全部商学院毕业生都是同质的（假设2），所以雇主没有理由在劳动力市场上支付高于或低于40 000美元的薪酬。

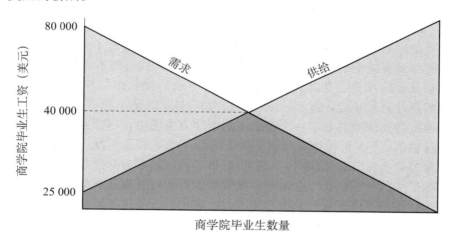

图表7-6 商学院毕业生的短期供给与需求

7.3.2 劳动力需求

如果40 000美元是市场决定的商学院毕业生工资标准，那么一个特定的雇主会雇用多少名毕业生呢？回答这一问题需要对**劳动力需求**（labor demand）进行分析。从短期来讲，一个雇主无法改变其他任何生产要素（即技术、资本或自然资源）。因此，雇主只有通过改变人力资源水平才能使生产水平发生变化。在这种情况下，单个雇主对劳动力的需求正好等于**劳动边际产品**（marginal product of labor）。

劳动边际产品	是指其他生产要素保持不变，额外雇用一名雇员所获得的额外产出。
劳动边际收益	是指其他生产要素保持不变，额外雇用一名雇员所带来的额外收益。

7.3.3　边际产品

假设两个商学院毕业生成立一家顾问公司，为 10 个客户提供咨询服务。公司雇用了第三个雇员，他为公司带来了四个客户。第三个雇员的边际产品（额外增加一个单位的劳动力所带来的产出的变化）便是四个客户。但是增加第四个雇员只为公司带来两个新客户。这种递减的边际生产率的产生是因为每增加一个毕业生，其分享的其他生产要素就会减少。在短期内，这些其他生产要素（例如，办公空间、计算机数量、电话线路、行政支持时间等）是固定不变的。除非能对这些生产要素作出调整，否则新聘用人员的产出必然会比以前聘用的人员低。每个新聘用人员的产出量就是边际产品。

7.3.4　边际收益

现在我们来考察一下边际收益。边际收益是销售边际产品（额外雇用一个雇员所增加的额外产出）所带来的货币收入。在顾问公司的例子中，它的边际收益是额外雇用的每一个雇员所带来的收益。如果每个新客户为公司创造 20 000 美元的收益，那么第三个雇员的四个客户总共将为公司带来 800 000 美元的收益。但第四个雇员或许只能带来两个客户，即给公司带来 40 000 美元的额外收益。这 40 000 美元刚好只够用于支付第四个雇员的工资。因此，该顾问公司将在第四个雇员身上实现盈亏平衡，如果再增加雇员人数将导致公司亏损。回顾一下我们关于劳动力市场理论的第一个假设：雇主总是寻求利润最大化。因此，雇主会持续雇用新雇员，直至雇用的最后一名雇员所创造的边际收益等于他的雇用成本。因为短期内其他潜在成本不变，利润最大化的劳动力需求水平就是雇用最后一名雇员的边际收益等于其工资标准时的需求水平。

图表 7-7 展示了劳动力市场模型与单个雇主面临的雇佣条件之间的联系。其中左侧图源于图表 7-6 "市场层面" 的劳动力供求模型，表示由需要招聘商学院毕业生的 "所有雇主" 的相互作用决定的工资标准（40 000 美元）。右侧图是 "单个雇主" 的劳动力供求模型。在市场决定的工资标准（40 000 美元）条件下，单个雇主可以雇用到其所需要的任何数量的毕业生。因此，供给现在是一个向右无限延伸的水平直线。但是，需求曲线仍是向右下方倾斜的。两条直线在点（4，40 000）相交。因此，对于该雇主而言，市场决定的工资标准（40 000 美元）等于他雇用第四个毕业生的边际收益。雇用第五个毕业生的边际收益小于 40 000 美元，因此无法创造足够的收益以抵消成本。图表中额外雇用一名雇员增加的收入与该雇员的工资标准相等的点就是 "边际收益产品"。

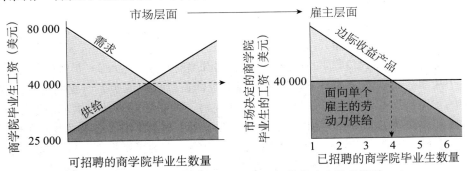

图表 7-7　市场层面与单个雇主层面的劳动力供求模型

使用边际收益产品模型的管理者必须做的事情只有两件：（1）确定由市场力量决定的薪酬水平；（2）确定雇用每一名新雇员所创造的边际收益。明确这两点将会告诉管理者雇用多少雇员。是不是很简单？当然不是。

该模型提供了一个有价值的分析框架，但它是对现实世界的高度简化。在大多数组织中，由于多数生产都是通过各个雇员使用各种技能合力完成的，因此几乎不可能对单个雇员所生产的产品或服务进行量化。即使在使用计件工资标准的条件下（比如，每缝制一个足球可以获得 50 美分），也难以将劳动的贡献从其他资源（高效的机器、坚固的材料、良好的照明和通风）的贡献中分离出来。

因此，边际产品和边际收益都是无法直接度量的。然而，管理者确实需要某种可以反映价值的度量方法。我们在第 5 章和第 6 章讨论了报酬要素、技能模块和胜任力等问题。如果报酬要素确定了哪些要素是组织看重的，那么工作评价就反映了工作的贡献，并可以看作对边际收益产品的替代。然而，报酬要素通常被定义为输入变量（必备技能、解决问题的能力、责任），而不是产出价值。这一逻辑同样可以用于技能和胜任力。

7.3.5 劳动力供给

现在让我们更加详细地考察关于应聘者的行为的假设。该模型假设在劳动力市场上有许多人在寻找工作，他们都掌握关于所有工作空缺的准确信息，而且不存在流动障碍（歧视、许可条款或工会会员资格要求等）。[11]

与分析劳动力需求一样，这些假设也是对现实世界的高度简化。当假设变化时，供给也会变化。例如，向上倾斜的劳动力供给曲线意味着当工资增加时将会有更多的人愿意接受工作。但是，假如失业率很低，提供较高的工资出价将不会增加劳动力供给——每个想工作的人都已经在工作。如果竞争对手迅速跟进一个更高的工资出价，那么该雇主将面临工资水平进一步提高而劳动力供给无法增加的压力。例如，当巨人食品公司（Giant Foods）将其在芝加哥地区的每小时工资提高到比最低工资高一美元时，温迪（Wendy's）和汉堡王（Burger King）很快就会跟进。竞争的结果是：超级市场为现有雇员支付更高的工资，但是人手仍然短缺。虽然有些公司发现降低任职条件和雇用低技能的工人是一种比增加工资更好的选择，但是这一选择导致了培训成本的增加（这一点包含在假设 3 中）。

■ 7.4 对需求侧的修正

有个故事讲述的是一名经济学教授和一个学生一起在校园散步。"看！"这位学生喊道，"路上有一张 100 美元的钞票！"

"不，那不可能，"这位聪明的教授回答说，"如果真有一张百元大钞，早就被人捡走了。"

这个故事告诉我们：经济学理论必须经常被修正以反映现实。当我们把焦点从一个经济中的"全部"雇主转移到一个"特定"雇主时，就必须对劳动力供求模型进行修正，以帮助我们理解现实世界中发生的真实事情。对于经济学家来讲，一个尤为棘手的问题是为什么一个雇主愿意违背经济学原理而支付高于市场决定的工资标准。针对这一现象，图表 7-8 考察了对劳动力供求模型的三种修正：补偿性差异、效率工资、筛选和信号。

图表 7-8　劳动力需求理论及含义

理论	预测	那又怎样
补偿性差异	需要用更高的薪酬吸引和留住雇员从事具有负面特征的工作。	工作评价和报酬要素必须抓住这些负面特征。
效率工资	通过吸引工作能力更强的雇员（即筛选效应，见第 1 章）并阻止其怠工行为（否则面临失去高薪工作的风险，即激励效应，见第 1 章），高于市场工资标准的薪酬将提高公司效率。高薪政策或许可以取代高强度的监督（例如，使用许多主管）。	高薪政策的效果取决于雇员甄选制度有效识别出最优秀雇员的能力。参见本章附录 7-A 中有关效用理论的内容。一个有效的薪酬政策或许只要求使用很少的主管。
筛选和信号	薪酬政策向求职者传递组织所要求的雇员特质信息。求职者通过对自身所进行的投资向雇主传递他们所具备特质的信息（例如，能力）。	不仅薪酬支付水平，而且薪酬支付方式（例如，薪酬组合及对绩效的重视）将影响组织对雇员的吸引力、雇员甄选及人员流失，进而决定组织的劳动力构成。

7.4.1　补偿性差异

早在 200 多年以前亚当·斯密就提出，每个人都会考虑"不同雇佣条件的总体优势和劣势"，并基于"净收益"最大化的选择作出决策。[12] 如果一个工作具有负面特征——例如，必要的培训非常昂贵（医学院），工作的保障性很差（股票经纪人、首席执行官），工作条件很恶劣（高速公路建设），或者获得成功的机会少（专业运动），那么雇主就必须提供更高的薪酬以对这些工作的负面特征作出补偿。

这些**补偿性差异**（compensating differential）解释了劳动力市场存在不同工资标准的原因。虽然这一概念很有吸引力，却难以证明其实用性，因为用于计算净收益的所有因素难以度量和控制。

7.4.2　效率工资

根据**效率工资理论**（efficiency wage theory），如果高工资能够满足如下条件，就会提高组织效率并降低劳动力成本：

1. 吸引高质量的求职者。
2. 降低雇员流失率。
3. 提升工人的努力程度。
4. 减少**怠工行为**（shirking behavior）（经济学家常用这个词来表示"混日子"）。工资越高，雇员找到其他同样高薪的工作的可能性越小。而且，失去某个高薪工作的风险取决于任职者被取代的可能性。度量这种可能性的一个指标就是失业率。（卡尔·马克思把失业者称为"后备军"，雇主可以用其取代在职工人。）因此，效率工资理论预测，如果工资溢价和失业率高到一定程度，雇员提高工作努力程度的可能性就会大增，发生怠工行为的可能性就会变小。
5. 减少对雇员的监督需求（学术上称为"监控"）。

因此，从根本上讲，效率的提高是通过雇用更优秀的雇员或激励现有雇员更出色、更努力地完成工作实现的。效率工资理论的基本假设就是工资水平决定雇员的努力程度——这同样是一个看似诱人但难以证明其实用性的概念。在本章附录7-A中，我们将展示**效用理论**（utility theory）如何帮助比较不同薪酬水平政策的成本和收益，也将讨论经营战略如何在薪酬水平决策中发挥作用。

尽管如此，仍然有一些关于效率工资理论的研究。[13]有一项研究通过考察几个汽车工厂的工作纪律和工资水平来研究雇员的怠工行为。较高的工资水平与较低的怠工率（以惩戒性解雇的人数计算）相关。但是研究者无法说明怠工行为减少带来的收益是否足以抵消（覆盖）高工资成本。[14]

研究表明高工资确实可以吸引更多合格的求职者。[15]但是，高工资也同样吸引了更多不称职的求职者。几乎没有公司对自己招聘计划的评估结果足以表明它们真正从劳动力大军中甄选出了最优秀的求职者。因此，高于市场水平的工资并不能保证公司获得具有更高劳动生产率的雇员队伍。

高于市场水平的工资是否允许组织减少监督人员的数量？有些研究对此作出了肯定的回答。例如，对医院的研究表明，那些向护士支付较高工资的医院通常只雇用了较少的护士主管。[16]研究者没有推断更高的工资是否会吸引来更好的护士，或激励普通护士更加努力地工作。研究者也没有说明医院能否降低总的护理成本。

一个组织的**工资支付能力**（ability to pay）与效率工资模型相关。盈利水平更高的公司通常比竞争对手更有能力与雇员分享公司收益。这可以通过两种形式实现：支付"高于"竞争对手的工资水平，或根据利润水平支付奖金。学术界把这种情况称为"租金分享"。**租金**（rent）是通过雇员活动获得的超过吸引雇员从事这些活动所需的最低工资水平的回报（利润）。[17]有研究表明，高盈利能力公司的工资水平通常比低盈利能力的公司高15％左右。[18]

请注意，到目前为止我们的讨论只涉及薪酬水平问题。薪酬支付的形式——薪酬组合问题——在这些理论中都被忽视了。简化的假设就是薪酬水平包含不同薪酬形式的价值。但有一种可能性明显被抽象掉了，即有些人会发现更多的基于绩效的奖金报酬或更好的医疗保险更具有吸引力。信号理论在理解薪酬组合方面更加有用。

7.4.3　筛选和信号

筛选是在第1章介绍过的概念，是指薪酬战略对组织的劳动力构成产生的影响——谁被吸引和谁被保留。信号是一个密切相关的过程，是筛选效应的基础。该理论认为，雇主特意将薪酬水平和薪酬组合设计成为战略的一部分，向未来雇员和在职雇员发出组织所寻求的行为类型的信号。[19]从市场营销的角度看，就像竞争性产品和服务的品牌一样，组织提供的薪酬水平和薪酬组合也建立了一种"品牌"，它向组织未来的雇员传递了某种信息。[20]

假设存在两种薪酬政策，前者的**基本工资**（base pay）低于市场水平，但向雇员提供丰厚的奖金或更多培训机会；后者的基本工资同市场相匹配，但不向雇员提供绩效工资。这两种薪酬政策传递出不同的信号，可能会吸引不同的雇员。把低基本工资与高奖金结合起来的雇主发出的信号可能是：它需要风险挑战型的雇员。雇主的薪酬政策帮助雇主向雇员传递了组织期望。

再次考察图表 7-4。它展示了两家竞争对手薪酬形式的明细，以及它们与市场的关系。A 公司（基本工资占 84%）的薪酬组合比 B 公司（基本工资占 64%）或市场平均水平（基本工资占 67%）更强调基本工资。A 公司不提供奖金和股票期权，只提供相对较少的福利。B 公司的薪酬组合更接近市场平均水平。A 公司的薪酬组合传递了什么样的信息？哪种信息对你更具吸引力？是 A 公司还是 B 公司？敏锐的读者会注意到，在 A 公司你可以挣到 112 349 美元，这笔钱与绩效并无明显相关关系。或许只在公司上班时间露个脸就能拿到这笔钱。在 B 公司，你只有拿到绩效奖金和期权才能挣到 112 748 美元。B 公司风险更高吗？在 B 公司获得这些风险更高的报酬并无额外奖赏，为什么还有人愿意留在 B 公司工作？如果没有额外奖赏，B 公司将如何吸引和留住雇员？或许 B 公司拥有有趣的项目、充满弹性的工作时间，或者更多的晋升机会——它们都是 B 公司的"总体薪酬品牌"的组成部分。

对即将毕业的大学生的研究发现，薪酬水平和薪酬组合会同时影响他们的工作选择决策。[21] 学生们希望找到可以获得高薪的工作，但他们也对基于个人（而非团队）的薪酬、固定（而非可变）薪酬、基于工作（而非基于技能）的薪酬及弹性福利表现得情有独钟。研究者根据与薪酬偏好相关的个人特性——物质主义、对自己能力的自信、风险厌恶——对求职者进行了评价。薪酬水平对于物质主义者最为重要，对于风险厌恶者却没有那么重要。因此，求职者似乎会根据他们所认为的个人性格与薪酬制度所暗示的组织性质的匹配程度来选择工作机会。薪酬水平与薪酬组合都传递了一种信号，由此而形成筛选效应（即哪些人加入组织和哪些人留在组织）。

信号在劳动力供求模型的供给侧也起作用，就像劳动力供给者给潜在雇主发出信号一样。训练有素、相关课程学习成绩较高且（或）有相关工作经验的求职者向未来雇主发出的信号是：他们更有可能成为高绩效的雇员。（他们发出的信号可能会与雇主发出的信号有相同的准确程度。）因此，求职者的特征（学历、成绩、经验）以及组织关于薪酬水平（领先型、匹配型、滞后型）和薪酬组合（更高的奖金、更多的福利选择）的决策都可以充当促进雇佣双方沟通的信号。

7.5　对供给侧的修正

图表 7-9 所示的两种理论——**保留工资**（reservation wage）和**人力资本**（human capital）——聚焦于理解雇员的行为，即劳动力供求模型的供给侧。

图表 7-9　劳动力供给理论及含义

理论	预测	那又怎样
保留工资	如果工资低于某个特定水平，那么不论该工作的其他方面特性如何诱人，求职者都将拒绝接受。	薪酬水平会影响招聘能力。薪酬必须达到最低水平。
人力资本	获得通用的和特定的技能都需要进行人力资本投资。公司将投资与公司业务相关的特定技能，而非通用技能。雇员必须为通用技能投资支付费用。	雇员和公司必须为获取技能/能力进行投资。要使投资付诸行动，就必须有足够的投资回报（例如，薪酬水平）。例如，雇员必须看到培训所能带来的好处。

7.5.1　保留工资

有的时候，经济学家看起来幽默感十足。除此之外，我们还能如何解释为什么他们会选择用"非补偿性"来描述薪酬呢？经济学家的意思是求职者都有一个保留工资水平，不论低于这一工资水平的工作的其他方面特性如何诱人，他们都会拒绝接受。如果工资水平不能达到求职者的最低标准，该工作任何其他方面的特性都不能弥补（补偿）这一缺陷。其他理论家更进一步，认为有些求职者——满足者——通常会接受他们所获得的满足自己保留工资的第一个工作机会。保留工资或许会比市场工资标准高或低。该理论试图解释雇员对工作机会反应上的差异。对于薪酬的形式尤其是医疗保险而言，同样存在保留水平问题。一位年轻的高中毕业生最近告诉我们："如果找不到一份提供医疗保险的工作，我可能会选择去上大学。"

7.5.2　人力资本

人力资本理论或许是在解释薪酬水平差异方面最具影响力的经济学理论，它基于以下假设：更高的收入会流向那些通过自我投资（获取额外的教育、培训及经验）提高自己潜在劳动生产率的人。[22]该理论假设人们实际上是根据自己所创造的边际产品的价值获取报酬。通过投资于培训甚或健康来提高生产能力将会增加一个人的边际产品。总体而言，个人的技能和能力的价值是为获取这些技能和能力而耗费的时间、金钱、努力的函数。因此，那些需要进行长时间和高成本培训的工作（工程师、医生），其薪酬应该高于那些要求较少投资的工作（办公室文员、小学教师）。[23]当薪酬水平提高时，愿意进行人力资本投资的人数就会增加，因而会产生一条向上倾斜的供给曲线。事实上，不同类型的教育确实会带来不同的薪酬待遇。在英国，取得数学、法学或经济学学位的毕业生所获得的薪酬比其同龄但无大学学历的求职者高 25％ 左右。多接受一年教育通常每年会增加 4 200 美元左右的收入。

许多其他因素也会影响劳动力供给。[24]工作之间流动的地域障碍、工会要求、缺乏空缺职位的信息、涉及的风险程度和失业程度等，都会对劳动力市场产生影响。而且，工作的非货币方面（例如，工作时间的弹性）可能也是投资回报的重要方面。

■ 7.6　产品市场因素与薪酬支付能力

劳动力的供给与需求是雇主薪酬水平的主要决定因素。但从长期来讲，任何组织都必须产生足够的收益来支付各种费用，包括薪酬。由此可见，雇主的薪酬水平受制于它在产品/服务市场上的竞争能力。因此，产品市场状况在很大程度上决定了组织的薪酬支付能力。

产品需求和竞争程度是产品市场的两个关键因素。这两个因素都会影响组织改变产品和服务的定价的能力。如果不能在不减少销售量的情况下改变产品/服务的价格，雇主设定更高薪酬水平的能力就会受到限制。

7.6.1　产品需求

尽管劳动力市场条件（和法律要求）为雇主吸引足够的雇员所需要的薪酬水平设置了一个下限，但产品市场为雇主可以设定的最高薪酬水平设置了一个上限。如果雇主支付的薪酬超过了这一最大值，它要么通过提高产品价格将薪酬成本转嫁给消费者，要么在保持价格不变的情况下从总收益中拨出更大的份额来支付劳动力成本。

7.6.2　竞争程度

在诸如汽车制造或通用药物生产等竞争激烈市场上的雇主，不太可能在不损失收益的情况下提高价格。在另一个极端，兰博基尼跑车或癌症突破性疗法的个体供应商会随心所欲地为自己的商品定价。但是，过高的价格常常会引起政府监管机构的注意。

除了产品市场状况，其他因素也会影响薪酬水平。我们已经讨论了其中的一些因素。劳动生产率、所使用的技术以及相对于工厂现有生产能力的产量水平都会影响薪酬决策。这些因素在行业之间的变化要比在行业内部的变化大。不同汽车制造商之间在技术使用和客户偏好方面可能存在差异，而汽车制造业与石油或金融行业之间也存在技术和产品需求差异，相比而言，前者的差异要小得多。

7.6.3　一种不同的观点：管理人员的说法

与管理人员的讨论有助于深入理解所有这些经济因素是如何转化为实际的薪酬决策的。在一项研究中，研究者根据失业率、利润率和劳动力市场状况的变化设置了若干情境。[25]研究者要求管理人员针对不同情境给出几种职位的工资调整建议。失业率水平几乎不会有任何影响。有位管理人员对高失业率应该导致降薪的建议持怀疑态度："你的意思是利用工人大量失业这个事实？"公司的利润率被认为是高级管理层在制定总体薪酬预算时考虑的一个因素，但不是管理人员在调整个体薪酬时考虑的因素。归根到底就是一句话："不论首席财务官说什么，我们都负担得起！"管理人员认为，即使市场状况允许公司降薪也要谨慎施行，降薪只是一种目光短浅的做法。与效率工资理论直接相左的是，管理人员认为无法有效吸引和留住雇员的原因在于管理不善而非薪酬水平不高。他们的观点是："主管人员试图用金钱来解决雇员管理中遇到的困难！"[26]

当然，管理人员在假设情境中的所作所为并不意味着他们在实际工作中遇到类似情况时会采取这种做法。他们的观点或决策也并不必然与其他公司行事风格不同的管理人员的观点或决策一致。同样，管理人员的想法并不总能代表雇员的想法。2009—2011年，失业率达到了 20 年来的最高水平，各个公司确实采取了降薪措施，要么是直接降薪，要么是要求雇员不带薪休假（通常称为暂时解雇）。另一种降薪方式是减少 401(k)退休计划的缴费。其他一些公司强制进行工资冻结。[27]这样的降薪并不多见，因为在失业率处于最低水平的数十年里，吸引和留住人才是组织的首要任务。关于管理人员／雇主和雇员的观点差异，我们可以从雇员留任的角度加以考察。一项关于雇员离职原因的全国性调查发现，在高绩效的雇员中，薪酬是最常被提及的离职原因（占 51%），而将雇员与主管的关系视作离职原因的比例仅为 1%。然而，雇主在某种程度上低估了薪酬的作用（45% 的雇主将薪酬视为雇员的离职原因，而持此观点的雇员比例为 51%），大大高估了雇员与主管关系的作用（31％的雇主将雇员与主管的关系视为雇员的离职原因，而持此观点的雇员仅占1％）。[28]

7.6.4　分割型劳动力供给与（不同的）通行工资标准

然而，面对巨大的竞争压力，许多雇主已经实施降薪政策。正如我们在前面所看到的，美国的航空业就是一个典型的例子。全球企业在工资支付上的显著差异以及境外转移的便利也已经使许多公司考虑采取降薪行动。[29]削减劳动力成本的其他选择还包括"分割"劳动力来源。

人流向工作

考虑一下医院如何配备医护人员和支付报酬，以及每种方法的成本。医院每个班次需要的护士人数取决于病人的人数。为应对病人数量的波动，医院使用了四种不同的护士来源，如图表7-10所示。

图表7-10　劳动力的不同来源：以护士为例

护士类型	特征描述	每小时工资对比	是否享受福利？	医院是否向代理机构付费？
正式护士	全职雇员	100％	是	否
备用护士	随叫随到，临时雇员	132％	否	否
注册护士	可以为多个地区的医院工作的机构雇员，福利由代理机构支付	150％	是	是
流动护士	该地区以外的机构雇员，被派往全国各地的医院执行长期任务（如6个月），福利由代理机构支付	150％	是	是

劳动力的分割供给导致护士们在同一班次从事同一份工作，但收入和（或）福利明显不同，在与医院、其他护士和医疗保健专业人员的关系方面也不同。这是人流向工作的一个例子。医院不能将其护理工作转至其他城市或其他国家。

工作流向人——现场、场外、境外转移

位于美国加利福尼亚州长滩地区的Apriso公司是一家设计和安装计算机辅助制造软件的企业，其软件广泛应用于世界各地的工厂。当Apriso公司竞争一个项目时，不同地区人员的薪酬水平就成为制定竞标价格必须考虑的内容之一。Apriso公司可以通过现场（在长滩地区）、场外（来自美国各地的合同雇员）及境外转移三种方式为项目配置雇员。在长滩的设计工程师可以挣到两倍于在波兰克拉科夫的设计工程师的薪酬。Apriso公司可以从不同来源地去"组合和匹配"雇员。它在投标中到底会考虑哪种来源地取决于多种因素：客户偏好、时间计划、项目性质。为做好投标工作，Apriso公司的管理者需要搞清楚各地劳动力市场的薪酬水平和薪酬组合，不仅包括长滩地区，而且包括克拉科夫、上海、温哥华以及班加罗尔。（我们在本章后面再讨论此话题。）

从这部分讨论中，你需要了解三点（"那又怎样"）：

1. 现实是复杂的，理论是抽象的。并不是我们的理论没有用。它们只是简单地抽象掉细节，以阐明那些可以帮助我们理解现实如何运作的潜在因素。市场动力学理论、供求的相互作用形成了一个有用的基础。

2. 分割型的劳动力来源意味着确定薪酬水平和薪酬组合越发需要理解不同地区的市场状况，甚至是世界范围内的市场状况。

3. 管理者也需要明白要做的工作、要执行的任务以及完成工作、任务所需的知识和行为（听起来好像是工作分析），这样他们就可以将不同的任务捆绑在一起派往不同地区。

■ 7.7 组织因素

虽然产品和劳动力市场状况为管理者制定某种外部竞争性政策创造了一系列可能性，但组织因素也会影响薪酬水平和薪酬组合决策。[30]

7.7.1 行业与技术

组织的竞争会影响所在行业采用的技术。劳动密集型行业（如教育和医疗保健）的薪酬水平往往低于技术密集型行业（如石油或制药行业），专业型服务行业（如顾问公司）的薪酬水平则更高。除了行业之间的技术差异影响薪酬，在"同一行业内部"新技术的引进也会影响薪酬水平。下次当你在超级市场排队交款时，请思考一下收银员的工资。统一的产品代码、扫描枪以及内置于柜台中的度量器具，甚至自助式结账通道的使用，已经大大降低了对收银员的工作技能要求。结果，随着时间的推移，收银员的平均工资下降。[31]

在分析劳动力市场时，与特定技术对应的任职资格、经验也很重要。在宾夕法尼亚州伊利地区为通用电气公司制造柴油机车的机械师和技工，与在西雅图制造波音飞机的机械师和技工相比，任职资格大相径庭。[32]

7.7.2 组织规模

有一致的证据表明，规模大的组织往往比规模小的组织支付更多的报酬。一项对制造业公司的研究发现，雇员数量在 100～500 人的公司支付的工资要比规模较小的公司高 6%；雇员数量多于 500 人的公司支付的工资要比规模最小的公司高 12%。[33]组织规模、工资支付能力和薪酬水平之间的这种关系与经济学理论是一致的——富有才华的个人在规模较大的组织中具有更高的边际价值，因为他们能够影响更多的人和决策，从而可以带来更多的利润。比较一下《深夜脱口秀》原节目主持人斯蒂芬·科尔伯特（Stephen Colbert）给 CBS 带来的广告收入和他给 WBNS 带来的潜在收入（假设《深夜脱口秀》节目只在俄亥俄州雅典的 WBNS（甚至是喜剧中心）播出）。不论斯蒂芬·科尔伯特在俄亥俄州雅典的表现有多么酷，WBNS（和（或）喜剧中心）也无法创造足够的收入来支付他高达数百万美元的薪水，但 CBS 可以。为什么规模较大的公司（如 CBS）的每个雇员，包括门卫和薪酬经理，都会得到更高的报酬？然而，经济学理论对此无法给出有力的解释。看起来不太可能每个人都具有科尔伯特那种对收入的影响力。

7.7.3　雇员偏好

雇员真正看重的是哪种薪酬形式（医疗保险、眼睛保健、奖金、养老金）？在确定外部竞争性方面，更好地理解雇员的偏好越来越重要。毕竟市场涉及雇佣双方的选择。[34]然而，可靠地度量偏好十分困难。在回答"你最看重工作的哪个方面"这个问题时，我们当中会有谁愚蠢到（公开地）把金钱看得比热心的同事或富有挑战性的任务还重要呢？研究发现，人们对金钱的重视程度远大于他们愿意承认的程度。[35]

7.7.4　组织战略

薪酬水平和薪酬组合的战略有多种。有些雇主采取了"低工资、无服务"的战略，通过以尽可能最低的总体薪酬生产产品和服务的方式参与竞争。据报道，耐克公司和锐步公司就采用这种战略。这两家公司都高度依赖劳务外包来制造产品。例如，耐克公司将其99%的鞋类产品外包给中国、越南、印度尼西亚和泰国的独立制造商，这些国家的劳动力成本都比美国低。另一些雇主选择"低工资、高服务"的战略。万豪国际酒店（Marriott）向低薪清洁员提供了一条与社会工作者联系的热线，社会工作者可以帮助他们解决儿童看护和接送问题。它还向新的移民雇员提供英语和公民课程，讲座内容包括引导雇员正确管理自己的薪水和生活。还有一些雇主实施了"高工资、高服务"的战略。我们在第2章讨论的美敦力公司采用的"全身心投入工作"方案就是一个例子。显然，这些都是一系列可能性中的极端情况。研究发现，就像图表7-3中的公司那样，在一些组织内部存在多样化的薪酬水平战略。市场领先型薪酬水平战略通常应用于对组织的成功产生最直接影响的工作（制药公司的研发工作和营销工作）。对于对组织的成功影响较小的工作（人力资源管理和生产制造类工作），通常采用一种"市场跟进型"的薪酬水平战略。

正如我们在前面所指出的那样，效率工资理论认为有些组织确实由于多种原因（例如，它们的技术更严重地依赖于那些高素质的工人，或者更难以监控雇员的工作表现）为改进效率而提高雇员工资。不论是针对整个组织还是针对关键工作而言，更高的薪酬水平可能适合特定的组织战略，比如对具有更高附加值的客户细分市场的竞争。[36]（回忆一下我们在第1章讨论的开市客的案例。）同样，有证据表明，那些更广泛采用所谓高绩效工作实践（团队、质量控制圈、全面质量管理、轮岗）和基于计算机的技术，以及拥有更高技能雇员的组织，也提高了雇员工资。[37]这与我们在第2章对有关人力资源实践需求的讨论是一致的——这些人力资源实践被设计用于激励雇员的能力、动机和贡献机会（AMO理论）以实现彼此的强化。提高工资的明显好处可能包括：提升雇员**薪酬满意度**（pay satisfaction），更好地吸引和留住雇员，更高的质量、努力程度和（或）绩效水平。[38]最终，更高的工资水平必须为组织带来一些回报（例如，提高劳动生产率、改进产品质量和（或）促进革新），否则，一个公司的竞争和生存能力就存在问题。（参见我们在第1章及本章其他部分关于通用汽车公司和美国汽车行业的讨论。）有证据显示，制造业劳动生产率（被定义为产品销售价值除以雇员工作的小时数）与每小时工资水平呈正相关（$r=0.45$）。[39]这种相关关系虽然不够完美，但对制造行业还是很有意义。

■ 7.8　相关市场

经济学家认为"市场"是理所当然的——就像他们常说"市场决定薪酬"一样。但圣·卢克医院（St. Luke）和 Apriso 公司的管理者意识到，界定**相关市场**（relevant market）是制定薪酬决策（如何支付薪酬和支付多少薪酬）的一个主要组成部分。

虽然单个同质的劳动力市场概念或许是一个有用的分析工具，但是每个组织都在多个劳动力市场中运作，每个市场都有独特的需求和供给。有些组织（如圣·卢克医院）还面对同一个市场上同一种技能的分割型供给。其他一些组织（如 Apriso 公司）对于从哪个市场挑选雇员的问题要进行更广泛的思考。它们试图回答：让正确的人做正确的事，应向他们支付多少薪酬才算正确？

因此，管理者必须界定与薪酬目标相关的市场，并在这些市场上确立合适的竞争定位。通常用于界定相关劳动力市场的三个要素是：职业（所需的技能/知识）；地域（是否愿意搬家、通勤，或者是否愿意成为组织的虚拟雇员）；竞争对手（在相同的产品/服务和劳动力市场的其他雇主）。

7.8.1　相关市场的界定

雇主如何选择他们的相关市场？奇怪的是，很少有人研究这一问题。但是，如果相关市场界定错误，对竞争对手工资标准的估计就会失误，进而导致组织确定不恰当的薪酬水平和薪酬组合。

> **网络资源**
>
> 选择几个你认为可能互为劳动力市场竞争对手的公司（例如，微软、甲骨文、IBM；或者强生、默克、辉瑞）。比较它们各自网站上的招聘信息。这些公司都列出工作的薪酬了吗？提供的是单一薪酬吗？有没有给出讨价还价的空间？

有两项研究确实为这个问题提供了一些启示。[40] 它们得出的结论是，管理者界定相关市场时不仅关注竞争对手（competitor）——它们的产品、区位及规模，而且考虑工作所需的技能和知识以及它们对组织成功的重要性（例如，律师事务所的律师、微软公司的软件工程师）。因此，依据所处的区位和组织规模，一个公司即可被视为相关性比较的对象，即使它不是产品市场的竞争者。第 8 章的一个例子会介绍谷歌和微软为支付高级管理人员薪酬如何界定相关市场。

如果满足下列条件，产品市场的竞争者（相对于劳动力市场的竞争者）的数据可能会被赋予更大的权重：

1. 雇员技能为产品市场所特有（回想一下波音公司的技工与通用电气公司制造机车的技工的差异）。

2. 劳动力成本在总成本中占有很大份额。

3. 产品需求对价格变化很敏感。也就是说，人们不会去花 4 美元买一瓶 Leinenkugel 啤酒，相反，他们会到乔氏超市（Trader Joe's）买一瓶被称为"2 美元货"的 Charles Shaw 葡萄酒（我们用 2 美元所能买到的味道最好的葡萄酒）。[41]

4. 劳动力供给对薪酬变化不敏感（回想一下前文"低工资、低技能"的例子）。

7.8.2　相关劳动力市场的全球化：境外转移与外包

我们将在第 16 章更全面地讨论全球化和国际问题。在此，我们只需知道工作流向低工资地区并不是什么新鲜事。历史上，服装（针织行业）和家具制造工作从美国的新英格兰地区流向了南方各州。工作的跨国界流动现在也不是什么新鲜事。首先是从美国流向亚洲及中美洲地区的低技能、低工资工作（服装和狂欢节彩珠），接着是工资较高的蓝领工作（电子产品、家用电器），现在是服务和专业性工作（会计、法律、工程、影像诊断）。快速提升的通信和软件连通能力加快了这些发展趋势。例如，程序代码和放射摄影影像能够在瞬间传输到世界各地。

在第 4 章，我们讨论了那些被认为会增加境外转移敏感度（也就是说将工作转移到其他国家）的工作特征（例如，工作易于程序化，投入和产出便于进行电子化传输，不需要与其他同事进行互动，不需要掌握当地所独有的社会和文化知识）。现在，我们将讨论公司为什么要进行劳动力境外转移，以及进行境外转移所面临的挑战。

几年前，IBM 发现，在美国一名拥有 3~5 年工作经验的计算机程序员（我们在第 4 章中曾指出这是境外转移敏感度最高的职业之一）的薪酬总成本是每小时 56 美元。在发展中国家，一个同样合格的程序员的薪酬总成本是每小时 12.5 美元。[42]根据数据，估计 IBM 通过向印度和巴西等国家转移部分程序员工作，每年节省 1.68 亿美元。这种节省是难以忽视的，尤其当竞争公司要么设在低劳动力成本国家（例如，在印度设立的印孚瑟斯公司（Infosys）），要么向这些国家转移工作或者拓展业务的时候。

正如上面所指出的那样，境外转移也发生在律师和金融服务工作上。在印度孟买，Pangea3 有限责任公司雇用印度的律师处理华尔街银行的法律事务。在美国，新入职律师每小时收费可能超过 200 美元，而在印度类似律师的每小时收费可能只有 75~100 美元。[43]在金融服务领域，印度的 Copal Partner 公司业务大幅增长，因为华尔街的公司不仅将后台工作（例如，交易处理）向海外转移，而且越来越多地将研究报告制定、交易建议等业务进行外包或向海外转移。花旗银行目前在印度雇用了 20 000 名雇员，德意志银行雇用了 6 000 名雇员。按照一位观察家的说法，"美国大量的工作由年薪 25 万美元的沃顿商学院的 MBA 承担"，但"其中的某些工作，就其本质而言是可以外包的"。[44]越来越多的复杂性工作被转移境外或外包是有可能的。

虽然不能忽视劳动力成本的巨大差异，但是在决策向哪些地方转移或外包工作时，还有其他一些因素需要考虑。[45]第一，正如我们在第 1 章中看到的，以及我们将在第 16 章中更详细地看到的，平均劳动力成本较低的国家通常也具有较低的平均劳动生产率。因此，一个公司必须确保它所节约的劳动力成本不会被当地较低的劳动生产率抵消。劳动生产率的一个决定因素是劳动力的技能水平。第二，后面讨论的代理理论告诉我们，公司必须为建立对雇员工作行为和工作产出的监督体系投入资源。即使在技术飞速发展的今天，当地理和文化上的差异巨大（以及时区不同）时，这种资源的投入及工作的协调也将难度更大、代价更高。[46]第三，必须考虑客户的反应。例如，达美航空公司（Delta Air Lines）决定不再使用印度的呼叫中心处理销售和订票问题，尽管印度呼叫中心工作人员的薪水只有近 500 美元（大约是美国呼叫中心工作人员薪水的 1/6）。达美航空公司称其客户与印度呼叫中心代表的沟通存在问题。达美航空公司首席执行官解释称，"客户对设在外国的呼叫中心的认可度低"，而且"我们的客户想让我们知道这种反馈"。[47]第四，如果劳动力成本是转移或外包工作的驱动力量，那么公司就必须弄清这种大幅降低薪酬带来的劳动力成本优势能够维持多久，而且当其他公司也进入这种低工资劳动力蓄水池时，这种合格的劳动力能否得到充分持续的供应。然而，没有什么东西是永恒的。当然，在劳动力成本优势变小以致被其他因素抵消之前，这种工作境外转移和（或）外包带来的劳动力成本的节约也会对公司利润产生多年的巨大影响。我们将在第 16 章再对这个问题进行讨论。

另一个引人入胜的例子是关于苹果公司的手机和平板电脑的制造战略。与在美国本土组装手机和平板电脑相比，苹果公司通过将这些业务外包节约了数十亿美元的劳动力成本。如图表 7-11 所示，在第一种情况下，在美国组装手机和平板电脑营业收入将会减少 80 亿美元（24%）。在第二种情况下，在美国组装手机和平板电脑营业收入将会减少 148 亿美元（44%）。因此，如果这些产品在美国组装，苹果公司有以下两种选择：（a）要么告诉股东公司利润（进而股东回报）将减少数十亿美元；（b）要么将增加的成本转嫁给消费者，而在这种情况下，除非产品需求缺乏弹性（这是不可能的），否则会导致销售量的下降，进而再次降低利润水平和股东回报。

图表 7-11 2011 年度劳动力成本差异对苹果公司营业收入的影响

2011 年营业收入	33 790 000 000 美元	
2011 年手机销售量	每部手机劳动力成本差异	劳动力成本总差异
72 293 000 部	估计 1 65 美元	4 699 045 000 美元
72 293 000 部	估计 2 158.57 美元	11 463 501 010 美元
2011 年平板电脑销售量	每台平板电脑劳动力成本差异	劳动力成本总差异
33 394 000 台	估计 100 美元	3 339 400 000 美元

	2011 年如果在美国组装苹果手机和平板电脑将会增加的劳动力成本	占营业收入的百分比	新营业收入	新营业收入变化百分比
第一种情况（使用手机劳动力成本估计 1）	8 038 445 000 美元	24%	25 751 555 000 美元	-24%
第二种情况（使用手机劳动力成本估计 2）	14 802 901 010 美元	44%	18 987 098 990 美元	-44%

说明：图表展示的是 2011 年的年度数据。

资料来源：Charles Duhigg and Keith Bradsher, "How the U. S. Lost Out on iPhone Work," The New York Times, January 21, 2012; Julie Froud, Sukhdev Johal, Adam Leaver, and Karel Williams, "Apple Business Model: Financialization across the Pacific," University of Manchester, Centre for Research in Socio-Cultural Change, Working Paper No. 111, April 2012; Tim Winstall. "If Apple Onshored iPad Production It Would Create 67,000 American Manufacturing Jobs!," Forbes, December 18, 2011, http://www.forbes.com/sites/timworstall/2011/12/18/if-apple-onshored-ipad-production-it-would-create-67 000-american-manufacturing-jobs.

■ 7.9　竞争性薪酬政策的替代性选择

　　薪酬理论对理解我们所观察到的雇主之间薪酬水平的差异提供了一些帮助。这些理论对理解薪酬形式的组合差异帮助不大。相关市场受来自劳动力市场、产品市场和组织的压力的影响。但那又怎样？管理者实际上是如何设定薪酬水平和薪酬组合政策的？又有什么区别？在本章余下的内容中我们将重点讨论这两个问题。

　　前面提到，薪酬水平是组织内部一系列劳动力费用的平均值。有三种传统的薪酬水平政策：领先型、跟进型或滞后型。比较新的政策都强调灵活性，它们体现在针对不同雇员群体的不同政策之间、针对雇员个体的不同薪酬形式之间，以及公司希望在其外部竞争性政策中强化的雇员关系要素之中。

7.9.1　薪酬水平政策的影响

　　基本的前提是，薪酬的竞争性会影响组织实现薪酬目标的能力，进而影响组织的绩效。[48]各种替代性政策可能会产生的影响如图表 7-12 所示，我们将在下文对此进行详细讨论。关于薪酬水平的研究存在的问题是只关注基本工资而忽视奖金、激励、期权、工作保障、福利或其他薪酬形式。但本章的图表及讨论应该已经让你确信，基本工资仅仅代表薪酬的一个部分。只进行基本工资之间的对比可能会产生误导。事实上，许多管理者认为，从基本工资中拨出部分资金并将其补充到那些能更有效地影响雇员行为的多样化薪酬形式中去的做法更有价值。[49]

图表 7-12　外部薪酬政策与薪酬目标的可能关系

政策	薪酬目标				
	吸引雇员的能力	留住雇员的能力	控制劳动力成本	减少雇员对薪酬的不满	提高劳动生产率
薪酬水平高于市场（领先型）	＋	＋	？	＋	？
薪酬水平等于市场（跟进型）	＝	＝	＝	＝	？
薪酬水平低于市场（滞后性）	－	？	＋	－	？
混合型	？	？	＋	？	＋
最佳雇主	＋	＋	＋		？

　　例如，通用磨坊公司试图为管理者提供第 50 百分位的基本工资（在消费品公司中），如果他们的绩效水平突出，则向他们提供第 75 百分位的总体现金薪酬（基本工资是可变的）。[50]如图表 7-13 所示，这似乎是一种常见战略。

图表 7-13　竞争性薪酬政策目标：基本工资和总体现金薪酬

基本工资目标
与相关劳动力市场相比，你所在组织基本工资的目标是什么？

	小于第 25 百分位	第 25～40 百分位	第 40～60 百分位	第 60～75 百分位	大于第 75 百分位	变化/无目标
高层管理人员（$n=1\,034$）	0%	1%	73%	14%	3%	9%

中层管理人员（n=1 045）	0%	1%	85%	7%	2%	5%
专业人员（n=1 042）	1%	1%	86%	6%	2%	4%
销售人员（n=1 037）	1%	1%	85%	6%	1%	7%
行政人员（n=1 037）	1%	2%	86%	6%	1%	5%
生产人员（n=835）	0%	3%	84%	6%	1%	6%

总体现金薪酬目标

与相关劳动力市场相比，你所在组织总体现金薪酬的目标是什么？

	小于第25百分位	第25～40百分位	第40～60百分位	第60～75百分位	大于第75百分位	变化/无目标
高层管理人员（n=1 037）	0%	1%	50%	24%	5%	20%
中层管理人员（n=1 041）	0%	1%	61%	18%	3%	18%
专业人员（n=1 035）	0%	1%	64%	14%	2%	18%
销售人员（n=1 896）	0%	1%	63%	15%	3%	18%
行政人员（n=1 033）	0%	2%	65%	13%	2%	18%
生产人员（n=837）	0%	3%	63%	12%	2%	20%

资料来源：Reprinted from "Job Evaluation and Market-Pricing Practices," Contents © WorldatWork. 经世界薪酬协会许可转载。内容仅允许付费者使用。如果没有得到世界薪酬协会的书面许可，这篇文章的任何部分都不能被复制、摘录或以任何形式重新发布。

7.9.2　跟进（匹配）型薪酬政策

在跟进型、领先型和滞后型三种政策选择中，最常见的政策就是跟进竞争对手的工资标准。[51]管理者过去认为实施跟进型政策的原因是：与竞争对手的工资标准不匹配将导致现有雇员的满意度下降，并且限制组织招募雇员的能力。许多非工会化组织为阻止工会组织的工会化图谋倾向于采取跟进型甚至领先型政策。**跟进型薪酬政策**（pay-with-competition policy）试图确保组织的薪酬成本与产品市场上的竞争对手大体一致，并确保其吸引求职者的能力与劳动力市场上的竞争对手大体相当。

经典经济学模型预测，雇主可以满足有竞争力的工资要求。虽然这可以避免让雇主在产品定价上处于劣势，但可能无法为雇主赢得劳动力市场上的竞争优势。

7.9.3　领先型薪酬水平政策

领先型薪酬水平政策（lead pay-level policy）使雇主吸引和留住优秀雇员的能力最大化，并将雇员对薪酬的不满降至最低。它也可能抵消工作存在的令人不快的特征，就像亚当·斯密所说的"净收益"。经纪公司向经纪人支付的高额薪酬抵消了经纪人在市场崩溃时被解雇的风险。

前文提到，如果薪酬在总运营成本中所占比例相对较小，或者所在行业是受高度管制的，那么整个行业就可以将高薪酬成本转嫁给消费者。但对于一个高薪行业中的具体公司而言，情况又是怎样的呢？例如，美林证券就在自己所处的行业内对财务分析师推行领先型政策。美林证券实际上获得竞争优势了吗？如果所在行业的全部公司都有相似的运营成本，那么这种领先型政策必须为美林证券提供某些竞争优势以抵消增加的成本。

许多研究者已经将高薪酬与组织增加的吸引力、降低的职位空缺率和减少的培训时间以及提高的雇员素质联系起来。[52]研究还表明，高薪酬水平可以降低雇员流失率和减少旷工现象。[53]图表 7-14 总结了几项关于提高薪酬水平与降低雇员离职率（流失率）相关程度的研究。研究显示，薪酬水平可能会对离职率产生巨大影响。正如上面所提到的那样，薪酬满意度有助于解释薪酬对雇员离职率的影响。图表 7-15 展示了雇员离职率（流失率）与薪酬满意度的关系及薪酬满意度的决定因素。我们可以看到，除了薪酬水平，对公平/正义的感知——不论是分配结果上的（基于他们获得多少薪酬）还是分配程序上的（使用什么样的过程来决定薪酬水平）都很重要，这一点与公平理论相一致。[54]尽管如此，薪酬水平与组织财务绩效之间不存在简单的相关关系。有几项研究还发现，组织财务绩效的改善与可变薪酬（奖金和长期激励）的使用相关，但与薪酬水平并无联系。[55]我们推测，薪酬水平是如此重要，以至于长时间支付"过高"或"过低"薪酬都存在重大的缺陷，导致组织不再（单独）对薪酬水平作出太多区分。可能的情况是，只有当薪酬水平本身取决于绩效水平（即高薪酬水平与高绩效薪酬并存）时，薪酬水平才会对绩效产生积极影响。[56]

图表 7-14　薪酬水平对离职率的影响：组织层面的研究

研究	样本	结果	弹性
Riddell, *Industrial Relations* (2011)	大多伦多地区 390 家公司，6 类职业群组	公司薪酬与市场薪酬相比增加了 10%，离职率相应地从 0.106 降至 0.095	−1.01
Falch, *American Economic Review* (May 2011)	挪威 161 所小学和中学	教师"短缺"的学校和北部边远地区的学校有资格向教师支付 10% 的工资溢价。引入（同时也研究了消除）10% 的工资溢价，离职率相应地从 0.18 降至 0.12	−3.50
Siebert & Zubanov, *Academy of Management Journal* (2009)	英国 325 家服装零售店	零售店薪酬与全国薪酬相比增加了 10%，离职率相应地从 0.050 0 降低至 0.036 4	−2.78
Shaw, Delery, Jenkins & Gupta, *Academy of Management Journal* (1998)	美国 227 家汽车运输公司	离职与薪酬水平的回归系数 (β) = −0.31，平均年薪水平增长 10%（从 34 912 美元增至 38 403 美元），离职率相应地从 0.256 降至 0.200	−2.20
Raff & Summers, *Journal of Labor Economics* (1987)	1914 年福特汽车公司	日薪增加 100%（从 2.50 美元增至 5.00 美元），离职率相应地从 3.7 降至 0.54	−0.85

说明：弹性等于变量 y 的变化率除以变量 x 的变化率。

图表 7-15 薪酬满意度与决定因素的相关性

元分析	因变量	自变量	K（#研究）	N（#雇员）	相关系数
Judge et al.，*Journal of Vocational Behavior*（2010）	薪酬满意度	薪酬水平	48	15 576	0.23
Williams et al.，*Journal of Applied Psychology*（2006）	薪酬满意度	薪酬水平	64	29 574	0.29
	薪酬满意度	感知到的薪酬差异	64	29 754	−0.54
	薪酬满意度	分配结果的公正性	10	6 595	0.79
	薪酬满意度	分配程序的公正性	8	2 291	0.42
	雇员流失率/离职率	薪酬满意度	9	1 362	−0.17
	离职意向	薪酬满意度	37	15 893	−0.31

说明：感知到的薪酬差异等于感知到的应该支付的薪酬额减去实际支付的薪酬额。

领先型政策可能也会产生负面影响。它可能会强迫雇主为现职雇员增加工资，以避免出现内部不一致性和雇员抱怨。另外，领先型政策可能会隐藏工作的某些负面特征（例如，工作任务枯燥乏味或同事关系水火不容），而这些负面特征会导致很高的雇员流失率。请记住前面提到的那位管理人员的观点：高流失率可能是管理问题而非薪酬问题。[57]

7.9.4 滞后型薪酬水平政策

支付低于市场工资标准的薪酬可能会影响公司吸引潜在雇员的能力。但是，如果**滞后型薪酬水平政策**（lag pay-level policy）辅之以未来更高回报的承诺（例如，新兴高科技公司的股权），就会提高雇员忠诚度并强化团队协作能力，从而可能提高劳动生产率。面对上涨乏力或低迷的股票市场，这种承诺能发挥多长时间的作用尚不得而知。未被满足的期望可能会产生负面影响。另外，也可能存在这样一种情况，即在薪酬水平上是滞后的，在工作的其他回报上却是领先的（例如，热门的任务、惬意的工作地点、优秀的同事、很酷的工具、工作与生活的平衡）。

7.9.5 针对不同雇员群体的不同政策

实践中，许多雇主并非从上述三种政策中选择一种。他们可能会像图表 7-3 所示的公司那样，针对不同的工作族采取不同的政策。他们也可能会像图表 7-4 所示的公司那样，实施不同的薪酬组合政策。他们还可能对那些竞争环境不同的经营单位实施不同的政策。

7.9.6 不仅仅是薪酬水平：薪酬组合战略

到目前为止，我们对薪酬组合的关注还十分有限。一些明显的替代性方案包括绩效驱动型（performance driven）、市场跟进型（market match）、工作/生活平衡型（work/life balance）以及保障型（security）。图表 7-16 说明了这四种方案。相对于其他三种方案，奖金和股权在绩效驱动型政策的总体薪酬中占据了更大的比例。市场跟进型政策只是简单模仿竞争对手的薪酬组合。管理者在现实中是如何作出这些组合决策的？这是一个需要进一步研究的老问题。

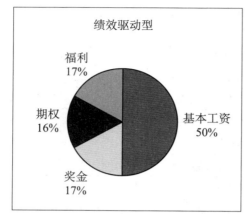
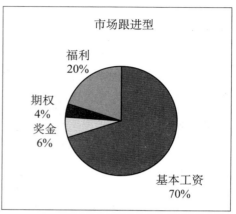
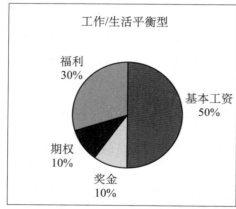
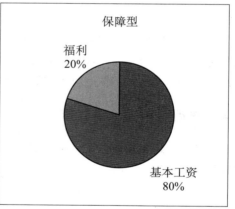

图表 7－16　薪酬组合政策的替代性选择

　　管理者根据竞争对手对组织的薪酬进行定位的方式正在发生改变。新兴的替代性方案关注工作的总体回报（除了财务回报），并重视赋予雇员对这些回报的选择权。再以弹性政策来概括这一现象可能就不恰当了，或许应该称之为"模糊"政策。

　　此类薪酬组合政策的替代性方案也同样存在于其他国家的企业之中。位于中国广东清远市的阿帕奇鞋业公司（Apache Footware）就采取与当地惯例相符合的基本工资加奖金的薪酬政策。它同时还向雇员提供多样化的福利，包括一个新医疗中心、已婚人员的住房、学校、运动设施，以及购物中心等。阿帕奇鞋业公司的首席执行官史蒂夫·陈（Steve Chen）说："这不仅仅是薪酬问题，还是一个生活方式问题。我们正在建设一个人们乐于生活于此的社区。"（回忆一下我们在第 2 章讨论的 SAS 的薪酬战略。）相反，位于同一地区的黛丽丝内衣公司（Top Form Undergarment Wear）逐步取消了向雇员提供住房的做法。它选择向雇员支付比当地惯例高 20％的基本工资。黛丽丝公司的执行官查尔斯·李（Charles Lee）说："工人需要有他们自己的生活。我们向工人支付更高的薪水，让他们决定最适合自己的生活方式。"[58]

最佳雇主/共同的选择

除了薪酬水平和薪酬组合外，许多组织还基于它们作为工作场所的整体声誉来参与竞争。例如，IBM 在信息技术市场内进行对比，并将自己的薪酬定位为行业"最优"。它还宣称要"根据经营成果和个人绩效实行强烈的差异化"，以对绩效的高度重视来领导市场。IBM 同时还提供广泛的培训机会、充满挑战性的工作任务等。从某种意义上讲，**最佳雇主**（employer of choice）与公司作为雇主所展现的品牌或形象相对应。

共同的选择（shared choice）以领先型、跟进型或滞后型等传统的替代性方案为起点，但随后又增加了第二部分内容——在薪酬组合中提供雇员选择项目（在有限范围内）。这种"将雇员当作客户"的观点并不完全是革命性的，至少在美国不算新颖。许多雇主向雇员提供关于医疗保险（个人保险与被扶养人保险）、退休投资（增长或价值）等的选择。（参见第 13 章关于弹性福利的内容，以及第 2 章全食超市如何利用每三年一次的雇员投票来决定福利组合。）越来越先进的软件使"将雇员当作客户"的做法更具可行性。大规模定制化——能够在一系列功能中作出选择——是在购买笔记本电脑或汽车时的常规做法。现在定制化也有可能应用于总体薪酬。向雇员提供选择权很重要吗？一个风险就是雇员作出的"错误"选择会危及自己的财务状况（例如，不充分的医疗保险）。另一个风险就是"24 罐果酱"困境。对超级市场的研究发现，让消费者只品尝少许几种果酱的风味，可以增加果酱的销售量。但是，如果让消费者同时品尝 24 罐不同果酱的风味，就会减少果酱的销售量。消费者被过多的选择所淹没，最后只能一走了之。或许在薪酬类型方面向雇员提供的选择过多会导致雇员困惑、选择错误和不满。[59]

真正赋予雇员薪酬组合选择权的是网飞公司。每年 11 月，公司对雇员的绩效进行评价。12 月，雇员根据绩效评价结果选择自己的薪酬组合：接受多少现金和多少股票期权。大约 2/3 的网飞雇员会选择 100％的现金。在余下的 1/3 雇员选择的薪酬组合中，股票期权所占份额平均为 7％～8％。（薪酬组合中股票期权所占份额起初是受到限制的，现在已经完全放开。因此，薪酬组合的选择结果可能会发生变化。）网飞公司大多数雇员明显偏好现金而非股票期权的事实是与代理理论一致的，我们将在第 9 章再对此进行讨论。[60]

饼图的陷阱

图表 7-16 中的饼图对比了不同的薪酬组合政策。然而，将薪酬形式的组合视为饼图的组成部分是有缺陷的。当股票的价格飘忽不定时，这些缺陷尤为明显。图表 7-17 展示了某著名软件公司在股票市场下跌（一个月之内股票价格狂跌 50％）后薪酬组合的变化情况。基本工资从占总体薪酬的 47％上升到 55％，股票期权的价值却从 28％下降到 16％。（相反的情况在这个公司也发生过。）尽管公司还没有作出公开的薪酬战略调整决策，但是薪酬组合已经发生了改变。不仅如此，情况可能会变得更糟。某技术公司被迫披露，其 3/4 的股票期权都是"水下"的，也就是说股票的执行价格高于市场价格。由于股票市场的易变性，期权在雇员的眼里已变得没有什么价值。这对于雇员来说意味着什么呢？对竞争对手来说呢？公司的预定战略没有变，但现实中薪酬组合已经发生了变化。因此，需要对不同薪酬形式的价值可能出现的波动进行预测。

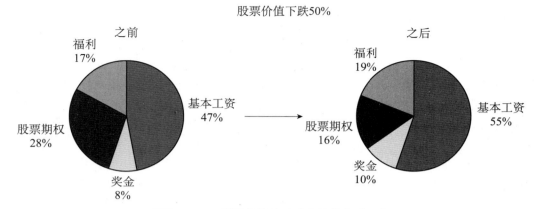

图表 7 - 17   股票价值波动改变总体薪酬组合

有些公司喜欢使用"仪表盘"来报告公司的薪酬组合，如图表 7 - 18 所示。仪表盘把比较的重点从强调单个公司内部每种薪酬形式的相对重要性转变为将每种薪酬形式自身与市场（许多公司）进行比较。在此例中，股票期权的价值是竞争对手中位数的 79%，基本工资是竞争对手中位数的 95%，总体薪酬合计为市场中位数的 102%（或比市场中位数高 2%）。不论是饼图还是仪表盘——关注焦点不同——都承认薪酬形式组合的重要性。

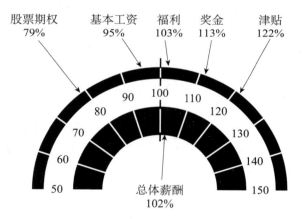

图表 7 - 18   仪表盘：与竞争对手* 总体薪酬组合明细对比

* 表示 100＝所选择的市场位置，比如市场中位数。

请记住，处于内部工作结构不同层级的雇员所获得的薪酬组合是不同的。图表 7 - 19 显示的是美林证券对组织内部不同层级的雇员支付的基本工资、现金激励和股票激励的组合。高层管理者所获的基本工资不到 10%，股票激励约为 20%，其余为年度现金激励。相比而言，中层管理者/专业性职位所获的基本工资为 50%，年度现金激励为 40%，股票激励为 10%；而初级和低级职位所获的基本工资为 80%，年度现金激励为 20%，没有股票激励。虽然在不同组织之间这些比例不尽相同，但更加强调组织中较高层级工作的绩效（通过奖金和股票激励）是一种常见做法。这基于这样一种观点，即组织中更高层级的工作影响组织绩效的机会相对更多。

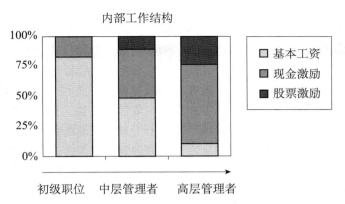

表 7 - 19　同一工作结构内部薪酬组合的变化：以美林证券为例

7.10　薪酬水平和薪酬组合决策的结果：来自研究证据的指导

前面我们已经提到，外部竞争性有两个主要结果：（1）影响运营成本；（2）影响雇员的态度和工作行为。图表 7 - 20 总结了这些结果，本章围绕这些结果进行讨论。

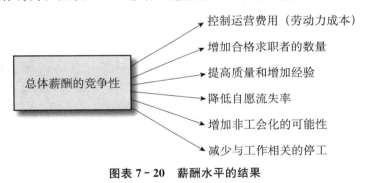

图表 7 - 20　薪酬水平的结果

7.10.1　效率

关于相对薪酬水平对组织效率的影响问题，许多理论都作出了假设。一些理论建议使用领先型政策来减少雇员怠工和增强招聘高素质求职者的能力。另一些理论——如边际劳动生产率理论——建议使用跟进型政策。一项采用效用理论进行的研究得出的结论是：对银行出纳员采用滞后型政策是最好的选择。[61]然而，正如我们将在附录 7 - A 中看到的，效用理论告诉我们，对于影响较大的工作结论可能会有所不同。没有研究能够明确告诉管理者在什么样的情况下应该采取什么样的薪酬组合政策。

哪种政策能够赢得竞争优势?

由于各个公司宣称的政策常常与现实不符，因此，对薪酬水平政策进行研究很困难。例如，研究者要求 124 家公司的人力资源经理界定各自公司的目标薪酬水平。研究报告显示，所有人都表示他们公司的薪酬水平高于中位数。[62]

除了观点之外，还没有关于不同政策选择结果的证据。我们确实知道薪酬水平影响成本，但我们并不清楚对劳动生产率的任何影响或在吸引和留住优秀雇员方面的作用是否足以抵消这些成本。我们也不清楚薪酬水平多大的变化幅度才会对雇员产生影响；多大幅度的变化才值得注意，5%、10%还是15%。虽然滞后型政策能够明显降低短期劳动力成本，但这种劳动力成本的节省是否会导致劳动力素质和绩效的下降，我们不得而知。或许雇主的薪酬水平不会给组织带来任何竞争优势地位，然而，错误的薪酬水平政策会将组织置于十分不利的地位。同样，我们不清楚不同薪酬组合政策选择的影响，也不知道把选择薪酬组合的责任交给雇员会导致何种财务后果。或许薪酬水平和薪酬组合所传递的信息才是获取竞争优势的关键所在。

那么，管理者究竟该怎么办？在缺乏令人信服的证据的情况下，设定薪酬水平和薪酬组合的风险最小的做法或许就是选择跟进型政策。组织可以对那些对其成功起关键作用的技能采取领先型政策，对那些不那么关键的技能采取跟进型政策，而对那些可以轻松地在当地劳动力市场招到雇员的工作采取滞后型政策。对于弹性政策的一个明显关注点是：在不同的政策选择中，要实现一定程度的经营一致性和雇员待遇的公平性。（本章的附录展示了效用分析是如何帮助评价薪酬水平战略的。）

7. 10. 2　公平

薪酬满意度直接与薪酬水平相关：薪酬越多，满意度越高。[63]但雇员的公平感也受其他组织的薪酬支付方式的影响。一位斯坦福大学的朋友说，如果商学院中有一个人的薪酬是 1 000 001 美元，其他人的薪酬都是 1 000 000 美元，那么这些人都会要求院长解释这个人为什么多拿了 1 美元。雇主对于如何以及在哪里投入他们的资源有多种选择。虽然作出投资决策的目的是增加雇员对薪酬的公平感，但没有任何研究可以告诉我们这将会改进雇员对工作场所公平待遇的总体感觉。[64]

7. 10. 3　合法

仅仅要求雇主支付的工资等于或高于最低法定工资标准是不够的，同时还必须符合现行工资法律和平等权利立法的规定。在讨论工资歧视问题和"生活工资"概念时，我们将再一次回到市场工资这一主题。除了薪酬水平，各种薪酬形式也受到了管制。养老金和医疗保障被认为是每个公民财务安全的一部分，在大多数国家都受到一定程度的监管。在考察国际薪酬管理实践及福利问题时，我们将再次对此问题进行讨论。雇主在分享薪酬信息时也必须小心谨慎，以防止违反反垄断法。[65]

无论什么样的竞争性薪酬政策，最终都要付诸实施。首先要做的事情是通过薪酬调查来衡量市场。我们将在第 8 章讨论这一问题。

本章小结

本书的评论人告诉我们："本章主要有三个重要贡献：（1）不存在'通行工资标准'，因此管理者作出的薪酬水平和薪酬组合决策受到几种因素的影响；（2）产品市场和劳动力市场都存在影响薪酬水平和薪酬组合决策的竞争者；（3）薪酬水平和薪酬组合决策的各种替代性方案均会产生不同的结果。"这是对关键问题的精辟总结。

贯穿全书的薪酬模型强调战略政策问题：目标、一致性、竞争性、雇员贡献及薪酬管理。设计的政策需要实现特定的薪酬目标。本书的这部分内容关注的是外部竞争性或不同组织的薪酬比较。苹果公司支付给会计的工资与佛罗里达电力公司支付给会计的工资相同吗？或许不同。不同的公司拥有不同的劳动力费用，一个组织的一系列劳动力费用的平均值即构成薪酬水平。不同的公司也会使用不同的薪酬形式。为实现薪酬制度所规定的目标，要根据竞争对手的情况对薪酬水平和薪酬组合进行合理定位。组织内部每种整体性的工作结构或职业路径在市场上或许都有自己的竞争位置。第 8 章的讨论涉及相关决策以及实施这些决策时可使用的不同技术。

在进入下一章内容之前，再次强调我们对外部竞争性政策——薪酬水平和薪酬组合——感兴趣的原因，即它对组织目标具有深远的影响。理论和实践经验都支持这一观点。但就像我们已经提到的那样，还需要更多的研究来指导决策。我们已经明确指出，不同的组织在竞争政策、薪酬水平及薪酬形式上都存在差异。我们已经考察了决定这些差异的因素，有待进一步理解的是各种政策的潜在影响。

复习题

1. 区分外部竞争性政策与内部一致性政策。为什么外部竞争性如此重要？
2. 影响外部竞争性的因素是什么？
3. 边际收益产品与薪酬有何联系？
4. 效率工资理论预测什么样的薪酬水平？该理论是否能准确预测组织行为？请给出理由。
5. 什么是相关市场？在确定雇员薪酬时，它会产生怎样的影响？
6. 你能说出实施滞后型和（或）领先型政策的一些公司吗？为什么它们认为有必要实施差别薪酬？你能说出实施绩效驱动型和（或）工作/生活平衡型政策的一些公司吗？

案例练习 1 双层工资结构

在本章中，我们讨论了不同的薪酬水平战略对成本和收益的影响。我们既看到了雇主试图控制/降低工资水平的例子，也看到了雇主提高工资水平的例子。在这里，我们继续讨论关于美国汽车制造商如何使用双层工资结构来控制劳动力成本的问题，并考虑未来可能发生的情况。同样重要的是，它们使用利润分享计划来控制固定劳动力成本，使劳动力成本的变动与盈利能力的变动更加一致，从而使劳动力成本随着利润的增长或减少而相应地提高或降低。这就减少了公司在面临财务压力时存在的高固定劳动力成本问题。

正如我们在本章前面所看到的那样，双层工资结构允许公司向新招聘的雇员支付相对较低的工资。在美国三大汽车制造商（通用汽车、福特、菲亚特克莱斯勒）中，1 级雇员的平均每小时工资接近 28 美元，2 级雇员的平均每小时工资为 17～28 美元。2 级雇员的具体工资水平取决于他们被雇用的时间，他们要花 8 年时间才能将每小时工资增至 28 美元的最高水平。

21 世纪初，汽车和零部件制造业（包括美国国内和海外的制造商）在美国雇用了 1 295 000 人。由于在过去的 10 年中经济萧条，破产案频发，这一数字在 2009 年跌至 624 000。到 2018 年，这个数字又回到 960 000。仅以汽车制造（不含零部件生产）为例，2000 年的雇佣人数为 294 000，2009 年最少，为 136 000，到 2018 年增至 212 000。[66] 当然，美国三大汽车制造商的雇佣人数预计只占就业总数的一小部分，这与过去相比有很大的变化。

在位于密歇根州奥利安镇的通用汽车制造厂，大约有 100 名工人负责分拣雪佛兰爱唯欧汽车生产线的零部件。这些工人并不是通用汽车公司的雇员，而是由一个外部供应商提供的雇员（全美汽车工人联合会代表）。他们平均每小时的劳动力成本大约是 20 美元，不仅低于通用汽车公司 1 级雇员的劳动力成本，也低于 2 级雇员的劳动力成本。结果，通过使用劳动力成本明显较低的 2 级雇员以及（甚至成本更低的）外部供应商提供的雇员，通用汽车公司有望大幅削减每辆车的劳动力成本，每年预计可节约 7 200 万美元。[67]

问题：

1. 美国汽车制造业工作出现恢复性增长在多大程度上与使用双层工资结构有关？

2. 工作的增加（及劳动力成本竞争优势提升带来的汽车销售量的增加）在一定程度上是建立在双层工资结构基础之上的，这种工资结构的可持续性如何？例如，思考一下菲亚特克莱斯勒的首席执行官塞尔吉奥·马尔奇奥尼（Sergio Marchionne）说过的一段话："长期而言，双层工资结构不具有可行性。它在同一个工厂内部创造出两类工人。它在促使所有人朝同一个方向努力……组织团结一致方面发挥不了应有的作用。"[68] 为什么马尔奇奥尼会说出这样一番话？双层工资结构潜在的缺点是什么？这些潜在的缺点在什么时候会变成现实？

3. 雪佛兰爱唯欧汽车生产线使用非通用汽车公司雇员的做法会产生什么问题？马尔奇奥尼对这种做法可能会有什么看法？

4. 在不久的将来双层工资结构将会走到尽头吗？分别总结一下取消和保留这种工资结构带来的压力。在回答上述问题时，一定要考虑劳动力成本、工人的劳动生产率以及隶属于不同公司的汽车制造厂和位于世界其他地区的汽车制造厂等因素。汽车工人加里·沃科维奇（Gary Walkowicz）是全美汽车工人联合会在福特迪尔伯恩卡车组装厂谈判委员会的成员，他估计福特可以每年 3.35 亿美元的成本将其 14 685 名 2 级雇员的工资转换为 1 级雇员的工资。美国汽车工人联合会可能会指出，这与福特前一年在北美赚取的 69 亿美元利润相比只是九牛一毛。你的看法是什么？

5. 你可能希望对大众汽车设在田纳西州查塔努加的新工厂（这是在美国建设的最后一个工厂）做些研究。也可以思考一下《汽车新闻》（*Automotive News*）对设在墨西哥库奥蒂特兰的福特嘉年华（雪佛兰爱唯欧的竞争对手）制造厂的劳动力成本的估计——每辆车的成本可能低至 150 美元。[69] 还可以回想一下我们之前讨论的近年来北美的汽车制造厂都建在哪里（以及没有建在哪里）。

6. 菲亚特克莱斯勒首席执行官塞尔吉奥·马尔奇奥尼称这种双层工资结构是"不可能的"，并将其描述为"几乎令人反感"。[70] 然而，当涉及合同谈判时，马尔奇奥尼的真实计划并不是要消除这种双层结构。正如我们在本章前面看到的，这种双层工资结构中两个等级雇员之间的基本工资差异似乎将长期存在。然而，与负责合同谈判的马尔奇奥尼的建议一致的是，（被雇用 8 年后）2 级雇员的工资将上升至非常接近 1 级雇员的水平，当公司在高利润时期向 1 级雇员和 2 级雇员大规模实施利润分享计划时，二者以百分比表示的工资差距也将缩小。你可能希望收集美国三大汽车制造商和全美汽车工人联合会 2015 年关于合同谈判的关键事实，并评估新合同将在多大程度上服务于公司和工人的利益（二者相似，但不相同）。[71]

7. 你认为全美汽车工人联合会和它所代表的工人会对马尔奇奥尼的计划作出怎样的反应？考虑一下我们已经识别的全球竞争性市场力量，并考虑工人在保持和创造工作机会及提高工资（和/或总体薪酬）方面的利益与菲亚特克莱斯勒的利益的一致程度。近年来，菲亚特克莱斯勒、福特和通用汽车向工人支付的利润分享金额分别为多少？为什么这些公司希望通过这种方式而不是通过增加基本工资来提高薪酬水平？全美汽车工人联合会和工人们可能会作何反应？请予以解释。

案例练习 2　薪酬调查与工作评价数据的结合

回到你在第 5 章案例练习中为全食超市创建的工作评价分数和工作结构。在第 8 章中，我们将通过内部工作结构与外部市场（薪酬调查）数据的结合，为工作制定实际工资标准（薪酬结构）。作为对学习第 8 章内容的准备，现在开始熟悉薪酬调查数据将对你有所帮助。美国劳工统计局提供职业雇佣统计数据。为做好这次练习，我们将使用"国家特定行业职业雇佣和食品饮料销售行业工资估计"（NAICS 4450A1）。点击以下链接[72]：

https：//www. bls. gov/oes/current/naics4 _ 4450A1. htm＃11 - 0000

寻找那些看上去与全食超市相匹配的职业。[73] 例如，可以考虑：

11 - 9051 食品服务经理

41 - 2011 收银员

43 - 5081 库存管理员（和订单档案管理员）

对于每个职业，点击它的名称来显示该职业的第 10、第 25、第 50（中位数）、第 75 和第 90 百分位的工资水平。

问题：

1. 你建议对全食超市的工作采用哪种工资水平（例如，第 50 百分位或其他）？你会对所有的工作都确定相同的工资水平吗？请予以解释。

2. 相对的工作评价点数和相对的调查薪酬数据具有多大程度的一致性？例如，在第 5 章案例练习中，你分配给工作 B（收银员）和工作 F（团队成员，储存和展示）的工作评价点数的比例是多少？职业雇佣统计数据中 41 - 2011 收银员和 43 - 5081 库存管理员的调查薪酬的比例是多少？这两个比例相同吗？（在第 8 章，我们将讨论为什么这两个比率——一个基于内部价值，另一个基于外部价值——可能会有所不同。）如果这两个比率或你使用全食超市其他工作与薪酬调查工作计算出来的比率不同，在确定实际薪酬时你会建议强调或优先考虑哪个比率（内部的基于工作评价的比率或外部的基于薪酬调查的比率）？

3. 职业雇佣统计数据的局限性是什么？

附录7-A　效用分析

对薪酬计划的效果进行量化思考的方法之一就是进行效用分析。通过变革一种或多种人力资源实践可以为组织增加收益或降低成本，我们将这些增加的收益或降低的成本所带来的货币价值定义为效用（utility）。[74]效用分析最典型的应用是研究组织因作出更好的招聘决策所获得的回报。提高薪酬水平可以增强组织招聘并留住最优秀雇员的能力，因此薪酬在这里发挥了主要作用。此外，就像我们在第1章讨论筛选效应时所指出的，薪酬组合的差异可能也会产生重要影响。例如，一种强调绩效薪酬的薪酬组合可以通过有针对性地吸引高绩效雇员而发挥作用。由于不同的薪酬水平和薪酬组合战略产生不同的成本和价值，因此，从更广泛的角度看，可以通过构建成本和价值模型来研究薪酬决策问题。每种战略花费了哪些成本，通过吸引、甄选和留住哪些具有特定能力水平和动机水平的劳动力为组织创造了哪些收益？在这里我们将讨论一种非常基本的效用分析形式，它只关注最初招聘的劳动力的质量问题。

在使用这种基本的效用分析方法时，我们通过构建包含几个参数的效用函数来进行效用估计：

$$u = r \times SDy \times Z - C/SR$$

式中：

u 为每年每次招聘的效用（收益减去成本）。

r 为效度系数，标准 y 和一种或多种雇佣前评估（用于制定招聘决策）之间的相关性。它代表我们对哪些求职者会成为出色雇员的预测的准确性。

SDy 是不同雇员绩效水平的货币价值的标准差。从本质上讲，这个参数度量在某个工作中相对于平均绩效者或低绩效者而言高绩效者所带来的价值。（对于首席执行官、演员、运动员、律师、不动产经纪人及咨询师等工作而言，这个参数值较高，因为这些工作的高绩效任职者会比低绩效任职者为组织创造更多的利润；而对于大多数低技能或高度结构化的工作而言，这个参数值较低，因为这些工作任职者绩效的差异对组织的绩效水平影响较小。）尽管效用估计的准确性取决于对 SDy 的准确估计，但我们将使用一个非常粗略的经验法则来将事情简化：将 SDy 设定为薪酬的40%。

Z 是按照甄选/招聘预测指标招聘到的雇员的平均标准分（z 分布，平均值为0，标准差为1）。

C 是每个求职者的成本。请注意，在效用公式中 C 为被除数，甄选比例为除数。因此，当每个求职者的成本增加或我们的挑剔性增加（即 SR 减小）时，C/SR 的值就变大（从而推动效用估计值变小）。例如，当求职者的成本为200美元，甄选比例为0.5时，C/SR 的值为200/0.5＝400美元；但当求职者的成本为200美元，甄选比例为0.05时，C/SR 的值为200/0.05＝4 000美元。因此，在通过提高平均招聘质量（Z）获得的收益与为实现这种更高质量目标而提升甄选挑剔性所带来的成本之间存在一种权衡问题。

SR 为甄选比例，是被招聘者数量与求职者数量之比。

我们在招聘中变得更加挑剔（SR 变小）时，注意 Z 的变化是很重要的。基于标准正态分布函数：

SR	Z
5%	2.06
10%	1.75
20%	1.40
50%	0.80
80%	0.35
100%	0.00

　　换句话说，如果我们招聘了所有求职者（100%），z（Z）的平均值将为 0.00，这意味着我们招聘的雇员的平均质量将会与全体求职者的平均质量相同。然而，如果我们在招聘时更加挑剔，只从求职者中招聘 50% 的人，那么我们招聘的雇员的平均质量将提高，Z 为 0.80。如果设定一个更高的挑剔性水平（SR 为 5%），那么 Z 将高达 2.06，这表明我们招聘的雇员比全体求职者的均值高出 2.06 个标准差。

　　假设我们正在为某个职位招聘雇员，在新的选择性招聘制度下将支出 100 000 美元的薪酬成本（在旧的招聘制度下薪酬成本为 90 000 美元）。如果我们能够通过选择性招聘制度将招聘质量从 $Z=0.80$ 提高到 $Z=2.06$，那么将会对效用产生怎样的影响？假设每个求职者的成本是 200 美元。（有些求职者能够被迅速且低成本地筛选掉，有些求职者则需要投入更高的成本进行更大强度的筛选。）

　　在旧的甄选战略下：

$SR=0.5$（$Z=0.80$），$r=0.40$，$SD=40\,000$，$C=200$

$u=0.40×40\,000×0.80-200/0.5=12\,400$（美元）

　　在新的甄选战略下：

$SR=0.05$（$Z=2.06$），$r=0.40$，$SD=40\,000$，$C=200$

$u=0.40×40\,000×2.06-200/0.05=28\,960$（美元）

　　换句话说，我们采取新的、更具挑剔性的甄选方法获得的效用收益为：28 960－12 400＝16 560 美元。

　　但是先别忙。在新的甄选方法中，我们为提高招聘的挑剔性多支出了 10 000 美元的薪酬。因此，效用收益实际是 16 560－10 000＝6 560 美元。进一步而言，每 1 美元的直接薪酬平均还需要附加 40 美分的福利成本。因此，或许我们应该将 1.4×10 000＝14 000 美元作为新的甄选方法所增加的薪酬成本。招聘每个雇员增加的效用应该是16 560 －14 000＝2 560 美元。[75]

　　当然，结论完全取决于我们在模型中所使用的估计和假设。支付更高的薪酬当然并不总是产生更高的效用，它在现实中取决于组织所处的具体情境以及所采取的战略。通过使用更加复杂的模型，可以对薪酬效用进行更加准确的估计。[76]使用这些模型获得的估计值很有可能存在变化而且更加准确，因为它们更充分地认识到筛选效应（包括高绩效雇员和低绩效雇员的保留模式）以及长期积累的薪酬决策的各种得失。为了介绍一些基本的概念和逻辑，我们在这里将模型进行了简化处理。

注　释

第 **8** 章
设计薪酬水平、薪酬组合与薪酬结构

　　在 2015 年的股东委托书中，林肯电气描述了公司相对于竞争对手的管理层薪酬目标："基本工资目标锁定在第 45 百分位……而总体现金薪酬目标（包括涉及激进财务目标的年度奖金）锁定在市场的第 65 百分位……长期薪酬设定在第 50 百分位……虽然没有锁定一个特定的竞争性水平，但我们相信我们的福利……处于市场中位数位置，我们的管理人员津贴处于市场中位数之下。"

第 7 章我们讨论了影响这些政策的市场和组织因素。现在我们更详细地考察管理者用于设计薪酬水平、薪酬组合和薪酬结构的工具和战略。

■ 8.1 主要决策

　　设定外部竞争性薪酬和设计相应薪酬结构的主要决策如图表 8-1 所示。它们包括：（1）确定雇主的竞争性薪酬政策；（2）界定薪酬调查的目标；（3）选择相关市场的竞争对手；（4）设计薪酬调查；（5）解释薪酬调查结果并建立市场工资线；（6）建立反映外部薪酬政策的薪酬政策线；（7）使用工资**全距**（range）、统一工资标准和（或）工资宽带去平衡外部竞争性与内部一致性。这是一个冗长的清单。可以把图表 8-1 作为学习本章的路线图。这个路线图的路标是你设计一个薪酬结构所必须面对的主要决策。不要忘记在结束的时候再问一句：那又怎样？"那又怎样"意味着要确保薪酬结构既支持组织经营的成功，又公平对待所有雇员。

图表 8-1　确定外部竞争性薪酬水平和结构

外部竞争性：
不同组织间 → 确定政策 → 选择市场 → 设计调查 → 绘制薪酬政策线 → 整合内部压力与外部压力 → 竞争性薪酬水平、薪酬组合和薪酬结构
的薪酬关系

确定薪酬水平的主要决策
- 确定薪酬水平政策。
- 界定薪酬调查的目标。
- 确定相关市场。
- 设计和实施薪酬调查。
- 解释和应用结果。
- 设计工资等级、工资全距或工资宽带。

■ 8.2　确定竞争性薪酬政策

对于第一个决策——确定外部竞争性薪酬政策，我们已经在第 7 章进行了讨论。将任何一种外部薪酬政策转化为薪酬管理实践都需要关于外部市场的信息。薪酬调查提供了把薪酬政策转化为薪酬水平、薪酬组合和薪酬结构所需的数据。

> **薪酬调查**　是收集其他雇主的薪酬数据并作出判断的系统过程。

■ 8.3　薪酬调查的目标

雇主实施或参与薪酬调查的原因有多种：（1）根据竞争对手不断变化的工资标准调整薪酬水平；（2）相对于竞争对手所支付的薪酬形式调整薪酬组合；（3）建立薪酬结构或为其定价；（4）分析与薪酬相关的问题；（5）估计产品/服务市场竞争对手的劳动力成本。

8.3.1　调整薪酬水平——支付多少薪酬？

多数组织都会定期调整雇员的薪酬。薪酬调整的依据可以是市场对雇员的竞争所形成的工资标准的总体变动情况，也可以是雇员绩效差异、雇主薪酬支付能力或合同规定的条款。

8.3.2　调整薪酬组合——采取什么形式？

雇主根据竞争对手采用的不同薪酬形式（基本工资、奖金、股票、福利）及其对每种薪酬形式的相对重视程度来调整自身的薪酬组合，但对薪酬组合进行调整的频率要小于对总体薪酬水平的调整。目前尚不清楚（没有好的研究）为什么薪酬组合的变化频率小于薪酬水平的变化频率。或许重新设计不同薪酬组合所需的高额成本产生了一种障碍，或许是惯性占了上风。更有可能的是，薪酬组合决策还没有得到充分的重视。也就是说，组织或许已将诸如医疗保障成本、股票价值、政府规制、工会需求、竞争对手的做法等外部压力作为调整薪酬组合的依据或基础。然而，有些薪酬形式可能会比其他薪酬形式更能影响雇员的行为。因此，关于总体薪酬、竞争对手的薪酬组合及各种薪酬形式成本的高质量信息变得越来越重要。

8.3.3　调整薪酬结构？

许多雇主利用市场调查来验证本组织工作评价的结果。例如，工作评价或许会将采购助理的工作与某些文秘工作置于工作结构的同一层级。但是，如果市场显示这两种工作的工资标准差异很大，多数雇主会重新检查工作评价的过程，以弄清对这些工作的评价是否恰当。有些组织甚至会为不同类型的工作建立单独的薪酬结构。IBM 根据每种独立职业（财务、工程、法律）的市场定价确定薪酬。因此，通过内部工作评价所得到的工作结构可能与外部市场竞争对手的薪酬结构并不一致。调和这两种薪酬结构是一个主要问题。

有些雇主直接通过市场调查来建立其内部结构，而不是对内部结构和外部结构的差异进行整合。这种"市场定价"模仿了竞争对手的薪酬结构。当组织开始采用既关注工作本身又关注人的技能的更加通用的工作说明（助理、领导）时，获取准确的市场数据变得越来越重要。过去工作评价点数与金钱之间的联系现在可能不复存在。准确的信息和有见地的判断对于所有这些决策来说都是至关重要的。

8.3.4　研究特殊情况

通过专门的薪酬调查得到的信息有助于搞清楚与薪酬相关的具体问题。一项特殊的研究可能关注某个目标群体，比如专利律师、商品零售经理、秘书或软件工程师。特定工作岗位雇员流失率的异常上升可能需要通过集中的市场调查来弄清外部市场是否正在发生变化。[1]

8.3.5　评估竞争对手的劳动力成本

薪酬调查数据被雇主当作获取**"竞争情报"**（competitive intelligence）的更广泛努力的一部分。[2]为了更好地理解竞争对手如何获得市场份额及如何对它们的产品/服务进行定价，许多公司考察（即对标）竞争对手的实践和成本等问题，其中包括薪酬管理领域的实践和成本问题。一个可以公开获取的劳动力成本数据是雇佣成本指数（ECI），它是美国劳工部在其网站（www. bls. gov/ncs/）上定期发布的四种薪酬调查数据之一。[3]雇佣成本指数按季度度量雇主的薪酬成本变化。这一指数可以使公司把本组织的平均薪酬成本变化与全行业或某个具体行业的平均水平进行对比。然而，由于行业平均水平可能无法反映相关竞争对手的情况，这种对比的价值有限。[4]

■ 8.4　选择相关市场的竞争对手

现在我们进入如图表 8-1 所示的第三个主要决策：确定相关市场。要作出有关薪酬水平、薪酬组合和薪酬结构的决策，就必须界定相关劳动力市场，这个市场所包括的雇主在如下一个或多个领域进行竞争：

1. 相同的职业或技能。
2. 同一地理区域的雇员。
3. 相同的产品或服务。[5]

图表 8-2 展示了微软和谷歌在确定管理层薪酬时是如何选择相关市场的竞争对手的。两家公司都明确地将产品市场（"技术"）和劳动力市场的竞争对手纳入考察范围。地域范围被确定在全国或国际层面。

图表 8-2　针对高层管理人员的外部竞争性战略：微软与谷歌

微软
同辈群体

　　技术同辈群体。它们同属于信息技术行业，专注于生产软件或硬件或者提供在线服务。它们所使用的劳动力的技能组合和技术背景与我们相似。

　　"道琼斯 30"同辈群体。通常而言，它们都是大型、多元化的公司，拥有大量的国际业务。作为行业和全球商业的领导者，它们横跨多种行业（而不仅仅是信息技术行业），与众多顶级公司争夺高级管理人才。

　　我们更重视技术同辈的薪酬水平和实践，因为它们更能代表我们争夺关键人才的劳动力市场。

技术同辈群体（基于 2017 年股东委托书）　　**"道琼斯 30"同辈群体（基于 2017 年股东委托书）**

技术同辈群体		"道琼斯 30"同辈群体	
Alphabet	惠普	美国电话电报公司	默克
亚马逊	IBM	雪佛龙	百事
苹果	英特尔	可口可乐	辉瑞
黑莓	甲骨文	康卡斯特	宝洁
思科系统	高通	埃克森美孚	威瑞森
脸书		通用电气	沃尔玛
		强生	迪士尼

市场定位目标

现金薪酬目标	"中位数以下"（见 2008 年股东委托书。2011 年和 2014 年的股东委托书中没有明确表述。2017 年的股东委托书指出"基本工资处于或低于市场中位数"。值得注意的是，在 2017 年的股东委托书中，基本工资仅为总体薪酬的 10%或更低。）
股权奖励目标	"中位数以上"（见 2008 年公司年报。在最近的股东委托书中没有明确表述。）
总体薪酬	"而……市场分析和补充数据为独立董事会成员和薪酬委员会的决定提供了依据……我们不将管理层薪酬与特定的市场百分位挂钩"（见 2017 年股东委托书。）

Alphabet（原谷歌）
同辈群体

　　我们认为我们的同辈公司至少满足以下标准中的三项：

- 高科技或媒体公司。
- 关键人才的竞争对手。
- 高增长：过去两年，收益增长和（或）雇员总数增长至少达到 Alphabet 的 50%。
- 年收益大于或等于 100 亿美元。
- 市值大于或等于 500 亿美元。

　　基于这些标准，领导力发展和薪酬委员会（Leadership Development and Compensation Committee）选择以下公司作为同辈公司（根据 2018 年股东委托书）：

亚马逊	惠普	高通
苹果	英特尔	迪士尼
思科系统	IBM	雅虎
eBay	微软	
脸书	甲骨文	

　　虽然同辈群体分析为我们任命高级管理人员的当前职位提供了基准，但我们也考虑了所任命的高级管理人员如果离开公司可能会获得的工作机会。到目前为止我们还没有遇到任命的高级管理人员跳槽到其他公司的情况，但有必要针对他们的这些潜在工作机会保住我们的竞争优势。因此，我们也按照以下标准设置我们任命的高级管理人员的薪酬水平：

- ●"标准普尔 100"的其他公司首席执行官职位。
- ● 新兴公司的创始人和首席执行官职位。

　　我们使用美国证券交易委员会的文件审视"标准普尔 100"中不同公司的薪酬水平和趋势。我们根据可公开获得的创业公司的成功率数据和已出版的创业公司首席执行官收入调查数据对标创业公司薪酬。我们为管理人员制定的薪酬决策依据的是市场数据，以及对个人职位和业绩的评估。

市场定位目标

薪酬组成要素	百分位（2008 年）	百分位（2011 年、2014 年）	百分位（2017 年）
基本工资	第 50～70 百分位	第 90 百分位	未明确表述
总体现金薪酬目标	第 75 百分位	第 90～95 百分位（2014 年为第 90 百分位）	未明确表述
股权奖励目标	第 90 百分位	第 90～95 百分位	未明确表述

　　资料来源：Microsoft 2008，2011，2015，and 2017 Proxy Statements；Google 2008，2011，and 2014 Proxy and Alphabet 2018 Proxy. Statements. Available at www. sec. gov.

　　图表 8-3 展示了如何通过任职资格和地域范围的相互作用来界定相关劳动力市场范围。当任职资格的重要性和复杂性增加时，地域限制也会相应增加。[6] 对于管理性和专业性技能而言，竞争倾向于在全国或国际层面展开（见图表 8-2）；而对于文秘类和生产性技能而言，竞争倾向于在当地或某个地区展开。

图表 8-3　按地域和雇员类型划分的相关劳动力市场

地域范围	生产类	办公室和文秘类	技术类	技术和工程类	管理类和专业类	高级管理类
本地：在相对较小的区域内，如城市或大都市统计区（例如，达拉斯大都会区）	最有可能	最有可能	最有可能			
地区：在一个州或几个州的特定区域内（例如，美国西南部产油区）	只有在供应短缺或紧急的情况下	只有在供应短缺或紧急的情况下	最有可能	可能	最有可能	
全国：整个国家范围				最有可能	最有可能	最有可能
国际：跨越几个国家				只针对关键技能或供给十分短缺的技能	只针对关键技能或供给十分短缺的技能	有时

　　但是，这些总结并非总是正确的。在科学家、工程师和管理人才密集的区域（比如，波士顿、圣何塞/硅谷），地区内的市场比较是第一位的，而全国数据的使用排在第二位。图表 8-4 展示的是不同地区的薪酬变化（即薪酬的地理差异）。[7] 一份全国平均薪酬为 87 350 美元的工作（本例为计算机程序员），在纽约布法罗的薪酬为 73 100 美元，在硅谷（加利福尼亚州圣何塞）的薪酬为 104 470 美元。但是，有些较大的公司却

忽视本地市场条件。[8]为了促进虚拟团队的使用，它们强调跨区域的内部一致性。但事实证明，不同地区的团队成员都会相互比较各自的薪酬。这不能不让人感到惊讶。

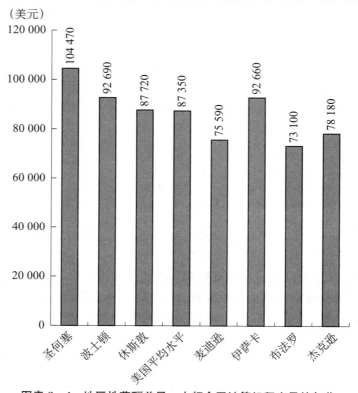

（美元）

图表 8-4　地区性薪酬差异：大都会区计算机程序员的年薪

资料来源：U. S. Bureau of Labor Statistics. www. bls. gov/oes.

　　有些作者认为，如果某些技能为特定行业专有，如保险业的核保人、精算师、理赔代理人，以某个行业为基础界定相关市场就比较有意义，有些研究也证实了这一点。[9]如果会计、销售或文秘等技能不限于某个特定行业，那么在界定相关市场时对行业的考虑就不那么重要。从成本控制和支付能力的角度看，将产品/服务市场的竞争对手考虑在内十分重要。[10]但是，当主要竞争对手将公司基地设在工资标准较低的国家（如墨西哥）时，这就会成为一个问题。但分割型劳动力供给（见第 7 章）需要进行多国比较。[11]不同国家的法律法规、税收政策及文化习俗各不相同。基于税法的规定，韩国和西班牙的管理人员接受公司信用卡用于个人消费（食品、服装）。在美国，这些消费都被算作应税收入，在韩国和西班牙却不是这样。

　　虽然目前可供国际比较的薪酬调查数据量不断增加，但使用这些数据调整薪酬仍然需要作出诸多判断。劳动力市场在一些国家（如俄罗斯）出现的时间相对较晚。历史上，这些国家的计划部门负责制定工资标准，因此没有必要进行薪酬调查。[12]日本公司历来只在彼此之间分享信息，而不向外部人员提供信息，因此也就无法进行薪酬调查。[13]

　　但即使拥有高质量的国际薪酬调查数据，仍然需要作出判断。例如，虽然按照美国、西欧和日本的标准，发展中国家的跨国公司的薪酬很低，但与这些国家国内公司的薪酬相比就非常高。外国公司的薪酬管理实践可能会搅乱发展中经济体新兴的本地劳动力市场。[14]IBM 在印度的软件工程师告诉我们，虽然按照印度的标准他们获得的报酬非常不错，但是与那些在美国从事相同工作的 IBM 的工程师相比，他们觉得自己的报酬很低。[15]

8.4.1 模糊市场

穿过雅虎公司的一组办公隔间（贴着迪尔伯特的漫画），你可能会发现以前当过幼儿园教师、软件工程师和销售代表的人在同一个团队中合作共事。雅虎公司集技术、传媒和商业于一体。它的相关劳动力市场是什么？哪些公司应该纳入它的薪酬调查范围？

即使在传统公司内，独特的工作也需要独特的人才。为律师事务所提供法律信息的供应商西部出版公司（West Publishing）设计了一个新职位——"未来愿景服务高级总监"。这一拗口头衔的任职者主要负责确保客户（诉讼律师）增加对公司产品的网上购买量，并提升客户对公司服务的满意度。该职位由一位拥有电子商务、市场营销和剧场经验的软件工程师担任。请试着在市场上找一找这种工作。这些新组织和新工作通常将多种知识与多种经验融合在一起，因此"相关"市场看起来更像"模糊"市场。[16]具有独特工作和独特结构的组织面临着双重约束：在难以获得可比劳动力市场数据的同时，又越来越倚重外部市场数据。

■ 8.5 设计薪酬调查

顾问公司在持续性薪酬调查方面为客户提供了广泛选择，调查范围几乎涵盖所有能够想象到的工作族和行业大类。它们的调查做得越来越好。[17]虽然我们很愿意将此归功于我们的教材对改进薪酬管理教育质量所做的贡献（本书于 1985 年出了第一版，早期的一些读者现在应该走上了重要管理岗位），但这更有可能是技术进步带来的结果。越来越多的顾问为客户提供以电子方式访问薪酬调查数据库的选择。进入数据库后，客户就可以进行任何它们所需的特殊分析。通用电气公司就是通过这种方式来完成大部分市场分析的。图表 8-5 提供了在设计薪酬调查和（或）选择薪酬调查供应商/顾问时需要考虑的因素。[18]

图表 8-5 从薪酬调查中获取最大收益

要求调查供应商定期与你沟通	要求薪酬调查供应商定期与你沟通，而不是只在收集数据和后期提供薪酬调查结果时才进行沟通。同时，保证薪酬调查数据真实可信的一个可靠方法是确保供应商持续跟踪研究你提出的有关薪酬数据的问题。应当制定一个严格的质量保证机制。
关注你特定的经营需求	理想的状态是薪酬调查提供的薪酬数据应当至少占到你需要定价的工作总数的 75%。要保证薪酬调查涵盖了你所在的特定劳动力市场的竞争对手——你从它们那里招录雇员，你的雇员也有可能跳槽到它们那里。（当然，薪酬调查也应该涵盖产品市场的竞争对手。）
寻求数据访问的便捷性	数据应当以最适合你使用的形式（硬拷贝、PDF、Excel）提供，而且要能随时访问。通过运行捕获特定同辈群体薪酬管理数据的自定义报表来对自己公司进行定制化分析的能力十分重要，同样重要的还有数据的新近性和（或）准确计算数据年龄的能力。
避免耗时的数据输入	由于数据收集的复杂性和效率不尽相同，在任何地方参与薪酬调查都会花上少则一小时多则几周的时间。与你的人力资源信息系统团队合作，评估响应调查的时间和成本。要确保自己不必提交那些不会在调查结果中出现的数据。

紧缩你的薪酬预算	参与免费调查。查看求职网站上的薪酬信息。与招聘人员交流以获取关于最新市场动向的实时信息。当然，参与薪酬调查也可以降低购买调查结果的成本。
警惕反垄断问题	要记住：薪酬调查要由第三方组织，提供给参与者的至少是三个月以前的薪酬信息，至少有五个参与者向每个调查问题报告数据，数据要进行加权以确保在任何一个数据点单个公司所占权重不会超过25％。要不断向法律顾问咨询有关问题。
寻求附加值	工作配对会议和调查结果展示等活动为薪酬调查参与者提供了结识同行、建立关系网和相互学习的机会。

资料来源：Adapted from Rebecca Toman and Kristine Oliver，"Ways to Get the Most out of Salary Surveys，" Workspan，February 2011，17－21.

设计薪酬调查需要回答如下问题：（1）应该由哪些人参与调查设计？（2）应该调查多少雇主？（3）应该调查哪些工作？（4）应该收集哪些信息？

8.5.1　应该由哪些人参与调查设计？

在大多数组织中，管理薪酬调查的职责一般都由薪酬经理承担。但是，由于薪酬费用会对利润率产生重大影响，因此有必要将管理人员和雇员同时纳入薪酬调查工作团队。

组织用来防止可能发生的"操纵价格"指控的典型做法是让作为第三方的顾问公司参与薪酬调查。已经有人提起诉讼，指控直接交换薪酬调查数据的行为违反《谢尔曼法案》（Sherman Act）的第一节。该法案禁止限制贸易的共谋行为。如果交换薪酬数据造成的总体影响是"干扰竞争价格并人为压低工资"，薪酬调查的参与者可能就会被判操纵价格罪。通过公司名称来识别薪酬调查参与者的数据被认为是操纵价格。[19]

8.5.2　应该调查多少雇主？

对于应该将多少雇主纳入薪酬调查范围，并没有严格的规定。实施市场领先型政策的大公司可能只与少数几个（6～10个）高薪竞争对手交换数据。[20]美林证券的目标是使薪酬水平在11家同类金融公司中处于第75百分位。在一个由两三家雇主主导的地区，一个小型组织可能决定只调查规模更小的竞争对手。由顾问公司实施的全国性调查常常包括100多个雇主。这些顾问公司的客户通常会规定特殊的分析条件，要求顾问公司按照它们选定的行业集群、地理区域和（或）薪酬水平（如前10％）报告调查得出的工资标准。

可以公开获取的数据

在美国，**劳工统计局**（Bureau of Labor Statistics，BLS）是公众可以获得的薪酬数据（现金、奖金和福利，但不包括股权）的主要来源。劳工统计局发布各种职业的海量信息。

虽然有些私人公司会把追踪劳工统计局数据的变化率作为对其他薪酬调查数据进行交叉检验的手段，但这些数据往往因不够具体而不能单独使用。针对具体的行业门类、挑选的公司和特定的工作内容进行定制化分析是不可行的。

"网络口碑"

过去，个体雇员很难将自己的薪酬与别人进行比较。当时薪酬信息的收集方式是口口相传，十分随意。今天，只要点击一下鼠标（或触控板），每个人都可以获得大量的薪酬数据。雇员可以把自己的薪酬与来自劳工统计局、Salary.com 或特定职业网站的薪酬数据进行对比。[21]这种数据访问的便捷性意味着薪酬经理必须能够对雇员薪酬与通过点击鼠标获取的薪酬数据的差异作出解释（辩护）。全食超市通过公开全部雇员上一年度的薪酬清单来解决这一问题。[22]遗憾的是，网络上许多薪酬数据的质量是非常令人怀疑的。没有哪家网站（当然劳工统计局除外）提供关于薪酬数据如何采集和哪些薪酬形式被纳入调查范围等所有信息。大多数薪酬数据都是网站使用者自愿提供的。有些热门网站在做区域性薪酬比较时甚至会滥用生活成本指数。[23]另外，Salary.com 提供了一个薪酬术语表，用以说明网站的信息来源并解释统计数据的意义。输入"亚拉巴马州伯明翰的程序员"，网站会要求你从 34 个工作说明中进行选择。图表 8-6 展示了 Salary.com 输出的其中三个（不同层级）程序员工作在全国和波士顿地区的薪酬数据。重要的是，它不仅提供了薪水数据，还提供了奖金数据。（Glassdoor.com 是另一个可以提供按工作说明分类的详细的薪酬数据的网站。）相比而言，在劳工统计局的调查中所有程序员工作都被归为单独的一类，这使得用户几乎无法进行对比匹配，而且在薪酬组成要素方面也没有任何突破。

图表 8-6　劳工统计局和 Salary.com 关于计算机程序员的免费薪酬调查数据 单位：美元

	百分位		
	第 25 百分位	第 50 百分位	第 75 百分位
劳工统计局			
全国			
计算机程序员	61 000	79 840	103 690
波士顿			
计算机程序员		99 270[a]	
Salary. com			
薪水			
全国			
程序员Ⅰ	54 322	62 112	70 532
程序员Ⅲ	88 111	99 950	110 310
程序员Ⅴ	109 726	122 625	137 344
波士顿			
程序员Ⅰ	61 830	70 683	80 266
程序员Ⅲ	100 270	113 295	125 533
程序员Ⅴ	124 868	139 548	156 297

续表

	百分位		
	第 25 百分位	第 50 百分位	第 75 百分位
Salary. com			
薪水＋奖金			
全国			
程序员 I	55 031	63 027	71 593
程序员 III	90 432	102 964	115 995
程序员 V	115 626	132 836	150 919
波士顿			
程序员 I	62 626	71 725	81 833
程序员 III	102 912	117 173	132 003
程序员 V	131 582	151 168	171 745

a 为均值。

说明：第 50 百分位是中位数。中位数工资不同于本章之前提到的计算机程序员的平均工资。

资料来源：U. S. Department of Labor，Bureau of Labor Statistics，Occupational Employment Statistics. https：//www. bls. gov/oes/tables. htm. Accessed March 27，2018.

调查多但验证少

关于顾问公司所做薪酬调查的价值的观点五花八门，但对薪酬调查的研究尚显不足。合益、美世（Mercer）、韬睿惠悦和怡安翰威特等顾问公司的薪酬调查结果存在显著差异吗？许多公司（针对所有工作类型）经常进行三次或三次以上薪酬调查的事实表明，不同的调查实际上意味着不同的薪酬水平。[24]许多公司选择一项调查作为主要的数据来源，并使用其他调查来交叉检验或"验证"结果。有些雇主经常将几次调查结果综合在一起，并根据某人对报告数据质量的判断为每次调查结果加权。[25]对于在市场界定、参与的公司、所收集的数据类型、数据质量、数据分析及（或）得到的结果等方面的差异将会产生什么影响，至今还没有系统的研究。也很少有人考虑样本设计和统计推断问题。对于雇员配置决策，雇佣测试的设计者按照一套标准（信度、效度等）报告雇佣测试效果。工作评价的信度和效度问题也已得到广泛研究和讨论。但是对于市场调查和分析，还没有类似的标准。[26]缺乏信度和效度指标将使薪酬调查数据面临严峻的挑战。

网络资源 1

为了说明在线调查，请浏览 www. haypaynet. com、www. salary. com 或 www. bls. gov/bls/blswage. htm 等网站。如何比较这些网站？它们有没有说明哪些雇主被纳入调查范围而哪些雇主未被纳入调查范围？它们的数据来自哪里？网站告诉你了吗？你将使用哪个网站的信息来设计薪酬制度？请作出解释。

8.5.3　应该调查哪些工作？

选择要调查的工作有以下几种方法。

基准工作法

我们曾在第 5 章指出：基准工作具有稳定的工作内容，在不同的雇主中很常见，并且吸纳了相当数量的雇员。如果薪酬调查的目的是为整个结构定价，所选择的基准工作就要能够涵盖整个工作结构——正如工作评价那样，要包括所有的关键职能和所有的工作层级。如图表 8-7 所示，图中深色阴影部分的工作就是基准工作。基准工作要从每一个结构的尽可能多的层级中选择，前提是要确保被选中的工作的描述与薪酬调查使用的基准工作的描述一致。图表 8-8 显示，近 1/2 的组织能够将其 80% 以上的工作与薪酬调查的基准工作相匹配，余下的组织则在工作匹配上不太成功。

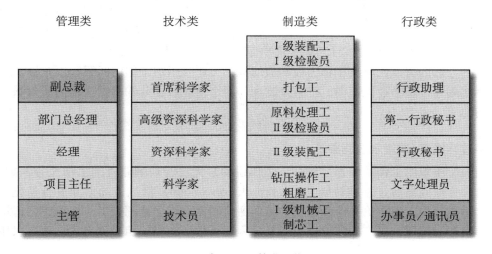

图表 8-7　基准工作

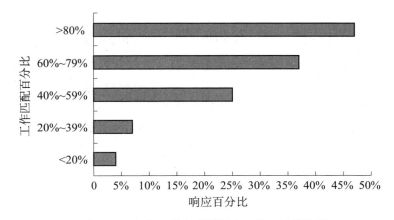

图表 8-8　组织工作与薪酬调查工作匹配的比例

资料来源："Job Evaluation and Market-Pricing Practices," A Survey Brief by WorldatWork, November 2015.

评价薪酬调查使用的基准工作与每个公司的基准工作的匹配程度的方法有多种。下面将讨论其中的一种方法——基准转换法/调查水准测量法。另一个例子是，合益集团对参与薪酬调查的许多公司都实施同一种工作评价计划。因此，可以根据各个公司的工作评价点数和点数在报酬要素间的分布状况对它们的工作进行比较。其他的薪酬调查只要求参与者检查匹配的程度（例如，公司工作的价值相对较低、稍低、大致相当，等等）。一个好的薪酬调查要在其调查结果中包含这一信息。一个从事薪酬顾问工作的朋友坚持认为，当一家公司更换薪酬经理时，工作匹配情况也会发生变化。

极端值法

如果某个组织使用基于技能/胜任力的结构或采用通用的工作说明，就可能没有基准工作来匹配使用传统方法（以工作为基础）的竞争对手的工作。必须对市场数据进行转化以适应技能或胜任力结构。要做到这一点，最简单的方法就是在相关市场上为相关技能分别找出报酬最高和最低的基准工作，并把这些基准工作的工资作为基于技能的结构的参照锚。这样就可以在参照锚之间安插技能结构内部不同层级的工作。例如，如果在技能结构中操作工 A 的初级市场工资标准是每小时 12 美元，而项目经理的工资标准是每小时 42 美元，操作工 B 的小时工资标准可能就是 12～42 美元的某个数。[27]

这种方法的有效性取决于作为极端值的基准工作与组织工作的匹配程度，以及它们是否确实涵盖了整个技能范围。把薪酬制度与两个市场数据挂钩的做法提高了对数据准确性的要求。

基准转换法/调查水准测量法

当一个组织的工作的内容（例如，工作说明）无法与薪酬调查的工作充分匹配时，一个解决方法就是通过**基准转换**（benchmark conversion）将二者的差异进行量化。如果某个组织使用工作评价，那么将它的工作评价制度应用于被调查工作。组织内部工作的评价点数与被调查工作的评价点数的差异程度评估了它们的相对价值，从而可以用来指导调整市场数据。（同样，这也需要判断。）

8.5.4　应该收集哪些信息？

薪酬调查通常需要收集三类基本的数据：（1）关于组织的信息；（2）关于总体薪酬制度的信息；（3）被研究工作的每个任职者的具体薪酬数据。图表 8-9 列举了基本的数据元素及采集理由。没有哪种调查能包括所有这些将被讨论的数据。相反，收集哪些数据取决于薪酬调查的目的和被调查的工作和技能。

图表 8-9　可能的调查数据元素及采集理由

基本数据元素	举例	理由
组织的性质		
基本情况	公司、名称、地址、联系人	便于进一步联系
财务表现	资产、销售额、利润现金流	揭示产品（服务）市场的性质、支付能力、规模及财务状况
规模	利润中心、生产线雇员总数	特定工作组的重要性对劳动力市场的影响
结构	组织结构图每个层级的雇员比例	揭示业务的组织方式 揭示雇员配置模式

续表

基本数据元素	举例	理由
总体薪酬制度的性质		
现金薪酬形式	基本工资、工资增长计划、长期与短期激励、奖金、生活成本调整、加班与轮班的工资差异	揭示组织所提供的薪酬形式；用于建立一个可比较的基础
非现金薪酬形式	福利和服务，特别是医疗保险和养老金的覆盖范围与缴费额	
任职者与工作		
日期	调查数据的生效日期	更新到当前日期
工作	与通用的工作说明相匹配 上下级关系的层级	揭示与被调查的关键工作的相似程度 职责范围
个人	获得学位的时间、教育、受雇日期	揭示培训任期
工资	支付给每个人的实际工资标准、总收入、最近增长额、奖金、激励	
人力资源结果		
劳动生产率	收益/雇员；收益/劳动力成本	反映组织绩效和效率
劳动力总成本	雇员数量×（平均工资＋福利）	主要费用
吸引雇员	招聘收益率：接受工作邀请的数量/工作邀请总数	揭示招聘的成功性——薪酬管理的目标之一
留住雇员	雇员流失率：离职的高（低）绩效雇员的数量/雇员总数	揭示雇员的外流状况，与薪酬管理目标相关
雇员意见	总的薪酬满意度	揭示雇员对自己薪酬的看法

组织数据

这一信息反映了参与薪酬调查的各个组织的相似性和差异性。对管理人员和更高层职位的调查内容包括财务数据和上下级关系数据，因为这些职位的薪酬与组织的财务绩效有更直接的关系。一般而言，财务数据只是被简单地用于按规模（以销售额或收益为表现形式）划分公司类别，而不是用于分析竞争对手的业绩。这些数据被描述性地用于报告不同规模公司的薪酬水平和薪酬组合。竞争对手的数据还没有被用于比较竞争对手的劳动生产率（收益与薪酬之比）或劳动力成本。

但是，这种情况正在改变。"竞争情报"收集量的增加正在改变所收集的组织数据的类型，以及这些数据的使用方式。组织的绩效指标（如雇员流失和收益）正在被收集。其他一些可能被纳入数据收集范围的结果性指标是每股收益率、市场份额、客户满意度、雇员薪酬满意度，招聘收益率没有被纳入数据收集范围。财务数据常常采自其他开放性资源（例如，财务-谷歌（Finance-Google）、雅虎财务（Yahoo Finance））。例子包括对组织经营业绩（收益、净收入、客户满意度）、雇员流失（自愿离职率）和招聘（收益率）的度量。[28]

总体薪酬数据

评价总体薪酬和竞争对手的薪酬管理实践需要掌握关于各种薪酬形式的信息。[29] 图

表8-9所列清单揭示了可以纳入公司总体薪酬定义的薪酬形式的范围。从实践的角度讲，薪酬调查难以纳入全部的薪酬形式。福利项目的过多细节，如医疗保险的免赔额和弹性工作计划，会使薪酬调查甚为烦琐。解决这一问题的可选方案包括对基准福利组合做简要说明、只将最昂贵的可变福利纳入调查范围、对总福利费用占总劳动力成本的百分比进行估算等。三种可替代性选择——基本工资、现金总额（基本工资、利润分享、奖金）和总体薪酬（现金总额加福利和**津贴**（perquisite））——是最常用的薪酬度量标准。图表8-10说明了这三种选择的区别，并强调了每种选择的作用和局限性。图表8-11展示了针对一个工程师工作样本使用这三种度量标准开展薪酬调查所获得的一些结果。

图表8-10 薪酬度量标准的优劣

选项	优势	劣势
基本工资	告诉我们竞争对手如何评价内容相似的工作。	没有纳入绩效激励及其他薪酬形式，因此，如果竞争对手向雇员提供低基本工资加高激励薪酬的薪酬组合，我们就无法掌握其薪酬的真实情况。
现金总额（基本工资＋奖金）	告诉我们竞争对手如何评价工作，也告诉我们竞争对手为雇员工作绩效支付的现金报酬。	并非全部雇员都能获得激励薪酬，因此它可能会夸大竞争对手的薪酬水平；另外，它没有纳入长期激励薪酬。
总体薪酬（基本工资＋奖金＋股票期权＋福利）	告诉我们竞争对手赋予工作的总体价值。	并非全部雇员都可以获得全部的薪酬形式。注意：不要将基本工资等同于竞争对手的总体薪酬。面临高固定成本的风险。

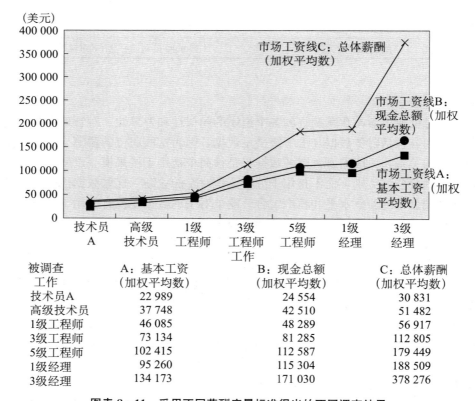

被调查工作	A：基本工资（加权平均数）	B：现金总额（加权平均数）	C：总体薪酬（加权平均数）
技术员A	22 989	24 554	30 831
高级技术员	37 748	42 510	51 482
1级工程师	46 085	48 289	56 917
3级工程师	73 134	81 285	112 805
5级工程师	102 415	112 587	179 449
1级经理	95 260	115 304	188 509
3级经理	134 173	171 030	378 276

图表8-11 采用不同薪酬度量标准得出的不同调查结果

A：基本工资。这是竞争对手决定的每种工作及其任职者的"现金"价值。组织可以使用这一信息对薪酬调查数据与组织内部一系列工作的匹配情况进行初步观察。图表 8-11 中市场工资线 A 以基本工资为基础。

B：现金总额。基本工资加奖金——图表 8-11 的市场工资线 B。现金总额指标揭示竞争对手使用的基于绩效的现金薪酬支出。

C：总体薪酬。包括现金总额加股票期权和福利。总体薪酬反映雇员各个方面（绩效、经验、技能等）的总价值和工作本身的价值。

毫不奇怪，对于全部这七种工作来讲，总体薪酬会高于单独的基本工资或基本工资与奖金的总和。但是，不同工作之间薪酬差异的变化及变化幅度或许会令人吃惊：从技术员 A 的 7 842 美元（34%）到 3 级经理的 244 103 美元（182%）。在这一调查中，3 级经理的基本工资平均只占其总体薪酬的 35%。因此，对薪酬的度量是一个重要决策。对竞争对手薪酬管理实践的误解会导致对薪酬水平和薪酬结构的错误定价，而这种错误定价的代价是高昂的。

■ 8.6 解释薪酬调查结果并建立市场工资线

现在通常以在线方式交换薪酬调查数据。技术的发展使处理调查数据和输出调查报告变得很容易。总体薪酬调查的最大挑战在于如何评价薪酬调查信息。在最佳的总体薪酬调查项目中，每家公司都将薪酬调查视作定制化的数据库项目，在这些项目中，它们可以指定所要分析的雇主和工作的特征。

在所有的薪酬调查数据收集完毕后，下一步就是分析调查结果并通过统计分析建立**市场工资线**（market pay line）。20 多年以前，为了弄清人们是如何分析薪酬调查数据的，贝尔彻（Belcher）访问了多名薪酬管理专业人士。他在报告中指出：

> 每个组织使用自己的方法从调查中提取信息；根据不同的目的使用不同的调查；使用不同的方法对企业开展调查。从行业、公司规模以及工会参与度等方面看，我没有发现这些分析方法存在什么共性。例如，有些人除了阅读整体调查报告外不做任何事情，有些人强调行业数据，有些人重视区域内的竞争对手（通勤距离），有些人只选择不到五个竞争对手进行对比，有些人仅仅强调大公司的数据，有些人却抛弃大公司的数据。[30]

他的结论在今天仍然成立。我们希望这种多样性反映的是处理各种情况的灵活性及对改进的薪酬管理软件的使用。我们不希望它反映的是一种权宜之计及与经营和工作相关的逻辑的缺失。

8.6.1 验证数据

通常第一步是检查工作匹配的"准确度"，然后检查异常值（即雇主的数据与其他雇主的数据存在实质性差异）、数据有效期限和组织的性质（例如，行业、规模——州立农业保险公司（State Farm Insurance）与谷歌公司）。图表 8-12 是为绘制图表 8-13 所开展的薪酬调查的摘要。薪酬调查是应快猫公司（FastCat）的要求而做的，它是一家为许多读者所熟悉的小型初创企业。虽然薪酬调查涵盖许多工作，但我们只使用一种工作（1级工程师）的调查信息来说明。正如你所看到的，阅读调查数据并不是件轻松的事情。然而，它们确实包含丰富的信息。为了提取这些信息，从入门开始……来做一次快猫公司的分析师吧。[31]

图表 8-12 调查数据 　　　　　　金额单位：美元

A. 工作说明：1级工程师

参与软件程序的开发、测试和文档编制。作为项目团队的成员执行设计与分析任务。通常最低要求是获得科学或技术的学士学位或同等学力，并具备两年以上工作经验。

B. 个人薪酬数据（部分数据；仅作说明之用）

1级工程师　　　　　工作评价点数：50 点　　　　　任职者人数：585 人

工作	基本工资	奖金	现金总额	股票期权	福利	总体薪酬
公司 1						
1级工程师	79 000	500	79 500	0	8 251	87 751
1级工程师	65 500	2 500	68 000	0	8 251	76 251
1级工程师	65 000	0	65 000	0	8 251	73 251
1级工程师	58 000	4 000	62 000	0	8 251	70 251
1级工程师	57 930	3 000	60 930	0	8 251	69 181
1级工程师	57 200	2 000	59 200	0	8 251	67 451
1级工程师	56 000	1 100	57 100	0	8 251	65 351
1级工程师	54 500	0	54 000	0	8 251	62 251
1级工程师	52 500	0	52 500	0	8 251	60 751
1级工程师	51 500	1 500	53 000	0	8 251	61 251
1级工程师	49 000	3 300	52 300	0	8 251	60 551
1级工程师	48 500	0	48 500	0	8 251	56 751
1级工程师	36 500	0	36 500	0	8 251	44 751
公司 2						
1级工程师	57 598	0	57 598	28 889	8 518	95 004
1级工程师	57 000	0	57 000	31 815	8 518	97 332
1级工程师	55 000	0	55 000	20 110	8 518	83 628

C. 公司数据（部分数据；仅作说明之用）

任职者人数		基本工资	短期激励	现金总额	长期激励	福利	总体薪酬
公司 1							
13	平均值	56 202.31	1 376.92	57 579.23	0.00	8 250.89	65 830.12
	最小值	36 500.00	0.00	36 500.00	0.00	8 250.89	44 750.89
	最大值	79 000.00	4 000.00	79 500.00	0.00	8 250.89	87 750.89

公司 2

	平均值	52 764.80	1 473.56	54 238.36	21 068.91	8 517.56	83 824.83
13	最小值	47 376.20	0.00	50 038.33	4 878.98	8 517.56	65 416.54
	最大值	57 598.21	3 716.89	58 494.01	31 814.83	8 517.56	97 332.39

公司 4

		56 004.00	0.00	56 004.00	0.00	9 692.56	65 696.56
2		55 016.00	0.00	55 016.00	0.00	9 692.56	64 708.56
	平均值	55 510.00	0.00	55 510.00	0.00	9 692.56	65 202.56

公司 8

	平均值	54 246.00	4 247.21	58 493.21	0.00	7 204.50	65 697.71
14	最小值	45 000.00	860.00	48 448.00	0.00	7 204.50	55 363.50
	最大值	62 000.00	8 394.00	68 200.00	0.00	7 204.50	75 404.50

公司 12

	平均值	50 459.34	1 123.26	51 582.60	1 760.05	7 693.11	61 035.76
35	最小值	42 000.00	0.00	43 092.00	0.00	7 693.11	52 606.26
	最大值	64 265.00	1 670.89	65 935.89	9 076.52	7 693.11	73 629.00

公司 13

	平均值	48 700.80	400.00	49 100.80	2 050.00	8 001.00	59 152.20
5	最小值	45 456.00	0.00	45 456.00	0.00	8 001.00	53 458.00
	最大值	54 912.00	2 000.00	54 912.00	8 506.00	8 001.00	66 507.00

公司 14

	平均值	44 462.40	863.43	45 325.83	0.00	7 337.00	52 662.83
10	最小值	37 440.00	372.95	37 812.95	0.00	7 337.00	45 149.95
	最大值	47 832.00	1 197.12	49 029.12	0.00	7 337.00	56 366.12

公司 15

	平均值	49 685.92	8 253.61	57 939.52	1 762.97	8 404.00	68 106.48
71	最小值	44 900.00	0.00	49 022.00	0.00	8 404.00	57 426.00
	最大值	57 300.00	14 132.00	68 357.00	63 639.00	8 404.00	125 471.00

公司 51

	平均值	46 193.88	1 399.75	47 593.63	41 954.39	7 640.89	97 188.90
4	最小值	42 375.06	0.00	44 988.75	20 518.14	7 640.89	75 159.23
	最大值	48 400.04	2 985.31	51 385.35	74 453.00	7 640.89	133 479.24

公司 57

	平均值	44 091.57	1 262.43	45 354.00	0.00	6 812.00	52 166.00
226	最小值	38 064.00	0.00	39 372.00	0.00	6 812.00	46 184.00
	最大值	60 476.00	2 179.00	62 655.00	0.00	6 812.00	69 467.00

公司 58							
	平均值	44 107.18	1 367.04	45 474.21	0.00	6 770.00	52 244.21
107	最小值	36 156.00	0.00	37 569.00	0.00	6 770.00	44 339.00
	最大值	57 600.00	2 147.00	58 913.00	0.00	6 770.00	65 683.00
公司 59							
	平均值	44 913.63	1 152.85	46 066.48	0.00	6 812.00	52 878.48
71	最小值	39 156.00	407.00	40 473.00	0.00	6 812.00	47 285.00
	最大值	57 000.00	1 639.00	57 407.00	0.00	6 812.00	64 219.00

D. 1 级工程师的总结数据

基本工资		现金总额		总体薪酬		奖金	股票期权
加权平均数	46 085.21	加权平均数	48 289.66	加权平均数	56 917.08	平均值2 370.59	平均值16 920.18
算术平均数	49 092.71	算术平均数	50 940.53	平均数	65 524.22	占基本工资的百分比5.18%	占基本工资的百分比33.96%
第 50 百分位数	45 000.00	第 50 百分位数	46 422.00	第 50 百分位数	53 271.00		
第 25 百分位数	42 600.00	第 25 百分位数	43 769.00	第 25 百分位数	50 593.11	获得者的百分比92.99%	获得者的百分比8.38%
第 75 百分位数	48 500.00	第 75 百分位数	51 854.04	第 75 百分位数	60 750.89		

匹配的准确度（和提升匹配准确性）

薪酬调查的 A 部分包括对被调查工作的说明。对于匹配效果好的工作，事情就很简单。但是，在大多数情况下，工作匹配的效果要么很差，要么不完美。在后一种情况下，人们不需要作出"是或否"（全部或全不）的决定。相反，如果公司工作与被调查工作（特别是在最基本的方面）足够接近，那么本章前面讨论的基准转换法/调查水准测量法就可以派上用场，也就是说，把调查数据与被分析师判断为可以反映公司工作与被调查工作之间差异的因素相乘。[32] 执行这一过程的一个方法是，对组织的基准工作和对应的被调查工作开展工作评价，然后再确定它们的相对价值。

异常值

薪酬调查的 B 部分给出了 1 级工程师的真实薪酬。通过研读这些薪酬数据，分析师对数据质量有所了解，可帮助识别出需要额外考虑的任何方面。例如，如图表 8-12 的 B 部分所示，在公司 1 的所有 1 级工程师中，没有人获得股票期权，并且有 5 人没有获得奖金。奖金的浮动范围是 500～4 000 美元。（因为这次共调查了 585 位 1 级工程师，所以我们没有将他们的薪酬信息全部纳入。）个人层面的数据提供了关于具体薪酬管理实践的丰富信息。理解薪酬最小值、最大值以及实际获得奖金和（或）股票期权的人员

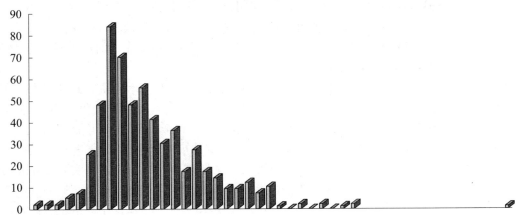

1级工程师的基本工资价值及频数（n=585）

货币值（千美元）

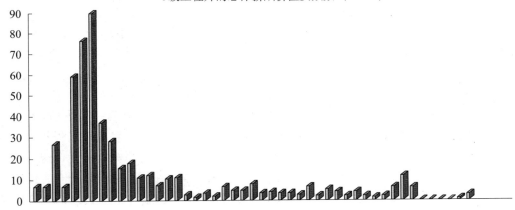

5级工程师的总体薪酬价值及频数（n=719）

货币值（间距为10 000美元）

图表 8-13　频数分布图

比例很关键。遗憾的是，许多调查只提供了诸如公司平均水平等总结性的信息。

　　图表 8-12 的 C 部分提供了公司数据。第一步还是要寻找异常值：

　　1. 是否有一家公司占主导地位？如果是这样（也就是公司 57），那么对最大公司数据的单独分析将分离出该雇主的薪酬管理实践，并澄清其影响的性质。

　　2. 全部雇主都表现出相似的模式吗？答案或许是否定的。在我们的调查中，公司 1 的某一单独工作的基本工资就从 36 500 美元变化到 79 000 美元。这种情况增加了该公司采用工资宽带（将在本章后面讨论）的可能性。虽然有七个公司的奖金与基本工资的比率为 2%～3%，但公司 15 支付的平均奖金为 8 254 美元，奖金与基本工资的比率超过 6%。

　　3. 有**离群值**（outliers）吗？除基本工资外，公司 51 还向一名工程师提供了价值 74 453 美元的股票期权。分析师可能会考虑剔除那些采取此类非典型薪酬管理实践的公司。问题是，剔除这些公司将会产生什么影响，不剔除它们又会产生什么影响？

回答有关异常值问题的一个最佳方法就是对这些公司单独分析。它们或许有意使自己的薪酬与众不同，并将其作为战略的一部分。了解竞争对手与众不同之处可以提供宝贵的洞察力。把异常的薪酬数据与财务状况相结合可能会发现最成功的竞争对手也为自己的工程师发放更大数额的奖金。

位于图表 8-12 底部的 D 部分包含许多总结性数据：对基本工资、现金总额、总体薪酬的五种不同度量，以及获得奖金和股票期权的工程师所占的比例。数据显示，快猫公司的大多数竞争对手都为这一特定的工作支付奖金，但不太可能支付股票期权。总结性数据有助于将调查信息提炼为数量更少的度量指标，以便进一步统计分析。统计分析帮助快猫公司将大量的原始数据（见图表 8-12）转化为实际薪酬的统计图（见图表 8-13），得出反映其竞争性薪酬政策的市场工资线。

8.6.2　统计分析

虽然分析薪酬调查数据所必需的统计分析方法（包括**回归**（regression）分析）在基础的统计学课程中都有所涉及，但很多网站可能更有趣。我们最喜欢做的事情就是点击统计图中的任何地方，来看看添加新的数据点（鼠标点击）如何改变回归线。[33]在我们的统计分析中，第一步就是考察工资标准的频数分布，做好这一步工作非常有用。

频数分布

图表 8-13 是根据图表 8-12 的数据绘制的两种频数分布图。第一幅图是 585 名 1 级工程师增量为 1 000 美元的基本工资频数分布。第二幅图是 719 名 5 级工程师增量为 10 000 美元的总体薪酬频数分布。（从不到 90 000 美元到超过 900 000 美元，这一巨大的薪酬变化幅度是使许多调查转向记录更高层级职位薪酬的原因。）频数分布有助于薪酬调查信息直观化，并且可以使异常值凸显出来。例如，超过 79 000 美元的基本工资就可能被认为是异常值。这个雇员是独一无二的吗？或者是报告数据时出现了错误？向调查提供者打个电话或发一封电子邮件就会得到答案。

频数分布图的形状可能不尽相同。异常的频数分布图可能反映出工作匹配效果差、工资标准离散度高、雇主薪酬政策差异性大等问题。有一种观点是：如果数据在这一点上看起来是合理的，可能是两个相互抵消的大错误导致的结果。

居中趋势

居中趋势（central tendency）的度量方法是将大量的数据削减为单个数字。图表 8-14 定义了常用的统计度量方法。弄清楚"算术平均数"与"加权平均数"的区别很重要。如果只在薪酬调查中报告所有公司基本工资的平均水平，就可以用每个公司基本工资的总和除以公司的数量来计算算术平均数（mean）。虽然算术平均数很常用，但是它或许不能准确反映劳动力市场的真实状况，因为最大雇主的基本工资被赋予了与最小雇主相同的权重。加权平均数（weighted mean）的计算方法是用调查中 585 个工程师的基本工资的总和除以 585。加权平均赋予每个雇员的基本工资以相同的权重。

图表 8 - 14　用于分析调查数据的统计度量方法

度量方法	含义	优点/缺点
居中趋势		
众数	发生次数最多的工资标准。	必须画出频数分布图来计算。
算术平均数	工资总和除以工资发放笔数。如果只用公司（而非个人）的数据，最大雇主的工资会被赋予与最小雇主相同的权重。	通常容易理解（也称"平均水平"）。但是，如果只有公司的数据，将无法准确反映劳动力市场的真实状况。
中位数	将所有的数据点从高到低排列，位于中间的数据点即为中位数。	最大限度地减少异常值造成的失真。
加权平均数	如果只进行公司范围的统计度量（而不是对个人进行统计度量），用每个公司的工资标准乘以雇员数量得出该公司的工资总和，再用所有公司的工资总和除以所有公司的雇员总数。	给每个人的工资赋予相同的权重。抓住市场的供求规模。
变异		
标准差	全部工资标准在平均值周围聚集的紧密程度。	说明了市场工资标准之间相似或差异的程度。小的标准差意味着工资标准在平均值周围的聚集度高；大的标准差意味着工资标准更加离散。
四分位数和百分位数	将所有的数据点从低到高排列，然后转化为百分率。	在薪酬调查中最常见；常用于设定工资全距或区段。

变异

围绕在某个居中趋势度量值周围的工资标准分布称为变异（variation）。图表 8 - 13 中的两个频数分布显示出非常不同的变异模式。变异告诉我们工资标准在市场上的分散状况。标准差（standard deviation）可能是对变异最常用的统计度量，即使它在薪酬调查中鲜有使用。

四分位数（quartiles）和百分位数（percentiles）是薪酬调查分析中更为常用的统计度量。某个组织宣称其薪酬政策处于"全国市场的第 75 百分位"，这意味着在其全部工资标准中，有 75% 的工资标准小于或等于这一点值，只有 25% 的工资标准高于这一点值。四分位数（第 25 百分位和第 75 百分位）通常用于设定工资全距。后文将对工资全距问题进行详细讨论。

8.6.3　更新调查数据

因为工资反映了雇主、雇员、工会以及政府机构的决策，所以竞争对手支付的工资是经常变动的。而且，竞争对手在不同的时期会对工资进行调整。大学通常根据不同的学年对教师工资进行调整。工会化的雇主根据劳动协议的签订日期调整工资。在竞争激烈的地区经营的雇主在每个季度，甚至每个月都会对工资调整一次。许多雇主按照雇员入职的周年纪念日来调整其工资。即使这些变化不会在一年中平稳一致地发生，但作为一个实际问题，我们认为这些变化确实在发生。因此，一项需要用三个月的时间来收集和分析数据的调查可能在得到调查结果之前就已经过时了。通常需要对工资数据进行更新（一种常被称为时效测定或趋向预测的过程），以预测当薪酬决策在未来某个时期实施时的竞争性工资标准。

工资数据更新的次数主要依赖于以下几个因素：劳动力市场的历史趋势、雇主所在行业的经济前景以及管理者的判断等。有些人建议使用消费者物价指数（Consumer Price Index，CPI）。我们认为这不是一种合适的选择。消费者物价指数度量的是产品市场上商品与服务价格的变化，而不是劳动力市场上工资的变化。我们将在第 18 章对二者的区别做进一步讨论。

图表 8－15 是对数据更新的说明。在此例中，薪酬调查收集到的基本工资标准的数据为 45 000 美元，这一数据在本年度的 1 月 1 日生效——已经成为过去。薪酬经理将使用这一信息进行薪酬决策，这一决策在计划年度的 1 月 1 日生效。因此，如果基本工资标准正在按每年约 5%的速度增长，假设未来其他条件不变，就需要将调查到的基本工资标准乘以 105%来说明截至本年度末的基本工资预期变化（增加到 47 250 美元），然后再乘以一个百分比来估算计划年度预期的基本工资。

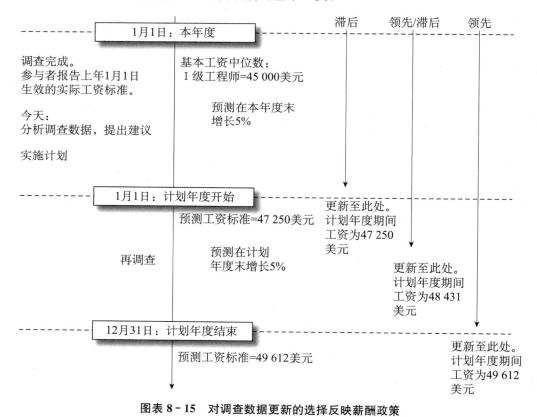

图表 8－15 对调查数据更新的选择反映薪酬政策

8.6.4 建立市场工资线

再次观察图表 8－11。它说明了快猫公司的分析师作出如下决策后得到的结果：将哪些工作（这些工作被认为与内部基准工作密切匹配，即在 x 轴（横轴）上的七种工作）纳入薪酬调查？将哪些公司纳入薪酬调查？使用哪种薪酬度量标准？对于薪酬的每一种度量标准，都画出了一条连接七种工作薪酬的曲线。七种工作按照各自在内部结构中所处的位置（即工作评价点数）依次排列在横轴上。因此，这条曲线向上倾斜形成市场工资线。

> **市场工资线**　把在横轴上一个公司基准工作的评价点数（内部结构）与在纵轴上竞争对手支付的市场工资标准（市场调查）连接起来。它总结了劳动力市场上竞争对手所支付的通行工资标准的分布状况。

通过连接数据点可以手绘市场工资线，就像我们绘制图表 8 - 11 那样。也可以使用诸如回归分析等统计技术生成市场工资线。回归分析会得到一条回归直线。回归分析通过最小化直线周围的方差，生成一条对调查数据进行最优拟合的直线。图表 8 - 16 是以图表 8 - 11 中的薪酬调查数据为因变量，以与被调查工作相匹配的快猫公司工作的评价点数为自变量得出的回归线。比较图表 8 - 11 与图表 8 - 16 的数据表。图表 8 - 11 展示的是被调查工作的市场工资标准，图表 8 - 16 展示的是快猫公司与这些被调查工作相匹配的工作的评价点数，以及针对各个工作的每种薪酬度量标准进行的回归统计"预测"。被调查的工作——技术员 A 的实际基本工资是 22 989 美元（见图表 8 - 11）；该工作的

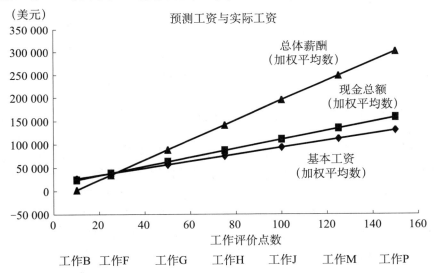

被调查工作	与快猫公司匹配的工作	快猫公司工作评价点数	基本工资预测值（加权平均数）	现金总额预测值（加权平均数）	总体薪酬预测值（加权平均数）
技术员A	B	10	23 057	20 543	−1 330
高级技术员	F	25	34 361	35 116	31 172
1级工程师	G	50	53 199	59 404	85 343
3级工程师	H	75	72 038	83 692	139 514
5级工程师	J	100	90 876	107 980	193 685
1级经理	M	125	109 715	132 268	247 856
3级经理	P	150	128 553	156 556	302 027

图表 8 - 16　从回归结果到市场工资线

"预测基本工资"为 23 057 美元（见图表 8 - 16）。在图表 8 - 17 中，我们将关注用薪酬调查获得的基本工资数据作为因变量得出的回归结果。菱形的散点是调查获得的实际结果，实线是回归的结果。回归线在使变异最小化的同时"平滑"了大量数据。随着被调查工作数量的增加，回归分析得出的直线的优势就会变得清晰。

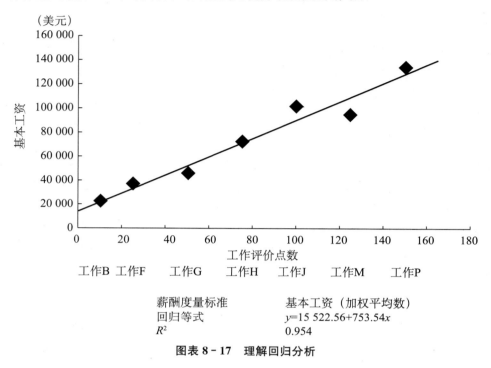

薪酬度量标准	基本工资（加权平均数）
回归等式	$y=15\ 522.56+753.54x$
R^2	0.954

图表 8 - 17　理解回归分析

8.6.5　设定基准工作和非基准工作的薪酬

只要找到与被调查工作相匹配的工作，设定基准工作的薪酬就很简单。一旦知道了其他组织为每个工作支付的薪酬，就可以根据其他组织的薪酬支付情况以及该工作在执行自己组织的战略中所起的作用来选择薪酬水平。对于非基准工作（即那些没有与被调查工作实现良好匹配的工作），图表 8 - 16 中的市场工资线尤为有用。以工作 Z 为例，在被调查工作中没有与它相匹配的工作，但我们赋予了它分值为 110 的工作评价点数。我们该如何估计它的基本工资？从图表 8 - 16 可知，快猫公司工作 J 的工作评价点数为 100，相匹配的被调查工作是 5 级工程师，该工作的基本工资为 90 876 美元。因此，确定工作 Z 基本工资的一个方法就是：110/100×90 876＝99 964 美元。或者使用图表 8 - 17 中的市场工资线回归等式。工作 Z 的基本工资预测值＝15 522.56＋753.54×110（工作评价点数）＝98 412 美元。二者计算结果很相似，但并不完全相同。（记住，回归线"平滑"了相关关系，但导致基本工资预测值的微小偏差。）因此，我们的市场工资线是非常有价值的。尽管在我们的公司中只有基准工作可以与被调查工作直接匹配，但我们可以使用市场工资线估计非基准工作的市场工资。（也可参见本章此前关于调查水准测量法的讨论）。

在结束对薪酬调查数据的分析之前，必须强调并非所有的调查结果都像我们所举的例子，也并非所有的公司都使用这些统计和分析技术。对薪酬调查数据的分析并不存在一种所谓的"正确方法"。增进读者对一些有用的计算方法和作为薪酬调查基础的假设的理解，一直是我们的心愿。

运用回归分析计算市场工资线

　　回归分析使用如下数学公式求回归直线：

　　　　$y=a+bx$

式中，y 为工资（美元）；x 为工作评价点数；a 为当 x 的值为 0 时 y 的值（以美元表示）（也就是直线与 y 轴的交点）；b 为回归直线的斜率。

　　使用市场调查得出的工资数据和内部结构的工作评价点数，可以复制图表 8 - 16 和图表 8 - 17 的结果。

　　市场工资线可以记为：

　　　　工作 A 的工资＝a＋（b×工作 A 的工作评价点数）

　　　　工作 B 的工资＝a＋（b×工作 B 的工作评价点数）

　　依此类推。

　　回归分析以一种有效的方式估计 a 和 b 的值，使预测误差最小化。

8.6.6　内部结构与外部市场工资标准相结合

　　在这一点上，总体薪酬模型的两个部分结合在一起。它们彼此之间的关系如图表 8 - 18 所示。[34]

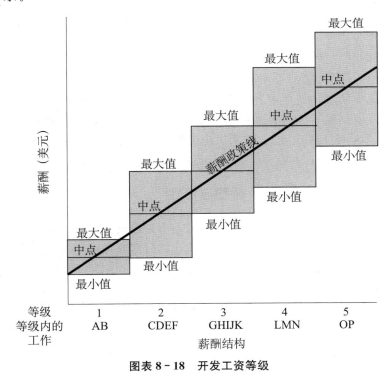

图表 8 - 18　开发工资等级

● 第 3 章至第 6 章开发建立的内部一致性结构标记在横轴（x 轴）上。为了便于说明，假设我们的结构包含从 A 到 P 共 16 种工作。工作 B、F、G、H、J、M 和 P 是七种基准工作，它们已与薪酬调查的工作进行了匹配。工作 A、C、D、E、I、K、L、N 和 O 在薪酬调查中没有直接匹配的工作。

● 相关竞争对手为基准工作支付的薪酬（按照薪酬调查明确的薪酬度量标准）——外部竞争性数据——标记在纵轴（y 轴）上。

这两个部分——内部一致性与外部竞争性——在薪酬结构中结合在一起。薪酬结构包括两个方面：薪酬政策线和工资全距。

■ 8.7　从政策到实践：薪酬政策线

有几种方法可以将外部竞争性政策转化为薪酬管理实践。你已经作出了一些可以帮助你做到这一点的选择。

8.7.1　薪酬度量标准的选择

如果林肯电气兑现它在本章开头的宣言，我们就可以预期它会采用第 45 百分位的基本工资和第 65 百分位的总体现金薪酬作为回归分析的薪酬度量标准。

8.7.2　更新

再看一下图表 8-15。图表右侧的箭头展示了更新调查数据是如何反映薪酬政策的。如果公司选择一种"跟进"政策，然后把调查数据更新到本年度末/计划年度初，并在整个计划年度内保持这一工资标准不变，那么该公司的薪酬实际上会滞后于市场。它将只在计划年度开始的时候与期望的市场工资水平保持一致。在整个计划年度内，市场工资标准持续上涨，该公司的工资标准却保持不变。

将市场数据更新到计划年度的一半（图表 8-15 中间的箭头）被称为领先/滞后。原始的调查工资数据被更新到本年度末并加上计划年度内预测增长额的一半（47 250＋（47 250×5％）/2≈48 431 美元）。想要实施市场领先型政策的雇主可以将数据更新到计划年度末（49 612 美元），并在整个计划年度内维持这一工资标准。

8.7.3　市场工资线的百分比：薪酬政策线

将薪酬水平政策转化为薪酬管理实践的另一个方法是简单地指定一个在雇主拟匹配的回归直线（市场工资线）上下浮动的百分比，然后据此在更高（或更低）的水平绘制一条新直线。这一**薪酬政策线**（pay-policy line）将执行这样一种政策声明——"我们领先市场 10％"。也存在其他的可能性。一个雇主或许在分析中只纳入几个实施高薪的竞争对手，然后加以跟进以实施市场领先型政策（"定位于领先行列"）；或者对有些工作族实施领先型政策，而对其他工作族实施滞后型政策。关键在于在竞争性薪酬政策中还有其他选择，也有替代性方法将政策转化为实践。如果实践并不与政策相匹配（例如，说一套做一套），雇员就会接收到错误的信息。

8.8　从政策到实践：工资等级和工资全距

下一步就是设计**工资等级**（pay grade）和**工资全距**（pay range）。做这些分析通常要使用基本工资数据，原因在于基本工资反映了工作内容的基本价值而非雇员的绩效水平（参见图表 8-10 对薪酬度量标准的比较）。

8.8.1　为什么要设计工资等级和工资全距？

工资等级和工资全距为应对外部市场压力和不同组织的差异提供了灵活性。这些外部差异主要包括：

1. 申请工作的雇员个体之间的资质（技能、能力和经验）差异（例如，虽然软件工程师的工作说明看起来相同，但微软公司对软件工程师的招聘要求可能比快猫公司更加严格）。

2. 劳动生产率差异或不同资质的价值差异（例如，微软公司软件工程师工作结果的价值或许不同于百思买公司的软件工程师）。

3. 竞争对手使用的薪酬形式的组合差异（例如，与 IBM 相比，甲骨文使用了更多的股票期权和更低的基本工资）。

除了提供应对这些外部差异的灵活性外，从事相同工作的雇员之间的工资标准差异也是组织可以利用的地方。只要对从事相同工作的雇员支付两种或两种以上的工资标准，就会存在一个工资全距。因此，工资全距为管理者提供了如下机会：

1. 使用薪酬认可个体的绩效差异。

2. 满足雇员的期望——即使从事相同的工作，他们的工资也将随着时间的推移而增长。

3. 鼓励雇员留在组织中。

从内部一致性的角度看，工资全距反映了一个雇主希望用工资加以认可的绩效或经验的差异。从外部竞争性的角度看，工资全距是一种调控的工具。工资全距的最大值限定了雇主愿意向工作支付的工资的上限，工资全距的最小值则限定了工资支付的下限。

在第 11 章，我们将看到许多组织采用绩效加薪网格或者薪水增长矩阵（二者主要使用两个因素——雇员绩效评价等级和工资全距内的位置）来指导工资增长。目的就是持续调整雇员工资，使之在市场中获得相对合理的定位。因此，绩效评价等级一直较高的雇员的工资应当上升至市场中位数和**工资全距中点**（range midpoint）以上，而绩效评价等级一直处于平均水平的雇员的工资应该与工资全距中值接近。

8.8.2　开发工资等级

在薪酬结构中建立灵活性的第一个步骤是将那些就实现薪酬目标而言具有实质同等性的不同工作组合为一个等级。工资等级增强了组织在保持工资不变的前提下在不同工作之间调动雇员的能力。在图表 8-18 中，工作在横轴上被分成五个等级。

至于哪些工作在实质上是等同的从而可以归入同一个等级，需要分析师重新考虑原始的工作评价结果。每个工资等级将有自己的工资全距，而且同一个等级内部所有工作都将有相同的工资全距。处于某一等级的工作（例如，等级 2 中的工作 C、D、E、F）应区别于处于其他等级的工作（等级 1 中的工作 A 和 B），并且应当有不同的工资全距。

虽然工资等级带来了灵活性，但它们的设计却具有挑战性。设计工资等级的目标是将那些就实现薪酬目标而言具有相似性的工作归入同一等级。如果具有相对接近的工作评价总点数的工作落在工资等级边界的任何一边，那么薪酬待遇的差异幅度就可能与工作内容价值的差异程度不成比例。解决这种困境，需要理解组织中的具体工作、职业路径、工作流程，同时也需要作出慎重的判断。

8.8.3　建立工资全距的中值、最大值与最小值

工资等级在横轴上对工作评价数据进行分组；工资全距在纵轴上对薪酬数据进行分组。工资全距为每一个工资等级的所有工作设定了工资支付的上下限。工资全距有三个显著特征：最小值、中点、最大值。图表 8 - 19 是对图表 8 - 18 工资等级 2 的放大，该等级中包含 1 级工程师工作。工资全距中点是 54 896 美元。该点是薪酬政策线与工资等级中心的交点。这一等级的工资全距在中点上下 20％的范围浮动。因此，快猫公司所有 1 级工程师获得的工资应该高于 43 917 美元，低于 65 875 美元。[35]

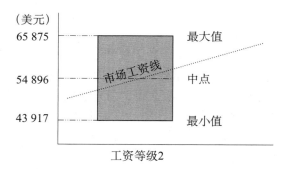

图表 8 - 19　工资全距：最小值、中点和最大值

工资全距的规模应该为多大？

工资全距规模的大小取决于对该全距如何支持职业路径、晋升及其他组织系统的判断。高层管理职位的工资全距通常在中点上下 30％～60％的范围内浮动；对于中层专业类或管理类职位，这一比例为 15％～30％；对于办公室类或生产性工作，这一比例为 5％～15％。管理类工作较大的工资全距为个人在工作中的自由裁量和绩效发挥提供了更广阔的空间。

一些薪酬经理把调查获得的实际工资标准，尤其是处于市场第 75 百分位和第 25 百分位的工资标准，作为工资全距的最大值和最小值。另一些薪酬经理确保自己提出的工资全距至少包括 75％的调查工资标准。还有一些薪酬经理单独设立工资全距最大值和最小值，根据新雇员从入门到完全胜任工作所需时间确定工资全距最小值与中值的差额。短暂的培训时间或许会使工资全距最小值更加接近中值。最大值是雇主为维持雇员的稳定绩效所愿意支付的高于全距中值的工资额。最终，工资全距的规模取决于对所有这些因素重要程度的判断。

8.8.4　工资全距交叉

图表 8-20 展示的是相邻等级的工资全距交叉的两个极端。图表 8-20（a）中高交叉度和低中值差意味着相邻工资等级的工作的价值差异较小。从一个等级晋升到另一个等级可能只改变工作名称而不会增加多少工资。图表 8-20（b）中较小的工资全距产生了较低的交叉度，这可以让管理者使用更高的工资增长额强化雇员向新等级的晋升。不利的一面可能是雇员晋升的机会较少。

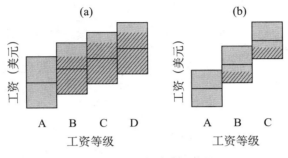

图表 8-20　工资全距交叉

晋升加薪很重要

工资等级之间的级差规模应该支持整个组织结构的职业流动。一个管理类工作通常比它所监督的工作至少要高一个工资等级。虽然管理者与雇员之间 15% 的薪酬级差是按照某种经验法则确定的，但是某些工作（而非管理类工作）存在的大量交叉及可能的加班情况使得管理者与雇员之间的薪酬级差难以维持。因此，我们应该对这种经验法则多加警惕。它们通常是人们逃避思考关键问题的借口。

工资等级之间最佳的关系是什么？工资全距中值的增进（相邻等级的工资全距中值的级差）应大到足以吸引雇员寻求向更高工资等级的晋升（而且工资等级/工资全距交叉度不应过大，以避免再次引起雇员对晋升到更高工资等级/工资全距的兴趣）。然而，几乎没有研究表明影响雇员这么做需要多大的工资等级级差或中值增进度。追踪雇员如何完成结构中的某个职业路径（例如，从 1 级工程师到 2 级工程师……到 3 级经理）以及伴随这一变动需要多大的工资增长额将有助于回答这一问题。

并不是所有的雇主都使用工资等级和工资全距。基于技能的计划就为每种技能水平确立了统一的工资标准，而不考虑雇员的绩效或资历。许多集体谈判合同为每种工作确立了单一工资标准（也就是说，所有高级 II 级机械师的每小时工资标准都是 17.50 美元，而不考虑机械师的绩效或资历）。这种统一的工资标准通常与被调查工作的某个工资全距中值相对应。为进一步提高灵活性，宽带化工资（想一想"真正的肥胖型工资全距"）正被越来越多的雇主采用。

■ 8.9　从政策到实践：工资宽带化

图表 8-21 把工资等级重组为为数不多的几个工资宽带，每个宽带都有相当规模的

工资全距。这种被称为**工资宽带化**（broad banding）的技术把多达四五个传统工资等级合并为具有一个最大值和一个最小值的单独宽带。由于这一宽带包含非常多的具有不同价值的工作，因此通常不再使用全距中值。[36]

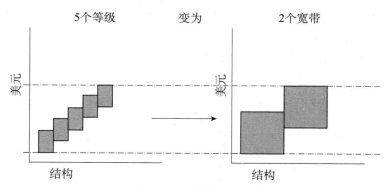

图表 8 - 21　从等级到宽带

图表 8 - 22 对工资全距和工资宽带进行了清晰的比较。宽带化的支持者列举了工资宽带与传统方法相比的几大优势。第一，宽带为更广泛地定义工作职责提供了灵活性。它们支持对组织进行重新设计、压缩规模或实施无边界化，这些措施削减了管理工作的层级。它们在这些新组织中培育了（雇员）跨职能的成长与发展。雇员为了获得更深入的经验，可以在一个宽带内跨职能横向流动。实施全球化经营的公司，如 3M 公司和美敦力公司，使用宽带在全球范围的工作任务之间调配管理人员。强化没有工资调整的横向流动有助于处理扁平化组织中晋升机会较少的管理难题。宽带化的灵活性使公司的收购和兼并变得很容易，因为参与讨价还价的管理层级不会太多。[37]

图表 8 - 22　工资全距与工资宽带的比较

工资全距	工资宽带
控制中的一些灵活性	在指导准则下强调灵活性
相对稳定的组织设计	全球化的组织
通过头衔或职业晋升认可雇员绩效	跨职能的经验和横向流动
工资全距中值的控制、比较	参考市场工资标准，影子工资全距
设计在薪酬制度内部的控制措施	对预算进行控制，很少设计在薪酬制度内部
给予薪酬经理"有指导的自由"	给予薪酬经理"管理薪酬的自由"
最高 150% 的扩展	100%～400% 的扩展

通过使用全距中值、**区段**（zone）或宽带内的其他控制点，通常可以将工资宽带与更传统的薪酬管理实践结合在一起。[38]或许工资等级-全距法与宽带法之间最重要的区别在于控制的位置。工资等级-全距法拥有直接设计在薪酬制度内部的指导准则和控制措施。工资全距的最小值、最大值及中值确保了不同薪酬经理对薪酬控制的一致性。使用宽带法的薪酬经理只受一个总薪酬预算的限制。但随着使用宽带法的经验不断增加，指导准则和结构逐渐被设计到宽带之中（例如，参考市场工资标准或影子工资全距）。

宽带可能会增加灵活性：在对工作之间的细微区别进行判断时花费的时间更少。但在工作判断上节省的时间或许将被耗费在对个人的判断上，这是潜在的管理者早已力图避免的事情。一个组织如何避免发生基于雇员个性或政治而非客观标准来确定其薪酬待遇的情况？理想的办法是使用一种精心构建的绩效管理系统。

宽带化涉及两个步骤。

1. 设定宽带的数量。默克公司（Merck）在整个薪酬结构中使用了 6 个宽带。宽带的名称从"贡献者"变化到"高级管理者"。通用电气公司的一个单位使用 5 个宽带取代了 24 个工作层级。通常宽带是在工作要求或技能/胜任力要求的"断裂点"或"差异点"上建立的。用于标记每个宽带的名称反映了这些主要的断裂点，比如"助理"（初级的独立贡献者）、"专家"（经验丰富、知识渊博的团队成员）、"领导"（项目或团队主管）、"主任"、"教练"，甚或"先见之明者"。挑战在于：应该为那些同属于一个宽带但在不同职能部门从事不同工作的人支付多少工资？

2. 宽带定价：参考市场工资标准。图表 8 - 23 所示的四个宽带（助理、专家、主管专家、高级专家）中，每个宽带都包含多种工作族，例如财务、采购、工程、营销等。通用电气公司不可能向拥有商学学位的助理和专家支付与拥有工程学位的助理和专家相同的工资。因为外部市场存在差异，所以对宽带内部不同职能部门或团队的定价是不同的。如图表 8 - 23 中弹出的扩展图所示，专家宽带内的三个工作族（采购、财务和工程）有不同的参考工资标准，这些参考工资标准都取自薪酬调查。

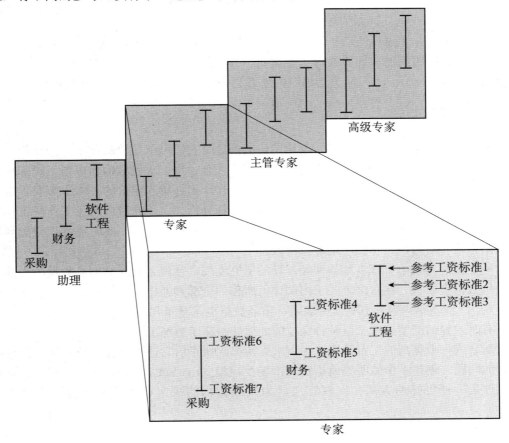

图表 8 - 23 宽带内部的参考工资标准

你或许会说这看起来很像每个宽带内的工资等级和工资全距了。你是对的。差异在于工资全距传统上作为控制手段，而参考工资标准则作为指导工具。今天的指导工具也许就会变成明天的官僚主义，而且可能缺乏成本控制。调查数据显示，组织使用工资等级/工资全距的频率几乎是使用宽带的 10 倍（86％对 9％），这一点也许不足为奇。[39]

8.9.1　对灵活性的控制

工资宽带化激励雇员通过跨职能的流动（例如，从采购到财务）来寻求成长和发展。蕴含在其中的假设是：雇员观念的交叉融合将有利于组织的发展。因此，宽带内的职业流动比宽带间的职业流动更为常见。按照支持者的说法，宽带化的主要优势在于这种灵活性。但是，灵活性只是问题的一个方面，混乱与偏袒是问题的另一个方面。宽带化假定管理者通过管理雇员薪酬来实现组织的目标（而不是管理者自己的目标），并公平对待雇员。从历史上看，这不是管理者第一次寻求更大的灵活性。实际上，使用工资等级和工资全距的理由就是减少前几代人在薪酬管理实践中的不一致性和偏袒行为。今天的挑战在于，在不增加组织的劳动力成本或组织在薪酬管理中不容易受到不一致和非法行为指控的前提下，充分利用灵活性。

■ 8.10　平衡内部压力与外部压力：调整薪酬结构

到目前为止，我们已经对工作结构与薪酬结构作出了明确区分。**工作结构**（job structure）根据组织的内部要素对工作进行排序（反映在工作评价或技能认证中）。而**薪酬结构**（pay structure）取决于组织的外部竞争地位，并反映在其薪酬政策线中。

8.10.1　调和差异

使用两种标准（内部与外部）创建结构的问题是它们可能导致两种不同的结构。根据内部因素和外部因素确定的工作排序可能并不完全一致。市场结构和市场工资标准与工作评价结构之间的差异，使得在对某一特定工作作出评价和定价的基本决策时，有必要对这些决策进行审查。审查的内容可能包括工作分析、工作评价或有关工作的市场数据。这种再分析通常可以解决问题。然而，有时候差异依然存在。此时或许就得抛弃调查数据，或者对基准工作的匹配进行更改。

一项针对实践中管理者如何调和差异的研究发现，管理者对外部市场数据比内部工作评价数据更重视。在管理者关于内部评价所作的全部判断中，市场数据通常被认为更加客观。[40]但本章内容和有关研究表明，市场数据也是基于判断。

有时差异的产生是由于某种特殊技能的短缺抬高了市场工资标准。但是，把这种工作重新划入一个更高的工资等级（在供求失衡得到纠正后它还会存在很长时间）又会产生新的问题。创建一个被明确地指定为市场反应型（market responsive）的特殊工资全距或许是一种更好的方法。以权宜之计为基础作出的决定可能会破坏薪酬决策的完整性。

8.11　市场定价

有些组织采取的薪酬战略强化外部竞争性，弱化内部一致性。实际上，我们在第 5 章已经看到这种做法目前十分普遍。的确，有人认为，与过去相比，薪酬管理的"核心变化"就是"对内部薪酬关系的关注减少了"。[41]这种所谓的市场定价法完全根据外部市场工资标准构建薪酬结构。[42]采用市场定价法的雇主将其大部分工作与市场数据相匹配，并尽可能多地收集市场数据。市场定价法首先计算那些可以获得外部市场数据的工作的竞争性工资标准，然后将余下的（非基准）工作混合到通过外部工资标准（"市场排序"）创建的薪酬等级中。例如，辉瑞公司首先从工作分析和工作说明开始，之后进行市场分析并且对尽可能多的工作进行定价。然后将余下的（非基准）工作混合进来，同时对内部工作关系进行审查以确保它们"在组织的工作流程和其他独特性方面具有合理性"。最后一步就是对非基准工作进行定价。这一步是通过把非基准工作的价值与辉瑞公司已在市场定价的工作的价值进行比较来完成的。

使用基准工作和安插非基准工作并不是市场定价的全部。市场定价的目标是将薪酬结构的主体（如果不是全部的话）建立在外部工资标准的基础之上，打破内部组织与外部市场力量之间的界限。有些公司甚至将每种工作的全部薪酬形式都与市场上的竞争对手相匹配。例如，如果竞争对手向管理员支付的平均工资标准是 150 000 美元，这些公司就支付 150 000 美元。如果这 150 000 美元中 60％是基本工资、20％是年终奖金、5％是股票期权、15％是福利，这些公司就不仅在薪酬总量上跟进，而且在薪酬形式的组合上也与之完全匹配。对于另外一个薪酬为 150 000 美元的工作，比如说营销总监，市场竞争对手之间可能会有不同的薪酬组合模式，这一模式也将是这些公司匹配的对象。

8.11.1　经营战略（不只是"跟随领导者"）

走到这种极端的纯粹市场定价导致了对内部一致性的完全忽视。试图将内部薪酬结构与经营战略和所完成的工作任务保持一致的任何努力都不复存在。相反，内部薪酬结构却与市场上所反映的竞争对手的决策保持一致。确切地说，竞争对手的决策决定了一个组织的薪酬。

为什么竞争对手的薪酬决策应该成为一个公司薪酬结构唯一的甚或最主要的决定因素？如果真是如此的话，一个组织的薪酬水平或薪酬组合就不再成为其竞争优势的潜在源泉。它不再具有独特性，也不再难以模仿。隐含其中的假设是，追求内部一致性不再为组织增加价值。

组织通过专有的技术或工作组织方式创造的薪酬结构的任何独特或难以模仿的方面，都未受到支持市场定价的雇主的重视。公平性被认为反映在市场工资标准上；雇员的行为被认为全部由市场定价的薪酬结构所强化，而这些薪酬结构与竞争对手的薪酬结构是一样的。

组织可以选择将薪酬战略与竞争对手区分开来以更好地执行自己的战略。[43]我们之前看到，组织可以根据自己的经营战略选择不同的总体薪酬水平。我们之前还看到，组织可以选择为一些工作支付高于市场水平的薪酬，而为另一些工作支付等于或低于市场水平的薪酬。[44]例如，依据资源依赖理论，对于组织战略的执行更为重要的雇员——他们在为组织争取外部资源方面发挥关键作用——有望比其他雇员获得高于市场水平的薪酬。例如，一项对大学的研究发现，一方面，主要依赖私人募捐维持运营的私立大学与主要依赖国家资金维持运营的公立大学相比，向首席发展（筹款）官支付的薪酬更高。另一方面，相较于私立大学，更加依赖运动项目去建立校友关系的公立大学向体育部主任支付的薪酬更高。[45]其他研究证据表明，在资本密集型或高度多元化的公司，由于财务管理专业知识十分重要，因此，相较于其他工作而言，负责财务管理工作的经理的薪酬要高于市场平均水平。同样，在营销和广告费用方面支出较多的公司，营销经理的薪酬水平相对较高；在注重产品创新的公司，研发经理要比其他经理获得的薪酬更高。[46]

　　总之，内部压力与外部压力的平衡过程是一个基于薪酬制度目标的判断问题。不重视内部一致性可能导致雇员之间的不公平待遇和组织战略及基本文化的不一致性。然而，忽视外部竞争性的薪酬管理实践不仅会影响组织吸引求职者的能力，而且会影响组织留住有价值雇员的能力。外部薪酬关系也直接影响组织的劳动力成本，从而影响组织在产品/服务市场竞争的能力。因此，虽然实施与竞争对手不同的薪酬战略可以带来竞争优势，但必须明确说明实施薪酬差异化的原因，否则，薪酬差异化只会导致组织失去在产品市场或劳动力市场的竞争力，阻碍组织的成功和战略的执行。

8.12　复习

　　从理论上讲，本书第Ⅲ篇结束后应该进行一次期中考试。图表8-24已经为你设计好了复习提纲。

图表8-24　开卷期中考试

就下列问题判断正误。
当发生如下行为时，你就知道自己在薪酬管理的学习上花费了太多的时间：
- 当你发电子邮件向家里要钱时，使用了"薪酬组合"和"外部竞争性"。
- 认为花钱吃午饭需要一种战略方法。
- 要求你的约会对象详细说明其胜任力。
- 能够解释传统的工资等级、工资全距与具有影子全距的新的工资宽带之间的区别。
- 相信你对上述问题的答案。
- 愿意穿过马路去听经济学家和心理学家讨论"备选的外部竞争性政策的可能影响"。
- 把你的第二阶段的任务看作提升自己"人力资本"的绝佳时机。
- 认为给你的项目等级加分就可以创建一个"平衡计分卡"。
- 愿意付费请你的老师教授任何其他课程。
- 得知有人把COLA（社会成本调整）当成软饮料时感到吃惊。
- 当有人谈及受到薪酬"激励"时，转头认真倾听而不是不屑一顾。
- 相信最了解情况的是"市场"而不是你的妈妈。
你做得怎么样？好，让我们进入下一章的学习。

本章小结

本章详细讨论了制定薪酬水平、薪酬组合和设计薪酬结构的决策与技术。大多数组织通过调查其他雇主的薪酬管理实践来确定竞争对手所支付的工资标准。雇主基于薪酬调查结果来考虑如何在市场上定位自己的总体薪酬：是领先型、跟进型还是滞后型。对于不同的经营单位甚或同一组织内部的不同工作组而言，这种政策决策可能都是不同的。通过设定薪酬政策线可以将关于竞争定位的政策转化为薪酬管理实践；这些薪酬政策线可以作为参考点——围绕这些参考点可以设计出工资等级、工资全距或工资宽带。

工资等级、工资全距或工资宽带的使用都承认薪酬决策所面临的外部和内部压力。就某个工作而言，市场上不存在单一的"通行工资标准"，实际上存在着一系列工资标准。这一系列工资标准主要源于劳动力供求状况、雇员质量差异，以及雇主的政策与薪酬管理实践的差异。这也反映了一种事实，即雇主对人和工作的价值认定的不同。同时，非常重要的是，这还反映了不同公司薪酬形式组合的差异。

从内部而言，工资全距的使用与工作中的自由裁量权变化保持着一致。有些雇员的工作绩效优于其他雇员；有些雇员比其他雇员更有经验。工资全距可以使雇主运用薪酬来认可这些差异。

管理者对工资宽带化越来越感兴趣，它比工资等级和工资全距更灵活，可以处理许多成功组织所要求的不断变化的工作任务。工资宽带化提供了无须批准即可适应变化的自由。然而，也存在管理者决策的自私化或潜在不公的风险。最近的趋势已经转向使用具有更大灵活性的方法来应对不断变化的条件。这种灵活性也使公司收购和兼并更为容易，并且使全球一致性成为可能。

让我们来回顾一下已经讨论过的内容，并预习一下将要讨论的内容。我们已经考察总体薪酬模型的两大战略要件。对内部一致性的关注意味着工作分析、工作说明和工作评价对于实现组织的竞争优势和雇员的公平待遇来说很重要。对外部竞争性的关注需要定位竞争性政策、设计和分析薪酬调查、制定薪酬政策线（薪酬水平和薪酬组合）以及设计工资等级、工资全距或工资宽带。本书下一部分将关注雇员贡献——向执行工作的人付酬，这可能是本书最重要的部分。之前所有的内容只是一个前奏——设定薪酬水平、薪酬组合和结构，由此来向雇员支付薪酬。现在真正到了向雇员支付薪酬的时候。

复习题

1. 你会向雇主推荐哪种竞争性薪酬政策？为什么？它取决于雇主所面临的环境吗？具体是哪些环境？

2. 为设定焊接工的薪酬，你将如何设计薪酬调查？为设定财务经理的薪酬，你又将如何设计薪酬调查？问题是否有所不同？所采用的技术及所收集的数据是否会有所不同？为什么？

3. 哪些因素决定了薪酬调查的相关市场？为什么相关市场的定义如此重要？

4. 薪酬调查与薪酬歧视有什么关系？

5. 将工资等级、工资全距与工资宽带进行对比。你为什么会采用其中的某种方法？它们的使用是促进还是阻碍内部一致性的实现？对于实现外部竞争性而言呢？

案例练习 1　谷歌（现为 Alphabet）薪酬战略的演变

在第 2 章我们讨论了微软公司是如何变革薪酬战略的：首先减弱对股票期权的依赖并增加股票赠予的比重，后来随着产品生命周期从成长阶段转向成熟阶段及公司股票价格上涨放缓，减弱对股票赠予的依赖并增加现金报酬的比重。谷歌于 1994 年上市，当时每股 100 美元，接着股价快速上涨（这是非常保守的说法），到 2007 年 11 月每股价格达到 370 美元的峰值。[47]之后到 2012 年 5 月，谷歌的股价一直徘徊在每股 300 美元（其中有 52 周股价达到每股 335 美元）。结果，谷歌遭受到一些评论，比如，"谷歌不再是一块工作的热土"，并且已经"变成工作的安全地带"（这是负责为脸书等初创企业招聘工程师的罗伯特·格林（Robert Greene）的说法）。[48]或许是步微软的后尘，谷歌最近宣布要为公司全员增加 10% 的薪酬。新增的不是股票期权，不是股票赠予（但可参见下文），而是全部薪水。[49]据巴克利（Barclay）估计，谷歌加薪的成本高达 4 亿美元。[50]

"分析家称，谷歌面临着所有硅谷公司从初创企业成长为高科技王国时都必须面对的问题。"[51]一份报告称，不论谷歌是否进行 10% 的加薪，"它向计算机科学专业刚毕业的大学生支付的年薪比几个月之前高出 20 000 美元"，"谷歌的薪酬远高于行业平均水平，以至于初创企业无法跟进这一薪酬水平"。[52]（实际上，有人或许会问有多少初创企业有可能跟进谷歌的这种薪酬水平。）

同样值得注意的是，谷歌在 2009 年对其 764 万份股票期权进行了重新定价。在其全部 20 200 名雇员中，有 15 642 名雇员利用这次机会，用行权价格为 308.57 美元的新期权替换了他们现有的平均行权价格为 522 美元的期权。[53]据估计，谷歌在 2011 年拿出 20 亿美元用于与股票相关的薪酬。[54]随后，谷歌将股票期权调整为限制性股票单位。后者是向雇员实际赠予的股票，并且在某种意义上是限制性的——雇员留在谷歌的时间要达到一个最低限度。

截至 2015 年初，谷歌的股价约为每股 560 美元，而在 2018 年（现为 Alphabet）股价要高得多——超过 1 000 美元。因此，雇员与股票相关的财富飙升。这与他们的高薪和众所周知的广泛福利息息相关。（回想一下第 2 章的内容，此公司经常荣登《财富》杂志"最适合工作的公司"排行榜的榜首。）我们稍后深入讨论关于雇员股票计划和福利的内容。

问题：

1. 谷歌的薪酬水平是怎样的？你如何界定和度量它的薪酬水平？

2. 你对上述问题的回答取决于回答这一问题的时间点吗？例如，在谷歌对雇员的股票期权重新定价之前，它的薪酬水平是多少？在对雇员的股票期权重新定价之后，它的薪酬水平又是多少？那么现在的薪酬水平是怎样的？

3. 谷歌为什么要对股票期权重新定价并同时为雇员增加 10% 的薪酬（在那个时代，薪酬每年增长 2%～3% 是常态)？是因为它的经营战略和（或）产品生命周期发生了变化吗？是因为它担心雇员感受到的薪酬价值与谷歌实际的薪酬支出不匹配吗？

4. 你认为谷歌在变革薪酬战略方面作出了正确的选择吗？这些变革的成本是多少？这些成本与谷歌的总成本和营业收入相比如何？增加的这些薪酬成本可能成为一种好的投资吗？换句话说，这些成本会给公司带来（更大的）收益吗？请予以解释。

5. 谷歌的薪酬战略会"永远"有效吗？考虑一下微软在其增长放缓时薪酬战略的演变。谷歌应该为类似的未来做准备吗？如果是这样，它应该在什么时候采取什么行动来做准备？

案例练习 2　网络口碑：网络数据的比较

现在我们能够获得的薪酬信息比以前更多了。请点击浏览 www.salary.com 或者 www.glassdoor.com。这些网站我们在第Ⅲ篇开头和本章使用过，它们提供了全美各个城市不同行业数百个工作的薪酬数据。找出几个你感兴趣的工作，例如，会计、财务分析师、产品经理或股票经纪人。选择具体的城市或使用美国全国平均水平。获取每个工作的中位数、第 25 百分位、第 75 百分位的基本工资，以及每个工作的现金薪酬总额。

问题：

1. 哪些工作的薪酬水平较高或较低？这是你所期望的吗？为什么？哪些因素可以解释薪酬的差异？

2. 这些工作的奖金占基本工资的百分比不同吗？哪些因素可以解释这些差异？

3. 数据包括股票期权的价值吗？这有什么含义？

4. 阅读工作说明。它们是对你所要申请的工作的准确描述吗？为什么？是否存在你无法找到合适匹配对象的工作？为什么会存在这样的情况？

5. 如果你的专业是计算机科学，你可能会发现一些调查包含软件开发人员的数据，而不包含软件工程师的数据（反之亦然）。这些工作的相似性如何？你能使用其中一个工作名称的数据来估计其他工作名称的工资标准吗？如何为计算机程序员的薪酬进行定位？

6. 在你学校的职业办公室查看这些类型工作的薪酬水平。职业办公室所宣传的这些工作的薪酬水平与 Salary.com 上的薪酬水平有什么不同？为什么会存在这些差异？

7. 毕业后为你的工作谈判薪酬时，你如何使用这些信息？你将提供哪些数据来支持你的"询价"？哪些因素会影响你得到自己期望的薪酬水平？

8. 这些工作的相关劳动力市场是什么？不同地区的薪酬差异有多大？

9. 将每种工作的工资中位数与工资平均数的最大值和最小值进行比较。存在的差异是多大？哪些因素可以解释相同工作存在的这种工资标准差异？

10. 寻找关于这些薪酬数据开发过程的描述。你认为这一描述是否提供了足够的信息？为什么？讨论某些可能影响这些数据的准确性的因素。对于雇员个体或公司来说，使用不准确的薪酬数据意味着什么？

11. 既然这些信息是免费的，为什么你还要不辞辛苦地请薪酬顾问做薪酬调查呢？

12. 假设你是一名薪酬经理，如果你向一名雇员支付的薪酬与这个网站显示的结果不同，你将如何证明自己做法的正当性？

注　释

第 IV 篇

雇员贡献：决定个人报酬

当两名雇员在同一个组织承担相同工作时，一名雇员相对于另一名雇员应该获得多少报酬？如果这一问题没有得到令人满意的回答，我们之前在工作评价和工作定价方面所做的全部努力可能都是徒劳。

例如，假设薪酬经理决定所有客户服务代表都应该获得 28 000～43 000 美元的薪酬。但在这一浮动范围内，每个雇员应该具体获得多少报酬？一个好的客户服务代表应该比一个差的客户服务代表获得更多的报酬吗？如果答案是肯定的，那么应该如何对绩效进行度量？报酬的差异应该是多大？同样，拥有更多年工作经验（即更高的资历）的客户服务代表应该比工作时间较短的客户服务代表获得更多的报酬吗？如果答案还是肯定的，在分配薪酬增长额时，应该如何对资历与绩效作出权衡？韦斯利作为薪酬经理的女婿，仅仅因此就应该获得更多的报酬吗？在报酬等式中需要考虑的合法因素是什么？所有这些问题都涉及雇员贡献（和公平/公正）的概念。在以下三章里我们将详细讨论雇员贡献的不同方面。

第 9 章讨论公司是否应向绩效薪酬计划投资。换句话讲，向绩效付酬是否会导致更高的绩效。答案似乎显而易见，但有许多方法使这个优雅的概念复杂化。

第 10 章考察实际的绩效薪酬计划。薪酬管理领域充满了承诺将薪酬与绩效挂钩的计划。我们将鉴别这些计划，并讨论它们的相对优势和劣势。

第 11 章承认绩效并不总是被客观地度量。为确保主观评价程序尽可能不犯错误，我们应该采取什么措施？在这方面已经取得了很大进步，我们将对不同的绩效评价战略逐一介绍。

第 9 章
绩效薪酬：理论和证据

本书第Ⅲ篇的内容主要聚焦工作价值的决定问题，在讨论这一问题时不考虑执行工作的人。**工作分析**（job analysis）、**工作评价**（job evaluation）和**工作定价**（job pricing）有一个共同的主题。它们都是用于确定组织赋予工作的价值的技术。我们现在要将人引入薪酬等式。现在我们宣布从事相同工作的不同人可能会为组织增加不同的价值。韦斯利是一个比凯利更好的程序员。艾琳比伊恩掌握更多的编程语言。他们各自应该得到什么样的报酬？

如果你停下来想一想，就会发现雇佣关系其实就是一份合同。当你接受一份工作时，意味着你同意执行工作——完成任务，以此换取报酬。有时候这份合同很简单。你同意以 25 美元的价格为邻居割草。只要你完成任务，她就付给你这笔钱。随着我们的成长，合同变得越来越复杂。你大学毕业后的第一份工作将涉及一份合同，尽管合同的条款不会被详细说明。你将承诺按照让你的雇主满意的方式执行工作。"满意度"很少被明确定义。你希望按照有助于绩效标准更加清晰的方式获得反馈。合同上写着，作为交换，你将得到一定数额的报酬。我们希望这是个大数目！但是你可能会对合同的余下部分有些失望，因为除了钱（也许还有相关的福利）之外，它很少会提到其他报酬（例如，你的工作多么有趣，你的同事多么有合作精神）。你相信，除了工作的金钱方面，雇主会为你做正确的事情。

雇佣合同的极端情形是那些雇主与代表雇员的工会（见第 15 章）之间签署的合同。工会化雇员不愿意相信雇主会为其所从事的工作提供公平的薪酬。有些工会合同长达数百页，并在细节中规定雇员在不同的工作条件下将获得什么样的报酬。

然而，无论雇佣合同是简单还是复杂，我们仍在与协议的双方作斗争。我们如何决定一个雇员的工作表现是否令人满意？我们应该为其绩效支付多少薪酬？

将人纳入薪酬等式会使薪酬管理过程变得非常复杂。人的行为方式并不像机器人。请相信，汽车工业已经尝试用机器人取代人。对于一些工作，比如将汽车部件焊接在一起，机器人做得就很棒。机器人可以拧紧螺栓和为齿轮加润滑油。但对于大多数工作（尽管不像过去那么多）而言，采用传统的方式——人类劳动——做起事来更容易也更节约成本。挑战在于设计一种绩效和报酬制度，以使雇员支持公司正在努力实现的目标。实际上，越来越多的证据表明，设计人力资源管理实践的方式（如绩效管理）会强烈影响雇员对公司的看法。诸如康泰纳零售连锁店（Container Store）和开市客等知名企业，不但向雇员支付更高的薪酬，而且拥有更先进的绩效监控方法，从而提高了雇员的满意度。[1]这直接影响公司的绩效。[2]一种让雇员觉得可以接受的绩效评价制度的简单

（或者并非那么简单）实施过程，对于增进雇员对高级管理层的信任大有裨益。[3] 而且，新的绩效评价和报酬制度也会对人力资源的其他方面产生影响。我们从中甄选和招聘雇员的人力资源"蓄水池"也随着人力资源制度的变化而变化。在第 2 章，我们讨论了筛选效应。并不是每一个人都"欣赏"激励制度或者绩效加薪制度。那些不太喜欢以绩效为基础的薪酬制度的人，将把自己从拥有这种薪酬管理理念或薪酬管理实践的组织中"筛选出去"。这些人要么对招聘广告无动于衷，要么被招入公司后设法另谋高就。[4] 因此，当我们在本章至第 11 章讨论薪酬和绩效时，要记住还有其他重要的结果依赖于建立良好的绩效度量工具。

在第 1 章我们讨论了作为总体人力资源目标的补充的薪酬目标，这两个目标都有助于组织实现全面战略目标。但组织是如何实现全面战略目标的？在本书的这一部分，我们认为组织的成功最终取决于人的行为。为什么圣路易红雀队（ST. Louis Cardinals）在 1967 年、克利夫兰骑士队（Cleveland Cavaliers）在 2016 年、费城老鹰队（Philadelphia Eagles）在 2018 年获得了冠军？答案：这是团队努力的结果，但与团队拥有以下牛人密不可分，他们分别是鲍勃·吉布森（Bob Gibson）（"快速罗伯特"）、勒布朗·詹姆斯（leBron James）（"世界上最伟大的球员"）、尼克·福莱斯（Nick Foles）。例如，鲍勃·吉布森（在七局三胜制的系列赛中）创下 3 胜 0 负战绩，并且在这 3 场（完整）比赛中总共只丢了 3 分自责分。（新英格兰爱国者队（New England Patriots）赢得了 2019 年的总冠军。汤姆·布雷迪（Tom Brady）和比尔·贝利希克（Bill Belichik）还在吗？）我们设计的薪酬决策和管理实践应该能够增加雇员按照有利于组织实现其战略目标的方式行事（激励效应）的可能性，并且能够为组织吸引和留住此类雇员（筛选效应）。本章的内容都是围绕雇员行为组织的。首先，我们确定组织感兴趣的四类行为。其次，我们总结在激励雇员这些行为的能力方面，理论都给出了怎样的解释。最后，我们讨论在设计用于激励雇员这些行为的薪酬制度时的成败得失。

■ 9.1　雇主关注什么样的行为——将组织战略与薪酬和绩效管理相关联

对这个问题的简单回答就是雇主希望雇员按照有利于提高组织绩效的方式行事。图表 9-1 展示了在决定组织期望雇员作出何种行为方面，组织战略是如何成为指导力量的。

举例来说，诺德斯特龙百货公司（Nordstrom）在业界以高品质的商品和高水平的客户满意度闻名遐迩——这是它为与竞争对手区分开来所采用的组织战略。诺德斯特龙的成功并不是偶然的。可以肯定的是，它的一些公司目标、战略经营单位目标（有时战略经营单位可能就是一个商场）、部门目标，乃至雇员目标，都与提高客户满意度和销售高品质商品相关。人力资源工作就是设计能够激励雇员（图表 9-1 中最后一个方格）按照最终支持实现公司目标的方式行事的管理政策和实践（薪酬管理也在其中）。当你走进诺德斯特龙时，将看到店员彬彬有礼地问候你，他们向你提供必要的帮助而不让你感到难受，总的来说，会让你拥有一次十分愉悦的购物体验。这些都是支持诺德斯特

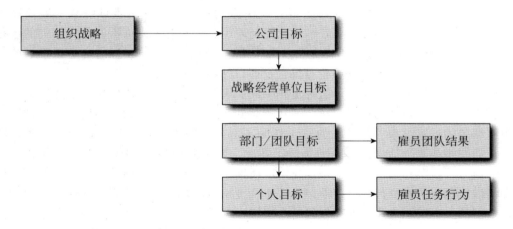

图表 9－1 组织战略与雇员行为的层叠关系图

龙战略计划的（雇员）行为。每个组织（不论它们是否意识到）都有自己的人力资源管理实践，这些管理实践在试图激励雇员积极行为的过程中，可能协调一致，也可能相互掣肘。图表 9－2 为我们清晰了解这一过程提供了一个途径，如图表所示，行为是能力、动机和机会的函数。我们第一次看到这个概念是在第 2 章。

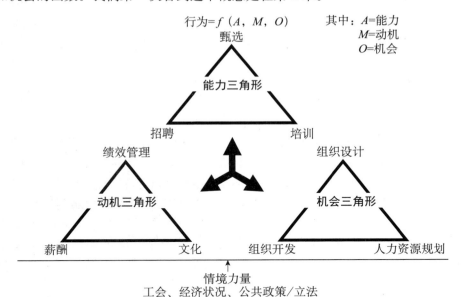

行为$= f(A, M, O)$ 其中：$A=$能力
$M=$动机
$O=$机会

图表 9－2 全局图：仅靠薪酬不能实现目标

让我们举一个课堂的例子。假设你明天上课时必须做一个演讲。你 20％的成绩（报酬）取决于这次演讲。你有这个能力吗？你能清晰、有趣地表达自己的观点并传递积极的信息吗？你有完成这次演讲的动机吗？（或许这节课对你并不重要？你宁愿选择去看电视剧《行尸走肉》大结局？）出色完成这次演讲的机会是否存在（例如，没有环境障碍）？（本书的一位作者几年前在印度尼西亚做演讲时，当地发生了地震，结果毁了这次演讲！）

仅有获得成功的愿望还不够，有能力但没有动机也不行。许多拥有天赋的球员却没有动机去忍受数千小时的重复训练，或者无法激励自己去忍受负重训练和一般体能训练。即使球员既有能力又有动机，他的比赛环境也必须没有障碍（不论是身体上的还是政治上的）。如果一个本垒打者被使用大棒球场（本垒打栅栏设在背向本垒板很远的位置）的球队选中，他可能永远不会有机会发挥自己的全部潜能。

对于更加传统的工作而言，道理是相同的。组织的成功取决于找到有能力的人——这是招聘、甄选和培训的首要工作。一旦招聘到合适的人，就要激励他们按照有助于提升组织绩效的方式行事（注意：甄选工作的一部分也是为了招聘到积极上进的人，因此，正如图表9-2中心的三叉箭头所示，三个三角形是相互作用的）。这是薪酬进入全局图的地方。薪酬和其他报酬应该强化组织所期望的雇员行为。绩效管理也应如此，要确保组织所期望的雇员行为、定期绩效评审所度量的内容与薪酬管理实践保持一致。也许最重要的是，组织文化（即在任何一个组织中都显而易见的非正式规则和期望）应该指向同一个方向。最后，人力资源管理还需要通过建立政策和实践，把外部"干扰因素"阻碍绩效提升的可能性降至最小。

20世纪80年代，纳贝斯克公司（Nabisco）在识别顾客对某种特殊饼干的需求方面行动迟缓。为什么呢？因为它采用一种集权制的组织结构，销售信息传递到高层决策者要耗费很长时间。无论销售人员拥有多么强的能力和动机，他们也很难卖出公众不喜欢的饼干。纳贝斯克公司采取了什么措施？它对公司实施了分权化（组织设计）管理，设置了负责不同产品生产线的部门。现在当销售人员反映消费者偏好正发生变化时，公司的反应要快得多。同样，如果我们没有认识到**技能要求**（skill requirement）（人力资源规划）的变化，也就很难及时制定改良性的培训计划，或者开发薪酬组合来奖励新技能。提前了解所需要的变革可以使我们的应对行动更加轻松及时。更进一步说，如果我们的程序缺乏效率（例如，对变革的审批需要经过太多步骤），组织开发（变革组织运营方式的过程）就可以推动工作积极性高的雇员使用他们的技能。

从图表9-2可以得到一条重要教训：仅靠薪酬不能实现目标。要试图改变雇员行为，就要通过开发一种薪酬制度来奖赏或激励这种行为。如果你还没有甄选到合适的人（以及/或还没有提供必要的培训/开发），或者你还没有设计好工作和组织文化来为利用雇员的动机和能力提供机会，你注定会失败。不考虑人们对不同薪酬制度反应方式差异的重要性是另一个潜在陷阱。[5]当你投身于人力资源管理工作，你的老板要求你"修订"某些人力资源政策（例如，薪酬或绩效评价政策）时，要记住你实施的变革必须与组织中其他人力资源项目正在尝试做的事情保持一致。否则，麻烦会在不远处等着你。

那么，薪酬需要强化什么样的行为呢？第一，薪酬应该具有充分的吸引力，以便能够招聘到优秀的潜在雇员（吸引雇员）。[6]第二，需要确保高素质的雇员能够留在公司里（留住雇员）。2008—2010年的经济衰退（至今仍有挥之不去的影响）给公司的裁员策略带来了严峻的考验。赔钱？遣散雇员！但有时裁员意味着失去未来之星。一些明智的公司选择采取不裁员降低劳动力成本的方式（例如，暂时减少工资、奖金、401(k)退休金缴费、工作时间）来控制公司成本。卡特彼勒（Caterpillar）、联邦快递（FedEx）、百得（Black and Decker）、霍尼韦尔、《纽约时报》和宾夕法尼亚州都是这种不裁员降低劳动力成本战略的范例。[7]如果我们能够首先在吸引和留住雇员方面取得成功，接下来就可以集中精力建立进一步的知识和技能（开发技能）。最后，我们需要找到激励雇员出色完成工作的方法——以有助于提高组织绩效的方式吸收和运用他们的知识和能力。

例如，我们是否开发了一种合理的薪酬组合只能由其对绩效的影响来决定。如果我们不知道什么是"优秀"及如何度量，就无法断定我们的薪酬制度是否有助于招聘和甄选优秀的雇员。如果我们不能度量雇员的知识积累，就无法断定雇员是否正在建立他们所需要的知识库。如果不能度量绩效，我们就无法为绩效付酬！举一个简单的例子，思考一下那些采用计件工资制度向雇员付酬的公司。最近，本书的一位作者去了一家锯木厂，想找些木头来做餐桌。与经理交谈后发现，他们采用了一种简单的计件工资制度来激励雇员。雇员用巨型锯子每锯下一块一英尺的木材，就能得到一笔固定的报酬。这种度量绩效的方法几乎没有含糊不清的地方，这就容易在绩效单位与薪酬数额之间建立明确的联系。薪酬战略最近取得的最大进展之一就是记录并扩展了绩效度量的便利性与最有效的薪酬制度类型之间的联系。

让我们花点时间来讨论一下图表 9-3 每个方格的内容。它们有助于解释为什么激励薪酬在某些情况下起作用，而在其他情况下却不起作用。图表 9-3 中的列将公司划分为年度绩效变化很大的公司和长期以来绩效更加稳定的公司。是什么因素导致了公司绩效的大幅变动？通常当公司的外部环境发生剧烈波动时会发生这种情况。一个典型的例子就是汽油价格。有时候，航空公司公布高利润，并不是因为它们做得特别好，而是航空燃料成本大幅下降。[8]如果在这种环境下激励薪酬在雇员的总体薪酬中占有很大比例，这或许是不公平的，而且理所当然地会招致雇员的反对。如果薪酬与这些不可控的事情联系在一起，那么雇员对外部因素控制力的缺失就会让他们认为组织没有为他们提供高绩效完成工作的机会，并且自己遭受不公平待遇。情形 B 和 D 都表明，年度绩效变化大的组织适合采用低比重的激励薪酬。相反，如情形 A 和 C 所示，年度业绩稳定的组织适合采用高比重的激励薪酬。

图表 9-3　绩效度量与薪酬战略的关系

		公司绩效的变化性	
		低变化性	高变化性
个人绩效的变化性与个人绩效的度量能力	个人绩效不稳定、绩效度量不清晰	情形 A 提供不只限于金钱的多样化报酬。包括高比重的激励薪酬	情形 B 提供不只限于金钱的多样化报酬。强调基本工资和低比重的激励薪酬
	个人绩效稳定、绩效度量清晰	情形 C 强调货币报酬和高比重的激励薪酬	情形 D 强调货币报酬：高比重的基本工资和低比重的激励薪酬

资料来源：本表是对以下两项研究的推断：Matthew C. Bloom and George T. Milkovich, "The Relationship among Risk, Incentive Pay, and Organizational Performance," *Academy of Management Journal* 14 (3), 1998, pp. 283 - 297; Anne Tsui, Jone L. Pearce, Lyman W. Porter, and Angela M. Tripoli, "Alternative Approaches to the Employee-Organization Relationship: Does Investment in Employees Pay Off?" *Academy of Management Journal* 40 (5), 1997, pp. 1089 - 1121.

图表 9-3 中的行表明个体雇员的绩效也可能发生变化。有些工作相对稳定，在不同时间对雇员绩效的期望也都相当一致。我今天做的事情基本上与我昨天做的事情相

同。明天做的事情看起来也就是对今天所做事情的重复！但在另一些工作中，雇员被期望做的事情的种类可能会发生较大的变化，那些愿意适应变化要求并会灵活调整的雇员希望从事这类工作。在这种情况下单纯使用激励薪酬可能不会奏效。激励薪酬制度在促使人们去做被激励的事情上臭名昭著。支付给我大笔薪酬让我去卖西装，我就只负责卖西装。你想让我处理客户退货问题吗？没门，除非薪酬制度会为一系列额外的义务付酬。有证据显示，当公司的薪酬组合中包括一系列更为广泛的报酬而非只是金钱时，公司就最有能力发挥雇员的适应性、灵活性，并让他们表现出对组织的忠诚。[9]例如，为什么多年来林肯电气（焊接机械的主要生产商之一）的产出都高于同行业的其他公司？通常我们认为这是因为该公司拥有一套与产出水平相关联并且设计精良的激励制度。当然，这是一个主要因素！但是，当你与林肯电气的人交谈时，他们会说公司的成功部分归因于其他形式的报酬，包括对工作保障的坚定承诺——裁减人员根本不在公司的词典上——它强化了雇员尝试新技术和新工作流程的意愿（一种支持创新的组织文化）。情形 A（公司绩效的变化性低，但对雇员的绩效度量不清晰），描述了适合这些工作和组织绩效特征的报酬组合的类型。

如果对所有这些内容进行提炼，可以得出什么结论呢？我们认为答案取决于如何回答如下四个问题：

1. 我们如何吸引潜在的优秀雇员"加入"我们的公司？
2. 一旦这些优秀雇员加入公司，我们如何"留住"他们？
3. 我们如何促使雇员为当前和未来的工作"开发技能"？
4. 我们如何促使雇员"做好"现在的工作？

首先，如何吸引优秀的人加入我们的公司？耐克是如何让勒布朗·詹姆斯成为公司代言人的？部分原因是在勒布朗还没有打他的第一场 NBA 比赛之前就已经获得 9 000 万美元的现金保证。[10]但这并不只是钱的问题。勒布朗为耐克的产品设计寻找并获得艺术建议。即使这一决策不涉及数百万美元，任何公司想要获得长久成功，都要依赖于招聘到优秀的雇员。一项针对这个问题的特别好的研究发现，工作特征（包括报酬、任务和所要求的能力）和招聘人员的行为是决定雇员是否加入一家公司的关键因素。[11]

其次，留在公司的决策是对加入公司的决策的明显补充。如何留住雇员？吸引优秀雇员到我们公司来，却又在短时间之内失去他们，这对公司没什么好处。一旦我们的薪酬管理实践将雇员引进了门，我们就要想方设法不让这扇门成为旋转门。马克斯·舍尔策（Max Scherzer）离开了底特律老虎队（Detroit Figers）——一个常年被选中的分区冠军队，转而加盟华盛顿国民队（Washington Nationals）。这是因为那份 2.1 亿美元（包括 5 000 万美元的签约奖金和 3 000 万美元的平均年薪）的合同吗？还是因为华盛顿国民队被看好可以赢得世界职业棒球大赛（World Series）？怎么做才能留住关键人物？金钱？[12]或者，其他形式的报酬很重要？因为它们的缺失导致我们使用金钱作为强大的中和剂？

再次，我们也必须承认，我们今天要求雇员做的事情在一夜之间就可能发生变化！快速变化的世界需要雇员能够更快速地作出调整。我们怎样才能使传统上抵制变革的雇员心甘情愿地开发那些对当前工作可能不重要，但对未来可能至关重要的技能？这是薪酬管理的又一个挑战！

最后，我们希望雇员能够做好他们当前的工作。这意味着要让雇员出色完成那些支持我们战略目标的工作任务。激励雇员获取成功的因素是什么？薪酬管理的挑战在于设计能够提高雇员绩效的报酬。

9.2　如何激发雇员的这些行为——理论的观点

此类问题的另一种表达方式是："激励雇员的因素是什么？"例如，我们知道人们对金钱的重视程度是不同的。这一部分是因为人们为金钱赋予的价值不同，一部分是因为同一个人可能会根据他所处的环境（例如，他的年龄、财富、志向）为金钱赋予不同的价值。[13]我们都知道有些人并不会被万能的美元驱使，但这些人也有可能设计出一种值得欣赏的薪酬制度——其中努力程度与薪酬之间存在着显而易见的联系。虽然金钱不是每个人的主要激励因素，但对雇员的调查显示，平均而言，金钱是最重要的报酬。而且，不管金钱有多重要，由于大多数人强烈希望得到公平对待，因此几乎没有人喜欢被支付低薪或者对低薪反应良好。那么，对于薪酬专家来说，把找出激励等式作为一项主要消遣又有什么好奇怪的呢？[14]从最简单的意义上讲，动机包括三个要素：（1）对一个人来说什么是重要的，以及（2）把它提供出来用于交换某些（3）期望的行为。关于第一个要素——对于雇员而言什么是重要的，数据显示雇员更乐于接受那些主要受个人的绩效、市场工资标准影响的薪酬制度，资历对一些人而言也很重要。[15]不过，为了缩小雇员的具体偏好范围，人们已在所谓的**弹性薪酬**（flexible compensation）方面做了一些工作。弹性薪酬基于这样一种理念，即只有雇员自己知道什么样的薪酬组合最符合个人的需要。厌恶风险的雇员会选择较高的基本工资和较低的激励薪酬。工资与福利之间的权衡也可以选择。一新观念的关键要素是细致的成本分析，以确保雇员所选择的薪酬组合的货币成本符合雇主的预算限制。[16]由于没有广泛采用弹性薪酬制度，我们就需要用老办法去回答这三个问题——回到激励理论来考察是什么"让人心动"。

在图表 9-4 中，我们简要归纳了一些重要的激励理论。[17]这些理论试图回答我们前面提出的三个问题：什么东西是重要的，我们如何提供这种东西，它又如何帮助传导期望的行为。请特别注意"那又怎样"一栏，在这一栏中我们讨论有关雇员行为如何被传导的理论观点。

图表 9-4　激励理论

理论	基本观点	那又怎样？对薪酬和绩效薪酬的启示
马斯洛的需求层次理论	人们被需求激励。 需求形成一个从最低阶/最基本（食物和住所）到更高阶（例如，自尊、爱、自我实现）的层次。 未被满足的需求会产生激励；已被满足的需求不会产生激励。 只有在低阶需求得到满足后，高阶需求才变得有激励性。	基本工资必须设定在足够高的水平，为满足雇员的基本生活需求提供经济支持。 当聚焦于未被满足的需求时，绩效薪酬的使用效果最好。 在基本需求得到满足的情况下，绩效薪酬的激励作用取决于绩效在多大程度上帮助雇员获得除更高薪酬外的成就、承认和（或）认可。

续表

理论	基本观点	那又怎样？对薪酬和绩效薪酬的启示
赫茨伯格的双因素理论	保健因素/维护因素（如薪酬）可以防止不满，但不能激发或引致满意。 包含薪酬在内的保健因素有助于满足雇员对基本生活、安全和公平待遇的需求。 诸如认可、晋升和成就等满意因素/激励因素可以激励雇员的绩效。	基本工资必须设定在足够高的水平，为满足雇员的保健需求提供经济支持，但只靠它不能激励绩效。 与需求层次理论一样，绩效薪酬的激励作用取决于它与满足雇员对认可、成功、成就等的需求的关联程度。 低工资会引起不满。高工资本身并不能起到激励作用。只有当它有助于实现更高层次的需求时，才会起到激励作用。
期望理论	动机是以下三种认知的产物： 期望是雇员对他们完成规定工作任务的能力的评估。 工具性是雇员关于组织将向更高工作绩效支付报酬的信念。 效价是雇员关于组织向工作绩效所付报酬的价值评价。 如果对选择高绩效的期望值、工具性和效价较高，则作出这种选择的动力就越大。	应该明确界定工作的任务与职责。 薪酬视线很关键——雇员必须相信它们能够影响绩效目标。 甄选和培训及工作设计在这里很重要。 薪酬必须与绩效明确挂钩，而且这种联系必须被视为强烈的。向高绩效支付的报酬必须被视为重要的。 人们选择对具有最高激励力量的行为（例如，低绩效、一般绩效、高绩效）付出努力。甄选、培训、工作设计和薪酬决策会影响这种选择。
公平理论	当雇员感知到的产出（如薪酬）与感知到的投入（如努力、绩效）的比率同与之比较的人感知到的产出投入比相等时，他们就会体验到公平，并更有动力去努力工作。 如果上述两个比率不相等，人们就会产生不公平感并被激励采取行动恢复公平。 雇员为恢复公平感而采取的一些行动（例如，降低努力程度）对组织没有好处。	薪酬与绩效相关联至关重要；为实现公平/公正目标，绩效的提高必须与相应的薪酬增长相匹配，这一点对高绩效雇员而言尤为重要。 雇员通过与其他雇员的比较来评估自己获得的薪酬是否适当。 这意味着相对薪酬（和相对贡献）很重要。 被感知到的不公平会降低雇员的努力程度，导致盗窃、诉讼和（或）人员流失。 对薪酬和贡献的看法可能准确，也可能不准确。组织必须专注于传递关于薪酬和贡献的准确信息。否则，不准确的信息和认知会发挥更大的作用，并可能影响雇员的动机和行为。
强化理论	报酬强化（激励和维持）绩效。 当报酬直接跟随在需要强化的行为之后时，报酬最有效。 没有获得报酬的行为将会终止（消失）。	当基于绩效的薪酬紧随绩效之后时，它们的效果最好。 与期望的绩效目标紧密结合的报酬会提升雇员的努力程度。 扣发奖金会抑制不受欢迎的行为。
目标设定理论	具有挑战性和具体化的绩效目标能激发雇员的最大努力。 目标作为反馈标准，可被雇员用来评估自己的绩效。 必须激励雇员选择并坚持（致力于）追求绩效目标。	立足于持续实现具有挑战性的、具体化的绩效薪酬可以提高绩效。 定期和具体地反馈绩效目标的实现情况很重要。

续表

理论	基本观点	那又怎样？对薪酬和绩效薪酬的启示
代理理论	薪酬指导和激励雇员的绩效。 雇员是厌恶风险的。他们更喜欢有把握的/固定的收入流（计时工资、薪水）而不是可变的收入流（比如基于绩效的薪酬）。 如果绩效能够被准确地监控而不产生不必要的成本，或者由于结果（如利润）的可变性而产生的风险大（雇员对风险的担忧不断增加），那么报酬就应该基于行为（以令人满意的方式完成工作职责）。 如果监控行为很困难或成本很高，并且由于结果的可变性而带来的风险不大，那么报酬就应该基于结果（如利润）。	绩效薪酬可以用来指导和引导雇员的绩效。 根据风险和监控挑战，可以选择一种"有效的"合同：或者基于行为，或者基于结果。 雇员是厌恶风险的，这意味着在使用基于结果的合同时，补偿差价（工资溢价）是必要的。然而，在基于结果的合同下，通常可能有更强的激励。在每一种情况下，关键在于强激励的积极作用是否大于为雇员承担风险而支付的补偿差价的消极作用。

　　图表 9-4 中的有些理论关注的内容是：确定对人们来说什么东西是重要的。例如，马斯洛和赫茨伯格的理论都属于此类。人们都有特定的需求，如生理需求、安全需求和自尊需求，这些需求都影响人的行为。虽然这两种理论都没有清楚说明这些需求是如何产生的，以及它们是如何帮助传导行为的，但假设我们提供的报酬满足了一个或多个需求，雇员就会按照我们所期望的方式行事。这些理论通常驱动关于薪酬发放广度与深度的决策。弹性薪酬——让雇员从报酬和福利菜单中自行选择——显然是受需求问题驱动的。谁最了解什么东西最能满足雇员需求？是雇员自己！因此，要让雇员在一定范围内选择自己想要的报酬组合。

　　第二类理论——典型代表是期望理论、公平理论和代理理论——较少关注需求状态和哪些报酬最能满足这些需求，而更多地关注激励过程，包括如何在认知上处理对需求和其他因素（包括公平/公正、风险以及努力、绩效与薪酬的联系）的感知以决定动机和行为。[18] 许多薪酬管理实践都承认公平交换的重要性。我们用一套通用的报酬要素（见第 5 章）来评价工作，部分原因是让雇员明白存在一套明确的规则来管控工作评价过程。我们收集薪酬调查的数据（见第 8 章），是因为我们希望与外部标准相比，我们的雇佣交换具有公平性。我们设计激励制度（见第 10 章），是为了使雇员的行为与组织的需求（期望的雇员行为）保持一致。所有这些（以及更多的）薪酬决策很大程度上归功于对雇佣交换如何影响雇员动机的理解。

　　期望理论认为，人们在作出行为选择时就好像他们从认知上评估了什么行为是可能的（例如，他们完成任务的概率）——这种可能行为与雇佣交换所提供的报酬的价值相关。根据这一理论，我们选择那些可以获得最满意交换结果的行为。公平理论也同样关注雇员头脑中的想法。毫不奇怪，公平理论认为人们高度关注交换过程的平等性或公平性。雇员将雇佣交换视为期望所得与实际所得之间的比率。有些理论家说，当我们身边的人在交换的付出与所得之间没有更多（或更少）的利差时，我们就会认为交易是公平的。[19] 第二类理论中的代理理论甚至更加关注交换的过程。[20] 在这一理论中，雇员被描述成与委托人（所有者或指派的经理）建立交换关系的代理人。该理论假设交换双方都尽可能寻求最有利的交换，并且一旦有机会，他们都将采取机会主义行为（例如，试图在履行合同时尽量少做事——"过关"即可）。薪酬是这一理论的一个主要元素，因为它被用于引导雇员的行为：雇主确定重要的行为和重要的结果，并为实现每个结果的期望目标的行为支付特定的薪酬。这种激励制度通过减少相应比例的报酬来惩罚那些试图逃避责任的雇员。

　　在图表9-4归纳的理论中至少有一种理论关注动机的第三个要素：期望的行为。确定期望的行为和期望从这些行为中产生的目标是大量目标设定研究的重点。这方面研究大多认为如何设定目标（目标设定的过程、目标的水平和实现目标的难易程度等）会影响雇员的绩效水平。[21]例如，被分配了"硬性"目标的雇员总是比被告知"尽最大努力去做"的雇员做得好。[22]

　　我们将要提到的最后一种理论（图表9-4中未显示）声称将各种激励理论整合在一个广泛的保护伞下。这种理论被称作自我决定理论，它认为激励雇员的不仅是货币报酬（被称为外部动机），还有内部动机，即工作本身带来的享受或满足以及由此而产生的自主感。根据自我决定理论，内部动机会产生最高质量的激励。[23]

■ 9.3　如何激发雇员的这些行为——实践的观点

　　薪酬管理人员过去并不经常问这一问题。雇员认识到什么样的行为——作为社会化过程或绩效管理过程的一部分——是重要的。[24]如果加班加点是组织文化的一部分，你很快就会意识到。本书作者的一个女儿曾经在一家非常大的顾问公司——埃森哲（Accenture）做商务顾问。没过多久她就发现在埃森哲每周工作70～80小时是常有的事。当然，对于一个只有生物学学士学位并且没有商业经验的人而言，她的薪酬是相当不错的，但当数周的长时间工作变成数月的长时间工作后，她的工作热情很快就燃烧殆尽。如果你的年终绩效评价强调某些类型的行为，或者你的老板告诉你某些事情对她很重要，那么信号很明确：去做这些事情！薪酬或许本来可以对符合这些期望的雇员进行奖励，但薪酬组合没有被设计成关于期望绩效的信号之一。不过这种情况已改变多年！[25]现在的薪酬管理人员谈论薪酬时，都将它看作闪烁着"去做这些事情"六个大字的霓虹灯箭头。先进的公司都会问："我们希望薪酬组合起什么作用？例如，我们怎样才能让产品工程师承担更大的风险？"然后，薪酬被设计用来支持这种冒险行为。不过，薪酬管理人员也将告诉你金钱并不是万能的。但他们同时还会告诉你金钱（以及随之而来的成就感和认同感）是非常重要的。事实上，如果雇员觉得自己获得的薪酬不公平/不公正，而这名雇员又认为自己作出了贡献，那么没有比这更好的方式来确保你能听到雇员的意见了。

网络资源

　　国际绩效改进协会（International Society for Performance Improvement）在其网站上提供了关于绩效期刊、绩效改进战略及有关绩效改进技术最新研究成果研讨会等方面的信息。请浏览协会的网站 www.ispi.org。

　　然而，在这里，我们确实希望确定除了薪酬之外影响雇员行为的许多其他形式的报酬。有时薪酬管理专家却忽视了这一重要问题。至少在亨利·福特时代，我们倾向于将金钱当作最伟大的均衡器。工作乏味？没有晋升的空间？让金钱来解决问题！有

时候，给更多的钱确实是一种解决问题的办法（例如，抵消令人生厌的工作特性的补偿性工资差异）。然而，在其他情况下，雇员可能会希望自己在另一个报酬领域有所收获。为了找到答案，你可以询问他们（例如，在薪酬调查中）。对雇员调查的（虽然不如调查你自己的劳动力有用，但还是有些用处）总体结果表明，他们通常也非常看重授权、认可和晋升机会等其他形式的工作报酬。[26]例如，有些书阐述了数百种给予雇员有意义的认可的方法。[27]现在主张让雇员从如图表 9-5 所示的 13 种报酬中选择自己的"混合"报酬的观点也越来越多。我们或许在支付了过多现金的同时却忽视了为雇员提供让他们建立一种既令自己更加满意又可降低成本的薪酬组合的机会。早前介绍的被称为弹性薪酬的概念就是基于这样一种理念——不同的报酬形式具有相关的不同的货币成本。有了一笔固定数额的现金收入后，雇员就可以顺着这条线往下走，从 13 种报酬中或多或少地购买一些他们需要的报酬。[28]虽然这种薪酬制度的广泛使用还有待时日，但自助式的方法仍然强调了在薪酬设计中对各种形式的报酬进行整合的必要性。

图表 9-5 总体报酬制度的构成要素

要素	阐释
1. 薪酬	工资、佣金和奖金
2. 福利	休假、医疗保险
3. 社会互动	友好的工作场所
4. 安全	稳定、一致的职位和报酬
5. 地位/认可	工作带来的尊重和声望
6. 工作多样性	经历不同事情的机会
7. 工作量	适当的工作量（既不会太多又不会太少）
8. 工作的重要性	工作受到社会的重视
9. 权力/控制/自主性	影响其他人的能力，控制自己的命运
10. 晋升	进步的机会
11. 反馈	收到有助于改善绩效的信息
12. 工作条件	无危险
13. 发展机会	可以学习新知识/技能/能力的正式或非正式的培训

如果在一个组织中，除了金钱之外不考虑有无其他形式的报酬，那么我们就可能会发现薪酬管理过程产生了意想不到的后果。现在请看以下三个例子，它们说明了为何必须将薪酬决策与总体报酬制度决策结合起来。

例 1：几年前，麦当劳完成了一项全球范围的"雇佣品牌推广"活动。它的目标是找出人们喜欢麦当劳哪些形式的工作报酬，并在招聘新人的战略中体现这些报酬。麦当劳的优势体现在三个方面：（1）在社会工作环境中强调家庭和朋友；（2）工作任务和工作时间弹性化；（3）开发有助于开创未来职业生涯的技能。[29]

例 2：这个例子来源于航空业巨头西南航空。[30]西南航空提倡一种快乐型的商业文化，激励雇员设法让自己的工作变得更有乐趣并且与个人更相关。所有这些都是在没有将激励薪酬作为竞争优势主要来源的情况下完成的（至少在表面上是这样）。实际上，西南航空的薪酬并不比其他竞争对手高，它却能够更加容易地招聘到顶级的雇员。乐趣，良好的社会环境，就是一种报酬！另一种不同的观点是，乐趣和良好的社会环境对西南航空的文化和竞争优势确实至关重要。然而，激励薪酬可能也是如此。西南航空"按里程付酬"，意味着雇员飞行次数越多，收入就越高。（飞机只有在飞行时才能为西南航空赚钱。）西南航空的雇员还通过一个折扣股票购买计划持有公司的大量股份，当公司盈利时，他们还可以分享公司利润——这已经连续45年了。[31]举例来说，西南航空最近一年向其56 110名雇员支付了5.43亿美元的利润分成，平均下来相当于每个雇员获得9 677美元。[32]当然，只有当西南航空业绩良好时，雇员才能通过增加飞行次数、所有权和分享利润获得更多收入。这是西南航空与其雇员利益一致的一个例子。很显然，再加上乐趣和良好的社会环境，即使是在一个经常发生破产的行业，你也可以连续盈利45年。

　　例3：考虑一下不同形式的薪酬与图表9-5所列的另一种常用报酬形式即安全之间的关系。通常我们从工作保障的角度考虑安全问题。在20世纪80年代大裁员的10年中，中层管理人员的急剧减少增加了雇员对工作保障的担忧，可能也提高了这种报酬对今天雇员的重要性。或许这就是新千年的雇员既担心雇佣风险又担心薪酬风险的原因所在。有证据表明，风险性薪酬（可变薪酬，这是一种基于绩效目标成果的薪酬，在未来几年不会成为基本工资的一部分）导致雇员对薪酬水平和薪酬决定过程都不太满意。[33]安全作为一个问题似乎正悄然进入薪酬管理领域。过去，人们普遍认为雇员今年的收入会比去年多，而且会依靠这种"安全"制定消费计划和作出其他经济决策。如今的趋势是薪酬组合越来越不稳定、越来越不安全。正是今天的这种薪酬制度设计导致了不稳定性和不安全性。这反过来又导致一些潜在的雇员拒绝加入公司，或者一些现有的雇员决定离开公司。当然，也可能存在这样的情况——当此类计划为高水平绩效提供了增加收入的足够的可能性时，高绩效雇员可能更愿意在这样的计划下工作。（参见第1章、本章后文和第10章讨论的激励效应和筛选效应。）

　　图表9-6大致按照对雇员而言风险由低到高的顺序，对薪酬的各个组成部分进行了概述。我们将风险定义为收入的变化性（缺乏稳定性）和（或）对每年收入水平预测的不可控性。只要雇员仍然被公司雇用，基本工资——至少在有任何保证的情况下——就是收入中有保障的部分。自20世纪初经济大萧条以来，基本工资几乎每年都在上涨，或者至少保留原有水平。[34]全员等额提薪、生活成本加薪及绩效加薪都促使总体薪酬的基本工资部分定期上涨。当然，世界上的事情总有例外——2008—2010年的经济大衰退导致公司大幅削减基本工资。对于接下来的六个薪酬组成部分，可以通过针对雇员的不断增加的风险/不确定性水平来加以区分。实际上，风险分享计划在实际操作中就包含一项关于削减基本工资的规定：只有当组织实现绩效目标时被削减的基本工资才能恢复。例如，在杜邦公司的一个计划中，所有雇员都将自己6%的薪水置于风险之中，公司根据年度目标完成情况，按照滑动百分比向雇员支付薪水。如果公司目标完成比例少于80%，雇员就没有加薪；如果公司目标完成比例介于80%～100%，就为雇员加薪3%～6%；如果公司目标完成比例介于101%～150%，这对于那些一开始就承担风险的雇员来说非常有利可图——加薪7%～19%。[35]

图表 9-6　薪酬构成

薪酬组成部分	定义	雇员所承担的风险水平
基本工资	雇员工资组合中有保证的部分。	只要雇佣关系存续下去，这就是薪酬中有保障的部分。
全员等额提薪	不管绩效水平如何，给予全部雇员永久的基本工资/薪水增长。薪酬增长的规模与对雇主支付能力的主观评估有关。	对雇员有一定风险，因为由雇主决定。但与绩效差异无关，因此这方面的风险比较低。
生活成本加薪	除根据生活成本变化情况（例如，消费者物价指数变动）决定加薪幅度外，与全员等额提薪相同。	与全员等额提薪相同。
绩效加薪	根据对个体雇员绩效评价的结果（通常主要是主观性的），给予雇员的永久性工资/薪水增长。	雇员面临两类风险：绩效加薪的总规模由雇主决定；个人薪酬增长的比例取决于绩效，这也不是完全可以预测的。
绩效奖金	根据对个体雇员绩效评价的结果（通常主要是主观性的），给予雇员的可变薪酬中的非永久性（可变的）报酬（奖金或一次性支付）增长。	雇员面临三类风险。其中两类风险与绩效加薪相同；第三类风险是一次性奖金并不加入基本工资——需要雇员每年"重新赚取"。
个人激励	直接与个人绩效的客观评价指标（如销售量、产量或生产质量）关联的可变薪酬。	如果个人激励报酬是薪酬的唯一组成部分，这对于雇员来说最具风险性。但个人激励报酬通常与基本工资配合使用。没有固定工资或固定工资很低，意味着雇员每年的薪酬取决于绩效目标完成情况。
成功分享计划	将薪酬与群体/组织绩效评价指标挂钩的可变薪酬计划的总称。与风险分享计划不同，雇员会因绩效高于标准而分享成功，但不会因绩效低于标准而受到惩罚。	所有成功分享计划都具有以上报酬形式的潜在风险，同时还有与群体绩效评价相关的风险。现在个体雇员的薪酬增长也依赖于群体其他成员的绩效水平。
利润分享	金额支出取决于公司盈利能力的可变薪酬计划。（也可以用于较低层级的工作团队，如部门。支付给个人的金额可以根据个人绩效评价结果等指标进行调整。）	影响利润评价指标的因素是雇员无法控制的（例如，经济形势、会计冲销）。较少的控制意味着更多的风险。
收益分享	金额支出不取决于总公司绩效（如盈利能力），而取决于子公司（如工厂/设备车间）绩效的可变薪酬计划。此外，绩效的定义通常比财务术语更广泛。绩效的例子包括劳动力成本与收益比、安全性、报废成本、公用事业成本、客户（包括病人）满意度等。	对个人的风险比利润分享低，因为对子公司的绩效评价比对整个组织的绩效评价更可控，而且对雇员而言绩效评价指标本身可能比利润评价指标更可控。

续表

薪酬组成部分	定义	雇员所承担的风险水平
风险共担计划	将薪酬与群体/组织绩效评价指标挂钩的可变薪酬计划的总称。与成功分享计划不同，如果雇员不能实现基准绩效，将导致（总体）直接薪酬降低。然而，在好的年份里，雇员增加收入的机会可能比成功分享计划更多。	比成功分享计划具有更大的风险性。通常雇员要承受基本工资的"临时性"削减。如果实现绩效目标，被削减的基本工资就会被一种形式的可变薪酬抵消。但雇员面临的风险增加了，因为即使是基本工资也不再完全可以预测。

　　所有这些关于风险的讨论只不过是一项智力训练，除非我们再增加一个观察结果：在过去的几十年里，公司正越来越多地使用可变薪酬方案，这些方案具有更高的风险连续性。我们将在第 10 章中更多地讨论组织在多大程度上使用绩效薪酬（包括可变薪酬）。

　　雇员现在承担的这种更大的薪酬风险反映了薪酬形式长期演变的结果——不再以权利为导向，而是更加多变，并且与个人、团体和公司绩效挂钩。[36]越来越多的雇员被期望分担一部分过去由组织独立承担的风险。现在还不完全清楚这种风险转移从长远来看会产生什么样的影响。有些人担心为建立雇员组织忠诚度和承诺度而付出的努力可能会因为可变薪酬的更广泛使用和薪酬制度潜在的风险而打水漂。[37]事实上，一些调查显示，雇员的忠诚度呈下降趋势，尽管这种趋势（无论是上升还是下降）在很大程度上取决于经济的周期性。[38]与关于风险补偿性工资差异的理念相一致，有些研究表明，需要向雇员支付一笔风险溢价（更高的薪酬），或许才能促使他们留在一家薪酬存在风险的公司并在那里努力工作。[39]对于厌恶风险的雇员而言，即使获得风险溢价也不会起什么作用。一方面，对于受安全驱动的雇员而言，当面对一种更加稳定的薪酬组合时，他们实际上或许会接受更低的薪酬。[40]另一方面，一些雇员可能愿意接受更高的风险，以换取在绩效高的时候获取高额薪酬的更大机会。此外，有些雇员对传统的终身雇佣模式不感兴趣，不喜欢整个职业生涯中那种稳定而适度的绩效加薪。每种方法都有优缺点，雇员将在某种程度上自行选择/筛选符合自己偏好的组织，并退出不符合自己偏好的组织。

　　无论如何，我们将在本章的剩余部分回到那个更普遍的问题上——这些不同形式的薪酬在激励前文提到的雇员的四种基本行为方面发挥怎样的作用。

网络资源

　　IOMA 是管理行政研究所（Institute of Management and Administration）的缩写。该研究所专注于在不同领域内发掘从不同方面讨论绩效薪酬问题的研究。IOMA 的网站是 www.ioma.com。

■ 9.4　薪酬激励行为吗？

　　现在让我们考察一下薪酬在激励四种雇员行为上的作用：加入公司的决策、留在公司的决策、开发技能的决策以及高效工作的决策。

9.4.1 雇员是因为薪酬而加入公司的吗？

薪酬水平和薪酬制度的特点影响求职者加入一家公司的决策，但这不应该太令人惊讶。[41]薪酬是整个招聘过程中可见性较高的报酬之一。例如，我们知道，能力强的求职者选择加入某个公司，是因为它为良好的绩效支付报酬。[42]这种所谓的筛选效应在好雇员选择加入公司和差雇员选择离开公司方面都得到了印证——雇员选择加入或者离开是因为他们喜欢或不喜欢现行的薪酬制度。[43]工作邀请清楚地说明了被聘任工作的薪酬水平，甚至可能包括对薪酬形式如奖金、利润分享计划等的讨论。有些表述在工作邀请中不太常见，比如"你会得到变化多样的工作"、"不要担心授权问题"或"工作量不会太重"等。[44]这些其他的报酬都是主观性的，在我们确定它们到底是工作的正面特征还是负面特征之前，往往需要花时间实际从事这些工作。但对薪酬而言不是这样。如果某些东西被认为具有更强的客观性，那么在聘用邀请书中更容易沟通。

最近的研究表明，求职者倾向于寻找那些实施与自己个性相匹配的薪酬制度的组织。[45]我们在下面列出了一些重要的"匹配"方式。

人格特征	所偏好的薪酬特征
物质主义者	相对更关心薪酬水平。[46]
低自尊者	倾向于加入大型、分权化且不实行绩效薪酬制度的组织。[47]
冒险主义者	倾向于选择更多的基于绩效的薪酬。[48]
风险厌恶者	倾向于选择更少的基于绩效的薪酬。[49]
个人主义者（"我控制自己的命运"）	倾向于选择基于个人绩效而非群体绩效的薪酬计划。[50]

这些关系都不是特别令人惊讶。人们会被适合自己个性的组织所吸引。有证据表明，有才干的雇员都被吸引到薪酬与绩效关联性强的公司。[51]获得这种关联性的一种方法是让雇员对他们所获得的报酬有一定的控制权。30 年前，没有一家公司把这种控制权让给雇员。现在几乎所有的大公司都赋予雇员一些报酬选择权。这种报酬选择权的影响是积极的：提升了高达 40％的绩效，但前提是向雇员提供的选择权对雇员有吸引力。[52]

因此，建议组织设计用于吸引有它们所期望的个性与价值观的雇员的薪酬制度并不是一个大的飞跃。例如，如果我们需要有承担风险的人，或许应该设计一种包含风险元素的薪酬制度。

9.4.2 雇员是因为薪酬而留在（或离开）公司的吗？

雇员离职的决定受到他们的绩效以及薪酬与绩效关联程度的影响。[53]薪酬是如何影响这种关系的？20 世纪 70 年代公平理论的大量研究表明，当雇员感到自己在薪酬方面没有得到公平待遇时，他们会选择离开公司另谋高就。[54]在激励条件下这一结论尤其正确。当薪酬是基于个人绩效时，绩效差的雇员的离职率就会更高（一个好的结果！）。相反，群体激励计划可能会导致高绩效雇员的离职率上升——这显然不是一个好的结果。[55]数年前美国电话电报公司从个人激励计划转向群体激励计划时，高绩效的雇员要么降低了产量，要么干脆离职。在 208 名绩效高于平均水平的雇员当中，只有一人在群体激励计划下持续提升了绩效。其余的人感觉受到了欺骗，因为给予高绩效个体的激励报酬现在要在全部群体成员之间分配。[56]

很明显，正如我们在第 7 章中所看到的，薪酬可能是影响雇员去留决策的一个主要因素。数据显示，对薪酬的不满是导致雇员离职的一个关键因素。[57]太少的薪酬会引发受到不公平待遇的感觉，最终的结果就是离职。支持这一结论的证据是：当雇员认为薪酬合理时，离职率就会降低。[58]我们支付薪酬的方式也会对离职率产生影响。有证据表明，有些雇员对那些将大量的未来收入置于风险条件下的薪酬制度或者对那些与个人努力联系更少而与群体努力联系更多的薪酬制度心存不满。[59]最近另一项研究发现，如果向高绩效雇员支付奖金，他们离开公司的可能性就会减小。在这项研究中，没有发现加薪（从而改变基本工资）能带来这种积极结果。[60]正如一位批评家所说的那样，要确保我们关于新的薪酬制度的设计没有破坏我们与现有雇员的关系。[61]然而，正如我们所说的，如果随着时间的推移，基本工资的增长不能与绩效的增长保持一致，那么负面的筛选效应（高绩效雇员离职）发生的可能性就会增加。[62]最近把使用不同形式的薪酬作为留住雇员的一种工具的努力已经集中到所谓的"稀有人才"身上。例如，信息技术人才至少在过去的 10 年时间里尤为稀缺。留住这些人才的一个途径就是为每一个项目开发一种可变薪酬。例如，对与个人留在项目的时间、同级评价结果以及项目成果等关联的可变薪酬的研究显示，这种绩效薪酬的组合可能会起到吸引稀有人才的作用。[63]

下次当你再到苹果蜂（Applebee）就餐时，请思考一下该公司历史上是如何使用薪酬来降低雇员离职率的。在一个经理人离职率徘徊在 50% 的行业里，众所周知，苹果蜂餐馆在其总经理实现销售额、利润率及顾客满意度等目标后在基本工资的基础上多发30 000 美元。为降低雇员离职率，这笔额外的薪酬延迟两年发放。[64]

除了货币，其他报酬也会影响雇员留在一个公司（留任）的决策。最近的一项研究表明，在经济困难时期能够有效促使雇员留在组织的报酬包括[65]：

促使雇员留在组织的报酬	说明
工作满意度	工作的愉悦感
工资和福利	不言自明
社会交往	与他人一起工作所带来的乐趣
组织承诺	不跳槽；忠于组织
组织声望	公司在行业和地区所拥有的威望

资料来源：John P. Hausknecht, Julianne Rodda, and Michael J. Howard, "Targeted Employee Retention：Performance-Based and Job-Related Differences in Reported Reasons for Staying," Human Resource Management 48, no. 2 (2009), pp. 269 - 288.

9.4.3　雇员会因为薪酬而更主动地开发工作技能吗？

我们还不知道这一问题的答案。基于技能的薪酬（见第 6 章）意在（至少是部分地）为雇员学习新技能付酬，这些技能有望帮助雇员更好地完成现有工作并更迅速地自我调整以适应未来工作的需要。

我们确实知道，对基于技能的薪酬的抱怨主要集中在成本影响上。受技能加薪承诺的激励，越来越多的雇员要求接受培训。管理不善的技能薪酬计划允许更多的人去获取那些并非工作真正需要的技能认证，因此给组织带来成本低效问题。这导致技能薪酬计划被放弃。那么，最终结果是积极的吗？目前尚不清楚基于技能的报酬承诺能否兑现。有证据表明，虽然为技能支付报酬有时可能（但并不总是）会提高劳动生产率，但它确实使人们不仅相信质量的重要性，而且相信能生产出质量显著提高的产品。[66]

9.4.4　雇员会因为薪酬而将本职工作做得更好吗？

不论你对这个问题持有何种立场，总会有人不同意你的观点。[67]然而，一种经过精心设计的将报酬与雇员行为相关联的薪酬计划通常会提升雇员个人和整个组织的绩效水平。[68]一项研究考察了 3 000 多家公司的人力资源实践。[69]它设计了一组问题：（1）公司拥有正式的绩效评价程序吗？（2）绩效评价与加薪规模挂钩吗？（3）绩效会影响人员晋升吗？对于在这些方面及其他"高绩效工作实践"上显著高于平均值（一个标准差）的组织，它们每个雇员每年的销售额平均都在 27 000 美元以上。世界薪酬协会调查了 1 001 家组织（大部分是私有企业），92％的组织表示根据个人绩效来决定加薪幅度。此外，84％的组织还采用与绩效挂钩的可变薪酬。[70]

赫尼曼（Heneman）在一项评论中指出，在针对绩效加薪的 42 项研究中，有 40 项研究显示当薪酬与绩效挂钩时，绩效水平会上升。[71]有力的证据表明，将薪酬与工作绩效挂钩确实提高了雇员工作的积极性，并提升了工作绩效。[72]洛克（Locke）和他的同事分析了关于将个人激励引入实际工作环境的研究。劳动生产率平均提高了 30％。[73]其他的元分析也得出了类似的结论：金钱确实可以激励雇员提高绩效。[74]

从相反的角度来看，顾问公司的数据显示，高绩效者不仅比一般绩效者获得了明显更高的绩效加薪（4.5％对 2.6％），还获得了更高的奖金（目标的 140％对目标的 99％）。[75]一项对 841 家工会化公司及非工会化公司的研究发现，收益分享计划和利润分享计划（二者都将薪酬与绩效挂钩）使个人和群体的绩效提升了 18％～20％。[76]但这又是如何转化为公司绩效的？一项对 26 项研究的综述给利润分享计划打了高分：实施这些计划的组织每年绩效会提升 3.5％～5％。[77]格哈特（Gerhart）和米尔科维奇（Milkovich）将基于绩效的薪酬问题又向前推进了一步。他们对 200 家公司的研究发现，奖金规模（占基本工资的比例）每增加 10 个百分点，公司资产回报率就会增加 8～20 个百分点。[78]他们进一步发现，薪酬的可变部分（也包括有资格获得长期激励报酬的雇员的比例）比基本工资水平对个人绩效和公司绩效的影响更强烈。

如果以上这些研究还不足以说服你，考虑一下谷歌在这个问题上的立场。在最近的演讲中，谷歌的人力资源负责人拉兹洛·博克（Laszlo Bock）说，你雇用的人以及你对待他们的方式（报酬）会让他们更快乐、更有生产力。他以布道者般的热情提倡透明的沟通、可达成的目标设定，以及扁平化的组织（减少组织层级以使雇员能够授权自己成长和学习）。[79]博克还主张"向雇员不公平地付酬（这样才更公平！）"。博克解释说，一小部分雇员创造了很大一部分价值，他们的薪酬必须体现出他们作出的贡献。

相反，以阿尔菲·科恩（Alfie Kohn）为首的众多批评家声称，激励在道德上和实践上都是错误的。[80]道德错误论者指出，激励由于涉及一个人对另一个人的控制而充满缺陷。与之相对的观点认为，雇佣是一种互惠安排。尤其是在失业率较低时期，雇员可以选择是否在绩效与薪酬紧密相关的薪酬制度（就像激励薪酬制度）下接受工作。我们确实知道，并非所有求职者都是风险规避型的。有些人，特别是高绩效雇员宁愿选择基于绩效的薪酬而不是完全固定的薪酬。总之，如果一个公司将绩效作为薪酬支付的基础，求职者就会发现该公司更有吸引力。尽管因人而异，但相比之下，基于团队的激励就没那么有吸引力。

科恩也指出，激励薪酬制度实际上可能会降低劳动生产率，这是一个绝对消极的实际结果。他的理论依据主要是对实验室研究的引证，在这些研究中，被研究的雇员在独立工作的情况下完成一项任务，要么有报酬，要么没有报酬。科恩主要基于德西（Deci）及其同事的研究得出以下结论：因从事某项任务而向雇员付酬会减少雇员对该项任务的兴趣——**外部报酬**（extrinsic rewards）（金钱）减少了内部报酬（任务本身的乐趣）。[81]对这一解释持批评态度的人指出，科恩的结论至少存在两个较大的缺陷。[82]第一，执行某些工作——实际上是许多工作——是因实际业务之需，这些工作本身就缺乏趣味。虽然塔吉特百货可能是一个购物的好去处，但日复一日地在货架上摆放毛巾及其他不易破碎的商品也足以让工作的内在乐趣大打折扣。[83]如果需要靠激励来完成真实世界的工作并为组织和客户创造价值，那么你也不会在工作中找到什么乐趣。这也许只是做生意的成本之一。然而，认为绩效薪酬只会被用于对从事无趣工作的人进行补偿的想法与现实不符。正如我们所看到的，绩效薪酬更有可能用于更高层级的工作，工作的层级越高，工作的报酬也越高。这可能是因为高层级工作对组织绩效的影响更大。更高层级的工作更充满乐趣和挑战性（是的，内在激励），但从事这些有内在乐趣的工作的人仍然希望他们的绩效得到认可，并得到公平的报酬（与其他高绩效者一致）。[84]

第二，科恩所引用的研究常常孤立地观察个人，而在现实世界中人与人是互动的，大家都知道谁在努力工作谁没有，并且在分配报酬时会对此作出反应。如果缺乏与绩效的关联，积极性较低的雇员最终将意识到提高工作努力程度是不必要的。这就提出了一个基本问题："我们应该将薪酬与绩效相关联吗？"有一种观点认为，"并非总是如此"。当工作涉及多任务处理、重要的质量控制问题或团队合作时，雇主就不太可能提供基于绩效的薪酬。在这三种情况下，绩效更难以度量，雇主不愿将报酬与工作结果挂钩。[85]或者，我们可以将这一问题分解成一系列问题。

首先应该关注一个明显但常被忽视的问题：雇员认为在薪酬与绩效之间应该建立任何联系吗？充分的证据表明管理层和普通雇员都认为薪酬应该与绩效挂钩。戴尔（Dyer）和他的同事在研究哪些因素对决定加薪规模影响最大时，要求来自72家公司的180名管理者对九个可能的因素进行排序。[86]被调查的管理者普遍认为决定加薪的最重要因素应该是工作绩效，紧随其后的是一个被认为在工作评价中应该考虑的因素（即工作的性质）以及一个关于动机的变量（所付出的努力程度）。其他的研究也支持这些发现。[87]

另一种论证绩效薪酬的方法是考察人力资源专业人士削减成本的方法。排在第一位的是：在高绩效者与低绩效者之间拉大的差距。[88]换句话说，就是真正地为绩效付酬！但是，一旦我们撇开管理层不谈，其他群体就会对绩效与薪酬的联系表达不同观点。对于蓝领雇员而言，绩效水平在决定薪酬增长中所承担的角色不是那么明确。[89]举例来说，可以考虑一下基于绩效评价等级的薪酬计划（绩效加薪）经常遭遇的反对意见。工会化的雇员更喜欢将资历而不是绩效作为增加薪酬的依据。[90]这种偏好部分源于对主观绩效评价体系的不信任。工会常常询问："能够依靠管理层来获取公平吗？"相反，资历是一个计算薪酬增长额的客观指标。有些证据还表明，女性雇员倾向于选择不以绩效为基础的分配方式。[91]总的来说，雇员认为薪酬应该与绩效挂钩，这或许是件好事，因为我们的研究表明薪酬与绩效挂钩会提升公司绩效。[92]

这种绩效改进是如何发生的？一种观点认为，正如我们已经强调的（见第 1 章），薪酬与绩效的关联通过两种机制实现——激励效应和筛选效应。[93]激励效应意味着薪酬可以激励现有雇员提高绩效。筛选效应意味着雇员根据对自己最重要的东西来为自己作出进退选择。因此，如果 X 公司按照绩效付酬，而你又不愿意接受这种付酬规则（即更加勤奋、更加聪明地工作以提高工作绩效），你就可以将自己筛选出去——最简单的办法就是离开 X 公司，另选一家使用不同付酬规则的公司。回想一下我们在第 1 章中讨论的拉齐尔的研究。当薪酬管理实践从薪水制度（薪水与安装的挡风玻璃无关）转变为个人激励制（薪酬取决于安装挡风玻璃的数量）后，沙夫利特玻璃公司（Safelite Glass）雇员的劳动生产率（每个雇员安装的挡风玻璃）提高了 44％。这项研究的有趣之处在于它单独分析了薪酬制度改革中留下来的雇员（留守者）和被取代的雇员。在 44％的劳动生产率增长中，只有一半（即 22％）来自"留守者"的劳动生产率的提高（即激励效应），另一半的劳动生产率增长（另外 22％）源于筛选效应：劳动生产率较低的雇员（在新的激励制度下表现较差的工人）离开了公司，并被在新的激励制度下能挣更多钱的劳动生产率较高的雇员取代。[94]

因此，人们会根据自己对薪酬支付方式（基于个人绩效或其他因素）的偏好来选择进入或离开公司。[95]当然，最明显的筛选因素是能力。能力较强的人会被吸引到愿意根据他们的绩效支付报酬进而对他们更大的贡献予以认可的公司。[96]高绩效的人也会离开那些不能向他们的绩效的付酬（基于资历而不是绩效支付薪酬）的公司，然后加入那些实施绩效薪酬的公司。从另一个角度来看，数据还表明，有些人在选择工作时是基于对努力的厌恶。"给我找一份不用辛苦付出的工作！"显然，那些期望高绩效的工作不太可能吸引这些潜在的雇员。[97]

当我们考察薪酬与群体绩效（而非个体绩效）的关系时，证据是复杂的。但总体而言，我们认为群体薪酬（不论这个群体是一个团队还是整个组织）会导致劳动生产率小幅提高（相对于个体绩效薪酬而言）。最近的一项研究显示，就有效性而言，当与互补的人力资源实践配合使用时，群体激励能发挥最大效用。具体而言，如果你已实施基于团队的结构——团队成员监督团队绩效并亲自惩罚"搭便车者"，团队激励就会发挥良好的作用。[98]

不过，在我们急于向薪酬组合中加入可变薪酬成分（绩效薪酬的一种形式）之前，我们应该认识到这样的计划有可能会失败。具有讽刺意味的是，有时候这种失败的产生是因为激励效果太好，以至于雇员只表现那些可以获得报酬的行为而排除了雇主所期望的其他行为。（请参见第 10 章有关此类计划风险的进一步讨论。）图表 9 - 7 记录了 20 世纪 90 年代早期困扰西尔斯公司（Sears）的这种尴尬事件。[99]

图表 9-7　西尔斯公司所犯的错误

战略目标	被转化为轮胎与汽车中心的支持性薪酬组成部分	意想不到的结果
削减 6 亿美元的成本，翻新店面，降低价格，使每个雇员都关注利润。	设置较高的维修收入指标，并辅以佣金支持。	加利福尼亚客户事务部假扮客户进行了秘密调查。在 38 次秘密调查中，西尔斯公司有 34 次对不必要的维修平均收取了 235 美元的费用。

　　显然，西尔斯公司的例子并非偶然。其他一些公司已经发现激励薪酬计划的不当实施将会有害无益。例如，绿巨人公司曾根据在豌豆包装过程中筛选出来的被昆虫咬坏的豌豆数来支付奖金。这样做当然是为了减少最终产品中坏豌豆的数量。雇员找到了让这一激励制度为己所用的方法：从家里带来生虫的豌豆，掺入公司的好豌豆中，再把它们找出来，这样他们获得的激励报酬就增加了。显然，这一激励计划没有发挥预期作用。专家们认为，这是激励过程没有得到良好管理的例证。本书第一作者曾在一家石油钻探公司工作。这家公司规定，如果地质学家能够减少勘探井场和建立钻井作业的时间，就给予他们相当大额度的奖励。结果报告的干油井（没有石油）数量比历史上多了许多![100]（会不会是突然间井场的选择更多地基于建立钻井作业的便捷性——或许选择位于不太偏远地方的勘探井场更方便，而不是基于那里的地下有多少石油？）从设计的角度看，这意味着什么？在第 10 章中，我们将回到关于使用激励薪酬可能带来的风险（以及潜在的收益）的讨论。

■ 9.5　设计绩效薪酬计划

　　我们的薪酬模型指出，绩效薪酬计划的有效性取决于三个方面：薪酬制度设计的效率、公平性和合法性。

9.5.1　效率

效率涉及三个被普遍关注的领域。

战略

　　绩效薪酬计划是否支持公司的目标？例如，该计划能否节约成本，或者我们的薪酬支出是否与净利润的绩效改进毫无关系？类似地，该计划是否有助于我们改进服务的质量？有些绩效薪酬计划过于注重将数量作为绩效衡量标准以至于忽视了质量问题，结果导致次品率上升。客户必须找人来处理商品退货问题。许多事情的发生与大公司对质量的不懈追求不相容。

　　绩效薪酬计划也应该与人力资源战略和目标紧密关联。如果总体人力资源计划的其他部分旨在甄选、强化和培育冒险行为，我们就不希望薪酬组合中包含奖励现状的薪酬形式。不过要小心。从事向投资者转售银行抵押贷款业务的美国联邦抵押贷款协会（Federal National Mortgage Association，简称房利美）将其绩效评价指标从资产收益和成本管理调整为总收益和每股收益。你认为这样做不会产生问题吗？一种观点认为，这么做确实有问题，因为房利美的首席执行官是立法草案起草团队的一员，他利用这个机会影响立法，使之符合他的公司战略。在这个故事中，他变得富有了，却加速了2008—2010 年金融危机的到来。[101]

最后，我们要解决最困难的一个问题——薪酬涨幅要多大才有意义？它怎样才能激励雇员？3%（最近的平均加薪比率）的涨幅足以激发更高的绩效吗？一项对证据的回顾性研究表明，薪酬要增长 6%～7% 才被认为是有意义的。该研究还指出："很明显，人们喜欢任何加薪，而不喜欢没有加薪。但是，当小幅加薪被看作对绩效的奖励时，这种加薪方式就可能出现功能障碍问题。加薪预算规模不大的组织可能需要认真思考绩效加薪额度的分配问题。"[102]

结构

组织的结构是否进行了充分的分权化，以使不同的经营单位能够对总的绩效薪酬计划作出灵活调整？例如，IBM 根据不同单位及其管理者的不同需求对绩效评价进行了调整，从而形成了一种非常灵活的绩效薪酬制度。在这种新的制度中，工资等级的中点不复存在。管理者获得了一笔资金预算、一些关于如何实施绩效评审的培训以及绩效评价的指导思想：将高绩效的明星雇员与一般雇员区分开来，否则将面临失去明星雇员的风险。管理者被赋予一系列绩效尺度。对哪些人使用哪些绩效尺度完全由管理者个人决定。实际上，根本不喜欢评审绩效的管理者可以直接实施绩效加薪，而只需向雇员简单解释一下原因即可。[103]不同的经营单位或许具有不同的胜任力和不同的竞争优势。我们不需要一种僵化的绩效薪酬制度，因为这些制度通常以保持各个部门的一致性为名削弱了各个部门的竞争优势。

标准

从操作层面上讲，设计绩效薪酬制度的关键在于标准。具体而言，我们需要关注以下几点：

目标：它们是否具体而灵活？雇员能否看到他们的行为影响他们实现目标的能力（在业内被称作"薪酬视线"问题）？

评价标准：雇员是否知道将采用什么样的评价标准（个体评价、同级成员对团队绩效的评价、公司财务指标等）来评价自己的绩效是否足以获得激励报酬？

适用对象：计划将覆盖组织哪些层级的人员？百事和星巴克认为应该涵盖所有的雇员。其他公司认为只有高层管理者才能看到他们的决策如何影响公司净利润。

资金支持：你会用超出预定标准的额外收入来为绩效薪酬计划提供资金支持吗？如果是这样，在经济不景气的年份会发生什么？当许多雇员觉得自己已经更加努力地工作，但经济状况或糟糕的管理决策共同导致奖金被削减或取消时，他们的幻想就会破灭。

9.5.2　公平性/公正性

绩效薪酬制度设计的第二个目标是确保制度对雇员的公平性。有两种类型的公平是雇员所关心的。第一类是分配给雇员的薪酬数量的公平性。毫不奇怪，这种公平被称为分配公平。[104]一个雇员认为自己所获薪酬的数量是公平的吗？正如我们在前面公平理论部分所讨论的那样，此时雇员对公平的感知取决于与一些相关标准相比，自己实际获得的薪酬数量与自己的投入（劳动生产率）的比率。请注意，这个公平等式的几个组成部分被令人沮丧地从与雇员共事的典型主管或管理者的控制中移除了。管理者对雇员工资总额的大小几乎不会发挥什么影响。它更多地受到外部市场状况、组织的薪酬政策决策和雇员职业选择的影响。的确，最近的研究表明雇员可能会关注薪酬的相对分配。例如，美国职业棒球大联盟的一些球队试图通过自由球员市场购买球星，结果成败参半。有些人推测这在其他球员之间造成了不公平感。有些证据显示，较窄的薪酬差异幅度实际上可能会对组织的总体绩效产生积极影响。[105]

　　管理者对于第二类公平在某种程度上具有更多的控制权。雇员也关心决定其所获薪酬数量的程序的公平性。雇员期望程序正义。[106]有证据表明，如果组织使用公平的程序，并且使用薪酬分配方法的主管被认为是公正的，那么雇员就会感到组织更加可信，组织也能够获得更高的雇员忠诚度。[107]有些研究甚至表明，雇员对薪酬的满意度更多取决于决定薪酬的程序而不是实际分配的薪酬水平。[108]

　　公平的一个关键要素就是沟通。雇员希望提前知道组织对他们的期望是什么。他们希望有机会为标准或期望的制定提供意见。同时，如果与这些标准相比，他们的绩效被判定为不合格，他们希望有一个申诉机制。开放性沟通的重要性也延伸到更高级的管理者。在薪酬管理实践更加透明的公司中，当高级管理人员被告知薪酬与绩效之间的联系时，他们的绩效水平会更高。[109]在工会化环境下，这就是抱怨处置程序。在非工会化环境下也需要建立类似的机制。[110]有证据显示，在自认为获得了关于薪酬制度运作方式的充分信息的雇员中，仅有15％的人表示正考虑离开公司。如果雇员觉得对薪酬制度运作方式所知寥寥，考虑准备离开公司的人的比例一下子蹿升至41％。[111]

9.5.3　合法性

　　最后，我们的绩效薪酬制度应当符合现行的法律。我们需要一个保持和提升公司声誉的薪酬制度。想一想那些访问大学校园的公司。有些公司的面试日程很快就被排满，因为学生们都被它们吸引过来。为什么呢？就是因为这些公司拥有良好的声誉。[112]我们常常低估良好声誉所带来的价值回报。为了维护这一声誉，我们需要确保遵守薪酬法律。

本章小结

　　我们并不清楚人们行事的动机！为什么不承认这一点呢？阅读本章将会证明，我们无法回答的问题远远多于我们假设的真理。我们知道雇员的绩效取决于技能、知识和动机的混合。如果缺失这三种要素中的任何一种，绩效就可能无法达到最优水平。本章关注这种绩效三角中的动机因素。报酬必须有助于组织吸引和留住雇员；它们必须使高绩效成为一种对雇员有吸引力的选择；它们必须激励雇员开发新的技能并逐渐培养对组织的忠诚度。你会说，这些要求太高了！但这一问题非常重要，因为我们才开始意识到所有不同的东西都有可能作为对雇员的报酬（惩罚）。本章列出 13 种报酬，并有力地证明了公平管理这些报酬可以使组织获得更高的绩效水平。

复习题

1. 一位父亲决定让他的两个儿子从事园艺工作。这种工作通常需要上门为客户提供园艺服务（修剪草坪、修整人行道、去除杂草、修剪灌木、耙树叶）。这位父亲决定不实行统一的工资标准，而是按照以下计划表（所有草坪的平均数）支付激励工资。

任务	每个人的计件工资激励（美元）	体力劳动	每个人的完成时间（小时）	向客户收取的费用（美元）
修剪草坪	4	轻	0.4	30
修整人行道	1	轻	0.1	5
去除杂草	6	很重	0.5	40
修剪灌木	5	重	0.5	30
耙树叶	5	重	0.5	25

在这种制度安排下，这两个男孩在两个星期后开始争吵不休并对他们的父亲感到不满。所有的分歧都与这种激励制度有关。问题可能出在哪里？

2. Father Michael's Wraps 公司（经营皮塔饼、卷饼、扁面包）正面临 100% 的雇员流失率。这种情况大部分发生在雇佣关系建立后的前 18 个月内。你如何确定这一雇员流失率是否过高？你如何向老板证明降低雇员流失率具有战略重要性？你如何从工资和其他报酬形式方面找出降低雇员流失率的方法？根据本章的内容说明你所做选择的合理性。

3. Eric Dempsey Associates（EDA）是纽约西部一家相对较小的公关/广告公司。最近，该公司改变了战略计划：几乎完全专注于为公司创造 20 万美元以上收益的客户。该公司有六名雇员专门负责业务发展，识别新的潜在客户，并向这些潜在客户"推销" EDA 可以帮助他们的方法。虽然拿下这些潜在客户为公司带来的收益很高——平均是过去典型 EDA 客户收益的 4 倍，但拿下这些新客户的可能性相当小。过去，开发助理（这是 EDA 对他们的称呼）主要依靠激励工资（该助理的客户为公司带来的收益的 4%）获取高额报酬，而且他们的基本工资是纽约西部同类工作的市场工资标准的 95%。你认为在薪酬管理方面应该进行哪些变革以反映 EDA 战略计划的变化？

4. 为增强竞争力，今天的公司都非常注重成本节约战略。请找出与薪酬管理人员的工作相关的货币性和非货币性的成本节约方法。

5. 相对于竞争对手而言，你管理的公司采取了一种低薪战略。为增加雇员在薪酬待遇方面的公平感，你会对哪些因素加以控制？

案例练习　汉堡男孩

这是一个真实的案例。杰里·纽曼（本书的第二作者）在七家快餐店打了 14 个月的工。他在《我的秘密打工生活》（*My Secret Life on the Mcjob*）（McGraw-Hill，2007）中描写了自己的经历。这是对发生在其中一个快餐店里的事情的记述——在本案例中我们将快餐店取名为"汉堡男孩"。

人物	工作名称	基本工资	其他工资信息	每周平均工作时间（小时）
奥蒂斯	店长助理	34 000 美元/年	豁免型（无加班工资）	55
利昂	值班主管	23 000 美元/年	非豁免型	55
玛吉	组员（炸薯条）	6.25 美元/小时	非豁免型	30
我	厨师	6.50 美元/小时	非豁免型	20
恰克	免下车购物窗口	7.00 美元/小时	非豁免型	30
露西	三明治装配工	7.00 美元/小时	非豁免型	35

这里是佛罗里达州，一个炎热的星期五午餐高峰刚刚开始。恰克一边在付账窗口忙碌着，一边抱怨公司为什么不在每周最忙的这一天多派点人手。"见鬼，拉维恩在哪儿？"他大喊大叫道。恰克虽然只在这里工作了六周，但已在汉堡男孩另一家店积累了丰富的经验。玛吉通常在炸薯条部工作（这是店中最简单的工作），不过现在被迫参与到前端的免下车购物窗口服务中来，因为当班的 10 个雇员有 2 人因身体不适打电话请假了。在购买汉堡包的人不多时她还能勉强应付，但随着进入免下车通道的车辆不断增多，她变得手忙脚乱。我正忙着烤汉堡包，这是我第三天做这项工作，不过这也是我第一次一个人操作。作为"罗西阿姨女子快投垒球比赛"的志愿者，我已经在烤架旁工作了 10 年，但是对于今天要完成的工作量，我还没有做好充分的心理准备。到 11：30 时，我已在烤架上摆满了汉堡包。露西正全速跟上三明治的装配和包装。她是这家快餐店最好的装配工，只要她不自毁前程，将来肯定能够成为一名主管。昨天她用打火机点燃了一罐植物油并拿着它跳舞，弧形火焰不断从油罐中喷射出来。她认为这很好玩，其他所有人都认为她像疯子。据传她是南希经理的好朋友，所以大家都保持沉默。

"玛吉，速度加快一点。队伍排得太长了。快点，美女！"奥蒂斯喊道。玛吉真的不太擅长免下车购物窗口的服务工作，她干得非常吃力，奥蒂斯却丝毫不为所动。"我会帮她的！"恰克喊道："我先做好付账窗口的工作，在玛吉忙不过来的时候跑到前面去帮她。"奥蒂斯没有说什么，他回到办公室开始清点早餐高峰期的收据。

作为厨师，我的工作还包括在烤箱中烘烤土豆和在高压锅中烹饪鸡块，因此除了专心做好本职工作外，我没有时间去做其他任何工作。在中午的时候，利昂回来了。他将在下午 3 点接替奥蒂斯，但现在，第二板三明治装配工作最需要他。利昂看着我，在喧闹声中高声喊道："好样的，杰里！你第三天做厨师工作就能跟上星期五用餐高峰的需求。做得好！"这是我到这里工作两周以来第一次受到表扬，所以我对这个意料之外的认可报以微笑。到 12：30 时，我们明显都疲惫不堪。即使在恰克的帮助下，玛吉的工作还是落后了很多。为了使免下车窗口订餐、取餐更快，她现在开始在订单上出错。奥蒂斯疾速从办公室走到前台并向每个人喊道："我们现在的订单处理时间平均是 3 分 5 秒，如果我们不加快行动，有些人就会陷入麻烦。"在讲这些话时，他盯着玛吉。每个人都知道订单处理时间（从下单到顾客拿到食物的总时间）应该大约是 2 分 30 秒。我自己在心里做了个估算。在星期五，正常情况下应该配备 13 名雇员（包括管理人员）。因为有人请假，所以真正参加工作的只有 8 人（包括奥蒂斯和利昂）。中午时玛吉就叫苦不迭，但她还是坚持着。下午 1 点，工作节奏开始慢下来。当露西告诉利昂她准备去玩植物油罐时，我知道用餐高峰期正式结束了。这引发了一片要求休息的呼声，奥蒂斯打断大家说："好的，我现在宣布一下休息顺序。"他挨个点名，我倒数第二，玛吉倒数第一。露西第一，接着是恰克，剩下的其他人填补了我前面的空缺。当最终轮到我时，我决定快速休息，只用了 6 分钟而不是规定的 10 分钟。当我休息完回来时，奥蒂斯嘲笑并责备我说："休息了多长时间，大约半个小时？"我咬牙切齿，怒发冲冠，我要让他知道我的愤怒。"如果我能看时间，我还会来做快餐吗？"现在我意识到我犯了不可原谅的错误——跟上级顶嘴。但我确实很难过，所以我不在乎。我唯一担心的是我刚刚声称做快餐是聋哑人的工作，我绝对不相信这一点。但在说这话的时候，我有点疯狂了。奥蒂斯打量着我，盯着我的脸，最后决定大吼一声："你说得对，纽曼。好理由！"

现在是下午 2：10，玛吉已经两次告诉奥蒂斯她必须离开。她在与快餐店经理建立雇佣关系时就约定每天下班的时间不迟于 2：30。她女儿学校班车的到达时间是 2：45，她必须在这一时间去接。奥蒂斯对她的第一次请求无动于衷，并且在 2：25 时不见了踪影。玛吉焦急地环顾四周，茫然无助地重复着："我该怎么办？我必须走。"见此情景，我对她说："走吧。等奥蒂斯回来时我告诉他。"玛吉下班走了。10 分钟后，我们迎来一个就餐小高峰。利昂喊道："见鬼，玛吉去哪了？真是的，她明天就会离开这里。她再也没有机会了。"当他咆哮完后，我向他解释了玛吉的实际困难。利昂怒气冲冲地回到经理办公室质问奥蒂斯。吼声很快响彻整个快餐店。店里的每一个人（包括顾客）都听到了他们关于其他未解决问题的争论：

利昂："我讨厌来到这里，现在一点存货都没有！奥蒂斯，让大家在午餐班（大约上午 10 点到下午 2 点）闲暇时间备货是你的职责。而你从没有履行这一职责，太让人讨厌了。现在你告诉我你要下班，而把大量的备货工作甩给我。"

奥蒂斯："利昂，我就讨厌你牢骚不断。我每周在这里工作 50～60 小时。每天工作 10～12 小时而只能拿这点可怜的工资，我还不愿意干呢！你想要备货……你就去做吧。我要回家了，我要彻底忘记这个地方。"

奥蒂斯甩下手里的东西——一摞打印出来的当天的收据——夺门而出。利昂骂了一通，拾起这些收据，气冲冲地回到办公室。我下班后高高兴兴地回家了。这家汉堡男孩不再会有"汉堡男孩"。

问题：
1. 这家快餐店看起来出了什么问题？
2. 有多少问题可以用薪酬管理的理论和实践加以解释？
3. 还有哪些问题可以尽量使用工资以外的报酬形式加以解决？

4. 工作时间是一种报酬吗？有哪些因素可以解释为什么我每周工作 20 小时很开心，而恰克每周工作 30 小时很郁闷呢？如何将工作时间表作为一种报酬来使用？

注　释

第 **10** 章

绩效薪酬计划

■ 10.1 什么是绩效薪酬计划?

这个问题不容易回答!许多不同的薪酬实践都被冠以**绩效薪酬**(pay-for-performance)之名。当你妈妈去年夏天告诉你她愿意给你 20 美元让你去除草时,这就是一个绩效薪酬计划。当你因为忙着去参加在本地临时举办的比赛而未把工作做好,但你妈妈还是把钱付给你时,这仍然是一个绩效薪酬计划,只不过不是一个非常好的计划。的确,听起来你妈妈的绩效薪酬计划是从我们见过的许多管理者那里学来的,这些管理者的绩效薪酬计划似乎是"不区分好绩效与坏绩效,付给每个人差不多的报酬"。

如果你能耐着性子听下去,你就会听到**激励**(incentive)、**可变薪酬计划**(variable pay plan)、**风险薪酬**(compensation at risk)、**风险收益**(earning at risk)、**成功分享**(success sharing)、**风险共担**(risk sharing),以及其他诸如此类的各种名头。(回想一下我们在第 9 章中对这些报酬形式的讨论。)有时候这些名称可以互换使用。它们不应该如此。所有这些计划最大的共同之处是关于薪酬观念的转变。我们通常认为薪酬主要是一种权利。如果你参加工作,并且做得足够好而不至于被解雇,你就有权拿到与其他做同样工作的人相同的报酬。绩效薪酬计划标志着一种变革——有时是一种非常缓慢的变革——从权利转向根据个人绩效或组织绩效的衡量标准变化而变化的报酬。在第 9 章我们所讨论的薪酬构成中,只有基本工资和全员等额提薪不属于绩效薪酬计划。然而,奇怪的是,许多关于绩效薪酬的调查往往忽略了所有这些激励计划的始祖——**绩效加薪**(merit pay),而正如我们将看到的,绩效加薪的应用非常广泛。

图表 10 - 1 提供了另一种对绩效薪酬计划(在本例中是短期激励/可变薪酬计划)进行分类的方法,并显示了这些类型计划应用的广度。

图表 10 - 1 短期激励/可变薪酬计划的使用

短期激励(可变薪酬) 计划类型	使用该计划(至少针对部分 雇员群体)的组织的百分比	短期激励计划说明
任何短期激励计划	99%	基于 12 个月内的目标完成情况的激励计划。
拥有多种短期激励计划	83%	组织有两种或更多种短期激励计划。

续表

短期激励（可变薪酬）计划类型	使用该计划（至少针对部分雇员群体）的组织的百分比	短期激励计划说明
年度激励计划	90%	单独或主要根据预先设定的公式（可能包括各种绩效指标）支付奖金。
年度自由裁量奖金计划	38%	管理层在期末事后决定是否发放奖金及奖金发放规模。
现金奖励	65%	表彰在短时间内作出的特殊贡献。
利润分享计划	16%	单独或主要根据与利润挂钩的预先设定的公式支付奖金。
收益分享计划	9%	为分享发生在组织的子单位内部的劳动生产率和其他绩效提升而设计的奖励计划。
团队/小群体激励	28%	基于小群体绩效支付报酬的奖励计划。
项目奖金	30%	向完成特定项目的雇员或部门支付的奖金。
留任奖金	59%	为保留雇员直至完成一项重要业务（如企业并购）而支付的奖金。

资料来源：WorldatWork and Deloitte Consulting LLP，*Incentive Pay Practices Survey*：*Publicly Traded Companies*，February 2014.

10.1.1　绩效薪酬的应用有多广泛？

图表 10-1 还提供了关于组织内部短期激励计划（绩效期为 12 个月或更短）使用情况的数据。我们看到，99% 的被调查组织至少对部分雇员使用了某种形式的短期激励计划，而且大多数组织都有多种短期激励计划。在过去主要针对高层管理人员的薪酬工具（现在仍然更有可能用于这些人员）现在也经常用于低层级雇员。总体而言可变薪酬的使用增加了。例如，1990 年基本工资的平均预算增长了 5.5%。最近，这一比例降到 3.0%。原因之一是工资和通货膨胀率的下降。然而，这并不能解释同一时期绩效奖金/可变薪酬预算的增长——从 1990 年的 4.2% 上涨到今天的大约 13%。[1]

对可变薪酬兴趣的增加或许可以归因于两种发展趋势。第一，国外生产商不断增强的竞争力迫使美国公司削减成本和（或）提高劳动生产率。设计精良的可变薪酬计划在激励雇员提高绩效和促进组织降低成本方面保持着良好记录。另外，就定义而言，可变薪酬是一种可变的成本。无利润或低利润意味着基本工资之外没有额外报酬——当经济不景气的时候，薪酬就会降低。[2]第二，当今瞬息万变的商业环境意味着雇员必须自愿调整自己的工作内容和工作方式。新的技术、新的工作流程和新的工作关系，所有这些都要求雇员以新的方式和前所未有的速度适应已经变化的外部环境。行动迟缓就会将市场份额拱手让给竞争对手。如果这种情况真的发生，雇员可能就会面临被解雇或辞退的风险。为避免出现这种情况，薪酬管理专家正潜心研究薪酬制度的设计方法，以使雇员有能力且愿意迅速适应新的工作和以新的方式完成原来的工作。雇员这么做的能力和动力部分来自那些将雇员利益与公司目标更紧密地联系在一起的薪酬制度。[3]

　　其他证据表明，组织对绩效薪酬（包括可变薪酬）具有非常强的整体依赖性，在私人部门更是如此。世界薪酬协会就组织的绩效薪酬实践问题对其会员（薪酬专业人士）进行了调查。结果表明，绩效薪酬的应用非常广泛。具体来说，94％的组织有绩效加薪计划，99％的组织（正如我们已看到的）有短期激励计划（奖金支付基于 12 个月或更短时间内的财务目标、经营目标和个人目标的完成情况），88％的组织有长期激励计划（奖金支付基于 12 个月以上时间内的目标完成情况，通常与公司股票价格/投资回报率相关）。然而，这些百分比低估了绩效薪酬在私人部门的应用，因为在对调查作出响应的组织中，有 22％是非营利组织或属于公共部门，而我们知道这些领域的组织对绩效薪酬的使用（及使用强度）都远远低于私人部门组织。此外，如前文所述，由于典型的长期激励计划都以公司股票行情为基础，所以对于非上市公司而言，这种计划是无法实施的。因此，典型的美国私人部门的公司特别依赖绩效薪酬，使用两种或两种以上绩效薪酬计划的私人部门组织的比例可能接近 100％。

　　一个重要的警告是，大约有 13％的绩效奖金/可变薪酬仅适用于使用此类计划的组织，也仅适用于此类计划所覆盖的公司中的雇员群体。（相比之下，绩效加薪计划覆盖了几乎所有的雇员，就像我们很快将看到的，它也覆盖了几乎所有的组织。）图表 10 - 2 报告了在使用此类计划的组织中以及在所有组织中（平均），按照雇员群体划分的短期激励/可变薪酬支出占基本工资的比例以及针对短期激励/可变薪酬支出所使用的绩效基础占基本工资的比例，并根据以下事实对估计值进行了调整：不是所有的组织都使用此类计划，使用此类计划的组织也没有对所有雇员都使用此类计划。我们再次看到，短期激励支出占薪水的百分比要大于绩效加薪。此外，对于一些雇员群体（那些工作层级/薪酬水平更高的雇员）来说，短期激励/可变薪酬支出远高于绩效加薪。我们还发现，短期激励/可变薪酬支出最常见的绩效基础是公司、经营单位和个人目标的结合。

图表 10 - 2　按照不同雇员群体估计的短期激励/可变（奖金）薪酬及其绩效基础占薪水的百分比

雇员群体	适用组织所占百分比（％）	奖金/可变薪酬占薪水的百分比（％）		奖金支出的绩效基础（％）		
		使用此类计划的组织	所有组织	公司目标	经营单位目标	个人目标
高级管理人员	96	37	26.5	61	23	17
豁免型拿薪水雇员	97	12.6	6.9	40	33	28
非豁免型拿薪水雇员	55	6.0	4.1	46	30	25
非豁免型拿计时工资的非工会化雇员	53	4.1	3.3	39	33	28

　　说明：1. "所有组织"一栏的估计值反映了一个调整，即并非所有组织都使用此类计划，而使用此类计划的组织并没有对所有雇员群体使用此类计划。"非豁免型"指属于《公平劳动标准法案》调整范围的雇员；"豁免型"指不属于《公平劳动标准法案》调整范围的雇员。参见第 17 章。

　　2. 虽然绩效奖金（主要针对主观绩效）和短期激励（主要针对客观绩效）的定义不同，但在调查中往往对这两个术语不作区分。

　　资料来源：Barry Gerhart and Meiy Fang, "Pay for (Individual) Performance: Issues, Claims, Evidence and the Role of Sorting Effects," *Human Resource Management Review* 24 (2014), pp. 41-52; Barry Gerhart, "Incentives and Pay for Performance in the Workplace," *Advances in Motivation Science* 4 (2017), pp. 91-140; WorldatWork, "Incentive Pay Practices Survey: Publicly Traded Companies," 2014.

除了图表10-2中报告的按照公司、经营单位和个人对绩效目标的划分之外，关于绩效目标的细节有些混乱，这反映了针对不同组织和不同雇员群体的激励计划设计细节的巨大差异。但是，在几乎所有（97%）的短期激励计划中，奖金支出在某种程度上基于财务（即组织层面的）绩效——最常见的是收益（43%），紧随其后的是各种（组织层面的）利润指标。此外，48%的组织使用"整体的个人绩效（例如，绩效评价或评级）"。（具体来说，这些计划更接近绩效奖金计划的定义。）运营方面的绩效衡量指标也经常被使用，最常见的是客户满意度（28%）。

长期激励计划（绩效期超过12个月）更有可能应用于高级职员/管理人员和其他更高层级的工作。确实，如图表10-3所示，平均而言，雇员人数最多的最低层级工作只得到组织给予的长期激励价值的很小一部分。长期激励计划（特别是针对高级管理人员的长期激励计划）将在第14章进一步介绍。在这里，我们只需指出长期激励计划的内容包括股票赠予、股票期权赠予、绩效股份赠予、绩效奖金以及其他以股东回报和（或）其他公司财务绩效指标为奖金支付基础的激励项目。

图表10-3　长期激励计划的分配和使用

雇员群体	分配的长期激励津贴的平均百分比（%）
首席执行官	14
高级职员/管理人员（首席执行官除外）	55
豁免型拿薪水雇员	29
非豁免型拿薪水雇员	1
非豁免型拿计时工资的非工会化雇员	1
使用长期激励的组织的百分比	88
使用的长期激励计划数量	
一个计划	48
多于一个计划	52

说明："非豁免型"指属于《公平劳动标准法案》调整范围的雇员；"豁免型"指不属于《公平劳动标准法案》调整范围的雇员。参见第17章。

资料来源：Barry Gerhart. "Incentives and Pay for Performance in the Workplace," *In Advances in Motivation Science* 4（2017），91-140；WorldatWork，"Incentive Pay Practices Survey：Publicly Traded Companies，" 2014.

10.1.2　晋升在绩效薪酬中的重要作用

如上所述，绩效薪酬广泛用于各类组织和所有类型的雇员。正如我们将在下面的讨论中看到的，绩效加薪幅度平均每年约为3%。按照这个速度，一名雇员大约需要23年的时间才能让自己的薪酬从70 000美元翻倍到140 000美元，或者从100 000美元翻倍到200 000美元。然而，我们知道，许多人将来的年薪将远远超过140 000美元，甚至超过200 000美元。如果你是一个高绩效的雇员，绩效加薪幅度更大，你的薪水会增长得更快。虽然这是事实，但薪酬增长仍然需要一段时间。那么，一些人是如何获得比这里所描述的更高的薪水的呢？答案是，你会被提升到更高的工作层级（即工资全距/工资等级），由于晋升而增加的薪水远远超过3%。例如，如果你回到第3章，研究图表3-1所示公司工程师的薪酬结构，你会发现晋升会带来21%~23%的加薪。按照这个速度，一个人经过三次或四次晋升后，薪水会翻倍。除了提升到更高的工作层级，晋升加薪幅度可能在 15% 的范围内（基于观察典型的工资全距中值的增进——相邻工资全距中值的百分比差异）。[4] 如果使用 15% 的晋升加薪幅度，那么雇员在经过五次晋升后薪水就会翻倍。

　　由于绩效是晋升的重要基础，任何关于薪酬与绩效之间关系强度的讨论都必须认识到它不仅仅是关于绩效加薪幅度的问题，因为绩效加薪只是在工资等级内部的加薪。对许多雇员来说，他们的绩效会得到更高的报酬，因为他们的高绩效会让他们晋升到更高的工作层级，无论是在他们当前的组织中还是在他们跳槽加入的组织中。[5]

■ 10.2　绩效薪酬：绩效加薪计划

　　绩效加薪制度将基本工资的增加（称为绩效加薪额）与对雇员的绩效评价等级相关联。（第 11 章将讨论绩效评价问题。）然而，大多数组织都使用绩效加薪矩阵，决定绩效加薪幅度的基础不仅包括绩效评价等级，而且包括雇员在工资全距/工资等级中的位置（即与工资全距最小值和最大值有多接近）。工资全距内的位置可以很好地由比较比率（compa-ratio）表示，该比率被定义为雇员工资除以工资全距中值。因此，在一个最小值为 50 000 美元、最大值为 70 000 美元、中值为 60 000 美元的工资全距内，当前工资为 53 000 美元的雇员的比较比率为 53 000/60 000＝0.88；而在同一个工资全距内，当前工资为 67 000 美元的雇员，其比较比率为 67 000/60 000＝1.12。如果这两个雇员都有最高的绩效评价等级，那么比较比率为 0.88 的雇员将比比较比率为 1.12 的雇员获得更大的绩效加薪幅度，因为如果低薪雇员（比较比率为 0.88）的工作绩效能够长期保持在这个高水平上，那么他距离他的工资在工资全距中应该在的位置就更远。例如，在下面的绩效加薪矩阵中，第一位雇员（比较比率为 0.88）将获得 7% 的绩效加薪（结果使新工资变为 56 710 美元），而第二名雇员（比较比率为 1.12）将获得 3% 的绩效加薪（结果使新工资变为 69 010 美元）。可以想象，如果绩效加薪矩阵中没有比较比率元素将会发生什么。如果一位高绩效雇员每年获得 7% 的加薪，他的薪水每 10 年就会翻一番。如果具有同样高水平绩效的组织所产生的价值每 10 年也翻一番，那就好了。然而，这在大多数工作中都不太可能发生。通常，一个人要想对组织作出双倍的贡献，就必须晋升到更高层级的工作，这样他才有机会对组织绩效产生更大的影响。

　　图表 10-4 提供了一个绩效加薪矩阵的例子。我们还可以看看公司对不同绩效评价等级的雇员给予的绩效加薪的差异程度。图表 10-5 显示，在使用五等分评价量表的公司中，评价等级高雇员平均能获得 4.5% 的绩效加薪，相比之下，处于中等绩效评价等级的雇员平均能获得 2.6% 的绩效加薪。图表 10-5 还显示，大约 7% 的雇员得到最高的绩效评价等级，大约 56% 的雇员得到中等的绩效评价等级。当然，这种将雇员分布到不同绩效评价等级的做法将会产生重大的成本影响。正如我们将在第 11 章中进一步讨论的那样，在一些公司中大多数雇员都会落入前两个高绩效评价等级，这将会转化为更高的绩效加薪幅度和更高的成本。最后，图表 10-5 显示，更高的绩效评价等级不仅会转化为更高的绩效加薪幅度，而且会转化为更高的短期激励薪酬。

图表 10 - 4　绩效加薪矩阵示例

根据绩效评价等级和比较比率推荐的加薪幅度

		比较比率[a]		
		80％～90％	91％～110％	111％～120％
绩效评价等级	超出预期	7％	5％	3％
	符合预期	4％	3％	2％
	低于预期	2％	0％	0％

a 表示雇员的工资除以其工资全距中值。

图表 10 - 5　长期激励计划的分配和使用

绩效评价等级	雇员所占比例	绩效加薪幅度	短期激励薪酬（占目标的比例）
最高等级	7％	4.5％	140％
次高等级	29％	3.6％	119％
中等等级	56％	2.6％	99％
较低等级	6％	1.0％	51％
最低等级	2％	0.2％	8％

说明：激励薪酬源自 2016/2017 年的调查。绩效加薪幅度源自 2017/2018 年的调查。2016/2017 年调查的绩效加薪幅度几乎与 2017/2018 年的调查相同（4.7％，3.6％，2.6％，1.0％，0.1％）。

资料来源：Mercer LLC, *2016/2017 United States Compensation Planning Survey and 2017/2018 United States Compensation Planning Survey.*

在每个绩效年度结束时，通常由直接主管对雇员的绩效进行评价。绩效加薪的一个关键特点是，它不同于可变薪酬计划（短期激励和长期激励），绩效加薪额被加到基本工资中。这一点很重要。实际上，只要雇员与雇主的雇佣关系存续，雇员今年的绩效水平在以后的每一年都会得到回报。一旦获得绩效加薪奖励，绩效加薪额就会永远存在。这一不断滚动的绩效加薪额度会为雇员的整个职业生涯带来数万美元的收入。[6]

年复一年，人们对绩效加薪存在诸多担忧。一个担忧是，随着时间的推移，绩效加薪会增加固定薪酬成本。一种对策是使用绩效奖金和（或）其他形式的可变薪酬计划。另一个担忧是，如果太多的高绩效评价等级被奖励，绩效加薪成本就会变得十分高昂。一种对策是控制高绩效评价等级的数量和（或）提高绩效评价的准确性和可信度（参见第 11 章）。还有一个担忧是，绩效加薪级差太小，不足以激励绩效。这是一个挑战。但是，可以使用较大的加薪级差。此外，如上所述，如果不考虑绩效在晋升中的作用以及由此导致的长期薪酬增长，绩效加薪级差的优点将被大大低估。另一个潜在的问题是，在一个工作具有相互依赖性、需要合作来实现团队/组织目标的组织中，个人绩效是一个有缺陷的衡量标准——这一点对于任何绩效薪酬计划都是如此。一个可能的解决方案是扩大绩效标准范围，将合作和其他有助于团队/组织获取成功的因素纳入其中。我们的观点是，很难研究和记录绩效加薪计划对绩效的影响。然而，确实有肯定性的证据存在。[7]此外，当我们广泛地考虑绩效薪酬计划的理论和证据时，会发现组织使用这种计划是有充分理由的：如果没有绩效薪酬计划，就不会形成一种奖励优秀雇员的组织环境，而那些渴望出类拔萃的雇员就会毅然决然地选择跳槽。[8]

在这种情况下，重要的是再次记住激励效应和筛选效应——它们是我们在第 1 章首次介绍的概念。大多数关于绩效加薪的讨论都集中在激励效应上：绩效加薪如何影响现有雇员的绩效。然而，绩效加薪可能会产生显著的筛选效应，因为那些不希望将自己的薪酬与绩效挂钩的人不会接受此类公司的工作，或者在公司实行绩效薪酬时选择离开。相比之下，那些确实希望根据自己的绩效获得报酬的人（可能是平均绩效水平更高的人）更有可能加入并留在通过绩效加薪和其他绩效薪酬计划将薪酬与绩效更紧密关联起来的公司。[9]

同时，在州和市一级，明尼苏达州、俄亥俄州、丹佛、费城的公立学校率先实行教师的绩效加薪制度。[10]例如在辛辛那提，教师开始对自己控制的事情（即良好的专业实践）负责。教师们认为，对他们应该坚持与医生相似的标准：不是一个对健康长寿的承诺，而是一个对遵循最高专业标准的承诺。在辛辛那提，为了评估教师的专业实践，在一个学年中进行了六次评价，其中四次是由一名经过培训的教师评估师（实际上就是一名经过培训的教师）作出的，另外两次是由一名楼宇管理员作出的。加薪的规模直接与教师在这些观察性评估期间的绩效相关联。[11]或许正是因为这些开创性的探索，2006 年美国国会决定，在竞争的基础上每年拨付 9 900 万美元给各州、各学区、各特许学校，以支持针对校长和教师的绩效薪酬计划的开发和实施。[12]另外，公共部门也在尝试通过奖励教师来提高学生的考试分数。在芝加哥和纳什维尔，教师会因学生考试分数的提高分别获得最高 8 000 美元和 15 000 美元的奖金。[13]但是，要对你期望的结果保持警惕！纽约州的教师和校长最近被曝在学生资格考试评分过程中存在舞弊行为。一旦学生资格考试的通过率提高，教师就会获得总额高达 3 500 美元的奖励，校长所在的学校就会获得持续不断的政府资金支持，所有这一切都太诱人了。[14]

当然，我们总是可以设计一个像韩国那样的制度。韩国私立学校的教师通常依靠激励来获得报酬。如果你被认为是一名好老师，你挣到的钱将是惊人的。金喜昆是一名课外辅导老师，由于教学能力出色，他每年能挣 4 000 000 美元。他上 3 个小时的课，花 50 个小时左右的时间在网上辅导学生、制定教学计划以及编写教材。[15]

如果我们想让绩效加薪充分发挥潜力，就需要对它进行更好的管理。[16]这就要求我们对加薪额的分配方式进行彻底改革：提高绩效评价的准确度，分配足够的绩效薪酬来真正奖励绩效，并确保绩效加薪的规模在不同的绩效水平之间有所区别。我们以一位全年都努力工作的雇员为例来说明后一点：他获得了 5% 的绩效加薪，而一位绩效处于中等水平的雇员轻松获得 3% 的绩效加薪。首先我们对前者多出来的 2% 的加薪额进行征税，然后将这笔税后加薪额分摊到 52 个薪资单上。如果说多挣的这点钱还不够买一杯好咖啡，稍微有点夸张。除非我们能够使每个绩效增量的报酬差异足够大，否则许多雇员肯定会对此嗤之以鼻。

10.3 绩效薪酬：基于个人的短期激励计划

10.3.1 绩效奖金

绩效奖金（merit bonus）又称一次性奖金，不同于绩效加薪，因为雇员获得的年终奖金不计入基本工资。由于雇员每年都要挣到这笔钱，因此与其说绩效奖金是一种权利，不如说它是一种绩效加薪。[17]绩效奖金还通过降低固定薪酬成本为雇主提供了确保薪酬变化与公司绩效变化更加一致的途径，而固定薪酬成本会因绩效加薪额的增加而迅速膨胀。如图表 10-6 所示，从长期来看，绩效奖金的成本可能远远低于绩效加薪。

图表 10-6　相对成本比较　　　　　　　　　　　　　　　　　　单位：美元

	绩效加薪	绩效奖金
基本工资	50 000	50 000
第一年加薪 5%	2 500	2 500
新的基本工资	52 500	50 000
新增成本总额	2 500	2 500
第二年加薪 5%	（2 625＝0.05×52 500）	（2 500＝0.05×50 000）
新的基本工资	55 125（52 500＋2 625）	50 000
新增成本总额	5 125	5 000
五年之后		
第五年加薪	3 039	2 500
新的基本工资	63 814	50 000

请注意在绩效加薪计划中基本工资是如何快速增长的。仅五年的时间，绩效加薪计划的基本工资就比绩效奖金计划多出约 14 000 美元。因此，成本意识强的公司纷纷转而实施绩效奖金计划就不足为奇了。同样不应该感到奇怪的是，雇员并不特别喜欢绩效奖金。毕竟，绩效奖金的目的是在权利文化中引起冲击波。通过连续几年实施绩效奖金计划，一家公司实际上在冻结雇员的基本工资。这逐渐导致相对于竞争对手的重新定位。它所传递的信息变得明确而清晰："不要期望年复一年地得到基本工资的增长——新的奖励需要你每年都去争取。"以 Prometric Thomson Learning 公司呼叫中心（该中心主要负责为参加计算机化考试的考生提供注册服务）开发的奖金制度为例，如图表 10-7 所示，该中心在特定的雇员奖金的产生方面具有非常明确的目标。就赚取奖金而言，在公司，每天都是新的一天。

图表 10-7　呼叫中心的客户服务奖金计划

绩效评价	最低绩效	奖金	目标绩效	奖金	优秀绩效	奖金
平均呼叫等待	<32 分钟/天	0.5%	<28 分钟/天	1%	<20 分钟/天	1.75%
平均通话时间	3 分 50 秒	0.5%	<3 分 20 秒	1%	3 分钟	1.75%
考勤	发生两次	0.5%	发生一次	1%	未发生	1.75%
质量	根据监控结果	0.5%	根据监控结果	1%	根据监控结果	1.75%
奖金总额		2%		4%		7%

10.3.2　个体现场奖励

许多组织认为**现场奖励**（spot award）是有效的。[18]通常会将这些奖励授予那些在某些特殊项目上绩效突出的雇员，或者那些表现远远超过期望绩效而理应获得追加奖励的雇员。它的运作机制很简单：事后，组织中的某个人向管理层汇报雇员的突出绩效。如果是一家大公司，它可能会有一套正式的认可机制，或许还有一套关于现场奖金额度

（之所以如此命名，是因为它应该"当场"授予雇员）的指导方针。较小公司的认可程序可能比较随意，奖金额度的确定可能更加主观。加州大学旧金山分校医学院就实施了一种十分典型的现场奖励计划。奖励的行为包括"有效解决某个投诉"或"通过加班加点及时获得政府拨款，结果超出预期"等。[19]

10.3.3 个体激励计划

个体激励计划与绩效加薪计划和一次性奖金计划不同，它承诺向一些客观的、预先设定的绩效水平支付激励报酬。例如，通过向学生提供经济激励以促使其提高学习成绩的做法实际上是有效的。这些学生最终在第一年和第二年都获得了更好的平均成绩。对那些没有耐心的学生来说，"贿赂"的效果甚至更好。[20]

所有的激励计划都有一个共同特征：一个既定的标准——用于比较雇员的工作绩效以确定激励报酬的大小。对于个体激励制度而言，这一既定标准被用于与单个雇员绩效的比较。由于通常难以找到好的、客观的个体绩效评价标准，个体激励计划并不适合每一种工作。例如，你如何制定适用于建筑雇员的激励计划？如果建筑雇员一整天都重复同样的事情，那么为他们设计激励计划或许就不会那么困难：你的目标是每小时挖 5 英尺长、2 英尺宽、18 英寸深的壕沟。但是，建筑雇员的劳动并不仅限于挖掘工作，他们还需要帮助浇筑混凝土，协助木工和瓦工搭建建筑物等。对于个体激励计划而言，建筑雇员的工作过于复杂。即使是在装配线上的重复性工作也不适合使用个体激励。本书的一位作者（杰里·纽曼）在福特公司制造林肯汽车的生产线上工作过。即使雇员愿意通过加快工作速度来赚取更多的钱，但生产线只能每隔 55 秒生产一辆新车。我们会说，这里根本就没有为雇员个体差异保留空间。

尽管存在这种约束，但是实践中仍然存在许多不同的个体激励计划。它们的差异可以归纳为两种维度上的变化，并可以归入图表 10 - 8 所示的某个方格之中。

图表 10 - 8 个体激励计划

		工资标准的确定方法	
		每个时间周期的产量	单位产量的时间周期
产量水平与薪酬之间的关系	薪酬是产量水平的常量函数	（1） 直接计件薪酬计划	（2） 标准工时和贝多计划
	薪酬随产量水平变化而变化	（3） 泰勒级差计件工资制 梅里克多重计件工资制	（4） 哈尔西 50 - 50 平分法 罗恩计划 甘特计划

激励制度变化的第一个维度是**工资标准的确定方法**（method of rate determination）。激励计划确定工资标准的基础要么是每个时间周期的产量水平，要么是单位产量的时间周期。表面上看这种区别微不足道，但由于不同工作任务拥有不同的操作周期，这实际上就会导致偏差。[21]对于在相对短的时间周期内就可以完成的工作任务，通常根据在给定时间周期内完成的指定数量的产品确定工资标准。例如，与我们合作的图书发行商就为包装商制定了一个激励计划。图书打包是一个短周期任务，从堆栈中拿出

一本书放入运输箱中通常只需几秒钟。对于长周期的工作任务，这种做法就不合适。用一天的时间仅能完成一项任务或任务的一部分，这样的情况完全有可能出现。因此，对于长周期的工作任务而言，通常从单位产量所耗费的时间这一角度来确定工资标准。对雇员的激励是基于其在指定时间周期内是否完成工作任务。每个汽车机械师的手中都有一本蓝皮书，它对诸如更换汽油喷射系统的时间等作出了规定。若机械师更换汽油喷射系统的时间比规定时间短，他就可以获得全额薪酬。

激励制度变化的第二个维度是产量水平与薪酬之间的特定关系。第一种选择是在一对一的基础上将薪酬与产出联系起来，因此薪酬是产量水平的一种常量函数。相反，有些计划将薪酬作为产量水平的变量函数。例如，常见的做法是向高于既定标准的产量支付比低于既定标准的产量更高的现金工资标准。

本部分所讨论的每种激励计划均以一个绩效标准水平为基础，而这种绩效标准水平通常由行业工程师或受过专业培训的人事管理人员完成的某种形式的时间研究及工作分析来确定。这些计划的变化要么体现在标准的设定方式上，要么体现在薪酬与产量的关联方式上。如图表 10 - 8 所示，存在四类一般性个体激励计划：

1. 方格 1：最常用的激励制度是**直接计件薪酬制**（straight piecework system）。工资标准的确定以每个时间周期内的产量为基础，薪酬直接随着产量水平的变化而变化。这种激励制度的主要优点是容易被雇员理解，因此或许比其他形式的激励制度更容易被雇员接受。

2. 方格 2：两种相对常见的计划将单位产量的时间周期作为设定工资标准的基础，并将激励报酬直接与产出水平挂钩：（1）**标准工时计划**（standard hour plan）；（2）**贝多计划**（Bedeaux plan）。标准工时计划是对所有把在某个预期时间周期内完成某项任务作为激励工资标准基础的激励计划的统称。我们在前面介绍的一个常见例子可以在附近的加油站和汽车修理厂找到。假设你的汽车需要更换一个新的传动装置。你所需支付的劳动力成本的估计值为：机械师每小时工资标准乘以其完成工作所需时间的估计值（通常可以从一本列出各项工作平均完成时间的蓝皮书中获得相关数据）。如果机械师的每小时工资标准是 40 美元，拆卸并更换一个新的传动装置的规定时间是 4 小时，那么劳动力成本将是 160 美元。所有这些估算都在实际工作开始之前完成。当然，如果机械师的经验丰富，工作效率高，那么完成这项工作所需要的实际时间可能就大大少于蓝皮书规定的时间。然而，此时仍然需要按照这项工作的报价时间（即蓝皮书规定的时间）计算的结果向你收取费用。由此而产生的"剩余的"钱在雇员和修理厂之间分配。对于那些操作周期长、具有非重复性，并需要多种技能的工作而言，标准工时计划比直接计件薪酬计划更加实用。[22]

贝多计划是直接计件薪酬计划和标准工时计划的变体。与计算完成整个任务的时间不同，贝多计划要求将任务分解成各种简单的动作，然后确定技术熟练程度中等的雇员完成每个动作所需要的时间。在对任务进行更为详细的时间分析之后，贝多计划的功能与标准工时计划大致相同。

3. 方格 3：包含在方格 3 中的两种计划将可变激励报酬规定为每个时间周期内产量水平的函数。**泰勒计划**（Taylor plan）和**梅里克计划**（Merrick plan）都是根据实际产量水平与标准产量水平的对比关系向雇员提供不同的计件工资标准。泰勒计划确立了两种计件工资标准。第一种工资标准当雇员的实际产量水平在给定时间周期内超出公布的标准产量水平时生效。这一工资标准高于正常的工资水平。第二种工资标准是为低于标准产量水平的实际产量水平制定的，这一工资标准低于正常的工资水平。

梅里克计划的运作机制与泰勒计划基本相同，只是它设计了三种计件工资标准：（1）高档——实际产量水平完全超出标准产量水平；（2）中档——实际产量水平介于标准产量水平的 83%～100%；（3）低档——实际产量水平低于标准产量水平的 83%。图表 10 - 9 比较了这两种计划。

图表 10 - 9　泰勒计划与梅里克计划　　　　　　金额单位：美元

计件标准：10 单位/小时
标准工资：5 美元/小时
计件工资标准：

产量（单位数/小时）	泰勒计划		梅里克计划	
	每单位工资标准	薪酬	每单位工资标准	薪酬
7	0.50	3.50	0.50	3.50
8	0.50	4.00	0.50	4.00
9	0.50	4.50	0.60	5.40
10	0.50	5.00	0.60	6.00
11	0.70	7.70	0.70	7.70
12+	按等同于 11 单位的工资标准计算			

4. 方格 4：包含在方格 4 中的三种激励计划将可变激励报酬与以单位产量的时间周期表示的绩效标准相关联。这三种计划包括哈尔西 50 - 50 平分法、罗恩计划和甘特计划。

哈尔西 50 - 50 平分法（Halsey 50 - 50 method）得名于雇员与雇主对直接成本节余的平均分享。通过时间研究确定完成某项任务的标准时间，少于标准时间完成任务所带来的成本节余在雇员与公司之间按照 50：50 的比例分享（最常见的分配方法）。

罗恩计划（Rowan plan）与哈尔西计划比较相似，二者都是由雇主与雇员共同分享由少于标准时间完成工作带来的成本节余。然而，罗恩计划的最大特点是雇员的奖金随着任务完成时间的减少而增加。例如，如果完成一项任务的标准时间是 10 小时，而雇员的完成时间是 7 小时，那么他将获得一笔高达每小时工资标准 30% 的奖金。如果雇员的完成时间是 6 小时，那么他每 6 小时完成一个任务，都会获得高达每小时工资标准 40% 的奖金。

甘特计划（Gantt plan）与哈尔西计划和罗恩计划不同，因为该计划有意将标准工作时间设定在一个需要高强度努力才能实现的水平上。没有在标准时间内完成任务的所有雇员都可以得到预先确定的保底薪酬。然而，对于任何在标准工作时间或更短时间内完成的任务，收入都锁定在所节省时间的 120%。因此，只要完成任务的时间等于或少于标准工作时间，雇员收入的增长就会快于产量的增长。

10.3.4　个体激励计划：回报（但也有风险）

虽然个体激励计划受到了广泛关注（可能因为它们有风险，见下文），但事实证明，它们并没有被广泛应用。据估计，美国只有不到 7% 的雇员享受个体激励计划，而其中近一半人从事销售工作。因此，在销售职业之外，只有不到 4% 的雇员在个体激励计划下工作。[23]有强有力的证据表明，平均而言，个体激励对绩效有实质性的积极影响。[24]

然而，除了不适合新经济的许多工作之外，个体激励计划使用受限的另一个原因是这些计划的实施可能会引发问题，有时甚至是惊人的问题。[25]例如，就像我们已经提到的，激励计划可能会导致意想不到的或不受欢迎的行为。在第 9 章的例子中，西尔斯公司当然不希望因为它的机械师向客户兜售不必要的维修服务而给公司公共关系带来毁灭性的影响，但激励计划激发了雇员的这种行为。西尔斯公司绝非个例。卡特彼勒的一家子公司对雇员实施了一种激励制度：找出可以修复的有轨车辆的问题，然后将费用返还给车辆的所有者。在压力之下，雇员们就像在西尔斯公司一样，制造问题（用锤子砸坏刹车，用凿子毁掉车轮），然后进行"维修"。[26]这是激励计划引发的常见问题：激励制度只关注有助于组织成功的某一小部分因素，这最终会引发雇员与管理层的冲突。[27]雇员作为理性人，都愿意尽量多做一些激励制度会付酬的事情。销售人员提供了一个很好的例子。试着制定一项以销售量为基础的销售制度，它不通过提供不同水平的激励来对销售的产品进行优先排序。在这种情况下，聪明的销售人员都去销售那些最易于倾销的产品（例如，打折产品和廉价产品）。[28]一个可悲的例子是，针对纽约的教师和行政管理人员实施了一种旨在提升学生通过率和毕业人数的激励制度。最终通过率和毕业人数是增加了，但不是因为学生提高了成绩，而是因为教师和行政管理人员为获得激励报酬而降低了标准。在另一个例子中，有证据表明，为从医疗保险中获得更多的补偿，采用某些类型的绩效薪酬制度的医院更有可能将医疗条件"升级"为更复杂的类别。[29]金融危机通常在很大程度上归因于这一事实：设计不当的激励措施促使抵押贷款发放者为了给自己和公司赚取更多的钱而出售/批准更多的抵押贷款，但是，在警惕不要向可能没有还款能力的人出售/批准抵押贷款方面却没有足够的激励。富国银行为其面向客户的雇员设立了激励措施，鼓励他们开设更多客户账户以创造更多收益，甚至在客户不知情的情况下为其开设账户。富国银行为此支付了巨额罚款。图表 10-10 概述了个体激励计划的一些常见的潜在优缺点。

图表 10-10 个体激励计划的优缺点

优点

1. 对提高劳动生产率、降低生产成本和增加雇员收入有重大影响。
2. 与按时间付酬相比，维持合理的产出水平需要较少的直接监督。
3. 在大多数情况下，如果能够同时改进组织和工作的衡量标准，与按时间付酬的制度相比，按结果付酬的制度能够更加精确地估算劳动力成本。这有助于节约成本和控制预算。

缺点

1. 可能在追求产出最大化的雇员和关注日益恶化的产品质量的管理人员之间产生较大的冲突。
2. 引进新技术的尝试可能会受到雇员的抵制，因为他们担心新技术会对产量标准产生影响。
3. 对提高产量标准的担忧会影响雇员提出生产方法革新建议的积极性。
4. 对设备保养不到位的抱怨不断增加，阻碍雇员努力获得更多的奖金。
5. 由于工作经验丰富的雇员不愿意在在职培训中合作，导致新雇员离职率上升。
6. 加剧了雇员和管理层之间的不信任。

资料来源：Michael Coates, *Psychology and Organizations*, *Heineman Themes in Psychology*, Boston: Heineman, 2001; T. Wilson, "Is It Time to Eliminate the Piece Rate Incentive System?," *Compensation and Benefits Review* 24, no. 2 (1992), 43-49; Pinhas Schwinger, *Wage Incentive Systems* (New York: Halsted, 1975).

10.3.5　个体激励计划：范例

尽管纯粹的个体激励制度没有像有时认为的那样广泛使用，但它也有高光时刻。当然，大多数销售职位都将其部分薪酬建立在佣金的基础之上，这也是一种形式的个体激励。当今最成功的故事之一就是个体激励计划与降低医疗保障成本努力的结合。例如，捷蓝航空（Jet Blue）在雇员医疗报销账户中存入 400 美元用于鼓励雇员参加戒烟计划或铁人三项比赛等各种活动。总体而言，健康激励措施的使用呈上升趋势：2009 年有57％的公司使用了这些措施，预计今年将有超过 80％的公司使用这些措施。[30]也许在个体激励计划的成功使用上持续时间最长的可以追溯到第一次世界大战之前的林肯电气。图表 10-11 描述了林肯电气工厂工作的薪酬组合。请注意薪酬组合的各个部分是如何匹配在一起的。这并不是一个激励计划在真空中运行的例子。薪酬组合的组成部分和奖励组合的组成部分全部都相互匹配。组织文化和绩效评价制度都支持不同的薪酬形式。林肯电气公司的成功是如此令人瞩目，以至于成为许多案例分析的主题。[31]

图表 10-11　林肯电气的薪酬制度

项目	说明
文化描述	汇聚信任。即使在经济严重萧条时期也要保持雇佣关系的长期稳定。对具有三年以上工作资历的雇员，保证（在续约一年的基础之上）其在该年至少有 75％的全职工作。作为交换，雇员同意接受涉及不同工作的弹性化任务安排。
基本工资	设定在市场水平以下。然而，总体薪酬目标（包括激励报酬）远高于市场。由市场工资标准决定。
个体激励（短期）	时间研究部门设定计件工资标准，使一般的雇员都能挣得市场工资标准。
奖金（短期）	董事会将年终奖金总额设定为公司绩效的函数。雇员的奖金份额是每半年一次绩效评审结果的函数（见下文）。
激励（长期）	雇员通过雇员持股计划长期分享（分担）公司的成功（失败）。历史上，雇员持有约 1/4 的流通股。
绩效评审	根据四个因素评价雇员绩效等级：(1) 可靠性；(2) 质量；(3) 产量；(4) 与同一部门其他雇员相比的个人创意和合作性。为确保评价等级不会膨胀，部门的平均分数不得超过 100 分。

10.4　绩效薪酬：基于群体的短期激励计划

当我们将目光从个体激励制度转向在一起工作的人时，我们就转入了对团队或**群体激励计划**（group incentive plan）的讨论。群体或许是一个团队，也可能是一个部门，或者是整个公司或它的一个分部，甚至可能是一艘"海盗船"。大约在 1750 年，亨利·摩根（Henry Morgan）船长——臭名昭著的海盗——使用一个简单的群体激励计划来招募和激励海盗：平均分配所有"战利品"（当然，是在摩根船长和他的头目分配之后）。"没有猎物，就没有报酬"是早期的口号，而且确实奏效：如果运气好，海盗一天就能收入 1 000 英镑，远远超过那些在合法商船上的水手 13～33 英镑的收入。[32]不过，基本概念仍然是一样的。建立一个标准用于比较雇员的绩效（在这个例子中是团队绩效），以确定激励薪酬的规模大小。既然关注的焦点转向了群体，我们现在要关心的就是与某种期望绩效的标准或水平相比较的群体绩效。这个比较的标准可能是公司一个部门的预期运营收入水平。或者像利通工业公司（Litton Industries）（现在是诺斯罗普·格鲁曼集团的一部分）那样，在比较标准的选择上采取更加不同寻常的做法。利通工业公司某部门将它的团队可变薪酬衡量标准建立在这样一种基础之上——当公司招揽其他业务时，客户是否愿意做推荐人。愿意做推荐人的客户越多，团队可变薪酬的规模就越大。[33] 在另一项研究中，四家食品加工厂转而实施基于群体的结构，并且施行群体激励计划。群体激励因素使工厂的劳动生产率提高了 9～20 个百分点。[34] 有些群体激励计划甚至有更高的成功目标，比如打赢一场战争。拿破仑接管了一支饥寒交迫、士气低落的军队。他制定了最早的利润分享计划——向士兵们承诺：所获得的任何战利品都分给他们一份。当拿破仑在现在的皮埃蒙特地区击败意大利人时，他向战败的敌人索要金银。当拿破仑与士兵们分享这些金银时，军队士气立即高涨起来。

尽管人们对团队和团队薪酬的兴趣大增，但是许多来自第一线的报告并不令人鼓舞。[35] 许多公司声称它们通常并不满意团队薪酬制度的运作方式。群体激励计划的失败至少可以归结为五个方面的问题。[36] 首先，团队薪酬的问题之一是团队本身的多样性。有全职团队（被组织成一个小组的工作群体），有跨越多个职能部门的临时团队（来自不同部门的专家齐心协力改善客户关系），还有临时性的全职团队（例如，跨职能的团队集中在一起合力推动组织顺利向合伙或联合经营模式转型）。

由于存在这么多不同类型的团队，很难提出一种普遍适用的薪酬计划。遗憾的是，我们看起来仍处在寻找"最优方法"的阶段。或许答案在于要为不同类型的团队选择不同的薪酬管理方法。施乐公司（Xerox）的例子或许是对此最好的说明。

施乐公司拥有一个**收益分享计划**（gain-sharing plan），它将分享收益的团队定义在一个非常宽泛的层面——通常在战略经营单位层面上。对较小的团队——主要是完整的工作团队（例如，某个职能部门的所有人员），其群体奖励通常以监督人员对绩效的判断为依据。那些选择以团队形式来判断自身绩效的单位（如果使用团队衡量标准，一个单位可能会得到不公平的判断），通常由管理者根据团队的具体绩效结果来判断分配给每个团队的奖励数额。对新的团队，管理者可能还要决定从奖励总额中拿出多少比例分配给团队中的每个人。更成熟的团队自己进行分配。在施乐公司的经验中，这些团队一开始分配的奖励份额是均等的，但随着发展，团队的分配将基于每个雇员的绩效。在施乐公司全球 2 000 个团队中，可能有 100 个团队已经发展到这种复杂程度。对于问题解决型团队和其他临时性团队，施乐公司采用一种被称为"施乐成就奖"的奖励形式。团队必须获得突出绩效的提名，由一个委员会来决定哪些团队达到了一套预先确定的绝对标准。即使是核心团队之外的贡献者也能分享这一奖项。如果团队成员获得提名，那些提供重要附加价值的扩展成员也可以获得与团队成员相同的现金奖励。

奖励团队的第二个问题被称为层级问题或"薪酬视线"问题。（参见第 9 章的期望理论。）如果我们在非常宽泛的层面上界定团队——一个极端的例子就是整个组织——激励报酬的许多激励作用就会丧失。作为一个千人团队的成员，我不太可能相信我的额外努力会对整个团队的绩效产生重大影响。那么，我为什么还要努力呢？相反，如果我们让团队变得太小，又会产生其他问题。天合汽车集团（TRW）发现，那些为获得一份固定的激励报酬而你争我夺的小团队往往对那些明显不利于整个组织成功的行为情有独钟。团队囤积着高绩效的雇员，但即使为了公司的更大利益，它们也不允许调动雇员。团队也会因为担心在培训上花费时间会降低团队绩效而不愿意接受新的雇员，即使这些新增雇员对组织的长期成功来说是不可或缺的。最后，分配奖金时也会发生争吵。不同的团队有不同的绩效目标，在分配奖金时很难绝对公平地考虑到各个团队目标的困难性，因此，不可避免地会产生抱怨。[37]

团队薪酬的最后三个主要问题可以概括为 3C：复杂性（complexity）、可控性（control）、沟通性（communication）。有些群体激励计划过于复杂。施乐公司的休斯敦设备厂就有这样一种针对团队的收益分享计划，它需要理解一个三维绩效矩阵。当雇员试图理解该计划的"简易操作指南"时，最终都沮丧地举起了双手。相反，施乐公司圣迭戈分部使用的一种被称为"与老板打赌"的简单计划却获得了成功。雇员带着提高绩效的想法去找老板，并把自己的艰苦努力与老板对他们的激励做赌注。此类计划因其简明性而被雇员接受。有了一个清晰的"薪酬视线"，雇员就能清楚地看到自己的努力与获得的回报之间的联系。

第二个 C 是指可控性。普莱克斯公司（Praxair）是一家工业气体全球供应商，它从大气中提取各种气体（包括氧气）作为工业用气。该公司努力确保其所有团队的薪酬都基于团队所能控制的绩效考核。如果大自然对建设工地造成破坏并导致工期延误和成本飞涨，雇员就不会受到削减团队薪酬的惩罚。在绩效标准的设定过程中已经考虑了诸如此类的不可控因素。事实上，专家们断言，这种预测问题根源并针对问题加以调整的能力是构建团队薪酬计划的一个关键要素。[38]可控性问题的核心说到底就是一种公平性问题。在我们的产出能力给定的条件下，奖励是否公平？最近的研究表明，对公平性的感知是至关重要的。[39]有了这种公平感，雇员才会觉得监控群体的所有成员的做法是合适的——偷懒的人要当心！没有了公平，雇员对团队成果的责任感就会降低。[40]

最后一个 C 是影响薪酬管理成败的一个常见因素——沟通性。基于群体的薪酬计划恰恰没有做到很好的信息沟通。由于更多的精力被用于设计计划而不是决定如何解释计划，因此当雇员被要求对计划作出解释时，常常手足无措。相反，计划越透明，雇员对管理层越信任，对激励计划所产生的影响的反响也越积极。

尽管对基于群体的薪酬存在很多悲观看法，但许多公司仍在寻找方法对雇员群体相互依赖的工作努力实施奖励。那些使用群体激励的公司通常基于劳动生产率的改进、客户满意度指标、财务绩效或者产品与服务的质量来设定团队绩效标准。[41]例如，卡夫食品公司（Kraft Foods）将财务指标（例如，运营收入和现金流）与衡量在发展管理人员、建立多样性和增加市场份额等方面所取得的成就的指标合并使用。[42]图表 10 - 12 总结了其中的一些衡量指标。

图表 10 - 12　绩效评价指标样本

以客户为中心的指标	以财务为中心的指标
入市时间指标	**价值创造**
● 准时交货	● 收益增长
● 周转时间	● 资源产出
● 新产品引进	● 利润率
	● 经济附加值

客户满意度指标	股东收益
● 市场份额 ● 客户满意度 ● 客户增长和保持 ● 客户渗透	● 投入资本收益率 ● 销售利润率/盈利 ● 每股收益 ● 利润率增长
以能力为核心的指标	**以内部程序为核心的指标**
人力资源能力 ● 雇员满意度 ● 雇员流失率 ● 招聘总成本 ● 雇员开发计划的进展速度 ● 晋升能力指标 ● 人员配置结构/雇员人数比率	**资源利用** ● 预算与实际费用的比例 ● 成本分配比率 ● 可靠性/返工率 ● 准确性/错误率 ● 安全率
其他资产能力 ● 专利权/版权/法规 ● 分销体系 ● 技术能力	**变革效率** ● 方案实施 ● 团队合作效率 ● 服务/质量指标

如图表 10 - 12 所示，针对不同类型公司目标的绩效评价指标范围之广确实令人印象深刻。[43] 例如，如果公司目标是奖励短期绩效，就可以使用如图表 10 - 13 所示的评价指标。

图表 10 - 13　私人公司奖金绩效评价指标

评价指标	使用该指标的公司比例（%）
销售额	24
运营收入	24
净收入/每股收益	28
服务质量/退货	23
客户满意度	28
运营效率	28

资料来源：WorldatWork and Vivien Consulting, "Private Company Incentive Pay Practices," January 2012.

从历史角度看，财务评价指标已经被最广泛地用作大型群体激励计划的绩效指标。不过，高级管理人员越来越担心，这些评价指标在与股票分析师沟通公司业绩信息方面表现得更好，而对于努力想办法提高组织经营效率的管理者，它们却无法有效传递公司绩效信息。[44]

不论我们在绩效评价指标的选择上持有何种想法，核心的问题依然是我们现在关心群体绩效。这既带来了问题，又带来了机遇。如图表 10 - 14 所示，我们需要确定哪种类型的群体激励计划最适合我们的目标。实际上，我们甚至应该问一问要不要实施一种激励计划。例如，最新的证据显示，对于那些经营风险高、经营结果不确定的公司而言，不实施任何激励计划，反而会改善经营状况——公司绩效更高。[45]

图表 10 - 14　可变薪酬计划的类型及优缺点

计划类型	内容	优点	缺点	实施原因
现金利润分享	● 奖励基于组织的盈利能力 ● 分享一定比例的利润（通常高于某个盈利目标水平） ● 通常采取年度支出方式 ● 可能是现金或延期的 401(k) 计划	● 简单，容易理解 ● 管理成本低	● 利润受雇员无法控制的多种因素影响 ● 可能被看作一种权利 ● 激励作用有限	● 对雇员进行业务运营方面的教育 ● 培育团队合作或"我为人人"的环境
股权或期权	● 奖励股票或期权	● 在向雇员授予期权时，期权奖励对财务报表影响最小 ● 如果沟通得当，可能对雇员行为产生较大影响 ● 可以使雇员延迟纳税	● 薪酬与绩效的联系是间接的 ● 为购买期权，雇员可能需要提前筹集资金	● 在组织的未来具有高度不确定性的情况下（比如初创企业、高科技公司或生物技术行业），招聘高素质雇员 ● 解决雇员留任问题
平衡计分卡	● 结合组织、经营单位和（或）个人绩效的财务指标和运营指标的奖励 ● 奖励的规模基于实现的绩效目标 ● 可能具有多重绩效指标，包括： 1. 非财务/运营指标：质量改进、劳动生产率的提高、客户服务的改善 2. 财务指标：每股收益、净资产收益率、资产回报率、收益	● 沟通组织的优先事项	● 可能会实现绩效标准，但如果财务目标没有实现，奖金支出就会减少或根本没有奖金支出 ● 可能会很复杂	● 让雇员关注增加股东价值之需 ● 让雇员关注组织、部门和（或）个人的目标 ● 使奖金支出与具体的财务和（或）运营目标相关联
劳动生产率/收益分享	● 奖励来自对由劳动生产率改进、质量提高及其他可衡量结果带来的经济收益的分享 ● 关注群体、工厂、部门或分部的结果 ● 旨在利用雇员未开发的知识	● 绩效与奖金的关联关系清晰 ● 提高劳动生产率和产品质量 ● 增加雇员的业务知识 ● 培育团队协作，促进雇员合作	● 行政管理上可能很复杂 ● 意料不到的结果，如质量下降 ● 管理层必须开诚布公 ● 即使在公司财务业绩差的情况下也要支付奖金	● 支持某个主要的劳动生产率/质量革新（比如全面质量管理或流程再造） ● 培育团队合作环境 ● 奖励雇员在其所控制的活动中作出的改进

续表

计划类型	内容	优点	缺点	实施原因
团队/群体激励	● 奖励的决定基于团队/群体的绩效目标 ● 奖金支出可能比年度奖金更频繁，也可能延续到团队解散之后 ● 对于团队/群体的所有成员，奖金支出可能是统一的	● 强化团队合作与团队认同/结果 ● 有效激发雇员创意，高效解决问题 ● 使团队成员之间的差异最小化 ● 可能会更好地反映工作的执行方式	● 可能难以将团队的影响分离出来 ● 并非所有雇员都能置于团队之中 ● 行政管理上可能很复杂 ● 可能产生团队竞争 ● 难以为所有团队设立公平的目标	● 展示对团队的组织承诺 ● 强化雇员为实现目标而协同工作的需要

资料来源：Adapted from Kenan S. Abosch, "Variable Pay: Do We Have the Basics in Place?," *Compensation and Benefits Review* 30, no. 4 (1998), pp. 12-22.

10.4.1 群体激励计划与个体激励计划的比较

在这个高度重视劳动生产率的时代，我们经常被问到制定激励计划是否真的能够提高绩效。正如我们在第9章所指出的，答案是肯定的。是个体激励计划而非群体激励计划赢得了劳动生产率"奖章"。不过，我们也经常被问到在特定的情境下，群体激励计划和个体激励计划哪个更好。这常常是一个具有误导性的问题。虽然个体激励为组织带来了更高的劳动生产率收益，但在组织需要团队合作的情境中，群体激励也有不俗的表现。一项研究发现，从个体激励转向收益分享会减少雇员抱怨，并且大幅提升产品质量（每1 000件产品的缺陷率从20.93降为2.31）。[46]

正如我们在图表10-14中所指出的，诸如任务类型、对团队的组织承诺和工作环境类型等因素，都可能会对某种类型的激励计划的实施形成障碍。图表10-15对在什么时候应选择群体激励计划或个体激励计划给出了一个行动指南。当选择带来更高劳动生产率的激励计划时，专家们一致认为，个体激励计划在提高劳动生产率方面具有更大的潜力，可能还具有更好的记录。群体激励计划常常受到搭便车问题的困扰。看看下面的情形是否很熟悉：你是学校项目的一个团队成员，而其中至少有一个人没有承担他的职责或任务。但是在分配奖金时，他们所得到的通常并不比其他任何人少。诸如此类的问题导致美国电话电报公司逐步废除了许多团队奖励方案。绩效突出的雇员很快就会对被迫去担负搭便车者的任务感到失望。最终的结果就是这个群体的雇员流失率升高，而这一损失最为惨重。

图表 10-15　个体激励计划与群体激励计划的选择

特征	选择个体激励计划的条件	选择群体激励计划的条件
绩效评价	存在好的个体绩效评价指标。 任务的完成不依赖于其他人的绩效。	产出是群体共同努力的结果。 无法评价个人对产出的贡献。
组织适应性	个体绩效标准稳定。 生产方法和劳动力结构相对稳定。	个体绩效标准变化以适应环境对相对稳定的组织目标的压力。 生产方法和劳动力结构必须适应变化的压力。

续表

特征	选择个体激励计划的条件	选择群体激励计划的条件
组织承诺	对个人专业或特长的最坚定承诺。监督者被视为公正无私的,而且绩效标准清晰可见。	对组织的高度承诺建立在对组织目标和绩效标准的良好沟通之上。
工会状况	非工会化组织;工会提升了雇员待遇的公平性。 个体之间的竞争抑制了"友爱"的精神。	工会化或非工会化;对培育集体谈判单位内聚力的计划和在整个群体内部平均分配奖金的计划,工会不会持反对态度。

资料来源:WorldatWork and Vivien Consulting,"Private Company Incentive Pay Practices," January 2012.

对搭便车问题的研究表明,通过使用有效的绩效评价技术可以减少这种问题带来的不良后果。特别是,当存在非常清晰的绩效标准时,搭便车者就很难游手好闲了。当要求绩效较差的雇员在特定的时间提高特定的绩效水平,而不是简单地告诉他们"尽量去干吧"时,这些人实际上表现出了最大的绩效改进。[47]

10.4.2 大型群体激励计划

当我们超越小型工作团队而试图去激励大型群体时,通常可以运用两种激励计划。收益分享计划利用运营指标去评价绩效,利润分享计划利用财务指标去评价绩效。

10.4.3 收益分享计划

在讨论基于团队的薪酬时,我们常常会提到作为团队薪酬常见组成部分的收益分享计划。顾名思义,雇员通过这些类型的群体激励计划分享组织的收益。在利润分享计划中,(令人惊喜的是)雇员分享的是某种形式的利润。但实际上,大多数雇员感到他们做的事情对公司的利润几乎没有影响;对公司利润影响更大的是高层管理者的决策。因此收益分享计划关注收入分类账中的成本部分,并将雇员可以发挥更大影响的成本节余(例如,降低的废品率、降低的劳动力成本以及降低的公用事业成本)识别出来。正是在这种想法的指导下,美国邮政局通过收益分享计划每年节省高达 4.97 亿美元的成本。[48]关于收益分享计划的其他研究也得出了类似的积极结果。实际上,关于收益分享计划的经验证据似乎也十分有利。[49]对一家汽车零部件公司 1 600 名雇员的研究显示,为期五年的收益分享在劳动力、材料、工具采购、报废、返工和供应方面为公司节约了大量成本。五年来,该公司总计节约成本达 1 500 万美元。雇员的缺勤率(20%)和抱怨发生率(50%)也大幅下降。[50]

对一家主要零售商的研究表明,相较于没有实施激励计划的商场而言,实施了收益分享计划的商场的销售量高 4.9%,顾客满意度高 3.4%,利润额高 4.4%。从我们的经验看,这些效应在收益分享计划中都是非常典型的——改进幅度在 4%~5%。但要记住,收益分享计划也会导致我们在第 9 章中讨论过的筛选效应。优秀的雇员都希望自己的努力和绩效得到回报。转而实行诸如收益分享的群体激励计划可能导致雇员流失。只需问一下美国电话电报公司,我们就可以得到答案。在收益分享计划下,绩效很高和绩效很低的雇员都比其他雇员有更高的流失率。[51]以下是设计收益分享计划的关键要素[52]：

1. 激励强化的强度：相对于激励薪酬而言，基本工资应该承担什么样的角色？激励薪酬倾向于只鼓励那些可以获得奖励的行为。例如，试着把一件不想要的生日礼物退回给一家只向销售人员的新销售量支付报酬的商场。对于没有奖励的任务，雇员只是勉强执行（如果需要执行的话）。

2. 劳动生产率标准：应该使用什么样的标准来计算雇员是否应该获得一笔激励报酬？几乎所有的群体激励计划都使用一种历史标准。历史标准涉及对用于与当前绩效进行比较的上一年绩效的选择。但是，应该把哪一年作为基准年呢？如果所使用的基准年的绩效太好（或太差），这样的标准就非常难以（或容易）达到，由此带来的激励效应和成本效应都很明显。一个可能的折中方案是采用几个年份的移动平均值。（例如，过去五年的平均值。）

使用历史标准的一个主要问题是变化的环境条件可能会导致标准失效。例如，假设一家冰激凌公司将利润分享建立在一项财务指标上，而前一年这项指标很容易就实现了。这家公司没有预料到的是牛奶价格急剧上涨。到了本财年的第三个月，这一目标显然无法实现，雇员的抱怨也越来越多。最后目标被调整，制作冰激凌的雇员皆大欢喜。[53]这类问题在经济波动期间对于面临不稳定经济环境的组织来说尤其凶险。必须采取谨慎措施确保绩效与报酬之间联系的持续性。这意味着在确定激励水平时就应该剔除计划参与者所不能控制的环境因素对绩效的影响。

3. 分享收益——管理层与雇员之间的利益分配：收益分享计划还必须考虑组织所创造的利润或积累在管理层与雇员之间的相对分配问题。这也包括讨论在分享利润之前是否建立一个应急准备金（为预防未来发生紧急情况而保留下来不予分配的收益）。

4. 公式的范围：公式的变化范围主要体现在分子中的劳动力投入和分母中的劳动生产率产出上。[54]最近在收益分享计划上的创新主要涉及拓宽被认为是合适的劳动生产率标准的类型。考虑到组织的复杂性及对更复杂的衡量指标的要求，绩效评价标准已经超出了传统的财务指标。例如，随着更大规模质量管理的推进，我们可以评价客户维持率或其他关于客户满意度的衡量指标。同样，其他的绩效评价指标包括交货能力、安全性、缺勤率、周转时间和提交建议的数量等。四个具体的例子如下[55]：

绩效指标	目标	每月激励奖金（美元）
错误/损坏率	每 10 000 个单位 20 个	待定
客户不满	每 100 000 磅 1 人	待定
劳动生产率指标	10 000 磅/月	待定
成本	低于限额 0.1 磅	待定

5. 谨慎使用：为确保被强化的行为能够真正影响组织所期望的最基本目标，必须非常谨慎地使用备选的评价指标。例如，让雇员付出更多的努力或许并不总是组织期望的行为。提高努力程度可能会带来不可接受的事故率水平。鼓励雇员的协同规划行为或许更可取，因为这些行为最终会提高工作效率。

6. 对公式公平性的感知：确保雇员对激励计划的公平感的一个途径是让雇员参与决定是否应该实施这一计划。这与工会对计划设计的参与共同构成决定计划成败的两大因素。[56]

7. 管理的便利：涉及对利润和成本进行深奥计算的计划对于公司现有的信息系统而言可能过于复杂。增加的复杂性也需要提高参与者之间的沟通效率和信任度。

8. 生产的多变性：群体激励计划问题的主要根源之一就是没有正确地设定目标。有时这种问题可以归因于销售的不稳定性。销售和利润的大幅波动——如果并非由于雇员的任何行动所引发——可能会同时导致人们兴高采烈（情况好的时候）和怒火中烧（情况差的时候）。如上所述，在确定激励水平时，一个好的计划就应该剔除计划参与者所不能控制的环境因素对绩效的影响。本书的第二作者曾与一家冰激凌公司合作，当时这家公司的牛奶成本出现了意想不到的大幅上涨。结果怎样？公司无法实现原定的利润目标。值得称赞的是，该公司对利润目标及时进行了调整，使调整后的目标能够反映这种不可控的成本变化。一种选择是根据行业的绩效来设置公司的绩效标准。根据获取的数据情况，一个公司在绩效超过行业绩效时，就可以启动收益分享计划。采用这一战略的明显优势是，经济及其他外部因素对行业内部所有公司都造成了同样的打击。如果我们公司的绩效更好，相对而言，这就意味着我们的雇员在做一些事情来帮助公司取得成功。

图表 10-16 说明了可以作为收益分享计划基础的三种公式。分子或投入要素总是某种劳动力成本变量，通常用美元或实际工时表示；分母是诸如净销售额或增加值等产出要素衡量指标。每种计划都根据比率的现值和比率在某个约定年份的基准值的差来确定雇员的激励报酬。相对历史标准而言，比率的现值越大，激励报酬就越多。[57]这三种最基本的收益分享计划的差异主要在于它们是关注成本节约（等式的分子）还是注重对收益的衡量（等式的分母）。

图表 10-16 三种收益分享公式

	斯坎伦计划	拉克计划	劳动生产率改进分享计划
比率的分子（投入要素）	薪酬成本	劳动力成本	实际的工时
比率的分母（产出要素）	净销售额（加上或减去库存额）	增加值	总的标准价值小时数

斯坎伦计划

斯坎伦计划（Scanlon plan）的设计宗旨是在不降低公司活动水平的情况下降低劳动力成本。激励报酬由劳动力成本与**产品销售价值**（sales value of production，SVOP）的比值所决定。[58]产品销售价值包括销售收入和库存商品价值。为理解在斯坎伦计划中如何使用这两个数字推导激励报酬，请看图表 10-17 中的例子。

图表 10-17 斯坎伦计划：范例

2010 年（基准年）奥尔顿公司（Alton）的数据	
产品销售价值	=10 000 000（美元）
总薪酬额	=4 000 000（美元）

总薪酬额/产品销售价值	＝4 000 000/10 000 000＝0.40＝40％
执行月份：2012 年 3 月	
产品销售价值	＝950 000（美元）
容许薪酬额	＝0.40×950 000＝380 000（美元）
实际薪酬额（8 月）	＝330 000（美元）
结余	＝50 000（美元）
50 000 美元可以用于奖金分配	

在实践中，图表 10-17 中 50 000 美元的奖金并不是全部分配给雇员。这笔结余的 25％分配给公司，再把剩余部分的 75％作为奖金分配给雇员，25％留给公司作应急准备金。应急准备金主要用于平衡公司未来可能出现的"负奖金"月份（实际薪酬额高于容许薪酬额）。"应急准备金池"中的超额部分在年终时分配给雇员。

为考察斯坎伦计划的影响，可以将连锁零售业作为研究案例：先选择六家实施斯坎伦计划的连锁商场，再选择六家相似的连锁商场作为控制组，然后比较它们的结果。[59] 研究表明，斯坎伦计划的实施使连锁商场提升了客户满意度，增加了销售额，同时降低了雇员流失率。

网络资源

人力资源指南（HR Guide）提供了有关收益分享计划的信息，包括对计划的评论和统计研究。它的网址是：http://www.hr-guide.com/data/G443.htm。

拉克计划

拉克计划（Rucker plan）在确定雇员的激励奖金时，涉及的公式比斯坎伦计划复杂。从本质上讲，拉克计划计算的比率表示的是每一美元的薪酬总额所需要的产值。请看下面的例子[60]：

1. 假设会计记录表明公司在电能、原材料、物资等上花费了 0.60 美元，生产出价值为 1.00 美元的产品。每 1.00 美元产品销售价值的增加值是 0.40 美元。再假设 45％的增加值是由劳动力创造的；劳动生产率比率（PR）可以通过下面的公式进行计算。

2. 劳动生产率比率（劳动力）×0.40×0.45 ＝ 1.00，解得劳动生产率比率＝5.56。

3. 如果薪酬总额等于 100 000 美元，期望产值就是薪酬总额（100 000）×劳动生产率比率(5.56) ＝ 555 556 美元。

4. 如果实际产值为 650 000 美元，节余（实际产值减去期望产值）就是 94 444 美元。

5. 由于劳动力对于增加值的贡献率为 45％，因此给予雇员的奖金应该为：0.45×94 444＝42 500 美元。

6. 按照与斯坎伦计划相似的公式，这笔节余被作为激励奖金进行分配——75％的奖金直接分配给雇员，25％作为应急准备金。在年终的时候，应急准备金的超额部分全部分配给雇员。

斯坎伦计划和拉克计划的实施

有两大组成部分对于斯坎伦计划或拉克计划的成功实施至关重要：（1）劳动生产率标准；（2）高效的雇员委员会。劳动生产率标准的开发既需要对基准年数据的有效衡量，又需要雇员和管理层接受这种激励奖金的计算办法。对基准年数据的有效衡量需要组织保有对历史成本关系的长期记录，并且使雇员或工会代表能够使用这些记录来核实组织的成本会计数据。假设这些数据是准确的，想让大家都接受这些数据，就需要组织选择一个既非"繁荣"又非"萧条"的年份作为基准年。这样做的原因很明显：繁荣的年份将减少雇员获得奖金的机会，萧条的年份将为公司带来过高的奖金成本。同时，所选择的基准年相对来说也应该是最近的，这样可以减少雇员对因技术的变化或其他因素的干扰使基准年不能代表某一给定的执行年的担忧。

斯坎伦计划或拉克计划的第二个组成部分是一系列的雇员委员会（也就是人们常说的劳动生产率委员会或奖金委员会）。这些委员会的基本功能是评价雇员与管理层关于提高劳动生产率和（或）削减成本的建议。这些委员会在较小的公司以整个工厂作为运作基础，在较大的公司以某个部门作为运作基础，它们在征求雇员的意见方面都取得了很大成功。因此，拥有雇员委员会的公司的建议提出比例比其他公司更高。[61]

斯坎伦计划和拉克计划培育了这种氛围，或许这种氛围正是它们成功的最关键要素。许多权威人士已经指出，具有如下特点的公司在实施这些计划时获得成功的机会最大：监管得力、劳资双方合作态度积极、高层管理者积极参与计划的开发、管理层愿意接受批评并乐于讨论不同的运营战略。[62]虽然总结公司为营造这种氛围而采取的具体战略超出了我们的讨论范围，但关键的要素就是要相信在决策制定过程中雇员应该扮演一个至关重要的角色。

斯坎伦计划与拉克计划的异同

斯坎伦计划和拉克计划的主要关注点与个体激励计划不同。个体激励计划重在强调利用薪酬激励来激发雇员努力工作从而提高绩效。虽然这也是斯坎伦计划和拉克计划的目标，但这并不是它们关注的重点。相反，在考虑到增加的产出是群体努力的函数的情况下，斯坎伦计划和拉克计划将更多的注意力集中到组织的行为变量上。关键在于通过雇员参与来促进更快速、更明智、更可接受的决策。这种参与是通过在实现成本节余目标过程中发展一种群体的团结来赢得的。但在个体激励计划中，成本节余的目标不仅没有得到强调，反而经常受到阻碍。

虽然斯坎伦计划和拉克计划都通过作为连杆销的雇员参与来分享对群体和雇员委员会的共同关注，但这两种计划仍存在重要的区别。第一，拉克计划把激励与各种各样的成本节余（而不仅仅是斯坎伦计划所关注的劳动力成本节余）相关联。[63]第二，这一更大的灵活性可能有助于解释为什么拉克计划更容易与个体激励计划挂钩。

劳动生产率改进分享计划

劳动生产率改进分享计划（improved productivity through sharing）是一种易于管理和沟通的收益分享计划。[64]首先要制定一个标准以确定生产某种可接受的产出水平所需的期望工时。这一标准要么来自工业工程师所做的时间和动作研究，要么来自对绩效因素的基准周期测量。在低于期望工时的时间内生产约定的产出所带来的成本结余由公司和雇员共同分享。[65]例如，假定 100 个雇员可以在 50 周的时间里生产 50 000 单位的产品，也就是 200 000 小时（40×50×100）生产 50 000 单位的产品，即每单位产品耗费 4 小时。如果实施劳动生产率改进分享计划，则每单位产品工时少于 4 小时所创造的收益都可在雇员和管理层之间平均分配（薪酬乘以节省的小时数）。[66]

对实施劳动生产率改进分享计划的 104 家公司的调查发现，在计划实施的第一年，劳动生产率平均提升了 12.5 个百分点。[67]截至第三年，劳动生产率提升达到 22 个百分点。劳动生产率提升的大部分原因可以归于次品率的降低和停工期（比如维修时间）的减少。

10.4.4　利润分享计划

利润分享也与劳动生产率和劳动生产率提升呈正相关。一项对 275 家公司 6 000 000 名雇员的研究发现，实施利润分享计划的公司比未实施的公司的利润水平高 3.5%～5%。[68]在实施利润分享计划的公司中，当年支付分享报酬的公司比延迟支付分享报酬（比如，利润分享被用于养老金计划）的公司的劳动生产率更高。而且，利润分享计划在规模较小的公司（雇员人数少于 775 人）中效果更好。

即使在未实施利润分享计划的公司中，许多可变薪酬计划仍然要求在向雇员支付报酬之前必须实现一个指定的利润目标。我们关于首席执行官的经验是，在公司不能获利的情况下，他们很难向雇员支付额外的报酬。因此，许多可变薪酬计划都有某种形式的"利润触发器"，它们通常与收入增长、利润率或者对股东收益的某些衡量指标如每股收益、资本回报率等相关联。尽管如此，利润分享仍然很受欢迎，因为它所关注的衡量指标对大多数人来说都是最重要的：一种预先确定的盈利能力指数。当报酬与这些衡量标准相关联时，雇员就会付出更多时间来研究财务指标以及影响财务指标的商业因素。

从不利的方面讲，大多数雇员并没有觉得他们的工作会对利润产生直接影响。大车轮中的小齿轮很难得到很好的激励。例如，在汽车行业出现严重危机之前，福特汽车和通用汽车支付给每个雇员的利润分享额约为 7 500 美元，而菲亚特克莱斯勒支付给每个雇员的利润分享额为 2 250 美元。[69]几乎可以肯定的是，菲亚特克莱斯勒的雇员绝不会相信福特汽车和通用汽车的同行们比他们多付出了三倍以上的努力，他们将这种差异归咎于糟糕的管理决策。

可变薪酬计划的设计趋势是将最好的收益分享计划和最好的利润分享计划结合起来。[70]公司将为任何与某些利润指标相关联的可变报酬指定一个融资公式。正如专家所言，这种计划必须自筹资金。分配给雇员的金钱来自提高经营效率所获得的额外利润。除了经济上的激励，雇员感到他们还掌握着一种控制手段。例如，一家航空公司可能对包裹丢失率的降低给予激励，激励报酬的规模取决于是否成功实现利润目标。这种计划把对经济责任的需要与雇员影响自己所能控制的事情的机会结合起来。

10.4.5　风险收益计划

或许我们不应该将**风险收益计划**（earnings-at-risk plan）单独划分为一类。事实上，任何激励计划可能都是一种风险计划。激励计划可以分为两大类：成功分享或风险分担。在成功分享计划中，雇员的基本工资不变，在公司"成功的年份"增加可变薪酬。如果公司经营比较成功，你会获得一笔预先定好数量的可变薪酬。如果公司经营不善，你只需放弃可变薪酬——不过，你的基本工资不会减少。相对于成功分享计划所提供的基本工资水平，风险分担计划减少了一定数额的基本工资。美国钢铁公司（Ameristeel）的风险收益计划就是风险分担计划的典型代表。全体雇员的基本工资在第一年被减少 15％。在劳动生产率达到前一年水平的 70％以后，每增长一个百分点，基本工资就增加 0.5％，直至完全弥补被扣去的 15％。按照这样的比率计算，如果雇员达到前一年的劳动生产率水平，他们的基本工资就不会降低。而此后如果劳动生产率每提高一个百分点，雇员的基本工资就会再增加 1.5％。美国钢铁公司的每一个人，从首席执行官到普通雇员，都采用了这种类型的计划，最终使劳动生产率提高了 8％。[71]

显然，风险收益计划将一部分经营风险从公司转移给了雇员。公司通过抵押绩效好的年份将增加的一部分利润对冲绩效差的年份对公司造成的破坏性影响。毫不奇怪，激励设计的一个关键要素是识别可能的风险，并纳入可以使风险最小化的设计特点。[72] 风险计划似乎在总体薪酬和确定薪酬的程序上降低了雇员的满意度。[73] 结果可能会导致雇员流失率上升。

10.4.6　群体激励计划：优点与缺点

显然，在当今以团队为基础的环境中，群体绩效薪酬计划日益受到青睐。不过，其他因素也发挥了作用。一个有着令人着迷的含义的因素表明，基于群体的计划尤其是收益分享计划会使组织演化为学习型组织。[74] 显然，组织鼓励雇员提出的建议（如何把公司的事情做得更好）逐渐从具有一阶学习特征的建议升华为具有二阶学习特征的建议；一阶学习主要是对各种更为常规的做事经验（维持现有的做事方法）的学习，而具有二阶学习特征的建议有助于组织打破现有的行为模式并探索不同的思考和行为方式。[75]

图表 10-18 总结了群体绩效薪酬计划常见的正面特征和负面特征。[76]

图表 10-18　群体激励计划的优缺点

优点

1. 对组织和个人绩效每年产生 5％～10％的积极影响。
2. 比个体激励计划更易于开发绩效评价标准。
3. 表明群体内部的合作和群体之间的合作都是期望的行为。
4. 团队合作获得了大多数雇员的热情支持。
5. 可以促进雇员对决策过程的参与。

缺点

1. 薪酬视线可能变窄，也就是说，雇员可能发现他们更加难以看清个体绩效如何影响激励报酬。
2. 可能因不满与低贡献者分享收益，导致高绩效雇员流失率上升。
3. 由于收入稳定性较低而增加了雇员的薪酬风险。可能会促使求职者向那些基本工资在整个薪酬中占有更大比例的公司申请工作。

10.4.7　群体激励计划：范例

正如我们在前面所指出的那样，所有激励计划都可以通过以下共同特征进行描述：

（1）参加计划的群体规模；（2）绩效比较的标准；（3）报酬支付的时间计划。图表 10 -
19 说明了一些领先公司激励计划中更有趣的组成部分。

图表 10 - 19　实施群体激励计划的公司实例

公司	群体激励计划
通用电气信息系统	以团队为基础的激励，同时也与个人的奖金支出挂钩。设定团队与个人的绩效目标。如果团队实现了绩效目标，团队成员只有在实现了个人绩效目标的情况下才能获得激励报酬。团队激励报酬是月基本工资的 12%～15%。
康宁玻璃 （Corning Glass）	一种收益分享计划（目标分享），其中 75% 的奖金支出基于单位目标，如质量指标、客户满意度指标和生产目标等。其余部分基于康宁公司的净资产收益率。
3M	以风险收益计划运作。基本工资被固定在市场水平的 80%。雇员要使自己的薪酬达到市场水平的 100%，需要完成一系列目标。此外，还进行适度的利润分享。
杜邦纤维 （Dupont Fibers）	一种风险收益计划，雇员在五年内获得的加薪额减少——导致基本工资降低 6%。如果部门完成每年的利润目标，雇员就可以全部获得被降低的 6% 的基本工资。可变奖金支出浮动范围是 0（完成率低于目标的 80%）～19%（完成率达到目标的 150%）。

■ 10.5　绩效薪酬：长期激励计划

到目前为止，我们讨论的所有个体和群体激励计划关注的都是短时间内的绩效和报酬。通常这一时间范围为一年或更短。现在我们转向讨论时间范围大于一年的可变薪酬计划。此类计划迫使管理层从长远角度思考问题，并使其开发的战略计划不会为获得今天的蝇头小利而去牺牲公司明天的财富。

图表 10 - 20 列出了不同类型的**长期激励**（long-term incentive）及其定义。通常还可以根据雇员所面临的风险水平以及他们可能从中获得的期望回报对这些计划进行分类。

图表 10 - 20　长期激励及其风险/回报权衡

级别 1：低风险/回报

1. 基于时间的限制性股票：只有在达到预先确定的服务期限后才能真正获得的股票奖励。雇员若在限制失效前中断雇佣关系，必须将他们的股票退还公司。
2. 绩效加速限制性股票：只有在完成具体的绩效目标后才赠予雇员的限制性股票。
3. 股票购买计划：以低于市场价或附带优惠融资条件购买公司股票的机会。

级别 2：中风险/回报

4. 时间既得股票期权：这是最常见的股票期权形式——在固定期限内以特定价格购买股票的权利。
5. 绩效既得限制性股票：在完成规定的绩效目标后赠予雇员的股票。
6. 绩效加速股票期权：在完成特定的绩效目标后，执行时间表可以缩短的一种期权。

级别 3：高风险/回报

---

7. 溢价股票期权：一种行权价格高于赠予时的市场价值的股票期权。这就可以激励雇员为公司创造价值，一旦看到股票价格上涨，即有资格购买股票。
8. 指数化股票期权：一种行权价格取决于同行公司股票价格的股票期权。如果行业股票价格普遍上涨，就很难将任何类似上涨归因于行业整体绩效改进之外的其他具体因素。
9. 绩效既得股票期权：仅在预先确定的绩效目标完成后才具备行权条件的一种股票期权。

长期激励关注雇员超过一年时间线的绩效水平，而一年时间线是短期激励计划的截止时间。最近长期激励计划的爆炸式增长似乎在一定程度上受到了人们对激励长期价值创造的渴望的推动。[77]管理层持股可以提高公司绩效的经验证据在不同的研究中各有不同。[78]不过，也有一些证据表明，股票所有权激励有可能促进组织的内部增长而不是加快外部多元化。[79]

关于股票期权的这些讨论忽视了最近人们记忆中最大的变化。从 2005 年 6 月起，公司被要求将股票期权列入成本。[80]在此之前，一般公认的会计准则不要求将股票期权作为公司间接成本报告。在旧的会计准则下，它们被（错误地）视为免费商品。[81]假设一位首席执行官发行了 50 万股授予期为五年（即五年后才可以购买）的股票。五年之后，这位首席执行官可以按照首次发行价购买股票（如果现在的市场价格低于首次发行价格，该股票期权就被称为"水下期权"且不被行权）。[82]如果这位首席执行官购买了这些股票，它们通常是从未发行的股票池中发行的。该首席执行官所支付的钱被视为等同于任何投资者所支付的钱……钱生钱？事实并非如此。股票期权因为增加了用于计算每股收益的净利润的分母而稀释了每股收益。（好了，我们发誓不再使用任何会计术语！）像安然公司这样的案例，在没有将股票期权计入成本的情况下，描绘了一幅不切实际的股价上涨蓝图，并帮助推高了股票价格。这起事件的曝光加大了改革会计准则的压力，而由此带来的会计准则的变化从 2006 年开始对大多数公司产生影响。[83]微软声称，它仍将继续向普通雇员提供股票期权，但内部人士承认，股票价格的小幅波动已使得股票期权这种作为留住高端人才的工具不再像以前那样富有吸引力。像繁荣的 20 世纪 90 年代那样一夜之间造就出若干千万富翁的日子一去不复返了。[84]会计准则变化的直接结果是，有些公司如可口可乐、戴尔、安泰保险、辉瑞制药、麦当劳、时代华纳、埃克森美孚和微软等，要么停止授予股票期权，要么只向管理层授予股票期权。[85]

10.5.1 雇员持股计划

有些公司认为，采用另一种方式——雇员持股计划——可以将雇员与公司的成败联系在一起。[86]在百事公司、林肯电气、杜邦、可口可乐及其他公司，雇员持股计划的目标就是提高雇员在组织中的参与程度，并且希望以此影响雇员的绩效。为此，林肯电气的雇员共持有公司 28% 的股票。在钢铁行业备受赞誉的沃辛顿工业公司（Worthington Industries），雇员增加的薪酬中有 40%～100% 采取利润分享和雇员持股形式。[87]

尽管在使用上备受瞩目，但作为激励手段，雇员持股计划没有太大意义。首先，影响通常是长期的。今天的绩效水平并不会对行权日的股票价格产生多大影响。[88]更努力地工作也并不意味着会带来更多的回报。实际上，我们并不能准确预测是什么因素导致股票价格上涨，这是雇员持股计划奖励功能的核心要素。因此，如果绩效评价指标过于复杂而让人一头雾水，我们又如何能控制自己的命运呢？这样说来好像在我们之前提到的导致激励计划失败的 3C 问题中，雇员持股计划在其中的 2C 上表现不佳。那么，为什么有 6 000 家公司实施了惠及 1 400 万雇员的雇员持股计划呢？这 1 400 万雇员共持有这些公司 1.3 万亿美元的股票资产。[89]答案可能就是雇员持股计划培育了雇员参与公司决策过程的意愿。[90]公司利用雇员的这种参与意愿可以掌控一笔可观的资源——劳动力的创作能量。

如果我们只看雇员持股计划对劳动生产率或财务结果的影响，而不考虑它对雇员参与的积极影响，那么实施这种计划的结果就会非常一般。雇员持股计划对劳动生产率或利润几乎没有影响。[91]雇员持股计划的批评者认为，公司没有有效使用这些计划。如果更多公司愿意将雇员持股计划与高绩效目标的设定、雇员与管理层沟通的改进和雇员对决策的更多参与结合起来，那么雇员持股计划或许会产生更加积极的效果。[92]

10.5.2　绩效计划（绩效分享与绩效单元）

绩效计划通常把公司未来三年的绩效目标作为考察重点。它们由财务收益或回报衡量指标驱动，通常在完成或超额完成特定的绩效目标后才支出奖励。

10.5.3　广基期权计划

在过去 15 年里，广基期权计划呈日益增长趋势。广基期权计划就是股票奖励：公司在一个指定的时间周期内向雇员赠予股票。广基期权的优点在于它的多功能性。根据向雇员分配股票的方式，广基期权计划可以强化对绩效的重视（绩效文化），也可以激发雇员更高的忠诚度并使之留在公司（所有权文化）。越来越多的证据表明，广基期权计划的激励效应相对较小，并且随着雇员数量的增加而下降。广基期权计划越大，则其激励效应的规模就越小，这种情况可以用搭便车效应来解释——"我可以得过且过并获得与其他人一样多的收益，而且不会被抓住。"[93]美国有些著名的公司如西南航空、大通银行（Chase Manhattan）、杜邦、通用磨坊、宝洁、百事、默克、礼来（Eli Lilly）、金佰利（Kimberby-Clark）、微软以及亚马逊，都向所有层级的雇员提供股票奖励。[94]例如，星巴克就有一种被称为"咖啡豆股票"的股票赠予计划：从基层雇员直至副总裁级别的管理者，只要每年在星巴克工作 500 个小时及以上，都有资格获得股票赠予（由于参与人员广泛，故被称为广基期权计划）。[95]如果实现公司绩效目标，所有的雇员都能平等地得到相当于他们薪酬收入 10%～14% 的股票奖励。向雇员赠予的股票每年生效 20%，期权在股票赠予日 10 年之后到期。这个计划是为了发出明确的信号：所有的雇员，尤其是占雇员总数 2/3 的临时雇员，都是公司的经营伙伴。这种创造所有权文化的努力被视为星巴克雇员流失率低的主要原因，而星巴克所在的零售业雇员流失率通常非常高。

然而，与这一趋势相冲突的是，股东越来越反对向除 1% 最优秀雇员以外的所有人发放股权奖励。公众根本不相信低层级雇员的绩效能够影响股价！迫于这种压力，可口可乐公司取消了除了 1% 高绩效雇员之外所有人的股票期权，转而以现金奖励绩效。[96]

10.5.4　混合型计划：个人激励计划与群体激励计划的组合

公司同时使用个体激励计划和群体激励计划的情况并不鲜见。使用这种混合型计划的目的是在激励雇员个体行为的同时，确保雇员在公司需要的时候能够团结协作，以推动实现团队和公司目标。实施这些混合型计划的第一步是确定个体和群体绩效的衡量标准（个体绩效衡量标准如绩效考核、产出数量等，群体绩效衡量标准如利润、运营收入等）。可变薪酬水平取决于个人绩效水平和公司（或部门/战略经营单位）宏观指标（例如，利润）的实现情况。一种典型的混合型计划可能要求 75：25。75%的可变薪酬取决于单个雇员的绩效，另一部分则取决于公司绩效。另一种选择是将这种混合型计划变成一种完全的**自筹资金计划**（self-funding plan），这种计划通常受到首席执行官的钟爱，因为他们不希望在公司赔钱的时候还要在雇员的可变薪酬方面支出费用。这些计划规定，只有在公司实现某个特定利润目标后，才考虑雇员可变薪酬的支出问题。只有在这种情况下才启动向个人、团队和公司绩效支付可变薪酬。

■ 10.6　可变薪酬（短期和长期激励）会改善绩效结果吗？一般性证据

正如第 9 章中的证据所指出的，如果可变绩效薪酬计划（短期激励和长期激励）设计得好，它们似乎会对绩效产生积极的影响。请注意，我们已经对这一陈述进行了限定，即如果可变薪酬计划设计得好，它才可能奏效。然而，我们通常遇到的情况是可变薪酬计划对预期的工作付酬太少，设定的目标无法实现（或太容易实现），采用的评价标准过时或不准确，甚至使用的评价标准过多以至于难以分清主次。另一个完全不同的问题是对高绩效的奖励相当大，但为实现这些特定方面的绩效而采取的行为又会导致重大问题。因此，激励性薪酬计划有时被描述为高回报但高风险的计划。一旦它们出错，那就是大错。在前几节中，我们已深入讨论了可变薪酬计划设计中的问题及其可能产生的影响。

本章小结

绩效薪酬计划可以发挥作用。但正如本章所指出的，设计和有效管理是这些计划成功实施的关键。仅仅有好主意是不够的。好的主意必须与好的实践相结合，如果这些实践运用得当，组织的报酬就可以塑造雇员的行为。

复习题

1. 作为世界第十一大屋顶安装公司——比尔森屋顶安装公司（Pilsner Roofing）的人力资源副总裁，你正面临雇员（这些雇员是真正安装屋顶的人，即屋顶安装工）流失的问题。总经理罗伊·克兰斯顿（Roy Cranston）已经要求你去解决这一问题。尽管你强调的重点是确立具有竞争力的基本工资，你仍需决定在激励方面是否要有所作为。在你作出这个决策之前，请说明你在以下方面需要掌握什么信息：（a）主要竞争对手的薪酬（基本工资＋激励）；（b）雇员流失的性质；（c）下一年度的劳动力成本预算。

2. 如何区分风险收益计划与普通的收入分享计划或利润分享计划？风险收益计划

对雇员的吸引和保留可能会产生怎样的影响？经济增长或者经济萧条对风险收益计划的可行性有何影响？

3. 你现在掌管法尔扎工具加膜公司（Falzer's Tool Coating Company）。这是一家专业从事切割工具（如钻头、切割刀片）加膜的高科技公司。经过加膜处理的切割工具在需要重新打磨之前使用寿命会更长。在开发新的加膜技术和开拓加膜技术在不同行业的新应用等方面，竞争依然很激烈，这是你所关注的主要问题。你想创建一个工作环境，在这种环境中雇员可以提供有关产品创新的观念，并就加膜技术可能应用于哪些新行业提出建议。你将推荐使用哪种薪酬计划？你需要注意的问题有哪些？

4. 为什么新的会计标准使股票期权计划失去了吸引力？

5. 假设你是一名教师，你所在班级的团队项目占课程成绩的 25%。每名学生被分配到一个团队。每个团队负责自己团队的所有任务。许多学生过来找你，抱怨他们团队中的某个成员什么都没做。你知道如果你不做点什么的话，将会影响你的教学评分。你该怎么办？

案例练习　达美航空和美国航空的薪酬

前几章的大部分"案例练习"要求你运用某一特定章节的知识来回答现实世界的问题。现在我们要更进一步，向你介绍同一行业中的两家公司。美国航空和达美航空都提供了基本工资和利润分享信息。图表 10-21 中的数据是年度薪酬。值得注意的是，近年来，美国航空的利润分红约为飞行员薪酬的 2%，而达美航空的利润分红约为飞行员薪酬的 15%。（例如，在美国航空有 12 年工作经验的波音 777 飞行员，除了 332 000 美元的薪酬外，还能获得 332 000×0.02=6 640 美元的利润分红。）这些数据只适用于飞行员。在飞机的驾驶舱里，飞行员有至高无上的权威并且是头号负责人。在大多数情况下，致命的错误和英勇的正确决策都可能归于飞行员。在这个练习中，我们希望你能推断出这两家航空公司相信什么。

图表 10-21　按机型和工作经验划分的飞行员年度薪酬　　　　单位：美元

	机型			
	波音 777	波音 767	空客 320	安博威 190
美国航空				
12 年工作经验	332 000	284 000	270 000	175 000
2 年工作经验	307 000	261 000	250 000	162 000
达美航空				
12 年工作经验	353 000	296 000	274 000	182 000
2 年工作经验	330 000	277 000	256 000	170 000

说明：飞行员按小时计酬。图表中的年度薪酬是根据合同约定的每小时工资标准和估计的飞行时数计算的。每小时工资标准是定期变化的，因为飞行员与航空公司每 3 年就要协商签订一份新合同。

问题：

1. 分析相对于可变薪酬（利润分享），基本工资的重要性。

2. 假设利润分享支出是基于组织的总体净收益，分析在本案例中利润分享可能产生的行为影响。有些影响可能是积极的，也可能是消极的。考虑到我们对薪酬工具使用时机的讨论，你如何评价利润分享的使用？

3. 在这些情况下资历有多重要？资历的重要性应该增加还是减少？为什么？

4. 这些航空公司会为雇员获取技能支付报酬吗？你有什么数据来支持你的观点？获取技能应该得到奖励吗？

5. 你对每个公司在吸引和留住雇员方面有什么预测？对劳工关系又有怎样的预测？

6. 外部环境对你的答案有影响吗？

注　释

第 **11** 章
绩效评价

以下是绩效评价的真实面目：

收件人：人力资源部——提交对乔·史密斯的绩效评价报告

乔·史密斯是我的助理程序员，他总是被发现

在自己的工位上辛勤地工作。乔工作独立，从不

在工作时间与同事闲聊。乔从不

犹豫地去帮助同事，并且他总是

及时完成指定的任务。乔经常延长

自己的工作时间，有时甚至忘记了

咖啡时间。乔绝对没有

什么虚荣心，即使他的工作很出色并且拥有渊博的

专业知识。我坚信乔可以被

评为高水平的雇员，这样的人才不能被

放弃。

此致

项目主管

邮件发送至收件人：人力资源部

当我写这份评价报告时，乔·史密斯一直站在我身后偷看。请只阅读此报告的奇数行（第1、3、5行等），那才是我对他真实能力的评价。

此致

项目主管

第9章和第10章讨论了绩效薪酬计划。这些计划的一个关键要素就是选择一种或多种绩效评价指标。通常，特别是在绩效加薪的决定中，主观的评价（评级）起着关键作用，必须谨慎地控制错误和偏见，以防最终得不到有用的评级（就像上面的例子一样）。组织也使用客观的绩效评价指标。例如，位于新泽西州的蓝十字蓝盾（Blue Cross-Blue Shield）就使用保险索赔数据（要求化验的次数、实施的治疗和开出的药物）来对比医生与同行的工作绩效。（医疗保险和医疗补助服务中心按照不同医院报告手术和治疗的价格。）[1] 正如我们所看到的，群体激励计划通常主要依赖于客观的绩效评价指

标。当我们深入到个人或工作团队层面时，这些"硬性"指标可能就不再那么容易得到了（这就解释了纯粹的个人激励计划很少的原因）。我们应该注意到，"客观"的评价并不一定比主观的评价更好。客观仅仅意味着分数不依赖于判断。然而，客观的评价容易出现问题，其中包括"标准缺失"——但不包括绩效的关键方面。如果仅依据每分钟处理多少个文字来评价一个秘书的绩效的话，这个秘书就会理所当然地抱怨说，她还会做对工作绩效至关重要的其他事情。我们知道，仅仅依据贷款的数量（而不是它们的质量/风险）向抵押贷款发放者付酬将会导致严重问题。本章主要关注绩效评价面临的挑战，尤其是在使用主观评价程序时将遇到的各种困难。

■ 11.1　绩效评价在薪酬决策中的作用

对绩效评价的第一次使用显然是在 1800 年前后苏格兰的一家棉纺厂。在这家棉纺厂，工人工位的上方悬挂着显示不同绩效水平的小木板，以此表明哪些工人的工作表现良好。[2]之后，绩效评价被广泛用于组织的各种决策——指导绩效加薪额的分配只是其中一项决策。遗憾的是，绩效评价与这些结果的相关性并没有我们希望的那样紧密。实际上，在绩效判断与绩效评价之间作出区分是常有的事情。[3]绩效评价——被我们记入雇员永久记录的东西——除了受评价者观察到的雇员行为的影响外，还受到其他许多因素的影响。诸如组织的价值观（例如，更加重视技术技能或人际交往技能）、不同部门之间的竞争、部门之间的地位差异、经济状况（劳动力短缺影响雇主解雇低绩效雇员的意愿）——所有这些因素都会影响评价者对雇员的评价方式。甚至有一些证据表明，许多工作绩效评价可以归因于一个总体绩效因素（在记入错误之后），这个因素存在于各种各样的工作和情境之中。[4]那么，雇员常常对绩效评价过程表示心灰意冷，这又有什么大惊小怪的呢？[5]最近对美国 2 600 名雇员的调查得出了令人沮丧的结论：

39％的雇员认为他们的绩效目标没有得到清晰界定。

39％的雇员认为他们不知道自己的绩效是如何被评价的。

45％的雇员认为他们上次的绩效评价没有指导他们如何改进绩效。

45％的雇员认为绩效评价没有对雇员的绩效作出优、良、差的区分。

48％的雇员认为把工作做好并不会得到认可。[6]

这种对绩效评价的不满将导致严重后果。对评价过程不满的雇员会降低对公司的满意度、增加对薪酬的抱怨、降低组织忠诚度，而且会增加离职的可能性。[7]公司处理这一问题的一种趋势性方法是每周进行三次"脉冲"调查。雇主希望在问题恶化之前及时发现。[8]或许雇员（也包括管理者）对绩效评价的最大抱怨就是它的主观性太强。隐藏在主观性背后的总是主管人员对雇员实施不公平待遇的可能性。一个好的领导是使雇员相信薪酬与个人绩效具有关联性的关键。[9]毫不奇怪，不论是在学术界还是在商业组织，**绩效评价标准**（performance metrics）都是最热门的研究领域之一。主观绩效评价的批评者认为绩效评价指标（标准）应该对所有雇员都具有公平性，并且能够反映为组织带来的价值。

11.1.1　绩效评价标准

在过去的几十年里，绩效评价标准的开发取得了重大进展。第一个观察结果是绩效薪酬计划沿着多个维度发展。首先，绩效评价指标（标准）是以结果为导向（例如，财务指标、实物产出或销售额是很好的例子）还是以行为为导向（例如，客户或主管评价）？其次，绩效评价指标是针对雇员个人，还是针对整个团队乃至整个组织？[10]如果把这两个问题交汇在一起，举例来说，在个体层面（在本例中指对雇员而言），就很难找到好的以结果为导向的评价指标。一些可靠的估计表明，在13%（对计时获酬的工人而言）～70%（对管理类雇员而言）的时间中，雇员的绩效与可量化的或以结果为导向的评价标准相关联。[11]不过，不能仅仅因为某些东西可以量化，就说它是对绩效的客观衡量。我们把这个问题延伸到更高的分析层次（例如，公司层次）。正如会计专业的学生都知道的那样，财务指标的形成过程涉及一些主观决策。例如，我们选择哪一年为工厂关闭进行账目冲销会影响向公众报告的净利润。这种潜在的主观性使有些专家发出警告：所谓的客观性数据可能并不完善（即**标准缺陷**（criterion deficiency）），而且无法全面反映真实的情况。[12]即使进行外部审计，本应可靠的财务绩效指标也可能在很长一段时间内被歪曲。只要问问南方保健公司（HealthSouth）的雇员就知道了，他们在长达15年的时间里一直夸大公司收入，并没有被负责审计的安永公司（Ernst and Young）发现。[13]尽管存在这些担忧，大多数人力资源专业人士可能更倾向于选择使用定量数据。但有时候，特别是在个体雇员层面，绩效并不容易量化。要么工作产出无法量化，要么可以量化的部分并不能反映重要的工作维度。正如我们在前面所指出的那样，秘书类工作的绩效评价指标可以简化为每分钟的文字处理数量及每页文字输入差错率。但是许多秘书及其主管都会认为，这种绩效评价方法只抓住了秘书工作内容的一小部分。彬彬有礼地接待客户和接听电话、积极主动地解决问题而不依赖老板以及在最后期限的压力下可靠地处理问题等——所有这些无形品质都将一个好秘书与一个差秘书区分开来。这些主观性目标不太容易衡量。最终形成的绩效评价过程往往会受到多种错误的困扰。

一般的个体绩效评价尤其是主观评价面临的最大挑战之一来自全面质量管理领域的顶尖人物。美国和日本的质量管理鼻祖——爱德华兹·戴明（Edwards Deming）对绩效评价进行过猛烈的抨击，他认为工作环境（而非个人）才是绩效的主要决定因素。[14]因为雇员缺乏必要的信息、技术以及充分完成自己的工作所需的控制手段，绩效的差异会频繁出现。[15]而且，戴明认为个人的工作标准和绩效评价会扼杀雇员的自豪感并伤害他们的自尊。

有些专家认为，应该运用全面质量管理的原则来改进绩效评价过程，而不是彻底抛弃绩效评价过程。[16]那么，改进绩效评价的第一个方法就是要承认工作环境和制度比雇员行为对部分绩效的影响更大。例如，有时候，当一个学生说"我的论文被狗吃了"（最新版本是"我的闪存盘被电脑吃了"），他们就是在报告真实发生的情况。当我们告诉老师或其他评价者制度有时确实会影响绩效时，评价者就更有同情心，评分也更高。[17]

改进绩效评价的第二个方法是确定更好地理解和评价工作绩效的战略——也是本章接下来所要讨论的主要内容。这将有助于减少绩效评价错误的数量和类型（我们将在后面加以说明）。

■ 11.2 更好地理解和评价工作绩效的战略

改进绩效评价过程的努力表现为多种形式。[18]研究者及薪酬管理人员都花费大量精力来界定工作绩效——在对雇员进行绩效评价时究竟应该评价哪些方面？答案取决于工作层级、职业类型、工作组织方式和组织的战略目标等因素。[19]有趣的是，基于管理者所关注的雇员行为的类型，可以将管理者分为三类。第一类管理者密切关注任务绩效——雇员是如何履行他们的工作职责的。第二类管理者主要关注非生产性绩效——雇员表现出的消极行为。最后一类管理者关注雇员的所有这些行为。[20]有些考察更加具体因素的研究主要关注如下绩效维度：计划与组织、培训、辅导、培养下属以及技术熟练度等。[21]正如我们在前面所指出的，一项特别好的大型研究发现，很多绩效都可以用一个总体绩效因素来解释。因此，将绩效评价分解为多个单独的绩效维度或许并不是一个好的选择。[22]但对平衡计分卡的大量研究和业界对平衡记分卡的广泛使用反驳了这一论点。

11.2.1 平衡计分卡法

平衡计分卡法（balanced scorecard approach）是一种考察组织中有哪些要素可以为组织贡献价值的方法。我们经常只看反映财务状况的净利润目标。由平衡计分卡可知，成功获得净利润并不是轻而易举的。它取决于高满意度的客户从高效率和高满意度的雇员那里购买产品和服务，而这些雇员以尽可能最有效的运行方式服务客户和生产商品（或提供服务）。如果事实真是如此，那么我们就需要评价以下四个维度，并且要承认组织的成功取决于在每一个维度上获得高分：客户满意度、雇员内部成长和忠诚度、内部流程的运行效率、财务评价指标。除了业界对平衡计分卡法的广泛青睐，数据显示平衡计分卡的实施可能会对组织的净利润和绩效评价的准确性产生积极影响。[23]附录 11-A展示了美国能源部所使用的一种平衡计分卡。

绩效研究的第二个方向指出绩效的定义及其构成正在扩大。只要想想获得巨大成功的通用电气公司就知道了。1951 年，它开始在关键绩效指标的衡量上认真扎实地付出努力。半个多世纪后，它仍在努力实现这一目标。[24]工作变得更具动态性，对雇员适应能力及成长的要求日益加剧。这种对个人特性或个人胜任力的关注与工作胜任力评价的整体发展趋势是一致的。[25]例如，必胜客要求门店经理必须拥有五种胜任力：（1）设置高标准；（2）善于沟通；（3）执行流程和惯例；（4）对自己和他人负责；（5）庆祝成功。每一种胜任力都涉及必胜客总经理必须在三个不同的熟练程度上表现出来的具体行为。[26]

改进绩效评价质量的第三个方向关注的是确定最优的评价模式。因此，这种观点认为如果能找到理想的评价模式，评价者就会使用它来提高绩效评价水平，也就是说使评价更准确。但正如你可能预想的那样，尚无证据表明存在这种理想的绩效评价模式。

最近人们的注意力已经不再集中于评价模式上，而是更多地放在评价者本人身上。第四个方向是确定可能的评价者群体（主管、同事、下属、客户及自己），并考察一个给定的评价者群体是否能提供准确性更高或更低的评价结果。第五个方向试图确定评价者如何处理工作绩效信息并将其转化为绩效评价结果。这些信息（包括对无关信息在雇员评价中的作用的理解）可能有助于制定用于减少整个评价过程中各种缺陷的战略。最后，数据也表明，通过培训可以提高评价者评价的准确性。以下几节内容将重点关注用于更好地理解和评价工作绩效的其他几种方法：改进绩效评价模式、选择合适的评价者、理解评价者如何处理信息、培训评价者以提高评价准确性，以及改善评价者的动机和机会以提高评价准确性。

11.2.2 战略 1：改进绩效评价模式

绩效评价模式的类型

绩效评价模式可以分为两大类：排序和评级。[27] **排序模式**（ranking format）要求评价者对雇员进行相互比较，以确定在某种绩效衡量标准（通常是总体绩效评价指标）下雇员群体的相对顺序。图表 11-1 说明了对雇员进行排序的三种方法。

图表 11-1 三种排序模式

直接排序法

排序等级	雇员姓名
最优	1. _____
次优	2. _____
次次优	3. _____
⋮	

交替排序法

排序等级	雇员姓名
最优	1. _____
次优	2. _____
次次优	3. _____
⋮	4. _____
次次差	3. _____
次差	2. _____
最差	1. _____

配对比较排序法

	约翰	彼得	山姆	汤姆	"获胜"次数
比尔	√	√	√	√	4
约翰		√	√	√	3
彼得			√	√	2
山姆				√	1

● **直接排序**（straight ranking）就是基于雇员之间的相互对比对雇员进行排序。

● **交替排序**（alternation ranking）认为评价者更善于在分布的极端值上对雇员进行排序。评价者被要求先找出绩效最优的雇员，然后找出绩效最差的雇员。在两个极端值上开展评价工作，可以使评价者在对大量的中间雇员作出更为艰难的区分之前获得更多的经验。

● **配对比较排序**（paired-comparison ranking）通过强迫评价者对离散的"雇员对"作出排序判断而简化了排序过程。每个人都与工作团队中的其他所有人进行单独比较。在配对比较中"获胜"次数最多的雇员将获得团队最高的评价等级，依此类推。但遗憾的是，当工作团队规模超过 15 名雇员时，配对比较的数量会非常大，导致这种排序方法失去可操作性。

第二类绩效评价模式——评级模式——通常比排序模式更为流行。然而，虽然评级模式非常流行，但并没有任何证据表明它具有特别的有效性。[28]这样的绩效评价模式，特别是那些使用非行为锚（见图表 11 - 2）的评级模式，提供的便利性大于可信性。

图表 11 - 2 使用绝对标准的评级量表

以形容词作为锚的标准评级量表				
沟通技能	在个体或群体情境中，以书面或口头方式清晰并有说服力地表达思想、观念或事实的能力。			
在最能描述雇员绩效水平的数字上画圈	1 很好	2 较好	3 中等	4 较差	5 很差

各种评级模式（rating format）都有两个共同点。第一，与排序模式相比，评级模式要求评价者根据某种绝对标准而不是相对于其他雇员来对雇员进行评价。第二，对每个绩效标准的衡量都基于一个量表，评价者借助这一量表可以选出最能代表雇员绩效的点。通过这种方法，就可以沿着一个从优到劣的连续统对绩效的变化进行描述。正是用于锚定这一连续统的描述符的类型提供了评级量表的主要差异。

这些描述符可以是形容词、行为或结果。当形容词被用作锚时，这种模式就被称为**标准评级量表**（standard rating scale）。图表 11 - 2 显示的是一种典型的以形容词作为锚（从"很好"到"很差"）的评级量表。当行为被用作锚时，**行为锚定评级量表**（behaviorally anchored rating scale，BARS）就是以行为作为描述符的最常见的评级模式。通过把量表与具体的行为相锚定，使用行为锚定评级量表的公司希望减少评估的主观性。当评价者试图决定一个评级时，他们针对每种绩效水平都有一个通用定义（以行为示例的形式）。作为例子，请考虑虚构的英国皇家海军军官健康报告中记录的以下行为。它们很容易被识别，但愿还有一些幽默感：

"这位军官常常让我想起一台陀螺仪——总是疯狂地旋转，但实际上哪里也没有去。"

"停车场的小水坑都会让他一筹莫展。"

"只有在不断的监督下并且像老鼠被困在陷阱里时，他才会好好地工作。"

"这个人正在剥夺一个村庄的白痴。"

"在压力之下偶尔会吓得尿裤子。"[29]

加拿大皇家骑警就类似职业开发出了一套更为严肃的行为量表。[30]在领导力维度上，皇家骑警获得的最低和最高评级分别对应如下行为描述符：

最低评级——忽视其他成员的建议和意见；对自己的观点和行动不负责任；把自己

的失败归咎于别人；向其他人提供错误的政策和程序信息。

最高评级——掌控局面；就运营和（或）行政政策及程序征询其他成员的意见。

这一评级模式直接回应了标准评级量表所遭受的主要批评：不同的评价者会把对量表等级的不同定义（例如，不同的评价者对于什么是"中等绩效水平"有不同的看法）带入评价情境中。图表11-3展示了一个完整的针对团队合作的行为锚定评级量表。

图表 11-3　标准的行为锚定评级量表

团队合作	即使在高压情境下，有能力为团队绩效作出贡献，激励其他成员的最佳表现，并采取措施提升团队士气。
高于标准	1. 主动寻求或经常被要求承担团队任务。与这个人共事的团队必然具有高绩效和高士气。雇员作出极大的个人贡献，能够辨别出许多不同类型团队成员的优点，并促进他们的参与。通过积极的态度和自己在调解不健康冲突方面的能力来避免个性冲突，有时甚至在这些冲突发生之前。将作出特别的努力以确保团队绩效的荣誉被所有人分享。
	2. 被看作团队任务的积极贡献者。能与所有不同类型和不同个性的人很好地合作，偶尔也能提升其他人的团队绩效。善于解决突发的不健康的团队冲突。将付出特别的努力以确保优秀雇员得到应有的荣誉。
达到标准	3. 被看作团队任务的积极的个体贡献者。能与大多数不同类型和不同个性的人很好地合作。从来不是不健康团队冲突的根源，而且会鼓励其他人作出同样的行为。
	4. 当团队任务需要此人所擅长的技能时，他被看作一个强大的贡献者。在其他场合不会妨碍他人的绩效。能与大多数不同类型和不同个性的人很好地合作，且不会成为不健康的团队冲突的制造者。除非被多次挑衅，否则不会参与这种冲突。
	5. 根据个人技能与团队任务的匹配程度，这个人被视为一个积极的贡献者。不会妨碍他人的绩效，除非受到挑衅，否则不会参与不健康的团队冲突。
低于标准	6. 除非个人的专长对团队任务至关重要，否则不会被选择承担需要团队合作的任务。对团队目标不敏感，但在有个人诉求时，会被吸引作出有利于团队目标的行为。不能与其他成员和谐相处，要么退出，要么制造不健康的团队冲突。寻求对团队绩效的个人认可并（或）贬低其他人的努力。
	7. 有不为团队做贡献和在团队中制造冲突的名声。对团队目标漠不关心，除非个人利益得到保证，否则很难激励他完成目标。可能为达到个人目的而破坏团队绩效。以寻求个人认可并（或）贬低其他人努力而出名。
评级	评级记录（除第6项、第7项外，其他项任选）：

在标准评级量表和行为锚定评级量表中，总体绩效为所有绩效维度评级结果的加权平均数（通过组织赋予每个绩效维度的重要性进行加权）。图表11-4展示了从绩效维度评级中推导总体评价结果的一种方法。在图表11-4中，被评价雇员的绩效评级稍高于平均水平。获得总体绩效评级的一个替代性方法是允许评价者不仅可以在个体绩效维度上对绩效进行自由评级，而且在总体评价结果的分配上有自主权。这时将不再使用权重（如图表11-4中最右侧一列所示），而且总体评价将基于评价者的一种主观和内部评估。

图表 11 - 4　雇员绩效评价举例

雇员姓名：凯尔塞・迈哈尼
工作名称：发货和收货主管

绩效维度	维度评级					维度权重
	很差 1	较差 2	中等 3	较好 4	很好 5	
领导能力				√		0.2×4＝0.8
工作知识					√	0.1×5＝0.5
工作产出				√		0.3×4＝1.2
全勤率			√			0.2×3＝0.6
主动性			√			0.2×3＝0.6
评级总和×权重＝3.7 总体评级＝3.7						

附录 11 - B 提供了辉瑞制药为开展领导力（辉瑞制药监控的胜任力之一）评价所使用的评级量表和评价表。请注意辉瑞制药的评价表的长度和内容——这仅仅是对四种胜任力中的一种进行评价。为开发这种评价表，辉瑞制药投入巨大。

除了形容词和行为，结果也通常被用作绩效评价标准。最常见的形式是**目标管理**（management by objective）。[31] 目标管理既是一种计划工具，又是一种评价工具，在不同的公司具有不同的表现形式。[32] 作为第一步，要从组织的战略计划中确定组织目标。组织等级结构中各个连续的下游层级都要承担确定各自工作目标的任务，这些工作目标要支持组织目标的实现。[33]

图表 11 - 5 说明了一种常见的目标管理的目标。请注意，强调的重点是雇员完成的结果。在绩效评价周期的开始阶段，雇员与主管讨论绩效目标（第 1 栏）。[34] 数月以后，在绩效评价周期的收尾阶段，二者再次开会正式记录工作结果（当然，在此之前应该已经开展了多次非正式的讨论）。然后将结果与目标进行对比，根据目标的完成情况确定雇员的绩效评级。

图表 11 - 5　目标管理的目标举例：沟通技能

1. 绩效目标	2. 结果
在今年 7 月 1 日之前，比尔要完成一份关于雇员对新绩效评价制度反应的总结报告。将准备一份口头报告，并以 15～20 人为一组向所有非豁免型雇员宣讲。所有的口头报告要在 8 月 31 日之前完成。在 5 分评级量表中，雇员对这一口头报告的评价分数平均要达到 3.0。	书面报告在 7 月 1 日完成。截至 8 月 31 日，只有一次口头报告没有完成。由于在休假计划方面不可避免的冲突，最后一次口头报告直到 9 月 15 日才完成。雇员的评级分数（对口头报告的反应）平均为 3.4，超过最低期望值。

制药巨头默克公司把关注结果的目标管理方法与一套旨在评估这些结果如何实现的评价指标结合起来使用——默克公司称之为多维度绩效评审。绩效评审中的目标管理部分定期更新，以确保个人目标与组织和部门的目标保持一致。年末，围绕目标绩效和其他五个评价指标——工作质量、资源利用、目标完成的及时性、创新和领导能力——展

开对雇员的绩效评审。对后面这些指标的评级要辅以雇员的行为举例——用这些例子证明特定评级结果的合理性。

对使用目标管理的组织的研究表明，不论是个人绩效还是组织绩效通常都获得了积极改善。这种绩效水平的提高伴随着管理层长期以来对目标管理态度的积极变化，特别是为反映参与者的反馈而对目标管理制度进行定期修改时。管理人员对目标管理特别满意的地方在于它向工作单位提供指导的方式、改进计划过程的方式，以及增进上级/下属沟通的方式。从消极的方面讲，目标管理似乎需要更多的文书工作，而且增加了绩效压力和紧张度。[35]

图表 11-6 列出了目标管理模式的一些常见构成要素，以及认为某个构成要素对成功实施评价工作至关重要的专家的比例。

图表 11-6　成功目标管理计划的构成要素

	响应的总数*	持相同意见的专家百分比（%）
1. 目标和目的应该明确具体。	37	97
2. 目标和目的应该按照可度量的结果进行界定。	37	97
3. 个人的目标应该与组织的总体目标相关联。	37	97
4. 应该"定期"对目标进行评审。	31	82
5. 应该指定目标完成的时间周期。	27	71
6. 在可能的情况下，结果的指标应该可以量化，至少应该可以验证。	26	68
7. 目标应该具有灵活性，能随条件的变化而改变。	26	68
8. 目标应该包括一个关于完成结果的行动计划。	21	55
9. 目标应该被分配优先的权重。	19	50

*表示图表中响应的总数实际表示响应的专家的总数，因此，百分比也就表示对相应陈述持相同意见的专家的百分比。

资料来源：From Mark L. McConkie. "A Clarification of the Goal Setting and Appraisal Process in MBO," *Academy of Management Review*, 1979, 29-40.

最后一种评价模式很难归入以上我们所讨论的任何一种模式类别。在一种所谓的**说明文模式**（essay format）中，主管回答一系列开放式的问题，并以写说明文的方式描述雇员的绩效。由于所使用的描述符范围非常广泛——从与其他雇员的对比到描述绩效、行为类型和目标完成情况的形容词的使用——因此说明文绩效评价模式可能具有前面所讨论的所有评价模式的特征。图表 11-7 说明了这些模式在业界的相对受欢迎程度。

图表 11-7　对绩效评价模式的评价

	雇员发展标准	管理标准	人事研究标准	成本标准	效度标准
排序	差——排序一般基于总体绩效，很少考虑对具体绩效维度的反馈。	差——通过跨工作单位的等级比较来确定绩效加薪是没有意义的。其他管理活动同样受到阻碍。	一般——使用绩效排序可以完成有效性研究。	好——绩效数据来源的成本低。容易在小组织和小单位中开发和运用。	一般——良好的信度，但是评级错误多，尤其会产生晕轮效应。

续表

	雇员发展标准	管理标准	人事研究标准	成本标准	效度标准
标准评级量表	一般——识别一般的问题领域。可以得到一些关于发展需求程度的信息，但对于必要的行为或结果缺乏反馈。	一般——评级结果对绩效加薪决策及其他决策是有价值的。但受到质疑时难以辩护。	一般——可以完成有效性研究，但难以确定绩效评价的错误程度。	好——开发费用低，而且便于使用。	一般——内容效度令人怀疑。评级错误和信度都处于一般水平。
行为锚定评级量表	好——可以确定问题的严重性及行为需求的程度。	好——行为锚定评级量表有助于制定管理决策。由于它的工作相关性，在法律辩护中非常有用。	好——可以完成有效性研究，且行为锚定评级量表的评价问题比许多其他评价模式少。	一般——开发费用高，但便于使用。	好——内容效度高。有些证据表明评价者之间的信度高，并且评级错误有所减少。
目标管理	优秀——可以确定问题的严重性以及结果的缺陷程度。	差——目标管理不适合绩效加薪决策。完成水平以及目标的困难程度难以在雇员之间比较。	差——雇员之间非标准的目标和不全面的绩效评价使有效性研究难以完成。	差——开发费用高，使用起来非常耗费时间。	优秀——内容效度高，评级错误少。
说明文模式	未知——取决于组织或主管开发的说明文模式的指导方针或内容。	差——就绩效加薪或其他管理活动而言，说明文模式很难对不同雇员进行比较。	差——在有效性研究中，缺乏量化指标来比较绩效与雇员测试分数。	一般——容易开发，但使用起来耗费时间。	未知——非结构化的模式使对说明文模式的研究难以进行。

对绩效评价模式的评估

一种好的绩效评价模式的构成要素是什么？好的绩效评价模式通常在以下五个维度上表现突出：（1）雇员发展的潜力（评价模式所提供的关于绩效的反馈数量）；（2）管理的便捷性；（3）人事研究的潜力；（4）成本；（5）效度。诚然，不同的组织会赋予这五个维度不同的权重。例如，处于成长期的小公司可能非常关注成本控制。一个具有积极的平权行动承诺的大型组织可能会相对重视效度和非歧视性，而对成本问题关注较少。一个关注雇员发展的先进公司可能需要一种允许雇员进行大量反馈的评价模式。例如，几年前陶氏化学（Dow Chemical Company）就废除了绩效评级但保留了绩效评审，强调使用绩效评审来帮助开发雇员的技能。以下是对五个主要标准的解释[36]：

1. 雇员发展标准：所采用的方法是否传递了组织的目的和目标？对雇员的反馈是不是评价模式的自然结果，从而使雇员的发展需求能够被识别出来并及时得到满足？我们知道反馈对工作绩效会产生积极影响。[37]同时也有证据表明，不同类型的反馈会产生不同的影响。"对人不对事"的批评性反馈会造成负面影响。[38]对于那些能够告知雇员任务中哪里出了问题并提供改进建议的反馈，雇员往往乐于接受并作出积极反应。[39]但是，要记住，对反馈的渴求并不适用于所有文化。朗讯科技（Lucent Technologies）发现某些文化就非常不愿意提供反馈，无论是正面的反馈还是负面的反馈。在大多数亚洲文化中，人们对反馈抱有很大的怀疑，而且只有最鲁莽的管理者才会冒着名誉扫地的风险来给予反馈（尤其是公开提供反馈）。

2. 管理标准：评价结果在多大程度上能够方便地用于加薪、晋升、降职、解雇、调职等管理决策？对个体之间的人事行动的比较需要某种共同的标准。通常这是对绩效的量化评级。没有产生量化评级结果的评价表会导致管理上的麻烦。因此，举例来说，缺乏量化评价手段（仅就雇员做得好或是不好写一份说明）的说明文评价模式相对于其他说明文评价来说很难进行评估。在确定绩效加薪额度时，谁做得更好是一个重要的问题。

3. 人事研究标准：这个工具适合检验雇佣测试的有效性吗？通过绩效评价，可以有效地监控那些被预测会有良好工作表现的求职者吗？同样，各种雇员开发计划与组织发展计划的成功是否可以归因于对雇员绩效的影响？与管理标准一样，绩效评价通常需要进行量化，以使统计检验在人事研究中得以广泛应用。

4. 成本标准：评价表最初是否需要很长的开发时间？主管人员使用这种评价表对雇员进行评级是否要耗费大量时间？使用这种评价表要消耗大量的人力、物力吗？所有这些因素都提高了这种评价模式的成本。

5. 效度标准：到目前为止，近年来对评价模式的多数研究集中于减少错误和提高准确性上。在这方面的努力取得成功意味着可以更有信心地根据绩效评级制定人力资源决策（例如，晋升、绩效加薪）。从总体上看，目前还没有找到可以消除评价错误和提高评价准确性的完美的评价模式。例如，伴随着行为锚定评级量表的引入而来的高度赞扬并没有得到研究证据的支持。[40]

图表 11-7 提供了与以上所讨论的标准相关的五种最常见的评价模式的"成绩单"。

这些评价模式中哪一种是最好的？遗憾的是，我们只能用"具体情况具体分析"来模糊地回答这一问题。基利（Keeley）建议，评价模式的选择依赖于所执行任务的类型。[41]他认为，可以沿着一个连续统对任务进行排序，在连续统的一端是常规性的任务，而在连续统的另一端是实现目标所需的行为具有极大不确定性的任务。根据基利的观点，不同的评价模式需要对完成任务所需的正确行为的确定性程度作出假设。选择一种评价模式需要将评价模式与符合该模式假设的任务相匹配。在连续统的一个极端是基于行为的评价程序，这些程序界定了评价雇员绩效所依据的具体的绩效期望。基利认为行为锚定评级量表就可以归为此类。行为锚指定了代表雇员可能的不同绩效水平的绩效期望。只有对于常规性、机械性很强的任务才适合指定行为期望。对于这些常规性任务而言，确定实现某个目标所需的适当行为的单一序列是可能的。因此，在这种情况下就有可能为一个绩效量表确定行为锚，这一绩效量表说明了雇员适当的活动序列所对应的不同绩效水平。

然而，当任务的常规性降低时，就更加难以指定为实现某个目标所必须遵循的单一的行为序列。相反，对于实现一个最终目标，有多种可行且适当的战略。在这些情况下，评价模式应该侧重评估在多大程度上可以指定最终目标。[42]这样，对于不太确定的任务，目标管理战略将会是合适的选择。只要能够指定最终目标，就可以根据该目标来评价绩效，而无须指定或评价实现这一目标的行为。关注的焦点完全集中在目标实现的程度上。

在连续统的另一个极端是那些本质上具有高度不确定性的任务。在这种情况下，人们对成功绩效的特征缺乏一致的认识。而且，任务的不确定性非常之高，以至于很难指定预期目标。对于这类任务，基利认为以判断为基础的评价程序——例如标准评级量表——或许是最恰当的选择。对于那些既无法指定适当行为又无法指定最终目标的任务，评价者可以对雇员的绩效水平作出主观评估。不确定性使这种类型的评价具有高度的主观性，而且，这或许很好地解释了为什么特性评级量表（trait rating scale）会因为其在绩效评价中的大量错误而遭到公开批评。

11.2.3　战略 2：选择合适的评价者

公司提高绩效评级准确性的第二种途径是关注可能由哪些人具体执行绩效评级，以及哪些人更有可能成为绩效评级准确性的来源。[43]例如，最近的证据显示，那些不是特别认真的评价者和那些过于随和的评价者常常会对雇员的绩效人为地作出夸大的评价。[44]为了减小单个评价者的单方面影响，并提高对评价过程的参与度，近些年一种被称为**360 度反馈**（360-degree feedback）或多源反馈的方法日益流行起来，并且有证据表明这种方法是有价值的。[45]总体来讲，这一制度主要与监督性评审结合使用。这种方法主要从五个角度评价雇员的绩效：主管、同事、自己、客户和下属。这一方法的灵活性使得它受到组织内部各个层级雇员的欢迎；大多数采用这一制度的公司都声称它们的雇员对制度执行的结果感到满意。它们认为360 度反馈制度在增进雇员的理解和自我意识、促进管理者与雇员之间的沟通以及改进绩效和工作结果方面都胜于旧制度。[46]例如，好时食品公司（Hershey Foods）实施了一种 360 度反馈程序，该程序确定了领导力培训的领域，雇员们表示支持继续实施这种计划。[47]

尽管那些已经实施 360 度反馈制度的公司对这种方法有许多积极的反映，但现在大多数公司还只是将它用于上层人事评估和雇员开发，而不是用于绩效评价或薪酬决策。[48]有些公司对每个评价者必须完成的评价调查的数量以及完成整个评价过程所耗费的时间感到沮丧。[49]更为严重的是，有些研究显示，不同类型的评价者给出的评价结果非常相似，因此，既然这种评价方法徒增额外成本，为什么还要搞这种多角度绩效评审呢？[50]作为对这一问题的回应，最近的研究表明绩效评级的来源具有明显影响——评价者确实提供了不同的观点。[51]作为未来的人力资源专业人士，你每天都将面对相互矛盾的信息。你的部分职责就是权衡各种选择。让我们进一步考察每个评价者的角色和作用。

主管作为评价者

由谁评价雇员？有些估计表明，超过 80％的绩效评级投入来自主管。[52]主管扮演如此重要的角色是有充分理由的。主管分配（或共同决定）雇员的工作内容。这使得主管非常熟悉雇员的工作以及评价的维度。而且，许多主管在雇员绩效评级方面拥有大量的经验，这就使他们对于任何给定的绩效评级水平应该对应何种水平的绩效有着非常深刻的认识。[53]尽管有一些可靠的消息来源质疑主管评价的有效性[54]，但主流观点认为主管通常能够对下属的绩效给出准确评价。[55]相对于其他来源的绩效评级，主管评价往往具有更高的可靠性。[56]不过，从负面的角度讲，主管特别容易犯晕轮错误和宽大化错误。[57]

同事作为评价者

同事作为评价者的最大优点在于：他们与被评价者更加紧密地共事，而且可能更加了解典型的绩效，尤其是在团队任务中（这与主管对工作区域的偶尔巡查形成鲜明对比）。与这一优点相对应，这种方法至少存在两大缺陷。第一，同事在进行评价时可能很少或根本没有经验，导致关于这个绩效评级来源的可靠性的证据缺乏一致性。第二，在推崇团队合作的工作环境中，让同事负责评价同事的绩效会制造团队的紧张关系（在评价结果差的情况下），或者会使评价结果的宽容度仅次于自我评价。[58]这种宽容效应的一个例外是高绩效者，他们似乎会对自己的同事作出最客观的评价。[59]但是，作为在团队使用和同事评价使用方面的领导者，摩托罗拉公司报告称，同事评价促使团队成员向同事施加压力以提高工作绩效。[60]

自己作为评价者

有些组织已经对自我评级的模式进行了试验。毫无疑问，自我评级是由那些对被评价者的绩效最了解的人完成的。但遗憾的是，自我评级结果通常比其他来源的绩效评级更加宽容且可信度更低。[61]使用自我评级的折中做法是，把它们用于发展目的而不是管理目的。另外，现在越来越多的公司把要求雇员开展自我评级作为绩效评价过程的第一步。[62]迫使雇员在老板对其进行正式绩效评价之前思考自己的工作绩效有助于得到更加现实的自我评估，而且这些自我评估结果与主管的个人认知是一致的。

客户作为评价者

这是一个客户至上的时代。对质量的追求意味着越来越多的公司正意识到客户的重要性。这种兴趣的增加导致的一个合乎逻辑的结果是由客户作为评价者。例如，麦当劳对客户进行调查，设置800免费电话以获取反馈，并聘请神秘顾客来购买食物并反馈他们所享受的服务和待遇的质量。再举一个更加个性化的例子，本书的合作者杰里·纽曼教授曾经是一家洗车公司（我们在本书中数次讨论过这家公司）的神秘顾客。他会去这家洗车公司洗车，记下那些做事与众不同（不论是好还是坏）的雇员姓名，然后给公司总部写一份书面报告。例如，有一次他要求按照公司广告的宣传给自己的爱车提供一种新型打蜡服务，但雇员对这一服务项目一无所知，并且"虚张声势"地说没有这项服务。可怜的男孩！作为定期提供绩效报告的交换条件，纽曼获得了这家公司免费洗车和更换机油的服务。是的，他的劳动真是廉价得令人难以置信！

我们越来越期待组织与外部世界之间的边界日益淡化。虽然许多客户评价运动都被用于评价经营单位的绩效，但我们可以预期其中有些做法会逐步用于个体雇员的绩效评价。还有一个关于家得宝的例子，它在收据上印上公司网址，并鼓励顾客对公司特定雇员的服务给出反馈。提出高质量反馈的顾客有机会得到 2 000 美元的奖金。[63]

下属作为评价者

从历史上看，自下而上的反馈都被视为反主流文化，但是组织内部的文化在过去的
10 年经历了一场革命，观点正在发生变化。[64]大多数主管都想与自己的下属雇员愉快地
相处，因此将下属作为评价者的理念日益获得青睐。听一听下属对自己的看法可以使领
导者有机会认清自己的优点和不足，进而修正自己的行为。[65]这类绩效评价的难点既在
于获得坦率的评价，也在于向被评价者咨询如何处理反馈。毫不奇怪，研究表明下属喜
欢以匿名的方式向管理者提出反馈。如果下属的身份被公开，他们就会对作为上级的管
理者的绩效作出人为夸大的评价。[66]

评价者之间的信度（和多个评价者）

正如我们在第 6 章中看到的，衡量任何评价工作的一个重要标准是：由错误造成的
分数差异被最小化，由真实差异造成的分数差异被最大化。信度被定义为：真实方差/
（真实方差＋误差方差）。当使用绩效评级时，使信度（即评价者之间的信度）最大化的
一个明确途径是使用多个评价者（只要他们定位合理并拥有足够资格）。这一点是通过
在每个绩效评级来源中纳入一个以上的评价者（如，同事作为评价者）和（或）使用多
种类型的绩效评级来源（见上文）实现的。随着评价者的增多，每个评价者在绩效评级
中表现的个人特质（错误）变得不再那么重要，而他们绩效评级中更有可能代表真实差
异的共享部分则越来越占据主导地位。事实上，我们这里有一个公式——被称为斯皮尔
曼-布朗预言公式[67]，它告诉我们，随着评价者数量的增加，评价者之间的信度将如何
变化（见图表 11-8）。

图表 11-8 使用斯皮尔曼-布朗预言公式计算评价者之间的信度

$$r_{kk} = \frac{k\bar{r}_{ij}}{1+(k-1)\bar{r}_{ij}}$$

式中，r_{kk} 为期望的评价者之间的信度；k 为使用的评价者的数量；$\bar{r}_{ij}$ 为评价者之间的平均相关系
数，在只有一名评价者的情况下，它也是评价者之间的信度。举个例子，在下面的数据集中，三个
评价者分别对相同的五名雇员进行评级。

雇员	绩效评级者			均值
	评价者 1	评价者 2	评价者 3	
A	3	4	5	4.0
B	4	5	4	4.3
C	2	3	4	3.0
D	4	6	5	5.0
E	5	4	5	4.7
均值	3.6	4.4	4.6	4.2
标准差（SD）	1.0	1.0	0.5	0.7

评价者之间的相关系数 r_{ij} 在评价者 1 与评价者 2 之间为 0.54，在评价者 1 和评价者 3 之间为 0.48，在评价者 2 和评价者 3 之间为 0.32。这三个相关系数的平均值是 0.45。在这种情况下，如果我们只使用一名评价者（即 $k=1$），按照斯皮尔曼-布朗预言公式估计，评价者之间的信度将是 $1×0.45/(1+(1-1)×0.45)=0.45$。然而，如果我们使用每个雇员的所有三个评级结果的平均值（也就是说 $k=3$），那么评价者之间的信度将变为 $3×0.45/(1+(3-1)×0.45)=0.71$。（顺便说一下，由于每个评价者都给相同的五名雇员评级，而他们的列均值 3.6、4.4 和 4.6 各不相同，因此我们可以确定这三个评价者在宽容/严格程度上也不同。通常情况下，并非所有评价者都给所有雇员评级，我们希望尽可能对这些均值差异进行最大程度的调整。）

为了了解不同的评价者之间的信度的重要影响，我们可以计算置信区间。首先计算所谓的真实得分，真实得分＝平均得分＋（观察得分－平均得分）×评价者之间的信度。真实得分将观察得分调整得更接近平均得分，达到观察得分等于平均得分的极端程度，并且在低信度条件下获得的观察得分更接近均值（即如果进行重复评级，则不太可能达到极端情况）。我们将选择一个分值为 3 的观察得分。如果平均得分为 4.2，信度为 0.45，那么真实得分＝ $4.2+(3-4.2)×0.45 = 3.7$。标准误差（SEM）由 SD×（1－信度）计算得出，其中 SD 是每个雇员平均得分的标准差。这里，SEM＝ $0.70×(1-0.45)=0.39$。为了形成一个置信度为 95% 的置信区间，我们使用公式：真实得分± $z_{0.95}$（SEM），由此得出的结果为 $3.7±1.96×0.39$，或者说，置信度为 95% 的绩效评级区间为 2.9～4.5。显然，对制定重大决策（如确定雇员绩效加薪额）而言，这是一个非常大的置信区间（区间宽度为 1.6 分）。如果我们转而使用三个评级结果的平均值会怎样呢？从上面可知，我们使用斯皮尔曼-布朗预言公式可计算得出 0.71 的评价者之间的信度。反过来，真实得分就是 $4.2+(3-4.2)×0.71 = 3.3$，SEM 为 $0.70×(1-0.71)=0.21$。最后得出的置信区间是 $3.3±1.96×0.21$，或者说绩效评级置信区间为 2.9～3.7，这或许仍然不像我们希望的那样精确，但现在的置信区间宽度只有使用单一评价者和相关较低信度所产生的置信区间宽度的一半。总结一下：如这个例子所示，在其他条件相同的情况下，使用更多的评价者可以提高评价者之间的信度，即对绩效的估计更准确。

网络资源

世界薪酬协会有一个内容非常丰富的网站，其中还包括一个网上书店的链接。你可以登录 www.worldatwork.org/bookstore 寻找有关绩效评价的其他书籍信息，包括讨论使用多个评价者的优缺点的书籍信息。

11.2.4 战略 3：理解评价者如何处理信息

改进工作绩效评级的第三个途径就是理解评价者是如何思考的。[68]当我们观察和评价绩效时，除了雇员的绩效，还有哪些因素会影响绩效评级？[69]例如，我们知道情感、态度以及情绪都会对评价者产生影响。如果你的主管喜欢你，不管你的表现如何，你都有可能获得更好的绩效评级。[70]你老板的总体情绪也会影响绩效评级。真心希望能够碰到一个心情愉悦而不是粗鲁暴躁的评价者：这会影响你被评价的方式！[71]

研究者一直在探索评价者如何处理有关被评价者的绩效信息。一般而言，我们认为评价者处理信息的步骤主要包括：

1. 评价者观察被评价者的行为。

2. 评价者对这种行为进行编码，作为对被评价者总体印象的一部分（也就是说评价者形成固定的观念）。

3. 评价者在记忆中存储这些信息，并经历短期和长期的衰退。简而言之，评价者会忘记一些事情。

4. 当对被评价者进行评价时，评价者会评审绩效维度，并将所存储的观察结果或印象从记忆中调出，以决定它们与绩效维度的相关性。

5. 当评价者决定作出最后的绩效评级时，这些信息会被重新考虑并且与其他可获得的信息相结合。[72]

这一过程可能经常会无意识地发生各种错误，而且这些错误在任何阶段都可能发生。

绩效评级过程中的错误

在评价者观察雇员的行为时，理想的情况是他只注意那些与绩效相关的因素。实际上，绩效评级信息的所有处理阶段都应该以绩效相关性为指导。除非某种行为（或个性特质）影响绩效，否则它不应该影响绩效评价结果。幸运的是，研究表明，在决定主管如何评价下属方面，绩效确实扮演着重要的角色，或许是主要的角色。[73]技术熟练且在工作中不制造问题的雇员往往比在这些维度上表现较差的雇员获得更高的绩效评级。[74]的确，在绩效评价中，政治技能（除了其他方面，你讨好老板以博得好感的能力）会以多种方式带来好处。[75]但从消极的一面讲，与绩效无关的因素似乎也会影响绩效评级结果，而且可能会在评价过程造成错误。[76]

绩效评价中的常见错误：效标污染

假设让你管理 1 000 名雇员。你期望多少雇员的评价结果处于最高等级，多少雇员的评价结果处于平均水平或较低等级？如果你想让这个分布看起来像一条正态曲线，那么你的统计学成绩可能会是 A，但"现实 101"这门课程或许不及格。我们的一位作者有一次参与了某个地区社会服务部门的咨询项目。该项目的部分内容要求收集过去 10 年的绩效评价结果。在超过 10 000 次的绩效评审中，猜猜人们有多少次被评为"中等"或"中等偏下"？三次！你认为这只是一种反常现象吗？**效标污染**（criterion contamination）或者允许非绩效因素影响绩效评价分数的情况发生在每一个公司中和每一种工作上，并且可能在我们职业生涯的某个阶段影响我们每一个人。这听起来有点夸张吗？请看以下事实：对 1 816 个组织的调查结果显示，仅有 4.6% 的管理者的评价结果处于中等偏下水平，如图表 11-9 所示；看起来我们好像都生活在忘忧湖中。

图表 11-9　管理者的绩效评级

评价等级	所占比例（%）
高于平均水平	46.4
平均水平	49.0
低于平均水平	4.6

现在我们或许会说处于管理层的雇员之所以获得这样的评价结果，是因为他们是高于平均绩效水平的雇员。[77] 因此，他们当中大多数人的工作理所当然地获得了中等或中等偏上的评价。但事实是，作为评价者，我们常常会犯错误。我们期望绩效评价能够在某一个清晰时刻以某种方式预测（和报告）真实的情况，但现实的评价并非如此。我们会在绩效评价中犯各种错误。认识并理解图表 11-10 所示的评价错误是我们沟通和建立一种更加有效的绩效评价过程的第一步。

图表 11-10　绩效评价过程中的常见错误

类型	说明
晕轮错误	评价者仅基于雇员在某一项工作职能上的出色表现而对其所有工作职责给予高度评价。例如，一个厌恶拖沓的评价者会仅仅因为其下属做事干练的特点而对其所有的绩效维度给予高度评价。
单点偏误	与晕轮错误相反。评价者仅仅因为雇员在某一个绩效维度上的不良表现而降低对其所有绩效维度的评价等级。
第一印象错误	在绩效评价的早期阶段，评价者对雇员形成一种负面的或积极的看法，并让这种看法对后期的绩效评价产生负面的或积极的影响。
近期性错误	与第一印象错误相反。让雇员在绩效评价末期的绩效（好或者坏）对其整个绩效评价周期的最终评价结果产生过大的影响。
宽大化错误	绩效评价结果一贯地超过被评价者实际应有的水平。
严格化错误	与宽大化错误相反。总是使绩效评价结果低于被评价者实际应有的水平。
居中趋势错误	对全部雇员开展绩效评级时避免出现极端值。
克隆型错误	评价者对在行为和（或）个性上与自己相似的雇员给予较高的评价等级。
溢出错误	评价者因雇员在绩效评价前期的绩效错误而在后期继续降低其评价等级。

毫不奇怪，这种犯错的可能性导致雇员对绩效评价过程失去信心。很自然，雇员不愿意把薪酬制度与这种错误百出的绩效评级关联在一起。至少，很多人指责绩效评价过程是出于政治意愿。[78] 有几个因素会导致评价者给出错误评价：（1）内疚；（2）不好意思赞扬别人；（3）想当然；（4）没有注意到好的或差的绩效；（5）晕轮效应（看到一种好的特质就贸然地对余下特质给予积极评价）；（6）不喜欢对抗；（7）绩效评价的准备时间不足。为了解决这些问题，公司及研究者都花费大量的时间和金钱来寻找提高绩效评价准确性的方法。

观察中的错误（注意力）

一般来说，研究者通常使用三种不同的输入信息来了解评价者在收集绩效评价信息时关注哪些内容。首先，评价者似乎会受到被评价者一般外表特征的影响。对男性的绩效评级会高于女性（其他条件保持不变）。评价者在对一位女性雇员开展绩效评价时，不是把她作为一名普通被评价者而是作为一名女性被评价者进行观察。评价者会基于对女性的固有观念而不是工作的现实情况形成对女性被评价者的印象，而这种印象会与所有绩效信息相去甚远。如果评价者对女性的"适当"角色抱有成见，对她们的评价就不会那么准确；对女性并不持有这种传统刻板观念的评价者通常不太容易犯这样的错误。[79]种族观念也会对绩效评价产生影响。在解雇决策和绩效评级中，黑人的境遇更有可能比白人差。[80]

研究者也通过考察绩效的长期变化来确定这种变化是否会影响绩效评级。即使在绩效的总体（平均）水平受到控制的情况下，绩效的模式（绩效变好与变坏）和绩效的变化性（稳定性与波动性）都会影响绩效评级。[81]相对于绩效一贯差的雇员，那些刚开始表现出色而后来绩效出现下滑的雇员获得的评价等级更低。[82]毫不奇怪，那些长期以来绩效不断改善的雇员被认为更有进取心，而那些绩效起伏较大的雇员则被贴上缺乏上进心的标签。我们都见过这样一些例子：雇员和学生从直觉上意识到这种错误的存在并利用这种错误为自己谋取好处。绩效评价末期工作量的大幅增长通常就是为了给评价者的看法"增色"。

存储和回忆中的错误

研究表明，评价者以特质的形式存储信息。[83]更重要的是，他们倾向于以特质类别的方式回忆信息。例如，一个评价者观察某个特定行为，如雇员在工作时间休息。评价者并不将这一信息存储为具体的行为，而是将其存储为一种特质，如"那个工人很懒惰"。就绩效评审而言，回忆被评价者信息的具体指令诱导出这一特质——懒惰。而且，在回忆信息的过程中，评价者可能会记起那些并没有真正发生的事件，仅仅是因为这些事件与那种特质类别一致。[84]那么，整个绩效评级过程可能就会受到评价者所采用的特质类别的严重影响，而根本不考虑绩效评级的准确性。

存储和回忆中的错误似乎也是由记忆衰退引起的。至少有一项研究显示，绩效评级的准确性是绩效与后续绩效评价的间隔时间的函数。间隔的时间越长，绩效评级的准确性就越低。[85]有些研究表明，如果评价者坚持记日记，并在雇员绩效发生时记录相关信息，记忆衰退的问题是可以避免的。[86]如果你不得不去法院为自己对雇员的绩效评级（例如，有时歧视指控就因此而来）进行辩护，请记住法官看重的是那些对雇员绩效保持日常记录的证人。

实际评价中的错误

实际绩效评价过程的实施背景也可能影响绩效评价。[87]有几位研究者指出，评价目标影响评价过程。[88]例如，有的时候绩效评价服务于某个政治目的。[89]众所周知，主管采用压低雇员绩效的方式向雇员传递一种信号——"这里不需要你了"。[90]主管也倾向于更加看重负面因素而非正面因素：你因绩效差而被降分的可能性更有可能会大于你因绩效特别好而被相应加分的可能性。[91]

如果评价的目的是分配一笔固定数量的绩效加薪额，评价的准确性往往也会降低。那些知道评价结果将用于分配绩效加薪额的主管，相对于评价结果用于其他目的而言，不太可能对下属的绩效水平作出明确的区分。[92]

末位淘汰：是好主意还是坏点子？

在通用电气最成功的时期，首席执行官杰克·韦尔奇（Jack Welch）非常受欢迎，他普及了后来被称为**"末位淘汰"**（rank and yank）的概念。据估计，60%的《财富》500强公司都采用末位淘汰制，只不过有时更加"温和"地美其名曰"人才评估"。[93]末位淘汰制要求管理者按照既定的分布对雇员进行强制排名。例如，麦当劳、通用电气和太阳微系统公司就使用了一种"20—70—10"的分布（顶级的占20%[94]、中等的占70%、末位的占10%）。那些处于末位的10%的雇员被给予一次改进机会。如果他们仍然不能进入中间70%的行列就会被解雇。有些顾问和学者将强制排名视为对日益虚高的评价结果和破绽百出的评价程序的矫正。这些支持者声称这种方法改进了公司的绩效。[95]不过，仍有一些管理者想知道这种淘汰战略是否应该有一个限度——在淘汰了"朽木"之后，不就开始裁减优秀雇员了吗？针对这一问题的一项模拟研究表明，在实施末位淘汰制的前四年，公司绩效平均提升了16%，但自那以后绩效就会大幅下降。[96]这表明该方法具有很强的短期效应，最好与日落条款一起运用，以便为该方法限定具体的使用期限。

而且，在主管被要求向下属反馈有关绩效评级的情况时，评价的准确性也比在实施保密政策的情况下低。[97]据推测，由于预期会与某个愤怒的被评价者发生不愉快的对抗，评价者就会给出高于合理水平的绩效评级来避免。然而，当评价者必须以书面的形式证明下属所获评价分数的合理性时，绩效评级就会更加准确。[98]

11.2.5 战略4：培训评价者以提高评价准确性

虽然有一些证据表明，与其他因素相比，培训在减少错误方面是无效的[99]或者不是那么重要[100]，但大多数的研究显示，对评价者的培训是一个减少评价错误的有效方法。[101]评价者培训计划可以分为截然不同的三类[102]：（1）**评价者错误培训**（rater-error training），目标是通过使评价者熟悉评价过程中存在的心理测量学错误，以减少这些错误（例如，宽大化、严格化、居中趋势、晕轮错误等）发生的频率；（2）**绩效维度培训**（performance-dimension training），使主管熟悉评价过程中使用的绩效维度（例如，工作质量、工作知识），这样可以确保每个人在考虑某个特定绩效维度时达成共识；（3）**绩效标准培训**（performance-standard training），为评价者所做的评价提供比较的标准或参考的框架（构成好、中、差绩效的要素是什么）。从这项研究中可以总结出改善培训质量的几种途径：

1. 直接向被评价者宣讲（在这方面我们的教授可谓声名狼藉）提高绩效评级质量的方法通常是无效的。

2. 在宣传适当的评价程序方面，单人交流或小组讨论更加有效。

3. 当这些会议与广泛的实践和反馈会议相结合时，绩效评级的准确性就会大幅提高。

4. 时间较长的培训计划（超过两个小时）通常比短期培训计划更有效。

5. 绩效维度培训和绩效标准培训通常比评价者错误培训更有效，尤其当前二者相结合时。

6. 最大的成功来自减少晕轮错误和提高准确性的努力。

宽大化错误是最难以消除的错误形式。这并不应该让人感到吃惊。想想看，那些给出夸大的绩效评级的主管与那些给出准确或者压低的绩效评级的主管各自会面对怎样的后果。给出准确或者压低的绩效评级必然会导致更多的抱怨，而且可能降低雇员士气。简单的解决办法就是人为地给出夸大的评价结果。[103] 遗憾的是，这种对主管而言积极的结果反过来会对他们造成困扰：每个人都获得了相对很高的绩效评级，就缩小了真正的高绩效雇员与低绩效雇员之间的区别。显然，这就很难做到按照真正的绩效差异付酬。

11.2.6　战略 5：改善评价者的动机和机会以提高评价准确性

如果我们回顾一下第 2 章介绍的基本模型——任何绩效行为都是能力、动机和机会的函数——那么认为上述四种战略主要关注评价者的能力和表现机会（即提供有效/准确的绩效评级）就是非常合理的。然而，评价者的动机相关因素往往也会影响被评价者的绩效行为，我们不希望在尚未认识到这一点的情况下就结束这一讨论。例如，如果一个主管没有给下属一个高水平的绩效评级和（或）正面的绩效反馈，将会引发什么后果？有时下属会感激被给予改进工作绩效的机会，有时也将改进工作绩效。有时，下属会认为绩效评价不公平、不合理，这将导致工作关系更加紧张。我们稍后将对这个问题做进一步讨论。但挑战在于建立一种文化（包括奖励），让既作为评价者又作为被评价者的雇员重视建设性的绩效反馈，把这种反馈作为提高个人绩效和组织绩效的必要工具，从而使双方都能从组织的成功中受益。需要明确的是，这说起来容易做起来难。[104]

有些组织使用一种有时被称为校准会议的基本工具，它的运作方式是：高层管理者和同级管理者召开会议审查绩效评级草案，并在必要时作出修改以提高绩效评级的一致性（评价者之间的信度）和准确性/有效性。根据世界薪酬协会的调查，大约有一半的组织开展这种会议。[105] 这种会议可以帮助主管向低绩效雇员传达负面反馈，也可以让高绩效雇员更加显眼。以下是校准会议的基本步骤[106]：

- 管理者准备初步的绩效评估，包括建议的绩效评级。
- 管理相似雇员群体的管理者开会并公布雇员的姓名和绩效评级，以供所有人评审。
- 与会者评审并讨论他们对每位雇员所建议的绩效评级。
- 与会者调整绩效评级以确保准确性和一致性。
- 准备最后的绩效评价。

■ 11.3　全面考虑绩效评价过程

好的绩效评价并不是从绩效面谈之日开始的。[107] 第一，我们在这里列出了整个绩效评价过程的一些关键要素，这些要素是确保绩效评价从第一天起就产生好的评价结果所必需的。[108]首先，弄清楚你的组织文化和组织战略是什么。这将帮助你确定需要评价的关键因素是什么。其次，确保你的工作描述是最新的，并且雇员知道组织对他们的期望是什么。再次，定期与雇员以非正式形式讨论工作进展以及主管需要排除的障碍。最后，如果开展绩效评价，在提供反馈时要关注行为而不是人。如果雇员不知道你对他们的期望，他们怎么可能让你满意呢？[109]

　　第二，我们需要雇员参与到开发绩效维度和建立绩效评价量表（以评价雇员在绩效维度上的表现）的每个阶段。名人堂（Hall of Fame）橄榄球运动员埃米特·史密斯（Emmitt Smith）就是一个雇员参与的极端例子。21 岁时，埃米特走进杰里·琼斯（Jerry Jones）（达拉斯牛仔队的老板）的办公室并递给他一张纸条，纸条上写着他希望别人如何评价他的职业生涯。他在那张纸条上列了五个目标，其中包括不止一次赢得"超级碗"比赛，以及成为美国国家橄榄球联盟史上领先的冲锋者。[110]在这种情况下，雇员自己有明确的绩效目标，不管绩效表现如何，他们都对绩效评级的反应更加积极。他们对绩效评价制度的公平性和绩效评价的准确性都更加满意。他们对管理者有更好的评价，并且表达继续留在组织的愿望。管理者对这种"正当程序"系统也反应良好。他们感觉到自己拥有更高水平的解决问题的能力。他们有更高的工作满意度，而且减少了为满足自身利益而歪曲评价结果的动机。[111]对于什么会有效和什么会无效的问题，雇员也提出了自己的独特观点。想想阿尔卡特-朗讯科技（Alcatel-Lucent Technologies）为它的海外事业部开发的绩效评价制度。在阿尔卡特-朗讯科技美国事业部发挥良好作用的一个绩效维度在当地的文化中被诠释为"执着于服务我们的客户"。事实证明，"执着"（obsession）这个词在沙特阿拉伯、泰国、加勒比地区以及拉丁美洲有着非常负面的含义。雇员们异口同声地说："不管客户有多重要，我都不会干这种事。"直到经理人员将这一情况向总部汇报后，这一问题才得以发现。[112]

　　第三，我们需要确保评价者在绩效评价制度的使用方面获得培训，并且确保所有雇员理解绩效评价制度的运作方式及用途。《哈佛商业评论》最近一期探讨了管理者同时肩负绩效评审和技术指导两项职责的重要性。[113]技术指导通过开发新技能来提升当前绩效和创造绩效成长机会。通过培育一个创造性的环境并允许雇员使用他们独特的个人技能来实现目标，绩效评审就会变得更加容易操作。

　　第四，就像我们已经指出的，我们需要确保评价者获得进行准确评价的激励。实现这一目标的一个途径是确保在人力资源的开发效果和使用效果方面对管理者进行评价。这其中很大一部分是对雇员的评价和反馈。不到一半的管理者报告说向雇员提供了反馈，其中的大多数承认并不确定自己所提供的反馈是否有价值。[114]几乎一半的雇员赞同这一判断，并感到绩效评审并不能起到指导绩效的作用。[115]不管一个人得到的反馈质量有多高，都不能假设每一次绩效评审都会改进绩效！[116]更普遍的是，正如我们所指出的，有必要培养一种思维模式，即建设性的绩效反馈将导致绩效改进，从而使每个人受益。

　　第五，评价者应该每天记录雇员的绩效，这既可以作为绩效证明文件，又可以唤醒记忆。[117]这将有助于确保主管了解下属的绩效，并可以在法庭上充当反击歧视指控的客观证据。[118]

　　第六，评价者应该尝试进行一次绩效诊断，以提前确定绩效问题的产生是否源于激励、技能不足或外部环境限制[119]；这一过程反过来会告诉主管解决这个问题是否需要强化激励、提供培训或努力消除外部限制。

第七，应该及时对雇员进行反馈。最近的研究表明，千禧一代喜欢经常得到反馈。例如，脸书就鼓励在任何会议、演讲或项目完成后进行反馈。[120]更多的公司也在努力使反馈更具发展性。最近的一个趋势是尽量减少可能摧毁自信的负面反馈。像波士顿咨询集团（Boston Consulting Group）这样声誉卓著的公司已经开展"强调积极因素"的运动。[121]

11.3.1 "新"绩效评价

现在许多公司注重更及时（和更频繁）的绩效反馈，反馈频率甚至达到每两周一次（而不像绩效评审每年一次）。正如《华尔街日报》所言："欢迎来到永无止境的绩效评审时代。"[122]普华永道会计师事务所对其绩效评审进行了彻底改革，现在使用的是一种名为"快照"的绩效评审工具——只需几分钟就能完成绩效评审，而且雇员可以随时向其主管要求进行绩效评审。在高盛和摩根大通等金融公司，雇员可以随时使用软件要求主管和同事进行"迷你评审"，这种方法在一个项目或交易的推进期间或完成后可能特别有用。当然，管理者和雇员对这种制度的反应各不相同。一种反应是"学会持续不断地提出批评和接受批评是很困难的"，而且当你作为接受批评的一方时，"你真的必须把你的自尊放在一边"。[123]

格里·莱德福（Gerry Ledford）和他的同事主要通过三个属性来定义这些新方法："无评级绩效评审、持续反馈和众包反馈"。[124]上述绩效评审制度强调的通常是使用"文字"而不是数字或评级来提供持续的、定期的、建设性的、详细的反馈。众包反馈指的是"通过社交媒体平台以一种自由的方式进行同事反馈，而不是 360 度的绩效评审"。他们对（只）使用这种做法的公司的研究发现，在这些公司中有 97% 使用持续反馈，51% 使用无评级绩效评审，27% 使用众包反馈。他们得出的结论是，这些新做法的使用似乎产生了积极作用，至少从使用它们的公司来看是这样的。（当然，对这种有效性的衡量可能有一定的局限性。）

"无评级"受到了很大的关注。然而，需要明确的是，这个术语并不意味着绩效评审已经消失。[125]相反，现在存在更多的绩效评审，不过这些绩效评审制度关注的是及时向个人提供绩效反馈，并且采取一种可以立即使用的形式（而不是等待年终的绩效评审）。此外，"无评级"并不意味着不再基于绩效差异来确定薪酬和晋升（绩效薪酬）差异。这样的决定仍然会被作出，而绩效评级——无论是否传递给雇员，也无论是否被正式记录——只要决策者需要选择哪些雇员获得晋升，哪些雇员获得更大的薪酬调整，它就仍然会存在于决策者头脑中。

■ 11.4 公平就业机会和绩效评价

40 多年来，**公平就业机会**（equal employment opportunity）和**平权行动**（affirmative action）一直影响着人力资源决策。虽然有人批评这些计划，但至少有一种重要的趋势可以追溯到工作场所中的民权保护行动。具体而言，公平就业机会已经迫使组织将决策记录下来，并确保这些决策与绩效或期望绩效密切相关。例如，在最近的一起案件中，明尼阿波利斯的北部州电力公司（Northern States Power Company）的几名女雇员提起诉讼，宣称与她们从事同类工作的男性雇员获得的薪酬更高。虽然该案被驳回，但不平等的问题依然存在。[126]这或许正是公平就业机会的遗产。虽然它没有直接减少工作场所的种族隔离，但研究显示公平就业机会影响那些被判违法的公司的人力资源实践和法律实践，这进而又对实践起到了渐进的积极变革作用。[127]这一点在绩效评价领域表现得最明显。只要问问美国社会保障管理署的人就知道了，他们解决了一起由黑人雇员提起的价值800万美元的集体诉讼，后者成功地证明了在绩效评价过程中存在的歧视问题。[128]绩效评价受到了与雇佣测试同样的审查。考虑一下晋升决策中对绩效评级的运用。在这种情况下，绩效评价具有用于作出首次招聘决策的雇佣测试的所有特征。如果雇员通过了测试——在绩效评价过程中获得了高分，他们就被认为可以胜任更高层级的工作。把绩效评价解释为一种测试的做法（视验证要求而定）是在"布里托诉齐亚公司"一案中提出的。[129]在该案中，齐亚公司使用基于某种评级模式的绩效评价进行裁员。裁员导致少数族裔雇员不成比例地被解雇。法庭认为：

> 齐亚公司作为政府的承包商，没有遵守劳工部部长发布的测试指导准则，而且没有为用于决定晋升和解雇的绩效评价制定与工作相关的标准，而这是保护少数族裔求职者和雇员不受因工作相关性标准缺失导致的歧视的影响所必需的。[130]

自布里托案以来，有越来越多的证据显示，法庭对于绩效评价有非常具体的标准和要求。[131]在建立绩效评价制度方面，法庭强调六个方面的问题。[132]

1. 法庭倾向于支持对如何完成评价给出详细书面指示的绩效评价制度。可以推测，在评价的其他方面开展更为广泛的培训也会得到法庭的青睐。

2. 当绩效评价制度纳入了清晰的评价标准时，组织往往能够更好地为自己辩护。书面的、客观的、清晰的绩效维度和量表等级往往会在歧视诉讼案中得到法庭的正面评价。[133]在某种程度上，这或许是因为行为导向的绩效评价更有可能为雇员提供关于发展需求的反馈。

3. 正如每本人事管理入门书籍所指出的那样，也正如本书所强调的那样，制定详细的工作说明为人事决策奠定了理性的基础。当被告（公司）的绩效评价制度建立在完善的工作说明基础上时，法庭对被告（公司）的判决更加一致，这更加强调了工作说明的重要性。

4. 法庭也赞同那种要求主管向受影响的雇员反馈评价结果的绩效评价制度。增强公开性可以使雇员发现自身的不足，并对不公正的评价提出质疑。

5. 法庭似乎喜欢那种把更高层级主管对绩效评级的审查纳入其中的绩效评价制度。

6. 或许最为重要的是，法庭始终认为，公平评价的关键取决于不分种族、肤色、宗教、性别或国籍，对被评价者一视同仁。

于是，焦点问题就变成：处境相似的人是否得到相似的待遇？这一标准在一宗涉及绩效评价和绩效加薪的诉讼案中表现得尤为明显。[134]一名黑人雇员提起诉讼，指控通用汽车公司在绩效加薪的时机和数额上存在种族歧视。法庭发现该案件没有任何问题。通用汽车公司能够证明它对所有的雇员使用了同一套规则。最近对"末位淘汰"做法的歧视性指控案件也陡然增多。雇员认为公司对他们进行"末位淘汰"不是基于绩效，而是基于年龄。[135]结果，现在使用"末位淘汰"做法的公司数量明显下降。

关于公平就业和绩效评价作用的最后一个警告是：专家指出，把绩效评价作为对歧视指控的主要辩护手段的公司实际上会招致更多的指控。使用绩效证明文件来阻止这些指控只会导致糟糕的雇佣关系，还可能会使高忠诚度的雇员觉得自己就是原告。[136]一个更好的战略就是遵循我们之前制定的指导方针。这些指导方针不仅可以帮助开发有效的绩效评审，而且可以为防止发生法律纠纷打下坚实的基础。

■ 11.5　把薪酬与主观绩效评价相关联

让我们稍微花点时间来思考一下为雇员提供绩效加薪究竟意味着什么。比尔·彼得森（Bill Peterson）每年的薪酬是 40 000 美元。他获得了 3% 的绩效加薪，这大约是过去几十年的平均增幅。比尔的可支配收入（税后）每周只比过去增加 16 美元。但在我们安慰比尔之前，再考虑一下简·克雷夫廷（Jane Krefting）的情况。她的工作绩效要优于比尔，她获得了 6% 的绩效加薪。她应该为这一绩效薪酬差异感到高兴并受到激励继续做一名高绩效雇员吗？或许不会。她的税后薪酬（假设二者基本工资相同）每周只比比尔多 15 美元。

绩效加薪的核心问题是："我们如何才能让雇员把加薪看作对绩效的奖励？"第 9 章从理论的角度说明了这一问题的复杂性。现在我们从实践的角度来探讨这一问题。很简单，组织给予雇员的加薪常常没有做到与绩效相关联，或者没有向雇员说明这种关联性。或许发生这种问题的主要原因在于绩效加薪的管理方式。许多公司不是将加薪作为影响雇员行为的一种激励工具，而是作为控制公司成本的预算项目。[137]这通常导致**加薪指导方针**（pay increase guideline）的激励效应甚微。在概述那些试图将薪酬与绩效挂钩的标准之前，我们先简要地讨论三种尤其适合低激励情境的加薪指导方针。

有两种具有低激励可能的加薪指导方针对所有雇员进行等额加薪，而不管他们绩效水平的高低。第一种类型是普遍加薪，这种形式常见于工会化公司。劳资双方签订的合同规定，在合同有效期内每一年对公司全员进行等额加薪。同样，在第二种类型中，全员等额加薪通常与生活成本的变化相关联。当消费者物价指数上涨时，有些公司就为所有的雇员调整基本工资以反映这种生活成本的增加。（我们将在第 18 章对此进行详细讨论。）第三种类型的加薪指导方针在某种程度上更趋近于将薪酬与绩效相关联。**资历加薪**（seniority increase）将加薪额与一种预先设定的基于资历的晋升模式相关联。例如，将工资等级等分为 10 个阶梯，然后基于资历将雇员的工资晋升到更高的等级。雇员的绩效在一定程度上随着工作时间（资历）的增加而改进，因此这种方法具有绩效薪酬的雏形。

在实践中，薪酬与绩效挂钩需要解决一些问题，我们需要对绩效进行定义。第 6 章讨论的一套主观衡量标准涉及人们拥有或获得的胜任力。越来越多的公司断言，公司绩效的好坏取决于能否获得拥有关键胜任力的雇员。施乐公司确定了 17 种核心胜任力。作为一家将客户满意度和质量与战略目标紧密联系在一起的公司，施乐非常重视诸如质量导向、客户关怀、可靠性和团队合作等方面的胜任力。薪酬管理最近的发展趋势集中于寻找建立雇员胜任力的途径。绩效加薪或许就可以与雇员展示关键胜任力的能力和意愿相关联。例如，表现出更多如下行为或许能获得更高的绩效加薪。

11.5.1　胜任力：客户关怀

1. 及时履行对客户的承诺。
2. 定义并传递客户的需求。
3. 及时解决客户的问题。
4. 展示与客户情感的共鸣。
5. 向客户展示积极的形象。
6. 在任何时候都表现出一种专业形象。
7. 向客户传递公司与个人的正面形象。

第一，不论我们是使用行为、胜任力还是特质来评价绩效，都必须达成一个共识，即更高的绩效水平会对公司的战略目标产生积极的影响。第二，我们需要一些从低到高地描述不同绩效评价水平的连续统。第三，我们需要决定对不同水平的绩效应该给予多大幅度的绩效加薪。关于这三个问题的决策就会形成某种形式的绩效加薪指导方针。

正如之前在第 10 章中提到的，绩效加薪矩阵不仅将薪酬与绩效挂钩，还与雇员在工资全距中的位置（相当于比较比率，即雇员工资除以工资全距中值）挂钩。图表 11-11 说明了某食品公司采用的这种制度。为了反映不断变化的经济状况，图表 11-11 单元格中的百分比每年都有变化。在这种绩效加薪指导方针中有两种明显的模式。第一，正如我们在某种绩效薪酬制度中期望的那样，较低的绩效水平与较低的加薪额相关。实际上，在许多组织中，绩效最差的雇员没有获得任何绩效加薪。第二，随着雇员在工资全距中位置的上移，他的薪酬增长速度会递减。对于相同的绩效水平，在工资全距中处于较低位置的雇员会比处于较高位置的雇员获得更高比例的加薪。这么做部分是为了延缓雇员工资因达到上限而被冻结的时间。不过，就像在第 10 章和第 18 章所讨论的那样，在一定程度上，它也是一种与预算程序相关的成本控制机制。

图表 11-11　绩效评级加薪矩阵

在工资全距中的位置	绩效评级				
	令人不满	需要改进	基本胜任	值得表扬	表现优异
第四个四分位数	0%	0%	2%	3%	4%
第三个四分位数	0%	0%	3%	4%	5%
第二个四分位数	0%	0%	4%	5%	6%
第一个四分位数	0%	1%	5%	6%	7%
低于全距最小值	0%	2%	6%	7%	8%

11.5.2　基于绩效和职位的加薪指导方针

如果给定一个绩效加薪矩阵，绩效加薪额的确定就相对比较容易。如图表 11-11 所示，当处于工资全距顶部的雇员获得"基本胜任"的绩效评级时，他的基本工资会获得 2% 的增长。处于工资全距最小值以下的新实习生会因为得到"表现优异"的绩效评级而获得 8% 的加薪。图表 11-12 显示，在绩效加薪矩阵允许管理者根据雇员在矩阵中的位置分配基本工资增长额的自由程度上，各个组织不尽相同（最常见的方法是把绩效加薪矩阵作为指导）。

图表 11 - 12 组织如何使用绩效加薪矩阵

如果你所在的组织根据工作绩效来分配年度加薪额，请指出确定实际年度加薪额的方法：	
组织发布一个绩效加薪矩阵，管理者将其作为加薪"指南"，但如果认为合适的话，他们可以自行决定加薪额是否偏离加薪矩阵。	44%
组织发布一个管理者"必须遵循"的绩效加薪矩阵，每个矩阵框都公布了具体的加薪额"范围"。	11%
组织发布一个管理者"必须遵循"的绩效加薪矩阵（在工资全距中的位置和绩效评级），每个矩阵框都公布了具体的加薪比例。	10%
组织就每个绩效水平的加薪比例或加薪比例范围（不考虑在工资全距中的位置）发布一个具体指南，而管理者仅将其作为一个"指南"。	9%
组织就每个绩效水平的加薪比例或加薪比例范围（不考虑在工资全距中的位置）发布一个具体指南，而管理者"必须遵循"这个指南。	5%
组织提供其他类型的加薪指导。	8%
除了加薪总预算数外，组织不提供任何加薪指导。	13%

资料来源：WorldatWork and Aon Hewitt, *Compensation Programs and Practices Survey*, August 2016.

11.5.3 设计绩效加薪指导方针

设计绩效加薪指导方针需要回答四个问题。第一，绩效最差的雇员应该获得多少加薪？注意这一数字很少为负值。遗憾的是，基本工资被看作雇员的一种权利。因为绩效差而削减雇员基本工资的情况很少。不过，大多数组织倾向于不给绩效很差的雇员加薪，如果这些雇员的绩效没有任何改善的迹象，这种倾向性或许就是解雇他们的前奏。

第二个问题涉及绩效水平一般的雇员：他们的加薪幅度应该是多少？大多数组织都力图使绩效水平一般的雇员的薪酬与生活成本保持一致（使工资仍具有相同的购买力）。这就要求绩效加薪指导方针的中点等于当地或全国物价指数的变化比例。按照这一指导方针，图表 11 - 11 中处于第二个四分位数的绩效评级为"基本胜任"的雇员可获得 4% 的加薪，将反映该地区的消费者物价指数的变化情况。在通货膨胀率较低的年份，矩阵中的所有比例或许都会降低。

第三，应该向高绩效雇员支付多少薪酬？劳动力成本预算（见第 18 章）部分回答了这一问题。但是越来越多的证据表明，雇员并未就其认为的有意义的加薪规模达成一致（见第 8 章）。继续这方面的研究或许有助于确定提高雇员绩效所需的大致加薪规模。[138]

第四，在不同绩效水平之间的加薪级差方面，绩效加薪矩阵可能有所不同。图表 11 - 11 基本上是用 1% 的加薪幅度来奖励连续的绩效水平（至少对于矩阵中获得绩效加薪的绩效水平而言）。不同绩效水平之间更大规模的加薪级差标志着组织通过提高加薪额来认可雇员绩效的坚定承诺。不过，大多数组织在确定加薪额时都要考虑与成本的平衡问题。较大的加薪级差会导致更高的成本。当资金紧张时，这种方法的吸引力会大大降低。图表 11 - 13 显示了在成本约束（加薪预算）已知的情况下如何建立绩效加薪表。图表 11 - 14 展示了一家知名且受人尊敬的家装公司 Room & Board 如何设计薪酬与绩效之间的联系。

图表 11 - 13　绩效加薪表

绩效加薪表结合三个变量：绩效水平、雇员在工资全距内的分布和绩效加薪比例。

举例

1. 假设有一个从 A 到 D 的绩效评级量表：30% 的雇员被评价为 A，35% 的雇员被评价为 B，20% 的雇员被评价为 C，15% 的雇员被评价为 D。将百分比转化为小数。

A	B	C	D
0.30	0.35	0.20	0.15

2. 假设一个工资全距分布：10% 的雇员处于工资全距的第四个四分位数，35% 的雇员处于第三个四分位数，30% 的雇员处于第二个四分位数，25% 的雇员处于第一个四分位数。将百分比转化为小数。

1	0.10
2	0.35
3	0.30
4	0.25

3. 把绩效分布乘以工资全距分布以获得每个单元格中雇员的比例。单元格的数值＝绩效分布×全距分布。

	A	B	C	D
1	$0.30×0.10=0.03$	$0.35×0.10=0.035$	$0.20×0.10=0.02$	$0.15×0.10=0.015$
2	$0.30×0.35=0.105$	$0.35×0.35=0.122\ 5$	$0.20×0.35=0.07$	$0.15×0.35=0.052\ 5$
3	$0.30×0.30=0.09$	$0.35×0.30=0.105$	$0.20×0.30=0.06$	$0.15×0.30=0.045$
4	$0.30×0.25=0.075$	$0.35×0.25=0.875$	$0.20×0.25=0.05$	$0.15×0.25=0.037\ 5$

单元格中的数值告诉我们，3% 的雇员处于工资全距的第四个四分位数并获得等级为 A 的绩效评价，10.5% 的雇员处于工资全距的第三个四分位数并获得等级为 A 的绩效评价，等等。

4. 在单元格之间分配绩效加薪比例，按照绩效分布和工资全距分布改变加薪比例。例如，将 6% 的加薪比例赋予 A1，将 5% 的加薪比例赋予 B1。

5. 把绩效加薪比例乘以每个单元格的雇员分布。各个单元格所得到的乘积总和应该等于总的绩效加薪比例。例如：

$$6\%×单元格\ A1=0.06×0.03=0.001\ 8$$
$$5\%×单元格\ B1=0.05×0.035=0.001\ 75$$
$$⋮$$

目标加薪比例等于以上每个乘积的总和。

6. 为了不超出绩效加薪预算，根据需要调整各个单元格之间的加薪比例。

图表 11 - 14　Room ＆ Board 公司绩效与薪酬的关联

当我们启动当前经营规划程序时，我们将总薪酬增长目标定为 3%。这只是一个指导原则，并不意味着你可以将它作为一个模板全面应用于整个团队。当你与你的团队一起工作时，应该记住这个指导原则，以确保不会违反我们的总薪酬计划。

为确定今年你团队成员的加薪额，作为对你的个人决策的支持，你应当考虑以下因素：个人的优先级和衡量标准、你的团队评估、计分卡数据以及你的市场和区位表现。薪酬应当与个人的贡献相匹配。我们需要考虑针对高绩效雇员的长期薪酬战略，并且确保他们每年都能获得具有竞争力的加薪。但是，我们不希望在任何一个年份薪酬增长太过激进，因为咄咄逼人的薪酬增长会导致我们失去未来进行竞争性加薪的空间。

强大贡献者/高绩效雇员

对于那些工作绩效突出，激励自己置身于推动公司业务成长和发展，各方面表现超出你的预期的雇员，应当给予他们强力的加薪。（作为一种指导原则，我们假设你的团队中只有一小部分成员符合这个加薪标准。）你的绩效标准应当既包含主观性衡量指标，又包含客观性衡量指标，同时还应当包含个人完成绩效的方式。那些勇于挑战自己，积极提升劳动生产率，并且在工作行为上与我们的组织文化保持一致的雇员，应当获得强力的加薪。

强力加薪举例

计时工资制雇员：加薪 0.75～1.00 美元。

（对于每小时工资为 18 美元的雇员而言，这相当于每小时获得 4.2%～5.6% 的加薪。）

年薪为 40 000～55 000 美元的雇员：加薪 2 000～2 500 美元。

（对于年薪为 45 000 美元的雇员而言，这相当于每年获得 4.4%～5.6% 的加薪。）

对于年薪超过 55 000 美元的雇员，应该获得大约 4% 的加薪。

稳健、核心贡献者

对于那些为组织作出卓越贡献并且根据自己为组织带来的收益获得合理报酬的雇员，应当给予适度加薪。我们再次假设，他们是核心、稳健的贡献者，每天专注于工作并且善于学习，他们公平地获取报酬。你团队中的绝大部分成员应当符合这些标准。这一方法在确保雇员薪酬水平能够与市场接轨的同时，也为你节省了大量资金用于奖励你的关键贡献者。如果你觉得核心贡献者获得的薪酬与他们的角色不相称，你可以与负责人力资源管理的同事讨论是否有必要对其进行强力加薪。

适度加薪举例

计时工资制雇员：加薪 0.50～0.75 美元。

（对于每小时工资为 18 美元的雇员而言，这相当于每小时获得 2.8%～4.2% 的加薪。）

年薪为 40 000～55 000 美元的雇员：加薪 1 000～1 500 美元。

（对于年薪为 45 000 美元的雇员而言，这相当于每年获得 2.2%～3.3% 的加薪。）

对于年薪超过 55 000 美元的雇员，应该获得大约 3% 的加薪。

非贡献者

与往年一样，对于那些没有为组织作出明显贡献，并且（或者）在提升贡献和改进工作行为方面没有作出努力的雇员，不应当被纳入加薪的考虑范围。我们希望你全年都找这些人谈话，并且确保你不给予他们年度加薪的决策不会让他们感到惊讶。

我们也希望，那些没有获得加薪的人继续得到积极的管理，这样就可以确保他们要么在合理的时间内能够作出组织可接受的贡献，要么从我们的组织中获得指导。

资料来源：Based on documents provided by Nancy McGough, Human Resource Director at Room ＆ Board, April 7, 2011.

本章小结

评价雇员绩效的过程既耗费时间，又让人面临压力。如果绩效评价制度设计不完善或者评价者在收集绩效数据方面缺乏有效的培训，困难就会进一步加剧。开发完善的绩效评价制度需要了解组织目标与每种评价制度的相对优点之间的平衡。例如，基于雇员绩效排序的评价制度虽然具有内在的局限性，但对于那些由于多种原因选择不将薪酬与绩效挂钩的小型组织而言，这种评价制度或许比较合适；而复杂的目标管理评价制度可能并不适合这类组织。

对主管有效开展绩效评价工作进行培训，需要理解组织的目标。我们对评价者如何处理信息和如何评价雇员绩效知之甚少。但是，全面理解组织目标并熟悉评价的常见错误可以对评价质量的改善产生重大影响。

复习题

1. 我们深入讨论了改进绩效评价的几种方法。请选出你认为最有应用前景的一种方法，并说明你的理由。

2. 你拥有一家有 93 名非豁免型雇员的非工会化公司。所有这些雇员的工作内容是将书籍打包，然后运送到全美国的客户手中。由于工作绩效的巨大差异，你决定尝试对雇员进行绩效评价——这是以前从未做过的。直到现在，你一直向雇员支付相同的加薪额。现在你想评价雇员绩效并向绩效最优的雇员支付更大的加薪额。没有任何更多的信息，你认为在五种绩效评价模式中哪种模式最合适？说明你的理由。在实施新的评价制度后，你认为雇员会抱怨或作出其他评论吗？

3. 回忆一下你最近参与的一个团队项目。描述一下该项目，并确定你认为适用于评价团队成员绩效水平的三个绩效标准。每个团队成员能够在这些维度上评价彼此的绩效吗？团队成员的绩效评级应该只用作反馈，还是应用于反馈和整体评级（当然，要获得老师的同意）？老师应该以所有这三个绩效标准来评价团队成员在团队任务中的绩效吗？这些问题与建立 360 度绩效评价有怎样的关系？

4. 你所在公司应收账款部门的非洲裔美国雇员安杰拉·莱西（Angela Lacy）提起了歧视指控，声称在晋升过程中遭受了不公正待遇，加薪额经常少于绩效较低的雇员。你不得不去面见你的老板——人力资源副总裁，并解释你的人力资源制度中哪些要素可以用来为你辩护。你希望你在过去建立和实施人力资源制度中所做的哪些事情可以帮助你来反驳歧视指控？

案例练习　美国能源开发公司的绩效评估

背景

美国能源开发公司（American Energy Development）使用垂直和水平（"水力压裂"）钻井程序钻探石油。在宾夕法尼亚州和得克萨斯州，这些业务主要通过有限合伙制获取融资。该公司识别出那些成为有限合伙人的投资者，他们参与投资的油井成功钻探后，他们会分享由此带来的收益。

美国能源开发公司的创始人罗恩·罗伯逊（Ron Robertson）最近去世。他的儿子约翰·罗伯逊（John Robertson）于 2014 年接任公司首席执行官，并实施了一项比他父亲更为激进的土地收购战略（用于钻井）。该公司去年筹集 2 亿美元用于购买得克萨斯州的土地。事实上，由于得克萨斯针对水力压裂法的环境法规更为宽松，许多钻井业务正从宾夕法尼亚州转移到得克萨斯州。16 个月前，公司雇用六名新雇员来帮助启动得克萨斯州的业务。此外，有七名雇员自愿从纽约州布法罗总部迁至达拉斯沃思堡。作为对这个新基地建设的承诺，约翰·罗伯逊也从公司总部迁至达拉斯沃思堡。首席运营官兼总裁唐·韦尔奇（Don Welch）仍留在布法罗负责运营相关业务。

现在

约翰·罗伯逊是从积极进取、快速行动的华尔街转行而来。作为一名经纪人，他一直受华尔街商业文化的"哺育"——严格的绩效评价制度和大手笔奖励成功者、迅速抛弃失败者的激励制度。他想在达拉斯沃思堡的办公室灌输与华尔街完全一样的商业文化。当他在 16 个月前雇用这六名新的关键雇员时，他与他们的早期讨论内容包括这样一个事实：公司不接受失败。拥有一份工作不是每个人的权利，必须通过每天的奋斗得到。在这六名新雇员中，有两名由于不同的原因脱颖而出。

比利·雷·詹森

比利·雷·詹森（Billy Ray Jenson）是一名石油工程师，毕业于得克萨斯大学石油工程专业，拥有 30 年的工作经验。他被美国能源开发公司聘为高级工程师，基本工资为 21.6 万美元，这一数字与市场工资标准相当。在得克萨斯州，市场工资标准是一个很难确定的数字。在近几十年天然气和石油经济最严重的低迷时期，超过 10 万名雇员被解雇。比利·雷很感激能得到一份薪酬非常具有竞争力的工作。如果他是该领域创纪录的工程师，对于任何"碰巧"出油的油井，他也有资格获得 3% 的奖金。根据与约翰·罗伯逊的协议，比利·雷将在两周内得到他的第一份全面绩效评价。

伊丽莎白·安德鲁斯

伊丽莎白·安德鲁斯（Elizabeth Andrews）也是一位石油工程师。她有 14 年的工作经验，年薪为 16.5 万美元，奖金安排与其他石油工程师一样。伊丽莎白非常聪明，也很有进取心。她对使用全息技术的钻井程序提出了一些建议，这种技术已经使干井数量减少了 11%。

绩效考核制度

约翰·罗伯逊在新雇员被录用时就告诉他们，他会根据自己对他们绩效的看法开展绩效评价。大约一年前，他提供了一份绩效评价表，其中包括按照五等分法进行评级的四个绩效维度。他还说明了与每个评价等级相关的基本工资增长额。绩效维度和绩效加薪比例如下页表格所示。

约翰·罗伯逊的担忧

约翰·罗伯逊显然有他父亲的 DNA。他特意选择了一般性绩效维度，因为他认为石油行业瞬息万变，需要那些愿意面对大量模糊性工作的人。他不希望被束缚在具体的

绩效维度	绩效量表				
	很好	良好	一般	较差	很差
	1	2	3	4	5
绩效加薪比例（%）	8	5	3	1	0
团队合作					
劳动生产率					
质量					
工作努力程度					

团队合作：能够与团队成员很好地合作，并像珍视自己的努力和贡献一样珍视他们的努力和贡献。

劳动生产率：在约定时间内完成所分配工作的数量。

质量：消除错误，杜绝抱怨。

工作努力程度：按时上班，实际工作时间比预期长。

绩效指标上，因为如果雇员认为自己没有得到公平对待，就可以用这些指标来找他的麻烦。他把大多数雇员的绩效评级定为"一般"或"良好"。不过，有两名雇员给他带来了一些麻烦。他喜欢将评级与绩效挂钩。他倾向于将比利·雷·詹森的绩效评级定为"很好"，这将导致8%的绩效加薪。但约翰又不太愿意给比利·雷这么大的加薪幅度，因为他觉得他一开始就给了石油工程师过高的薪酬。毕竟，在得克萨斯州有数百人可以胜任这份工作，而且他相信他们都愿意接受更低水平的薪酬。他不能将比利·雷的绩效评级定为"很好"，而只能给他3%的绩效加薪。绩效加薪表是所有雇员都知道的。因此，约翰决定将比利·雷的绩效评级只定为"一般"。比利·雷在团队合作和工作努力程度这两个绩效维度上很出色，没有问题。所以约翰决定大幅降低比利·雷在劳动生产率维度和质量维度上的绩效评级。比利·雷有一些很有前景的油井，这些油井看起来可能会交付投产，而且他在一年时间内钻探的油井数量是达标的。但是这些油井目前都还没有生产。所以约翰认为他可以在这个绩效维度上降低对比利·雷的评级。约翰还决定降低比利·雷在质量维度上的绩效评级。由于没有任何硬性和快速的质量衡量标准，所以约翰可以证明任何他想要得到的绩效评级的合理性。

约翰对伊丽莎白·安德鲁斯有不同的看法。她进取心十足，而且咄咄逼人。她表现出极大的工作主动性，但其他工程师抱怨她不善于团队合作。这些工程师请她帮助他们使用全息技术，声称这将有助于他们判断一口井是否值得钻探。大多数情况下她会拒绝，声称自己把所有精力都用在勘探自己的油井上。她建议其他人自行参加得克萨斯大学达拉斯分校的在线课程，学习如何使用全息技术。在其他绩效维度上，伊丽莎白是相当好的。她同比利·雷一样努力工作，有两口油井已经开始生产，一年的产量远远超过行业标准，而且据他所知，它们没有任何质量问题。由于其他雇员的抱怨，约翰倾向于将伊丽莎白的绩效评级定为"一般"。这些家伙认为她不是一个团队合作者。

约翰·罗伯逊的行动

约翰给这两位雇员的绩效评级都是"一般"。比利·雷泰然自若地接受了消息和反馈。然而，六天后，他递交了辞职书，在一周内生效。不过，两天后他又作出了一个非常奇怪的举动，要求撤回这份辞职书，并重返工作岗位。约翰接受了他的请求，继续将比利·雷聘为自己的雇员。

伊丽莎白则更具对抗性。她坚持认为自己确实是一个很好的团队合作者，其他人总是在利用她，以至于她没有时间做自己的工作。她声称她是利用自己的时间主动去上网络课程，其他人也可以这样做。此外，针对公司对她质量绩效维度的评级，她说她在一年的时间里就有两口油井投入生产，这是一个惊人的纪录，而且比约翰为新办公地雇用的其他石油工程师都要好。这种说法是准确的。伊丽莎白在会议期间没再多说，但很不高兴地离开了办公室，也许如此沮丧的她要做点什么。

问题：

1. 你认为绩效评价制度和伴随的绩效加薪制度存在什么问题？在绩效评价过程中，这些问题是否导致了约翰与他的两名雇员之间的矛盾？

2. 在早期的沟通过程中，约翰应该做些不同的事情来改善后期的绩效评价吗？

3. 比利·雷应该辞职吗？为什么？约翰应该接受他回来吗？比利·雷或许还会采取什么可能对公司造成损害的行动？

4. 伊丽莎白是否得到了公平待遇？工作主动性应该被作为一个绩效维度吗？她还会采取什么行动？她能提出自己受到歧视的理由吗？如果存在歧视问题的话，公司应该怎样为自己辩护？

附录 11 - A　平衡计分卡示例：美国能源部（联邦个人财产管理计划）

平衡计分卡的视角

客户视角

客户视角能够使组织将核心评价指标（客户满意度）与目标客户保持一致。从这一视角看，主要目标是向内部和外部的客户提供有效的服务，并与其建立有效的伙伴关系。在评估任何联邦个人财产管理计划的健康性方面，有效的服务和伙伴关系是必不可少的组成要素。

内部业务流程视角

内部业务流程视角的各个目标共同确保一个有效的联邦个人财产管理计划能够：（1）支持客户需求；（2）为直接运营个人财产提供有效的生命周期管理（责任、使用和处置）；（3）对负有联邦个人财产管理计划责任的实体保持监督。联邦个人财产管理计划中的关键流程必须受到监督，以确保结果满足计划目标。这一视角之所以重要是因为：它不仅涉及为满足客户和利益相关者的要求和期望所必须开发和维护的内部业务流程，而且涉及导致财务绩效成功和客户满意度提升的内部业务流程结果。在任何个人财产管理组织中，都有许多内部业务流程需要管理层重点关注，以确保客户和利益相关者的需求和期望尽可能得到有效满足，同时兼顾财务视角中的成本效率问题。

学习和成长视角

学习和成长视角下的两个目标促进组织和个人的成长，它将为联邦个人财产管理计划带来长期收益。联邦个人财产管理计划的绩效要想在长期中得到提升，这些目标就必须实现。虽然其他视角中的目标确定了联邦个人财产管理计划必须在哪些方面实现突破性绩效增长，但学习和成长视角中的目标为推动实现其他视角中的目标提供了基础条件。学习和成长视角的目标是推动其他视角实现卓越的内在力量。

这一视角之所以重要是因为它旨在促进个人和组织的成长，这是联邦个人财产管理计划实现未来成功的关键因素。支持这一视角等同于：承认顶层战略目标与提升雇员技能和激励雇员所需活动之间的联系；提供信息；使个人、团队和单位与整个能源部的战略和长期目标保持一致。对这一视角中的衡量指标的因果关系的分析清晰表明：雇员满意度、雇员团结和信息可得性都是实现其他视角所述目标的关键贡献因素。

财务视角

财务视角的目标是努力实现联邦个人财产管理计划的最佳效率。为实现这一目标，需要通过流程分析来确定：（1）成本和绩效的长期趋势；（2）可以用于产生最佳效率的流程变革。负有联邦个人财产管理计划责任的实体的成功应该由这些实体如何高效率、有成效地满足客户的需求来衡量。这一视角之所以重要，是因为优化联邦个人财产管理计划的成本效率可以确保为能源部及其外地组织为完成主要使命提供最大数量的资金。为应对创建效率更高、成本更低的商业计划的挑战，管理者必须确保联邦个人财产管理计划运营成本的最小化。

目标、评价标准和指标

总体

每个联邦个人财产平衡计分卡都应当包括全国性和地方性两个层面的绩效目标、评价标准和指标。平衡计分卡全国性构成要素由能源部负责开发，用于支持能源部的使命、愿景和战略。平衡计分卡地方性构成要素根据具体地点的任务和需要由当地开发。

全国性（核心）评价指标

联邦个人财产平衡计分卡所包括的核心评价指标是能源部要求所有负有联邦个人财产管理计划责任的实体在适用情况下实施的指标。评价的公式和方法应当尽可能保持标准化。有些核心评价指标可能包含核心和可选两种要素。核心要素是能源部要求所有实体在适用的情况下实施评价时必须考虑的联邦个人财产管理计划的相关方面。可选要素是能源部建议而非要求有关实体在适用的情况下实施评价时予以考虑的联邦个人财产管理计划的相关方面。

地方性评价指标

联邦个人财产平衡计分卡也应当包括地方性的评价指标，以追踪当地重要领域的绩效。以下是目前整个能源部系统正在使用的地方性评价指标的例子。

1. 客户视角

客户维护和更新数据库时关键财产数据要素（例如，财产控制数、命名表、部件/产品型号和序列号）的准确度百分比。

2. 内部业务流程视角

- 管理期内财产管理流程再造的次数。
- 管理期内个人财产丢失、损坏、破坏和（或）被盗的百分比或价值（购置成本）。
- 管理期内发现的个人财产项目的价值（购置成本）。
- 管理期内执行的计划内财产管理评审的百分比。

- 管理期内完成的计划内财产管理初审的百分比。
- 在收到申购或转让订单××天内运送的多余或过剩财产的百分比。
- 在完成规定的检查后××天内售出的具有销售价值的有用财产的百分比。
- 可靠的财产、行政和财务制度出台和整合的程度。
- 及时（按照当地定义）解决政府设备问题的百分比。

3. 学习和成长视角

- 管理期内向个人财产保管员/代表提供的用于支持平衡计分卡目标的课程/培训数量。
- 管理期内参加用于支持平衡计分卡目标的课程的个人财产保管员/代表的百分比。
- 接受有关财产管理责任培训的个人财产保管员/代表的百分比。
- 参加财产管理基础课程的个人财产专业管理人员的百分比。
- 参加财产管理相关培训（例如，非军事化、高风险、NPMA）的个人财产专业管理人员的百分比。
- 管理期内雇员提出的用于支持平衡计分卡目标的建议被采纳的数量。
- 拥有与平衡计分卡目标相关的专业资格证书的个人财产专业管理人员的百分比。

4. 财务视角

- 销售剩余资产所获净收益占资产购置成本的百分比。在站点内部产生并在该站点内部回收利用的剩余财产的货币价值。
- 在外部（即能源部其他站点和其他联邦机构）产生并被该站点利用的剩余财产的货币价值。
- 管理期内完成的回收利用筛查交易（数量和货币价值）。

附录 11-B　领导力维度评价表范例：辉瑞制药有限公司

地区经理基准胜任力评价

雇员姓名：　　　　　　　　　　　　　自我评价：〔　　〕

工作名称：　　　　　　　　　　　　　经理评价：〔　　〕　　　（选择一项）

地区名称：　　　　　　　　　　　　　经理姓名：

Ⅰ. 战略胜任力评价	不可接受/需要改进	阶段Ⅰ	阶段Ⅱ	阶段Ⅲ	阶段Ⅳ	评价
1. 领导力						
2. 招聘和甄选						
3. 人员开发						
4. 战略眼光						

胜任力交互对照表

Ⅱ. 核心行为评价	不可接受	需要改进	有时	经常	总是	评价
1. 规划与组织						
2. 影响						
3. 工作知识						
4. 问题分析						
5. 沟通能力						
6. 游说技能						
7. 判断						
8. 灵活性						
9. 政治洞察力						
10. 敏感性						
11. 团队合作						

Ⅲ. 雇员评价

雇员签名：   日期：

主管签名：   日期：

地区经理战略胜任力

以下所示是地区经理所需的四个战略胜任力之一。

1. 领导力

	阶段 Ⅰ	阶段 Ⅱ	阶段 Ⅲ	阶段 Ⅳ
描述符	正在学习如何管理地区，并且正在参与 TACU 过程。	协调所在分部的地区活动并参与 TACU 过程（例如，完成经营计划）。	成功领导和管理自己的代理人，同时积极为 TACU 过程作出贡献。	在地区、分部和 TACU 担任领导者。愿意承担合理的风险以推动代理人/TACU/地区/区域进行更前瞻性的思考。

续表

	阶段 Ⅰ	阶段 Ⅱ	阶段 Ⅲ	阶段 Ⅳ
领导销售战略与策略的实施	● 向代理人指出哪些工作活动更重要（例如，向代理人传达地区标准）。	● 确保代理人贯彻代理区内必须执行的工作活动（例如，与医生通话、样品滴注，以及计算机数据录入等）。 ● 实施针对目标客户的销售策略。	● 确保代理人理解他们的活动如何影响地区、区域、州以及美国制药行业的目标（例如，定期评审代理区、地区和区域的结果以强化视线范围）。 ● 设计和管理一个全面的目标客户销售过程，包括联合促销、政府关系、CEC、专业性、LMM 及 MSL。	● 在实施和激励地区、区域和 TACU 的成功愿景方面担当领导角色（例如，与 TACU 成员合作以对客户和辉瑞是否最优为依据对结果进行清晰界定，并开发适用于美国制药生产线的创新性方法）。 ● 理解在地区、区域及美国医药行业工作的政治关系（例如，与当地社区领导、雇主团体、公司联盟、MCO、医疗团体以及医学院院长之间的关系），并将这种理解用于开发目标客户销售战略。
利用内部/外部关系传递价值	● 参加 TACU 会议。 ● 在 TACU 会议中主要关注与自己产品或部门相关的问题。 ● 关注其他地区经理在学习管理、领导技术和方法方面取得的成功。 ● 劝阻或反驳那些负面的、对公司不利的评论。 ● 经常关注个体贡献者，但也鼓励使用团队方法（例如，激励代理人去协调经营计划、目标、发言人及呼叫周期）。	● 为 TACU 的讨论建议议程。 ● 积极与来自其他地区的地区经理建立联系，学习他们的成功经验。 ● 认可并鼓励使用团队方法来实现目标（例如，承认代理人对优先联合促销行动的支持）。	● 支持将 TACU 作为销售过程中的一个战略优势。 ● 与联合促销伙伴无缝合作。定期参加强化联合促销关系的活动，以最大化他们的利益（例如，公开分享资源、知识和经验以促使代理人/地区经理掌握市场情况）。 ● 专注于扩大辉瑞的市场份额和提高盈利能力（例如，采用以客户为中心而非分部为中心的销售策略）。	● 作为满足美国制药战略目标的关键要素而优化 TACU 和 LAT 流程的价值。 ● 激励并促进与 CEC、MSL、MSM、总部以及一线销售团队成员的合作（例如，识别各种机会，在这些机会中蓄积资源将增加成功的可能性；匹配可以从合作中获益的一线销售团队成员）。

续表

	阶段 I	阶段 II	阶段 III	阶段 IV
提高一线团队的工作绩效并开发高绩效的团队	● 让自己与代理人保持相同的标准（例如，始终如一地守时、及时归档报告、乐于做好细节等）。 ● 密切地管理代理人的活动。	● 以身作则——亲自展示代理人获取成功必须具备的核心行为、技能、知识和特质。 ● 理解情境领导的原则及如何利用它提升绩效（例如，承认个体差异，但倾向于依赖一种首选的领导风格/方法）。 ● 在团队成员之间灌输一种责任感（例如，要求代理人评价他们对地区结果的贡献和影响，不对代理人进行微观管理或压制管理等）。	● 通过设定代理人认为具有挑战性但可以实现的绩效标准来提升代理人的绩效。 ● 应用情境领导的原则（例如，使用多重领导风格并根据个人的需要/环境调整领导方法）。	● 提升分部、TACU、地区和区域范围之外的一线团队的绩效。 ● 向同行寻求有关开发高绩效团队的建议。 ● 作为一种由 IMDI、情商、360 度反馈和情境领导力调查所度量的情境领导的典型而获得代理人、同行、区域经理及销售副总裁的认可。
管理冲突并为获取成功而作出艰难的地区定位决策	● 在与个体代理人打交道或在 TACU 层面处理事情时，学会暴露并管理冲突（例如，当代理人编造借口时予以指出）。	● 不要等到绩效问题发生后再解决（例如，尽早解决重要工作活动的绩效不足）。	● 认识到改进策略和（或）实践的机会并采取相应的行动。 ● 在适当的时间框架内使用适当的文件作出艰难的决策（例如，经过几次绩效讨论后将某个代理人置于最终试用期，并向该代理人说明如何纠正自己的行为）。	● 被同行、总部和销售领导征询关于业务、客户、市场及人员问题的建议、忠告和帮助（例如，被区域经理或销售副总裁推荐参加各种建议小组）。
利用多样性的好处（一线销售团队和客户）	● 理解代理人和客户都有个人的需求和风格，并尊重这些差异。	● 帮助代理人理解和尊重个人差异。 ● 招聘多样化的候选人来补充当前的一线销售团队（例如，与少数族裔的招聘人员合作以甄选优秀人才）。	● 根据个人和客户的需求/风格调整管理方式。 ● 采用多种技能和观点来提升团队的整体效率。	● 承认并利用个人的背景、经验和优势以使地区绩效最大化。 ● 由于他对利用多样性提高效率的贡献而被代理人、同行及区域经理认为是一个榜样（例如，帮助其他人发展与少数族裔招聘中心的关系）。 ● 评估个人的背景和优势，并将它们与具体的行动相匹配以使地区绩效最大化。

说明：地区经理将被要求保持对先前几个阶段行为的展示/掌握。

注　释

第 V 篇

雇员福利

在地上挖两个坑，在第一个坑中埋入 10.25 美元，在第二个坑中埋入 18.38 美元。现在开始，从周一到周五，从早上 8 点到下午 4 点，每小时都挖这样的坑，并相应增加埋入坑中的美元金额。就让这些钱留在地下做你的天竺葵的昂贵肥料吧。你或许会问：为什么是这些金额的美元？为什么要把它们埋入后院？其实，这些金额分别是私人企业和州政府或地方政府每个星期向全日制雇员支出的每小时福利成本。我们想通过这种方式说明：我们不清楚把这些钱埋入地下是否会比投资在雇员福利上更糟糕。有点残酷是吗？特别是考虑到 75% 以上的雇员声称福利对于他们决定是否接受一份工作极其重要（33%）或很重要（45%）时，我们从情理上更加难以接受这种残酷性。传统观点认为，雇员福利会影响组织对雇员的吸引力，但是还没有明确的研究证据支持这一结论。对于一种完善的福利计划的其他每一种潜在回报也同样缺乏研究证据的支持。

唯一绝对的现实是：雇员的福利成本每年超过 10 万亿美元。或许是时候考虑以这种方式支出公司资金是否合适了。毫不奇怪，公司越来越关注雇员报酬的这一重要组成部分。它代表一种没有明显回报的劳动力成本。

加剧这种担忧的是一直存在的权利观念问题。雇员将福利看作一种权利，认为这种权利与他们和组织的绩效无关。降低福利水平或福利项目的努力都会招致雇员的抵制和不满。只要去问一下通用汽车、福特或克莱斯勒的雇员和退休人员就知道了。为了降低竞争的成本，汽车制造行业正在削减在职雇员和退休人员的福利。

假设组织必须尽可能地找到控制福利成本的方法，本篇则着重于寻找从福利支出中获取最大收益的途径。作为实现这一目标的第一步，第 12 章讨论了组织在建立和维护一种福利计划方面应该解决的问题。该章介绍的福利决定过程模型也提供了思考雇员福利问题的框架。第 13 章总结了当前的雇员福利状况。希望这可以为今后创建新型、高效的福利组合奠定基础。

第 12 章
福利的决定过程

你能够用 10 万亿美元做什么?[1] 帮助平衡预算? 买几本新版的《薪酬管理》? 答案是你可以用这笔钱支付当今美国所有雇员的福利。很难相信雇员的福利成本如此之高。当我们看看在不太遥远的过去被当作雇员福利的东西时,就会特别难以相信这一点:

● "1875 年,美国运通(American Express)推出了一项正式的养老金计划,允许工作年限在 20 年以上的雇员在 60 岁退休,退休时领取一半的工资。在此之前,养老金福利(如果有的话)是由公司以非正式的方式发放给那些失去工作能力的人。"[2] 最终,将退休年龄定在 65 岁成为各个公司的常见做法。当时,35 岁人口的预期寿命是 66 岁。如今,35 岁人口的预期寿命是 78 岁。"随着预期寿命的不断延长,为这项福利筹措资金成为日益令人关切的问题。"[3]

● 1880 年,一家马车店发布了一套雇员管理制度,其中规定:"除了安息日,每天的工作时间从上午 7 点到晚上 9 点……当雇员在公司工作满五年后,只要公司的经济状况允许,他每天将获得五美分的加薪……每个雇员义不容辞的责任是将自己每月工资的至少 10% 存起来以备晚年之需,这样才不会让自己成为其他人的负担。"

● 1915 年,钢铁行业的雇员每周的标准工作时间是 60~64 小时,直到 1930 年才缩短到 54 小时。

● 直到 1929 年,蓝十字预付医疗费用的理念才被引入。

● 在 1935 年以前,只有一个州(威斯康星州)为那些不是因为自己过错而失业的雇员制定失业补偿福利计划。

● 在第二次世界大战之前,很少有公司为小时制雇员的休假支付工资。大多数公司都会告知雇员在节假日不需要上班,可以好好享受假日时光,但他们的工资总额在接下来的一周会变少。[4]

与这些过去的"福利"相比,今天的福利似乎令人震惊。看一看《财富》杂志评出的"全美百家最适合工作的公司"中有哪些事情是常见的。[5] 这些公司认识到满足雇员的需求是吸引和留住优秀雇员的关键因素。一流的福利计划包括由如下项目构成的福利组合:教育费用报销;现场儿童保育服务、汽车清洗、财务咨询、家政服务;退休福利。[6] 想想谷歌的一些额外福利吧,这家公司又出新招:刚刚升级了雇员育儿假计划。谷歌的新晋父母们都有长达 12 周的带薪育儿假,还可获得 500 美元的"婴儿抚养费"。与此同时,谷歌在志愿者活动、现场健身中心、医疗保健、奢侈午餐补贴和大学学费报销等方面也有宽松的政策。[7]

显然，谷歌认为，这些额外的服务都是重要的就业福利，可能会使公司吸引、留住和激励雇员变得更加容易。但事实上，我们连最普通的福利能否带来积极回报都不得而知。我们确实知道，雇员一直将福利作为提升工作满意度的一个关键因素，尽管只有不到50%的雇员对他们的福利感到满意。[8]另外，在雇主支付的成本与雇员感知到的价值之间存在着错配：福利成本远远高于雇员的估计。[9]

如图表12-1所示，**雇员福利**（employee benefit）不能再被称为"附加福利"。在美国私人部门雇主中，福利的平均成本为10.25美元，占总薪酬（基本工资＋福利）的30%，相当于在每1美元基本工资的基础上再加44美分。图表12-1还显示包括基本工资和福利在内的总薪酬成本在大公司比小公司高得多。[10]

图表 12-1　按组织规模划分的美国私人部门的计时薪酬和福利总成本

	组织规模		
	全部	雇员人数 1~99 名	雇员人数 500 名以上
总薪酬（美元）	33.72	28.30	48.50
基本工资（美元）	23.47	20.51	31.59
福利（美元）	10.25	7.79	16.91
福利/总薪酬	30%	28%	35%
福利/基本工资	44%	38%	54%

资料来源：Bureau of Labor Statistics, U. S. Department of Labor. *Employer Costs for Employee Compensation—December 2017*. USDL-18-0451. March 20, 2018.

为举例说明在一个特定的公司中福利成本是如何运作的，可以想象一下美国三大汽车制造商（福特、通用汽车和菲亚特克莱斯勒）装配线上的汽车。从历史上看，汽车工人的医疗保险成本一直高于制造汽车的钢铁成本，而这些医疗保险成本现在仍然居高不下。[11]更具挑战性的是美国三大汽车制造商正在与外国汽车制造商竞争，而后者在美国工厂的工人更年轻、更健康，因此医疗保险成本要低得多。（而且，外国汽车制造商退休的雇员（如果有的话）非常少，这也降低了它们的退休福利成本。）这就给美国三大汽车制造商带来了挑战，它们需要生产同等价格、同等质量的汽车来参与竞争。

如图表12-2所示，雇主的福利支出随着时间的推移而上升。在1955—1975年的20年时间里，雇员福利成本的上升速度几乎是雇员工资或消费者物价指数上升速度的四倍。[12]之前，美国三大汽车制造商在每辆20 000美元的汽车上花费1 200美元用于工人的医疗保险。它们设法降低成本，不过，在几年前，福特为其在美国实行计时工资制的工会化雇员支付的医疗保险费用每年仍高达8亿美元。那一年美国汽车产量为2 492 168辆，算下来，每辆车仅用于支付医疗保险的成本大约是320美元。[13]

养老金成本也是各个公司面临的一大挑战。按美元计算，通用电气的养老金计划资金缺口在全美最大，达到310亿美元。（按百分比计算，英特尔和达美航空的养老金计划资金缺口在全美最大，两家公司的资金投入都不到其养老金负债的50%。）更普遍的是，最近一期的《米立曼公司养老基金研究》（*Milliman Corporate Pension Funding Study*）报告称，养老金资金不足已呈蔓延之势。即使在经历了一轮强劲的投资回报后，美国最大的100家公司的养老金仍严重不足。平均而言，86%的养老金负债是有资

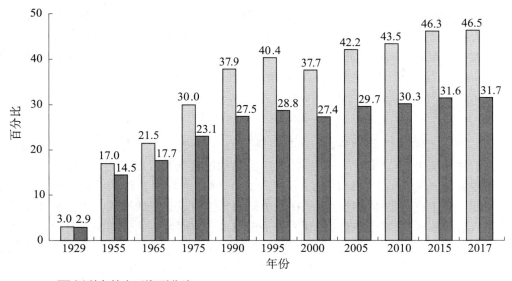

图表 12-2 福利支出的变化

资料来源：Data through 1990，U. S. Chamber of Commerce Research Center，Employee Benefits 1990，Employee Benefits 1997，Employee Benefits 2000，Washington，DC：US Chamber of Commerce，1991，1997，and 2000. Data from 1995 onward：Bureau of Labor Statistics，U. S. Department of Labor. "Employer Costs for Employee Compensation."

金支持的，但资金总缺口达 2 520 亿美元。[14]公共部门养老金计划资金不足问题更为严重。米立曼对 100 个最大的公共部门养老金计划的分析发现，其养老金计划的平均资金支持率为 71%。[15]资金支持率最高（98.2%）的养老金计划是威斯康星州的退休制度。养老金计划资金支持率最低的是康涅狄格州、伊利诺伊州、肯塔基州和新泽西州。例如，根据不同的养老金计划，伊利诺伊州的资金投入占养老金负债的比例为 30.6%～39.6%。随着婴儿潮一代陆续退休，本已不堪重负的州预算面临更大麻烦。

> **雇员福利** 是总体薪酬组合的一部分。除了向雇员的工作时间支付报酬外，雇主还以承担全部或部分费用的方式向雇员提供各种福利待遇，如人寿保险、养老金、工伤赔偿以及休假等。

12.1 雇员福利为何增长？

由图表 12-2 可知，福利成本长期以来呈增长趋势，目前已占总薪酬的 30% 以上。有几个因素导致了福利成本的增长。

12.1.1 工资与物价管制

在第二次世界大战和朝鲜战争期间，美国联邦政府制定了严格的**工资与物价管制**

(wage and price control) 制度。负责实施这些管制制度的管理机构对福利控制相对宽松，允许福利适度增加。由于在工资增长规模上的严格限制，工会和雇主都在寻找新的和经过改进的福利来满足雇员的需求。这是养老金计划、医疗保险、带薪休假以及其他各种在 1950 年之前根本无法想象的福利项目增长的催化剂。

12.1.2　工会

1935 年《瓦格纳法案》（Wagner Act）赋予了工会相当大的力量，而工资与物价管制所营造的环境为工会创造了一个发挥这一力量的绝好时机。20 世纪 40 年代，国家劳资关系委员会（National Labor Relations Board）颁布的几项管理条例允许工会就雇员福利问题与雇主进行集体谈判。由于在战争期间无法推进工资的增长，工会将斗争重点转向引入新的福利并改进现有的福利。战争期间在这方面取得的成功使战后对这些福利的要求进一步增加。主要通过工会（最明显的就是全美汽车工人联合会和钢铁工人联合会）的努力，有几种今天常见的福利形式获得了最初的增长动力，它们是养老金计划、补充失业保险、延长休假时间计划，以及有保障的年度工资计划。[16]

12.1.3　雇主推动

现有的许多福利都是由雇主倡议提供的。雇主的这一主动行动大部分源于对雇员满意度和劳动生产率的关心。工间休息计划的实施原因是雇主认为疲劳会增加事故频率并降低劳动生产率。实施储蓄和利润分享计划（例如，宝洁公司在 1885 年首次实施利润分享计划）是为了提高雇员的绩效和为工人的退休生活提供保障。实际上，许多由雇主发起的福利措施都被用来营造一种氛围，使雇员在这种氛围中意识到资方是在真正关心他们的福利。应该注意到，这些所谓的福利都是建立在信仰的基础上。但它们的成本却是实实在在的：由于没有确凿的数据可以证明雇员福利为公司带来的收益，它们逐渐变成美国劳动力的一项昂贵权利。

12.1.4　福利的成本（含税收）效应

促进雇员福利增长的另一个重要而合理的动力是它们在以下两种情形下的成本效应。第一个成本优势是大多数雇员福利都是免税的。向雇员提供福利而不是同等数额的工资增长可以避免支付联邦和州的个人所得税。虽然现金具有可替代性的优势（即每个人都可以按照自己的偏好使用它），但如图表 12-3 所示，以现金形式向雇员额外支付 1 美元的报酬并不等于雇员的工资就会额外增加 1 美元。在这个例子中，当以现金形式向雇员额外支付 1 美元的报酬时，政府会收取其中的 40 美分，雇员的工资表中只剩下 60 美分。因此，把这些额外的钱以福利的形式投入到雇员收入中会更有效率。

图表 12-3　年薪为 80 000 美元的雇员的边际税率

	名义税率	实际税率
联邦	25.00%	25.00%
州（纽约）	6.65%	4.99%
城市（纽约）	3.59%	2.69%

续表

	名义税率	实际税率
社会保险	6.20%	6.20%
医疗保险	1.45%	1.45%
总税率	42.89%	40.33%

说明：州和城市的税收可以在联邦税收申报单中扣除，从而降低了它们的实际税率。

福利的第二种成本效应产生的原因是雇员能够以比自己单独行动更低的费率获取许多基于团体的福利（例如，人寿保险、医疗保险和法律保险）。团体保险还具有相对宽松的准入标准，这为那些不符合个人投保条件的雇员提供了保障。

12.1.5 政府推动

显然，政府在雇员福利的增长过程中扮演了一个非常重要的角色。州或联邦政府强制规定了三种雇员福利：**工伤赔偿**（workers' compensation）（州政府）、**失业保险**（unemployment insurance）（联邦政府）以及**社会保障**（social security）（联邦政府）。这些法定福利是 20 世纪 30 年代为应对大萧条而实施的新政的部分内容，当时全国失业率超过 20%，而失业保险尚不存在。另外，大多数其他形式的雇员福利还会受到诸如《雇员退休收入保障法案》（Employee Retirement Income Security Act，ERISA）（会影响养老金的管理）和《国内税收法案》（Interal Revenue Code）相关条款的影响。

12.2 雇员福利的价值

图表 12-4 显示了在五项不同研究中雇员对不同福利形式的相对重要性的排序。

图表 12-4 雇员对福利的排序

福利	研究项目				
	1	2	3	4	5
医疗保险	1	1	3	1	1
养老金	2	3	8	3	2
带薪休假	3	2	—	2	3
病假	4	—	5	8	—
牙科保险	5	—	6	6	—
长期伤残	7	—	7	9	6
人寿保险	8	—	4	—	5

说明：—表示在本项研究中未对相关福利做评价。

资料来源：Compiled from five sources. Some of the reward components rated in some of the studies were not traditional employee benefits and have been deleted from the rankings here. The five sources were: Employee Benefits Research Institute and Matthew Greenwald and Associates, "Worker Ranking of Employee Benefits," www. ebri. org/pdf/publications/facts/fastfacts/fastfact062905. pdf, June 26, 2006; "Employees Value Basic Benefits Most" (A on survey), *Best's Review* 103 (4) (2002), pp. 1527-1591; "The Future Look of Employee Benefits" (Hewitt Associates survey), *The Wall Street Journal*, September 8, 1988, p. 23; Kermit Davis, William Giles, and Hubert Feild, *How Young Professionals Rank Employee Benefits*: Two Studies (Brookfield, WI: International Foundation of Employee Benefit Plans, 1988); Kenneth Shapiro and Jesse Sherman, "Employee Attitude Benefit Plan Designs," *Personnel Journal*, July 1987, pp. 49-58.

总体而言，图表 12-4 中的五项研究显示，在过去 20 年中研究结果具有显著的一致性。例如，大多数雇员群体一直将医疗福利看作最重要的。当我们注意到今天的雇主为单个雇员的医疗保险平均支出5 477美元，为家庭保险平均支出13 049美元时，这些排序的意义就更加重大。（此外，雇员平均为个人保险支出1 213美元，为家庭保险支出5 714美元。）[17]

让我们以一家为10 000名雇员支付上述医疗保险费用的公司为例，其中60%的雇员有家庭保险，其余的雇员只有个人保险。公司的支出约为1亿美元（0.60×10 000×13 049+0.40×10 000×5 477）。一个反复出现的问题是这笔巨额支出是不是一项好的投资。一个主要的问题是，有证据表明，雇员经常低估组织提供的福利（在某些情况下，甚至可能没有意识到它们的存在）。例如，在一项研究中，雇员被要求回忆他们获得的福利。通常雇员能够记起的福利占自己实际所获福利的15%以下。[18]在另一项研究中，雇员将雇主提供的医疗福利成本低估了62%。[19]就上述雇主花费1亿美元支付雇员医疗保险费用的例子来说，这意味着雇员估计雇主的花费可能只有（1−0.62）×1亿美元＝3 800万美元！尽管如此，雇员还经常报告说福利是决定他们工作满意度和影响他们是否留在一个公司的首要因素。[20]

提高雇主福利投资回报的一个可能途径是为雇员提供更多的福利选择权。[21]在一项研究中有高达70%的雇员表示，如果能够在福利组合设计中被赋予更大的选择权，他们就愿意为福利项目支付更多的费用。作为对这一观点的支持，我们也确实知道，当雇主通过弹性福利组合引入福利选择权时，雇员感知到的福利价值就会升高。[22]例如，我们在第2章也看到，全食超市规定公司提供什么样的福利由雇员投票决定。或许改进福利规划、设计和管理可以为提高福利的有效性创造机会。初步的证据表明，雇主正在认真地作出各种努力来对雇员进行福利教育，而且最终也提高了雇员的福利意识。[23]例如，一个简单的举动——在招聘广告中写明公司提供丰厚的福利，就可以使雇员关注这一特征并且在作出工作选择时更加依赖这一点。有些专家推测，构成报酬（和本例中的福利）吸引力的一个关键要素可能就是它们的可见性。我们不仅要规划和设计有效的福利计划，还需要向雇员传递它们的价值。

12.3　福利规划、设计和管理的关键问题

12.3.1　福利规划和设计问题

你需要或期望福利在你的总体薪酬组合中扮演什么样的角色？[24]例如，如果薪酬的一个主要目标是吸引优秀雇员，我们就需要问一问："实现这一目标的最佳办法是什么？"答案并不总是"让我们再增加一项福利"。

假设你是一名福利管理者，将面对以下情况。最近在尼亚加拉地区开设了一家赌场，需要招募上千初级职位的员工。赌场发牌手每小时工资是4.6美元外加小费。两项收入加起来超过了最低工资，但也不会高出多少。在这些条件下，如何吸引更多的发牌手和其他工作申请者？一种激励手段就是建立一个儿童日托中心，以吸引更多学龄前儿童的母亲。从关于商业赞助的日托中心的媒体报道来看，设立日托中心是今天的普遍做法。一种更为审慎的薪酬政策会问这样一个问题："日托中心是实现我的薪酬目标最有效的方法吗？"当然，日托中心会受到上班族母亲的欢迎，但使用其他可以更好地满足

雇员需求的薪酬工具能够吸引到所需人员吗？如果我们去询问赌博行业的薪酬管理专家，他们或许会说："我们的目标是为初级职位招聘年轻女性。对这一群体的调查显示，在工作决策中日托中心是一个极其重要的因素。"

如果你作为福利管理者在辩论中也使用这一逻辑，我们认为你在自己的职业道路上走得很好。接下来，我们看一下怎样处理不合意的雇员流失问题。麦当劳的人力资源高级副总裁里奇·弗洛斯克（Rich Floersch）正面临这一问题。在对降低雇员流失率的其他方案进行考察后，里奇认为最好的办法就是设计一种随资历增长日益改善的福利组合，这样就为雇员长期为公司服务提供了一种奖励。但请记住，里奇是在对其他薪酬工具（例如，增加工资、引入激励薪酬）降低雇员流失率的效用进行评估后才作出这一决策的。

除了将福利与薪酬的其他组成部分相结合，福利的规划程序还应该包括用于确保外部竞争性和福利充足性的战略。[25]外部竞争性需要理解处于相同产品市场和劳动力市场的其他公司所提供的福利。公司要像开展薪酬调查那样进行福利调查。我们的公司要么必须有一个可与调查参与者媲美的福利组合，要么必须对实施差异化福利组合对公司的重要性作出合理解释。

相比而言，确保福利的充足性在某种程度上更加困难。大多数组织在对福利的充足性进行评估时都会分别考虑在享受或不享受特定福利的情况下雇员的财务负担（例如，在享受或不享受医疗福利的情况下雇员的医疗费用）。界定福利的充足性并不存在一种放之四海而皆准的公式。[26]问题的答案可能部分取决于福利充足性与福利规划的第三个目标——成本效应——的关系。更多的组织需要考虑福利成本的合理性。在我们提出这一问题时，就会引发各种各样的道德问题。我们对老年人应该照顾到何种程度？对于一项花费 25 万美元而最多只能延长患者几个月生命的手术，我们能否证明它的合理性？公司在设计一种福利制度时会面临这些棘手的问题。而且公司比以往任何时候都更频繁地拒绝承担福利带来的成本增长。此外，我们知道雇主越来越多地通过提高自付额和共付额将业已沉重的福利成本转嫁给雇员。[27]

网络资源

福利网（Benefitslink）在其网站 www. benefitslink. com/index. shtml 上提供了关于福利类型的丰富信息，设立了留言板供对福利话题感兴趣的人相互交流，并且设有"专家咨询"专栏来回答相关问题。

12.3.2　福利管理问题

在建立福利组合时，会产生四个主要问题：（1）谁应该获得保障或享受福利？（2）针对一组福利项目，雇员应该有多少选择权？（3）应该如何为福利筹集资金？[28]（4）你所提供的福利符合法律规定吗？[29]

福利管理的第一个问题——谁应该获得保障或享受福利——是一个容易回答的问题。享受福利的人当然是雇员。但是每个公司都有多种具有不同雇佣地位的雇员。在福利项目方面，这些不同的个体应该享受平等的待遇吗？从历史上看，雇主向临时雇员提供的福利相当少。

举另外一个例子。汽车制造商通常只向在职雇员提供以折扣价购买汽车的福利，是否应该允许退休的高级管理人员继续享受这项福利？或者根据汽车行业的现状，全部取消这项福利？实际上，我们还需要回答一系列问题[30]：

1. 对于各种不同的福利，应该分别设置多长时间的等待期（获取福利的资格）？雇主是想在与雇员建立雇佣关系后立即向雇员及其家属提供福利，还是只向与自己建立长期雇佣关系的雇员提供此类福利待遇？为不同福利规定不同的等待期有理论依据吗？

2. 在职雇员的哪些家属可以享受福利？

3. 退休雇员（及其配偶或其他家属）应该享受福利吗？如果可以的话，应享受什么样的福利？

4. 死亡雇员的遗属（和（或）退休雇员）应该享受福利吗？如果可以的话，应该享受什么样的福利？向未亡配偶提供福利合适吗？

5. 应该向伤残雇员提供哪些福利项目（如果需要的话）？

6. 雇员在临时解雇、请假、罢工期间应该享受哪些福利项目（如果需要的话）？

7. 福利项目应该只限于全职雇员吗？[31]

如何回答这些问题取决于雇主对福利的充足性、竞争性和成本效应的政策决策。这三个方面的问题我们已经在上一节进行了讨论。

福利管理的第二个问题关注的是福利计划中福利项目的选择权（灵活性）。在标准的福利组合中，雇员通常没有选择福利项目的权利。更确切地说，福利组合是为一般雇员设计的，雇员偏离标准福利组合的任何需求都不会得到满足。另一个极端（我们在后面将进行更加详细的讨论）是所谓的"自助式"或弹性福利计划。在这种观念下，雇员在选择对自己具有最大价值的福利项目时有高度的灵活性。想象一下，一个被分配了 x 美元的人走在餐厅的点餐队伍中，他可以根据风味和价格选择菜单上的食物（福利）。这种计划的灵活性是显而易见的。图表 12-5 说明了在弹性福利制度下所赋予雇员的一种典型的福利选择权。如果某雇员的配偶参加了工作并已经享受医疗保险、牙科保险及眼睛保健等家庭保险项目，他可能会倾向于选择福利组合 A。对于那些想着安排退休生活的雇员而言，福利组合 B 是他们的最佳选择，因为 B 包含雇主对等缴费的 401(k) 养老金计划。图表 12-6 总结了弹性福利计划的主要优缺点。

图表 12-5　弹性福利组合中的可能选择

	福利组合类型			
	A	**B**	**C**	**D**
医疗保险	无	无	有	有
牙科保险	无	无	无	有
眼睛保健	无	有	有	有
人寿保险	1×AE*	2×AE	2×AE	3×AE
亲属护理	有	无	无	无
401(k) 储蓄	无	有	无	无
现金回流	有	无	无	无

* AE 表示平均收入。

图表 12 - 6　弹性福利计划的优缺点

优点

1. 雇员可以选择最能满足自己独特需求的福利组合。
2. 弹性福利可以帮助公司满足不断变化的多样化劳动力的需求。
3. 增加雇员及其家庭成员的参与可以增进雇员对福利的理解。
4. 弹性福利计划使新福利的引入成本更低。新加入的福利只是作为可供选择的福利项目之一。
5. 成本控制：组织设定了最高金额；雇员在限定的范围内作出选择。

缺点

1. 雇员作出错误选择，并发现自己没有相应的福利项目来应对可预见的意外情况。
2. 管理负担和管理费用增加。
3. 逆向选择：雇员只是选择他们愿意使用的福利；后续的高效利用会增加其成本。
4. 弹性福利计划受《国内税收法案》第 125 节关于非歧视规定的约束。

即使是那些没有考虑弹性福利计划的公司，也开始在自己的福利计划中向雇员提供更大的灵活性和选择权。例如，此类计划或许会提供：（1）团体定期人寿保险的可选水平；（2）在养老金或利润分享计划下死亡或伤残福利的可获得性；（3）团体医疗费用保险中投保家属的选择权；（4）在利润分享、储蓄和资本积累计划下各种收益分享、现金分配和投资的选择权。[32]

组织在这种选择权/弹性维度上运作的水平，实际上取决于它对弹性福利计划相对优缺点的评估（见图表 12 - 6）。[33] 许多公司认为它们采用弹性福利的主要动机在于节约成本。它们为了应对劳动力日益多样化所带来的成本压力，也开始提供弹性福利计划。有人认为，弹性福利计划增强了雇员对福利真实成本的意识，从而强化了雇员对福利价值的认可。[34]

增强雇员福利成本意识的另一种方法是提供**市场导向型**（market-based）或**消费者驱动型**（customer-driven）的医疗保障福利，这或许是当今医疗保障领域最显著的趋势。虽然**消费者驱动型医疗保障福利**（consumer-driven health care benefit）具有各种不同的表现形式，但基本问题不外乎以下两点[35]：

● 在消费者驱动型或高自付额计划中，雇员按预定的付费标准支付所有的医疗费用。这个付费标准可能高达 3 000～6 000 美元。在达到这个付费标准之后，雇员需要按照 10%～35% 的标准支付额外的医疗服务费用（称为共保额）。每个雇主都设定了年度最高支付额，通常在 6 000～12 000 美元（分单人还是家庭）。雇员达到年度最高支付额后产生的费用全部由雇主支付。[36]

● 吸引雇员的是货比三家以获得最低的付费标准。做一次核磁共振成像？需要的费用从 415 美元到 4 530 美元不等。[37] 在这些高自付额的计划实施之前，雇员没有动力去选择低成本的供应商。对于雇主来说，高自付额的计划可以节省大量的成本。每月保费可以低至 100 美元。当然，对于因费用问题而放弃治疗的雇员来说，高自付额的计划可能会导致医疗危机。

福利管理的第三个问题涉及如何为福利计划筹资。可供选择的方案包括：

1. 非缴费型（雇主支付全部费用）。
2. 缴费型（费用由雇主和雇员共同承担）。
3. 雇员负担型（雇员支付某些福利的全部费用——根据法律，组织必须承担某些福利的费用）。

总之，组织偏向于选择缴费型福利计划，原因是：不论一种"免费商品"的价值有多高，都不会得到雇员很高的评价。而且，雇员也没有兴趣去控制免费商品的成本。随着福利成本的增长远远超过其他商品和服务，雇主越来越多地寻求削减福利成本的途径。

最后，福利还必须遵守税法中数以百计的晦涩难懂的条款，以及其他足以使福利管理者皓首穷经的"魔鬼"条款。由于存在如此多的法律和法规，福利管理者应该开发一份守法清单并定期进行审计，以确保福利计划不违反新规旧约。[38]

12.4 福利规划的内容

图表 12-7 同时从雇主和雇员两个角度描述了一个福利选择的影响因素模型。本章余下的内容将对模型中的各个因素进行简要讨论。

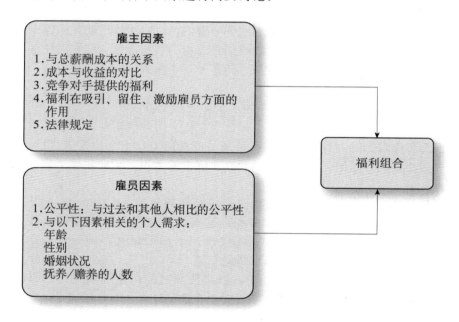

图表 12-7 影响福利组合选择的因素

12.4.1 雇主因素

如图表 12-7 所示，在确定合意的福利组合内容时，许多因素会对雇主的偏好产生影响。

与总薪酬成本的关系

一名优秀的薪酬经理把雇员福利成本作为总薪酬成本的一部分加以考虑。通常雇员会认为，只要某种福利具有吸引力，雇主就应该提供这种福利。而优秀的薪酬经理考虑这一问题的角度却有所不同："这笔钱还有其他更好的用途吗？我们能否将这笔钱用于薪酬的其他组成部分并获得更好的结果？"福利成本只是总体薪酬组合的一部分。我们在制定费用决策时必须从这个角度考虑问题。下面我们举一个由田纳西州前州长菲利普·布里德森（Phillip Bredesen）提供的绝佳例子。[39] 他认为田纳西州在医疗保障上实行雇员整体投保，可为州政府节约 1.46 亿美元。你会问，这是怎么做到的？根据《患者保护和平价医疗法案》（Patient Protection and Affordable Care Act）的规定，雇员有权以政府补贴部分费用的方式购买医疗保险。菲利普·布里德森算了一下：如果州政府雇员接受这笔政府补贴，那么整体投保将会付出多少成本。通过取消州政府雇员的医疗保险，采取激励措施促使每个雇员参与整体投保，并支付政府规定的 2 000 美元罚金，全州最后总共节省了 1.46 亿美元。

成本与收益的对比

福利计划成本激增的一个主要原因是孤立看待某一特定福利项目的成本或收益，而不考虑福利组合的总成本或不预测未来成本的增长。为了控制螺旋上升的福利成本，采取更加宽泛的、以成本为中心的方法是有用的。作为第一步，这种方法需要对在长期和短期中均可接受的福利费用水平作出政策决策。从历史上看，福利管理者一般都在某种福利组合而非成本的基础上协商或提供福利。他们会计算出一种福利的当前成本，如果这一成本看起来比较合理，雇主就与雇员协商或提供这种福利。这种做法没有意识到这种福利带来的成本终将由雇主来承担。这一现象的典型例子是医疗保险。20 世纪 60 年代早期考虑实施一种基于社区的医疗计划（如蓝十字）的雇主，无疑会同意向某一种蓝十字福利项目支付全部或大部分费用。当这一计划的成本在 20 世纪 60—90 年代急剧上升时，该雇主仍然被期望维持原有的福利水平。实际上，该雇主被锁定在一种福利水平上而无法就成本水平进行谈判。在随后的几年中，福利管理者实际上失去了对攀升的福利成本的控制。

以成本为中心的方法要求福利管理者与保险公司合作，以特定福利预期成本的公开预测为依据，确定对现有福利组合的成本承诺，然后将尚未指定用途的预算资金分配给那些最可能实现组织目标的新福利项目。影响这一决策的因素包括对其他公司所提供的福利项目的评估和对现有福利组合竞争力的评价。同样重要的是，要遵守不断变化的各种法律规定（见第 13 章）。最后，这种新的福利选择的实际好处必须与雇员的偏好相关联。应该根据当前和未来的成本对那些深受雇员欢迎的福利项目进行评估。未来的成本很难预测，因此福利管理者必须减少福利管理的不确定性。

如果对某种福利成本的预测显示未来成本难以控制，这种福利应该只能在成本分担的基础上提供给雇员。管理层决定公司在预算范围内可以承担多大比例的福利成本，然后在成本分担的基础上向雇员提供相应的福利选择，同时公开沟通雇佣双方福利成本的预计增长情况。这样在谈判的过程中雇员或工会代表就可以根据预测的成本负担来评估自己的福利偏好。实际上，这种方法预先确定了雇主愿意支付的缴费额，同时也使雇主摆脱了收益确定型战略对自己的限制——在这种战略下不论福利成本如何上升，雇主都必须向雇员提供固定的收益水平。

竞争对手提供的福利

福利也必须具有外部公平性。这就提出了一个问题：与重要的产品市场和劳动力市场的竞争者相比，福利支出的绝对水平是多少？组织必须作出以下政策决策：相对于竞争对手，应该维持何种绝对福利水平的定位（市场领先型、市场滞后型或竞争型）。确定外部公平性的一个最佳方法就是进行福利调查。可以从许多咨询公司、专业协会以及利益集团那里购买它们收集的福利数据。一个广泛使用的数据来源是美国劳工统计局的年度福利调查，我们在前面的图表 12 - 1 和图表 12 - 2 中已看到部分数据。[40] 雇员福利研究所也提供一流的福利信息。[41]

福利在吸引、留住、激励雇员方面的作用

考虑到福利水平的快速增长及令人瞠目的成本影响，雇主希望从这项投资中获得公平的回报似乎是情理之中的事。事实上，只能找到一些非正式的证据来证明雇员福利成本的合理性。[42] 这些证据可以分为三类。[43] 首先，人们普遍认为雇员福利有助于公司留住现有雇员。福利计划是专门为延长雇员服务年限设计的。例如，退休福利会随着雇员服务年限的增加而增加，而且多数计划规定只有在雇员达到一定的服务年限之后才授予其完全的福利享受资格。同样，休假时间也随雇员服务年限的增加而增加，而且雇员储蓄计划、利润分享计划以及股票购买计划都随雇员资历的增加而提供更多的分配份额或收益。通过把这些福利与资历挂钩，我们可以假设雇员在转换工作时会更加慎重。

也有一些研究支持福利会增加雇员稳定性这一常见假设。有两项研究发现，更高的福利水平降低了雇员流失率。[44] 但是，更为细化的后续研究发现，只有两类特定的福利降低了雇员流失率：养老金和医疗保险。[45] 实际上没有其他类型的福利被观察到对雇员流失率有显著影响。

我们在此一直假设雇员流失对公司不利而雇员稳定才符合公司的利益。实际上，有时候雇员流动并不见得是坏事——这也许是我们不希望阻止的事情。例如，每 10 个美国人中就有 3 个因为无法放弃医疗保险而留在了他们本想离开的工作岗位。[46] 这种"工作锁定"对于雇主而言可能并不是一种合意的结果。事实上，随着时间的推移，美国公司已经不再使用会阻止雇员流动的收益确定型退休计划（养老金），而是更多地使用不会阻止雇员流动的缴费确定型计划。（我们将在第 13 章定义和讨论这些计划。）

如果我们能够证明福利提升了雇员满意度，那么雇员福利也许会受到组织的重视。调查显示，雇员认为福利（和薪酬）不论对于他们的工作满意度还是对于他们是否离开雇主的决策而言均十分重要。然而，认为福利对自己非常重要的雇员比例（60％）和对福利非常满意的雇员比例（27％）之间存在着实质性的差异。[47] 如果我们能够证明福利与劳动生产率的提高或其他直接绩效衡量指标存在关联性，那么福利也有理由受到组织的重视。遗憾的是，没有强有力的证据可以证明福利水平与雇员劳动生产率之间存在相关关系。或许正因为如此，许多公司正将削减福利（尤其是医疗保险）成本作为控制组织成本的战略之一。如果我们想说福利很重要，那么首先要证明福利是精心设计的——这在一定程度上意味着福利必须满足雇员的需求。评论家认为，组织还没有对劳动力的长期变化作出反应。劳动力中女性劳动者的持续增加、双职工家庭的增多和雇员学历的提高，都表明雇员的价值观在发生变化。[48] 价值观的变化反过来使对福利组合的再评估成为必要之举。

作为对这些劳动力变化的一个反应，工作与生活平衡福利越来越受到人们的青睐。儿童托管、老人护理、志愿者服务时间、远程工作、带薪（陪）产假等都有助于实现这一平衡，再加上其他福利（比如现场健身中心和减肥计划），可能会使雇员感受到公司对自己的关怀。一项精心设计的研究发现，公司对雇员的这种关怀态度使雇员在提供劳

动生产率改进建议和帮助其他雇员工作两个方面有更高的参与度。[49]或许福利能够为组织带来回报，我们只需要更好地记录它。

法律规定

雇主当然希望自己的福利组合都遵守各种法律规定。图表 12-8 列出了在福利领域日益复杂的立法体系的一部分。我们将在第 13 章讨论三种法定福利（工伤赔偿、社会保障和失业保险）的详细内容，在第 17 章对薪酬管理的法律环境进行更广泛的讨论。

图表 12-8　立法对选定的雇员福利的影响

立法	对雇员福利的影响
1938 年《公平劳动标准法案》	设立了 1.5 倍的加班工资。与工资相关的福利（例如，社会保障）随着加班时间的增加而增加。
1974 年《雇员退休收入保障法案》	如果雇主决定提供养老金（非法定），则必须遵守特定的法规。养老金计划必须在雇员工作满五年之后生效（雇员有权从个人和公司两个方面为养老金计划缴费）。依法建立的养老金收益担保公司在雇员所在单位及其养老金计划破产时向雇员提供一定的经济保障。
1982 年和 1986 年税收改革	允许符合条件的雇员开设个人退休账户。建立了一种雇主对等缴费的储蓄计划（雇主按照雇员部分或全部缴费额匹配缴费）——401(k) 计划，作为退休福利组合的一部分。
1973 年《健康维护法案》（Maintenance Act）	要求雇主向雇员提供可供选择的医疗保险项目（例如，健康维护组织）。
反歧视立法（《就业法案》（Employment Act）中的年龄歧视条款、《民权法案》、《怀孕歧视法案》（Pregnancy Disability），以及各种州立法案）	必须以不歧视受保护群体（基于种族、肤色、宗教、性别、民族、年龄及是否怀孕）的方式管理福利项目。
1984 年《统一综合预算调整法案》（Consolidated Omnibus Budget Reconciliation Act）	由于非自身原因而被解雇或离职的雇员，仍然有资格继续享受雇主提供的医疗保险项目，但费用需自己承担。
1993 年《家庭和医疗休假法案》（Family and Medical Leave Act）	规定在雇佣人数超过 50 人的公司工作的所有雇员享有 12 周的假期。
2010 年《患者保护和平价医疗法案》	个人必须参加最低限度的基本医疗保险，除非因宗教信仰或财务困难受到豁免，否则将支付一定额度的罚金。雇主必须招募新雇员，否则将面临税收惩罚。

绝对的和相对的薪酬成本

对雇员福利的任何评价都必须置于总体薪酬成本的框架之下。成本的竞争性是指总体薪酬必须具有竞争性，而不只是总体薪酬的某个具体组成部分具有竞争性。因此，组织关于是否采用某种福利选择的决定必须立足于对以下两个因素的统筹考虑——对总薪酬成本的影响，与竞争对手的费用对比（正如在福利调查中所确定的，参见本章图表 12-1 和图表 12-2）。

12.4.2　雇员因素

雇员对各种福利选择的偏好取决于他们个人的需求。被认为最能满足个人需求的福利通常最受欢迎。这些需求部分源于雇员对福利公平性的感知。

公平性

为了说明公平性的影响，我们以与汽车工人在同一地区工作的政府雇员为例。可以想象，当政府雇员得知汽车工人从圣诞节到元旦一周的时间里每天都可以躺在床上睡大觉，而自己每天都得早早起来去上班时，他们对政府休假福利将会是何等的不满。由这种差异造成的不公平感并不都是合理的，尤其是将汽车行业的大量裁员与公共部门相对有保障的工作相对比时。但是，在确定雇员需求时这是必须考虑的一个因素。有时候这种比较过程会导致"跟风"效应：仅仅为了避免给雇员造成不良的心理感受，雇主在没有经过仔细考虑的情况下直接采用竞争对手的新福利项目。对于那些承诺要维持全部或部分非工会化劳动力的雇主而言，这种现象尤为明显。工会化竞争对手的福利项目或组织中部分工会化劳动力获得的福利常常直接转移给非工会化雇员。虽然这种战略在阻止工会化行动方面的效果尚未被证实，但许多非工会化公司宁愿提供工会化公司的福利来防范工会化行动。

雇员的个人需求

度量雇员偏好的一种方法就是考察人口统计差异。这种方法假设可以识别出不同的人口统计群体（例如，年轻对年老、已婚对未婚），而每个群体的成员福利偏好具有相当的一致性。而且，这种方法还假设在福利偏好方面不同群体之间存在有意义的差异。

有些证据表明这些假设并不是完全正确的。在对有关雇员偏好的文献的广泛回顾中，格卢克（Glueck）追踪了对特定福利的群体偏好模式。[50]正如人们所预料的那样，年老雇员比年轻雇员对养老金计划有更强的偏好。[51]此外，有未成年子女或有老人的家庭比没有未成年子女或没有老人的家庭对健康/医疗保险有更强的偏好。[52]不过，在所有这些研究中最令人惊讶的是，许多其他人口统计群体的细分没有表现出福利偏好差异。传统观点认为，男性雇员与女性雇员、蓝领雇员与白领雇员以及已婚雇员与单身雇员在福利偏好上应该会存在差异。这些研究并没有证明上述传统观点预期结论的成立。相反，这些研究在揭示所有雇员共同的福利偏好趋势方面似乎更有价值。在所有可以获得的福利中，健康/医疗保险和股票计划是最受雇员欢迎的，而像提前退休、利润分享、缩短工时及咨询服务等则最不受雇员欢迎（注意：根据我们的定义，在这些福利选项中，有些并不属于雇员福利的范畴）。除了这些结论之外，大多数福利偏好研究结果已经表明，雇员个体对福利的期望存在很大差异。

由于这种人口统计方法存在缺陷，许多组织已经开始采用另一种成本更高的实证方法来确定雇员偏好：调查个体雇员的需求。实现这一目标的方法之一是开发一种问卷，让雇员通过问卷评价各种福利。例如，图表 12-9 展示了一种调查问卷的格式。

图表 12-9　福利调查问卷的格式

雇员福利问卷

1. 在下列福利项目前面的空白处标明每种福利对你和你的家庭的重要程度。"1"代表最重要，"2"代表次重要，依此类推。因此，如果人寿保险对你和你的家庭最重要，就在人寿保险前的空白处标上"1"。

重要程度		需要改进
＿＿＿＿	牙科保险	＿＿＿＿
＿＿＿＿	伤残（带薪养病）	＿＿＿＿
＿＿＿＿	教育资助	＿＿＿＿
＿＿＿＿	节假日	＿＿＿＿
＿＿＿＿	人寿保险	＿＿＿＿
＿＿＿＿	医疗保险	＿＿＿＿
＿＿＿＿	退休年金计划	＿＿＿＿
＿＿＿＿	储蓄计划	＿＿＿＿
＿＿＿＿	休假	＿＿＿＿
＿＿＿＿		＿＿＿＿
＿＿＿＿		＿＿＿＿
＿＿＿＿		＿＿＿＿

现在，回过头来在每个福利项目后面的空白处标明福利改进的优先顺序。例如，如果你最希望首先改进储蓄计划，就在储蓄计划后面的空白处标上"1"，在其次需要改进的福利项目后面标上"2"，依此类推。在中间的空白线上可以加上没有列出的福利项目。

2. 在公司已提供的福利水平之外，你是否愿意拿出一部分收入来获取新的或改进的福利？

□ 愿意　　　　□ 不愿意

如果愿意，请注明是哪些福利项目。

□ 牙科保险　　　□ 医疗保险
□ 伤残福利　　　□ 退休年金计划
□ 人寿保险　　　□ 储蓄计划

第三种确定个体雇员福利偏好的实证方法通常称为**弹性福利计划**（flexible benefits plan）（也称为根据税法条款命名的"第 125 条计划"或自助式福利计划）。如前所述，公司给雇员分配一笔固定数额的钱，并允许雇员用这笔钱来购买福利项目。从理论角度看，这种确定福利组合的方法是很理想的。雇员直接挑选对自己价值最大的福利，而通过限制雇员的支出，福利管理者可以控制福利成本。NCR 公司采用了一种弹性福利计划的变体，它是"消费者导向"的福利行动的一部分。如果雇员愿意，他们可以用基本工资的一部分来换取更多自己期望的福利项目。

12.5　福利计划的管理

如图表 12-10 所示，华纳兄弟娱乐公司（Warner Brothers）福利管理者的工作说明表明，福利管理者的管理时间主要花在三个需要进一步讨论的职能上：(1) 福利计划的沟通；(2) 索赔处理；(3) 成本控制。[53]

图表 12 - 10　华纳兄弟娱乐公司：为薪酬与福利部门寻找一位雇员福利经理

- 一般负责处理雇员的健康、福利和退休问题。
- 监督管理人员健康计划、医疗补偿计划和弹性支出账户计划。
- 联系申诉委员会和紧急分配委员会。
- 将承担诸如内部网络沟通系统等特殊项目的领导角色。
- 负责从不同媒体（内部网络、时事通讯、计算机生成的个人福利账户）来识别和维护福利沟通计划。
- 按要求实施并完成福利调查。
- 评价供应商的绩效并处理雇员关于福利供应系统的投诉。
- 解决来自管理信息系统、财务、会计及法律部门的福利管理问题。
- 为委员会做好服务，以改进福利战略开发与实施的政策和程序。
- 协助开发战略福利调查，包括确定调查样本。
- 为福利满意度调查设计提供意见，并就最终报告的格式和结论提出建议。
- 参加福利讨论会并与其他福利专业人士建立联系。
- 掌握有关新福利调查、研究和实践的工作知识。
- 领导委员会评估福利成本和成本削减战略。
- 将州/联邦法律的相关变化纳入福利计划。

12.5.1　福利计划的沟通

　　福利计划沟通围绕四个问题：沟通什么、跟谁沟通、如何沟通及沟通的频率。今天，为实现福利目标所做的许多努力都集中在沟通方法（如何沟通）的确定上。组织最常用的福利沟通方法仍然是雇员福利手册。[54]典型的雇员福利手册包括对全部福利的描述，其中包括对福利覆盖范围和资格的要求。为了达到最好的效果，福利手册还应通过多种媒体（例如，时事通讯、电子邮件、互联网/内部网络和社交媒体）保证雇员能够便捷并多次获取福利信息。[55]

　　一系列有效的沟通措施应该使信息与适当的媒介相匹配。技术进步已使组织在雇员福利交流和自助服务方面取得巨大进步，因此雇员现在可以使用基于网络的应用程序来访问福利信息、完成年度福利登记、更改个人数据、更新退休缴费（例如，在 401(k)计划中）以及自行完成其他与福利相关的行动。图表 12 - 11 展示了一些福利沟通方法，以及人力资源专业人士对每种方法评价为"非常有效"的百分比。

图表 12 - 11　福利沟通方法的有效性（评价结果为"非常有效"的百分比）

福利沟通方法	评价结果为"非常有效"的百分比
面对面：促进开放的交流。需要协调和计划。	
一对一	51%
入职培训	40%
团队交流	37%
福利展示会	26%
午餐学习	21%
虚拟：提供按需访问和广泛覆盖面。需要技术和培训。	
屏保式公告	20%
在线研讨会	15%
社交媒体	15%
虚拟教学	14%
信息门户：一站式福利信息。需要持续的维护和直观的用户界面。	
在线福利门户	32%

续表

福利沟通方法	评价结果为"非常有效"的百分比
内部网络	21%
材料：允许个性化的沟通方法。需要当前的联系信息。	
登记材料	35%
电子邮件	31%
短信	25%
直接邮寄到家/住所	16%
讲义/小册子	15%
时事通讯	13%

资料来源：Society for Human Resource Management. *Strategic Benefits Survey*, December 29, 2017.

　　不管怎样，福利沟通都非常重要，因为雇员对福利不满或雇主投资回报率低的根本原因之一仍然是未能理解福利的组成部分及其价值。雇主报告说，只有不到 1/5 的雇员对他们的福利组合有深入的理解。[56] 不过，这种情况是可以补救的。一项对加拿大 7 家公司 500 名雇员的研究表明，在福利计划设计过程中如果存在广泛的沟通和雇员参与，雇员对该福利计划公平性的认知度就会显著提高。[57] 一个组织必须阐明它的福利目标，并且必须确保任何沟通都能实现这些目标。图表 12 - 12 表明，那些认为公司关于某些福利的沟通十分有效的雇员，最后也会对这些福利更加满意。

图表 12 - 12　雇员对福利和福利沟通的满意度
资料来源："Rx for Rewards in the Downturn：Insights From Towers Perrin's Total Rewards Study," New York：Towers Perrin，March 2009.

12.5.2　索赔处理

　　正如一位专家指出的那样，当雇员声称发生了某一特定事件（例如，伤残、住院、失业）并要求雇主履行赔偿承诺时，就会出现**索赔处理**（claim processing）问题。[58] 此时，索赔处理人必须首先确定这一事件是否真的已经发生。最近，我们与一位保险代理人共进午餐，这位保险代理人收到一份男性雇员索赔单，声称他因工作造成背部受伤。这名雇员说，他背部的伤势十分严重以致日常活动都受到了极大限制。当保险调查员在录像带中发现这个人竟然不用绞缆机辅助就搬动汽车发动机组时，此案立即被驳回！

　　如果事件确实发生，第二步就要确定该雇员是否具备享受这一福利的资格。如果在这一阶段没有拒绝赔偿要求，索赔处理人就要计算赔偿水平。在这一阶段，确保福利的协调尤其重要。如果有多家保险公司负责赔偿（例如，由不同保险公司承保的雇员配偶），一名优秀的索赔处理人通过确保共同承担赔偿责任可以节省 10%～15% 的索赔成本。[59]

12.5.3 成本控制

越来越多的雇主正在审查它们的福利选择以寻找**成本控制**（cost containment）机会。最流行的做法包括：

1. **等待期**（probationary period）——将新雇员排除在福利保障之外，直至他们达到某个雇佣期限（例如，三个月）。

2. **福利限制**（benefit limitation）——常见的做法是把伤残保险给付限制在收入的某个最大比例上，并为特定手术的医疗保险/牙科保险限定固定赔付金额。

3. **共付额**（copay）——要求雇员向保险项目支付固定数额或固定比例的费用。

4. 管理成本控制——通过政策控制成本，例如为保险服务项目的供应寻找竞争性投标。

5. 针对预设条件拒绝提供服务。（注：在不远的将来，我们将面临拒绝为那些基因预示未来健康问题的个人提供服务的道德困境。）

6. 与供应商协商降低费用。

7. 制定鼓励健康的计划（例如，戒烟）。

8. 外包福利和管理。

9. 自我保险。

10. 为患病或伤残后重返工作岗位的雇员提供住宿。

近些年最大的成本控制战略或许要算**外包**（outsourcing）了。就像工资总额一样，公司认为它们的福利最好由专门从事福利管理的公司来管理。考虑到外包公司为许多公司做同样的工作，而且这些工作都是它们的专长所在，这样的外包公司或许能够以更低的成本和更高的质量管理公司的福利。

本章小结

由于过去 15 年雇员福利成本的迅速攀升，组织应该好好评估一下福利采用、保留和终止程序的有效性。具体而言，组织如何选择合适的雇员福利？这些决策是否基于对雇员偏好的合理评估与组织对福利管理的合法性和竞争性的平衡？所选择的福利能够起到吸引、留住和（或）激励雇员的作用吗？组织是否支付了数十亿美元的**间接薪酬**（indirect compensation）而没有获得任何直接收益？本章讨论了福利的决定过程，这一过程确定了在选择和评价特定福利方面的主要问题。第 13 章将列出各种可能的福利，并讨论福利管理者需要面临的一些决策。

复习题

1. 在本章的开始部分我们从历史的角度分析了导致雇员福利组合规模增长的原因。其中哪些原因今天仍然影响着雇员福利的增长？哪些是导致目前雇员福利组合规模下降的原因？

2. 俄林·凯莉（Erinn Kelly）是劳森化学品公司（Lawson Chemical）的人力资源副总裁，她刚刚购买了一份包括雇员福利数据的当地薪酬调查报告。她非常震惊地发现，劳森化学品公司的福利成本（占总薪酬的比例为 38%）竟然远远超过当地的平均水平（占总薪酬的比例为 31%）。在给你的备忘录中，她要求你解释为什么公司的薪酬组合规模会如此之大。为确保自己不被解雇，对此你将给出哪些合理的理由？

3. 你是某公司的一名福利管理者，该公司位于被喻为"铁锈区"的纽约州锡拉丘兹市。你的公司拥有 600 名雇员，平均年龄为 43 岁。88% 的雇员是男性，并且流动率很低。工作方面也没有太多的变化。这些事实对你设计雇员福利计划会产生怎样的影响？

4. 作为 Crangle Fixtures 公司的人力资源主管，你今年的奖金取决于你削减雇员福利成本的能力。你的老板已经赞成把一部分成本转移给雇员（目前他们对福利不付任何费用），但他不希望你做得太过分。换句话讲，至少你的一半建议不应该损害雇员的利益。你将尝试使用什么方法？为什么？

5. 谷歌以支付远高于市场标准的工资并提供可能称得上奢侈的雇员福利而闻名。欧盟对谷歌的垄断行为处以罚款，声称该公司的互联网搜索功能在其搜索结果页面上系统性地偏向展示自己的产品（产品出现在搜索结果中的位置比较靠前）。推测一下谷歌可能会因欧盟的这一处罚决定对其福利组合作出怎样的改变（如果有的话）。

案例练习 世界测量公司

世界测量公司（World Measurement）是全球产品安全检测领域的领军者。最近，玩具质量问题和全球经济萧条已导致该公司的销售额和净利润分别降低了 7% 和 12%。公司总裁刘易斯·雅各布斯（Lewis Jacobs）深信，为了能够与日益增多的国外竞争者展开有效竞争，他必须从雇员那里获得人工成本减让。雅各布斯对雇员福利的成本尤其感到不满。他不介意提供富有竞争力的工资增长（最高涨幅为 3%），但他希望总体薪酬成本能够下降 3%。当前成本如图表 12-13 所示。

图表 12-13 当前的薪酬成本

年平均工资	26 769 美元
平均小时工资	13.12 美元
每个雇员每年福利的货币价值	8 923 美元
总体薪酬（工资加福利）	35 692 美元
每日平均付酬工作时数	8.0
福利（按类别分）	**美元/人/年**
1. 法定支付项目（仅限雇主负担部分）	2 141.00
a. 养老、遗属、伤残和医疗保险税（《联邦保险缴费法案》）	1 509.00
b. 失业补偿	292.00
c. 工伤赔偿（包括自我保险的估计费用）	311.00
d. 铁路退休税、铁路失业和现金疾病保险、州立疾病福利保险等	29.00
2. 养老金、保险和其他约定支付项目（仅限雇主负担部分）	3 124.00

a. 不包括保险类计划中的养老金保费和养老金支付（净额）	1 460.00
b. 人寿保险费；死亡抚恤；住院、手术、医疗和重症医疗保险费等（净额）	1 427.00
c. 短期伤残	83.00
d. 延续付薪或长期伤残	57.00
e. 牙科保险费	51.00
f. 雇员从本公司购买商品和服务的折扣	27.00
g. 公司提供的工作餐	0
h. 杂项支出（超过法定要求的薪酬支付、免职或解职津贴、搬迁费等）	24.00
3. 为休息时间、午餐时间、盥洗时间、通勤时间、换衣时间、工作准备时间等付酬（60 分钟）	727.00
4. 非工作时间支付项目	2 769.00
a. 带薪休假或补假作偿（平均 16 天）	1 558.00
b. 为不工作的法定假日付酬（9 天）	973.00
c. 带薪病假（最多 10 天）	172.00
d. 为用于履行州或国家国民警卫义务的时间付酬；陪审团、法庭作证及选举的工资津贴；为由于丧失亲人或其他个人原因而损失的工作时间付酬等	66.00
5. 其他项目	157.00
a. 利润分享报酬	0
b. 为雇员储蓄计划缴费	71.00
c. 圣诞节奖金或其他特殊奖金、服务奖励、建议奖励等	0
d. 雇员教育费用（学费基金等）	40.00
e. 法庭裁定的特殊工资支付、为工会干事付酬等	46.00
总计	8 923.00

　　你的助手已经调查了其他公司从雇员那里获得人工成本减让的情况。你也从咨询公司那里获得了关于雇员福利偏好的数据（见图表 12 - 14）。基于这些信息，你可以提出两种可能的成本减让福利组合（见图表 12 - 15 中的"选择 1"和"选择 2"）。

图表 12 - 14　福利偏好

福利类型或管理方法	对雇员的重要性	福利类型或管理方法	对雇员的重要性
养老金	87	带薪休息、午餐时间等	55
住院	86	牙科保险	51
人寿保险	79	圣诞节奖金	31
带薪休假	82	利润分享	21
法定假日	82	教育费用	15
长期伤残	72	雇员储蓄计划缴费	15
短期伤残	69	商品折扣	5
带薪病假	70	管理上的公平待遇	100

说明：0＝最不重要；100＝最重要。

图表 12 - 15　削减成本的两种福利组合选择

选择 1

联合支付福利费用	**共付额数量**
养老金	300.00 美元
住院、手术、医疗和大病医疗的保险费	350.00 美元
牙科保险	75.00 美元

福利扣减

扣减 10 分钟带薪休息时间（雇员早退 10 分钟）

每年扣减 1 天带薪法定假日

与**法定福利**（legally required benefit）的协调；与闪电工业养老金计划相协调的社会保障

选择 2

改进的索赔处理：

　失业补偿

　工伤赔偿

　长期伤残

在享受如下福利之前需要的等待期（一年）：

　商品与服务折扣

　公司免费提供的工作餐

　为雇员储蓄计划缴费

自付额（每起事件 100 美元）：

　人寿保险、死亡抚恤、住院等

　牙科保险

联合付费	**共付额数量**
住院、手术、医疗和大病医疗的保险费	350.00 美元

问题：

1. 根据图表 12 - 13 和从各保险公司及其他渠道获得的数据（见图表 12 - 16），计算这些福利组合的成本。

图表 12 - 16　不同成本削减战略的成本影响分析：闪电工业

成本节约战略	节约数额占各类福利成本的比例（%）
联合付费	**现金节约额等于共付额**
自付额（每起事件 100 美元）：	
人寿保险、死亡抚恤、住院等	10
牙科保险	15
在享受如下福利之前需要的等待期（一年）：	
商品与服务折扣	10
公司免费提供的工作餐	15
为雇员储蓄计划缴费	10
改进的索赔处理：	
失业补偿	8
工伤赔偿	3

续表

成本节约战略	节约数额占各类福利成本的比例（%）
联合付费	现金节约额等于共付额
长期伤残	1
与法定福利的协调：	
与闪电工业养老金计划相协调的社会保障	15

2. 你会向雅各布斯推荐哪种福利组合？为什么？

3. 你认为就雇员的反应而言，哪种战略需要更少的雇员投入？

注　释

第 13 章

福利项目的选择

雇员福利的历史演变

美国雇员福利理念可以追溯到殖民地时代。普利茅斯殖民地定居者于 1636 年为军人推出了一种退休计划。美国运通公司在 1875 年开启了第一个私人养老金计划。蒙哥马利沃德公司（Montgomery Ward）——杰西潘尼公司（JC Penneys）的现已倒闭的竞争对手——在 1910 年推出了第一个团体健康和人寿保险计划。1915 年，钢铁行业的雇员每周的标准工作时间是 60～64 小时。到了 1930 年，每周工作时间被缩短至 54 小时。直到 1929 年，蓝十字预付医疗费用的观念才被引入。在此之前，医疗保障都是雇员家庭的责任。在 1935 年以前，只有一个州（威斯康星州）有针对那些不是因为自己的过错而失业的工人的失业补偿福利。在第二次世界大战之前，很少有公司为计时制雇员的节假日支付工资。大多数公司都会告知雇员在节假日不需要上班，可以好好享受假日时光，但他们的工资总额在接下来的一周会变少。[1]

不过，早期争取雇员福利的最大推动力来自山姆大叔。1935 年联邦政府在社会保障制度下推行退休收入保护计划。20 世纪五六十年代，相继引入针对伤残人士和老年人的保险项目。今天，公司正因高企的福利成本（尤其是医疗保险成本）而举步维艰。许多可以削减福利成本的方法吸引着公众的注意力。例如，百事、通用磨坊和西北航空等公司每个月都要向吸烟雇员收取 20～50 美元的额外费用。[2]有 21 个州甚至允许公司在招聘时歧视吸烟者。"你吸烟吗？对不起，这里没有适合你的工作。"[3]它们的论据是：如果因为员工继续保持吸烟习惯而增加公司的医疗保险成本，就会向员工收取费用。沃尔玛向前迈出了一大步，它在发给董事会的内部备忘录中建议：阻止那些身体不健康的人申请沃尔玛的工作可以大幅削减公司的医疗保险成本。[4]这是非法行为！你会沮丧地大叫？如果就像沃尔玛在同一份内部备忘录中建议的那样，在每一个工作说明中都加入一项任务——雇员必须轮流将停车场中的购物车归拢在一起，情况又会怎样？[5]即使只阻止了少数几位身体不健康的工作申请人，沃尔玛也会因此而节约数百万美元的成本。毕竟，医疗保障供应商维朋公司（WellPoint）说过，消耗掉 63％的医疗成本的仅仅是它的 2 900 万客户中 7％的人。人类基因组研究爆炸式增长，可能不久的将来公司就可以检测工作申请人是否具有感染致命性疾病的生理倾向——可能就在未来的几年！打算降低医疗保险成本的雇主只需要拒绝雇用这些未来有保险风险的工作申请人就可以了。

　　所有这些场景都使对雇员福利的研究更加有趣。不顾一切地希望降低持续增长的医疗保险和其他福利成本的雇主，正在尝试各种不同的甚至是极端的方法，包括诱惑、贿赂甚至威胁。关于福利的研究更加令人兴奋。那就愉快地学习本章吧！

　　多年来我们一直要求学生和人力资源专业人士根据重要性对不同类型的报酬进行排序。通常，至少在过去，雇员福利会排在诸如工资、发展机会、工作保障及组织认可等报酬形式之后。不过，我们最近注意到这个公认不科学的民意调查有了戏剧性的变化。随着雇员福利成本尤其是医疗保障成本的飙升，雇员福利的受欢迎程度也上升。

　　雇员福利受欢迎程度的提升向人力资源专业人士提出了一个要求——理解什么样的福利对雇员最重要。问问麦当劳人力资源高级副总裁里奇·弗洛斯克（Rich Floersch）就知道了。[6]正如我们在第12章提到的，几年前麦当劳向全体雇员推出了一套新的福利计划。当我们询问里奇为什么麦当劳把调整医疗保障作为升级总体福利组合的一部分时，他指出了两点——雇员福利价值的不断上升和数十万雇员（包括特许经销商在内有近200万雇员）的战略重要性。可以从另一个角度考察这一问题：人口老龄化。仅仅这一点就改变了福利偏好模式。我们不能确定是否所有公司都步调一致地像麦当劳那样改变福利偏好。例如，麦肯锡的调查报告显示，89%的首席执行官认为福利对于吸引和留住雇员具有极端或非常重要的作用。但是，在这些首席执行官当中，只有不到一半认为自己了解雇员需要哪些福利。而且，有60%的首席执行官承认，他们从未就福利是否能够帮助公司实现战略目标进行评估。[7]难怪每天的新闻报道都频繁地发出关于福利成本上升的警告。

　　本章的目标是让你更清楚地了解雇员福利，包括它们的成本。图表13-1报告了雇主的基本工资、福利和特定福利类别的成本。私人部门的总薪酬为33.72美元，其中基本工资为23.47美元，福利为10.25美元。法定福利是成本最高的一类雇员福利。总的来说，福利约占总薪酬的30%（在每一美元的基本工资之上增加了近46美分）。州和地方政府的雇主成本更高，其中福利占总薪酬的比例也相对更高（略高于37%）。在政府工作似乎是值得的。不过，也有一些需要注意的地方。首先，政府雇员收入更高的部分原因是他们的平均受教育水平更高。[8]其次，拥有研究生学位的政府工作人员实际上比拥有研究生学位的私人部门工作人员获得的总薪酬（基本工资加福利）要低。最后，只有私人部门雇员才能获得的股票期权或股票奖励不包含在这些数字中。

图表13-1　雇主每小时福利成本：私人部门与州/地方政府　　　　单位：美元

	私人部门平均成本	州和地方政府平均成本
总薪酬	33.72	49.19
基本工资	23.47	30.81
福利	10.25	18.38
带薪休假	2.36	3.72
节假日	0.71	1.07
休假	1.22	1.41
病假	0.30	0.94
事假	0.14	0.29
补充工资[a]	1.28	0.48

续表

	私人部门平均成本	州和地方政府平均成本
保险	2.70	5.82
人寿保险	0.04	0.07
医疗保险	2.55	11.50
短期伤残	0.06	0.03
长期伤残	0.05	0.05
退休福利	1.29	5.65
收益确定型养老金计划	0.52	5.23
缴费确定型养老金计划	0.77	0.42
法定福利	2.62	2.72
社会保障 & 医疗保险	1.96	2.13
州/联邦失业补偿	0.20	0.06
工伤赔偿	0.46	0.53

a 包括加班和其他奖励、值班补贴以及非生产奖金。

资料来源：Bureau of Labor Statistics，U. S. Department of Labor. *Employer Costs for Employee Compensation—December 2017*. USDL-18-0451. March 20，2018.

图表 13 - 2 按组织规模显示了雇员享有的福利计划。我们可以看到，大组织比小组织更有可能提供多种类型的福利。

图表 13 - 2　按组织规模划分的美国私人部门全职雇员享有特定福利项目的百分比

福利项目	组织规模		
	全部	雇员人数为 1～99 名	雇员人数在 500 名以上
医疗保险	67%	55%	89%
短期伤残保险	40%	29%	63%
长期伤残保险	33%	23%	60%
全部退休福利	66%	53%	89%
收益确定型养老金	18%	9%	43%
缴费确定型养老金	62%	49%	82%
人寿保险	56%	40%	85%
带薪休假			
病假	68%	59%	86%
休假	76%	69%	90%
节假日	77%	70%	90%
家庭假	13%	9%	23%

资料来源：Source：U. S. Bureau of Labor Statistics，*Employee Benefits in the United States—March 2017*，USDL-17-1013.

许多学生告诉我们，退休福利和医疗保险的数字如此之低令他们震惊。接下来的问题是："不是每个人都有退休福利吗？"答案是"不"。许多美国人退休后就不再有报酬，许多人也没有医疗保险。

为了组织本章的剩余内容，我们将使用一个更为详细的雇员福利分类（见图表 13 - 3）。我们将按照这七个类别来说明影响每种福利类型的战略和管理问题的重要原则。

图表 13 - 3　雇员福利分类

1. 法定支付项目（仅限雇主负担部分）
a. 工伤赔偿（包括自我保险的估计费用）
b. 社会保障（养老、遗属、伤残和医疗保险（雇主按《联邦保险缴费法案》规定纳税）和铁路退休税）
c. 失业补偿
d. 家庭假和医疗保险（《家庭和医疗休假法案》《统一综合预算调整法案》《医疗保险便携性与责任法案》）
2. 退休和储蓄计划支付项目（仅限雇主负担部分）
a. 收益确定型养老金计划费用（401(k) 类）
b. 缴费确定型养老金计划费用
c. 利润分享
d. 股票奖励与雇员持股计划
e. 保险和年金合同（保险与信托）下的养老金计划保费（净额）
f. 管理费及其他成本
3. 人寿保险和死亡抚恤（仅限雇主负担部分）
4. 医疗和与医疗相关的福利支付项目（仅限雇主负担部分）
a. 住院、手术、医疗和重症医疗保险费（净额）
b. 退休雇员住院、手术、医疗和重症医疗保险费（净额）
c. 短期伤残、疾病或事故保险（公司计划或保险计划）
d. 长期伤残或延续付薪（被保险、自我管理或信托）
e. 牙科保险
f. 其他（为以前雇员提供的眼睛保健、身心健康福利）
5. 带薪的休息时间、咖啡时间、午餐时间、盥洗时间、通勤时间、换工作服时间、工作准备时间等
6. 非工作时间支付项目
a. 带薪休假或补假作偿
b. 带薪法定假日或补假作偿
c. 带薪病假
d. 育儿假（带薪产假和带薪陪产假）
e. 其他
7. 其他福利支付项目
a. 雇员从公司购买商品和服务享受的折扣
b. 公司免费提供的工作餐
c. 雇员教育费用
d. 儿童看护
e. 其他

资料来源：U. S. Chamber of Commerce, *Employee Benefits Study*，2008. 经许可可以转载。

■ 13.1　法定福利

　　实际上每种雇员福利都在一定程度上受到各种成文法或习惯法的影响（许多限制是由税法规定的）。我们在这一部分主要关注成文法规定的各种福利，包括工伤赔偿、社会保障和失业补偿。

13.1.1　工伤赔偿

　　每年耗费雇主 950 亿美元的一项主要经营成本是什么？答案是工伤赔偿。在这笔费

用中，620 亿美元以福利的形式支付给工人，其中 310 亿美元用于医疗保险，其余 310 亿美元以现金支付。[9]

作为一种无过失保险（即使事故由雇员自身的行为造成，他们也有资格获得赔偿），工伤赔偿的范围包括雇佣期间发生的各种伤害和疾病。福利支付针对以下情况[10]：

1. 治疗工伤或疾病所需要的医疗保险。
2. 为雇员提供的临时伤残福利，以弥补其损失的工资。
3. 向雇员支付的永久性伤残金，以补偿工伤造成的永久性影响。
4. 遗属抚恤金。
5. 大多数州对无法再回到以前工作岗位的人开展的康复治疗和培训。

从长期来看，工伤赔偿的成本并非固定不变。在 21 世纪的头几年，这一成本是上涨的，但 2005 年开始下降，之后企稳，从 2010 年开始有所上升。[11]专家认为，工伤赔偿成本稳定的部分原因在于雇主实施的安全生产计划发挥了作用——致命性事故大幅减少，而轻微事故虽多，但处理成本较低。

各个州在索赔的赔付规模上也不尽相同。例如，纽约州为全部或局部伤残雇员设计了一种赔付公式，这一公式以伤残雇员前一年每周平均工资为计算基础。以下公式被用于计算工伤赔偿福利：

$$2/3 \times 每周平均工资 \times 伤残比率 = 每周福利$$

因此，一个每周工资为 400 美元，遭受全部伤残（100%）的索赔者每周可以获得 266.67 美元。如果这个索赔者只是局部伤残（50%），那么他每周只能获得 133.34 美元。[12]

有些州提供了"二次伤害基金"。当雇用前伤害与雇用后工伤共同造成的雇员残疾比单纯由雇用后工伤造成的残疾更加严重时，这些基金会减轻雇主的负担。例如，某个雇主雇用了一名已知患有心脏病的雇员。如果该雇员因心脏病发作而摔断了一只手臂，工伤赔偿保险只赔付断臂的治疗费用而不赔付治疗心脏病的费用。

工伤赔偿由州法律而非联邦法律规定。如果想了解各个州相关法律的详细内容，请浏览"网络资源"中相关网址提供的信息。

网络资源

每个州的工伤赔偿法律不同。如果你对处罚问题感兴趣，可以浏览 http：// www.workerscompensation.com/workers_comp_by_state.php。

如图表 13-4 所示，总体上看各州工伤赔偿的范围相当一致，而差异主要体现在福利的水平和成本上。近些年，许多州为削减成本而对工伤赔偿福利进行了重大变革。例如，在蒙大拿州，雇主每支付 100 美元的工资就需要支出 3.22 美元的工伤赔偿成本，这一数字要比大多数州高得多。该州及其他五个州通过了旨在控制医疗成本的重要改革，最终遏制住了工伤赔偿成本的增长。[13]蒙大拿州在七年时间里将每 100 美元工资的工伤赔偿成本从 3.22 美元降至 2.17 美元，降幅比其他州都要大。[14]

图表 13 - 4　各州工伤赔偿法律的共性

内容	最常见的州立法条款
法律类型	强制型（47 个州）
	选择型（3 个州）
自我保险项目	许可自我保险（48 个州）
	所有行业的雇佣关系
	农业劳动力、家政工作者和临时雇员通常不受限制
	对所有或大部分公共部门雇员是强制性的（47 个州）
职业疾病	保险范围为雇佣期间发生的所有疾病
	对"生活中的普通疾病"不予赔偿

资料来源：NCCI. com.

网络资源

美国劳工部的网站提供了大量关于法定福利及相关具体法律规定的丰富信息：http://www. dol. gov/dol/topic/。

13.1.2　社会保障：养老、遗属、伤残、健康保险和医疗保险

当 1937 年美国（根据 1935 年的《社会保障法案》（Social Security Act））引入社会保障制度时，只有大约 60％的工人有资格享受。[15]今天，社会保障几乎覆盖了每一个美国工人（96％）。[16]不论工人退休、伤残还是死亡，社会保障收益都会弥补他们损失的部分家庭收入。为了给美国工人及其家庭提供一个基本保障，《社会保障法案》自通过以来已经进行了多次修改。图表 13 - 5 列出了该部法律的初始条款以及此后多年所做的修改扩充。[17]将该法与其修订内容结合起来看，可以发现它们提供了以下形式的保险项目：退休保险；遗属保险；伤残保险；为老年人、残疾人和晚期肾病患者提供的住院和医疗保险；处方药福利（额外帮助医疗保险处方药费用）补充保障收入；退伍军人特殊福利。[18]

图表 13 - 5　社会保障的法律变迁

年份	法律的变化
1939	增加遗属保险，以向已故雇员的遗孀和未成年子女提供每月人寿保险费用。
1950—1954	扩充养老保险和遗属保险。
1956	向雇员及其赡养的老人或抚养的子女提供伤残保险福利。
1965	向老年人提供医疗保险，其后（1973 年）又向 65 岁以下伤残人士提供医疗保险。
1972	生活成本调整与居民消费价格指数挂钩，以确保所有受益人未来获得更多的收益。
1974	现行的对老年人、盲人和残疾人的国家财政援助计划被美国社会保障局管理的补充保障收入取代。
1983	从 1984 年开始，所有新的文职联邦雇员被纳入社会保障体系。所有联邦雇员都享受医疗保险。
1985	社会保障局成为一个由一名专员和一个两党顾问委员会管理的独立机构。

续表

年份	法律的变化
1994	颁布修正案对药物滥用者和酗酒者的福利给付进行严格限制（并规定了治疗要求以及为期 36 个月的福利支付上限）。
1996	1996 年《美国合同促进法案》（Contract with America Advancement Act）规定不再将药物滥用作为一种残疾损伤。药物滥用可以不再作为界定伤残的基础。
2000	取消对 65～69 岁雇员在不减少社会保障福利情况下的收入数额的"萧条期限制"——这一规定可追溯至 2000 年 1 月 1 日。对那些在 62 岁提前退休的个人的有关规定和对 70 岁及以上雇员的法律地位的有关规定，新法没有进行修改。
2003	2003 年《医疗保险处方药物、改进和现代化法案》（The Medicare Prescription Drug, Improvement and Modernization Act）（P. L. 108～173）存档。老年人必须从各种文字晦涩难懂的方案中作出选择。

资料来源：Social Security Administration, *Social Security Handbook*.

支付这些福利的资金来自雇员、雇主以及自由职业者在工作期间缴纳的社会保障费。每年的社会保障缴费都被直接用于支付当期社会保障受益人的收益。这是社会保障制度面临的一大问题。退休工人数量持续增加（因为提前退休和寿命延长），社会保障缴费人数却没有相应增加。如果将受益人数量增长与其他成本推动因素（例如，大幅的生活成本调整）结合起来考虑，结果可想而知。为了维持偿付能力，随着时间的推移，最大缴费基数以及针对这一基数的征税比例都有了大幅提高。图表 13-6 说明了社会保障的税率、最大缴费基数以及最高税收额度的变化趋势。

图表 13-6　社会保障税的变化（1980—2018 年）

年份	养老、遗属、伤残、健康保险		医疗保险	
	最大应税收入（美元）	税率	最大应税收入（美元）	税率
1980	25 900	5.08%	25 900	1.05%
1990	51 300	6.20%	51 300	1.45%
1995	61 200	6.20%	不设上限	1.45%
2000	76 200	6.20%	不设上限	1.45%
2005	90 000	6.20%	不设上限	1.45%
2010	106 800	6.20%	不设上限	1.45%
2015	118 500	6.20%	不设上限	1.45%
2018	128 400	6.20%	不设上限	1.45%

说明：2011 年当年，养老、遗属、伤残、健康保险税率从 6.2% 降至 4.2%。
资料来源：U. S. Social Security Administration Office of Retirement and Disability Policy, www. ssa. gov/policy/docs/quickfacts/prog _highlights/index. html, April 6, 2015; U. S. Social Security Administration, Contribution and Benefit Base, Social Security, https://www. ssa. gov/oact/COLA/cbb. html, accessed April 29, 2018.

截至 2018 年，社会保障税的税率为 7.65%（养老、遗属、伤残、健康保险的 6.2%＋医疗保险的 1.45%），由雇员和雇主共同承担（总计为 15.3%）。虽然没有显示在图表 13-6 中，但联邦政府没有忘记自由职业者，他们在没有独立雇主的情况下，以 15.3% 的税率（12.4% 的养老、遗属、伤残、健康保险税加 2.9% 的医疗保险税）缴纳社会保障税。同样没有显示在图表 13-6 中的是按 2013 年《平价医疗法案》规定增加的税收——社会保障局称之为高收入税，国家税务局称之为附加医疗保险税——对调整后总收入超过 20 万美元的单身申请者和调整后总收入超过 25 万美元的已婚申请者，该税种的税率为 0.9%。这种税只由雇员个人缴纳，雇主不需要缴纳。

从图表 13-6 中我们可以直接得出以下结论。第一，随着应税收入的快速增长，你应该习惯每挣一美元都要支付一定数额的社会保障税。但这并不总是正确的。请注意，1980 年最大应税收入是 25 900 美元。超过这一数额的每一美元都免除了养老、遗属、伤残、健康保险部分的社会保障税。2018 年，最大应税收入为 128 400 美元。税收的另一个主要变化是，当涉及社会保障税的第二部分（医疗保险）时，不再设应税收入上限。如果乔丹·斯皮思（Jordan Spieth）全年的收入达到 3 000 万美元，他要为其中 117 000 美元收入缴纳 7.65% 的社会保障税，余下收入应缴纳 1.45% 的社会保障税。对于超级富豪而言，取消这一应税收入上限可能会产生重要影响。

第二，正如前面提到的，雇员每缴纳一美元社会保障费，雇主就会缴纳相应的费用。对于收入在 70 000 美元左右的雇员，这意味着雇主要缴纳约 6 000 美元的社会保障费。

当前的筹资水平在 20 世纪 90 年代产生了一个巨大的盈余。今天，至少在会计意义上仍然存在巨大盈余。遗憾的是，这一盈余在某种程度上只是一种神话。联邦政府不会为了你的退休预期而把你的社会保障缴费存入储蓄银行。相反，它们一直将这笔资金用于支持政府开支。婴儿潮一代已经达到了他们收入潜力的顶峰，而他们的社会保障缴费补贴了人数要少得多的 20 世纪 30 年代出生的人。第一批婴儿潮一代已经退休，社会保障税的损失和新福利的发放给当前的社会保障制度带来巨大隐患。1940 年，社会保障制度覆盖的雇员（向社会保障基金缴费的人）数量与受益人数量的比率为 159.4：1，1960 年为 5.1：1。1990 年，这一比率为 3.4：1，最近已降至 3.0：1 以下。[19]如果不采取行动，预计这一比例还将继续下降，未来福利的筹资将变得更加不确定。

社会保障福利

社会保障福利主要可以分为四类：（1）养老和伤残福利；（2）退休或伤残雇员家属福利；（3）死亡雇员遗属福利；（4）一次性支付的死亡抚恤金。为了获得享受这些福利的资格，雇员从事的工作必须在社会保障制度的覆盖范围内，并且每季度都要缴纳一笔特定数额的社会保障费。[20]在连续缴满 40 个季度以后，雇员就可以终身享受社会保障福利。对于这四种福利形式，受益人的收益水平并非固定不变，但总体上与等待期的缴费数额相关联。例如，一个人从 22 岁开始每年都有最高的应税收入，当他在"完全退休年龄"（66 岁）退休时，每月将获得 2 788 美元的养老金。然而，有时被忽略的是，如果这个人等到 70 岁退休，每月的最高养老金将是 3 698 美元。70 岁以后退休就没有更多的好处了。此外，还有一种配偶福利，最高可享受第一受益人福利（如果超过其配偶自身福利）的 50%，但必须有最低婚姻存续时间限制。

13.1.3　失业保险

工会为削弱失业对会员的影响所作出的最早努力（约在 19 世纪 30 年代）是自助慈

善计划的一部分。没有失业的工会会员以捐款的形式帮助那些失业的工会兄弟渡过难关。1932 年，威斯康星州成为第一个引入失业保险的州。随着失业保险法律的通过（作为 1935 年《社会保障法案》的一部分），对失业人员的基本保障不再那么依赖雇员之间的慈善行动。大萧条始于 1929 年，当时失业率高达 25%，然而，失业保险几年后才出现。

失业保险计划有四个主要目标：（1）弥补雇员非自愿失业期间的收入损失；（2）帮助失业人员找到新工作；（3）激励雇主稳定就业；（4）通过在短期裁员期间提供收入保障来保护对雇员技能的投资（使雇员回到原来的雇主那里而不是重新择业）。失业保险法律因州而异。下面的讨论将只涉及不同州失业保险计划的一些主要特征。

资金筹集

在大多数州，支付给符合条件的雇员的失业补偿是完全由雇主筹资的。这些雇主要支付联邦和州失业保险税。联邦税率相当于每个雇员前 7 000 美元收入的 0.6%。[21] 另外，有些州还对雇员 7 000 美元以上的收入部分规定了另一种税率。公司缴纳的额外税收取决于对它的**经历评级**（experience rating）——向解雇较少雇员的雇主征收更低的失业保险税。对于那些近期没有裁减雇员经历（通过"经历评级"得出的结论）的雇主，失业保险税率几乎会降至 0；而对于那些大量裁减雇员的雇主，失业保险税率会高达 10%。

保险覆盖范围

除了少数农业工人和家政从业人员外，目前所有雇员都受失业保险法律的保护。不过，这些获得失业保险法律保护的雇员必须符合以下条件才能领取失业保险金：

1. 你必须在一个确定的时间周期（一年）内（即所谓"基期"）达到州规定的工资或工作时间要求。（在大多数州，这通常是在你提出索赔之前最后工作的五个日历季度中的前四个季度。）

2. 你必须被确定为由非自身过失造成失业（由州法律决定），并满足州法律规定的其他资格条件。[22]

福利期限

在 1958 年之前，任何索赔人领取失业保险金的最长时间为 26 周。但是，1958 年和 1960—1961 年的经济衰退导致了大量失业保险索赔者的出现，他们几乎用尽了自己的失业保险金。这种情况致使许多州临时延长了最长福利期限。2008 年，美国国会颁布了《紧急失业补偿计划》（Emergency Unemployment Compensation program）。该计划为长期失业人员延长了领取失业保险金的周数，最长可达 53 周。[23]

该计划于 2013 年终止，最长福利期限恢复到 26 周。由于许多州的失业率已降至 6% 以下，一些州立法将福利期限缩短至 20 周。[24]

每周失业保险金支付额

总体而言，失业保险金根据个人在最近 52 周内收入的百分比计算——最高为州规定的最大支付数额。[25] 例如，在许多州失业补偿将是你收入的一半，但同时有一个最大金额限制。纽约州最近将其失业保险金的最低标准提高到 100 美元，最高标准提高到 420 美元，并为其年度增长编列了经费。[26]

控制失业保险税

每个失业人员的**失业保险**（unemployment benefit）都由最近雇用该失业人员的公司承担。一个公司支付的失业保险金越多，该公司缴纳的失业保险税率就越高（根据经历评级计算该税额）。合理地控制这些成本应该从设计精良的**人力资源规划制度**（human resource planning system）开始。对人力资源需求作出符合实际要求的估计可以减少对草率的招聘方式的使用，这些招聘方式通常会导致挫伤雇员士气的解雇事件发生。另外，福利管理者还应该审核解雇前的雇员行为（例如，迟到、严重不当行为、旷工、生病或事假）和解雇后对失业保险资格要求的遵守情况（例如，拒绝工作会使失业者失去享受失业保险金的资格）。政府还可以通过减少失业周数在削减失业费用方面发挥重要作用。研究表明，只要加强对欺诈性索赔的制裁力度，失业持续时间就会缩短三周。[27]

13.1.4　《家庭和医疗休假法案》

1993 年的《家庭和医疗休假法案》适用于雇佣人数大于等于 50 人的所有雇主，并规定所有符合条件的雇员有权由于特定的家庭或医疗原因享受每年不超过 12 周的不带薪休假。[28]该法案规定的常见休假原因包括护理新生儿或照顾病重的配偶、儿童或父母。[29]现在越来越多的州立法机构开始为工人提供某种形式的带薪的家庭和医疗休假。

13.1.5　《统一综合预算调整法案》

国会在 1985 年通过了这一法案，规定当由于发生资格认定事件（例如，解雇）而失去保险受益机会时，雇主要向现任和以前的雇员及其配偶、赡养或抚养的家庭成员临时提供团体医疗保险宽限期。雇佣人数大于等于 20 人的所有雇主必须遵守《统一综合预算调整法案》。雇主可以向个人收取最高可达相应保险项目保费 102% 的费用（100% 的保险费外加 2% 的管理费），从而根据发生的具体资格认定事件将宽限期最长延至 36 个月（标准为 18 个月）。[30]对于根据《统一综合预算调整法案》获得医疗保险的个人而言，最大的担忧是相对较短的资格期。18 个月后你就没有享受医疗保险的资格了。随着《平价医疗法案》的通过，《统一综合预算调整法案》的参与者可以选择进入医疗保险市场。[31]

13.1.6　《医疗保险便携性与责任法案》

1996 年公布实施《医疗保险便携性与责任法案》（Health Insurance Portability and Accountability Act）的目的在于：（1）削弱雇主拒绝为已存在的疾病提供保险的能力；（2）禁止基于身体健康状况的歧视。[32]《医疗保险便携性与责任法案》最重要的部分 2002 年才开始实施，当时严格的新隐私条款给负责具体执行工作的人力资源管理人员和被授权建立安全健康信息系统的信息技术人员增加了相当大的合规性问题。下次去看医生的时候你就知道了。你将不得不签署一份《医疗保险便携性与责任法案》文件，如果你阅读这份文件的话，它会让你目瞪口呆。

◼ 13.2　退休和储蓄计划

养老金已经存在很长时间了。第一个养老金计划建立于 1759 年，主要用于保护长老会牧师的遗孀和子女。在私人养老金计划覆盖范围稳步扩大几十年后，如今只有 68％的雇员可以享受到养老金，而且只有 53％的人真正参与其中。[33]

尽管人们将这归咎于全球化带来的竞争压力、经济衰退和劳动生产率提升乏力，但现实是，缴纳社会保障费的人越来越少，而领取福利的人越来越多。因此，如果人们希望顺利退休并且满怀信心的话，雇主提供的退休计划比以往任何时候都更重要。在这种情况下，与那些没有雇主提供退休计划的雇员相比，有这种退休计划的雇员更有可能拥有足够的储蓄来享受安逸的退休生活。[34]我们在下面主要讨论两大类养老金计划：**收益确定型计划**（defined benefit plan）（"养老金计划"这个术语通常指的就是收益确定型计划）与**缴费确定型计划**（defined contribution plan）。图表 13-7 对两种计划进行了比较。当你阅读对它们的描述时，请记住收益确定型计划已经不那么常见了，那些保留下来的收益确定型计划通常不再向新的参保者开放。IBM 和威瑞森等知名公司已经冻结了它们传统的收益确定型养老金支出。雇员仍然能够获得养老金，但养老金不再随着工作时间的增加而增长。相反，许多公司选择实施 401(k) 计划（一种流行的缴费确定型计划），在这种计划中缴费是明确的和可控的。[35]正如我们之前看到的，仅有 18％的私人部门雇主提供收益确定型计划，而大约 62％的私人部门雇主提供缴费确定型计划，比如 401(k)。在几十年前，这两个比例有可能会发生逆转。为了理解这一重大变化发生的原因，我们接下来解释这两种计划的不同成本和影响。

图表 13-7　退休计划：收益确定型与缴费确定型比较

收益确定型	缴费确定型
养老金	例如，401(k)、利润分享
退休福利是明确的/事先承诺的	雇主缴费是明确的/事先承诺的
投资风险由雇主承担	投资风险由雇员承担
成本不随支付能力的变化而变化	成本随支付能力的变化而变化
雇员没有主动发挥作用或承担责任	雇员必须管理投资
鼓励雇员留任	促进雇员流动
	错误的投资决定意味着会减少退休收入

13.2.1　收益确定型计划

在收益确定型计划中，雇主同意（承诺）提供一个特定水平的退休养老金（收益确定），它以固定的美元金额或收入百分比表示，通常会随着雇员资历的变化而变化（增加）。公司按照一种通过精算确定的收益公式进行当期缴费，从而为即将退休的雇员的未来养老金收益筹集资金。[36]

大多数收益确定型计划计算即将退休的雇员最后 3～5 年的平均收入，并向雇员提供相当于按资历调整后的这一平均收入一半（30％～80％不等）的养老金——至少对于在公司工作了足够长时间的雇员来说是这样。

那么，是什么让收益确定型计划成为削减成本的首要目标呢？首席财务官的抱怨主要集中在筹资问题上：如果我要在吉姆退休时每年支付给他 40 000 美元的退休金，我现在就必须开始投资以获得这笔现金。但我应该投资多少？考虑到股票市场的动荡，很难对所需要的投资金额作出准确预测。首席财务官表示，这损害了公司的财务健康，并且使公司无法全身心投入核心业务的经营。例如，通用汽车公司最近取消了针对年薪制雇员的收益确定型计划。公司已对新招聘雇员实施缴费确定型计划。现在所有的年薪制雇员都被纳入缴费确定型养老金计划。为什么这么做？通用汽车公司在养老金筹资方面存在 120 亿美元的缺口。作为减轻养老金负担的一项措施，通用汽车向保诚集团（Prudential）支付 25 亿美元，让其承担通用汽车 25% 的养老金负担。[37]公司所做的是向保险公司购买年金。通用汽车在保诚集团总共有 250 亿美元的年金。威瑞森也在保诚集团拥有 75 亿美元的年金。摩托罗拉和百时美施贵宝联合向保诚集团支付 45 亿美元以让其接管它们所有的养老金业务。这些公司以溢价（通常为 10%）购买年金。现在它们不必担心当未来利率波动时养老金成本大幅上升。年金稳定了它们养老金义务的成本。[38]

13.2.2　缴费确定型计划

在缴费确定型计划中，雇主向每个参与计划的雇员的账户供款。当雇员数年后退休时，根据他们的缴费额、雇主缴费额及股票投资的收益（或亏损）领取养老金。缴费确定型计划通常有三种形式。第一种形式是得名于《国内税收法案》相关章节的 401(k) 计划，它是一种储蓄计划，允许雇员延缓支取税前收入。雇主通常按照 2∶1 的比例来分担养老金费用（即雇员每储蓄 1 美元，雇主相应储蓄 50 美分）。[39]缴费确定型计划的使用越来越多（收益确定型计划的使用越来越少），这对年轻的雇员有一些好处。从历史的角度看，这些计划能够更快地使雇员获得养老金归属权（公司匹配的缴费额永久性地归雇员所有），而且它们具有更大的便携性——跳槽的雇员可以将他们的养老金增值收益带到下一份工作中去。从负面的角度看，在收益确定型计划下雇主承担投资风险，而在缴费确定型计划下雇员承担投资风险。2008—2010 年经济衰退期间许多雇员都明白了这一点，当时他们看到自己的 401(k) 投资组合大幅缩水。这类计划的另一个问题是，许多雇员没有进行充分的投资（例如，缴费率很低）。大约 40% 的雇员没有缴纳足够的费用，以至于没有获得雇主足额的匹配缴费。[40]总之，在缴费确定型计划下，雇员是否有能力负担得起退休后的生活取决于他自己的决定。因此，雇主必须考虑如何帮助雇员学习投资的基本知识（包括分散投资的重要性）。

有几个因素会影响雇员退休后的收入。首先，雇员投资越早，回报的积累期就越长。如图表 13-8 所示，21～29 岁每年投资 3 000 美元，到 65 岁时其价值将远远高于 31～39 岁所做的类似投资。其次，不同的投资有不同的历史回报率。1928—2016 年间，股票的平均年回报率为 9.53%，债券为 5.18%，现金（如短期国债或银行储蓄账户）为 3.46%。如图表 13-8 所示，如果历史回报率持续不变，21～29 岁选择的 60% 股票、30% 债券和 10% 现金的投资组合，到 65 岁时其价值将是单纯以等量现金投资的四倍。最后要考虑的问题是通过分散投资来抵消投资风险，因为股票和债券价格在短期内可能会波动。虽然股票有最大的历史回报率，但这并不能保证其未来的表现，特别是在较短时间内的表现。（这一事实在股票市场价值急剧下跌时非常明显，2008 年标准普尔 500 指数下跌 38%。）因此，一些投资顾问建议采取股票、债券和现金的投资组合（如图表 13-8 所示）来降低投资风险。年轻的投资者可能希望持有更多的股票，而那些接近退休年龄的投资者通常在投资组合中持有较少的股票。

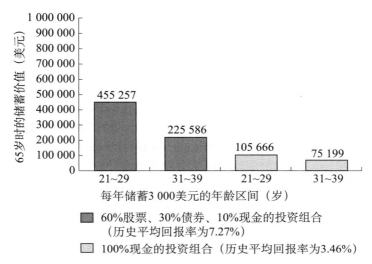

图表 13-8 退休储蓄与开始储蓄的年龄和投资组合类型的关系

说明：1928—2016 年的历史回报率（几何平均）：股票（标准普尔 500 指数）为 9.53%，债券（10 年期美国国债）为 5.18%，现金（三个月期美国国债）为 3.46%。

资料来源：Damodaran, A. "Annual Returns on Stock, T. Bonds and T. Bills, 1928-Current."

缴费确定型计划的第二种类型是**雇员持股计划**（employee stock ownership plan）。在基本的雇员持股计划中，公司向信托公司提供可免税的股票或现金。信托公司随后将该公司的股票（或用现金购买的股票）分配到参加雇员持股计划的雇员账户中。分配的数量视雇员的收入而定。当雇员持股计划被用作一种养老金工具（而不是激励计划）时，雇员退休时领取的现金视届时的股票价值而定。雇员持股计划有一个重大缺陷，这种缺陷限制了它的养老金积累效用。许多雇员不愿意把自己未来的大部分退休收入只"押"在一种投资渠道上。如果公司股票价值下跌，其结果对于日益接近退休年龄的雇员而言可能是灾难性的。一个经典的例子来自安然公司……是的，就是这家公司牵扯到所有的道德问题。根据安然公司的 401(k) 计划，雇员可以选择延期支取他们的一部分工资收入。雇员被给予 19 种不同的投资选择，其中之一就是公司的普通股。安然公司进行匹配供款，其匹配的额度高达雇员薪酬的 6%。安然公司的供款采用公司股票的形式，而且持股的期限必须至少持续到雇员 50 岁。这一特征导致 2001 年雇员持股计划总价值的 60% 都维系在安然公司的股票上。猜猜最终发生了什么？当安然公司股票在 2001—2002 年跌至谷底时，成千上万雇员眼睁睁看着他们的退休储蓄化为乌有。最近，401(k) 供款已不再使用股票。大多数公司（53%）允许不到 10% 的养老金资产采取公司股票的形式。[41]国家雇员持股中心的创始人科里·罗森（Corey Rosen）建议说："雇员在将自己的钱投资于公司股票的比例超过 10% 的时候需要非常谨慎。"这意味着 47% 的公司仍然有过多股票形式的退休资产。[42]

考虑一下通用电气发生的事情。2017 年底和 2018 年初的股价下跌导致大约 1 400 亿美元的财富消失，比安然（以及雷曼和贝尔斯登）损失的还要多。与 2000 年的峰值相比，通用电气的市值下降了 4 600 多亿美元。当然，这对多年来一直选择通用电气股票购买计划的雇员和退休人员造成了影响。根据该计划，通用电气将配售高达 50% 的雇员股票。2016 年，加里·扎布罗斯基（Gary Zabroski）从通用电气的冲床操作员岗位退休时，他每年的养老金是 85 000 美元，同时还有价值 280 000 美元的公司股票。然而，几年之后，他持有的通用电气股票价值跌至 110 000 美元。他决定，即使自己原本没有计划"回去上班"，也需要找一份工作。他每月不仅要归还抵押贷款，还要照顾身体残疾的妻子，而通用电气股票下跌让他的经济状况"有点可怕"。[43]

最后，如果将利润分配延迟到雇员退休，也可以把**利润分享计划**（profit sharing plan）看作一种缴费确定型计划。第 10 章讨论了利润分享的基础知识。

毫不奇怪，不论是收益确定型计划还是缴费确定型计划，都会受到税收法律的严格制约。要使**延期薪酬**（deferred compensation）免除当期税收（即成为一个有免税资格的延期薪酬计划），必须满足特定的要求。为了获得免税资格，雇主不能随意选择参加这个计划的雇员。相反，它们必须通过非歧视测试，这样做的目的是鼓励公司将福利覆盖范围扩大到所有雇员。这一要求废除了通常（仅）为高级管理者和其他高薪雇员（国内收入署在进行同样准确的非歧视测试时精确定义的术语）提供有税收优惠的养老金组合的常见做法。[44]有免税资格的计划的一大优点是，即使雇员尚未领取任何收益，雇主也可以因向该计划缴费而获得所得税减免。不过在招聘高素质管理者方面，这种计划也存在不足之处。如果在为吸引管理者而向他们支付高水平的延期薪酬的同时，没有按照相同的比例向低层次雇员支付延期薪酬，这种延期计划就不能获得免税的资格。

近年来出现了一种收益确定型计划与缴费确定型计划的混合体。**现金平衡计划**（cash balance plan）就是一种看起来很像缴费确定型计划的收益确定型计划。雇员拥有一个假设账户（就像 401(k)），在这个账户中通常要按照年薪的一定比例存入资金。这一账户中资金额的增长来源于雇主的供款和某种预定利率（例如，通常与 30 年期国债的利率相同）。

2009 年，美国金融危机爆发后，许多公司暂停了 401(k) 计划的缴费。通用汽车、联邦快递、西尔斯控股（Sears Holdings）和伊士曼柯达（Eastman Kodak）等都在暂缓缴费的公司之列。这种灵活性可以被视为缴费确定型计划的另一个优势（从雇主的角度来看）。

13.2.3 个人退休账户

个人退休账户（individual retirement account）是一种雇员可以自己参与的税收优惠退休储蓄计划。是的，与其他养老金计划不同，个人退休账户并不要求雇主去建立。即使没有参加工作的人，也可以建立一个个人退休账户。当前，个人退休账户大多用于储蓄其他养老工具所积累的财富，而不是作为一种创造新财富的手段。[45]

13.2.4 《雇员退休收入保障法案》

20 世纪 70 年代早期，私人养老金计划遭受了公共关系和经济上的双重灾难。许多认为自己是养老金计划受益者的人成为复杂规则、不充足的基金、不负责任的财务管理以及雇主破产的受害者。有些养老金基金，包括雇主管理的基金和工会管理的基金，都存在管理不善问题；有些养老金计划需要很长时间的归属权等待期。结果养老金制度让太多的终身劳动者陷入贫困。1974 年《雇员退休收入保障法案》的出台就是对这些问题的回应。

《雇员退休收入保障法案》并不强制要求雇主提供一种养老金计划。但是，如果公司决定提供一种养老金计划，它就要受《雇员退休收入保障法案》有关条款的严格制约。[46] 这些条款主要是为了实现两个目标：（1）保障大约 1 亿名养老金计划积极参与者的利益[47]；（2）促进这些计划的成长。《雇员退休收入保障法案》在实现这些目标方面的实际成效顶多是优劣参半。在法案实施两年的时间里（1975 年和 1976 年），有13 000 个养老金计划被终止。养老金计划终止的主要原因除了经济衰退，就是《雇员退休收入保障法案》的实施。雇主抱怨《雇员退休收入保障法案》给企业带来了过高的成本和过多的文书工作。有些心怀不满的雇主甚至抱怨《雇员退休收入保障法案》简直荒谬。为了检验这些抱怨的合理性，让我们深入考察《雇员退休收入保障法案》的主要规定。

总体要求

《雇员退休收入保障法案》规定有资格参与养老金计划的雇员的起始年龄为 21 岁。雇主可以规定 12 个月的服务期作为参与养老金计划的先决条件。如果养老金计划向雇员提供全额和即时的养老金归属权，这一服务期可以延长至三年。

归属权授予期与便携性

这两个概念有时容易混淆，但它们在实践中具有截然不同的意义。**归属权授予期**（vesting）是指雇员在有权获得雇主给付的养老金之前必须为雇主工作的时间长度。归属权授予期的概念由两部分组成。其一，雇员向养老金基金的任何缴费都直接并不可撤回地授予雇员。归属权只有在雇主缴费的情况下才会受到质疑。2001年《经济增长与税收减免协调法案》（Economic Growth and Tax Relief Reconciliation）规定，雇主缴费必须至少按照以下两种方式之一尽快授予雇员：（1）三年之后全额授予；（2）两年后授予 20%，此后每年授予 20%，这样六年后即可全额授予。

其二，雇主使用的归属权授予时间表通常是劳动力人口构成的函数。经历高雇员流失率的雇主可能希望使用三年服务期计划。按照这样的做法，未满三年服务期而离开公司的雇员就不会被授予养老金收益归属权。或者雇主可以使用第二种归属权授予时间表以期通过更早的收益增长来降低不合意的雇员流失率。因此，雇主实施的战略取决于组织的目标和劳动力的特征。

对于那些跳槽到其他公司的雇员而言，养老金的**便携性**（portability）是他们需要面对的问题。养老金资产是否应该以某种方式伴随雇员的流动而转移？[48]《雇员退休收入保障法案》没有要求私人养老金转移的强制便携性。不过，在自愿的基础上，雇主可以允许雇员的养老金收益转移至新的雇主。当然，雇主如果允许赋予养老金便携性，就必须授予雇员养老金归属权。

养老金福利担保公司

尽管《雇员退休收入保障法案》施加了大量限制，但组织仍然存在破产或以某种方式无法履行其既定养老金义务的可能性。在严重的财务困难迫使公司终止或减少雇员养老金福利的情况下，养老金福利担保公司（Pension Benefit Guaranty Corporation）为雇员提供了一些福利保护。根据1974年《雇员退休收入保障法案》成立的养老金福利担保公司，为在离职时符合领取养老金资格的雇员提供了基本福利（而不是完全取代养老金福利）担保。我们向你保证，伊士曼柯达的许多雇员会因为这个问题而彻夜难眠。养老金福利担保公司是由雇主每年支付的保险费资助的，而这些保险费对于资金不足的养老金计划来说数额更大。（请注意，养老金福利担保公司并不担保退休人员的医疗保险福利。）

2006年《养老金保护法案》

你还记得安然公司吗？或许你并不知道该公司许多雇员失去的并不仅仅是工作。正如我们在前面所提到的那样，安然公司许多雇员的退休基金都采用公司股票的形式。当安然公司股票价格跌入谷底时，许多雇员的退休梦也随之破灭。安然公司和世通公司（WorldCom）的事情发生后，美国国会通过了《养老金保护法案》（Pension Protection Act）。该法案的目的就是保护雇员的退休收入，并将退休储蓄的部分责任从雇主转移至雇员。《养老金保护法案》的一个关键条款就是允许上市公司雇员自由出售雇主的股票——这些股票通过延期或税后缴费的方式购得。我们期望这一条款激励雇员投资缴费确定型计划，并减轻雇主的负担。《养老金保护法案》还通过将筹资率不足70%的养老金计划界定为"有风险"计划的方式，对那些没有为履行当期或未来养老金义务留出足够准备金的雇主提出针对性要求。《养老金保护法案》至少还有另外两项重要规定。一项规定是持有公开交易证券的缴费确定型计划必须向雇员提供除雇主证券以外的至少三种投资选择。另一项规定是允许雇主自动让雇员参加其401(k)计划，并在雇员加薪时或在工作周年纪念日自动增加雇员的401(k)缴费。

13.2.5 提供多少退休收入？

一个公司选择提供的养老金水平取决于对如下五个问题的回答。第一，相对于雇员退休前的收入，公司愿意将何种水平的退休补偿设为自己的目标？第二，在考虑雇员退休期间应该获得的收入水平时，应该将社会保障福利计算在内吗？一种综合性方法是减少标准福利，减少的幅度为一定比例（通常为50%）。[49]另外一种方法就是对超过社会保障最大应税收入的工资收入，使用一种更为慷慨的养老金福利计算公式。不管是否使用这种计算公式，大约有一半的美国公司都没有实施成本削减战略。一旦一家公司明确了它希望为退休雇员提供的收入水平，它就有必要设计一种将私人养老金与社会保障相结合的制度以实现这一目标。其他任何战略都不划算。

　　第三，退休后其他收入来源（例如，部分由雇主缴费资助的储蓄计划）应该计入养老金给付吗？第四，公司必须决定如何将资历计入养老金给付公式。资历发挥的作用越大，养老金在留住雇员方面就越重要。大多数公司认为，只有那些在公司度过自己整个职业生涯（例如，30～35 年）的雇员才能够获得特定收入水平的最大养老金给付。图表 13 - 9 生动地说明这种战略给频繁跳槽的雇员带来的财务损失。在我们的例子中，一个非常可信的情形是：频繁跳槽会使雇员最终的养老金约减少一半。（经常跳槽的人会不会更愿意接受诸如 401(k) 之类的缴费确定型养老金计划呢？）

图表 13 - 9　频繁跳槽的巨额成本*

职业经历	任职时间 （年）	养老金占薪酬的 百分比	薪酬（最后） （美元）	每年的养老金 （美元）
萨姆				
工作 1	10	10%	×35 817	＝3 582
工作 2	10	10%	×64 143	＝6 414
工作 3	10	10%	×114 870	＝11 487
工作 4	10	10%	×205 714	＝20 571
养老金总额				42 054
安				
工作 1	40		×205 714	＝82 286
养老金总额				82 286

　　* 假设：（1）起薪为 20 000 美元，且每年的通货膨胀率为 6%。（2）这两名雇员每年都获得了与通货膨胀率相等的工资增长。（3）养老金的计算方法为：雇员每为公司服务一年就取其 1% 的薪酬，再乘以雇员离开公司时的最后薪酬。

　　资料来源：Federal Reserve Bank of Boston.

　　第五，公司必须决定自己能负担得起什么。如前所述，公司和政府的收益确定型计划常常受到资金不足问题的困扰。当然，减少收益确定型计划的使用（尤其是在私人部门），同时转向更多地使用缴费确定型计划，在很大程度上源于希望在未来摆脱这些资金挑战/债务压力，而不是把它们转移到雇员身上。

13.3　人寿保险

　　正如我们之前看到的，56% 的私人部门雇员可以获得雇主付费的人寿保险。[50]典型的人寿保险项目是一种面值为雇员年薪 1～2 倍的团体定期保险。[51]大多数人寿保险计划的保险费都是完全由雇主支付的[52]，成本大约是每名雇员每小时 10 美分。[53]略高于 30% 的人寿保险计划还将退休人员包括在内。为了抑制雇员流失，几乎所有公司都明确雇员离职时他们的人寿保险福利可以被剥夺。

　　人寿保险是受弹性福利计划影响最大的福利项目之一。通过提供基本人寿保险的核心保险范围（例如，25 000 美元）即可将保险计划弹性化。核心保险范围确定后，雇员就可以选择更大的保险范围（通常以 10 000～25 000 美元为增量）作为可选保险套餐的一部分。

13.4 医疗和与医疗相关的福利

13.4.1 普通医疗保障

近年来医疗保障成本持续上涨。正如我们之前看到的，提供家庭医疗保险的年均保费现在为 18 764 美元，其中，雇主支付 13 049 美元，雇员支付 5 714 美元。相比之下，2000 年家庭医疗保险的年均保费为 6 438 美元。图表 13-10 显示了随着时间推移医疗保险的年保费增长的百分比，这已经大大超过了通货膨胀和雇员收入的增长速度。日益昂贵的技术、诉讼案件的激增、老龄人口的增长，以及不鼓励节约成本的医疗保障制度，所有这些都导致医疗保险成本的迅速攀升。毫不奇怪，雇主们一直寻求降低医疗保障成本的方法，或者将医疗保障费用完全从福利组合中剔除。在结束对医疗保障制度类型的讨论之后，我们将转向对降低医疗保障成本战略的讨论。

有家庭医疗保险雇员的累计保费增长：2002—2017年

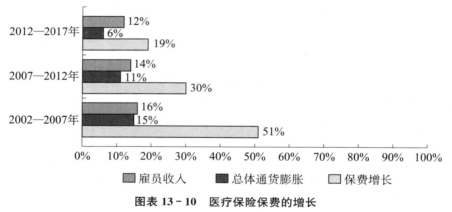

图表 13-10　医疗保险保费的增长

资料来源：Henry J. Kaiser Family Foundation. Health Costs, *Employer Health Benefits Survey*，September 19, 2017.

1930 年之前，基本上不存在医疗保险。健康问题是家庭的责任。不过，在大萧条之后，作为第一个医疗保障机构的蓝十字蓝盾应运而生。出于对蓝十字蓝盾的利润的羡慕，保险公司在提供医生和手术保险的同时开始提供住院治疗计划。当然，政府也随之参与进来。20 世纪 60 年代，国家医疗保险开始将老年人（医疗保险）和贫困人口（医疗补助）纳入保障范围。

《平价医疗法案》于 2010 年签署成为法律，其影响雇主的条款于 2018 年全面生效。该法案并不打算改变医疗保障的提供方式，而是通过强制雇员购买医疗保险和强制雇主（其雇员数量大于等于 50 人）提供合格的医疗保险来扩大医疗保障覆盖面，不遵守这些规定的雇主将面临经济处罚。"该法律实施后，未参保的非老年美国人的数量从 2013 年（主要保险条款生效前一年）的 4 400 万下降到 2016 年底的 2 800 万以下。"[54] 虽然个人强制购买医疗保险在 2018 年被取消，但对雇主的强制要求仍然有效。图表 13-11 概述了该法与雇主有关的条款。

图表 13-11　《平价医疗法案》：对雇主的影响

对不提供医疗保障福利的处罚

医疗保障改革法律没有要求雇主向雇员提供医疗保障福利。不过，在某些情况下，它确实会对那些不为雇员提供医疗保险或提供雇员负担不起的医疗保险的大型雇主（拥有大于等于 50 名全职雇员或同等人员的雇主）予以经济处罚。

如果未提供医疗保险的大型雇主中的任何一位雇员在医疗保险交易所购买保险时获得税收抵免，那么这些雇主将被处以罚款。收入达到贫困线 400％ 的雇员有资格享受税收抵免。雇主支付的罚款等于 2 000 美元乘以超出 30 名之后的雇员总数（处罚金额会随时间增加）。

在某些情况下，提供医疗保险的大型雇主也可能受到处罚。如果医疗保险的精算价值不超过 60％——意味着对于一个典型人群来说，它平均至少覆盖了 60％ 的保险服务成本——或者保险费用超过雇员收入的 9.5％，那么雇员可以通过交易所获得承保，并有资格获得税收抵免。对于每位获得税收抵免的雇员，雇主支付的罚款最高为 2 000 美元乘以超出 30 名之后的雇员总数。

全职雇员少于 25 名、平均年薪低于 50 000 美元，并为雇员支付至少一半医疗保险费用的公司有资格获得税收抵免。

税收

该法案将高收入纳税人（个人收入超过 200 000 美元，夫妻双方收入超过 250 000 美元）的住院保险（A 部分）工资税提高 0.9 个百分点，从 1.45％ 提高到 2.35％。雇主将负责代扣代缴这些税款。

该法案将对雇主提供的所谓的"凯迪拉克"保险计划开征一项新税。该新税种最初计划于 2018 年开征，但现在决定从 2022 年开征，对于个人保险价值大于等于 10 200 美元、家庭保险价值大于等于 27 500 美元的计划，将按照这些税收起征点征收 40％ 的消费税。该税将向保险公司和自我保险的雇主征收，而不直接向雇员征收。从 2020 年开始，根据通货膨胀提高税收起征点，同时如果在 2018 年开征该税之前医疗保障费用增长超过预期，也可能会向上调整税收起征点。对于年龄在 55 岁的雇员、没有资格享受医疗保险的退休人员、从事高风险职业的雇员，以及因雇员年龄或性别而可能有较高医疗保障成本的公司，税收起征点也会向上调整。

受抚养人保险

《平价医疗法案》要求提供受抚养人保险的计划在子女年满 26 岁之前提供这种保险。已婚和未婚的子女都有资格获得这项保险。这条规则适用于个人市场的所有计划和新雇主的计划。它也适用于现有雇主的计划，除非已成年子女有另一份雇主提供的保险（比如通过他的工作）。26 岁以下的子女可以继续参加父母的雇主的保险计划，即使他们自己的雇主为他们提供了另一份保险。

健康计划

作为健康计划激励措施的一部分，雇主可以向雇员提供最高可达计划保费总额 30％ 的奖励，高于此前 20％ 的上限。根据该法案，卫生和公众服务部部长可酌情将这一限制提高到 50％。健康计划必须"合理地设计以促进健康或预防疾病"。该法案还制定了一个五年资助计划，鼓励目前没有健康计划的小型雇主提供这些计划。该计划将在 2011—2015 财政年度向雇员人数不足 100 人、每周工作时间超过 25 小时的雇主提供 2 亿美元的资金支持。

资料来源：Internal Revenue Service, "Questions and Answers on Employer Shared Responsibility Provisions under the Affordable Care Act," www. irs. gov, accessed April 29, 2018; Henry J. Kaiser Family Foundation, http://kff. org/health-reform/faq/health-reform-frequently-asked-questions/and http://kff. org/quiz/health-reform-quiz/, accessed April 29, 2018; UC-Berkeley Labor Center, "Affordable Care Act Summary of Provisions Affecting Employer-Sponsored Insurance," April 2013, http://laborcenter. berkeley. edu/healthpolicy/ppaca12. pdf, accessed April 29, 2018.

如上所述，《平价医疗法案》并没有改变医疗保障供应的基本结构。第一种方法是通过诸如保诚集团、安泰保险（Aetna）和胡玛纳（Humana）等商业保险公司提供医疗保障。依托这些公司提供医疗保障的计划被称为赔偿计划或所谓的付费服务计划。根据这些计划，雇员可以选择任何医疗保障供应商。第二种方法是通过健康维护组织（Health Maintenance Organization）提供医疗保障。健康维护组织将一群愿意按照约定价格提供医疗保障的供应商集合在一起，以换取雇主将雇员限制在这些医疗保障供应商上。雇员通过提前付费取得有保障的按需医疗服务。第三，为了给雇员提供选择医生和医院的更多机会，优先供应商组织（Preferred Provider Organization）随之出现。雇主选择那些愿意提供价格折扣并接受严格使用控制（例如，关于可订购的诊断化验数量的严格标准）的医疗保障供应商。反过来，如果雇员在供应商网络之外进行选择，雇主会通过收取更高的费用来影响雇员使用这些供应商。第四，**服务点计划**（point-of-service-plan，POS）是一种结合了健康维护组织和优先供应商组织的优点的混合计划。服务点计划允许个人在需要诊疗服务时自行选择服务方式。因此，服务点计划既带来了健康维护组织的经济利益，又提供了优先供应商组织的自由灵活性。服务点计划的健康维护组织部分要求雇员到指定的初级保健医生诊所看病，同时可以选择通过优先供应商组织接受治疗服务。优先供应商组织不要求个人首先联系初级保健医生，但要求必须使用供应商网络内的医生。当服务点计划的参与者接受来自供应商网络内医生的全部医疗服务时，他们通常会像在传统健康维护组织下那样获得全额的医疗费用赔付。服务点计划同时也允许个人向供应商网络外的医生求诊，但必须接受每年100～5 000美元的自付额。[55]

13. 4. 2　医疗保障：成本控制战略

福利管理者可以使用三种常用战略来控制迅速攀升的医疗保险成本。[56]第一种是，组织通过调整医疗保险政策的设计或管理来激励雇员改变他们的医疗保障需求。此类成本控制战略包括：（1）自付额，或者雇员支付的前 x 美元的医疗保障成本（最极端的情况是，佐治亚州最近告诉雇员某些品牌的药物需要自付100美元）[57]；（2）共保额比率（保险费用由公司和雇员共同承担）；（3）最大收益（针对特定的健康问题确定最高给付时间表）；（4）福利协调（确保在雇员及其配偶的医疗保险计划下没有重复给付）；（5）审计医院收费的准确性；（6）对医疗保健机构的选择要获得预先授权；（7）当被建议进行手术时必须接受第二意见；（8）使用局域网技术使雇员有机会获得在线福利信息，从而节省一定的福利专家成本[58]；（9）激励雇员使用达到某些高绩效标准的供应商。[59]在线回答的问题越多，所需要的福利专家就越少。

第二种常见的成本控制战略涉及改变医疗保障供应体系的结构和参与商业联盟（以收集和传播数据）。最极端的情形是公司拒绝提供任何医疗保险。

不太极端的选择包括健康维护组织、优先供应商组织、服务点计划和消费者导向型医疗保障计划等。它们也被称为消费者驱动型医疗保障计划和高自付额计划，这种越来越受公司欢迎的选择通过将购买医疗保障的大部分负担转移到雇员身上来削减成本。雇员可以选择传统的医疗保障供应商（健康维护组织、优先供应商组织、赔偿计划），但雇主根据这三个供应商中成本较低者确定自己的缴费额（通常是健康维护组织）。如果雇员想选择一个更昂贵的供应商，额外的费用需自己支付。这些计划通常伴随着高自付额，有时高达几千美元。[60]通常雇主通过建立健康储蓄或健康报销账户来帮助降低雇员自付成本。这些账户中的资金要么由雇员用税前收入缴纳（健康储蓄账户），要么由雇主以不超过一定数额的固定现金缴纳（健康报销账户）。这么做只是为了迫使雇员以最经济的方式作出选择，同时希望不会忽视重要的健康问题。

最后一类成本控制战略将激励与健康行为联系起来。我们知道，可预防的疾病占所有医疗保障费用的 70%。[61]例如，肥胖就是可以预防的。然而，节食却并不是一个令人喜爱的消遣。那么我们如何让人们减少体重呢？答案可能就在于健康激励。例如，凯撒赌场（Caesar's Casinos）给那些接受胆固醇水平检测并采取措施（如减肥）降低胆固醇水平的雇员 40 美元的奖励。在拥有健康计划的大中型雇主中，有超过 2/3 的雇主采取措施激励雇员参与健康活动。[62]捷蓝航空为雇员提供最高金额为 400 美元的健康报销账户，激励他们参与大约 45 项健康活动（例如，戒烟）。在反向激励方面，CVS 药店向没有完成健康评估活动（如年度体检）的雇员多收取 600 美元的医疗保险费。总的来说，激励正变得越来越流行。2009 年，只有 57% 的雇主采用这些激励措施，现在有 75% 的雇主使用。[63]

网络资源

美国医疗保险协会在其网站上提供了关于各种特定医疗问题的研究，可登录 www.ahip.org/查看。

13.4.3　短期伤残和长期伤残

许多福利选择都提供了某种形式的伤残保障。例如，工伤赔偿就为与工作相关的伤残提供了收入保障，社会保障也向符合条件的人提供了伤残收入。伤残收入除了这两个法定来源，还存在两种私人来源：**薪水延续计划**（salary continuation plan）和**长期伤残计划**（long-term disability plan）。[64]

许多公司都提供某种形式的薪水延续计划（这里包括作为最后手段的病假假期，它根据患病时间的长短支付不同水平的收入）。

一个极端是病假保单所承保的短期疾病，它通常按照工资的 100% 补偿雇员患病期间的收入。[65]现在最普遍的做法是让雇员带薪休假而不是让雇员请病假。这就可以使公司不必在"监督"雇员是否真的生病上浪费过多精力，而且可以使雇员能更加灵活地规划自己的生活。在此类福利用完之后，伤残福利开始生效。**短期伤残**（short-term disability）按照雇员工资的一定比例（平均约为 60%）对疾病或受伤（因工受伤属于工伤赔偿的赔付范围）所致的暂时性伤残进行赔偿。**长期伤残**（long-term disability）——如果有的话，通常在短期伤残计划结束后生效。长期伤残保险通常由保险公司承保，保险公司向雇员提供额度为伤残前工资的 60%～70% 的赔偿金，期限从两年至终身不等。[66]

13.4.4　牙科保险

牙科保险在几十年前非常罕见，现在已经非常普遍了，大多数大型雇主都提供这种保险项目。在许多方面，牙科保险都遵循源自医疗保障计划的模式。牙科领域的健康维护组织和优先供应商组织就是标准的牙齿诊疗服务供应体系。例如，一个牙科健康维护组织征募了一批牙医，他们同意为公司雇员提供牙齿诊疗服务，且每月向每个雇员收取固定的费用。

在 21 世纪初，雇员牙科保险的成本通常为 219 美元。[67]当然，自那以后，成本上涨就成了一个问题，现在雇主通常要求雇员缴纳费用。[68]牙齿保健成本增长相对平缓的原因在于雇主实施的紧缩性成本控制战略（例如，计划的最高支出通常每年为 1 000 美元或更少）和牙医的过剩。

13.4.5　眼睛保健

眼睛保健最早可以追溯到 1976 年美国汽车工人联合会与三大汽车制造商签订的合同。此后，这一福利延伸到其他与汽车相关的行业和部分公共部门。大多数大型雇主都提供某种形式的眼睛保健计划。大多数眼睛保健计划都不需要雇员缴费，眼睛检查、镜片和镜架的部分费用也由雇主提供。

■ 13.5　其他福利形式

13.5.1　工作期间的带薪休息时间

带薪的休息时间、午餐时间、盥洗时间、通勤时间、换工作服时间和工作准备时间等，都是此类福利项目。

13.5.2　非工作时间的报酬

此类别主要包括如下几种常见的福利：

1. 带薪休假或补假作偿。
2. 非工作的法定假日付酬。
3. 带薪病假。
4. 其他（为履行国民警卫队、军队或其他预备役义务的时间付酬，陪审团义务和选举投票的工资补贴，为由于亲人去世或其他个人原因所损失的工作时间付酬）。

20 年前，除了休假、法定假日和病假，雇主很少为其他任何情况提供假期。现在许多公司都有为雇员履行公民责任和其他义务进行收入补偿的政策。由于为任何公民义务（例如，陪审团义务）支付的外部报酬都是名义上的，所有公司常常对此进行补偿，数额通常为所损失收入的 100%。探亲假的覆盖面也在日益扩大。产假和时间相对较短的陪产假也比 25 年前更为常见。实际上，1993 年《家庭和医疗休假法案》的通过为分娩和抚养儿童或照料患重病的家庭成员提供了最长 12 周的无薪休假（同时对工作保障作出承诺）。下面这条病假政策摘自富尔理财网（Motley Fool）的雇员手册，从中可以看出此类政策的发展：

> 与其他公司不同，富尔理财网不会让你等上六个月才享受应得的休假和病假。如果你感染上了某种令人厌恶的病菌，那就待在家里吧！我们乐于但并不真正想去分担你的痛苦。换句话说，如果你的眼睛出血并咳嗽得厉害——不要逞英雄！待在家里。出于简单的"富尔式"礼貌，我们希望你打电话告知你的主管，让他知道你不能到岗上班。对了，你将会得到报酬。因此，突击测验：你正觉得如果不给自己放个假，随时都会垮掉，你会做什么？[69]

许多公司原先实施的都是**传统休假计划**（traditional time-off plan），现在正转向实施**带薪休假计划**（paid-time-off plan）。这些计划将原来的所有零碎时间合并在一起作为带薪假期一次性提供给雇员，并且对雇员错过的休息时间予以补偿。这不仅在管理上便于公司追踪，而且雇员再也不需要在真正有事的时候去撒谎——例如，雇员说自己病了无法上班，实际上是为了找早已约好的医生去看牙。[70]

13.5.3　儿童看护

直接提供儿童看护福利的公司相对较少。然而，现在越来越多的雇主将儿童看护费作为一种合理开支，为雇员设立了一种弹性支出账户。雇员、雇主或者二者共同使用税前收入向账户注资，雇员就可以使用账户内的资金支付当地儿童看护服务供应商的相关费用。这里再次强调，福利的税收优惠的性质是需要考虑的重要因素。

弹性支出账户允许每年最多 2 600 美元的税前缴费，账户内的资金可用于支付未纳入保障范围的医疗保障费用（如自付额或共付额）。一个独立账户每年允许最多 5 000 美元的税前缴费，账户内的资金可用于支付受抚养人的照料费用。联邦税法要求，医疗保障和受抚养人照料账户中的资金必须预先指定用途，并在计划年度内使用。账户内剩余的资金归雇主所有。因此，在雇员有可预测的支出的情况下，这些账户是最有效的。这类计划的主要优点是由于是在税前支付医疗保障费用和受抚养人照料费用，雇员的实得工资有所增加。再次考虑我们前面讨论过的有效总边际税率为 40.33% 的假设雇员。图表 13-12 显示，对于每额外挣取 10 000 美元的工资，在有弹性受抚养人照料账户与没有弹性受抚养人照料账户的情况下，雇员每年实得工资的差额是：4 415-3 367 ＝ 1 048美元。使用弹性受抚养人照料账户还可以节省更多的钱，该账户允许的最高税前缴费额为 5 000 美元。

图表 13-12　使用弹性受抚养人照料账户节省的资金　　　单位：美元

	没有弹性受抚养人照料账户	有弹性受抚养人照料账户
工资额	10 000	10 000
税前受抚养人照料缴费	0	－2 600
应税工资	10 000	7 400
应缴税收（税率为 40.33%）	－4 033	－2 984
税后受抚养人照料支出	－2 600	0
实得工资	3 367	4 415

13.5.4　老人护理

随着预期寿命的延长（比以往任何时候都要长）以及婴儿潮一代的老龄化，老人护理援助将成为日益重要的一种福利。大多数公司报告称，它们为雇员提供带薪或无薪假期来照顾老人。[71]

13.5.5　同居伴侣福利

同居伴侣服务是由雇主自愿向其雇员的未婚伴侣提供的福利，而不管是同性伴侣还是异性伴侣。促使美国公司向雇员提供同居伴侣福利的主要原因是：确保对所有雇员待遇的公平性而不考虑他们的性取向或婚姻状况。

13.5.6　法律事务保险

20世纪70年代之前，预先付费的法律事务保险实际上并不存在。尽管到了1997年也仅有7％的雇主提供此类保险，但在过去的10年中提供这种福利的公司达到24％。[72]大多数法律事务保险计划提供常规的法律服务（例如，离婚、房地产事务、遗嘱、交通违章），但不包括重大刑事犯罪，这主要是因为后者的费用较高而且名声不好。不过要记住，大多数法律事务保险费都是由雇员而非雇主承担的。因此从技术上讲，法律事务保险不算传统意义上的雇员福利。

13.5.7　应对财务不稳定问题

据报道，在美国，"相对于与健康、工作或家庭相关的问题，与金钱有关的问题才是更为普遍的压力来源""大多数人……没有400美元的储蓄来应对紧急情况"，而且有证据表明，这种"财务不稳定"会对雇员在工作场所的绩效产生不利影响。[73]当然，除了提高工资外，雇主也可以通过实施工作与家庭平衡计划和健康计划等来推动/激励雇员为紧急情况攒足资金（例如，与银行合作）。[74]

◾ 13.6　临时雇员的福利

临时雇员（contingent worker）被定义为那些不希望自己的工作持续下去，或者报告自己做的是临时性工作的人，占劳动力总数的1.3％～3.8％。[75]此外，替代性工作安排吸纳的就业人员包括独立合同工（6.9％）、随叫随到工人（1.7％）、临时辅助机构工作人员（0.9％），以及签约公司提供的工人（0.6％），共占总就业人数的10.1％。替代性工作安排提供了一种满足迅速变化的经济形势的方法，因为它降低了直接的劳动力成本（因为非正式雇员没有法定福利，而且雇主可以不必提供其他福利），并且允许劳动力更容易地随产品/服务（销售额）的扩张（收缩）而扩张（收缩）。[76]我们将在第14章中进一步讨论这个问题。

本章小结

自20世纪40年代以来，雇员福利一直是薪酬管理领域最不稳定的部分。1940—1980年，这种剧烈变化主要表现为雇员福利数量的增加和质量的提高。这一结果本来早该预料到。雇员福利现在是公司经营活动的主要组成部分，许多人认为其成本高昂。我们可以期待21世纪以提高美国工业竞争地位为目标的成本节约措施会占据主导地位。这些成本节约的一部分将来自对现有福利组合更为严格的管理控制。但正如我们在汽车制造行业所看到的，另一部分成本节约则可能来自对现有福利组合的削减。如果这确实会发展成为一种潮流，福利管理者就需要开发一种能够识别雇员偏好（在这种情况下为"最低偏好"）的机制，并将其作为实现约定的成本节约目标的指导原则。

复习题

1. 詹姆斯·克林贡（James A. Klingon）的老板要求他削减雇员福利成本。在一家雇员每年增长 10％ 的公司里，詹姆斯决定运用甄选战略来控制成本。他疯了吗？说出你的理由。

2. 请使用失业保险的有关例子解释经历评级这一概念。这一概念可以应用于工伤赔偿吗？请在互联网上收集有关资料来说明经历评级在保险项目管理中的作用。

3. Krinkle Forms 公司的首席执行官认为公司存在严重的雇员流失问题，她观察到的数据如下：

雇员资历	流失率
0～2 年	61％
2～5 年	21％
5 年以上	9％

该首席执行官想使用雇员福利来缓解这一问题。在同意将雇员福利视为解决问题的方法之前，作为一名训练有素的专业人士，你首先想到的是什么？为降低雇员流失率，具体到养老金归属权授予、休假和法定假日分配和人寿保险覆盖面等领域，你可能采取何种措施？

4. 为什么缴费确定型计划在美国广受欢迎，而收益确定型计划日渐失宠？

5. 有些专家认为消费者导向型的医疗保障计划（在某些方面）是一个很好的福利沟通工具。请证明这一论点。

案例练习 让福利适应不断变化的战略

最近，麦当劳经常占据新闻头条。由于利润下降或未能达到华尔街的预期，麦当劳高级管理者绞尽脑汁设法应对外部环境的变化：千禧一代被认为更喜欢更健康的食品；顾客抱怨在行车通道内等候时间过长；竞争对手提供的定制汉堡包似乎与今天的顾客产生了共鸣。作为对外部环境变化的回应，麦当劳作出了一系列重大变革。它正在缩减菜单，以减少准备时间。另外，它引入了一种新的自助点餐环境，顾客可以自己制作汉堡包，代价是增加几分钟的等待时间。在过去的几年中，麦当劳一直在努力降低雇员流失率。除此之外，它还将雇员的平均年龄提高到了 20 岁以上。它最近宣布为公司所属的所有麦当劳餐厅增加工资和带薪休假。根据这些信息，以及你从关于麦当劳的新闻报道中了解到的情况，你认为麦当劳是怎么回事？具体来说，麦当劳公司战略与工资/福利决策是如何相互支持或相互冲突的？

注 释

第 VI 篇

薪酬制度的扩展

现在你们已经学习了薪酬模型中的三种战略政策。第一种战略政策关注薪酬结构的确定，它主要解决内部一致性问题。第二种战略政策基于外部竞争性，考察薪酬水平的决定。第三种战略政策根据雇员贡献研究确定他们的薪酬。关于内部一致性、外部竞争性和雇员贡献的战略决策都为实现薪酬制度的目标服务。不同组织的薪酬制度的目标不尽相同，获取竞争优势和公平对待雇员是薪酬制度的基本目标。

我们现在把基本薪酬模型扩展到执行的战略问题。有些雇员群体对于组织战略的成功至关重要，因此他们要求在自己薪酬组合的设计方式上获得特殊考虑。实际上，第14章的标题就是"特殊群体的薪酬"。我们将讨论那些不太适合基本薪酬模型的雇员群体。鉴于我们即将讨论的一些原因，这些雇员特殊的雇佣地位决定了对其薪酬管理计划的设计有时会与第Ⅱ篇至第Ⅴ篇所讨论的传统设计方式有所不同。

在第15章我们将考察工会化公司的薪酬问题。虽然美国工会化雇员占劳动力的总量不足15％，但是工会在薪酬决定方面的影响却不小。希望维持非工会化状态的公司常常格外关注工会化雇员的报酬分配方式。正如我们将要看到的那样，工会化组织中薪酬管理者的作用实际上是不同的。

我们对薪酬制度的最后扩展集中于国际雇员方面。不同的文化、不同的法律以及不同的经济制度都可能导致对国际雇员采取不同的战略和管理决策。要想真正实现经营的全球化，薪酬的全球化必然是一个关键要素。

第 14 章

特殊群体的薪酬：管理者及其他人员

美国 500 家最大上市公司管理者的平均年薪超过 1 100 万美元。假设他们每年休假两周、每周工作 55 小时，那么算下来他们每小时的薪酬约为 4 000 美元。在你读完这一章的时间里，一些管理者会赚到 4 000~8 000 美元（这取决于你读得有多深入）。也许一些人会觉得如果一周内能赚那么多钱就好了（也许会欣喜若狂）。我们甚至相信，每个月这个数目的起薪（当然，还要加上适当的奖金）会让大多数人很满足。难怪现在质疑管理者薪酬的新闻报道和博客文章如此之多。有些人觉得，随着管理者变得越来越富有，他们越来越落后。[1]

由于我们即将讨论的一些原因，本章将考察那些获得特殊报酬的雇员群体。我们的目标是揭示针对这些特殊群体的薪酬管理实践的内在逻辑或谬误。

有些工作根本不适合基本薪酬模型。原因很多，或许工作的内容（来自工作评价）看起来与这个工作在市场上所要求的薪酬不相匹配。如果你考察一下某个首席执行官的工作说明，你能相信承担这个工作的人会被支付 6 900 万美元的薪酬吗？这是哥伦比亚广播公司首席执行官莱斯·穆恩维斯（Les Moonves）上一年的薪酬。[2] 穆恩维斯的薪酬包括 350 万美元的工资、2 000 万美元的奖金和 4 370 万美元的股票奖励等。他的薪酬是哥伦比亚广播公司雇员薪酬中位数（116 654 美元）的 591 倍。（注：穆恩维斯后来因被指控性行为不端而辞职。）有些首席执行官的薪酬要少得多，但在大公司中，他们薪酬的中位数超过 1 100 万美元。或者拿销售人员来说，他们的薪酬也难以解释。通常销售人员会被支付激励薪酬，其数额超过他们工资的一半以上。直到现在，我们的标准薪酬模型尚没有考虑到这些特殊工作。本章将考察这些特殊群体的薪酬。

■ 14.1　哪些人属于特殊群体？

针对我们在本章讨论的雇员群体存在一种薪酬管理模式，这一模式并不受薪酬模型的限制。不论是采取其他雇员无法享有的附加薪酬组合的形式，还是采取组织内部完全独特的薪酬组成部分，特殊待遇常常集中于少数特定的雇员群体。我们认为特殊群体具有两个特征。第一，特殊群体对组织而言往往具有战略上的重要性。如果他们不能在自己的工作上取得成功，整个组织的成功就会受到威胁。第二，他们的职位具有内在的冲突性，这种冲突是不同派系对群体成员提出的不相容的要求造成的。

正如第一个特征所解释的那样，特殊雇员所从事的工作对公司的战略成功至关重要。举例来说，比较一下在以下两个组织中工程师的不同薪酬待遇。一个组织是高科技公司，有一个强大的研发部门。另一个组织雇用了几个工程师，但他们对组织使命的完成并不具有核心作用。一项关于雇员结构和组织战略的差异的调查发现，工程师密集的研发型组织已经开发出一种独特的薪酬制度，这种制度对于工程技术团队的特殊需要反应敏锐。拥有不同的关注重点和工程师较少的组织却把工程师的薪酬合并到其他雇员的标准薪酬组合之中。

图表 14-1 描述了主管人员、高级管理人员、董事会、专业人员、销售人员以及临时雇员等特殊群体所面临的冲突的性质。当我们所讨论的这两种特征同时出现时，就要去寻找能够满足这些特殊群体之需的截然不同的薪酬实践。

图表 14-1　特殊群体面临的冲突

特殊群体	面临的冲突类型
主管人员	受到上级管理者和普通雇员的双重夹击。必须在实现组织目标的要求与帮助满足雇员个人需求的重要性之间取得平衡。如果没有获得成功，公司利润和雇员士气就会受损。
高级管理人员	股东要求获得合理的投资回报。政府要求遵守法律。高级管理人员必须在以牺牲长期利益为代价实现短期利益最大化的战略与注重长期利益的导向之间作出选择。
董事会	可能要面临心怀不满的股东对公司战略失败的指控。
专业人员	在自己的职业理想、职业目标、职业道德标准（例如，工程师是否应该泄露关于产品缺陷的信息，即使这一信息会影响公司利润）与关心更高利润的雇主需求之间，他们可能左右为难。
销售人员	通常在几乎没有监督的现场超时工作。挑战在于即使面对有限的接触或来自经理的审查，也要保持动力并坚持拨打销售电话。当顾客现在就需要产品而无法迅速供货时，冲突便不可避免地发生。
临时雇员	在公司中起着"安全阀"的重要作用。当需求很大时，雇佣量增大；当需求下降时，他们最先被裁掉。其雇佣地位非常没有保障，挑战在于寻找低成本的激励方式。

▌14.2　特殊群体的薪酬战略

14.2.1　主管人员

要记住，主管人员受到了两个方面的夹击，即他们要在上级管理者实现生产目标的要求与雇员获取报酬、激励强化及一般性辅导的需求之间进行协调。[3]当管理层希望雇员有更多的产出，而雇员却因为报酬没有增加而止步不前时，冲突就会产生。管理主管人员薪酬的主要挑战在于公平性。必须提供一些激励报酬来诱导非豁免型雇员接受充满挑战性的主管工作。主管工作通常被认定为豁免型工作，这意味着主管人员无法享受加班工资。如果主管人员被要求每周工作 40 小时以上（这种情况已是家常便饭），那么对于每增加一小时的工作时间，要么将其作为工作本身的一部分而不支付额外报酬，要么直接付酬而不给予 1.5 倍的加班工资。想象一个最近晋升的主管与其可以享受加班工资待遇的团队成员在一起工作——促使他们承担主管工作的财务激励效应很快就荡然无存。本书的作者之一（纽曼）曾在快餐店打工。他的一份工作——助理经理的年薪是32 000 美元。作为一名豁免型雇员，他每周多工作 15 个小时，却未获得额外报酬。作为他下属的值班主管被列为非豁免型雇员。他拿到了加班费，如果算上这笔加班费，他的工资比助理经理还要高。有一天，这种不平等终于走到了尽头。助理经理厌倦了承担所有调味品库存任务而没有获得任何额外报酬。他指责值班主管经常偷懒，从来不把西红柿托盘装满……自己却要为此而加班加点。最近有些组织已经设计了几种薪酬战略来吸引工人承担主管工作。最流行的做法是将主管人员的基本工资锁定在其最高薪下属的工资之上的某个水平（通常高出 5%～30%）。

维持公平的薪酬级差的另一种方法只是简单地向主管人员支付预定的加班工资。公司支付加班工资的做法大致分为两类：一类按照工作时间支付加班工资；另一类支付1.5 倍的加班工资。

主管人员薪酬发展的最大趋势是日益广泛使用的可变薪酬。现在略多于 50% 的公司在其主管人员的薪酬结构中设立了可变薪酬部分，这一比例在前几年只有 16%。[4]

14.2.2 公司董事

董事会由来自公司内部和外部的人员共同组成，董事会成员主要负责从战略的角度就公司有关决策提出建议。由于公司董事在设定管理层薪酬方面扮演着重要角色，因此他们也是关于首席执行官薪酬的投诉的避雷针。大多数董事会由 8～11 名董事组成。越来越多的董事被期望在网络安全（记住塔吉特百货的数据入侵事件！）和风险监督等工作上投入更多的精力。[5]

可能是由于人们对首席执行官薪酬的关注以及对薪酬公正性的担忧日益增加，公司正试图让外部董事进入董事会，这些人对任命他们的首席执行官并不感恩戴德。虽然外部董事很难及时了解公司的价值观和环境，但他们被认为比内部董事更不易产生偏见。首席执行官会对董事的选择产生影响，而且通常会青睐那些曾与自己一起在其他董事会担任过董事的人，因为他们往往志趣相投。[6]过去董事会内部成员因受制于首席执行官只发挥一种"橡皮图章"的作用，而现在他们除了负责其他事项外，还要对首席执行官的薪酬进行高强度分析，从事这些工作存在相当大的风险。当首席执行官在公司关键财务指标表现不佳的情况下仍能获得巨额加薪时，股东常常会对董事提起诉讼。[7]事实上，如果公司为防止这些诉讼而提供责任保险，董事的薪酬就会降低。也许没有保险能起作用？[8]

作为对承担这种风险的交换，董事一般都享受很好的薪酬待遇。一个典型的董事每月工作 30～40 小时。[9]作为回报，他的薪酬的中位数为 260 200 美元。[10]为了反映对绩效的高度重视，董事的薪酬组合的调整重点从基本工资转向激励工资。例如，上一年，董事的现金薪酬为 10.5 万美元，以股票为基础的薪酬为 15 万美元。[11]

14.2.3　管理者

在美国 500 家最大的公司（标准普尔 500 指数）中，首席执行官的薪酬中位数为 1 190 万美元。[12]如图表 14 - 2 所示，薪酬最高的管理者（大多数为首席执行官）赚得更多。举个例子，大多数人很难相信，博通公司（Broadcom）的霍克谭（Hock E. Tan）能赚到 1.03 亿美元。我们回到管理者是如何赚这么多钱的问题上来。基本上，管理者的平均收入会因公司业绩的不同而有很大差异。以半导体行业的博通公司为例，其市场资本总额（市值）从 2013 年的 123 亿美元增长到 2017 年的 1 052 亿美元——约增长 930 亿美元，增幅约为 850%。在同一时期，半导体公司的市值平均增长了 3 倍。因此，博通公司的市值增长几乎是整个行业的 3 倍。有人可能会说，博通公司市值增长额中的 1/3（310 亿美元）是意料之中的，但大约 2/3 的增长额（620 亿美元）是出乎意料的，而且增长就发生在霍克谭的领导之下。因此，霍克谭获得了过去四年创造的超额价值的约 0.17%（1.03 亿美元/620 亿美元）。股东们可能对此很满意。

图表 14 - 2　薪酬最高的管理者

管理者姓名	公司名称	总薪酬（美元）
霍克谭	博通	1.03 亿
布赖恩·杜普罗特（Brian Duperreault）	美国国际集团	4 300 万
萨夫拉·卡茨（Safra A. Catz）	甲骨文	4 100 万
马克·赫德（Mark V. Hurd）	甲骨文	4 100 万
罗伯特·艾格（Robert A. Iger）	迪士尼	3 600 万

资料来源：Equilar, "Highest Paid CEOs at Equilar 100 Companies," April 11，2018.

大公司的首席执行官的薪酬更高。举例来说，标准普尔 500 指数中首席执行官的薪酬（1 190 万美元）是罗素 3 000 指数中最大的 3 000 家公司首席执行官平均薪酬（560 万美元）的 2.1 倍。[13]当然，罗素 3 000 指数包括标准普尔 500 指数，所以我们可能希望比较标准普尔 500 指数（市值在 61 亿美元以上的公司）和标准普尔小型股 600 指数（市值在 4.5 亿~21 亿美元的公司）。标准普尔 500 指数中首席执行官薪酬（1 190 万美元）是标准普尔小型股 600 指数中公司首席执行官平均薪酬（350 万美元）的 3.4 倍。同样，大公司的首席执行官薪酬与雇员薪酬中位数的比率更大，在标准普尔 500 指数中这一比率为 152:1，在罗素 3 000 指数中这一比率为 78:1。[14]

美国人如何看待这些首席执行官的薪酬水平？相对于其他雇员，首席执行官的薪酬应该是多少（首席执行官的薪酬比率）？在最近进行的一项跨人口群体的广泛调查中，74% 的受访者认为首席执行官的薪酬过高。有趣的是，这一观点是基于对首席执行官薪酬的不准确认识——受访者对美国 500 强公司首席执行官薪酬的估计中位数为 100 万美元，比这些首席执行官 1 200 万美元的实际薪酬低很多。[15]可以想象，如果受访者得知首席执行官的实际薪酬是他们估计值的 12 倍，那么认为首席执行官薪酬过高的比率会比 74% 高出多少。同样有趣的是，当一家公司普通雇员薪酬为 50 000 美元时，受访者认为首席执行官的薪酬中位数不应该超过 300 000 美元，或者说不应该高出普通雇员薪酬的 6 倍。正如我们上面看到的，首席执行官的薪酬可不是普通雇员的 6 倍，在美国

500 强公司中这一倍数高达 152。最后，当被问及如果一家公司的价值增加 1 亿美元，首席执行官应该得到多少报酬时，回答的薪酬中位数是 500 000 美元，即占公司所增加价值的 0.5%。在同时进行的另一项调查中，调查对象为上市公司的董事（其中 41% 是首席执行官），只有 18% 的董事不同意首席执行官的薪酬，76% 的董事表示同意（6% 的董事表示不确定）。[16] 此外，91% 的公司董事声称，"首席执行官的薪酬与公司业绩是一致的"。对于"根据你的最佳估计，一家公司的整体业绩中有多大比例可以直接归功于首席执行官的努力？"问题，受访董事回答的比例中位数是 30%；当被问及有多大比例可以归功于高级管理团队（包括首席执行官）时，受访董事回答的比例中位数是 60%。当被问及股票期权是否鼓励首席执行官过于冒险时，83% 的董事认为没有，15% 的董事认为有（2% 的董事表示不确定）。最后，董事们被询问：如果一家公司的价值增加 1 亿美元，首席执行官应该得到多少报酬？受访董事回答的薪酬中位数是 150 万美元，即占公司所增加价值的 1.5%，大约是跨人口群体调查中受访者回答的薪酬中位数的 3 倍。

　　这些结果很好地反映了人们关于美国首席执行官薪酬的观点的分歧。我们的观点是，对于首席执行官应该拿多少薪酬或者相对于普通雇员应该拿多少薪酬，没有正确或错误的答案。这取决于首席执行官相对于其他雇员为公司创造了多少价值，以及股东们愿意批准发放多高的薪酬。还有两个重要的因素：公司所在的行业/产品市场总体表现如何，以及一个经常被忽视的因素：运气。另外，我们几乎没有理由不同意首席执行官的薪酬与公司业绩挂钩。

14. 2. 4　管理者薪酬与公司绩效的一致性

　　此外，格哈特和他的同事尼伯里（Nyberg）、富尔默（Fulmer）和卡彭特（Carpenter）的研究表明，尽管确实存在一些臭名昭著的首席执行官薪酬变质的案例，但总体而言，首席执行官薪酬与公司绩效是高度一致的。在未深入研究的情况下，我们通过回顾之前的研究文献发现，研究者往往没有以最佳方式研究首席执行官薪酬与绩效的关系。例如，在有些情况下，用来衡量公司绩效和首席执行官薪酬的时间周期不合理。在有些情况下，首席执行官薪酬的主要组成部分被排除在外。在修正了这些问题和其他问题之后，我们发现首席执行官的回报（即首席执行官的就业财富的变化）和股东的总回报（即股东财富的变化）之间存在很强的正相关关系。具体而言，在控制了首席执行官回报的其他决定因素之后，在模型中加入股东回报，就使得（调整后的）R^2 从 22% 增加到 67%。此外，我们发现，多年来，如果一家公司的股东回报处于第 75 百分位，其首席执行官的平均回报为 2 160 万美元；如果股东回报处于中位数（第 50 百分位），其首席执行官的平均回报为 950 万美元；而如果股东回报处于第 25 百分位，其首席执行官的平均回报（亏损）为 −709 841 美元。[17] 我们还观察到，当股东回报处于中位数时，首席执行官的回报率为 6%；而当股东回报处于第 75 百分位时，首席执行官的回报率为 4%。图表 14-3 总结了其中的一些结果。

图表 14 - 3　首席执行官回报和股东回报　　　　　　单位：美元

股东回报	股东回报 （财富变化）	首席执行官回报 （财富变化）
第 25 百分位	−1.98 亿	−70 万
中位数	+1.63 亿	+950 万
第 75 百分位	+5.53 亿	+2 160 万

资料来源：Nyberg，A.，Fulmer，I. S.，Gerhart，B.，and Carpenter.，M. A. "Agency Theory Revisited：CEO Returns and Shareholder Interest Alignment," *Academy of Management Journal*，vol. 53，2010，1029 - 1049.

　　当然，也有薪酬过高的管理者，他们赚的很多，但为股东（或雇员等其他利益相关者）带来的回报却很少。此外，也有一些令人震惊的首席执行官行为不端的例子，比如，操纵会计数据以抬高股票价格（作为给自己增加薪酬的一种手段），隐瞒亏损信息或产品问题等。

　　一个合理的担忧是，首席执行官的薪酬结构有时会导致他们作出一些可能会产生极端负面后果的行为。例如，大量使用奖金和基于股票的薪酬可能会导致管理者"孤注一掷"（也就是说，从事过于冒险的行为，尤其是"拿别人的钱"）。[18]事实上，有些人认为，2008—2009 年全球经济崩溃（金融危机）的部分原因可以直接追溯到管理者薪酬。诸如雷曼兄弟的迪克·富尔德（Dick Fuld）和贝尔斯登的吉米·凯恩（Jimmy Cayne）等首席执行官让自己的公司承担了巨大的风险，当他们所持股票的价值蒸发时，这些公司为此付出了代价。还有谁为此买单？是的，股东蒙受了巨大损失，政府也蒙受了巨大损失，最终纳税人也蒙受了巨大损失。可以理解，公众正在寻找替罪羊，而管理者薪酬是一个合理的目标。这场金融危机的一个后果就是《多德-弗兰克法案》的通过，该法案阐明了其立法目的："通过加强金融体系的问责制和透明度以促进美国的金融稳定；结束'大到不能倒'的局面；结束纾困计划以保护美国纳税人；保护消费者不受滥用金融服务行为的侵害，以及其他目的。"请注意，该法案为实现上述部分目的订立了如下条款："作为被担保金融公司接管人的公司，可从对被担保金融公司的破产状况负主要责任的现任或前任高级管理者或董事处收回在本公司获委任为被担保金融公司接管人日期之前的两年期间所获得的任何报酬，除非存在欺诈情形，否则不适用此时间限制。"（这一条款有时被称为"回收"条款。）

　　让我们回到首席执行官薪酬与公司绩效不一致或不相关的论点。在某些情况下，二者表面上看起来缺乏一致性，但事实上可能并非如此。以第一资本金融公司（Capital One）首席执行官理查德·费尔班克（Richard Fairbank）为例。《华尔街日报》2006 年4 月 13 日报道的"美世公司年度首席执行官薪酬调查"结果显示，2005 年，第一资本金融公司股东的一年回报率为 2.7%，五年以上的回报率为 5.8%。调查报告称，2005年，费尔班克从第一资本金融公司获得了总计 2.493 亿美元的直接薪酬。与相对较小的股东回报相比，这么大一笔报酬可能表明（正如大众媒体广泛报道的那样）股东回报与首席执行官薪酬之间缺乏一致性。然而，费尔班克获得的 2.493 亿美元大部分来自他行使 1995 年被公司授予的股票期权（该期权于 2005 年到期，迫使他必须行权，否则就会失去这些期权）。在 1995—2005 年，第一资本金融公司的股东财富增加了 230 亿美元，累计股东回报率为 802%。[19]换句话说，第一资本金融公司的首席执行官获得了他担任首席执行官 10 年期间股东财富的 1.08%（2.493 亿美元/230 亿美元）。或许股东们对费尔班克获得的 2.493 亿美元并不过分担心。

14.2.5　薪酬话语权（股东投票）

有没有人真正问过股东，他们是否同意公司向管理者支付的薪酬水平？你可能会惊讶地发现答案是肯定的。《多德-弗兰克法案》的一项条款是要求（至少每三年）股东以投票方式批准或否决公司为五位报酬最高管理者提出的薪酬计划。这种投票不具有约束力。在告诉你这种投票的典型结果之前，你会作出怎样的猜测？回想一下，在一项针对普通公众的广泛调查中，74％的受访者不赞成管理者的薪酬，而在另一项针对上市公司董事的独立调查中，76％的受访者同意管理者的薪酬。但是股东呢？图表 14-4 报告了 2011—2018 年股东投票结果。在这段时期的绝大多数（97％～99％）公司投票中，股东都批准了管理者薪酬。此外，每个公司股东投票赞成的平均比例为 90％～92％。总之，与普通公众不同，股东普遍支持公司对管理者的付酬方式。

图表 14-4　2011—2018 年薪酬话语权投票结果

年份	股东投票同意管理者薪酬计划的公司比例（%）	投票同意管理者薪酬计划的股东平均比例（%）
2018	98	91
2017	99	92
2016	98	91
2015	97	91
2014	98	91
2013	98	91
2012	97	90
2011	99	91

资料来源：Semler Brossy, "2018 Say on Pay and Proxy Results," *Russell 3000*, May 23, 2018.

尽管《多德-弗兰克法案》要求的薪酬话语权投票不具约束力，但多数公司将股东否决视为一场公共关系灾难。[20] 在 2％或更少没有通过薪酬话语权投票的公司中，大多数都试图通过对制度进行全面改革以获取股东对管理者薪酬的支持。例如，Abercrombie & Fitch 将董事会主席和首席执行官的职位进行了拆分，并对短期激励机制和长期激励机制进行了重组，以争取获得股东的赞成票。[21] 例外的是，有些仍然由创始人运营的公司不太可能轻易屈服于薪酬话语权投票。例如，由创始人拉里·埃里森（Larry Ellison）担任董事会主席的甲骨文公司已经连续六年没有通过（获得不到 50％的股东投票的支持）薪酬话语权投票。[22] 一个可能的原因是，最近"尽管投资者不断给出负面反馈，甲骨文公司还是给其三位最高管理者发放了总计超过 1 亿美元的薪酬"。当公司对负面薪酬话语权投票不作回应时，股东们有时会采取一种策略——试图解雇董事会成员，尤其是董事会薪酬委员会的成员。这就是甲骨文公司所发生的事情，或许这也是导致最近管理者薪酬发生变化的原因，该公司决定："在 2018 财政年度将管理者长期股权授予削减一半，并且预计在 2022 年之前不会有新的长期股权授予。而且，只有当公司达到股票价格、市值和运营目标时，新授股权才能具备行权条件。"[23]

另一个令人感兴趣的话题是，薪酬话语权的投票结果显著受到机构股东服务组织（Institutional Shareholder Services）的建议的影响。机构股东服务组织在大约 90％的情况下都会提出批准建议。当机构股东服务组织建议批准时，薪酬话语权投票大约在94％的情况下都会通过。相比之下，当机构股东服务组织建议不批准时，股东薪酬话语权投票只有大约64％的通过率。机构股东服务组织如何评估公司管理者薪酬计划？它使用三个维度：绩效薪酬比、有问题的薪酬实践，以及薪酬委员会的沟通和响应能力。[24] 为了评估绩效薪酬，它采用定性和定量两种方法。至于后者，机构股东服务组织表示它考察的是"一家公司的首席执行官薪酬与股东回报和基本财务业绩的一致性如何"，并且"识别出那些首席执行官薪酬与公司绩效之间存在明显不一致的公司，这种不一致要么是绝对不一致，要么是相对于相似规模和相同行业的同类公司而言"。如果你感兴趣，可以从机构股东服务组织那里获取更多的细节。[25] 图表 14-5 展示了关于机构股东服务组织所使用的第二个维度（即有问题的薪酬实践）的一些最严重的例子。例子包括重新设定股票价格或替换水下期权（公司当前股票价格低于行权价格，降低了期权的价值），以及"控制权过度变更协议"——该协议描述了一家公司与另一家公司合并/收购时管理者的薪酬。这些控制权变更条款有时被称为"金色降落伞"。[26]

图表 14-5　机构股东服务组织最有问题的管理者薪酬实践清单

"可能导致机构股东服务组织提出否决建议"的做法：

- 未经股东事先批准，对水下期权或股票增值权进行重新定价或替换（包括现金收购和水下期权的自愿放弃）。
- 特别的额外津贴或税收补贴，可能包括与长期信托或限制性股票赠予、房屋损失买断或任何终身津贴相关的税收返还。
- 规定以下内容的新的或延长的管理人员协议：
  - 控制权过度变更遣散费支出（超过基本工资和平均/目标/最近奖金的 3 倍）；
  - 在存在自愿失业或职责大幅减少情况下的控制权变更遣散费（"单次"或"修改后的单次"触发）。
- 带有税收返还（包括"修改后"的税收补贴）的控制权变更遣散费支出。
- 在严格绩效条件下多年无风险的有保证奖励。
- 自由定义控制权变更与单次触发的控制权变更福利相结合。
- 列入机构股东服务组织完整的有问题薪酬实践清单，被认为是恶劣的并对投资者构成重大威胁的任何其他条款或做法。

资料来源：Institutional Share Services, "U. S. Compensation Policies Frequently Asked Questions," December 14, 2017.

机构股东服务组织用来评估管理者薪酬的第三个也是最后一个维度，是薪酬委员会（公司董事会的一部分）对支持率小于 70％的薪酬话语权投票如何作出回应（即通过修改管理者薪酬计划）。

管理者薪酬组合的构成

大多数管理者的薪酬组合有五种构成要素：（1）**基本工资**（base salary）；（2）短期（年度）激励或奖金；（3）长期激励（例如，股票期权和股票赠予）；（4）福利；（5）津贴。[27] 图表 14-6 展示了首席执行官的总薪酬，其中包括管理者薪酬组合的全部五个构成要素。最近这一总薪酬的数额是 1 190 万美元。图表 14-6 分别报告了首席执行官薪酬的前三个组成部分。值得注意的是，首席执行官的大部分薪酬都不是基本工资，其基本工资仅占总薪酬的 9.2％（110 万美元/1 190 万美元）。相反，长期激励（股票期权和股票赠予）和短期激励（奖金）占首席执行官总薪酬的 82％（（560 万美元＋110 万美元＋200 万美元）/1 190 万美元），是其基本工资（870 万美元/110 万美元）的 7.9 倍。这些事实表明，首席执行官薪酬必须与通常分别以盈利能力和股东总回报定义的公司短期和长期绩效显著相关。在缺乏强劲盈利能力和股东总回报的情况下，首席执行官薪酬主要组成部分的规模就会变小。首席执行官总薪酬与公司绩效之间的联系程度可以在图表 14-6 中看到。随着标准普尔 500 指数市值的增减（反映股东总回报变化的一个指标），首席执行官的总薪酬也会相应增减，这主要是由于股票期权和股票赠予的增减。例如，随着股东总回报的下降（反映在标准普尔 500 指数的不断下跌中），首席执行官的总薪酬在 2007 年达到 1 710 万美元的峰值后，到 2010 年下降了 40%，降至 850 万美元（包括股票相关薪酬从 1 310 万美元降至 550 万美元）。我们之前也看到（在图表 14-3 中）管理者薪酬与绩效之间存在实质性联系的证据。

图表 14-6　不同年份的首席执行官薪酬、标准普尔 500 指数市值、工人工资及首席执行官与工人工资比率

年份	基本工资（万美元）	奖金（万美元）	工资加奖金（万美元）	股票期权（万美元）	股票赠予（万美元）	首席执行官薪酬总额（万美元）	首席执行官薪酬年度变化比例	标准普尔 500 指数市值年度变化比例	工人工资（美元）	首席执行官薪酬与工人工资比率
2017	110	200	310	110	560	1 190	3%	19%	40 393	298
2016	110	200	310	110	550	1 150	11%	12%	38 089	302
2015	110	200	310	110	510	1 040	1%	1%	37 186	280
2014	110	210	320	120	470	1 030	1%	14%	36 455	283
2013	110	200	310	140	420	1 020	11%	32%	35 555	287
2012	100	190	290	130	380	920	4%	16%	34 519	269
2011	100	200	300	170	330	890	—	2%	33 800	263
2010			300	300	250	850	−29%	15%	33 119	258
2009			300	330	580	1 210	−14%	26%	32 093	377
2008			360	360	690	1 410	−18%	−37%	31 617	446
2007			400	490	820	1 710	34%	5%	30 682	558
2006			380	240	650	1 270	3%	16%	29 529	431
2005			370	210	660	1 240		—	28 305	438
2000			290	450	700	1 430		—	25 013	573
1995			200	70	70	330		—	20 804	160
1990			160	30	70	260		—	18 187	144

说明：到 2010 年，工资加奖金、股票赠予和股票期权这三种薪酬类别的平均值加起来等于平均总薪酬。从 2011 年开始，由于公司代理委托书中薪酬汇总表所报告的一些薪酬类别（非股权激励计划薪酬、养老金价值和无免税资格的延期薪酬收益变化、所有其他薪酬）被剔除，并且使用了中位数薪酬，因此上述三种薪酬类别之和不等于薪酬总额。2016 年，只有任职至少两年以上的首席执行官被包括在内。

资料来源：Through 2010, CEO pay data are averages from *Forbes* magazine. Through 1999 (1995 here), *Forbes* data pertain to the 800 largest companies. Beginning with year 2000 through 2010, *Forbes* data pertain to the 500 largest U. S. companies (S & P 500). Beginning in 2011, CEO pay data pertain to the 500 largest U. S. companies (S & P 500) and are medians (versus avearages) from Equilar, "CEO Pay Trends (multiple years)". www. equilar. com.

　　图表 14-6 还显示了所有公司（不仅仅是 500 家最大公司）的生产工人和非管理人员的平均周薪（"工人工资"），以及首席执行官薪酬（仅在 500 家最大公司中）与工人工资的比率。因此，在图表 14-6 中 298 的比率有点像是通过"风马牛不相及"的比较

计算得出的，因为它比较的是最高的首席执行官薪酬（在 500 家最大公司中）与所有公司（而不是工人工资同样可能更高的 500 家最大公司）的工人工资。然而，这些数据记录有效表明自 1990 年以来大公司首席执行官的薪酬增长速度快于工人工资的增长速度，因此在这段时间内首席执行官薪酬与工人工资的比率有所上升。回想一下，在本章的早些时候，我们曾指出标准普尔 500 指数中首席执行官薪酬比率是 152。这一首席执行官薪酬比率的计算方法不同，它是基于每家公司首席执行官薪酬与工人工资的实际比率计算的，而且根据《多德-弗兰克法案》使用这一比率。

基本工资 虽然正式的工作评价在决定管理者**基本工资**（base pay）时仍然会偶尔发挥作用，但其他来源更为重要。薪酬委员会的分析尤为重要，该委员会通常由公司董事会或董事会的一部分组成。[28]通常薪酬委员会将接管一些过去由首席人事官承担的数据分析工作，甚至包括分析规模相似公司的管理者薪酬调查数据和绩效记录。[29]一项经验研究表明，管理者薪酬委员会最常用的方法（占调查案例的 60%）是首先确定主要的竞争对手，然后将首席执行官的薪酬设定在对照组最高薪酬与最低薪酬之间的水平。[30]具体将薪酬设定在这一区间的哪个位置取决于许多因素。那些特别有可能被其他公司突然挖走，或者在工资设定过程中拥有更大权力，或者成功地进行了战略变革的首席执行官，更有可能比同行获得更高的薪酬。[31]规模较大的公司通常将那些倾向于向管理者支付高薪的"同行公司"作为标杆，从而也将自己公司的管理者薪酬设定在上述薪酬区间的高位。[32]

年度激励计划/奖金 正如我们已看到的，年度（短期）激励计划/奖金通常在管理者薪酬中扮演着一种重要角色，它主要用来激励管理者提升短期（一年或更短时间）绩效。1901 年，制药业巨头辉瑞公司推出了首个年度管理者现金奖金制度。辉瑞公司的首席执行官签署了一份为期五年的合同，每年的奖金占公司利润的 25%。1918 年，通用汽车实施了一种更为复杂的短期激励计划——奖金减少了 10%，而实际使用的资本扣除了 7%。[33]20 年前还只有 36% 的公司提供年度奖金，而在今天，就像我们在第 10 章所看到的，基本上 100% 的私人部门公司的管理者都享有奖金计划。对于所有的管理者（不仅仅是首席执行官），短期激励奖金的基础是 61% 的公司绩效、23% 的经营单位绩效、17% 的个人绩效。单就首席执行官而言，经营单位绩效部分可能与短期激励奖金的相关性不大，因此公司绩效部分作为短期激励奖金基础的比例实质上大于 61%。

FW Cook 对标准普尔 500 指数中 250 家最大公司首席执行官的年度激励计划进行了调查。[34]调查结果显示，在被调查的 250 家最大公司中，有 83% 的公司使用非自由支配的年度激励计划，所有这些计划都采用一种或多种财务指标（最常见的是一到三种）。这些年度激励计划最常用的财务指标是利润（92%）、收益（46%）和现金流（25%）。非财务指标也很常见，有 52% 的年度激励计划采用。在这组公司（占被调查的 250 家最大公司的比例为 52% × 83% = 43%）中最常见的非财务指标是战略指标（42%；例如，安全、客户服务、质量和雇员敬业度）、个人指标（38%；通常是针对每个个体定义的目标/指标）和自由裁量（12%；允许主观决定增加或减少奖金）。在决定年度激励奖金发放规模时，财务指标的平均权重为 82%，而相比之下非财务指标的权重为 18%。在被调查的 250 家最大公司中，有 17% 的公司采用可自由支配的年度激励计划。FW Cook 指出，"尽管奖金支出与具体目标没有固定联系，但许多此类计划在决定激励奖金发放规模时都会考虑公司的财务绩效，这样可以避免薪酬与绩效脱节，因为这种脱节可能招致外部代理咨询公司（机构股东服务组织）、股东和其他人的批评"。[35]

正如我们在图表 14 - 6 中所看到的，如果我们回望得足够久远（比如，到 1990 年），就可以看到奖金在管理者薪酬中所占的比例越来越小。一个可能的解释或许与公司希望管理者关注的时间范围的变化有关。奖金是一种短期激励，因此用于奖励好的短期结果。令人担忧的是，这导致首席执行官批准的决策具有很强的短期效益，但不一定对公司的长期发展有利。这个（代理）问题将因管理者在公司任期的缩短而加剧。（当负面的长期后果发生时，首席执行官可能已离开公司。）

遵循与平衡计分卡相同的逻辑，尽管公司在年度激励计划中有许多相同的绩效衡量标准，但它们通常会根据自己的目标和战略对这些绩效衡量标准进行调整。[36]例如，一个成长型公司可能会对其创新水平或产品品牌化进展感兴趣。[37]相比之下，像福特这样的汽车制造公司会选择不同的重点。利用福特公司向美国证券交易委员会提交的委托书中公开的信息制作的图表 14 - 7 显示，福特公司通过针对其前五位管理者的年度激励奖金计划使用以下绩效标准（和权重）来决定奖金发放：收益（20%）、营业利润率（30%）、营业现金流（20%）、福特信贷公司（Ford Credit）的税前利润（10%）和质量（20%）。福特公司指出，"在这一激励奖金计划下，激励奖金的发放数额是根据预先设定的浮动比例来确定的，该比例基于每个指标的不同完成水平"。[38]在这种情况下，实际产生的绩效浮动范围为从目标（营业利润率）的 55% 到目标（福特信贷公司税前利润）的 146%。最终的总绩效是 100%。结果，总裁和首席执行官的奖金为 360 万美元，执行副总裁兼全球运营总裁的奖金为 110 万美元，执行副总裁兼全球市场总裁的奖金为 100 万美元，执行副总裁兼首席财务官的奖金为 90 万美元。福特公司的委托书还指出，"如果所有指标都没有达到最低绩效水平，激励奖金将为零"。

图表 14 - 7　福特汽车公司前五位管理者的年度激励计划

	2017 年激励奖金计划绩效结果			
	绩效（基于目标的 100%）	目标	权重	总的加权绩效（权重×绩效）
汽车部门收益	133%	1 429 亿美元	20%	26%
汽车部门营业利润率	55%	6.00%	30%	16%
汽车部门营业现金流	106%	35.82 亿美元	20%	21%
福特信贷公司税前利率	146%	15.19 亿美元	10%	15%
质量	107%	多方面	20%	22%
				总绩效＝100%

资料来源：Ford's 2018 Proxy Statement.

图表 14 - 8 提供了福特公司年度激励计划中有关质量绩效的更多细节，显示它是由三个同等权重的衡量标准组成：行业提供的关于"事情出错"的数据、福特客户满意度，以及福特自己的保修费用。这三个质量绩效衡量标准都是在"试用三个月后"采用的。

图表 14 - 8　福特汽车公司前五位管理者的年度激励计划：质量绩效衡量标准

	2017 年激励奖金计划绩效结果——质量绩效		
	绩效（基于目标的 100%）	同比全球目标改进/（恶化）	权重
事情出错	91%	10%	33%
客户满意度	92%	2%	33%
保修费用	137%	(16)%	33%
总的质量绩效	107%		

资料来源：Ford's 2018 Proxy Statement.

长期激励　长期激励计划评估一年以上的绩效。布鲁斯·埃利希（Bruce R. Ellig）通过图表 14 - 9 提供了长期激励计划的详细分类。我们也可以使用 FW Cook 的三部分分类法：股票期权/股票增值权（我们在这里把虚拟股票包括在内）、限制性股票和绩效奖励（包括绩效股票和绩效单位）。

图表 14 - 9　管理者的长期激励

类型	描述	评论
激励性股票期权	按照规定的股票价格购买股票，须遵守《国内税收法案》（第 422A 节）。	免税授予。公司不得作为成本进行抵减。
无免税资格的股票期权	按照规定的股票价格购买股票，无须遵守《国内税收法案》。	超过正常市场价值的部分作为普通收入纳税。公司可以作为成本抵减。
虚拟股票计划	按照股票价格在一个固定的未来日期的增长情况决定现金或股票奖励。	作为普通收入纳税。无须管理者融资。
股票增值权	按照在期权有效周期内管理者选择的任何时期的股票价格上涨情况决定现金或股票奖励。	作为普通收入纳税。无须管理者融资。
有限制的股票计划	在不准于规定日期前出售的条件下折价赠予股票。	超过正常市场价值的部分作为普通收入纳税。
绩效股票/绩效单位计划	通过实现具体绩效目标来挣取现金或股票奖励。	作为普通收入纳税。无须管理者融资。

资料来源：Ellig, B., *The Complete Guide to Executive Compensation* (New York：McGraw-Hill Education, 2014).

按照这一分类方法，我们从图表 14 - 10 中可以看出，绩效奖励是最常用的管理者长期激励方案，其次是限制性股票和股票期权/股票增值权。[39]

图表 14 - 10　被调查的 250 家最大公司中对管理者实行长期激励计划的公司比例

长期激励计划	公司比例
绩效奖励	95%
限制性股票	65%
股票期权/股票增值权	59%

资料来源：FW Cook, *2017 Top 250 Report*，August 2017.

我们注意到，FW Cook 2008 年的数据显示，当时有 79% 的公司使用了股票期权/股票增值权。自那以后，股票期权/股票增值权的使用比例下降了 20 个百分点。在 FW

Cook 看来，其原因在于"会计监管机构对股票期权规定了明确的费用，而代理咨询公司则认为服务赋予股票期权不是基于绩效的股权"。第二个问题再次涉及机构股东服务组织这样的机构。正如我们所见，机构股东服务组织负责对管理者薪酬组合进行评估并提出投票建议。另一个问题是股票期权的会计处理从"内在价值"（《会计准则委员会第25 号声明》）向"公允价值"（《财务会计标准委员会第 123 号声明》1995 年建议，《财务会计标准委员会第 123（R）号声明》2004 年要求）转变。在原来的内在价值标准下，股票期权授予时薪酬费用为零，前提是股票价格与股票期权/执行/履约价格在授予时相等。这种会计处理方式允许公司免费发行股票期权，除非股票价格上涨及管理者（和（或）一些公司更广泛的雇员群体）行使他们的期权购买股票。对于那些现金有限且更愿意将有限资金用于公司发展而不是用来支付雇员工资和福利（如果公司有股票期权等其他选择）的小公司来说，这一策略作为吸引、激励和留住雇员的手段尤其具有吸引力。然而，随着向公允价值的转变，股票期权在被授予时必须作为一项费用。费用规模可以通过布莱克-斯科尔斯（Black-Scholes）等股票价格模型进行估算。

让我们简要描述一下股票期权是如何运作的。假设某公司雇员当前面对的股票价格为每股 50 美元。今年，该雇员获得了 100 份股票期权，期权价格为 50 美元（与当前股票价格相同）。这意味着在股票期权到期之前，雇员可以以每股 50 美元的价格购买股票，而不管购买股票时的实际股票价格是多少。一年后，股票价格涨到了每股 60 美元。然后，雇员可以选择行使她的股票期权——以 50 美元的价格购买股票，并获得每股 10 美元（60—50）的利润。如果她执行全部 100 份期权，她将赚到 $100 \times 10 = 1\,000$ 美元。当然，如果股票价格上涨幅度更大，或者她获得更多股票期权，她就会赚更多的钱。

现在考虑一下股票价格跌至每股 40 美元的情况，这种情况下期权就被认为是"水下期权"。如果雇员不能出售股票期权（通常而言他们是无法出售的），那么这些期权现在就毫无价值，至少在短期内是这样。然而，如果可以建立一个市场（就像谷歌所做的那样），这些期权就不是毫无价值的。即使在没有这样一个市场的情况下，只要股票价格在未来反弹到期权价格上方的概率不为零，期权也不是毫无价值的。（但对于那些持有一家前景似乎不佳的公司的"水下期权"的人来说，这可能是一种毫无用处的安慰。）

这一讨论提出了如何计算股票期权价值的问题。最严格的方法是使用像布莱克-斯科尔斯这样的期权定价模型。人们现在可以很容易地访问互联网并找到用于计算股票期权价值的电子试算表。我们在这里展示了布莱克-斯科尔斯期权定价模型的一些基本属性。图表 14 - 11 显示了两个参数对期权价值的影响，在这里表示为股票价格的百分比。首先，或许让很多人感到惊讶的是，波动率（即股票价格随时间波动的程度）越大，结果就越好（即期权的价值越高）。原因是随着波动率的增大，股票价格就更有可能超过期权价格，并且在期权到期前超出期权价格的幅度更大（根据 FW Cook 的说法，通常是在 10 年之后）。其次，股息率越低，期权的布莱克-斯科尔斯价值就越大，因为股东的投资回报要么是股息，要么是价格升值（股票价格上涨）。为了应用图表 14 - 11，让我们再次以一位获得 100 份股票期权的雇员为例，其期权价格等于股票价格（每股 50 美元）。在没有股息（0%）和波动率为 50% 的情况下，每份期权价值为 $0.69 \times 50 = 34.50$ 美元，100 份期权的价值为 $34.50 \times 100 = 3\,450$ 美元。当然，持有股票期权并不能保证实现其价值，这将取决于股票价格的实际走势。

图表 14 - 11　波动率和股息率对期权价值的影响（表示为股票价格的百分比）

股息率	波动率			
	10%	30%	50%	70%
0%	0.45	0.56	0.69	0.81
4%	0.15	0.29	0.41	0.51
8%	0.02	0.14	0.24	0.32

资料来源：Hall, B. J., "What You Need to Know about Stock Options," *Harvard Business Review* 78, no. 2 (2000), pp. 121 - 129.

　　关于股票期权（还有可能是任何长期激励，这取决于它们是根据股票价格的绝对表现还是相对表现进行支付）的一个担心是，股票期权有时并不像期望的那样与管理者绩效密切相关。[40] 以不断上涨的股票市场为例。如果每个人的股票都在上涨，就像牛市中经常见到的那样，首席执行官是否应该因为公司的股票价格也在上涨而得到回报呢？在繁荣的市场中，如果股票价格的表现不是相对的（例如，股票价格相对于一个对照组的上涨），就很容易发生首席执行官的回报相应上涨的情况。在各方面都在上涨的股票市场中，管理者可以以比最初授予价格高得多的价格行使期权，而派息更适合归因于股市的普遍上涨，而不是管理者的任何具体行动。在一个下跌的市场中，股票期权成为水下期权——市场价格低于行权价格。如果能以每股 23 美元的价格行使期权，但它们的市场价值是每股 18 美元，那么只有傻子才会去行权。公司薪酬委员会的一个可能反应是以较低的行权价格发行新的股票期权。许多人认为这种做法是不合适的，而且我们已经看到，机构股东服务组织也不认可这种做法。[41] 将股票期权作为一种激励工具加以关注的最后一个原因是它具有"钻制度空子"的能力。例如，当首席执行官的行动推高股票价格，从而提升自己的期权价值时，是因为公司经营基本面的绩效（比如销售额提高）改善了吗？其实未必。例如，管理者可能会操纵会计数字。提高股票价格的合法途径是大规模股票回购。这减少了流通股的数量。在计算每股收益时，股票数量恰好是以利润为分子的等式的分母。减小分母可以提高每股收益，而每股收益通常是年度激励计划中决定管理者奖金的重要指标。"你可以说这是'操纵'吗？"[42]（当然，另一种观点认为，有时股票回购可能是向股东返还现金的最佳方式，如果公司目前还没有办法将这些钱投资到能带来同样高回报的新产品或服务上，那么这种做法就尤其有意义。）

　　无论在向管理者付酬方面面临怎样的挑战，管理者的决策对公司的成功都有着重要的影响。将管理者薪酬与股票价格挂钩是激励管理者主动追求公司成功的一种非常有效的方法（或者用代理理论的语言来说，管理者的目标/利益与股东的目标/利益相一致）。相比之下，基本工资似乎是一种权利。只要管理者不被解雇，基本工资就有保障。单纯依靠年度/短期激励/奖金是不够的。它们对良好的短期绩效会发挥积极作用。但短期对公司有利的东西对公司的长远发展不一定有利。因此，正如我们在第 10 章中看到的，基本上所有的私人部门公司都使用长期激励并最严重地依赖它们来支付管理者薪酬，这一点不足为奇。正如我们在图表 14 - 3 中看到的，在美国公司中，股东总回报与管理者回报之间存在显著的正相关关系。

　　我们之前看到，绩效奖励是目前业界最重要的长期激励方案，并且是管理者长期激励薪酬的决定因素。再次回到对上市公司董事的调查，当被要求选择一个最好的单项指标来衡量公司绩效时，40% 的受访者选择股东总回报，其次是资本回报率（18%）、营业收入（16％）、自由现金流（15％），其他（主要是每股收益，9％）和销售（0％）。[43]FW Cook 还提供了绩效分享计划下最常用的绩效指标数据（见图表 14－12）。我们看到，股东总回报是最常见的绩效衡量指标，它通常以相对的方式使用（即就公司股东总回报是否优于竞争对手来评价管理者）。其次最常用的绩效衡量指标是利润、资本效率和收益。非财务指标（图表 14－12 中的"其他"）的使用要少得多。

图表 14－12　250 家最大公司管理者绩效分享长期激励计划中使用的绩效指标

绩效衡量指标分类							
分类	绩效衡量指标	使用绩效奖励公司的百分比			2017 年绩效评估方法报告		
		2015 年	2016 年	2017 年	绝对	相对	全部
股东总回报	股票价格增值加股息率	54％	56％	60％	2％	90％	8％
利润	每股收益、净收入息税前利润、息税折旧摊销前运营收入/税前利润	51％	49％	49％	87％	12％	1％
资本效率	股权收益率、资产收益率、资本收益率	41％	40％	42％	75％	15％	10％
收益	收入、有机收入	20％	20％	19％	87％	11％	2％
现金流	现金流、营业现金流、自由现金流	11％	13％	14％	94％	6％	0％
其他	安全、质量保证、新业务、个人绩效	4％	14％	16％	不适用	不适用	不适用

资料来源：FW Cook，*2017 Top 250 Report*，August 2017.

管理者福利　许多福利都与收入水平相关（例如，人寿保险、伤残保险以及养老金计划），因此管理者通常会获得比其他大多数豁免型雇员更高水平的福利。然而，除了第 13 章概述的典型福利外，许多管理者还享有额外的人寿保险、医疗保险自付额的免除，以及超出《雇员退休收入保障法案》规定的享有免税资格的养老金计划最大给付限制的补充养老金收入。

当然，《雇员退休收入保障法案》和税法的各个部分限制了雇主为管理者提供多于其他雇员的福利的能力。分类条款要求特定的福利计划应该：（1）覆盖多个层次的雇员（通常要占雇员总数的 80％）；（2）提供明确的、可确定的收益；（3）满足特定的归属权授予条件（参见第 13 章）和非歧视性要求。非歧视性要求规定低薪雇员福利的平均价值必须至少达到高薪雇员的 75％。[44]

管理者津贴　津贴或"额外补贴"可能与"等级自有其特权"的表述有相同的起源。实际上处在公司高层本身就有回报，这些回报的主要目的是满足管理者的特殊需要和偏好。自 1978 年以来，各种税收和监管机构的裁决逐步要求公司对管理者津贴进行价值评估。[45]尽管存在这种障碍，管理者津贴的价值还是不断增长。以下是一些关于管理者津贴的有趣例子[46]：

1. 最有意思的一项福利是为管理者的死亡买单。如果萧氏集团（Shaw）的首席执行官詹姆斯·伯恩哈德（James Bernhard）去世，那么公司会向他的家人支付 1 800 万美元，以让他在两年内不参与萧氏产业的竞争。这是疯了吗？否则还有其他什么解释？

2. 7％的《财富》500 强公司提供现金补贴，数额平均为 32 000 美元。为什么赚了数百万美元的管理者还需要津贴？美国运通首席执行官肯·陈纳德（Ken Chenault）的年薪为 2 100 万美元，为何他还需要 35 000 美元的杂费补贴？卡尔文·克雷恩时装公司（Calvin Klein）的首席执行官保罗·默里（Paul Murray）为何还需要 20 000 美元的着装补贴？[47]

3. 格林房地产信托公司（S. L. Green Realty）花了 51 882 美元为董事长斯蒂芬·格林（Stephen Green）购买私人汽车，同时还提供 119 050 美元的司机费用。这些费用折算下来是每天 468 美元，足以让纽约一辆每天跑 233 英里的出租车行驶一年。[48]

4. 个人偏好被彻底滥用：2001 年，泰科公司（Tyco）前 CEO 丹尼斯·科兹洛夫斯基（Dennis Kozlowski）在第二任妻子婚礼后不久步入 40 岁时举办了盛大的庆祝活动。客人们在撒丁岛参加了为期一周的浪漫主题派对。这次活动的总成本是多少？200多万美元（差不多是现在的 300 万美元），其中一半由泰科公司支付。[49]

图表 14-13 展示了目前标普 500 指数公司向管理者提供的常见津贴。

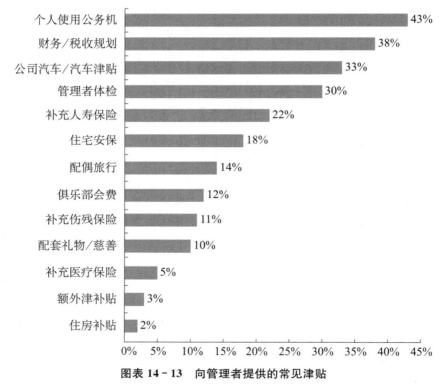

图表 14-13　向管理者提供的常见津贴

资料来源：Ahmed，Minha，"Executive Compensation Bulletin：An Update on Executive Perquisite Trends in the S & P 500," Willis Towers Watson，February 17，2016.

14.2.6　为什么每个人都对管理者薪酬如此感兴趣……一些不同的观点

让我们面对现实吧。大多数人都不像首席执行官那样每年能挣 1 100 万美元。也许这让我们怀疑是否有人真有那么高的身价，更不用说去年收入最高的首席执行官赚了 1亿美元。其中一个原因与美国和其他国家的收入不平等有关。如果社会上其他人挣得太少以致无法生存，那么还有人应该得到这么高的薪酬吗？一个观点是，在几乎所有其他国家，尤其是比较发达的经济体，管理者薪酬都比美国低。（这里的一个问题是，管理者薪酬与公司规模正相关。美国拥有世界上最多的大公司。）另一论点与收入平等有关，它指出首席执行官与普通员工之间的薪酬差距已经出现爆炸式增长。如图表 14-6 所示，在 1990 年，一位管理者的薪酬是普通雇员的 144 倍。如今，管理者的薪酬已是普通雇员的 302 倍。毫不奇怪，普通工人像普通公民一样（正如我们在之前对美国公众的调查结果中看到的）不支持向管理者支付高薪。

想想管理者薪酬委员会的薪酬主管们的工作吧。为什么他们建议管理者应该获得同样多的报酬，现在的状况如何？最基本的原因大概是薪酬委员会和董事会有责任代表股东利益。虽然首席执行官的薪酬是股东的主要成本，但与一位表现优异的首席执行官和一位表现不佳的首席执行官所带来的股东回报差异相比，它可能就显得微不足道了。与此相关的一种观点可能是管理者薪酬只是市场变化的反映。没错，自 1900 年以来，管理者薪酬大幅上升，其他群体的薪酬也在快速增长。例如，2005 年，前 25 位对冲基金经理的收入超过了标准普尔 500 指数中所有首席执行官的收入。[50] 2017 年的情况更接近，前 25 位对冲基金经理的总薪酬为 168 亿美元（每位经理约 6.72 亿美元），比 500 家公司首席执行官的平均总薪酬（1 200 万美元×500＝60 亿美元）要高得多。[51] 1994 年，顶级职业球员（橄榄球、棒球和篮球球员）的薪酬超过 500 万美元，在接下来的 10 年里，他们的薪酬增长了 10 倍。与此同时，顶级律师的薪酬增长了 2.5 倍。支持管理者薪酬的人士表示，与此相比，首席执行官薪酬在同一时期的增幅为 4 倍或 5 倍。[52] 即使你不相信这些说法（许多批评人士也不相信[53]），但仍有强有力的证据表明管理者的薪酬与绩效具有很强的关联性。如果公司的绩效超过行业标准，就应该发放巨额的短期和长期奖励。糟糕的财务绩效意味着更少的薪酬。管理者薪酬是如何达到今天的水平的？图表 14-14 给出了管理者薪酬的发展简史。

图表 14-14　管理者薪酬的发展简史

年份	关键事件
1974	迈克尔·贝热拉克（Michael Bergerac）在加入露华浓公司（Revlon）时年薪突破 100 万美元。
1979	克莱斯勒公司的李·亚柯卡（Lee Iacocca）获得 100 万美元的报酬，外加 40 万股票期权。
1983	本迪克斯公司（Bendix）的威廉·本迪克斯（William Bendix）成为第一个在五年内获得 390 万美元巨额黄金降落伞（因公司并购而被解雇时的薪酬保障条款）的管理者。
1984	美国国会试图限制过高的黄金降落伞，结果适得其反——有关的规定导致黄金降落伞数额更大。
1986	新法律给予股票期权奖励以税收优惠待遇。股票期权规模增加。
1987	李·艾柯卡获得第一笔巨额股票期权：82 万股票期权，价值相当于他当年工资和奖金的 15.3 倍。
1987	垃圾债券专家迈克尔·米尔金（Michael Milkin）的工资和奖金突破 500 万美元。
1987	美国外科公司（US Surgical）的利昂·赫希（Leon Hirsch）获得更大一笔股票期权，价值相当于他工资和奖金的 126 倍。

续表

年份	关键事件
1992	美国证券交易委员会规定必须在委托书中提高披露首席执行官薪水的频率。降低获取同行薪酬数据的难度有助于提升标准。
1992	迪士尼公司的迈克尔·埃斯纳尔（Michael Eisner）对低成本股票期权进行行权，获得了 1.26 亿美元的税前利润。
1993	新税法将管理者薪酬的税收减免上限设定在 100 万美元，但一个没预料的结果是：这使许多公司将管理者薪酬提升至 100 万美元。
2000	CA 公司的首席执行官王嘉廉（Charles Wang）的薪酬高达 6.7 亿美元。
2006	史蒂夫·乔布斯失去高薪的首席执行官职位，继任者甲骨文公司的劳伦斯·艾利森（Lawrence J. Ellison）在 2007 年的薪酬高达 1.929 2 亿美元。
2010	《多德-弗兰克法案》赋予股东一种不具约束力（但形式上很重要）的投票权来评估管理者薪酬的合理性。
2014	薪酬最高的五名管理者的平均年薪约为 7 500 万美元，低于金融危机前的水平。
2017	标准普尔 500 指数公司首席执行官的总薪酬约为 1 200 万美元，仍远低于 2007 年 1 700 万美元的峰值水平。美国薪酬最高的管理者的平均年薪约为 5 300 万美元。

资料来源：*BusinessWeek*，April 17，2000，p. 100，April 23，2003；*The Wall Street Journal*，April 10，2006，pp. R1 - R4；"Executive Pay," *BusinessWeek*，April 17，2009，pp. 23 - 31，Forbes.com，visited May 5，2015. "Equilar 100：Highest-Paid CEOs at the Largest Companies by Revenue"．April 11，2018. www. equilar. com.

网络资源

要了解工会关于首席执行官薪酬的观点，请浏览 www. aflcio. org/paywatch/。该网站由劳联-产联（AFL-CIO）维护，旨在监督管理者的薪酬。工会的观点是：首席执行官的薪酬过高，监督是遏制薪酬过快增长的第一步措施。

对管理者高薪的一种解释涉及社会比较理论（social comparisons）。[54]这一理论的观点是管理者薪酬与低层级雇员的薪酬之间存在一致的相对关系。当低层级雇员的薪酬因市场力量上升时，高层管理者的薪酬也要相应增加以维持这种相对关系。总体上讲，处于公司第二层级的管理人员获得的薪酬相当于首席执行官薪酬的 2/3，更低一层级的管理人员获得的薪酬略高于首席执行官薪酬的一半。[55]对社会比较理论的大量批评以及对一般管理者薪酬的批评的主要源头在于，管理者的薪酬与他们所雇用雇员平均薪酬的差距在逐渐拉大。1980 年，首席执行官的薪酬大约是低层级雇员平均薪酬的 42 倍。现在管理者的薪酬已是普通雇员薪酬的 302 倍。[56]作为参照，在法国、德国、比利时和意大利，这一薪酬级差不到 40 倍。[57]尽管欧洲国家更高的工会化程度等因素可以在一定程度上解释欧美之间在管理者薪酬方面存在的差异，但社会比较理论看起来仍然不能充分解释为什么美国公司管理者的薪酬会如此之高。[58]

理解管理者薪酬问题的第二种方法并不太注重管理者工作与其他工作的薪酬差异，而是更多地去解释管理者薪酬的水平。[59]这种经济视角的前提是首席执行官或其下属的价值应该与对公司成功的某种衡量指标（如利润率、销售额或公司规模等）紧密对应。从直观上讲，这种解释很有意义，也有经验研究的支持。过去 30 年的大量研究已经证明管理者的薪酬与公司的成功存在一定相关性，包括成功进行战略变革的能力和成功进行谈判合并/收购的能力。[60]最近有篇文章对 100 多项管理者薪酬研究的结果进行了分析，结论是：有证据表明，公司规模（销售额或雇员人数）是首席执行官薪酬的最佳预测指标。（考虑一下原因。对于领导一家 50 万美元公司的管理者和领导一家 50 亿美元公司的管理者，你会建议向他们支付同样的薪酬吗?)[61]理解管理者薪酬问题的另一种经济视角是考察劳动力市场。首席执行官的薪酬通常受到劳动力市场的强烈影响——竞争对手向管理者支付的薪酬水平非常重要。市场需求量大的首席执行官（相对于竞争对手而言他们公司的业绩更加优秀）更有可能获得更高的薪酬待遇，或者他们的薪酬与年度绩效的关联度相对较低（优秀的长期绩效记录意味着不太依赖于年度绩效）。[62]

有些研究建议在衡量公司价值时考虑环境绩效和社会责任。[63]一项非常有意思的研究发现，在高污染行业中，环境绩效（例如，污染防治）是首席执行官薪酬的一个重要决定因素。这意味着，对于首席执行官设定的环境目标及其为此付出的努力，应当给予相应的报酬。但需要记住的是，我们很难确定这些绿色目标能否带来实际的收益：它们不是用典型的净利润会计来衡量的。[64]另外有两项研究将社会比较和经济解释结合起来以期更好地理解首席执行官的薪酬。[65]事实证明，这两种解释都是有意义的。规模和盈利能力影响薪酬水平，社会比较同样会发生作用。在一项研究中，社会比较是在首席执行官的薪酬与董事会成员的薪酬之间进行的。平均而言，似乎董事会成员每挣 10 万美元，首席执行官的薪酬就增加 51％。[66]意识到这一点，首席执行官有时会游说，让董事会里多些在主要工作岗位上拿高薪的董事。

考察首席执行官薪酬的第三种方法被称为**代理理论**（agency theory），它纳入了公司治理无法避免的一部分内容——政治动机。[67]有时这一论点认为首席执行官制定的决策并不是为了实现公司和股东利益的最大化。这种观点的一个变体认为，首席执行官的理性行为是自我保护——他们将制定决策来巩固自己的地位并使个人的回报最大化。[68]当被给予股票期权时，他们会承担更多的风险。但首席执行官也有保护现有财富的动机，这取决于激励机制，而冒险可能会导致个人财富损失。代理理论的一种新变体——行为代理理论（behavioral agency theory）表明，首席执行官对股票期权存在矛盾心理，他们既倾向于冒险以积累未来财富，也倾向于保守以保护当前财富。[69]实际上，风险和时间范围（短期的或长期的）可能取决于积累了多少与股票相关的财富，以及有多少机会通过采取使股票期权派息最大化的行动来积累额外的财富。[70]其他研究表明，首席执行官在一家公司的任职时间增加时，可能更倾向于选择风险较小的薪酬，因为公司积累了特定的财富，并且希望避免采取可能使财富面临风险的行动。相比之下，新任首席执行官可能偏爱高风险和高盈利潜力。[71]

作为这种自我激励行为的证据，考虑以下关于管理者如何确保自己获取高薪的描述。[72]这些描述源于一位知名的管理者薪酬管理顾问，他多年来专门从事管理者薪酬组合的设计。

1. 如果首席执行官的薪酬确实偏低：雇用一名薪酬管理顾问调查公司的实际竞争对手。薪酬管理顾问向董事会报告首席执行官的薪酬确实偏低，首席执行官的薪酬被提高到市场领先或更高的水平。

2. 如果首席执行官的薪酬并不偏低而且公司经营状况良好：雇用一名薪酬管理顾

问，向薪酬管理顾问推荐适合调查的特定公司。有的公司之所以被选中，是因为它们在管理者薪酬方面的排名很靠前。薪酬管理顾问向董事会报告首席执行官的薪酬似乎有点偏低，首席执行官的薪酬被提高。

3. 如果首席执行官的薪酬并不偏低而且公司经营状况不佳：雇用一名薪酬管理顾问。首席执行官向薪酬管理顾问抱怨管理层薪酬太低，以至于担心优秀人员会离开公司而投奔竞争对手。当然，从没有人想过如果真有这么好的管理团队，为什么公司的业绩会如此糟糕！不管怎样，结果是薪酬管理顾问建议提高管理者的薪酬以避免人员流失。

在每种情形下，首席执行官的薪酬都被设法提高。

尽管对管理者薪酬决定过程存在这种偏见，但代理理论仍然认为管理者薪酬的设计应该确保管理者在决策时能够代表股东的最大利益。[73]正如我们所见，与这个逻辑一致的是，现在几乎所有的公司都在设计管理者薪酬计划，通过短期和长期激励计划将管理者的绝大部分薪酬与绩效紧密联系在一起，而且几乎所有公司股东都大力支持（通过薪酬话语权投票）以这种方式设计管理者薪酬计划。有令人信服的证据表明，股东回报与管理者薪酬之间具有很强的一致性。[74]

14.2.7　高科技行业的科学家和工程师

科学家和工程师可以归入**专业人员**（professional）之列。根据《公平劳动标准法案》，此类人员包括在科学或智力方面接受过特殊培训的任何人，而且在他们的总工作时间中，用于管理下级雇员的时间不超过 20％。如果你考察一下那些雇用了科学家和工程师的公司，你会发现它们很难弄清楚应该向这些雇员支付多少薪酬。例如，本书的一位作者最近与一家公司合作，这家公司最近在得克萨斯州和俄克拉何马州购买了土地用于勘探石油和天然气。这是第一次在梅森-迪克森线以南冒险。这家公司应该付给那些石油工程师与宾夕法尼亚州马塞勒斯页岩的工程师一样的报酬吗？他们应该按照得克萨斯州或俄克拉何马州的市场工资标准付酬吗？由于天然气价格下跌，得克萨斯州/俄克拉何马州的石油行业有超过 100 000 名雇员被解雇。考虑到这一情况，最近薪酬调查报告中的薪酬水平难道不会被过分夸大吗？你可能开始看到问题的复杂性。有些专家认为，与常见的对照组如药剂师相比，科学家和工程师的薪酬正开始落后于前者，这导致对工程技术培训的需求减少。[75]为了重新获得我们在科学知识创新方面的领先地位，需要更多地关注那些知识型雇员——他们应该为自己受到的特殊的科学或智力培训获得报酬。但这就产生了科学家和工程师面临的特殊薪酬问题。假设有一位刚刚从大学毕业的电气工程师，他拥有所在领域的所有最新知识。在毕业的前几年，他的知识是完成工程项目的宝贵资源，因为在这些项目中新理论的应用是一个基本目标。不过，随着时间的推移，这位工程师的知识逐渐老化，项目团队的领导开始依靠更新的毕业生来提出新创意。如果你追踪工程师与科学家的薪酬轨迹，你将发现薪酬增长变化与知识老化之间有着密切的联系（见图表 14-15）。在参加工作的早期，工程师与科学家的薪酬增长速度快于平均增长速度（相对于其他职业的雇员而言）。但 10 年之后，他们的薪酬增长速度就会低于平均水平，而在 15～20 年之后，其薪酬增长速度就会变得微不足道。

由于薪酬增长停滞期的到来，许多工程师和科学家开始转换职业，比如进入管理层

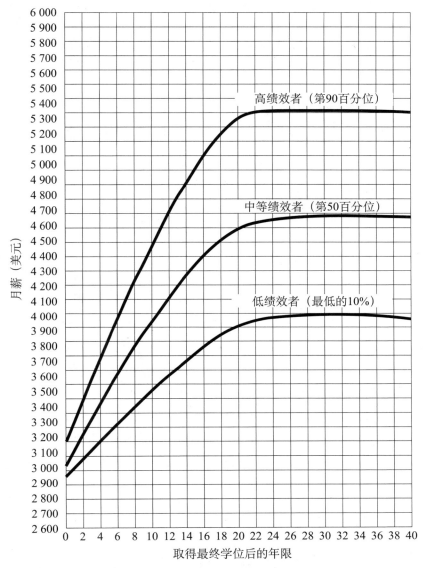

图表 14 - 15 成熟曲线：取得最终学位后的年限与薪酬的关系

或暂时离开所从事的业务去更新自己的技术知识。近年来，有些公司已经开始应对薪酬增长停滞期的影响问题，同时也对成熟科学家和工程师的不同职业动机提出应对措施。答案就是所谓的**双重职业阶梯**（dual-career ladder）。图表 14 - 16 展示了一种典型的双重职业阶梯。

请注意，双重职业阶梯恰好提供了组织内部两种不同的职业发展路径，而每种路径都反映了对公司使命的不同贡献。管理型阶梯通过不断增加对人员的管理责任来提供晋升通道；专业型阶梯则通过增加技术责任提供晋升通道。科学家在自己职业生涯的每个阶段都有机会考虑是选择转入管理型职业轨道还是继续沿着原有的专业型轨道发展。这种做法的潜在逻辑是：才华横溢的技术人员不应认为只有选择管理型工作才能获得职业生涯的进步；他们可以通过在技术工作上的优异成绩实现职业生涯的发展。虽然每个阶梯的名称有所不同，但各层级工作之间的工资和津贴应该是差不多的。[76]

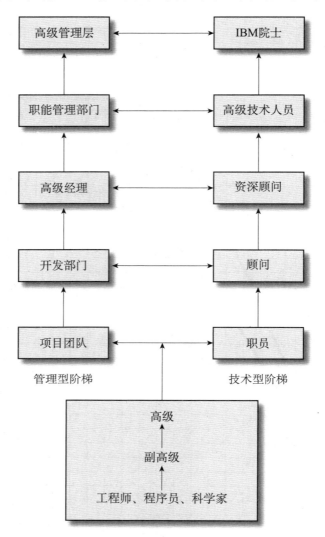

图表 14-16　IBM 的双重职业阶梯

　　设计科学家和工程师薪酬组合的第二个问题集中在公平性上。正是技术知识的本质及知识传播的性质要求这些跨组织的雇员必须相对紧密地联系在一起。他们在行业协会的会议中相互交流。他们通过讨论所在领域相关技术的近期发展来汲取并相互补充知识营养。出于公平目的，科学家和工程师往往将那些刚进入劳动力市场的毕业生与他们自己当时的情况进行对比。在一定程度上正是因为这一点，以及这些职业的工作和工资的不稳定性，组织在为科学家和工程师确定基本工资时格外倚重外部市场数据。[77]其结果就是所谓**成熟曲线**（maturity curve）的使用（再次参见图表 14-15）。

　　成熟曲线反映了科学家和工程师的薪酬与在劳动力市场上的经验年限之间的关系。一般而言，负责调查的组织把任职者的薪酬作为其取得最终学位后的年限的函数，并在此基础上调查任职者的薪酬信息。这样做的目的在于测量技术老化的半衰期。实际上，通过适当的平滑消除畸变后，根据这些数据绘制的曲线图通常显示，曲线在前 5～7 年非常陡峭，然后随着技术老化对工作价值的侵蚀而缓慢上升。图表 14-15 是对这种曲线图的说明，但它更复杂，因为图表中每条曲线针对的都是不同的绩效水平。为建立这种曲线图，负责调查的组织还必须获得按照广泛的绩效水平细分的数据。注意在此图表中，高绩效者的起始薪水更高一些，而且前几年薪酬级差在持续扩大。

科学家和工程师除基本工资外还会获得其他报酬。一半以上的人都会获得与公司利润或个人绩效挂钩的奖金。但激励报酬的金额相对较小，平均不到薪酬总额的 5%。其他的激励计划把支付特定数量的现金奖励与在商定的最后期限或之前完成特定的项目相关联。对于科学家和工程师取得的如下成就，公司也会支付雇佣后奖金（post-hiring bonus）：取得专利权、发表论文、选入专业协会以及获得专业证书等。[78]

最后，组织为发展那些可以满足科学家和工程师独特需要的津贴付出了大量的创造性努力。这些津贴包括弹性工作时间、宽敞的办公室、富有校园气息的工作环境以及丰富的健身设施等。这些群体对于组织战略至关重要，因此必须确保他们的身心健康与活力。

14.2.8　销售人员

销售人员横跨组织与组织的产品或服务的消费者之间的所有重要界限。为了在日益复杂的环境中满足这一需求，销售工作已经演变成各种形式。例如，销售工作可以外包，并可将这种销售人员称为间接销售人员或制造商代表，甚至简单地称为独立代表。即使销售工作保持内部属性，它仍然可以被内部销售代表或外部销售代表进行细分。内部销售代表开展电话销售（其中包括可怕的陌生电话）或执行销售支持职能。外部销售代表通常出差和拜访潜在客户。[79]在实地与客户互动的角色需要销售人员具有高度的主动性，并能够在低监管的情况下长时间工作。标准薪酬制度不是为这类工作设计的。正如你所预期的那样，奖金更多地依赖于与个人绩效挂钩的激励报酬。因此，即使销售人员在销售一线相对不受监督，他们也总是有动力去完成工作。如果产品需求量大，而"销售能力"不是造成差异的因素，那么薪酬组合的主要组成部分是基本工资，同时包含少量的激励报酬。然而，随着销售人员的能力变得越来越重要，激励报酬的规模显著增加。想想你最后一次见到的上门销售人员（如果有的话）。不管产品是什么，这都是一种艰难的销售。在这种情况下，激励报酬的规模可能就会很大。典型的销售工作的基本工资与激励报酬的比例通常介于 55/45～60/40。[80]

设计一个销售人员薪酬计划

主要有六个因素影响销售人员薪酬组合的设计：（1）销售人员的特性；（2）组织战略；（3）市场成熟度；（4）竞争对手的实践；（5）经济环境；（6）待售产品。

销售人员的特性　对销售人员的普遍刻板印象是他们对货币报酬的激励反应强烈。[81]一项研究支持了这一观点，销售人员对货币报酬的重视远远高于对另外五种报酬形式的重视。在这项研究中，78%的销售人员将金钱看作第一位的激励因素，把认可与欣赏看作第二位的激励因素。[82]他们对晋升机会、成就感、个人发展及工作保障等的重视程度相对较低。这些价值观几乎规定销售人员薪酬设计的基本着眼点应该放在直接的经济奖励（基本工资加激励报酬）上。

组织战略　销售人员的薪酬计划应该把对销售人员的期望行为与组织的战略联系起来。[83]这一点在网络时代尤为重要。当更多的销售收入与基于计算机的交易相关联时，销售人员的角色也将发生变化。[84]销售人员必须清楚什么时候该强调客户服务而什么时候该强调批量销售。当批量销售是主要目标时，应该最先大力推销哪些产品？组织的战略计划指明了哪些行为最重要。例如，为争取市场份额或打入潜力较小的销售区域而强调客户服务时，就可能会限制销量（参见图表 14 - 17 中标有"新概念销售"的单元格）。通常而言，激励制度下的销售代表会将客户服务看作一种强制负担，认为它夺走了可以赚钱的销售机会。把一个以佣金为报酬基础的销售人员分派到一个缺乏销售潜力的市场，可以说是销售主管的悲哀。对那些被要求放弃激励收入去执行低销售额任务的销售人员，应该建立一个高基本工资和低激励报酬的薪酬制度。图表 14 - 17 总结了针对不同类型购买者的销售战略。

图表 14 - 17　销售战略矩阵

购买者		销售战略组合	
	潜在客户	转化销售 （增加基本份额）	新概念销售 （开发市场）
	现有客户	保留销售 （保护基本份额）	渗透销售 （渗透客户）
		现有	新增
		前景预期	

资料来源：Colletti, Jerome A., and Fiss, Mary S., "Sales Compensation," in Lance A. Berger and Dorothy R. Berger, eds., *The Compensation Handbook* (New York: McGraw-Hill, 2008), 239 - 257.

或者，组织希望激励富有进取性的销售行为。一种直接的基于佣金的激励计划会把销售人员的销售努力集中到这个方向上来，但也可能同时导致销售人员撇开某些支持性任务，如处理消费者投诉等。这种激励计划包括对激励报酬规模的陈述以及对获得激励报酬需要完成的绩效目标的讨论。[85]典型的绩效衡量指标包括销售区域体量、市场份额、零售商场中上架商品的数量、新客户的数量、毛利润、达到价目表价格的比例（相对于组织中其他销售人员而言）、销售结果的一致性、费用控制、每平方英尺的劳动生产率（在零售商场最为常见），以及销售所致的坏账。[86]当然，每个衡量指标都对应一个不同的经营目标。例如，如果一个组织的经营目标是促进销售额的增长，它就可能会使用数量型衡量指标，如单位数量、订单数量、发票数量或收到的现金数量等。或者，如果组织的目标是增加利润，合适的衡量指标就应该是销售毛利润或单位价格。如果提高账户留存率成为组织关注的主要焦点，就需要强调账户流失的百分比，而客户满意度指数由于组织更加关注质量而越来越受重视。一个好的销售计划也要考虑"KISS"原则：删繁就简（Keep It Simple Stupid）。几乎没有销售计划拥有四个以上的销售目标。最常见的销售计划（30%）通常有三个组成部分。25%的销售计划有两个组成部分。[87]

总体而言，销售人员的薪酬计划主要有两种类型：（1）单位费率计划（unit rate plan）；（2）追加计划（add-on plan）。[88]根据每个销售单位所支付的报酬数量，单位费率计划又可细分为几种不同形式。单一型佣金为每个销售单位支付相同比率的报酬（例如，销售人员每销售一件商品可获得 8 美元报酬）。递增型佣金指销售人员完成某个约定的销售额目标即可抽取一定比率的佣金，对于其超出约定目标的更具难度的销售额可抽取更高比率的佣金（例如，前 100 000 美元销售额按 4％抽取佣金，之后按 6％抽取佣金）。递减型佣金指销售人员完成某个约定的销售目标抽取一定比率的佣金，而后再逐步减小佣金抽取比率。本书的一位作者在 1972 年购买了一份整体人寿保险计划。保险代理第一年获得的佣金为附加保费的 100％，而此后的佣金占附加保费的比例逐年下降。这些递减的佣金反映了销售人员在后续年份里工作量的减少。最后，还有一种混合型佣金计划，它将销售人员的工作看作团队工作的一部分。为了让你的股票经纪人制定投资决策，你向他们支付了一大笔佣金，但他们同时还需要与那些提供了有关股票市场走势的重要信息的各类助理人员和市场分析人员分享这笔佣金。一个组织甚至可以设立销售团队，由销售人员相互配合共同销售产品或服务。有证据表明，销售团队不应该超过两个人，当团队激励报酬相对于个人激励报酬或基本工资不是太大时，他们的销售业绩会更好。[89]第二种类型的销售人员薪酬计划试图促使销售人员专注于特定类型的销售。我们刚在一家高级男装店购买了一套新款西装。销售人员每销售一套该款西装，就会得到一笔额外的激励报酬。通常对一种产品的关注是短暂的，焦点立马会转向另一种销售项目。[90]

市场成熟度　当某种产品的市场成熟时，这种产品的销售模式就会发生变化，而且公司需要对销售人员的薪酬作出相应的调整。[91]最近的一项研究表明，随着市场的成熟，公司会转而采用更为保守的销售模式，把努力的焦点更加集中到客户满意度和忠诚度上。这会使公司去雇用更加保守而非更具进取心的雇员，因为这些保守型的雇员能够执行公司的客户保留计划。在日益成熟的市场上，公司既关注与客户满意度相关联的绩效薪酬，又重视提高基本工资以留住那些保守型的销售人员。[92]

竞争对手的实践　在选择合适的薪酬水平时，组织应该承认外部竞争性的重要性。销售工作的本质意味着竞争对手至少在争夺潜在消费者方面会与其狭路相逢。这就提供了讨论相对薪酬组合的机会，而且销售人员常常会抓住这一机会。

经济环境　经济环境也会影响薪酬组合的架构方式。在销量不断攀升的繁荣经济环境中，公司有能力雇用中低层次的销售人员来获得额外的销售额。然而，在衰退的经济环境中，公司要对销售水平下降作出回应——更加重视高绩效水平的销售人员，并对那些尽管处在经济低迷时期但仍能完成高水平销售额的雇员进行奖励。

待售产品　等待销售的产品或服务的性质会影响薪酬制度的设计。对于一种技术特性不易理解的产品，就需要花费大量时间来开发一种有效的销售说明。这些产品被认为具有很高的进入门槛，意味着需要在销售一线进行有效的培训。在这种情况下，总体薪酬通常要包含很大比例的基本工资，这样可以使一个销售代表面临的风险最小化，并激励他积极参与必要的培训计划。而在另一个极端，产品具有较低的进入门槛，开发有效的销售说明所需的知识也相对容易获得。这些产品线的销售更经常使用一种具有较高比例的激励报酬的薪酬组合，这样就会对实际的销量而非学习必要技能花费的时间支付更高的报酬。

对于那些本身就很畅销的产品或服务，销售人员的销售能力显得不是很关键，这种情况下的薪酬组合就不同于需要销售人员表现出优秀销售能力情况下的薪酬组合。对于畅销的产品，基本工资显得更为重要。毫不奇怪，在努力工作的意愿对销售的成功或失败产生决定性影响时，激励报酬就会变得更加重要。很明显，搞清楚应当设定怎样的销售目标是一个主要挑战。如果目标太容易实现，就会使销售人员在薪酬方面产生少劳多得的问题。相反，如果目标实现难度过大，目标的激励效果就会大打折扣。在一项调查中，57%的受访者认为设定正确的销售目标是薪酬计划设计面临的第一大挑战；35%的受访者认为对期望的销售额作出尽可能准确的预测是薪酬计划设计面临的第二大挑战。这两方面问题之间的联系是明确的。错误的预测会导致不准确的目标。一家当地的石油和天然气公司历经磨难才发现了这一点。销售人员因寻找可以成为石油和天然气勘探有限合伙人的客户而获得激励报酬。按每加仑 4 美元定价的天然气销售配额使销售变得容易。当天然气价格跌至 3 美元以下时，这些配额就不可能实现了。[93]

大多数工作并不适合这种理想中的两极分类标准——纯工资计划或纯佣金计划。一种综合性的薪酬计划有利于同时发挥这两种计划的优点。有保障的纯工资可以与非销售职能的绩效（如客户服务等）相关联，而向销售额支付佣金能够产生销售激励作用。把这两种特性结合在一起的计划表明，公司意在确保组织内部同时发生这两种类型的活动。

不过，在激励制度设计方面，还有最后的警告。销售人员以发现销售激励计划漏洞并从中"牟利"而闻名。例如，如果你设计了一个基于单位销售的销售计划，并且没有对销售进行优先排序，那么销售人员将以搁置更有利可图、更难销售的产品为代价，最先销售最容易出售的产品。或者要当心那些太过有效的激励计划：2012 年飓风桑迪肆虐期间，优步（Uber）看到了一个帮助陷入困境的纽约人的机会。优步通过车费翻番来激励司机勇敢面对可怕的路况。这个激励计划成功了，司机们纷纷上路。但该计划也是一场公共关系的噩梦。很快顾客在社交媒体上抱怨价格欺诈。作为回应，优步降低了车费标准，但提高了基本工资，以此来吸引司机上路。小心你的激励计划！它可能不会做你想做的事情。

14.2.9　临时雇员和在替代性工作安排下的雇员

解释新经济下的工作分类是一个挑战。[94] 在第 12 章末尾，我们提供了关于临时和替代性工作安排发展情况的一些基本统计数据。工资待遇不一而足。例如，通过临时协助机构工作通常意味着在事务性岗位或按日计酬岗位领取低薪。相比之下，独立合同工的工资可能比长期雇用的合同工的工资更高。事实上，独立合同工有时是那些先被公司裁掉后又被重新雇用的人。不久前，杜邦公司裁掉了 47 000 名雇员。随后其中大约 14 000 名雇员被雇用为供应商或合同工。[95] 另外，一些公司经常性依赖非雇员。例如，彭博商业（Bloomberg Business）报道称，大约一半的谷歌雇员是"合同工"，而不是雇员。[96] 由于临时雇员的就业地位具有暂时性并且福利较少或没有福利，公司有时会将他们的工资稍微提高一些以作为补偿。

不过，在你定义临时雇员的地位时要小心。仅仅宣布他们处于临时雇佣地位或顾问地位是远远不够的，事实证明确实如此。只要看看微软公司你就知道了。微软将一部分雇员归为顾问，因此当这些雇员每周工作时间超过 40 小时时，它不必向他们支付加班工资。在"维兹凯诺诉微软公司"一案中，法院裁定这些工人都属于习惯法雇员（common law employee）。在此案上诉至最高法院之前，微软以 9 700 万美元达成和解。听起来微软似乎意识到不支付加班工资是一个错误。最近，联邦快递也犯了同样的错误。它将工人归类为独立合同工，以避免在规定的 10 小时工作中付给这些工人 2 小时的加班费。结果发现，他们成了雇员。[97]事实上，自 2010 年以来，联邦劳工部已经追回了超过 10 亿美元的非法拖欠工资。一定要遵守关于工人何时是独立承包人/顾问以及何时是雇员的规定。（参见第 17 章，尤其是图表 17 - 7。）

　　为什么要转向临时雇员？其中的一个答案可能意味着我们的经营模式将发生永久变化。当我们从"大萧条"中走出来的时候，许多公司的雇佣水平并没有达到预期。相反，它们把雇用合同工和（或）临时雇员作为在动荡的经济中保护自己的一种方式。临时雇员在一定程度上为公司提供了根据市场变化扩大或缩减劳动力规模的灵活性。在这种情况下雇主往往会很谨慎。他们的第一步是雇用临时雇员来满足更多的客户需求。当然，这些临时雇员宁愿被长期雇用。这显然会影响长期的忠诚度和工作士气。[98]有人对近 100 项关于临时雇员的研究结论进行了总结，结果显示，兼职雇员和临时雇员的工作满意度较低，但与作为合同工的全职雇员相当。[99]但是，雇用临时雇员的论据也很有说服力。通常他们的工资和福利较低，而劳动生产率往往较高。[100]而且解雇一名非雇员并不一定会像解雇一名雇员那样对雇员关系产生负面影响。

　　与所有其他特殊雇员群体一样，临时雇员薪酬管理的主要挑战也在于找出处理公平性问题的方法。虽然临时雇员与永久性雇员并肩从事相同的工作，但他们获得的工资和福利都相对较低。雇主主要从两个方面来处理这种不平等性的潜在来源：一个方面是传统领域；另一个方面挑战了我们对雇佣关系和职业生涯的思考方式。公司的一种回应是将临时雇员视为一个候选人群体，他们寻求更长期的雇佣地位。雇主可以取消高绩效临时雇员的临时性雇佣地位而向其提供更为稳定的雇佣关系。例如，康明斯发动机公司（Cummins Engine）就以雇用高绩效临时雇员而著称。这样一来，"可能的晋升"这一传统的报酬形式就成为绩效激励的手段。公平性问题挑战的另一部分是正确地对工人进行实际分类。

　　考察临时雇员的另一种方式是推行无边界职业理念。[101]至少对于高技能临时雇员而言，越来越普遍的看法是，职业生涯是获得知识和积累宝贵技能的一系列机会。在这种框架下，临时性雇佣地位不再是一种惩罚或导致不满的原因。相反，那些接受无边界职业生涯理念的雇员会把临时性雇佣地位看作快速发展的职业轨道的一部分。低工资的负面效应被快速增长的技能抵消——对于更为传统的雇佣安排下的雇员而言，这种机会并不总是那么容易获得。诸如通用电气等公司就推行这种报酬形式——激励雇员通过获取热门技能来提高自己的就业能力，这或许已经开发出了一种尚未被充分利用的报酬维度。

　　但是，也有高薪的"零工"雇员。[102]根据美国劳工统计局的说法，"零工指的是单一项目或任务，通常是通过数字市场雇用雇员按需工作"。零工可以是雇员的短期工作，有些零工可以是自主创业。以詹姆斯·奈特（James Knight）为例，他最近辞去了谷歌的全职程序员工作，开始从事自由编程工作。这意味着放弃谷歌的优厚福利待遇、稳定的工作和收入。他之所以愿意这么做，是因为他相信为约会和其他应用程序编写代码可以挣两倍的钱，同时还可以自由地"游历西班牙并驰骋全欧洲"。美国劳工统计局指出，零工并不是什么新事物，但"公司通过网站或移动应用程序把雇员与这些工作联系起来是最近才出现的事情"。优步、来福车（Lyft）、爱彼迎（Airbnb）、Amazon Flex 和 Freelancer 就是比较出名的例子，其中大多数零工工作的报酬都不是很高。

另一个高收入零工雇员的例子是 39 岁的马丁·朗霍夫（Martin Langhoff），他以前是某组织的首席技术官。他厌倦了"官僚作风和没完没了的会议"——有些人认为这是大公司雇员工作的一部分，而他希望拥有更多的灵活性，能够把更多的精力用于代码编写。他的服务现在可以通过 10X 获得，他有时是在 41 英尺长的帆船（按照共享经济的模式，他和其他船主共享帆船）上写代码。他最近帮助美国一家大型公司开发了一款安保产品。朗霍夫说，他现在的收入比以前的传统工作高出 50％。

麦肯锡估计，大约 70％ 的零工雇员（"自由代理人"和"临时工"）更喜欢这种就业安排，而剩下 30％ 的人（"不情愿者"和"经济拮据的人"）在可能的情况下会选择传统的全职工作。在我们这里讨论的自由职业程序员的例子中，零工路线似乎是他们的偏好。对于组织而言，当它们考虑如何长期维持其获得人力资本（特别是宝贵或稀缺的人力资本）的途径及其成本时，需要意识到这是一个重要的事实。对于人力资本不那么宝贵或稀缺（因此在选择是否做零工雇员方面没有太多筹码）的其他类型的雇员，组织需要考虑这样一种模式所带来的潜在成本节约和灵活性是否超过在雇员忠诚度和开发具有独特价值的组织特有技能方面可能失去的东西。组织还需要考虑，对零工经济和雇员不断变化的监管可能会如何影响它们今后的选择。

本章小结

本章所介绍的特殊群体有两个共同的特征：他们都承担着具有高度冲突可能性的工作，冲突的解决对实现组织目标至关重要。或许是因为这些特征，特殊群体获得了与其他雇员不同的薪酬待遇。但遗憾的是，这种薪酬差异在本质上大多都是规范性的（也就是说，目前指导我们行动的只是我们的观点，而非硬性的数据），对于特殊群体所扮演的具体角色以及薪酬在激励适当绩效方面应发挥的作用，我们知之甚少。未来的实践和研究应该重点关注对这些问题的回答。

复习题

1. 前几天我们读到的一篇文章声称，现在越来越难找到愿意担任公司董事会成员的优秀人才了。请根据你在本章学到的知识，解释出现这种情况的原因。

2. 是什么让专家/科学家的工作与众不同，以至于他们在许多公司里有资格获得特殊群体地位？为什么知识型雇员的薪酬被如此频繁地与他们毕业后的工作年限相关联？

3. 日本公司的高层管理者与基层雇员的薪酬级差非常小（至少与美国公司相比是这样的）。美国工会的情况也是如此（工会领袖与工会工人相比）。请解释为什么日本公司和美国工会的薪酬级差如此之小，而美国私人公司的薪酬级差如此之大。

4. 位于纽约州奇克托瓦加的 Romance Novels 公司逐步增加了对临时雇员（全日制、临时性）的雇佣数量，目前临时雇员占公司雇员总数的比例已经从 10％ 增加到 28％ 左右。公司为什么要这么做？聘用临时雇员会产生什么样的公平性问题（尤其是当他们与正式雇员并肩工作时）？

5. 解释为什么乔丹·斯皮思工作 4 天赢得大师杯（Masters Championship）而获得 200 万美元奖金比较容易，福特汽车公司的首席执行官威廉·克莱·福特（William Clay Ford）挣 3 000 万美元却比较困难。为什么会出现这种情况？

案例练习　体育比赛销售计划

布法罗野牛队（Buffalo Bisons）是多伦多蓝鸟队（Toronto Blue Jays）的 3A 联盟球队。这支球队的球员比职业大联盟低一个层级，后者的薪酬可能很高。在野牛队转型初期，座位售罄是很常见的。在 20 世纪 90 年代初，当体育场焕然一新并且野牛队保持佳绩的时候，坐满体育场 20 000 多个座位易如反掌。最近一些年门票销售难度越来越大。通常每场比赛的观众大约只有 8 000 人。（以下信息是虚构的，但真实地描述了野牛队所用的销售计划。）

运营副总裁迈克尔·萨拉蒙（Michael Salamone）打算设计一个销售激励计划，以将野牛队的球迷重新召回体育场。他意识到了几个现实问题：

1. 有三个工作人员担任全职的销售代理。他们主要有两项职责：

a. 销售比赛门票。野牛队上年被列入弱队行列，因此可以预测不论怎样设计销售计划，平均上座都很难超过 14 000 人。另外，由于座位不尽如人意，体育场的建筑结构使销售 12 000 张以上门票变得更具挑战性。按照往年的经验，球迷们会选择购买相对便宜的门票，然后在比赛开始后再转移到空着的豪华座位。除非是迟到的球迷发现他们的座位被占，否则当这种情况发生时，工作人员出于公共关系考虑会假装没看见。迈克尔·萨拉蒙的目标是重点关注豪华座位的销售，从而减少由购买标准座位和露天座位的球迷造成的"座位转换"。上年的统计数据如下表所示：

座位类型	价格（美元）	座位数量	平均上座
豪华	12	6 000	1 500
标准	9	13 000	6 000
露天	7	1 900	500

b. 销售广告。广告收入主要来自整个体育场产品信息的发布，包括广告牌、外场挡板、记分牌，甚至还有球员休息室顶棚。去年的广告收入是 908 013 美元。

2. 广告收入的增加取决于球队的表现。球队表现推动了门票销量的增长。最终，广告收入取决于销售出去的座位数量。

3. 这三个销售代理严重依赖整个管理团队（另外七个人）在销售活动中的辅助行动（例如，他们分发宣传册、回答电话咨询、在球迷初次表示购票意向后提供后续信息等）。迈克尔·萨拉蒙想设计一个简单的广告销售计划，使其既能激励整个团队，也可以激励三位销售代理。

问题：

1. 在以上这些信息中，哪些信息对你设计三个销售人员的销售激励计划最有帮助？它们如何影响你的计划设计？

2. 本书前面讨论了单位费率计划。在这些计划中，你将选择哪一种计划用于门票销售？哪一种计划适合广告销售？为什么？

3. 在你为门票销量的增长支付激励报酬时，哪些因素会影响激励报酬的数量？

注　释

第 15 章
工会在薪酬管理中的作用

　　尽管工会对美国的工作场所和薪酬管理，特别是对某些行业（例如，政府、公用事业、运输、仓储）和职业（例如，教育、培训、安保服务）仍然产生影响，但工会的规模和影响能力已大大减弱。工会会员人数在 20 世纪 50 年代达到顶峰（当时占就业人口总数的比例为 35%）后就一直在下降。根据美国劳工统计局的数据，目前工会会员人数占就业人口总数的比例为 10.7%。然而，这一总体趋势掩盖了一个重要事实：尽管公共部门中 37.9% 的雇员是工会会员，但私人部门中只有 6.5% 的雇员是工会会员。自 1983 年以来，私人部门工会会员人数从 1 190 万下降到 760 万，工会会员比率从 16.8% 下降到 6.5%。[1]

　　对工会化水平日趋下降通常有四种流行的解释：（1）美国的产业结构正处于调整之中，夕阳产业大多是高度工会化的，而新兴产业的工会化程度较低；（2）工会化趋势下降可能是因为工人不再将工会作为解决自身问题的一个途径；（3）工会组织的工作力度下降（这常常被人们视为包括卡车司机工会（Teamsters）在内的几个强大工会组织在 2005 年脱离劳联-产联的原因）；（4）管理层总体上对工会采取了日益强硬的态度，对于工会所提要求的立场更是如此。[2]一个典型的例子是管理层越来越多地使用临时雇员来打击工会化活动。雇主除了在罢工期间使用临时雇员外，现在还使用临时雇员来防止成立新工会并削弱现有工会。[3]管理层对工会的这种抵制态度大部分是受国内和国际竞争压力的驱使。管理层更为频繁地抵制那种会给非工会化竞争对手（不论来自国内还是国外）带来价格竞争优势的工资增长。这些竞争压力最终使工会化组织与非工会化组织的工资差异日益缩小。实际上，一项研究结果表明，进口份额（一种衡量国际竞争的常用指标）增加 10% 会使工会工资级差（工会化组织与非工会化组织的工资差异）降低约 2%。[4]

　　这些始于 20 世纪 80 年代并且持续至今的竞争压力已经引发工会化公司出现低于正常水平的工资增长，甚至导致一些工资减让的发生。作为一种成本削减战略，20 世纪初工会同意实施双层工资结构。新雇员的工资将低于已入职雇员，通常只有已入职雇员的一半。我们在第 7 章已看到汽车制造业双层工资结构的例子。与私人部门工会化的总体趋势一致，全美汽车工人联合会（UAW）所代表的汽车制造业工人工会会员数量随着时间的推移急剧下降。不过，总的来说，最近经济的改善使工会能够稳定一点，甚至有所收获。例如，几年前，以全美汽车工人联合会为代表的汽车制造商（比如福特）的工人首次获得了加薪（2016 年为 3%，2017 年为 3%）。[5]（在大多数年份里，他们得到的是利润分红，正如我们所知，公司发现这对于控制固定劳动力成本的增加是有用的。）

全美汽车工人联合会还能够通过谈判为双层工资结构中的 2 级雇员找到一条途径，以便逐渐达到 1 级雇员的工资水平。不过，汽车制造商将继续以较低的 2 级雇员工资（每小时 17 美元）雇用新雇员（而 1 级雇员的工资水平在 28 美元以上）。例如，福特公司新雇员的起薪为 17 美元，经历 84 个月后才能提升至 28 美元。[6]正如我们在第 7 章中看到的，完全取消双层工资结构将会抬高美国三大汽车制造商的劳动力成本，使它们难以与丰田、本田、现代等公司竞争。如果它们无法参与竞争，它们的汽车销量就会降低，需要的工人数量也会减少。因此，全美汽车工人联合会必须在以下两个方面作出平衡：一是工资增长的目标和同工同酬的传统核心价值；二是帮助会员雇主提升竞争力和为工会化雇员提供工作机会的需求。

虽然统计数据显示工会化主义日渐衰退，但是一些作为工会化的重要基石的问题对于工人而言仍然很重要。有 63％的雇员表示，他们希望在工作日的决策中拥有更大的影响力。如果工会化是实现他们的目标所需要的，40％的工人会投票支持工会化。当工作场所的关系恶化时，当管理层不再值得信任时，当工人感到对关乎切身利益的决策无法施加任何影响时，工人们就会对参加工会表现出浓厚的兴趣。你想号召工会化活动吗？不太关心雇员的福利，不愿意让雇员参与影响工作场所的决策——在看到管理层的此类行为方式时，70％以上的雇员都声称愿意支持工会化。[7]这些人不只是蓝领工人、制造业工人、运输工人和建筑工人。只要问问已决定加入工会的护士、教师、医生、核能工程师、心理学家和法官就知道了。工会虽然已经没落，但并没有完全被人们抛弃。对于这一点，你也可以从以下惨痛的教训中体悟出来：如果你不能有效地管理雇员，不能向雇员支付被视为公平的工资和福利，那将会发生什么后果？即使你的工作场所中没有工会组织，工会照样会对你的工作场所产生影响。你会发现，工会组织你的工人的行动同样会给你提供很多机会来与工会和支持它的工人打交道。

▌ 15.1　工会在工资决定中的影响

尽管管理层付出巨大努力来削弱工会的影响，但它们在工资决定中仍然扮演着重要角色。即使在非工会化公司，当面临工会化运动的风吹草动时，薪酬经理也会对雇员的报酬作出调整（通常是上调）。本节总结了工会影响的四个具体领域：（1）对总体薪酬与福利水平的影响；（2）对薪酬结构的影响；（3）对非工会化公司的影响（也称为**溢出效应**（spillover effect））；（4）对工会化公司薪酬政策与实践的影响。本章结尾部分重点关注工会对 20 世纪 80 年代经济环境变化的反应以及在应对这些变化的反应中演化出来的替代性薪酬制度。

> **网络资源**
> 下面这个网站提供了关于美国数十个工会组织的详细信息，包括工会合同的具体细节：http://www.irle.berkeley.edu/library/CBA.html。

15.1.1　工会对薪酬的影响

工会可以促使公司提高工资水平吗？工会化雇员的待遇比在没有参加工会的情况下

得到改善了吗？遗憾的是，对"是什么"与"可能是什么"进行比较并不是一件轻松的事，原因有很多，其中包括这样一个事实——工会地位可能与影响工资、福利和总薪酬的其他（不可衡量的）因素（比如个体雇员的人力资本/劳动生产率）相混淆。图表15-1报告了两项薪酬调查的结果，一项是对雇员的调查，另一项是对提供雇员数据的雇主/机构的调查。总的来说，这两项调查表明，在所有类型的雇员中，工会化雇员的工资比非工会化雇员的工资高21%～26%。根据对雇员的调查，从事服务或生产的雇员享有工会工资的最大优势。相比之下，管理人员和专业雇员没有工会工资的优势。

图表 15-1　对美国工会化与非工会化雇员和雇主的薪酬调查

	对雇员的调查			
	工会化率（%）	周薪中位数		
		工会化（美元）	非工会化（美元）	工会化/非工会化
全部	10.7	1 041	829	1.26
男性	11.2	1 102	914	1.21
女性	10.2	970	746	1.30
行业				
私人部门	34.4	1 104	917	1.20
公共部门	6.5	984	816	1.21
职业				
管理类和专业性工作	11.5	1 215	1 227	0.99
服务	9.9	792	518	1.53
生产、运输和物料运输	13.6	922	622	1.48
	对雇主的调查			
总薪酬		47.88	32.36	1.48
基本工资		28.75	22.96	1.25
福利		19.13	9.40	2.04

资料来源：Median weekly earnings and percentages in union data based on the Current Population Surveys；U. S. Bureau of Labor Statistics, Union Members-2017, News Release, USDL-18-0080, January 19, 2018；wages/salaries, benefits, and total compensation data, based on a survey of employers, are from U. S. Bureau of Labor Statistics, National Compensation Survey（NCS）, Employer Costs for Employee Compensation—December 2017, News Release US-DL-18-0451, March 20, 2018；the worker survey includes civilian（private-sector and public-sector）employees. The employer survey includes private-sector employees only.

正如我们指出的那样，要作出工会化雇员与非工会化雇员之间的工资差异是由工会化雇员的工会地位造成的推断，我们就需要确信工会化雇员与非工会化雇员在没有工会的情况下会得到相同的工资。如若不然，还需要有其他的解释。例如，二者工资差异的原因可能是工会对一个雇主实施了工会化并谈判达成了更高的工资。雇主对此的反应是提高雇佣标准，从而雇用劳动生产率更高的工人。雇主在工会化之前雇用的劳动生产率较低的工人可能最终会消失。因此，工会确实推动雇主提高了雇员工资，但长期看不一定会提高个体雇员的工资，而后者才是工会活动的目标。当然，也有可能低估了工会对工资的影响。例如，作为保持公司非工会化战略的一部分，雇主可能会选择支付更高的工资，这样工会就无法以工资为由来组织公司的工人。（这被称为工会对工资的溢出效应或威胁效应。）

关于工会化和非工会化公司数据的一个持续性来源是美国劳工统计局。1969—1985年，工会工资溢价翻了一番还多，从17.6%上升到35.6%。[8]2000年工会工资溢价总体回落至 26％，其中私人部门是 24％。2017 年，工会工资溢价（根据对雇员的调查）总体为 26％，其中私人部门为 21％。因此，自 2000 年以来，工会工资溢价总体上保持稳定，私人部门略有下降。

回到这个问题：在控制了工人特征和其他可能的协变量后，我们在图表 15-1 中看到的未调整的工会影响还存在多少？对 114 项不同研究（尽管大多是在不同的劳动关系环境中进行的较早研究）的总结得出如下两大结论[9]：

1. 在所有的研究中和所有的时间周期内，工会确实会对工资产生影响。在调整了与工会地位和工资有关的其他因素之后，工会化雇员的工资比非工会化雇员多出 8.9％～12.4％。因此，根据时间周期，有人或许会说，在调整其他因素后，仍然有 1/3～1/2 的未调整的工会工资溢价（如图表 15-1 所示）保留下来。

2. 二者之间的差距规模每年都不同。在失业率更高的时期，工会的影响更大。在经济繁荣时期，工会化雇员与非工会化雇员的工资差异更小。对于这种基于时间的现象的解释，部分可以归结为工会在经济衰退时期对减薪的抵制和在通货膨胀期对工资增长反应的相对迟缓（因为当工会与一份多年的劳动合同捆绑在一起时，它很难迅速作出反应）。

网络资源

以下网站提供了关于工会就业和工资的信息：www. unionstats. com 和 http：//stats. bls. gov/news. release/union2. nr0. htm。

15.1.2　薪酬组合的结构

第二个薪酬问题涉及薪酬组合的结构。图表 15-1 中对雇主的调查结果显示，工会对福利的影响（工会化与非工会化的比率为 2.04）远远超过工会对基本工资的影响（工会化与非工会化的比率为 1.25）。同样，工会对总薪酬的影响（工会化与非工会化的比率为 1.48）也超过工会对基本工资的影响。因此，在工会化公司中总薪酬蛋糕的规模不仅有所扩大，分配给雇员福利的蛋糕份额同样有所增加。更高的成本通常表现为较高的养老金费用或较高水平的保险福利。一项经过特别严格控制的研究发现，工会化与 213％ 的养老金费用增长及 136％ 的保险费用增长相关。[10]

如前所述，薪酬结构问题的第二个维度是**双层工资计划**（two-tier pay plan）的演变。双层工资结构主要是工会部门的一种特有现象，它通常根据雇佣日期向雇员支付差异化的工资。劳资双方通过谈判达成的合同规定，雇员在被雇用后的某个指定时间段内将获得比其从事相同或相似工作的高资历同事更低的工资。从管理层的角度看，工资分层代表着一种灵活的替代性薪酬战略。工资分层可以作为公司在扩展或投资过程中控制成本的一种战略，或者作为一种确保公司渡过经济艰难期的成本削减工具。[11] 双层工资计划最初广为流传，是因为工会认为它们比冻结工资和裁减现有雇员带来的痛苦更小。然而，这种折中的做法却牺牲了未来雇员的同工同酬待遇。不得不承认，这是对工会化的最基本理念的根本背离。工会不断发展并持续生存下去，部分是基于所有会员权利平等的信念。集体谈判合同可能规定永久性的工资级差，也可能如我们在全美汽车工人联合会与福特等汽车制造商签订的最新合同中看到的那样，使低层级雇员的工资按照约定计划最终赶上（或接近）高层级雇员的工资。这种同工不同酬的不公平性最终可能会导致雇员的不满。[12]这一点并不鲜见。以罗马皇帝卡克拉（Carcalla）为例，他在公元前217 年对自己的军队实施了一种双层报酬制度。[13]在那之后不久，他就被其怨气冲天的士兵刺杀了。尽管这种表达不满的极端方式在今天不太可能会发生，但工会还是非常不情愿接受这种双层工资结构，顶多将其视为挽救就业的最后一根稻草。

15.1.3 工会的影响：溢出（或威胁）效应

虽然工会在工资决定中的作用近年来已经有所下降，但是如果我们不考虑所谓的溢出效应，工会的影响就会在总体上被低估。应该特别指出的是，雇主为了避免工会化，在与工会化公司的竞争中向雇员提供了优于对手的工资、福利及工作条件。非工会化的雇主可以持续享受在决策中不受工会"干预"的自由，非工会化雇员则获得了工会化雇员报酬的"溢出"收益。有几项研究证明了这种现象的存在，尽管这种现象随着工会力量的削弱而减少，但这进一步证明了工会在薪酬决定中仍然发挥着一定的作用。[14]

15.1.4 工会在薪酬政策与实践中的作用

对于现在和未来的薪酬管理者而言，最让他们感兴趣的或许是工会在薪酬管理中扮演的角色。工会在薪酬管理中的作用主要通过集体谈判合同进行规定。以下关于工会作用的例证节选自集体谈判合同。

付酬基础

大多数合同规定，一种或多种工作要以小时工资为基础付酬，并且超过某一特定工作时间后要支付加班工资。注意以下合同条款语言的特殊性：

A. 按照正常工作时间的每小时基本工资的 1.5 倍标准支付加班工资。

B. 只有在工作日 8 小时或工作周 40 小时之外所做的工作才能得到加班工资。本节的任何规定均不得被双方或任何审查机构曲解为在雇主要求下拒绝向在其正常工作周之外工作的雇员支付加班工资。

C. 惩罚性加班工资按照正常工作时间的每小时基本工资的 2 倍标准支付。在12 月的任何工作时间将不支付惩罚性加班工资。

D. 除 12 月之外，向实行弹性工作制的非全职雇员在工作日 10 小时或工作周56 小时之外所做的工作支付惩罚性加班工资。[15]

另外，许多合同还规定向非标准班次的工作支付高于工人基本工资的奖金额度：

除第 4 段规定的情况外，按照下列方式支付双倍时间的奖金：（a）在星期日工作的时间；（b）在第 273 分段指定的假日工作的时间。[16]

或者，协议可以规定一种固定的日工资标准、周工资标准、双周工资标准或月工资标准。另外，协议通常还规定一周中特定的一天为工资支付日，有时要求在某个时间点准时或提前支付工资。

比较少见的情况是，集体谈判合同把某种形式的激励制度规定为工资支付的基础。规定激励工资的大多数条款主要存在于制造行业（与非制造行业相反）的集体谈判合同中：

第 7 条。劳动标准确立。公司和工会坚定地坚持高工资只能源于高劳动生产率的原则，同意公司制定如下劳动标准：

a. 对于公司和工人双方都公正平等。

b. 基于一个受到正确激励并以适当的激励节奏工作的合格工人的工作能力。

c. 充分考虑工艺和产品的质量要求。

d. 为工作疲劳、个人时间及正常的延误提供适当的补偿。

e. 基于标准生产工时向激励对象支付报酬（除非这些工人正在进行初步估计等），可接受的产量比标准产量每增加 1%，该工人的工资将比适用的激励报酬标准增加 1%。

公司自行决定工作时间安排问题以及工作在激励体系中的去留问题，将继续实行目前有效的"赚取工时"激励制度，并将其扩大到公司认为可以适当地给予激励的其他类别的工作，其目标是提高劳动生产率，并为工人提供机会享受因此而可能获得的更高收入。该计划应按照以下原则（此处未列出）进行维护。[17]

职业工资差异

大多数集体谈判合同都承认不同的职业应该对应不同的工资标准。不过，在职业内部普遍存在一种单一工资标准：

职业代码	分类	每小时工资标准（美元）
C5	板材和金属构造工	19.78
D1	打磨、搭接和珩磨机械师	20.45
D2	车削、钻削、镗孔和切割机械师	20.45
F16	点焊机操作工	19.78
M26	杂项事务处理工	18.63

资料来源：Agreement between John Deere and Company and International Union United Automobile Aerospace and Agricultural Implement Workers of America，October 2015.

虽然比较少见，但仍有一些合同并不认可职业/技能的工资差异。这些合同对协议条款涵盖的所有工作只规定一种单一的工资标准。这类合同通常只涵盖范围很窄的技能群体。

经验/绩效工资差异

单一工资标准通常是为一个特定工作类别中的工人指定的。单一工资标准协议并不基于资历或绩效对工资进行差异化。拥有不同经验年限及产量水平的雇员获得相同的单一工资标准。或者，协议可以规定一个工资区间。下面的例子相当典型（单位：美元）：

工作名称	经验年限							
	无	1	2	3	4	6	10	14
计算机操作员	14.20	14.60	14.88	15.44	15.72	16.02	17.32	19.54
实验室助理	12.20	12.50	12.76	13.01	13.32	13.88	14.99	19.13

资料来源：Negotiated agreement between District School Board of St. Johns County and St. Johns School Support Association.

　　如上例所示，大多数合同都把资历规定为工资在工资区间中变动的基础。因为合同通常规定了工资区间中工资两次变动的时间间隔，所以自动晋级是这种工资变动的合适称谓。当大多数雇员掌握了必要的工作技能时，这种类型的晋级是最合适的。拒绝加薪是很少见的事情，而且工会往往有权对这一决定表示不满。

　　第二种不太常见的调整雇员工资的方法是完全基于绩效。高绩效雇员将比中等或低绩效雇员获得更多或更快的工资增长。合同通常规定对具有争议性的绩效评价可以提出申诉。如果合同没有明确排除申诉的权利，工会也会拥有隐含的申诉权利。

　　第三种调整雇员工资的方法是把自动晋级和绩效晋级按照某种方式结合起来。一种常见的战略是在区间中点之前实施自动晋级，而后只根据绩效评价结果进行后续的工资晋级。

　　当然，应该记住的是，即使在工会环境下功绩/绩效（包括我们在第 9 章和第 10 章中看到的绩效加薪矩阵）可能很少被用于决定基本工资的增加，但绩效通常在决定将哪些雇员晋升到具有更高薪酬的职位方面扮演着重要角色，当工作未被集体谈判合同涵盖时更是如此。

其他类型的工资差异

　　由于种种尚未阐明的原因，还有许多处理工资差异的合同条款。第一个例子涉及向受雇于一家公司位于不同地区的工会化雇员支付不同的工资。虽然向生活成本明显不同的地区的雇员支付同一种工资标准会引发各种问题，但几乎没有合同会在这些情况下提供差异化的工资标准。

　　合同中第二类工资差异问题涉及兼职雇员和临时雇员。几乎没有合同为这类雇员规定特殊工资标准。然而，也有少数合同为这类雇员规定了工资标准，这种工资标准或高于全职员工（因为兼职雇员和临时雇员被排除在全职雇员的福利计划之外）或低于全职员工，这两种情况所占的比例大致相当。

休假与节假日

　　休假与节假日权利是劳动合同中经常出现的条款。它们同样使用了非常特殊的语言，如下面的例子所示：

　　26.01　节假日
　　公司将遵守以下节假日条款：
　　元旦——1 月 1 日。
　　马丁·路德金诞生纪念日——1 月的第三个星期一。
　　总统日——2 月的第三个星期一。
　　阵亡将士纪念日——5 月的最后一个星期一。
　　独立日——7 月 4 日。
　　劳动日——9 月的第一个星期一。
　　哥伦布日——10 月的第二个星期一。
　　老兵纪念日——11 月 11 日。
　　感恩节——11 月的第四个星期四。
　　圣诞节——12 月 25 日。

俄亥俄州州长或美国总统宣布的任何其他节日。

当某个节日与星期日重合时，就将该节日顺延至星期一。当某个节日与星期六重合时，就将该节日提前至星期五。对于一周工作七天的雇员，应该在节假日的实际发生日享受休假。放假时间从中午12：01开始，或者从中午12：01开始轮班。

26.02　节假日的工作

对于在节假日被要求工作的雇员，应该按照他们的要求或者以正常工资1.5倍的标准给予报酬补偿；或者以1.5倍的标准给予休息时间补偿，外加节假日的正常工资。雇员将自行选择是补偿时间还是补偿工资。正常工作安排之外的节假日工作应按照第13条的有关规定在雇员之间分配。不得为规避支付加班奖金而改变雇员的正常工作时间或休息时间。雇员的工作时间计划一经公布就不得再改变，除非计划在节假日工作的雇员被告知无须在假期当日汇报工作。该机构保留决定节假日需要工作的雇员数量的权利。[18]

工资调整条款

通常长期集体谈判合同的有些条款会涉及合同有效期内的工资调整问题。合同规定的工资调整方式主要有三种：（1）延期工资增长；（2）**重新协商条款**（reopener clause）；（3）**生活成本调整**（cost-of-living adjustment）条款或自动调整条款。延期工资增长在初始合同谈判时按照合同规定的时间和金额进行协商。重新协商条款规定将在特定的时间或特定的条件下重新协商工资（有时是养老金和福利等非工资项目）。最后，如前所述，生活成本调整条款通常涉及基于消费者物价指数对工资进行周期性调整。

第4节　生活成本调整

A. 定义

1. "消费者物价指数"是指由美国劳工统计局发布的"城市工薪阶层及普通职员的全国消费者物价指数"（1967年为100），此处简称为"指数"。

2. "消费者物价指数基础"是指2001年10月的消费者物价指数，此处简称为"基础指数"。

B. 调整的有效日期

本协议涵盖的每名雇员都将按照第4节C中的公式获得生活成本的向上调整，调整自下列日期生效：

—2002年1月指数发布后的第二个工资结算期

—2002年7月指数发布后的第二个工资结算期

—2003年1月指数发布后的第二个工资结算期

—2003年7月指数发布后的第二个工资结算期

C. 按照本协议所规定的基本工资发放表，当适用的"指数"每超过"基础指数"0.4个点时，雇员工资每小时增加1美分。例如，从2011年10月到2012年1月"指数"上涨1.2个点，本协议中所有雇员的工资标准每小时将增加3美分。在任何情况下，"指数"下降到"基础指数"以下都不会导致本协议所规定的雇员工资标准的降低。[19]

15.1.5　工会在纪律处分、工作保障和任务分配方面的作用

工会最重要的目的之一就是阻止管理层以不公平纪律处分（包括解雇）的形式肆意和反复无常地对待工会会员。当然，从管理层的角度来看，工会有时似乎是在试图保护其所有会员，而不管他们在工作中的行为和绩效如何。我们这里要强调的是，与非工会化工人不同，除了一些重要的例外情况，非工会化工人可以被随意解雇（但是，我们强烈建议你在考虑此类行动之前咨询一位非常有能力的律师），而大多数工会化工人却不得被随意解雇。从管理层的角度来看，有时这意味着那些表现不符合公司竞争力要求的雇员不仅可以留在工作岗位上，还可以继续领取与工作相关的工资和福利。正如我们所看到的（见图表15－1），工会化工人的福利水平较高，致使其总薪酬大约比非工会化工人高出一倍，很明显，工会化工人工作保障的增强可能转化为一个主要的劳动力成本（和劳动生产率）问题。

更好地保护工会会员不受纪律处分的基础是什么？绝大多数工会合同中都有一个正式的申诉程序，管理层对雇员进行纪律处分（或为此类纪律处分寻求支持）时必须遵守这个程序。虽然类似的申诉程序有时也存在于非工会环境中，但工会申诉程序的独特和核心之处是，如果工会与管理层不能在后续步骤中就纪律处分问题达成一致，则由独立的外部仲裁员作出最终裁决，而该仲裁员的裁决是终局的且对双方都有约束力。例如，佛蒙特大学医学中心与佛蒙特护士和医疗专业人员联盟、劳联-产联等签订的协议的第 39 条（纪律处分和解雇）规定，"除试用期内的谈判单位雇员外，如果没有正当理由，任何谈判单位雇员都不得受到纪律处分或被解雇"。如果佛蒙特护士和医疗专业人员联盟觉得纪律处分/解雇不是出于正当理由，它可以提出申诉。申诉程序有四个步骤。无论在哪一个步骤解决雇员的不满，整个程序就会结束。第一步是向雇员的直接主管提出申诉。第二步是向雇员的更上一级主管提出申诉。第三步是向护士长提出申诉。第四步就是终局性的具有约束力的仲裁，由工会和管理层都能接受的仲裁员按照美国的仲裁程序实施仲裁。[20]

最常见的诉诸仲裁的是哪些类型的问题？美国联邦仲裁与调解局关于 2 473 起申诉案件的数据显示，解雇和纪律处分问题以 913 起高居榜首。其他常见的问题包括在晋升、裁员、调动、工作分配和工作时间安排中依据资历（309 起），涉及工资（178 起）和福利（127 起）。[21]因此，这些数据表明，管理层的自由裁量权只是在纪律处分/解雇方面不受集体谈判合同的限制。当涉及晋升、裁员、调动、工作分配和工作时间安排等其他人事活动/任务分配时，管理层的自由裁量权也会受到集体谈判合同的限制。综合效应的结果可能是管理层在劳动力的甄选和使用方面均没有选择权。显然，这些对管理层自由裁量权的限制会对劳动力成本、劳动生产率和其他目标产生影响。

15.2　工会与替代性报酬制度（和可变薪酬）

国际竞争给工会带来了一个根本问题。如果某个工会化公司签订一份集体谈判合同并以提高产品价格的方式冲抵所增加的工资成本，就会面临低劳动力成本的国外竞争者抢占市场份额的威胁。最后，市场份额被抢占到一定程度后，就意味着工会化公司被市场淘汰出局。为了避免这种情况的发生，工会在近些年对那些将薪酬与绩效相关联的替

代性报酬制度表现出了更大的包容性。毕竟，如果工人劳动生产率提高，即使在工资增长时也可以保持产品价格的相对稳定。

在美国，大约20％的集体谈判协议都允许公司采用某种形式的替代性报酬或可变薪酬制度（例如，一次性奖金、计件工资标准、收益分享、利润分享、技能工资等）。[22]当公司面临极端的竞争压力时，尝试使用这些报酬计划的意愿就比较强烈。[23]不过，在尝试使用这些替代性报酬制度的工会化公司中，工会通常坚持采取一些保障措施来保护自己和会员的利益。工会坚持以团队为基础的绩效衡量标准，并给予团队成员同等的报酬。这种平等性原则减少了工会会员之间的冲突和内部争吵，并强化了作为工会信仰基础的公平性原则。为了使公司对绩效评价的偏差最小化，工会化公司倾向于使用客观性的绩效衡量标准。在大多数情况下，绩效评价依赖于将过去的绩效而不是时间研究或其他可能更容易产生舞弊行为的工程标准作为对现实绩效目标的衡量标准。[24]以下我们提供了工会关于替代性报酬制度的态度的具体反馈。

15.2.1　一次性奖金

正如第10章所讨论的那样，**一次性奖金**（lump-sum award）是对雇员的一次性现金支付（奖金），它们不含在雇员的基本工资中。因此，一次性奖金是可变薪酬。这些一次性奖金通常会代替绩效加薪，而后者对于雇主而言成本更高。导致更高成本的原因有两个：一是绩效加薪增加了基本工资；二是有些雇员福利（人寿保险和休假工资）是按照基本工资的一定比例计算的。一次性奖金支付是工会合同的一个现实。近年来，在私人部门所有主要的集体谈判协议中，一直有1/3的协议包含一次性奖金支付的条款。如图表15-2所示，与薪酬相关的要素——包括固定的（基本工资增加）和可变的（一次性奖金和其他奖金、利润分享等）——均包含在福特与汽车工人联合会最近达成（针对1级雇员）的合同中。我们看到基本工资将增加3％，但在4年合同中只实施2年。大部分的薪酬"行动"以可变薪酬的形式进行：4％的一次性奖金支付（4年中只实施2年）、中等规模的竞争性奖金、通货膨胀保护奖金和利润分享。同样，这些都是一次性的奖励/奖金，代表了公司对控制固定劳动力成本不随时间大幅增长的坚定承诺。

图表15-2　福特与汽车工人联合会合同（针对1级工人）的固定薪酬和可变薪酬

	2015年	2016年	2017年	2018年	2019年
签约奖金（美元）	8 500*				
基本工资增长	3％*		3％		
一次性奖金		4％		4％	
利润分享（美元）	1 500	待定	待定	待定	待定
竞争性奖金（美元）	250	250	250	250	
通货膨胀保护奖金（美元）		1 500	1 500	1 500	1 500

＊指合同批准时（2015年底）的数据。

说明：唯一固定的薪酬组成部分是"基本工资增长"。其他薪酬组成部分都是可变的。

资料来源：United Auto Workers, UAW-Ford Contract Summary: Hourly Workers, November 2015.

15.2.2　雇员持股计划

对于受到激烈竞争伤害的组织而言，另一种战略是向雇员授予公司的部分股票（也许会促使雇员更像老板一样思考），以此换取对基本工资的控制。[25]例如，西南航空实施了一项雇员持股计划，该计划与公司同时实施的利润分享计划的共同目的是促使雇员的利益与公司的利益保持一致。（正如我们之前所指出的，重要的是雇员持股计划不能导致雇员投资组合失去多样性。）

15.2.3　知识工资计划

知识工资计划（pay-for-knowledge plan）采取如下做法：为胜任各种不同的工作或学习各种技能的雇员增加报酬。例如，汽车工人联合会通过谈判规定，为学会装配流程不同环节的新技能的雇员增加计时工资。通过将这种新的工资制度与工作分类数量的大量削减相结合，组织在将雇员转移到高需求领域方面获得了更大的灵活性。工会也有可能支持知识工资计划，因为它使每个雇员对公司更有价值、更不易被消耗。这样也就减小了工作被转包给其他非工会组织的可能性。

15.2.4　收益分享计划

收益分享计划的目的是使雇员和管理层团结起来，努力提升组织生产经营活动的流畅性并削减成本。对于任何由于雇员绩效提高而带来的成本节约，都按照某种公式在组织与雇员之间进行分配。一些研究报告显示，收益分享计划在工会化组织中比在非工会化组织中更常见。[26]根据我们的经验，这种计划成功与否取决于是否愿意让工会会员参与计划的设计。公开分享财务和生产数据是实施收益分享计划的关键要素，对雇员与管理层建立信任至关重要。

虽然工会对于收益分享并不总是很热衷，但它们至少在开始时并不直接反对。相反，工会最常采用的战略是拖延表态的时间，直到实际的成本和收益更加清晰明了。[27]从政治权术的角度讲，这或许是工会领袖最明智的选择。如图表 15-3 所示，对于工会会员而言，接受一项收益分享计划可能会带来许多可能的成本和收益。不过，除非实际实施了这一计划，否则谁都不清楚它会给任何特定的公司带来什么样的影响。

图表 15-3　工会对于收益分享的看法

工会支持收益分享的九大理由	工会反对收益分享的九大理由
1. 提高认可度。	1. 管理层可能试图以收益分享代替工资增长。
2. 提高工作的保障性。	2. 不信任管理层。
3. 促进对工作活动的参与。	3. 同事间的绩效竞争压力会加剧。
4. 更高的收入。	4. 奖金的计算难以理解或不可信。
5. 增加成就感或对组织有所贡献的感觉。	5. 破坏工会影响力。
6. 提高工会的影响力。	6. 劳动生产率的提高可能会导致工作机会减少。
7. 对国家劳动生产率的更大贡献。	7. 申诉可能会被搁置。
8. 与工会目标一致。	8. 收益分享与工会目标相左。
9. 减少抱怨。	9. 雇员真的不希望更多参与。

资料来源：http://www.bovino-consulting.com.

15.2.5　利润分享计划

工会对利润分享计划好处的讨论至少已经持续了 80 年。[28]沃尔特·鲁瑟（Walter

Reuther）在 1948 年担任产业联合会（在 1955 年重新组建为劳联-产联）主席时，就支持在汽车制造行业实施利润分享计划。过去的几年，工会的主要目标是保证工会会员获得合理、稳定的收入。走出大萧条后，储蓄和创造工作机会迅速成为头等大事。以汽车制造业为例，如我们在第 7 章中看到的，美国三大汽车制造商一直在努力控制劳动力成本特别是固定劳动力成本，这些成本通常远远超过那些在美国设有工厂的外国汽车制造商。美国汽车制造商已经能够让汽车工人联合会同意以更大的利润分成来代替基本工资增长，以允许劳动力成本更多地随着它们的薪酬支付能力/盈利能力的变化而变化，而不是即便在经济不景气的时候也要承担高额固定劳动力成本。[29]

如图表 15－4 所示，随着近年来美国三大汽车制造商从低谷转向复苏，利润分享金额一直相当可观。不过，请注意不同公司和不同年份之间的显著差异，与预期相符，这些差异恰好与公司的薪酬支付能力/盈利能力的变化一致。例如，通用汽车的利润分享金额从最低的 4 800 美元到最高的 12 000 美元不等。从另一个角度看，当通用汽车的盈利能力从强劲转变为明显疲弱时，它可以减少大约 7 200 美元（12 000－4 800）的人均劳动力成本。截至 2018 年初，通用汽车有 51 000 名加入工会的美国雇员。如此算下来，每个工人节省 7 200 美元，那么总劳动力成本就可以节省 3.672 亿美元。

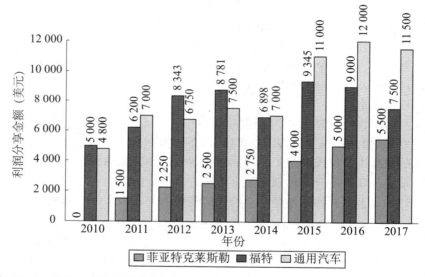

图表 15－4　美国三大汽车制造商每年向汽车工人联合会的计时工人发放的利润分享金额

资料来源：Howard，Phoebe Wall，"Why Investors Like Detroit Automaker-UAW Profit-Sharing Checks，" *Detroit Free Press*，February 9，2018.

本章小结

其他国家正在不断侵蚀传统上由美国公司独霸的产品市场。这种日益增强的竞争对薪酬管理领域的影响最为显著。为提高竞争能力，劳动力成本常常面临削减的压力。为实现这一目标，人们正在定期设计替代性薪酬制度（通常包含可变薪酬要素）。工会面临着艰难的处境。它们应该对传统薪酬制度遭受的这些攻击作出怎样的反应？许多工会认为这些危机要求管理层和工会双方都必须转变态度。工会和管理层确定了双方都能接受的薪酬组合。有时候这些薪酬组合会以削减传统工资的形式作为交换，使薪酬与公司的成功更加紧密地联系在一起。我们预计，更多的薪酬设计创新将成为 21 世纪初的主导，而且工会和管理层也将为提高美国公司的竞争地位而进行更多的薪酬管理探索。

复习题

1. 什么是溢出效应？它是如何导致低估工会对工资的影响的？

2. 罢工几乎是私人部门普遍受保障的战斗武器，为什么许多公共部门的工会没有罢工的权利？从薪酬管理的角度作出解释。

3. 如果绩效加薪能够增加个人报酬的公平性，而且工会非常关注公平问题，那么工会为什么常常会反对向会员实施绩效加薪？

4. 如果可以选择的话，工会可能会首选技能工资制度而非某种形式的收益分享计划。为什么会出现这种情况？

案例练习　比较 1 级雇员与 2 级雇员的合同结果（并作出解释）

福特和美国其他两大汽车制造商的现实情况

在本章的早些时候和第 7 章，我们讨论了福特和其他两大汽车制造商的双层工资制度。关于汽车工人联合会会员 2015 年底批准的合同的新闻报道似乎暗示双层工资制度已经走向终结。你的任务是确定情况是否确实如此。第一步，请回顾一下图表 15-2，其中总结了与福特 1 级雇员有关的合同协议的一些关键要素。将其与以下针对福特 2 级雇员（"晋级雇员"）达成的相应合同协议进行比较。1 级雇员和 2 级雇员的合同条款相同吗？如果存在差异，请记录这些差异是什么，并同时从 2 级雇员的角度和像福特（其持续目标是控制劳动力成本尤其是固定劳动力成本）这类公司的角度评论这些差异的重要程度。

	2015 年	2016 年	2017 年	2018 年	2019 年
签约奖金（美元）	8 500*				
利润分享（美元）	1 500	待定	待定	待定	待定
竞争性奖金（美元）	250	250	250	250	
通货膨胀保护奖金（美元）		1 500	1 500	1 500	1 500

*指合同批准时（2015 年底）的数据。

资料来源：United Auto Workers，*UAW-Ford Contract Summary*：*Hourly Workers*，November 2015.

接下来，考虑以下关于 2 级雇员基本工资的额外信息。

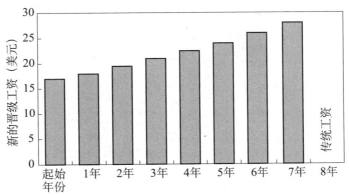

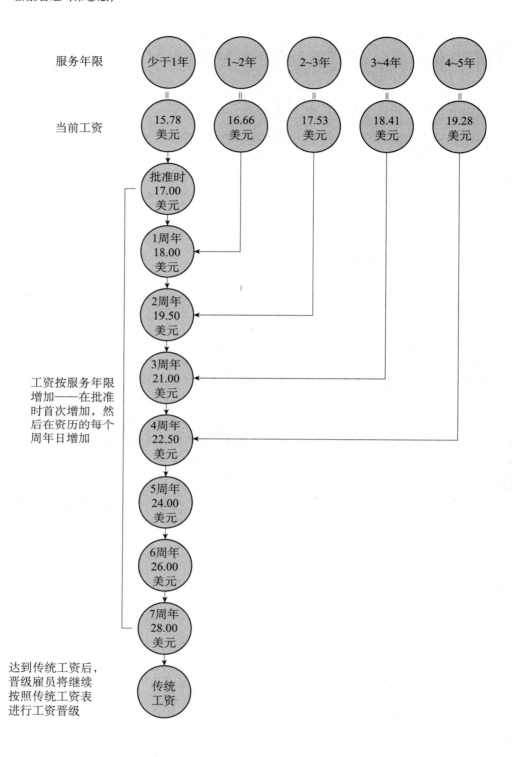

服务年限

| 少于1年 | 1~2年 | 2~3年 | 3~4年 | 4~5年 |

当前工资

| 15.78美元 | 16.66美元 | 17.53美元 | 18.41美元 | 19.28美元 |

批准时 17.00 美元

1周年 18.00 美元

2周年 19.50 美元

3周年 21.00 美元

工资按服务年限增加——在批准时首次增加，然后在资历的每个周年日增加

4周年 22.50 美元

5周年 24.00 美元

6周年 26.00 美元

7周年 28.00 美元

达到传统工资后，晋级雇员将继续按照传统工资表进行工资晋级

传统工资

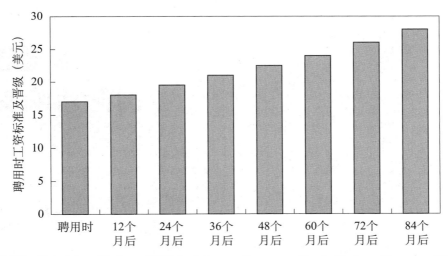

资料来源：United Auto Workers, *UAW-Ford Contract Summary*：*Hourly Workers*，November 2015.

　　根据这一信息，双层工资制度正在消失吗？如果不是，原因是什么？再次思考为什么福特和美国其他两大汽车制造商需要这个制度以及为什么汽车工人联合会同意这个制度。如前所述，回顾第 7 章中有关汽车行业的劳动力成本（以及质量和劳动生产率）的相关材料将会很有帮助。如果所有雇员都立即转换为 1 级雇员，福特的劳动力成本会增加多少？接下来又会怎样？

注　释

第 16 章
国际薪酬制度

在世界的各个角落，竞争力量已经改变了人们的工作方式和获取报酬的方式。[1]丰田和其他一些日本公司废除了管理人员基于资历的薪酬制度，代之以基于绩效的薪酬制度。[2]东芝向雇员提供了股票奖励，几年前这种做法在日本还不合法。[3]德意志银行、诺基亚、西门子以及其他一些欧洲公司在研究提高劳动生产率和控制劳动力成本的方法的过程中，也转向采用可变薪酬和基于绩效（而非基于个性）的评价制度。[4]中国的就业制度发生了变化。[5]1990年，跨国公司的海外子公司雇用了2 150万名雇员。到了2010年，这个数字为6 120万；到2013年，这个数字是7 070万。[6]在美国最大的公司中，最近几年新增的就业机会大约3/4都在海外而非美国本土。[7]2000年，通用汽车在美国生产了420万辆汽车，在其他国家生产了390万辆汽车。相比之下，2016年，通用汽车在美国生产了240万辆汽车，在其他国家生产了540万辆汽车。[8]

对前竞争对手的全球收购改变了组织的薪酬制度。作为对波兰的通斯拉姆电气公司（Tungsram Electric）收购和重组的部分内容，通用电气对原先基于资历的僵化的薪酬制度进行了改革，在新的薪酬制度中广泛引入宽带工资、市场化工资标准及绩效奖金等。印度顶级的软件公司如塔塔咨询服务集团（Tata Consulting Services）、威普罗公司（Wipro）和印孚瑟斯公司都对软件工程师实施了基于绩效的奖金计划。在戴姆勒1998年收购克莱斯勒之前，克莱斯勒首席执行官的薪酬是戴姆勒前10位管理人员薪酬的总和。在克莱斯勒管理人员的总体薪酬中，基本工资仅占25%，而戴姆勒管理人员的基本工资占其总体薪酬的比例却高达60%。合并后的戴姆勒-克莱斯勒公司采取类似原克莱斯勒的方法支付管理人员的薪酬。有些人甚至宣称，充满诱惑力的薪酬待遇是戴姆勒管理人员渴望收购克莱斯勒的原因所在！[9]

这桩被一些人形容为"地狱般的婚姻"的合并在10年之后便不欢而散（想必戴姆勒的管理人员仍然保留着高薪酬"订婚戒指"）。[10]有人也可能会认为，尤其是戴姆勒要为结束这段"婚姻"付出高昂代价。戴姆勒在1998年斥资360亿美元并购克莱斯勒，但在2006年当戴姆勒向博龙资产管理公司（Cerberus Capital Management）出售克莱斯勒80.1%的股权时，它得到的回报仅为74亿美元。[11]作为克莱斯勒破产的一部分，戴姆勒的剩余股份似乎没有得到任何回报。相反，戴姆勒不得不注销它于2008年借给克莱斯勒的15亿美元贷款，而且必须为克莱斯勒的养老金计划缴纳6亿美元的费用。[12]戴姆勒在回忆自己与克莱斯勒的"婚姻"时不会再有任何留恋。

或许戴姆勒和克莱斯勒都低估了背景因素（本章我们将重点讨论）的差异所带来的挑战。任何合并或收购，即使发生在同一国家的公司之间，也会面临种种挑战。如果这种合并或收购增加了国际元素，那么又会带来另一层挑战。[13] 尽管如此，另外一个"求婚者"又义无反顾地奔向克莱斯勒。意大利汽车制造商——菲亚特公司一开始计划收购克莱斯勒 20%～35% 的股权，后来将这一持股比例增至 58.5%，直到最后拿到 100% 的股权。尽管与戴姆勒（生产高端车型）相比，菲亚特在某些方面与克莱斯勒具有更多的共同点（产品组合中包含低端车型），但是在本章即将讨论的一系列其他因素（所有权结构、法规、工会经验、社会契约）方面，菲亚特与戴姆勒的经历却更为相似。[14] 因此，我们尚不清楚克莱斯勒第二次"婚姻"——与一家在不同背景下运营的欧洲公司的合并——是否会使情况变好。[15] 尽管如此，许多人似乎认为菲亚特与克莱斯勒的合并正在发生化学变化。[16]

有时薪酬变革直接与社会政治的巨大变动相关，比如在俄罗斯和东欧，政府权力机构一直控制着企业的工资标准。[17] 现在这些国家的公司面临的挑战是：在设计对经营和市场反应灵敏的薪酬制度的同时，要保持民众之间的社会公平感。

因此，这是一个前所未有的全球变革时代。果真如此吗？还是让我们退后一步，看看历史上发生的事情：

> 世界上几乎没有一个这样的村庄或城镇：它的工资不受遥远的外国市场的影响，它的基础设施不是由外国资本投资的，它的工程、制造甚至商业技能不从国外进口，或者它的劳动力市场不受人员跨国流动的影响。[18]

这不是对 21 世纪的描述，而是 100 年以前的情形。19 世纪末，贸易壁垒被拆除，自由贸易受到鼓励，大规模的人口流动悄然进行。由于越洋通信光缆的铺设，通信速度飞速提高，投资资本的国际流动也日益频繁。然而到了 1917 年，这些全球化的联系被一场世界战争所取代。公民希望安全，而不是去面对全球化带来的更大风险和不确定性。国家开始提高关税以避免外国竞争对手对国内公司的伤害。移民被指控"抢夺国内雇员的工作"。历史学家据此得出结论："全球化既非独一无二，也非不可逆转；它已经并可能再次播种自我毁灭的种子。"[19]

■ 16.1　全球化背景

要理解国际薪酬，首先要认识到差异和相似之处，并弄清楚如何更好地管理它们。世界各地的人们获取报酬的方式取决于图表 16-1 中所列各种因素的变化——经济、制度、组织及雇员因素。本书已对这些因素进行了讨论；现在可以从全球化的角度对它们加以应用。但是一旦我们从国内视角转向国际视角，那么讨论的范围也必须加以扩展。

组织必须首先确定每一个背景因素在多大程度上约束它们的薪酬决策和实践。一些约束是管制性的（即法律），一些可能是规范性的（民族文化、社会契约）。[20] 在有些情况下（例如，法律/法规），给战略执行留下的腾挪空间可能很少。[21] 而在其他背景因素（例如，民族文化）下，约束可能并没有通常认为的那么高。[22] 因此，可以肯定的是，平均而言，不同国家的组织之间是存在差异的。[23] 但是，也有证据显示，在同一国家内部也使用不同

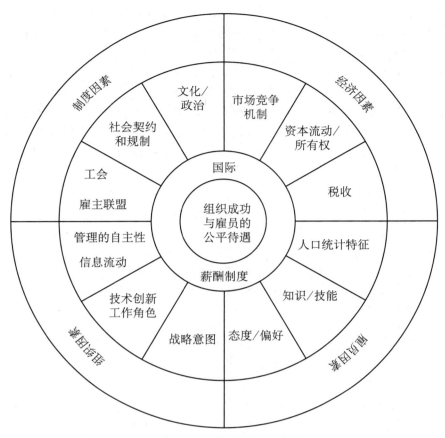

图表 16－1　薪酬的国际背景

的管理方法。[24]一个组织的战略能够在多大程度上得以执行，需要这个组织决定在多大程度上选择与其他组织类似的薪酬实践，并且在多大程度上进行薪酬实践的差异化。采取与其他组织同样的做法或许会降低风险，但不可避免的是，随大流意味着没有机会脱颖而出，因此也就没有机会获得超出平均水平的绩效。[25]此外，在国际背景下，随大流并不总是那么简单。一个以美国为母国的跨国公司在美国可能会看到一种典型的做事方式，但在它开展经营活动的另一个国家可能又会看到一种不同的典型做事方式。如果公司想随大流或跟进领军型组织，如何作出选择？有证据显示，跨国公司既受来自母国的制度压力的影响，也受来自东道国的制度压力的影响。[26]不论是跟进领军型组织还是随大流，或者是盲目从众，组织必须平衡本地化（在这种情况下薪酬实践是为每个国家量身定制的）和标准化（在这种情况下目标不是与当地环境而是与组织的经营战略保持一致性）所带来的压力。[27]最后，组织可能还需要权衡母国和东道国的不同背景对不同工作的影响。例如，对于更高层级的工作，东道国的背景因素的影响力可能更弱。[28]

　　在下面的讨论中，我们重点关注五个具体的背景因素，我们认为这些因素在国际薪酬管理中密切相关。这些因素主要涉及以下方面：（1）社会契约（包括法律框架和法规）；（2）文化；（3）工会；（4）所有权和金融市场；（5）管理的自主性等。虽然我们可以为了澄清所要讨论的内容而把这些因素独立出来，但在现实中它们并不那么容易被分开。相反，它们经常相互重叠并且相互影响。

■ 16.2   社会契约

如果将雇佣关系看作社会契约的一部分，它就不再仅仅是个人与雇主之间的一种交换。它包括政府、全部企业所有者（有时单独行动，有时通过所有者协会进行集体行动）、所有的雇员（有时单独行动，有时通过工会集体行动）。这些主体之间的关系和期望构成了社会契约。当你考察世界各地雇员获取报酬的方式时，你会很清晰地发现不同国家的不同人对政府、雇员、工会及雇主所扮演的角色持有不同的观点。理解任何国家的薪酬管理方式都需要理解这个国家的社会契约。改变雇员的薪酬制度——例如，使他们对客户的反应更加灵敏，激励创造性和改善服务质量，或者控制成本——需要改变各个主体对社会契约的预期。

社会契约需要长期的演变，但有时也发展迅速。只要看看美国最近的例子就知道了。与许多国家（例如，欧盟国家）相比，美国政府在雇佣关系中所扮演的角色相对中立。但是，至少在美国经济的两个关键部门——汽车制造和金融服务，政府在雇佣关系中的角色已大幅扩张。例如，克莱斯勒公司和通用汽车公司都经历了破产，在它们要退出市场的时候，汽车工人联合会和美国政府（为避免对这两个公司的破产清算，美国政府拿出了数十亿美元的资金）成为它们的大股东。在金融服务行业，美国政府在拯救金融机构方面也扮演了重要角色——根据《不良资产救助计划》（Troubled Assets Relief Program）提供援助资金（例如，花旗银行、高盛集团、第一资本金融公司以及许多其他公司），积极推进合并和收购（例如，美国银行收购美林证券）。《不良资产救助计划》项目在美国总共提供了7 000亿美元的援助资金（交换条件是保证美国政府能购买被援助公司的股份），这笔钱几乎相当于世界第17大经济体土耳其的全部经济产出（国内生产总值）。作为《不良资产救助计划》援助资金的附加条件之一，美国财政部针对那些接受资金援助的公司出台了管理人员薪酬特别规定（见第17章）。总之，美国的社会契约过去以减少政府干预和不建立政府、雇员（及其代表）和雇主三方关系而闻名于世，但现在至少在两个主要行业中已作出迅速转变。虽然这种政府参与和三边主义被视作临时之举，但问题是这一模式是否会成为美国在未来处理此类危机的规范。

16.2.1   集权化与分权化的薪酬设定

或许社会契约对薪酬制度影响最显著的例子表现在图表16-2中，它对不同国家之间薪酬设定的集权化程度进行了对比。[29]在美国、英国以及一些中欧国家，公司在设定薪酬时使用了高度分权化的方法，很少有政府的参与。相比而言，在西欧和北欧国家，工资谈判更有可能采用集权化的方式，这种情况主要发生在行业和国家层面，并且在那些在国家层面进行工资谈判的国家，政府参与是一种典型现象。

虽然理解工资谈判层面的差异是重要的，但也应当明白事情总是变化的。[30]例如，就在不久之前，诸如捷克和瑞典等国家还属于国家层面工资谈判一类。日本虽然不属于图表16-2中的任何一类，但在工资谈判方面已变得更具分权化特征。[31]而且，即使在工资谈判以集权化方式为主的地方，通常也存在其他层面的工资谈判。[32]同样，在特定的条件下也可能存在例外，这使得公司有机会偏离集权化的谈判协议。因此，不同国家在薪酬设定上的集权化程度差异就转化为（但并不完全一致）工资弹性的差异。这种弹性对于那些在产品市场条件（即销售额和利润的增长及水平）充满变数时不想被"锁

图表 16-2　社会契约与工资集体谈判的主要层面：欧盟国家和美国

资料来源：European Industrial Relations Observatory Online，"Changes in National Collective Bargaining Systems Since 1990，" 2005.

定"在某个特定工资水平的雇主而言是求之不得的事情。图表 16-3 是以全球管理人员为研究样本得出的对工资弹性的判断。我们可以发现，工资谈判集权化水平更高的国家（例如，德国、瑞典）通常拥有较小的工资弹性，而那些工资谈判分权化水平更高的国家（例如，英国、捷克、美国）通常拥有更大的工资弹性，图中所列的亚洲国家也属于后者。

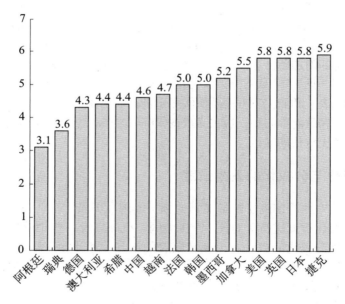

图表 16-3　工资决定的弹性

说明：7 代表由各个公司自行决定工资水平，1 代表由集权化的谈判程序决定工资水平。

资料来源：World Economic Forum. *The Global Competitiveness Report 2017-2018.*

16.2.2　法规

社会契约也涉及每个国家人力资源决策所面对的法律/法规环境。各国在工资弹性方面的差异不仅与工资谈判的集权化程度有关，而且同诸如最长工作时间限制等监管限制相关。《欧盟工作时间指令》（European Union Working Time Directive）将每周工作时间限定为不超过 48 小时。法国等国家已经试行了每周工作 35 小时的制度，试行时间为 1998—2008 年。[33] 相比而言，诸如日本和美国等国家没有每周最长工作时间限制，正如我们所看到的那样，这些国家的工资弹性很大。

雇佣法规的另一个指标是法律对雇用和解雇雇员的限制程度。如图表 16-4 所示，美国的雇主比欧盟、南美和日本的雇主在雇用和解雇雇员方面拥有更大的弹性。有意思的是，韩国和中国的情况与美国并没有太大的不同。作为法律框架如何发挥作用并影响雇主弹性的一个例子，考虑一下在像德国这样的欧洲国家中劳资委员会和联合决策机制所起的作用。[34] 在任何一个拥有五名或更多永久雇员的经营单位，雇员都可以建立一个劳资委员会。劳资委员会的活动是与工会活动和集体谈判过程分开的（尽管劳资委员会的成员通常都是工会会员），比如，它可能不会号召罢工。总之，德国的劳资委员会处理的是集体性质的问题（也就是说这些问题影响了两名或两名以上雇员）。在这些问题上它有知情权和咨询权。在薪酬管理方面，请考虑：

> 雇主必须在以下方面获得劳资委员会的同意：关于用于决定所有雇员工资标准的集体谈判规则，按照绩效或所耗费时间划分工资等级的制度（例如，奖金分配计划）的实施，薪酬支付的方式，确定享受养老金权利的标准的方法。[35]

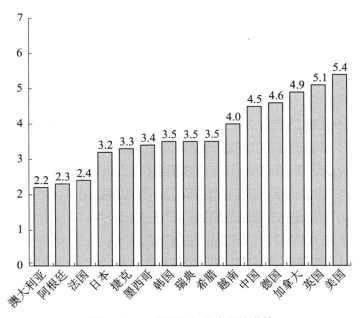

图表 16-4 雇佣和解雇雇员的弹性
说明：7 代表由雇主灵活决定，1 代表法律禁止。
资料来源：World Economic Forum, *The Global Competitiveness Report 2017—2018*.

雇主在薪酬管理领域及其他人力资源管理方面采取行动之前，必须征求劳资委员会的意见并为它留出反应的时间。劳资委员会拥有"否决权和同意权"，包括"阻止管理层的决策直至达成协议或劳工法庭作出推翻否决权的判决。"[36]

另外，德国的劳资联合决策法律规定，雇员人数介于500~2 000人的公司，其监事会（类似于美国公司的董事会）1/3的成员必须是雇员代表；雇员人数超过2 000人的公司，其监事会的一半成员必须由雇员代表组成。然而，这并不意味着劳资之间存在真正意义上的平等，因为由股东选出的监事会主席拥有最终表决权。[37]相比而言，不论是劳资委员会还是联合决策机制在美国都不是法定事项，而且这些做法在美国也比较罕见。很明显，如果一个美国雇主变成了德国雇主，那么他将发现自己会面临截然不同的游戏规则。

就像美国一样，欧洲各国的法律也存在巨大差异。此外，就像我们已看到的那样，也有一些指令适用于不同国家，比如欧盟内部有关工作时限的指令。另一项欧盟指令规定对于雇员总数大于等于1 000人的公司，其雇员对公司决策享有知情权和咨询权，其中，至少有两个成员国通过成立欧洲劳资委员会对雇员享有知情权和咨询权的条件作了放宽——只要公司的雇员总数大于等于150人。因此，在欧盟多个国家开展经营活动的公司在制定相关决策时，不仅需要咨询每个国家的劳资委员会，而且需要咨询欧洲劳资委员会。欧盟有一个目标：在所有成员国中推行统一的劳动力标准。制定劳动力标准的目的是防止"社会倾销"，或者避免公司将业务转移到劳动力标准和劳动力成本较低的国家。目前，在欧盟各国中，平均每小时劳动力成本差异巨大，有时在相邻的两个国家之间也是如此，比如德国就比邻国波兰拥有更高的劳动力成本。

最后，欧洲的社会契约在法规和制度上对雇主弹性的限制和对工人的保护也使各国为此付出了相应代价。一项长期的文献研究试图弄清对工人更加慷慨的保护（例如，失业救济）是否影响了他们努力工作的热情（就像效率工资理论所揭示的那样），或者激发了他们寻找新工作的动机（从而导致更高的失业率和更高的公共支出）。在这里，我们将简单考察一下不同国家公共支出的变化情况以及税收（征税理所当然地是为公共支出筹集资金）的变化情况。图表16-5显示，在德国、法国等国家，人们的税收负担要比美国、加拿大、澳大利亚和日本高60%。这些高税负的目标就是防止雇员因失业而陷入贫困。

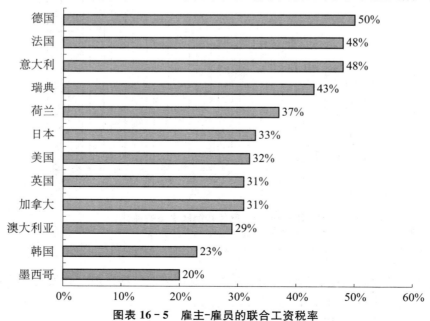

图表 16-5　雇主-雇员的联合工资税率
资料来源：Organization for Economic Cooperation and Development. *Tax Wedge*. 2017.

如图表 16 - 6 所示，欧洲国家在失业救济方面的支出比美国（及图中所示的亚洲国家）更高。美国年度国内生产总值大约是 20 万亿美元。因此，如果美国将国内生产总值的 0.4% 用于失业救济，那么每年需要花费 800 亿美元。然而，如果美国要像法国那样将国内生产总值的 1.6% 用于失业救济，那么每年就会花费 3 200 亿美元（即多出 2 400 亿美元）。

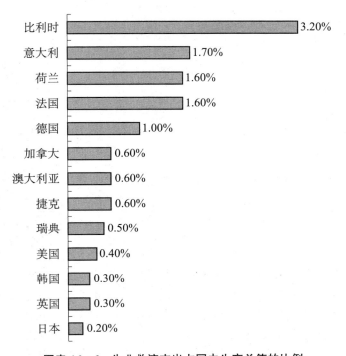

图表 16 - 6　失业救济支出占国内生产总值的比例

资料来源：Organisation for Economic Cooperation and Development，*Public Unemployment Spending*. Latest available data (mostly 2013，2014，or 2015)．

■ 16.3　文化

文化被定义为根植于一个群体共同持有的价值观、信仰和假设的心理编码，这种心理编码影响人们处理信息的方式。[38] 薪酬制度的设计必须与不同的国家文化相适应，这一假设是基于这样一种信念，即一个国家的大多数民众都具有相同的国民性格。根据这一假设，全球化薪酬经理的工作就是界定影响薪酬制度的国家特性。这种思考的典型代表是霍夫斯泰德（Hofstede）提出并被广泛应用的国家文化属性清单（权力距离、个人主义与集体主义、不确定性规避、男性化与女性化等，见图表 16 - 7）。[39] 这种观点的支持者认为 "根据特定东道国具体的文化特征调整薪酬实践对于公司而言至关重要"。[40] 因此，对于据说在文化上非常重视地位和等级（高权力距离）的马来西亚和墨西哥而言，采用等级化的薪酬结构是合适的。在低权力距离的国家（如澳大利亚和荷兰），采用平等化的薪酬结构是更好的选择。[41]

图表 16-7　霍夫斯泰德的国家文化维度及四个国家的得分

霍夫斯泰德的文化维度	美国	德国	中国	日本
权力距离　组织或机构中权力较弱的成员对不平等分配权力的做法的接受程度和期望程度。	低 （40）	低 （35）	高 （80）	中等 （54）
不确定性规避　一种文化使其成员在非结构化情境中感到不适（或舒适）的程度。非结构化情境是未知的、令人惊异的、不同寻常的，不同社会群体在试图驾驭这种难以控制的非结构化情境的程度上也不相同。	低 （46）	中等 （65）	中等 （60）	高 （92）
个人主义　与集体主义相对，它是指个体照顾自己或融入集体的程度（通常是在家庭周围）。	高 （91）	高 （67）	低 （20）	中等 （47）
男性化与女性化　它是指情感角色在性别间的分布；它将"坚韧"的男性社会与"温柔"的女性社会相对比。男性社会强调果敢、表现和竞争。	高 （62）	高 （66）	中等 （50）	高 （95）
长期取向与短期取向　它是指一种文化使其成员对物质、社会和情感需求被延迟满足的接受程度。	低 （29）	中等 （31）	高 （118）	高 （80）

资料来源：G. Hofstede. "Cultural Constraints in Management Theories," *Academy of Management Executive*, vol. 7, 1993, 81-94; G. Hofstede. *Culture's Consequences: Comparing Values, Behaviors, Institutions, and Organizations Across Nations*, 2nd ed. (Thousand Oaks, CA: Sage, 2001), xix-xx.

建议可以更加具体。在拥有"集体主义"文化的国家（如新加坡、日本、以色列和韩国）公司应该采用平等化的薪酬结构，实行平等的工资增长和基于团队而非个人的绩效激励。在拥有更为强烈的"个人主义"文化的国家（如美国、英国等）的雇主，应该使用基于个人和基于绩效的工资增长计划。[42]

但是此类思考都具有形而上学的风险。[43]问题不在于国家之间文化的差异，而在于哪一种文化重要。[44]任何群体都会表现出一套共同的信仰。环顾你所在的学校或工作场所：工程师、律师、会计以及技术员，或许都有一些共同的信仰和价值观。组织的雇员也是如此。你所在学校的文化或许不同于微软、东芝或者伦敦交响乐团（London Symphony Orchestra）的文化。你或许是因为一所学校的文化才选择了这所学校。然而，你可能只是许多文化中的一分子。你不仅是自己大学文化的一部分，又是你家庭、社会/政治/利益群体的文化的一部分，还是你所在州或国家的区域文化的一部分。在所有这些类别中，文化可能相似，也可能不同。

16.3.1　国家文化是薪酬的主要制约因素吗？

在我们看来，越来越多的理论和证据对此作出了否定回答。至少，在影响雇员对绩效薪酬的接受程度和影响不同国家薪酬管理及其他人力资源实践的有效性两个方面，国家文化的作用被夸大了。例如，研究表明，来自被认为是非常不同的国家文化（例如，中国和美国）的受访者对于基于绩效支付薪酬（相对于平等付酬或按需付酬）的重要性几乎有着相同的信念。[45]此外，对"高绩效工作系统"（通常包括绩效薪酬、雇员参与决策、团队使用和基于能力/绩效的招聘和晋升）的元分析发现，此类系统在几乎每个国家都运行良好，而且有证据表明，即使（按照传统观点）不符合所在国家的文化，它们在那里也运行得更好（而不是更差）。一种解释是，在成功地实施更有效的管理制度方面走在国内竞争对手的前面可能会成为组织竞争优势的一个来源。偏离其他所有人的做法会带来风险，偏离可能与国内标准不同的全球管理实践标准也会带来风险，但这种偏离提高了管理效率。如果一家公司不仅在国内竞争，而且在全球经济中竞争，这一点尤其正确。组织也有可能在不同国家背景下以不同的方式调整/执行"高绩效工作系统"原则，以减小不适应的可能性。[46]

　　文化分类学者认为美国是一个冒险者的国家，其风险偏好型国民在个人主义（而非集体主义）倾向量表测评中排名很靠前。相反，斯洛文尼亚被认为是更具有集体主义精神和安全意识（与风险偏好相对）的国家。[47]斯洛文尼亚拥有不到 300 万的人口，按照大多数标准衡量，它被认为是一个同质性很强的国家。因此，你会预期斯洛文尼亚的管理人员与美国的管理人员具有非常大的差异。然而，研究发现，平均而言斯洛文尼亚的管理人员比美国的管理人员更具有冒险精神和个人主义特质。最惊人的发现是（见图表16-8），从斯洛文尼亚和美国的数据可知，两国管理人员在文化维度上的变异度几乎是相同的。因此，在两个国家都能够找到具有不同价值观和个人特质的雇员（例如，风险厌恶型的集体主义者和风险偏好型的个人主义者）。[48]

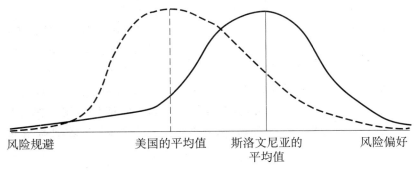

图表 16-8　理解一种文化的全部变化

　　事实上，对霍夫斯泰德关于国家间文化差异的开创性研究的数据进行再分析后发现，同一国家内部个人之间的文化差异要远远大于国家之间的文化差异。[49]换句话说，知道一个人来自哪个国家带给我们的信息远不及国家文化文献所暗示的那么多。

　　那么，在管理国际薪酬时，国家文化的概念又有多大用处呢？由于缺乏更好的关于变异度（如图表16-8所示）的数据，国家文化概念或许提供了一个起点。然而，它仅仅是一个起点。[50]国家文化可以被认为是图表16-8中的"平均值"。它提供了一些关于你在某个地区可能发现的薪酬态度和薪酬信仰的信息。但是，过分依赖这种"平均值"可能会造成严重的误导。认识到这一点对于国际薪酬的管理尤为重要。

　　如果简单地认为德国或中国的所有组织或民众只使用同一种思维模式，就忽视了每个国家内部的变异性和差异性，而对一些经验性研究文献的回顾证实了这样一个事实：不同国家（包括中国和美国）的雇员对绩效薪酬制度偏好的差异在实践中往往很小。[51]需要再一次指出的是，在制定薪酬决策时，国家只是一个粗糙得不能再粗糙的代用品。

在任何国家，组织之间和民众之间都存在广泛的文化多样性。收购了 IBM 个人电脑业务的联想公司的例子就说明了这一点。[52]例如，联想公司的首席执行官将公司 20% 的利润以"特殊绩效奖金"的形式奖励高绩效雇员。它的福利计划中，雇员可以自由选择最能满足个人偏好的具体福利项目。

因此，请记住这一章的基本前提：每个国家或地区内部的经济、制度、组织及个人状况之间的相互作用，从总体上形成了截然不同的薪酬决策背景。理解全球化指南（见图表 16-1）中的这些因素对管理雇员薪酬是大有裨益的。然而，不要想当然地认为一个国家内部存在文化的一致性（平均值）。全方位理解各个国家内部个体之间的文化差异对于国际薪酬管理来说甚至更重要。[53]

那么，理解一个国家内部的文化多样性对于全球化薪酬有怎样的影响呢？或许为了吸引和激励那些风险偏好型、富有企业家精神的斯洛文尼亚人，跨国公司应该使用绩效奖金、股票奖励及等级化薪酬结构，而不是单纯地与斯洛文尼亚文化的"平均值"相匹配。

16.4　工会和雇员参与

欧洲保持着高度的工会化水平：在瑞典，67% 的雇员是工会会员；英国为 24%；意大利为 34%。亚洲的工会化程度相对较低：日本为 17%，韩国为 10%。在有些国家，工人的工资是通过集体谈判确定的，即使有些工人并非工会成员。例如，在法国，90% 的雇员都受到集体协议的保护，尽管其中只有不到 10% 的人属于工会会员。[54]除了拥有更高的工会化率，正如我们已看到的，在诸如德国等国家中，工人还有权成立劳资委员会，而且公司对薪酬计划作出任何变动都必须有劳资委员会的参与。[55]

16.5　所有权和金融市场

公司的所有权和融资在世界各地存在广泛差异。这些差异对于国际薪酬而言是重要的。在美国，公司所有权和融资渠道要比其他大多数国家分散得多。50% 的美国家庭通过共同基金和养老基金直接或间接地持有公司股票。[56]直接拥有公司股票只需点击几下电脑鼠标。在韩国，六家企业集团控制了韩国经济的很大一部分，而且这些企业集团都与特定的家族密切相关。在德国，中央银行和其他具有影响力的少数银行拥有多数大公司的所有者权益。由于个人投资者无法轻易获取公司所有权，这些国家的所有权模式几乎使某些类型的薪酬制度变得毫无意义。例如，将绩效奖金与股东价值的提高挂钩或向雇员提供股票期权对于德国、韩国和日本的大企业集团没有多少意义。然而，这些国家小型初创公司的所有权是在传统渠道之外的，因此这些公司为增强吸引力确实会向新雇员提供股票期权。[57]最近许多国家的税法变化使股票期权更具吸引力，不过限制许多公司的所有权仍然是雷打不动的规定。

关于所有权重要性的最生动例证来自中国和东欧国家（波兰、匈牙利、斯洛文尼亚、捷克以及斯洛伐克），这些国家正出现多种形式的所有权模式。虽然国有企业在中国仍然发挥着重要作用，但乡镇企业、私有企业、中外合资企业及外商独资企业在中国的作用比过去大得多。[58]根据中国国家统计局的《中国统计年鉴》，城市国有单位就业人员的工资总额占全国城镇单位就业人员工资总额的比例从 1995 年的 77％下降到 2015 年的 36％。[59]不同类型企业的薪酬和雇主期望（也就是社会契约）明显不同。[60]一项研究发现，与在国有企业工作的雇员相比，在其他类型企业工作的雇员倾向于选择更多的基于绩效的薪酬。[61]所有权的差异会影响人们对工资形式的选择。想当然地认为每个地方都同自己家一样，这非常具有误导性。

■ 16.6　管理的自主性

　　管理的自主性是图表 16-1 所示的全球化指南中的一个组织因素，它是指管理者把总体薪酬作为一种战略工具的自由度。它与前面讨论的集权化程度和监管强度成反比。因此，大多数美国和英国公司在变革雇员薪酬管理实践或在招聘和裁员方面比大多数欧洲公司具有相对更大的自由度。正如我们已经指出的那样，欧盟成员国中集权化的薪酬设定策略限制了公司将薪酬与经营战略和变化的市场状况相匹配的自主性。[62]为提高与丰田等公司竞争的能力而正试图削减劳动力成本的德国大众汽车公司，必须就有关的薪酬管理变革与德国金属工业工会（IG Metall）和联邦劳工局谈判。[63]劳资委员会同样也享有知情权和咨询权。相反，新加坡的国家工资委员会发布的指导方针是非强制性的（例如，"冻结大多数公司的工资""重视可变工资和绩效工资"）。大多数政府组织都遵守这一方针，而私人组织在这方面的表现参差不齐。[64]但是，在一些工资谈判集权化程度很高的国家，雇主有时也会设法提高管理的自主性。例如，进行工作分包就是降低管制程度的途径之一。[65]同样，尽管大众汽车公司在德国必须与德国金属工业工会进行谈判，它在美国田纳西州查塔努加市新设的（非工会化）工厂却不必进行这种集体谈判。

网络资源

　　关于全球劳动法律免费信息的一个很好的来源是 NATLEX 数据库，这一数据库由国际劳工组织制作，网址为 www. natlex. ilo. org。

　　并不是仅政府与工会限制管理自主性。公司的政策也会产生限制作用。在母国的公司总部制定并传达到全球各个分支机构的薪酬决策或许能够与公司战略保持一致，但可能会忽视分支机构所在地区的经济和社会条件。虽然位于纽约州阿曼克的 IBM 总部希望其全球所有的分支机构都使用总体薪酬来"对不同绩效的雇员实施差别待遇"，位于东京的 IBM 分支机构却坚信，日本的 IBM 雇员更愿意选择平等主义的薪酬实践。[66]尽管如此，管理人员仍被要求遵循阿曼克总部的决策。

　　总之，正如全球化指南所描述的那样，国际薪酬受到经济、制度、组织及个人状况的影响。全球化实际上意味着所有这些条件都在发生变化，因此国际薪酬制度同样也在变化。

16.7 成本（和劳动生产率）比较

在第 8 章我们讨论了准确获得国内市场竞争对手的薪酬信息的重要性。对国家间的总体薪酬进行类似的比较可能非常具有误导性。即使看上去工资标准相同，医疗保障费用、生活成本以及雇主提供的其他津贴也会使情况复杂化。美国之外的许多国家都提供了某种形式的全国性医疗保障福利。一个组织可以通过工资税间接地进行付费，但因为一个国家的所有民众都享受相似的保险项目，所以医疗保障福利作为总体薪酬构成内容的价值就会降低。

将一个特定的美国公司与一个特定的外国竞争对手做比较更有可能产生误导，通常难以获得准确的数据。虽然顾问公司正在改进它们对全球化数据的收集工作，但它们的许多数据来自美国公司在全球的分支机构。其他外国公司和当地公司的数据常常无法获得。因此，国际数据可能会偏向于美国公司的管理实践。[67]

16.7.1 劳动力成本和劳动生产率

尽管如此，（平均）劳动力成本（工资加福利、社会保险支出及与劳动相关的税收）的实质性差异确实存在（见图表 16-9）。公司或许发现如果能够将劳动生产率维持在可行的水平，那么向劳动力成本更低的国家转移或增加就业是有意义的。（当然，除了劳动力成本外，公司向一个国家转移或增加就业还有其他原因，比如靠近消费者/市场。）例如，我们看到 2016 年墨西哥制造业的每小时薪酬成本（3.91 美元）大约是美国每小时薪酬成本（39.03 美元）的 10%。鉴于每个国家的劳动力成本都以美元表示，货币汇率变化可能会对实际劳动力成本产生影响。这里就有一个很好的例证：2013—2016 年，墨西哥比索对美元的汇率走低，因此，2013 年墨西哥每小时薪酬成本（6.82 美元）其实接近当时美国每小时薪酬成本（36.34 美元）的 19%。

我们还必须考虑劳动生产率——在这里被定义为每个就业人员的国内生产总值。[68]根据世界银行的数据，2018 年美国每个就业人员的国内生产总值为 111 056 美元，墨西哥为 38 390 美元，约为前者的 35%。根据这些数据，墨西哥平均较低的劳动生产率被节省的劳动力成本所抵消。因此，正如我们在前面章节中看到的，来自世界各地（包括美国）的汽车制造商将它们在北美的大部分生产线设在墨西哥，这一点不足为奇。

图表 16-10 展示了有关亚洲工资标准的进一步信息，按国别报告了制造业中两种职业（工人和管理者）的年度劳动力成本。请注意，与一些亚洲国家相比，中国比其他一些国家（如印度、越南、斯里兰卡）的工资高得多。[69]还要注意的是，在这些国家中，市场工资标准变化很快。例如，基于未在图表 16-10 中显示的数据（来自同一个数据源，但数据时间为三年前），我们发现过去三年老挝和越南等地制造业工人的年度劳动力成本增长了 20% 左右，速度远远超过美国等发达经济体。中国的工资标准也在快速增长。（很明显，我们在第 8 章中为获取最新数据和说明市场变化情况而对薪酬调查数据进行时效测定/更新的讨论，与这些国家是高度相关的。）

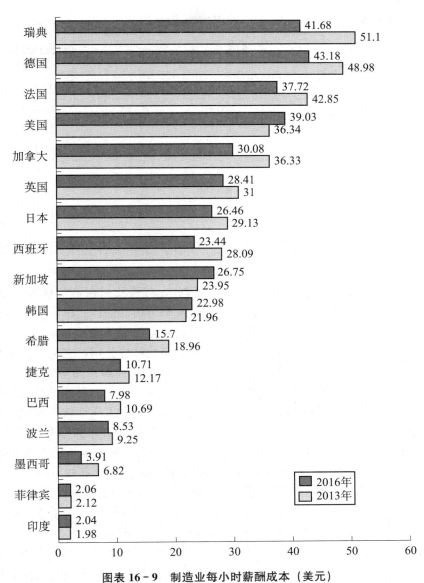

图表 16 - 9 制造业每小时薪酬成本（美元）

说明：薪酬包括基本工资和福利。世界大型企业联合会对印度的最新估计是从 2014 年开始的。2016 年的数据是使用印度政府劳动局的数据对 2014 年的估计得出的。

资料来源：Conference Board，"International Comparisons of Hourly Compensation Costs in Manufacturing，2016，"February 16，2018.

图表 16 - 10 部分亚洲国家年度劳动力成本 单位：美元

国家	平均年薪	
	制造业工人	制造业管理者
澳大利亚	54 697	100 262
韩国	35 625	58 199
新加坡	26 516	70 387
中国	10 131	25 093

续表

国家	平均年薪	
	制造业工人	制造业管理者
泰国	6 997	26 304
马来西亚	5 900	24 174
印度尼西亚	5 421	16 899
印度	3 982	21 806
越南	3 673	15 418
斯里兰卡	2 856	9 441
柬埔寨	2 631	11 890
老挝	2 059	11 035
孟加拉国	1 885	9 794

资料来源：Japan External Trade Organization（JETRO），*Survey on Business Condition of Japanese Companies in Asia and Oceania*，December 21，2017，Section 8，Wages.

当然，并非大多数公司都处在平均线上，因此，就像我们在第 7 章所讨论的那样，每一个公司都必须就在哪里招聘雇员进行相应的利弊分析。同样，尽管劳动力成本差异通常是进行这种分析的推动力，但许多其他因素也必须加以考虑。

现在我们来考察美国中西部地区的一个小型定制化软件公司，它主要向客户提供高端网站应用程序以满足其核心业务需求（例如，在线登记或客户服务）。该公司建立了一个长期的网站开发团队以向客户提供不间断的服务支持。我们在这里举的案例涉及知识型工作，其中对客户的响应是关键。这家公司的软件工程工作（软件编码、架构、检测、图形制作、数据库）都在东欧的一个国家完成。有些雇员作为编写 HTML 代码的团队一员参与相关工作。就在几年以前，新招聘的大学毕业生每年的工资标准大约是 6 000 美元，而更资深的团队领导的年薪最高可达 15 000 美元。那些有2～4 年工作经验并使用更复杂的语言编写应用程序的软件工程师，每年的工资收入是 10 000 美元，而拥有更高资历和更多技能的工程师每年的工资收入是22 000～30 000 美元。你可能会将这些人的工资收入与我们在第 8 章中所看到的工程师（和程序员）的工资收入进行比较。在那里我们看到，刚毕业的大学生每年有望拿到60 000 美元，而拥有更高资历的工程师每年可以拿到 100 000 美元以上。因此，这家中西部地区的定制化软件公司所省的劳动力成本是十分巨大的，这一点不容忽视。

当然，事情并非如此简单。在全球化市场中，东欧一些非常优秀的工程人才迁移到能够获得更高报酬的地方，这些地方通常是引领行业发展的核心地区（例如，加利福尼亚州的硅谷）。因此，该公司在东欧的工程师的劳动生产率没有那么高。如果工程师所做的工作相对比较常规且不以创新为导向，这倒不一定是个问题。

组建一个跨越多个时区、往返需要 16～20 小时的团队怎么样？这家公司的经验是，它可能需要 6 个月到 1 年的时间来启动和调整。

尽管如此，在某些情况下，尤其是在制造行业，有时可以只考虑劳动力成本问题。正如我们在第 7 章中所看到的那样，通过把苹果手机和平板电脑的组装外包给富士康工厂，苹果公司估计每年可节省 80 亿～150 亿美元的劳动力成本，或者每年会增加24％～44％的营业收入。图表16－11 基于对全球制造业管理人员的调查数据，总结了他们在制定公司区域选择决策时需要考虑的各类因素的重要程度。我们可以看到，劳动力成本及可用劳动力的质量是最重要的因素。税收、法律/法规环境以及本章正在讨论的其他因素同样重要。

图表 16 - 11　驱动国家全球制造业竞争力的因素

排序	要素	重要性（10 代表高，1 代表低）
1	劳动力的质量和可用性	10.00
2	材料成本竞争力	9.06
3	劳动力成本竞争力	9.05
4	经济和金融体制的健康性	8.96
5	科学家、研究人员和工程师的质量和可用性	8.85
6	加工制造的创新能力	8.82
7	能源成本竞争力	8.23
8	税收制度	7.45
9	实体基础设施的质量	7.15
10	法律法规环境	7.13

资料来源：Deloitte and US Council on Competitiveness. *2010 Global Manufacturing Competitiveness Index*. Deloitte，2010，appendix table A1.

16.7.2　生活成本与购买力

如果说比较总体薪酬很困难，那么比较不同国家之间的生活成本和生活标准就更加复杂了。（回想一下我们在第 8 章对消费者物价指数在工资设定方面的局限性的讨论。）然而，公司需要这些数据来调整在不同国家间流动的雇员的工资。工资调整的目标是维持相同的购买力水平。[70] 图表 16 - 12 提供了可用于实现这一目标的几种不同类型的数据。图表的前两列分别是每小时工资的总值和净值（扣除税费后）。第三列是物价水平（即商品和服务的成本）。第四列是购买力（在每小时工资净值和物价水平给定的情况下，可以购买多少商品和服务）。这四列数值都被表示为纽约对应数值的百分比。例如，一名在哥本哈根工作的雇员，尽管他的每小时工资总值略高于在纽约工作的雇员，但他的购买力低得多。因此，为了维持从纽约外派到哥本哈根工作的雇员的购买力，必须在纽约的薪酬水平之外再提供一部分报酬作为补偿。相比而言，如果一名雇员从纽约外派到吉隆坡工作，那么他从纽约获得的薪酬对他而言就像增加了一笔意外之财。另外，按照当地的薪酬水平向从纽约外派到雅加达工作的雇员付酬将导致其生活水平严重下降。最后一列——购买 iPhone X 所需工作时间——提供了另一个购买力指数。购买一部 iPhone X 需要的工作时间，在纽约为 54 小时，而在吉隆坡为 243 小时，在莫斯科为 299 小时，在上海为 306 小时。

图表 16 - 12　生活成本、国内购买力和购买一台 iPhone X 所需工作时间

	每小时工资（设纽约为 100）		物价水平（设纽约为 100）	购买力（设纽约为 100）	购买一部 iPhone X 所需工作时间（小时）
	总值	净值			
开罗	5	6	30	17	
芝加哥	90	95	87	106	55

续表

	每小时工资 （设纽约为 100）		物价水平 （设纽约为 100）	购买力 （设纽约为 100）	购买一部 iPhone X 所需工作时间（小时）
	总值	净值			
哥本哈根	101	92	94	77	70
香港	60	72	82	100	75
吉隆坡	21	24	48	44	243
伦敦	69	76	88	83	91
莫斯科	18	23	57	34	299
孟买	6	7	42	25	
慕尼黑	86	87	76	91	81
内罗毕	10	11	45	24	
纽约	100	100	100	100	54
巴黎	69	69	88	66	102
布拉格	27	26	55	39	275
里约热内卢	25	30	53	46	316
首尔	40	46	77	59	147
上海	19	22	57	32	306
悉尼	80	91	84	97	68
台北	61	63	73	83	93
特拉维夫	56	62	77	80	
东京	79	85	90	85	71
多伦多	87	87	72	102	64
苏黎世	120	154	104	129	38

说明：物价水平是根据一篮子 128 种商品和服务（包含租金）的价格计算的。每小时工资净值等于每小时工资总值减去相关税费，二者都基于 15 种职业。购买力是每小时工资净值除以物价水平（不包含租金）。

资料来源：UBS，*Cost of Living in Cities Around the World*：*Prices and Earnings* 2018.

■ 16.8 薪酬制度比较

我们已经指出，世界各地的薪酬制度各不相同，这些差异与经济压力、社会政治制度、组织多元化和雇员多样性等方面的变化有关。在这一部分我们要比较几种不同的薪酬制度。我们在前面提出的对形而上学的警告在这里也同样适用。即使在被有些人描述为具有高度同质性的国家，不同行业之间的薪酬制度也并不相同。例如，两家著名的日本企业丰田和东芝就分别设计了不同的薪酬制度。相对于东芝公司而言，丰田公司更加重视外部市场工资标准，在薪酬结构中层级更少，更加强调基于个人的绩效薪酬。因此在讨论"典型"的国家薪酬制度时，我们要记住，薪酬制度的差异和变化是无处不在的。

16.8.1 总体薪酬模型：战略选择

贯穿全书的总体薪酬模型指导着我们对不同国家薪酬制度的讨论。你会认识到这些基本的选择，它们似乎是通用的：

- 薪酬制度的目标。
- 外部竞争性。
- 内部一致性。
- 雇员贡献。
- 薪酬管理。

虽然这些选择可能是通用的，但最终的结果未必如此。

■ 16.9　国家薪酬制度：思维模式比较

国家薪酬制度思维模式假定一个国家的大多数雇主都采用相似的薪酬管理实践。照此逻辑，对国际薪酬的理解和管理则主要是比较日本、德国、美国或其他国家的薪酬制度。这种方法或许在那些采用集权化薪酬设定方法（见图表 16-8）的国家比较有用。有些人甚至将这种方法应用于区域性薪酬制度，如所谓的"欧洲模式"、"亚洲模式"或者"北美模式"等。[71]我们将重点介绍日本和德国的国家薪酬制度。但我们要提出如下警告：国家性或区域性薪酬制度思维模式忽视了每个国家内部各个组织之间的差异。因此，我们把下面介绍的国家薪酬制度称作"传统"的薪酬制度，以强调这只是每个国家的一种薪酬模式，并不是唯一的模式。

16.9.1　日本传统的国家薪酬制度

从传统上讲，日本的雇佣关系主要由"三大支柱"构成：

1. 公司内部的终身雇佣。
2. 基于资历的薪酬和晋升制度。
3. 企业工会（代表单个公司内部雇员的分散化工会）。

日本的薪酬制度倾向于强调人而非工作；强调资历和技能而非工作或任务；强调晋升的基础是对雇员可塑性、技能/能力水平和绩效的监督性评估，而不仅仅是绩效；强调内部一致性胜过竞争对手的市场工资标准；强调基于组织和个人绩效的雇员保障（过去是终身保障）。可以从三个基本组成部分来描述日本的薪酬制度：基本工资、奖金和津贴/福利。[72]

基本工资

基本工资既不以工作评价或市场定价为基础（这是北美的公司普遍采用的方法），又不与特定的工作头衔相关联。相反，它以雇员的一系列特征的组合为基础：职业类别、服务年限以及技能与绩效水平。

职业类别　日本主要存在五大类职业：（1）一般管理工作；（2）工程/科学工作；（3）文秘/办公室工作；（4）技工/蓝领工作；（5）临时性工作。

服务年限　资历仍然是决定基本工资的一个主要因素。管理层为每一个职业类别都制定了一种工资与服务年限矩阵。图表 16-13 展示了一般管理工作的工资与年龄矩阵。如果 22 岁的起始年薪（不含奖金）是 25 000 美元，那么到 50 岁时，在这家公司获得的年薪将是 25 000 美元的 380%，即 95 000 美元。各个公司会定期开会来比较它们的矩阵，这种做法说明了这些公司在薪酬设定上的相似性。总之，雇员的薪酬会随着年龄的增长而增加，直至雇员达到 50 岁，而此后薪酬将会逐年减少。在 50 岁之前，无论雇员的表现如何，他们都可以期待每年的加薪，尽管加薪的幅度因个人技能和绩效而异。

图表 16-13　传统日本公司一般管理工作的工资级差百分比与年龄矩阵

年龄（岁）*	工资†	年龄（岁）	工资	年龄（岁）	工资	年龄（岁）	工资
22	100%	32	200%	42	300%	52	370%
23	110%	33	210%	43	310%	53	360%
24	120%	34	220%	44	320%	54	350%
25	130%	35	230%	45	330%	55	340%
26	140%	36	240%	46	340%	56	330%
27	150%	37	250%	47	350%	57	320%
28	160%	38	260%	48	360%	58	310%
29	170%	39	270%	49	370%	59	300%
30	180%	40	280%	50	380%	60	290%
31	190%	41	290%	51	380%		

* 22 岁通常是大学毕业参加工作的年龄。
† 月薪（不含奖金）换算成美元。

技能与绩效水平　每种技能都按照它的层级（通常为 7～13 个层级）和等级（通常为 1～9 个等级）进行界定。图表 16-14 说明了一般管理工作的技能工资表。在这个例子中，同样假设最低等级/技能水平的助理的起始年薪（不含奖金）为 25 000 美元，董事长（层级 7）的年薪则是 250 000 美元。层级 1 与层级 2 通常包括助理（初级）和高级助理工作；层级 2、层级 3、层级 4 是监督和管理类工作；层级 5、层级 6、层级 7 为高级管理类工作等。根据主管对雇员在以下方面的评估结果，他们的等级会获得相应的晋升：

- 努力程度（例如，热情、参与和响应）。
- 工作所需的技能（例如，分析、决策、领导、计划、流程改进、团队合作）。
- 绩效（典型的目标管理式评级）。

图表 16-14　传统的日本公司：按工作层级和工作层级内部等级/技能水平划分的工资级差百分比

等级/技能水平	工作层级						
	助理	高级助理	主管		经理	董事长	
	层级 1	层级 2	层级 3	层级 4	层级 5	层级 6	层级 7
等级/技能水平 1	100%	267%	433%	517%	600%	750%	917%
等级/技能水平 2	117%	283%	442%	525%	625%	783%	1 000%
等级/技能水平 3	133%	300%	450%	533%	633%	817%	
等级/技能水平 4	150%	317%	458%	542%	650%	850%	
等级/技能水平 5	167%	333%	467%	550%	667%		
等级/技能水平 6	183%	350%	475%	558%	683%		
等级/技能水平 7	200%	367%	483%	567%			
等级/技能水平 8	217%	383%	492%	575%			
等级/技能水平 9	233%	400%	500%	583%			

为了说明这一薪酬制度如何运作，假设你是一名刚刚毕业的大学生，你在进入公司时的工资为第 1 层级的第 1 等级。一年以后，主管从努力程度、能力和绩效等方面对你和其他所有同期进入公司的雇员进行监督性评估。在你的职业生涯早期（前三年），努力程度更为重要；在职业生涯的后期，能力和绩效更受重视。你每年获得晋升的等级数量（由此而相应获得基本工资的增长）取决于这种监督性评估结果（例如，在评估表上获得 A 可以使你在同一层级内晋升三个等级，获得 B 可以使你在同一层级内晋升两个等级）。

从理论上讲，如果评估结果为 A 的人每年在同一层级内晋升三个等级，那么三年以后即可转入另一层级。然而，大多数公司在每一个层级内都规定了最短和最长服务年限。因此，即使你的评估结果获得了四个 A，你仍然需要在第 1 层级内最少待六年。相反，如果你的评估结果连续获得四个 D，但当你在第 1 层级内完成最长服务年限后，你仍可以被提升到下一个层级。设定每个层级的最短服务年限有助于确保雇员了解工作并向公司回报价值。然而，这种薪酬制度减缓了高潜力雇员的晋升速度。此外，即使是绩效最差的雇员最终也会达到薪酬结构的顶部，尽管他们没有相应的工作头衔或职责。这样的薪酬制度反映了日本的一句传统谚语："钉子立得太高就会被击倒。"单个雇员都不愿意突出表现自己。雇员努力提高的是群体或团队的绩效，而不是他们自己的绩效。

由于日本的薪酬制度过于依赖资历，以至于随着劳动力平均年龄的增加，公司劳动力成本也会不断增长。实际上，日本雇主面临的一个非常顽固的问题就是工资年度增长的积累效应和终身雇佣保障所导致的劳动力成本的日益高涨。提前退休激励和低工资的"新工作"正被日本雇主用来控制这些成本。[73]

奖金

奖金为雇员提供了相当于 1~5 个月工资的额外报酬，具体数额取决于该雇员在组织所处的层级和组织的财务绩效。[74]一般而言，雇员在组织的层级越高，奖金占年薪的比例越大。典型的日本公司每年支付两次奖金（7 月和 12 月）。即使在财务状况不佳的时期，这种一年两次的奖金也都会兑现。奖金并不必然与雇员的绩效相关联。

奖金的计算方式是雇员每月的基本工资乘以一个系数。这一系数的大小取决于每个公司内部雇主与工会之间的集体谈判。有时候这一系数也会根据雇员的绩效评价结果作出调整。最近，白领雇员奖金的平均系数为 4.8（夏季为 2.3，冬季为 2.5）。因此，对于一个月基本工资为 4 500 美元的雇员而言，他会在 7 月获得 10 350 美元的奖金，在 12 月获得 11 250 美元的奖金。

根据日本劳工研究所的数据，大多数雇员（不包括管理者）的奖金都是一种有助于控制雇主的现金流和劳动力成本的可变报酬。它们并不一定被作为一种激励因素。日本的劳动法律鼓励雇主使用奖金来实现成本节约，通常采用的方法是在计算其他福利成本（即养老金计划、加班工资、解雇费、提前退休津贴）时剔除奖金因素。

奖金发放的时机非常重要。在日本，夏季的节日和新年都是送红包的传统时机；另外，消费者在这些时候往往会大批量采购商品。雇员通常使用他们的奖金来支付这些费用。因此，日本奖金制度的传统根植于日本的生活，而且被认为是当今不可或缺的报酬形式。

津贴和福利

津贴是日本薪酬制度的第三个特征，通常有多种表现形式：家庭津贴、通勤津贴、住房和地区差异津贴等。公司住房津贴通常采用为单身雇员提供宿舍、房屋租金、抵押贷款补贴等形式，这对于公司而言是一项巨额成本。当雇员结婚或其直系亲属死亡时，公司还会提供"生命旅程"补贴。通勤津贴也很重要。家庭津贴因受抚养人的数目而异。有些雇主甚至为厌倦了单身宿舍生活的雇员提供婚介津贴。

日本的法定福利包括社会保障、失业保险和工伤赔偿。这三种福利与美国比较相似，不过日本雇主同时还为强制医疗保险、学前儿童援助和残疾人就业等支付相应的费用。

16.9.2　德国传统的国家薪酬制度

传统的德国薪酬制度被嵌入企业、劳工与政府之间的社会伙伴关系之中，这种社会伙伴关系产生了一种无微不至的"家长式国家"或"保姆式国家"。[75]在德国，薪酬决策受到了高度管制，全国共有90多部有关的法律。主要的雇主与工会通过谈判为每一个行业部门（例如，银行、化工、冶金、制造等）签订不同的**工资协定**（tariff agreement）（工资标准和工资结构）。因此，亚当欧宝公司（Adam Opel AG）这家汽车制造商在工资标准方面与戴姆勒、大众以及其他任何德国汽车公司具有广泛的相似性。工作评价和职业发展的方法也都包含在工资协定之中。然而，这些协定并不适用于管理类工作。即使是在法律上不受工资协定限制的小型组织，也倾向于将这些协定作为自己的指导方针。

基本工资

依据工作层级的不同，德国雇员的基本工资占总体薪酬的比例为 $70\%\sim80\%$。基本工资以工作说明、工作评价及雇员年龄为基础。例如，应用于亚当欧宝公司的工资协定设置了如下工资标准分组（类似于工作族和工作层级）：

蓝领类雇员　　　　8 个层级（L2～L9）

白领类雇员　　　　行政管理类 6 个层级（K1～K6）

技术类 6 个层级（T1～T6）

主管类 4 个层级（M1～M4）

通常将某个层级（例如 K2）的工资设为议定工资标准，然后按照这一议定工资标准的一定百分比计算该组中其他层级的工资。

网络资源

许多网站都提供了关于把欧元转换为美元、加元等任何其他币种的货币兑换信息。试着在 www. xe. net 或 www. globaldevelopment. org 等网站花上几周时间，体验货币兑换给薪酬管理带来的复杂性。

奖金

尽管德国企业出现了使用绩效奖金的趋势，但对工会化雇员而言，绩效奖金并不是传统德国薪酬制度的组成部分。然而，亚当欧宝公司的工资协定规定，基本工资总额中平均 13％ 的部分必须作为"效率津贴"。衡量效率的制度是雇主与每个地区的劳资委员会谈判决定的。实际上，效率津贴变成了可预期的年度奖金。对于未被纳入工资协定的管理类职位，其绩效奖金取决于公司的收入和其他公司目标。目前只有约 1/3 的高层管理者获得了股票期权。

津贴和福利

正如我们所讨论的那样，德国的社会契约包含慷慨的社会福利。[76]这些由雇主和雇员的纳税来支付费用的全国性法定福利包括优厚的社会保障、失业保险、医疗保健、护理服务及其他福利计划。雇主和雇员向社会保障体系的缴费加在一起可能会超过工资的 1/3。另外，公司通常还提供其他福利和服务，如养老金计划、储蓄计划、建房贷款以及人寿保险等。公司提供的轿车总是受欢迎的津贴形式。轿车的品牌和型号以及公司是否提供移动电话等都被看作在组织中的地位的象征。德国的工人每年还可以获得 30 天的公休假，外加每年大约 13 天的全国性法定假日（相比之下，美国工人平均每年只有 11 天的法定假日）。

16.9.3　战略比较：日本、德国与美国的传统薪酬制度

正如我们所强调的那样，将德国、日本和美国的薪酬制度划分为三种模式可能过于简单，因为每个国家内部各公司之间的薪酬实践都存在显著差异。尽管如此，当考察每个国家薪酬实践的代表性特征时，相较于美国的薪酬制度，日本和德国的传统薪酬制度还是反映了方法上的差异性。图表 16-15 将总体薪酬模型提炼出来的基本选择——薪酬目标、内部一致性、外部竞争性、雇员贡献及薪酬管理——作为三者之间比较的基础。日本和德国的社会政治和文化制度都限制组织把薪酬作为一种战略工具来使用。德国公司面临着由工资协定设定且与竞争对手相似的工资标准、工作评价方法和奖金。组织的竞争优势是由其薪酬制度与经营战略的一致性来维持的，这一基本战略前提受到了法律和工会的限制。日本的公司并不需要面对全行业固定的工资标准；相反，它们可以自愿开会以交换详细的薪酬信息。然而，最终的结果似乎是相同的：在同一行业内竞争的各个公司都具有相似的薪酬结构。与此不同的是，美国公司的管理者在薪酬制度与经营战略的匹配上具有很大的灵活性。结果，同一行业内部的不同公司之间以及不同行业的各公司之间在薪酬结构上都存在更大的差异性。

图表 16-15　不同国家"典型"薪酬制度的异同

	日本	美国	德国
薪酬目标	关注长期目标 高忠诚度 平等主义——内部公平性 弹性化的劳动力 通过奖金控制现金流	关注中短期目标 高忠诚度 绩效—市场—个人能力 弹性化的劳动力 成本控制；随绩效变化	关注长期目标 高忠诚度 平等主义——公平性 训练有素的劳动力 通过工资协定控制成本
内部一致性	以人为基础：年龄、能力与绩效决定基本工资 很多层级 工资差异小	以工作为基础：职位、技能、责任 较少的层级 工资差异较大	以工作为基础：职位和经验 很多层级 工资差异小
外部竞争性	监控年龄与工资矩阵 与竞争对手保持一致	取决于市场 在可变工资和绩效工资上竞争	取决于工资协定 与竞争对手保持一致
雇员贡献	只有处于组织的较高层级，奖金才随绩效的变化而变化 绩效评价影响晋升和较小比例的工资增长	奖金在总薪酬中所占比例逐步增大 奖金基于个人、团队和公司的绩效	由工资协定谈判的结果决定奖金 管理者的绩效奖金较少
优点	支持组织忠诚度和工作保障 为公司和雇员提供更大的可预测性 弹性化——以人为基础	支持绩效——关注竞争对手 成本随绩效而变化 关注短期结果（快速适应市场）	支持组织忠诚度和工作保障 为公司和雇员提供更大的可预测性 公司不参与薪酬竞争
缺点	老龄化劳动力的高额成本 打击杰出贡献者的积极性 打击女性和较年轻雇员的积极性	充满疑虑的雇员，缺乏工作保障 鼓励雇员询问："这会给我带来什么？" 对长期项目的投资没有回报	僵化；官僚政治 高额的社会保障和福利成本 不是一种战略工具

传统的德国薪酬制度的目标包括共同的长期承诺、工作保障、平等主义的薪酬结构，以及通过工资协定对成本的控制（这种工资协定也同样应用于竞争对手的劳动力成本控制）。日本公司设定的薪酬目标注重长期性（年龄和工作保障），支持高度的组织承诺（基于资历和能力），更具有平等主义特征，强调公司绩效与个人绩效的重要性，并且鼓励弹性化的劳动力（基于人的薪酬）。相反，美国的公司注重短期性（较低程度的工作保障），对市场反应敏锐（竞争性总体薪酬），强调成本控制（基于绩效的可变薪酬），奖励绩效改进、个人能力及创新（个体的奖金和股票等），鼓励弹性化的劳动力。

在日本，基于人的因素（资历、能力及绩效）在确定基本工资时占有较大权重。尽管市场比较在日本受到监控，但基于资历的内部一致性仍然更为重要。基于工作的因素（工作评价）和个人资历同样在德国得以应用。德国的劳动力市场一直受到高度管制，通常由工资协定来设定工会化雇员的工资。因此，像日本的薪酬制度一样，德国的薪酬制度更加重视内部一致性而不是外部市场。

　　每种薪酬管理实践都有各自的优点和缺点。显然，日本的薪酬管理制度与雇员低流失率（或高忠诚度）、工作的高度稳定性、更易接受变革和组织对劳动力弹性化的需求一致。美国的公司面临更高的流失率和对变革的更多疑虑。美国的公司鼓励创新；它们也认可劳动力多样化所带来的好处。德国传统的薪酬制度往往具有更多的官僚主义特征和制度约束。因此，德国的薪酬制度更加僵化。然而，它们也提供了更高的稳定性。日本与德国的国家薪酬制度都面临来自与劳动力老龄化相关的高成本的挑战。日本对女性雇员能力的利用非常有限。美国面临的挑战包括日益增加的不确定性给雇员带来的影响、薪酬制度的短视性以及雇员对于持续变革的疑虑。

网络资源

　　如果像我们在这里讨论日本和德国的薪酬制度那样去讨论其他国家的薪酬制度，可能需要再写一本书。有关这些国家的薪酬制度的更多信息可以很容易地在网上找到。以下网站对你搜索这些信息或许有所帮助：

　　经济学人智库：countrydata.bvdep.com/ip（EIU 国家报告）

　　www.ebusinessforum.co（商业论坛）

　　欧洲雇主联盟：www.euen.co.uk/condits.htm/（关于欧洲薪酬与工作条件的报告）

　　www.trak-it-down.com/InterHR.htm（国际人力资源网站目录，定期更新）

16.9.4　传统的日本和德国薪酬模式的发展和变革

　　日本的经济低迷以及对基于资历的传统薪酬制度的偏爱使日本企业在控制劳动力成本上面临重大挑战。同时，新兴亚洲国家的低廉劳动力进一步增加了日本在控制劳动力成本和（或）提升劳动生产率方面的压力。面对这些压力，许多公司正尝试维持长期雇佣关系而非**终身雇佣**（lifetime employment），并寻找向较浅资历雇员付酬的其他方法。那些在基于资历的薪酬制度下获得低报酬的年轻雇员正越来越多地前往在日本经营的外国公司寻找替代性工作机会，这些外国公司一直以来都更加强调基于个人能力和工作绩效支付报酬。[77]

　　为了竞争，诸如丰田、东芝和三菱等公司开始越来越多地使用绩效薪酬。结果，在传统的日本公司中，薪酬制度出现了更多的变化。[78] 如图表 16-16 所示，41% 的日本公司报告在薪酬决策中高度重视绩效的作用。[79] 只有 12% 的公司报告对绩效的重视程度较低。其他的证据显示，57% 的日本公司现在使用绩效加薪，21% 的公司已经"排除"基于资历的薪酬制度，更多的公司报告它们"计划"减小资历在薪酬决定中的权重。[80]

　　同样，如图表 16-17 所示，在绩效加薪过程中，日本高绩效雇员与中等绩效雇员之间的加薪差异幅度也同美国等国家相似。此外，国家数据显示，日本薪酬制度中雇员资历在薪酬中的作用有所下降，终身雇佣的做法也有所减少（如上文所述）。[81] 因此，日本的薪酬模式在某些关键方面已经更加接近美国。[82] 许多年前，中国也开始实行基于（个人）绩效的报酬制度。[83] 中国、韩国和日本都具有中度或高度的集体主义倾向和不确定性规避倾向，国家文化特点被认为不符合基于个人绩效付酬的做法，也不支持缺乏稳定性的雇佣关系。很明显，当面临足以对其传统雇佣实践的可持续性提出质疑的强大竞争力量时，这

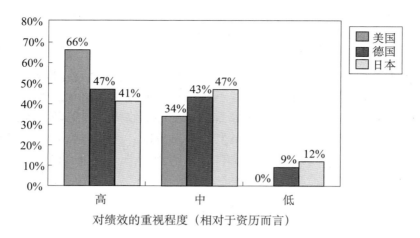

图表 16 - 16   薪酬决策中对绩效（相对于资历）的使用

资料来源：Markus Pudelko. "The Seniority Principle in Japanese Companies：A Relic of the Past?" *Asia Pacific Journal of Human Resources*, vol. 44, no. 3, December 2006, 276 - 294.

些国家上述所有文化特性都无法阻止它们在薪酬管理领域作出重大变革。我们还知道，韩国也发生了规模可能更大的类似变革，因为韩国之前的雇佣制度是模仿日本的。[84]

图表 16 - 17   对高绩效者与中等绩效者的绩效加薪幅度：国家之间的对比

国家	公司数量	雇员类型	高绩效者	中等绩效者	绩效加薪幅度比率
英国	152	专业人员/技术人员	8.2%	4.1%	2.0
中国	332	初级经理/主管/专业人员	17.8%	8.6%	2.1
日本	115	专业人员/技术人员	6.4%	4.3%	1.5
德国	127	专业人员/技术人员	8.3%	3.6%	2.3
美国	774	所有雇员			1.0~1.5

资料来源：Hewitt Associates, *Salary Increase Survey* 2008 and 2009 for each country shown.

现在我们把目光转向德国，它的产业不再完全是传统的制造、机床和宝马。它拥有超过欧洲半数的顶尖的互联网公司，而且几乎每五个德国成年人中就有一人持有股票——持股人员比例比 20 世纪 90 年代末期翻了一倍。这些变化大多是由全球化竞争压力和技术变革逼出来的。就像许多发达经济体一样，德国和其他西欧国家都面临一系列严峻的挑战。人口老龄化、低生育率、退休年龄的提前、高水平的养老金和失业保险正抬高社会支持系统的成本。一个相对缺乏弹性的劳动力市场意味着雇主发现迁往（或扩张到）其他欧盟国家（例如，波兰等国）以及中国和印度是一种更容易的选择。所有这些因素导致德国对自己传统的社会契约及相应的总体薪酬制度进行反思。德国公司要求在工资协定谈判中拥有更大的自主权，以更好地反映每个公司的经济状况、绩效薪酬的使用，以及将工作稳定性与公司绩效挂钩的方法。

许多研究报告了传统的德国薪酬模式所发生的巨大变化，包括更多使用绩效薪酬，这一点与我们所看到的日本公司的变化非常相似。而且，来自其他国家的跨国公司也起到了一定的作用。[85]如图表 16 - 16 所示，47%的德国公司报告在薪酬决策中高度强调绩效的作用，只有 9%的公司报告不太重视绩效的作用。图表 16 - 16 显示，在晋升决策中绩效同样是最重要的决定因素之一。图表 16 - 17 进一步说明，在高绩效雇员与中等绩效雇员绩效加薪的幅度比率方面，德国、中国和英国具有共同性，而日本却有所不同。最后，向雇员授予股票期权在德国各大公司中已十分常见，而 1990 年德国在股票期权的使用上还是一片空白（直到 1998 年才取消法律限制）。[86]

■ 16.10　战略市场思维模式

一项针对拥有全球业务的公司所采用薪酬制度的全球研究发现，这些公司一般存在三类总体薪酬战略：（1）本土化者；（2）输出者；（3）全球化者。[87]这些薪酬战略反映了公司的经营战略。[88]

16.10.1　本土化者："全球化思考，本土化行动"

如果一个本土化者在 150 个国家有分支机构，它就将拥有 150 种不同的薪酬制度。本土化者的经营战略是通过为当地客户提供量身定制的产品和服务来寻求竞争优势。本土化者的经营独立于公司总部。一位管理者是这样比较自己公司的薪酬制度的："就好像麦当劳在每个国家都使用不同的汉堡包烹饪配方一样，我们的薪酬制度也是如此。"还有一位管理者说："我们试图成为我们所在的每个国家的良好公民，我们的薪酬制度也应该如此。"薪酬制度都与当地的具体条件相一致。

16.10.2　输出者："总部最能耐"

输出者实际是本土化者的对立面。输出者在公司总部设计一种总体薪酬制度，并把它"输出"到全球所有的分支机构。输出一种基本的薪酬制度（可以按照国家的法律法规作出某些调整）使输出者更容易调动不同地区或国家之间的管理人员和专业人员而无须改变对他们的付酬方式。它同时也传递着全公司一致的目标。管理者说："来自总部的计划为全球的管理人员提供了一个通用的词汇表和关于领导层重视哪些方面的明确信息。"部署在全球各地用于支持薪酬决策的通用软件使输出者制定的统一的策略和实践变得切实可行。然而，并不是每个人都喜欢简单照搬别人设计的东西。一位管理者抱怨总部很少在这方面与管理人员商量："这里没有对想法进行相互交流的渠道，它只是一种单向的沟通。"

16.10.3　全球化者："从全球化和本土化两种角度思考和行动"

与输出者相似，全球化者寻求一种可以部分地作为"黏合剂"的通用薪酬制度，以支持全球分支机构的一致性，但是总部和经营单位保持密切联系以分享知识和想法。这些公司的管理者说：

没有人知道如何向雇员支付薪酬。我们需要从我们所有的分支机构收集这方面的信息。

母公司所在国开始失去它的意义；在对公司经营有意义的方面开展绩效评价，而且薪酬结构被设计用于支持公司经营。

薪酬政策更加依赖于税收政策和我们的经营动态，而不是"国家的"文化。文化争论只是政客们借以藏身的地方。

有些人认为全球化者是 21 世纪的企业经营模式。例如，IBM 就称自己是一个"全球一体化企业"。它的目标是在全球范围对其生产、营销及研发等所有经营活动进行整合。[89] 这类企业仍然作为跨国公司参与竞争。关键在于，这三种**全球视角**（global approach）不是强调国家薪酬制度作为国际薪酬管理的关键，而是首先关注全球化经营战略，然后去适应当地的具体条件。本章后面所附的案例练习比较了人们对全球化公司的不同观点。

▇ 16.11　外派雇员的薪酬

根据定义可知，跨国公司通常在多个国家从事经营活动。那些暂时工作和生活在外国的雇员被称为**外派雇员**（expatriate）。对于一个跨国公司而言，一个关键的决策是相对于本地雇员而言对外派雇员的依赖程度。[90]

● 属于跨国公司母国的公民且工作、生活在子公司所在国的外派雇员（例如，在多伦多的东芝公司工作的日本公民）被称为母国雇员。

● 既不属于跨国公司母国的公民，又不属于其工作、生活的子公司所在国的公民的外派雇员（例如，在多伦多的东芝公司工作的德国公民）被称为第三国雇员。

● **东道国雇员**（local country national）属于跨国公司子公司所在国的公民（例如，在多伦多的东芝公司工作的加拿大公民）。

雇用东道国雇员具有多种优势。东道国雇员熟悉当地的实际状况，并且与当地的消费者、供应商和政府监管机构有联系。公司可以节约迁移费用以及其他与使用外派雇员相关的大量成本。使用东道国雇员还可以避免对雇员能否适应当地文化的担心。对东道国雇员的雇用还满足了民族主义者对雇用当地人的要求。只有很少的公司认为雇用东道国雇员不合适。

然而，由于多种原因，跨国公司的子公司也需要使用外派雇员。[91] 对于被选定的雇员而言，执行外派任务代表着一种拓宽国际视野的机会；外派的职位或许非常机密，以至于相关的信息只能托付给公司认可的经验丰富的母国雇员；或者某个外派职位所需要的特殊技能在当地劳动力市场难以获得。图表 16-18 列出了要求雇员到国外承担工作任务的诸多原因。

设计外派雇员的薪酬制度是一项挑战。把一位带有一个配偶及两个孩子的美国雇员（基本工资为 80 000 美元）外派到伦敦工作三年，预计要花费公司 80 万～100 万美元的成本。显然，外派工作的高昂费用必须由外派雇员贡献的价值来抵消。

16.11.1　外派雇员薪酬的构成

按照某位顶级人力资源顾问的说法，"我们一直碌碌无为。这些年来在外派雇员薪

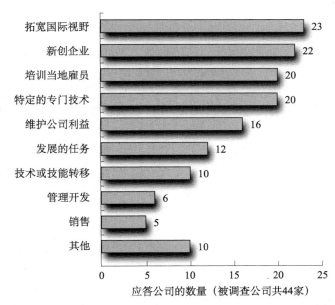

图表 16-18　选择外派雇员的原因

酬领域几乎没有真正的创新"。[92]我们还想再加上一句，"虽然在这么多人的身上花了这么多钱，但几乎没有证据可以表明这些费用能够为组织增加价值"。图表 16-19 是一个消费清单，清单的内容可以视为外派雇员薪酬的构成要素。这一清单包括从家居津贴到语言与文化培训、配偶就业援助、执行长期任务后的调整与休假等。通常这种清单被分为四个部分：工资、税收、住房、津贴和费用。[93]

图表 16-19　外派雇员薪酬组合中的常见津贴

财务津贴	**社会调整援助**
报税准备费用报销	紧急事假
税收平衡	探亲家
住房差异补贴	公司提供的汽车/司机
子女教育津贴	为外派雇员寻找新居所提供援助
临时生活津贴	享受西方标准的医疗保障
商品和服务差异津贴	俱乐部会员身份
交通差异津贴	一般性个人服务（例如，翻译）
外事服务津贴	个人安保（管理者和家属）
家居装饰津贴	一般性文化过渡培训（管理者）
汇率保护	社交活动
困难补助	职业发展和归国计划
完工奖金	当地文化传统培训（管理者）
家庭援助	对社区生活的调适（管理者和家属）
语言培训	顾问服务
为子女择校提供援助	休整和休假
当地文化风俗培训（家属）	家政服务员（不包括儿童看护）
儿童看护服务	使用公司自备的度假设施
为配偶就业提供援助	

工资

外派工作的基本工资和激励报酬（绩效加薪、利润分享、奖金计划等）一般是通过工作评价或某种"工作均衡"制度确定的。[94]3M 公司对它的国际外派任务实行全球性工作评价计划。它采用通用要素对 3M 全球不同的工作进行说明。通过采用这种制度，布鲁塞尔的总经理的工作可以与奥斯汀、得克萨斯或新加坡的经理的工作相比较。最近通用磨坊公司实施了类似的工作评价制度。[95]

除了工资和激励报酬，外派雇员薪酬的其他构成要素的目的是帮助确保外派雇员财务上的完整性并使迁移带来的不利影响最小化。这意味着要使外派雇员的生活标准与在母公司或总部的同事的生活标准大致相同。这是一种宽泛的标准，它常常会导致成本高昂的薪酬组合。

税收

在国外取得的收入有两个潜在的纳税义务来源。[96]除了少数例外（沙特阿拉伯就是其中之一），外国所得税纳税义务都是由在外国赚取的收入引发的。例如，在日本挣得的收入要遵从日本的税法缴纳所得税，而不管得到收入的是日本人还是韩国人。另一种潜在的纳税义务是外派雇员母国征收的所得税。美国就拥有这种颇具争议的名声：它是唯一向本国公民在外国的收入征税的发达国家，即使这种收入已经在收入来源国被征收了所得税。大多数雇主通过**税收平衡**（tax equalization）的方式向东道国或母国缴纳所得税。[97]税金从雇员的收入中扣除，最高数额为雇员留在母国工作时需要缴纳的税收额。

这种税收补贴的数额可能非常大。例如，瑞士、荷兰和瑞典的边际税率可能高达 $70\%\sim90\%$。因此，如果一名瑞典雇员被外派到一个低税收国家，如英国，公司就保留这部分差额。如果一名英国人被外派到瑞典，公司就要弥补这部分差额。其中的逻辑是：如果雇员由于被外派到低税收国家而获得意外之财，再让这个人接受另外一个国家的外派任务就将变得非常困难。

住房

提供合适的住房会对外派雇员成功履职产生重要影响。大多数跨国公司都向外派雇员支付住房津贴或提供公司自有住房。在一些大城市的某些区域通常会形成**外派雇员聚居区**（expatriate colony），各个跨国公司让自己的外派雇员在这里集中居住。

津贴和费用

一位在莫斯科的朋友告诫说，如果我们要乘坐莫斯科著名的地铁旅行，应该在始发站买票。莫斯科的通货膨胀水平如此之高，如果到了终点站再买票，兜里的钞票可能就不够支付票钱！生活成本补贴、俱乐部会员身份、交通补助、儿童看护与教育、配偶就业、当地文化培训以及个人安保等都是外派雇员所获得的某些形式的服务津贴和补贴。支持这些津贴和补贴的逻辑是外派的工作任务要求外派雇员：（1）比国内同事在更少的直接监督下工作；（2）常常生活在陌生并且有时不太融洽的环境中；（3）在东道国代表自己的雇主。津贴的数额取决于在东道国预期的困难与危险和外派工作的类型。

16.11.2　平衡表法

大多数北美、欧洲和日本的跨国公司都采用**平衡表法**（balance sheet approach）统筹考虑外派雇员的薪酬组成要素。[98]平衡表的名称源于借贷平衡的会计学原理。它基于这样一种前提，即从事外派工作的雇员应该拥有与在母国相同的消费能力。因此，母国的薪酬标准是外派雇员所有报酬的支付标准。这种方法的目的是：

1. 尽可能以最有效的成本确保雇员在全球流动。
2. 确保外派雇员在财务上的损益平衡。
3. 尽量减少外派雇员及其家属所需要的调整。

请注意，所有这些目标都（明确地）与绩效无关。

图表 16-20 描绘了一种平衡表法。图表中第一列是外派雇员母国的薪酬。一个人的薪酬（基于工作评价、市场调查、绩效加薪和激励）必须涵盖用于支付税收、住房、商品和服务的费用，外加用于冲抵其他债务的资金（一种"储备金"）。

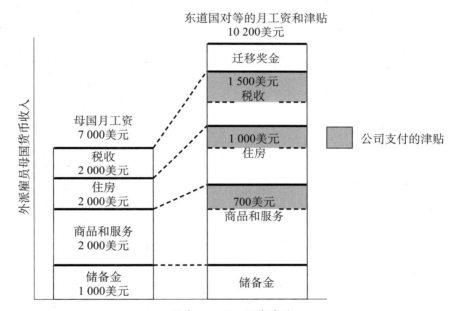

图表 16-20　平衡表法

图表中为每个薪酬组成要素划定的份额都被作为标准（即假定为典型外派雇员的"常态"），用于反映处于该薪酬水平的具有这种特定家庭模式的外派雇员在母国的消费模式。它们并不是真实的支出。这些标准以顾问公司的调查为基础。使用这些标准被认为可以使雇主避免与每位外派雇员单独谈判，尽管在实际中仍然会发生实质性谈判。

让我们对一位带有一个配偶和一个子女的管理者在美国的薪酬组成要素标准作出如下假设：年薪为 84 000 美元（每月 7 000 美元），每月在住房上花费 2 000 美元，在税收上花费 2 000 美元，在商品和服务上花费 2 000 美元，每月存入的储备金为 1 000 美元。我们要讨论的第二部分是外派工作所在的东道国的对等成本。例如，如果在东道国相似的住房成本为 3 000 美元，就要求外派雇员按照美国住房成本的标准支付 2 000 美元，差额部分由公司支付；在我们的例子中，这一笔差额为 1 000 美元。如图表 16-20 所示，东道国的税收、住房、商品和服务的费用都比母国高。外派雇员按照本国的标准承担相应的费用（右列中的空白部分）。雇主负责支付额外的成本（阴影部分）。（汇率的变化会使这些津贴的计算更加复杂。）

然而，平衡化的薪酬可能无法激励雇员向另一个国家迁移，尤其是新地方对个人缺乏吸引力时。因此，许多雇主会提供某种形式的财务激励或奖金来鼓励雇员迁移到国外。图表16-20的右列就包括一种迁移奖金。大多数美国跨国公司都通过迁移奖金来吸引雇员承担外派工作。

如果获取国际经验是组织所真正要求的一种未来能力，那么对这些迁移奖金的需求就应减少，因为外派雇员的经验可以增加其未来晋升的可能性。要么外派雇员所获得经验对于每种情况都是唯一的且不可复制，要么公司只是不知道如何评估这种经验。不论是何种原因，研究的结果揭示出美国公司的外派雇员感到他们所在的美国公司仍然不重视他们的国际经验。[99]所有关于国际经验的价值的看法还不能与现实吻合，因此就产生了对迁移激励的需求。从另一个角度来说，雇员承担外派工作就是一次冒险，指日可待的晋升机会可能就此泡汤。虽然国际经验对雇员以后的晋升可能会产生一定影响，但这种影响并不确定，也不能惠及所有人。而且，要么是由于绩效问题，要么是由于家庭原因（例如，配偶或子女无法适应海外生活），相当一部分外派工作被缩减了。[100]因此，需要对雇员承担的这种风险提供差异化的补偿，这一点与我们前面讨论的委托-代理理论是一致的。

平衡表法的替代

主要由于成本的缘故，雇主一直在探索可以替代平衡表的方法。虽然图表16-20中外派雇员的成本溢价比例是46%（10 200/7 000-1），但这一溢价可能会更高。例如，图表16-21展示了一名被外派到新加坡工作、在美国年薪为116 000美元的管理者（已婚并育有一子）的成本数据。平衡表法的成本浮动范围从"预算组合"成本的260 000美元到"溢价组合"成本的393 000美元，溢价比例为239%。溢价比例为169%的"标准组合"的成本为312 000美元，主要包括以下组成要素：

家庭净基本工资	115 500 美元
生活成本调整	16 570 美元
迁移补贴	16 570 美元
住宿/住房	115 500 美元
汽车福利	14 400 美元
教育福利	33 600 美元
总计	312 140 美元

谈判仅仅意味着雇主和雇员找到一种双方都可以接受的薪酬组合。谈判达成的协议往往成本高昂（或者说雇主很慷慨，这取决于你的观点），但当其他雇员被要求到海外工作时，就会产生雇员之间的可比性问题，而且每次外派都需要重新谈判。

另一种替代方法是"本地化"或"本地＋"，它将工资与东道国（当地）的工资水平相关联，并为税收、住房以及家属等提供一些生活成本津贴。津贴与平衡表中的那些组成要素相类似，但工资可根据东道国当地的情况而有所变化。如图表16-21所示，在新加坡的例子中，本地化法的平均成本是 247 000 美元，溢价比例为 113%，而相比之下，平衡表法的溢价比例高达 239%。

图表 16－21　工作在新加坡或美国的管理者（已婚且育有一子）

雇员类型	方法类型	薪酬净额（税后）	相对于美国薪酬的溢价比例
驻新加坡外派雇员	平衡表法		
	溢价组合	393 000 美元	239%
	标准组合	312 000 美元	169%
	预算组合	260 000 美元	124%
	"本地＋"组合	247 000 美元	113%
新加坡本地雇员		135 000 美元	16%
在美国工作的雇员		116 000 美元	

资料来源：Carole Mestre, Anne Rossier-Renaud, and Madeline Berger, "Better Benchmarks for Global Mobility," *Workspan*, April 2009.

　　平衡表法把工资与外派雇员母国的标准相关联，而经过修正的平衡表将工资与地区（亚太地区、欧洲、北美、中美或南美）挂钩。这种方法的逻辑是，如果一个从事全球业务的雇员从加利福尼亚州的圣迭戈迁移到缅因州的波特兰，他只获得了搬家津贴，那为什么要向迁移距离更短（比如从德国到西班牙）的国际外派雇员支付所有额外的费用呢？在欧洲，许多公司不再将那些在其母国之外工作的管理者看作外派雇员。相反，他们是从事其欧洲业务的欧洲人。而且共同货币（欧元）的使用使这种做法更加容易。在这方面，有一项研究将 17 家跨国公司提供的基本工资之外的津贴与一名从德国法兰克福外派到法国巴黎工作、年薪为 100 000 欧元的雇员进行了比较。[101] 溢价的中值是 23 000 欧元或 13%，溢价浮动范围从最少的 5 000 欧元（溢价比例为 5%）到最高的 45 000 欧元（溢价比例为 45%）。因此，与前面所讨论的情况相比，这 17 家公司外派成本的溢价水平相对适中。

　　另一种常见的修正是随着时间的推移减少津贴。这种做法的逻辑是外派雇员在东道国工作的时间越长，其生活标准与当地雇员的生活标准就越接近。例如，如果美国人在美国一周吃两次价值为 10 美元的比萨，是否就应该由雇主付费让他们在东京一周吃两次价值为 30 美元的比萨？更为典型的是，数月之后，外派雇员可能会知道本国人在哪里可以买到更便宜的比萨，或者改吃寿司。我们的一位朋友被一家美国公司外派到伦敦工作。他和妻子每天都在外面吃晚餐，在市中心的高档社区租住着一套非常好的公寓，拥有一辆专用汽车，妻子还可以回学校学习。所有这些都由公司支付费用，所以这对夫妇把他们所有的工资收入都存进了银行或用于各种投资。他们在伦敦的生活费用全部由公司买单。当他们在公司的要求下最终不得不回到美国时，他们极其不情愿，并且用光了外派任务的延展时间。

　　一次性支付或自助式的方法（lump-sum/cafeteria approach）为外派雇员提供了更多的选择。这种方法按照母国的薪酬制度设定外派雇员的工资，同时简单地向雇员一次性提供一笔资金去补贴生活标准的差异。例如，某个公司仍然会计算生活成本差异，但它不再向住房、交通、商品和服务等分配具体的津贴，而只是直接向雇员提供一笔总津贴。或许一位雇员为了孩子上私立学校或请家庭教师而不去购买宽敞的房子；另一位雇员或许会作出不同的选择。我们知道某位外派雇员使用他的一次性津贴在意大利购买了一个酿酒厂。他现在已经被调回芝加哥，但仍然拥有并经营着自己的酿酒厂。

最后，公司可以考虑减少对本国外派雇员的使用量，而代之以增加东道国雇员数量。正如我们一开始讨论外派雇员薪酬时所指出的那样，这样一种战略具有多种优势，包括更低的成本、对东道国独特的营商环境更加熟悉等。另外一个优势就是这种战略可以同另一种人才战略——更大程度地将人才融合到公司的职业规划和发展体系——结合使用。越来越多的公司开始在关键岗位上使用出生于外国的经理和管理人员。如果这些关键人才没有机会在某个时点上在母国获得关键职位的工作经验并通过积累这些经验来推动自己职业生涯的发展，那么他们也就无法像现在这样为公司发展作出重大贡献。[102]按照这一思路，增加对**第三国雇员**（third-country national）的使用量也适合这一战略。另外，如果第三国雇员来自薪酬水平更低的国家，那么对他们的使用会降低公司的成本。例如，我们在前面的例子中看到美国外派雇员在母国的收入是 116 000 美元，公司将其派驻新加坡工作所付出的成本是 312 000 美元，而如果将一名来自印度的第三国雇员派驻新加坡工作，公司的成本则为 209 000 美元。[103]另外，考虑到这位来自印度的第三国雇员在印度能挣 49 000 美元，他会意识到自己的工资溢价相当可观，正因为如此，相比来自美国的同等的外派雇员，这一外派工作对这位印度雇员而言或许具有更大的价值。

16.11.3　外派雇员的薪酬制度→目标？真遗憾！

与国际薪酬管理专家探讨一下外派雇员的薪酬问题，你很快就会陷入税收、汇率、住房差异等复杂问题之中。你还没有听到的事情是外派雇员的薪酬制度如何影响竞争优势、客户满意度、质量或者其他绩效问题。外派雇员的薪酬制度确实强调维持雇员的购买力和使不利影响与不平等性最小化。但是缺乏对确保外派雇员薪酬与组织目标一致性的关注，也是显而易见的。悲哀的是，过去 10 年在外派雇员薪酬上的主要创新似乎已经为外派雇员和第三国雇员重新贴上了"跨国任务受托人"的标签。

外派雇员的薪酬制度总是试图像民间传说中"金发姑娘的麦片粥"：温度不要太高，也不要太低，但要恰到好处。外派雇员的薪酬要足以激励雇员承担外派工作，但也不能过高而使本地雇员感觉自己受到了不公平待遇，或者使外派雇员拒绝接受未来重新分派的任何任务。这些薪酬制度也假定外派雇员会被调回他们自己的祖国。然而，判断公平性的相关标准可能不是外派雇员在母国的待遇。它或许是其他外派雇员的薪酬，更确切地说是外派雇员群体的薪酬，或者东道国雇员的薪酬。东道国雇员如何看待他们外派雇员同事的津贴和薪酬水平？几乎没有研究可以告诉我们外派雇员及其周围的人如何评价外派雇员薪酬的公平性。

雇员偏好

除了工作目标、成本和公平性，另一个考虑就是雇员对国际外派工作的偏好。对于许多欧洲人而言，工作在另一个国家只是他们职业生涯的一部分。而对于美国雇员而言，离开美国意味着脱离了自己的职业生涯。他们可能担心外派经历会延误而不是提升自己的职业生涯。毫无疑问，雇员对外派工作会持有不同的偏好，而且偏好还会随着时间的推移而改变。在对到海外工作是一种机遇还是一种厄运的判断上，孩子念高中或老人需要照料、离婚、配偶工作以及其他生活因素都会产生强烈的影响。许多研究确实告诉了我们以下信息：

- 68％的外派雇员不清楚他们回国后的工作是什么。
- 54％的外派雇员回国后承担了较低层级的工作，只有 11％的人得到了晋升。
- 只有 5％的外派雇员认为公司重视他们的海外工作经历。
- 77％的外派雇员在回国后的可支配收入减少。
- 在美国，外派雇员中只有 13％的人为女性。（但在美国的管理人员和专业人员中有 49％的女性。）
- 超过一半的归国外派雇员在一年内离开了公司。[104]遗憾的是，虽然研究确实暴露了这一问题，但是它没有为外派雇员薪酬制度的设计者提供太多的指导意见。因此，我们只能猜想。[105]

当然，我们应当强调，有些公司在管理外派雇员方面确实做得不错。此外，对于外派雇员（尤其是那些来自美国的人）成功和失败的比率，研究证据到底说明了什么，存在不同看法。[106]

■ 16.12　无国界的世界→无国界的薪酬？全球主义者

许多跨国公司，尤其是那些试图成为"全球一体化企业"的公司，正在培养全球主义者的领导骨干：以无国界的方式在全球任何地方开展经营活动的管理人员。它们期望这些管理人员在他们的职业生涯中可以在任何国家安身立命。按照通用电气公司前首席执行官的说法："全球化经营的目标就是获取每个地方、每个人的最佳想法。"为了支持这种想法和人员在全球的流动，有些公司也在设计无国界的或至少是地区化的薪酬制度。这种方法的一个试验基地就是欧盟。正如我们在全球化指南中指出的那样，无国界薪酬的困难在于基本工资水平和其他薪酬组成要素过于依赖每个国家的法律和习俗的差异。

专注于外派雇员的薪酬可能会让公司对那些寻求全球职业机会的雇员的合理薪酬问题视而不见。对这些雇员的忽视会导致他们只专注本地的经营活动和自己母国的工资待遇，并减少对跨国公司一体化经营的关注。对于当地管理人员投入很少且获得的收益有限的长期全球战略，指望这些管理人员保持高度的忠诚度无疑是一种幼稚的想法。矛盾的是，试图将子公司的高层管理者本土化可能会强化本土化管理与全球化管理在侧重点上的差异。

本章小结

如果你只在自己的街区、城市或者国家研究雇员薪酬，你就会像一匹被戴上眼罩的马。摘下眼罩，用国际化的眼光去看待问题，你就会加深对本地雇员薪酬问题的理解。

任何对薪酬管理感兴趣的人都必须采用一种全球化的视角。商业、金融市场、劳资协议甚至劳动力市场的全球化正影响着每一个工作场所和每一种雇佣关系。而处于工作场所核心位置的雇员薪酬被嵌入世界各地不同的政治和社会经济安排之中。使用全球薪酬模型中的要素考察雇员薪酬，就会为总体薪酬的国际化管理提供洞察力。

本书的基本假设前提是薪酬制度会对个人行为、组织绩效以及社会福利产生深远影响。我们相信，无论在国内还是在其他国家，这都是正确的。

复习题

1. 全球化指南中的因素对于理解和管理薪酬有怎样的重要性？根据你的观点对这些因素进行排序。你的排序结果与你同学的排序结果有何不同？与来自其他国家的同学的排序结果又有何不同？讨论为什么对这些因素的排序会随着时间的推移而发生变化。

2. 区分全国性薪酬决定和全行业性薪酬决定的异同。它们与经营战略——市场方法相比有什么不同？

3. 在薪酬决定方法上分别存在"典型"的日本模式、"典型"的德国模式以及"典型"的美国模式，分别举出支持和反对这些模式的论据。根据全球化指南，哪些因素导致了每种模式的改变？

4. 区别全球雇员、外派雇员、东道国雇员和第三国雇员等概念的异同。

5. 在使用平衡表法确定外派雇员的薪酬时，大多数总体薪酬都与生活成本相关。有些人认为外派雇员薪酬类似于一种传统的日本薪酬制度。请对这一观点进行评述。

案例练习　劳动力市场的全球化：英超联赛

据《福布斯》报道，在世界上最有价值的五支球队中有三支是足球队：曼联（37亿美元）、皇家马德里（36亿美元）和巴塞罗那（36亿美元）。正如你所看到的，我们谈论的不是美式足球，而是英式足球。另外还有两支最有价值的球队：一支是棒球队——纽约洋基队（37亿美元），一支是美式足球队——达拉斯牛仔队（42亿美元）。

曼联所在的英超联赛是世界上收入最高的足球联赛。（皇家马德里和巴塞罗那所在的西甲、拜仁慕尼黑所在的德甲是另外两个顶级联赛。）英超联赛有 500 名球员（20 支球队×25 名球员）。球员平均年薪是 264 万英镑。按照今天英镑对美元汇率计算，是370 万美元。在 1992—1993 年，球员平均年薪约为 21 万美元（经通货膨胀调整）。除了薪酬之外，球员的来源也发生了变化。在 1992—1993 年，69％的球员是英国人。今天，这个比例是 31％。因此，英超联赛的大多数球员不再是英国人。事实上，现在的规定是，球队 25 名球员中，必须有 8 名是"土生土长的本国人"。在最近几年的前 20名射手中，有 5 名来自英格兰。

一些经济学家已经注意到英超联赛全球化和球员跨境自由流动带来的好处。可以说，联赛的比赛质量提高了，因为它从世界各地吸引了最好的人才，而不是主要局限于本地人才。这反过来又导致产品市场的全球化。具体来说，世界各地都在观看英超联赛，不但是因为它优质的比赛和优秀的球员，而且是因为许多国家都有球员参加联赛，这可能会增加这些国家对联赛的兴趣。这也从英格兰以外地区带来了大量的收入，包括电视转播权、球衣销售和广告。要想了解联赛的全球影响力，你可以看看球员们的球衣。例如，热刺俱乐部（Tottenham）球员的球衣上印有 AIA 的标志，这是一家总部位于亚洲、在英国没有办事处的保险公司。《足球经济学》（*Soccernomics*）一书将联赛称为"体育史上最成功的产品"。

那么，还有什么不好的地方吗？英国足协（Football Association）主席格雷格·戴克（Greg Dyke）曾经发问：在英国足球学校里有多少本土球员梦想着踢球却"没机会参加一线球队比赛"？他提议限制英超联赛中外籍球员的数量。

问题：

1. 英超联赛全球化是一件好事吗？作为全球化的结果，谁的情况更好？谁的情况更糟？请仔细分析球队老板、球迷/消费者和球员。还有其他人受到影响了吗？

2. 思考一下戴克提出的限制英超联赛外籍球员数量的建议。分别从球队老板、球员和球迷/消费者的角度看，在这个建议下，谁将受益，谁将受损？

3. 英国球员在其他国家的精英联赛踢球吗？这会影响你对戴克所提建议的评价吗？如果是这样，请对此作出解释。

4. 戴克表达的一个担忧是英国国家足球队可能会受到影响，因为能够在英超联赛发展的英国球员越来越少。美国国家足球队前主教练尤尔根·克林斯曼（Jürgen Klinsmann）曾批评只在美国职业足球大联盟踢球而不去欧洲精英联赛踢球的球员，因为他觉得美国职业足球大联盟没有为美国球员提供足够强大的竞争机会来开发他们的全部潜力。请评论一下戴克和克林斯曼的观点。对英国国家足球队来说什么才是最好的？

资料来源："Premier League Has Highest Percentage of Foreign Players," *UEFA Report*, www. skysports. com. December 1, 2017, http://www. skysports. com/football/news/11661/10725849/premier-league-has-highest-percentage-of-foreign-players-8211-uefa-report; "Premier League's Average Weekly Wage Rises above 50K First in Football," www. espn. com, November 26, 2017, http://www. espn. com/soccer/english-premier-league/story/3285017/premier-leagues-average-weekly-wage-risesabove-50k-first-in-football; Binyamin Appelbuam, "Globalization under Attack, on the Soccer Field," *New York Times*, April 2, 2015, p. A3; "Deloitte Football Money League 2015. Commercial Breaks," Sports Business Group, Deloitte, January 2015, www. deloitte. com; Kurt Badenhausen. "The World's 50 Most Valuable Sports Teams 2014," Forbes, July 16，2014, www. forbes. com.

注 释

第VII篇

薪酬制度的管理

总体薪酬模型的最后一部分内容是薪酬管理。这意味着要确保正确的人因为以正确的方式实现正确的目标而获得相应的报酬。我们已经接触了薪酬管理的许多方面——在绩效加薪计划中预算的使用，雇员从自己的可变薪酬、奖金和管理沟通、福利成本控制中获得的"信息"，以及在总体薪酬制度设计中雇员参与的重要性等。

还有几个重要的问题需要讨论。第一个问题我们在第16章的全球化指南中已经提到，即政府在薪酬管理中所扮演的重要角色。法律和法规是最明显的政府干预形式。在美国，最低工资立法、《公平工资法案》、《民权法案》第七章等都对薪酬决策进行了规范。我们将在第17章讨论美国薪酬管理的法律问题。

然而，政府的作用不只限于制定法律和法规。作为一个主要的雇主，作为商品和服务的消费者，政府通过它的财政政策和货币政策对劳动力供求施加影响。

第18章将讨论薪酬管理的以下内容：成本和增值、沟通和变革。薪酬决策系统化的一个关键原因就是管理与这些决策相关的成本。正如第18章将表明的那样，一个总体薪酬制度实际上就是一个按照与组织目标相一致的方式分配资金的工具。如何评估薪酬计划创造的价值？我们将讨论有关这一问题的最新研究进展。

沟通和变革是相互关联的。与什么人沟通什么信息永远都是一个重要的问题。薪酬本身就是沟通。增加工资意味着雇员做得不错。薪酬制度变革也在传递着某种信息：可能预示着要变革组织的经营导向，或者要加强组织的重构。如果不能有效沟通和管理，任何薪酬制度都会遭遇失败。

第18章也将讨论企业管理软件的应用问题，以帮助用户更迅速、更智能地作出薪酬决策。或许最为重要的是，我们再次考察了道德问题，以及在专业标准缺失的情况下个人标准日益增加的重要性。

第 17 章
薪酬管理中的政府和法律问题

1939 年美国某大公司的薪酬政策手册对从事相同工作的男性雇员与女性雇员的薪酬差异给出了如下理由[1]：

> ……女性雇员的工资曲线与男性雇员的工资曲线不同，主要基于以下原因：女性雇员具有更易变的性格，她们在行业中的活动相对不足，她们对工作环境的要求比较特殊，必须向她们提供额外的服务，她们在加班上有局限性，她们在偶尔从事重体力劳动时需要额外的帮助，同时还包括其他一些无须在此处讨论的一般性社会学因素。因此，我们基本上为女性雇员提供了一条位于男性雇员工资曲线下方并且不与其相互平行的工资曲线。

这种以"一般性社会学因素"为基础向雇员支付不同工资的假设，在 20 世纪 60 年代的美国，在写有"活泼女孩星期五"的报纸招聘广告中，以及在仅有白人会员的本地工会中都表现得很明显。20 世纪 60 年代发生的民权运动和随后的相关立法的目的都是终结这些做法。

你是否认为自己误闯入了一个历史课堂？并非如此。这些历史做法以及随后的立法仍然影响着薪酬决策。然而，立法并不总能实现它想要实现的目标，而它已经实现的目标也并不总是它想要的结果。因此，合法与公平必将一直是薪酬管理的目标。

在民主社会，当出现某种不公正问题（不是所有的人在工作场所中都能获得公平的待遇）时，就会启动立法程序并且提出矫正性立法的建议（《民权法案》）。如果能获得足够的支持（通常是妥协和折中的结果），所建议的立法就会变成正式的法律。雇主及其他利益相关者都试图影响立法所采取的形式。

法律一旦通过，就会由相关机构以裁决、监管、检查和调查等形式来执行。公司通过核查和修改自己的实践活动，或者在法院和相关机构对自己的实践活动做辩护，或者游说立法机构修改法律等形式对立法作出反应。法律连同政府机构发布的用以执行法律的规章都对世界各地的薪酬决策产生重要影响。

美国联邦政府有三个分支，每个分支在劳资关系的法律监管体系中都扮演一个特定的角色。立法机构（国会）审议通过法律（或法规）。由总统领衔的行政机构通过它的分支和部门（例如，劳工部）执行法律。司法机构解释法律并对法律是否违宪进行评估。随着时间的推移，立法机构会修改现行法律或者通过新的法律。司法机构解释法律的方式也可能发生变化。由于人们都有这样一种信念——大法官的身份至关重要，所以他们对最高法院大法官的任命以及任命获批过程中偶尔遇到的困难表现出极大的兴趣。

最后，法律执行的优先级和力度在每一届总统任期都会有所区别。雇主要想不违反相关的法律法规，就必须统筹考虑这些因素。

当然，州和地方性法律也是监管环境的影响因素，它们通常将联邦法律没有涵盖的雇主纳入监管范围，而且（或者）所做规定也比联邦法律更细致、更广泛。例如，《民权法案》第七章禁止基于雇员的种族、肤色、宗教信仰、性别或者民族等的雇佣（包括薪酬）歧视，但这一规定的适用对象只是雇佣人数大于等于 15 人的雇主。但是，《威斯康星州公平就业法案》（Wisconsin Fair Employment Act）将所有雇主都纳入监管范围，而且它所禁止的基于雇员特征（例如，性取向）的雇佣歧视，就连《民权法案》第七章都没有相关的规定。在本章后文对最低工资立法进行讨论时，我们将会看到许多州的最低工资标准都高于联邦标准。我们也将看到有些城市还有生活工资立法。最后，就像我们在第 16 章所看到的那样，每个国家的法律均有所不同。[2]

我们在本章的目标是帮助你进一步熟悉薪酬管理的法律监管体系。然而，重要的是，学习完本章后你并不会成为一名律师。合法性问题还需要咨询律师。

为了激励你在遇到合法性风险时及时咨询律师，请参阅图表 17-1。它报告了雇主为遵守两个美国政府机构（美国劳工部公平就业机会委员会和工资与工时司）的监管行动而支付的款项。合法性问题可分为两个相应领域：雇佣歧视（尤其是《民权法案》第七章）和工资与工时（尤其是《公平劳动标准法案》）。在 2013—2017 年的 5 年时间里，公平就业机会委员会从雇主那里共追回超过 17.2 亿美元用于解决雇佣歧视问题（许多与薪酬问题有关），其中大部分与《民权法案》第七章有关。在同一时期，工资与工时司共追讨雇主拖欠的薪酬（即雇员以前完成了工作，但未得到全额支付的薪酬）超过 12.7 亿美元。雇员也可以对雇主提起私人诉讼（即没有政府监管机构的参与）。如果是集体诉讼（包括许多处境相似的雇员共同提起的单项联合诉讼），成本最高。在雇佣歧视方面，如图表 17-1 所示，单是 10 个最大的私人原告集体诉讼的和解费用每年就超过 2.26 亿美元，5 年总计约为 11.3 亿美元。在工资与工时方面，10 个最大的私人原告集体诉讼的和解费用每年约为 4.3 亿美元，5 年总计超过 21.4 亿美元。我们认为，你不会否认这些都是很大的数字。如果你能帮助你未来的雇主遵守法律以防止其在应对类似法律诉讼上付出过高代价，那就太好了。

图表 17-1　雇主为解决雇佣歧视和工资与工时索赔而支付的款项：政府机构
（公平就业机会委员会和工资与工时司）执法行动和私人原告集体诉讼　　单位：美元

年份	雇佣歧视			工资与工时		
	公平就业机会委员会执法行动		私人原告集体诉讼	工资与工时司执法行动		私人原告集体诉讼
	款项追回		诉讼和解费用	薪酬追回		诉讼和解费用
	所有法律	《民权法案》第七章	10 个最大诉讼	所有法律	《公平劳动标准法案》	10 个最大诉讼
2017	355 600 000	234 000 000	293 500 000	270 404 000	188 806 000	525 000 000
2016	348 000 000	224 500 000	79 810 000	266 566 000	206 882 000	695 500 000
2015	356 600 000	230 500 000	295 570 000	246 781 000	175 530 000	463 600 000
2014	296 100 000	220 000 000	227 930 000	240 831 606	172 971 408	215 300 000
2013	372 100 000	201 000 000	234 100 000	249 954 412	169 173 322	248 450 000

续表

年份	雇佣歧视			工资与工时		
	公平就业机会委员会执法行动		私人原告 集体诉讼	工资与工时司执法行动		私人原告 集体诉讼
	款项追回		诉讼和解费用	薪酬追回		诉讼和解费用
	所有法律	《民权法案》 第七章	10 个最大诉讼	所有法律	《公平劳动 标准法案》	10 个最大诉讼
平均	345 680 000	222 000 000	226 182 000	254 907 404	182 672 400	429 570 000
五年 总计	1 728 400 000	1 110 000 000	1 130 910 000	1 274 537 018	913 362 000	2 147 850 000

资料来源：U. S. Equal Employment Opportunity Commission，All Statutes（Charges filed with EEOC），FY 1997-FY 2017. Does not include charges filed with state or local Fair Employment Practices Agencies. FY 1997-FY 2017. https：//www. eeoc. gov/eeoc/statistics/enforcement/all. cfm；U. S. Equal Employment Opportunity Commission，Title VII of the Civil Rights Act of 1964 Charges（Charges filed with EEOC）（includes concurrent charges with ADEA，ADA，EPA，and GINA）. Does not include charges filed with state or local Fair Employment Practices Agencies. FY 1997-FY 2017. https：//www. eeoc. gov/eeoc/statistics/enforcement/titlevii. cfm；Annual Workplace Class Action Litigation Report，2015 edition and 2018 edition. Published by Seyfarth Shaw LLP. https：//www. workplaceclassaction. com/wp-content/uploads/sites/214/2018/01/2018-CAR-Ch. -1-and-2-Final-non-printable. pdf；United States Department of Labor. Wage and Hour Division. Fiscal Year Data for WHD，Fair Labor Standards Act Back Wages，https：//www. dol. gov/whd/data/datatables. htm♯panel1 and https：//www. dol. gov/whd/data/datatables. htm♯panel2.

■ 17.1 雇佣关系中的政府

17.1.1 概述

政府在当代工作场所中应该扮演什么样的角色？对这个问题不同的人有不同的看法。有些人呼吁政府和组织在制定保护雇员利益的公共政策方面应该采取共同行动。[3]有些人认为，对于雇员而言，最好的机会产生于市场经济内生的持续变革和重新配置；应该允许经济进行自我调适和转型，并且不被政府行动扭曲。[4]世界上所有的国家都必须着手处理这些问题。然而，正如我们将看到的，不同的国家会采取不同的方法。[5]

政府在薪酬决策中通常关心的是薪酬决定程序是否公平（例如，工资歧视），为失业者和失去工作能力的群体提供的社会安全网（例如，失业救济、工伤赔偿），以及雇员是否得到保护（例如，加班工资、最低工资、对雇用童工的限制）。

政府单位是所有雇佣关系的一方，是雇主和消费者。因此，政府的决策也会影响劳动力市场的状况。美国联邦政府雇用了 279 万名雇员；州和地方政府的雇员数量为1 954 万。总体而言，政府部门的就业人数为 2 233 万，约占美国非农就业人数（1.486 6亿）的 15％。[6]除了作为雇主直接与私人部门组织竞争雇员，政府通常也通过政府支出和采购（军用飞机、计算机系统、回形针）及税收政策决策间接地影响私人部门的劳动力需求。除了财政政策（例如，总支出和预算、税收政策），联邦政府还通过其货币政策（利率水平和货币供给）影响总体经济增长/需求和商业活动。商业活动的增加转化为劳动力需求的增长和工资上涨的压力。除了扮演雇主角色，政府还通过立法影响劳动力供给。旨在保护特殊群体的法律通常会限制这些群体参与劳动力市场。义务教育法限制了销售汉堡包或缝制足球的童工的供应。某些职业（水管工、美容师、律师、医生、心理学家）的执照要求限制了合法提供这些服务的人数。[7]移民政策及其执行力度日益成为影响劳动力供给的一个重要因素。[8]

　　本章将研究在美国最直接影响薪酬管理的法律和法规。图表 17-2 概述了薪酬法律监管框架，特别是适用于计时工资、薪水和其他直接薪酬形式的监管框架。请参阅第12 章和第 13 章，来了解与福利相关的法律信息（如《雇员退休收入保障法案》）。

图表 17-2　美国联邦薪酬法律

1931 年	《戴维斯-培根法案》（Davis-Bacon Act）	要求向公共建筑项目中的技工和劳工支付当地"通行工资"。
1934 年	《证券交易法案》（Securities Exchange Act）	成立证券交易委员会。目前，该委员会要求资产超过 1 000 万美元、证券公开上市交易并且证券持有人超过 500 人的公司定期向社会公众披露信息，其中包括披露公司首席执行官、首席财务官及其他三名薪酬最高的管理人员的薪酬信息。
1936 年	《沃尔什-希利公共合同法案》（Walsh-Healey Public Contracts Act）	把通行工资的理念扩展到政府合同的产品制造商或供应商。
1938 年	《公平劳动标准法案》	规定最低工资、最长工作时限、加班工资，并禁止使用童工。
1963 年	《公平工资法案》	要求向那些从事在技能、努力、责任及工作条件等方面具有"实质相似性"的工作的男性雇员和女性雇员支付相同的工资。
1964 年	《民权法案》第七章	禁止在所有雇佣行为中基于种族、性别、肤色、宗教信仰或民族的歧视。
1965 年	《第 11246 号行政命令》（Executive Order 11246）	禁止联邦承包商和分包商在所有雇佣行为中基于种族、性别、肤色、宗教信仰或民族的歧视。
1967 年	《年龄雇佣歧视法案》（Age Discrimination in Employment Act）	保护 40 岁及以上的雇员不受年龄歧视。
1978 年	《怀孕歧视法案》	怀孕的承保范围必须与其他疾病的承保范围相同。
1990 年	《美国残疾人法案》	要求必须明示"本质要素"。如果某位残疾人能够执行这些本质要素，则必须向其提供合理的辅助设施。
1991 年	1991 年《民权法案》	增加雇主用以反驳歧视指控的举证责任。针对国际雇佣歧视提供更强有力的补救措施。
1993 年	《家庭和医疗休假法案》	要求雇主应雇员家庭或医疗紧急情况之需向其提供长达 12 天的不带薪休假。
1997 年	《精神健康法案》（Mental Health Act）	精神疾病的承保范围必须与其他疾病的承保范围相同。
2000 年	《工人经济机会法案》（Worker Economic Opportunity Act）	源自大多数股票计划的收入不必计入加班工资。
2002 年	《萨班斯-奥克斯利法案》（Sarbanes-Oxley Act）	如果管理者在公司财务状况上误导公众，他们就不得保留通过出售股票获得的奖金或利润。

2004 年	《财务会计标准委员会第123（R）号声明》（Financial Accounting Standards Board Statement 123 R）		所有雇员股票期权的价值必须在财务报表中按公允价值估算（当它们被授予时）进行支出。
2006 年	《证券交易委员会关于管理人员薪酬披露准则的修订》		加强管理人员薪酬披露要求。例如，在委托书中的"薪酬讨论和分析"部分必须说明管理人员薪酬计划的目标和实施问题。
2009 年	《莉莉·莱德贝特公平薪酬法案》（Lilly Ledbetter Fair Pay Act）		雇主要为因多年前实施雇佣歧视（按照现行法律如《民权法案》第七章等对歧视的定义）所造成的当前工资差异承担责任。
2009 年	《不良资产援助计划》、《美国复苏与再投资法案》（American Recovery and Reinvestment Act of 2009）		接受《不良资产援助计划》资金援助的金融机构需对薪酬进行限制。除非属于原先雇佣合同规定的内容，否则在接受资金援助期间，禁止实施（不限于）以下几种薪酬计划：奖金、留任奖励、激励报酬。允许使用限制性股票，但比例不得超过年薪的 1/3。对于接受《不良资产援助计划》最大额度资金援助的公司，限制对象包括高级管理人员及排在其后的薪酬最高的 20 名雇员。
2010	《患者保护和平价医疗法案》		强制要求雇主（雇员人数大于等于 50 人）向雇员提供符合条件的医疗保险，否则将面临经济处罚（详见第 12 章）。
2010 年	《多德-弗兰克法案》*	董事提名	赋予证券交易委员会授予股东代理人提名董事会成员的权力。
		独立薪酬委员会	公司上市标准要求薪酬委员会必须只包括独立董事且薪酬委员会有权聘请自己的薪酬顾问。
		利益追偿	要求上市公司制定如下政策：如果管理人员所获薪酬是基于违反会计准则的错误财务报表，公司有权追回管理人员所得。
		管理人员薪酬披露	要求报告首席执行官薪酬与雇员薪酬的比率（首席执行官薪酬比率），以及管理人员薪酬与公司财务绩效之间的关系大小。
		加强对金融行业的监管	指导监管机构制定专门针对金融业的监管准则。
		"薪酬话语权"	股东对批准或否决管理人员薪酬的无约束力投票。
2014 年	《第 13665 号行政命令》（Executive Order 13665）		禁止联邦承包商和分包商制定薪酬保密政策。
进行中	美国证券交易委员会		制定和执行管理人员薪酬规则。
	美国联邦税务局		对雇员和管理人员薪酬的税务处理，包括可扣除薪酬成本的规定（例如，非歧视测试）。同时监督雇主将工作人员划分为雇员和独立承包人的决策（这对税收有影响）。
	财务会计准则委员会		正在进行有关管理人员和雇员薪酬会计处理规则的制定。
	联邦贸易委员会		执行反垄断法，包括禁止雇主串通操纵价格（即薪酬），或者串通不雇用对方的雇员（参见"高科技雇员反垄断和解"和"动漫工作者反垄断和解"网站）。[9]

	仲裁（延期）	现在许多雇主以协议方式要求雇员使用仲裁系统来解决个人雇佣纠纷，而不是提起诉讼或向政府机构投诉。雇主必须提供"对价"（某种有价值的东西），以换取雇员放弃在个人纠纷案件中提起诉讼的权利。
	非竞争性协议	许多雇主要求雇员同意在离开公司的特定期限内不为竞争对手工作。雇主必须提供"对价"，以换取雇员放弃这一权利。执行力因州而异，通常取决于雇员的层级以及雇员获得与竞争力有关的有价值信息或资源的程度。
进行中	美国劳工部	美国劳工部工资与工时司监督和执行《公平劳动标准法案》、《家庭和医疗休假法案》、《戴维斯-培根法案》、《沃尔什-希利公共合同法案》和其他法案。美国劳工部公平就业机会委员会监督和执行公平就业机会法律，包括《民权法案》第七章、《美国残疾人法案》、《年龄雇佣歧视法案》、《怀孕歧视法案》和《公平工资法案》。美国劳工部联邦合同合规项目办公室监督和执行公平就业机会法律，主要是《第 11246 号行政命令》，其适用于与联邦政府做生意的公司（联邦承包商和分包商）。
	福利	有关福利法律的详细信息，参见第 12 章和第 13 章。
州和地方法律		例如：最低工资、工作人员分类（雇员或独立承包人）、禁止询问求职者的薪酬历史。

* 美国证券交易委员会负责制定具体的规则/政策来实施《多德-弗兰克法案》的不同条款。自 2010 年以来，针对法案各项条款的实施规则先后出台。

■ 17.2 1938 年《公平劳动标准法案》

1938 年《公平劳动标准法案》涵盖了在从事州际商业活动的公司或为州际商业活动生产商品的公司工作的全部雇员（一些例外的情况将在后面讨论）。尽管这一法案年代久远，但它仍然是美国薪酬法规的基石。《公平劳动标准法案》的主要条款是：

1. 最低工资。
2. 工作时间（包括加班）。
3. 童工。

它的一项附加条款要求雇主必须保留关于雇员、雇员的工作时间及工资的记录。如前所述，近年来，由于《公平劳动标准法案》诉讼和美国劳工部工资与工时司的执法行动，美国雇主已经付出了数十亿美元的和解费用（见图表 17-1）。图表 17-3 提供了此类和解案件所涵盖的指控类型的细目。

17.2.1 最低工资

最低工资（minimum wage）立法旨在为社会上从事劳动生产率最低工作的雇员提供最低收入保障。在最低工资立法 1938 年首次生效时，最低工资标准为每小时 25 美分。政府定期调高最低工资标准，2009 年升至每小时 7.25 美元，并一直保持在这一水平。

2007年1月至2015年3月的工资与工时诉讼和解案件中的指控

图表 17-3 2007—2015 年《公平劳动标准法案》工资与工时诉讼和解案件：指控类型

资料来源：Stephanie Plancich, Neil Fanroff, and Janeen McIntosh, *Trends in Wage and Hour Settlements*: *2015 Update*, July 14, 2015.

图表 17-4 展示了经过通货膨胀调整后的联邦最低工资的购买力。实际购买力下降是政府将最低工资标准与消费者物价指数变化相挂钩的理由。

图表 17-4 1960—2018 年最低工资名义值和实际值（经通货膨胀调整）

年份	最低工资	
	名义值（美元）	实际值（以 2018 年美元计算）
1960	1.00	8.49
1970	1.60	10.52
1980	3.10	9.91
1990	3.80	7.43
2000	5.15	7.58
2010	7.25	8.31
2018	7.25	7.25

资料来源：U. S. Department of Labor, Bureau of Labor Statistics, Consumer Price Index.

根据劳工统计局的估计，全美国大约有 220 万工人（2011 年为 383 万）的工资不高于最低工资标准。在这些工资水平刚刚达到甚至尚未达到最低工资标准的工人当中，大多数人（大约 140 万人）从事的是服务工作，而且所在行业大多属于饮食服务行业（在这些行业中小费是对许多人计时工资的重要补充）。自 1979 年首次系统地收集有关数据以来，领取最低工资或更低计时工资的工人比例呈现下降趋势。1979 年计时工资水平低于等于最低工资标准的工人比例为 13.4%（男性为 7.7%，女性为 20.2%）。（请注意，美国大约有一半的雇员是按小时领取报酬的。）最近这一比例下降为 5.2%（男性为 3.9%，女性为 6.4%）。就所有领计时工资和拿薪水的工人而言，那些工资收入低于等于最低工资标准的人员比例已从 1979 年的 7.9%下降为现在的 2%以下。[10] 这些直接受最低工资标准影响的人员比例之所以下降，主要原因是 1997—2007 年最低工资标准一直保持在每小时 5.15 美元不变（从 2009 年起一直保持在每小时 7.25 美元不变）。

联邦最低工资调整会产生直接影响（对那些当前工资水平介于州最低工资与联邦最低工资之间的工人）。联邦最低工资调整也会产生间接影响，即溢出效应——因为当立法强制提升工资表最低层级工作的工资水平时，为了维持不同层级工作的工资级差，法定最低工资标准之上的工资水平往往会随之上升。这种在薪酬结构上的工资位移并不会给所有行业都带来相同的影响。计算机软件、化工、石油和医药行业所支付的最低层级工作的工资水平已经远远超过法定最低工资标准；最低工资立法上的任何变化几乎都不会对这些行业产生直接的影响。相反，零售业或酒店业倾向于按照法定最低工资标准或接近法定最低工资标准向自己的店员、销售人员或清洁工支付报酬。[11]

45个州外加哥伦比亚特区都设有自己的最低工资标准以覆盖被联邦立法遗漏的工作。如果州和联邦法律涵盖同样的工作，则以最低工资标准较高者为准。超过一半（29个）的州的最低工资高于联邦标准，最高的是哥伦比亚特区（12.50美元），其次分别是华盛顿州（11.50美元）、加利福尼亚州（11.00美元）和马萨诸塞州（11.00美元）。[12]一些城市（和县）也有最低工资法令，如旧金山（15美元）和西雅图（14～15.45美元，取决于雇主规模）。[13]

为什么有人反对设立法定最低工资或者提高最低工资标准？他们的顾虑是，因最低工资标准提高而增加的劳动力成本（如上所述，不仅包括适用最低工资标准的雇员，还包括其他受最低工资标准溢出效应影响的雇员）可能导致受影响的公司减少对工人数量及（或）其工作时间的需求。（参见我们在第7章对劳动力供求曲线的讨论。）换句话说，提高最低工资标准原本是为了帮助低工资工人，但最终反而可能减少了这些工人的就业机会。因此，最低工资标准是否能够有效发挥作用取决于提高最低工资标准所带来的收益是否大于因工作机会和（或）工作时间减少所造成的损失。[14]评价最低工资立法有效性的另一个考虑是提高最低工资标准所带来的收益是流向了来自低收入家庭的工人还是来自高收入家庭的工人。[15]当然，最低工资公共政策也关系到雇主的利益，因此长期而言它们也会设法去影响最低工资立法。就短期而言，雇主必须遵守最低工资法律，并且需要考虑最低工资的调整将如何影响公司的劳动力成本，公司能够在多大程度上将提高的成本转嫁给消费者，能够在多大程度上采取其他一些行动去控制或抵消所增加的劳动力成本。

图表17-5提供了一个例子，说明雇主是如何违反《公平劳动标准法案》的最低工资、工作时限和加班规定的，以及相应的后果。

17.2.2　加班和工作时间

《公平劳动标准法案》的加班工资条款规定，对每周超过40小时的工作时间支付数额为标准工资1.5倍的报酬。然而，一些工资和工时赔偿协议源自原告提起的私人集体诉讼案件。要求向所有工作时间和（或）加班时间付酬通常是这些诉讼的核心问题。例如，美国银行为就一桩全国性的集体诉讼达成和解支付了7 300万美元。该诉讼指控美国银行在全公司范围内制定了一项政策，要求非豁免型雇员必须无偿加班。[16]沃尔玛已经和解或输掉了大量诉讼案件，其中有一笔诉讼和解费高达6.4亿美元（因沃尔玛涉嫌没有为所有工作时间付酬，并要求工人在休息时继续工作），还有一笔诉讼和解费高达8 600万美元（因为沃尔玛没有向雇员支付雇佣关系终止时应支付的全部工资）。在另一

图表 17-5 工资与工时司调查案例：领英公司和费城一家运动酒吧与餐厅连锁店

领英公司（LinkedIn Corp.）已经向其加利福尼亚州、伊利诺伊州、内布拉斯加州和纽约州分公司的 359 名前任雇员和现任雇员支付了 3 346 195 美元的加班欠薪和 2 509 646 美元的违约金。美国劳工部工资与工时司的一项调查发现，领英公司违反《公平劳动标准法案》有关加班和记录保存的条款。调查人员发现，领英公司没有记录、结算一周内全部工作时间并为之付酬。《公平劳动标准法案》规定必须向法案适用范围内的（非豁免型）雇员的加班时间支付报酬。领英公司同意支付拖欠的全部加班工资，并采取积极措施防止再次发生违法行为。

费城运动酒吧与餐厅连锁店 Chickie's & Pete's 及其所有者小彼得·恰罗基（Peter Ciarrocchi, Jr.）签署了一份合意判决，同意支付九个地方 1 159 名现任雇员和前任雇员超过 680 万美元的拖欠工资，外加因从服务员那里不正当扣取小费和违反联邦最低工资、加班和记录保存条款所造成的损失赔偿（民事罚款 50 000 美元）。拟议的合意判决已提交给美国宾夕法尼亚州东部地区法院，等待法院的审查和批准。

《公平劳动标准法案》规定小费归收到小费的雇员所有；然而，餐厅经营者可以通过申请小费抵免从中获利，因为他们有义务向这些雇员支付全额最低工资。如果雇员的小费与雇主的直接工资加起来不到最低工资，雇主必须在薪酬发放期内补足差额。要求获得小费抵免的雇主只需支付给雇员每小时 2.13 美元的直接工资（自 1991 年以来没有变化），但这笔工资加上小费至少等于联邦最低工资（每小时 7.25 美元）。

工资与工时司的调查人员发现，该餐厅要求服务员将他们的一部分小费放入餐厅违规设置的"小费池"（即一种小费分享安排），占服务员每日餐桌销售额的 2%~4%。餐厅主人非法占有了"小费池"中大约 60% 的小费。这笔钱被大家称为"皮特税"，必须在每个班次结束时以现金形式交给经理。

此外，除了 Chickie's & Pete's 机场连锁店之外，其他所有连锁店的服务员和调酒师的工资都是固定的，即每班 15 美元——这个金额在任何情况下都不足以支付小费型雇员每小时 2.13 美元的最低现金工资，而当雇主根据联邦法律规定申请小费抵免时，这 2.13 美元就必须支付给小费型雇员。另外，当这些雇员一周工作时间超过 40 小时时，雇主没有按规定向他们支付加班费。调查人员还确定，雇员在参加强制性会议和培训上花费的时间没有得到报酬，而且餐厅不合理地要求雇员支付制服费。

根据合意判决的规定，餐厅将支付最低工资和拖欠的加班工资，并将不当保留的小费退还给服务员，同时支付违约金。此外，公司同意增强合规性，内容包括：为期 18 个月的外部合规性监控；额外 18 个月的内部合规性监控；就《公平劳动标准法案》规定的雇员权利向所有雇员提供培训；对任何需要向"小费池"缴款的雇员作出声明，详细说明该雇员缴款的金额、"小费池"中包含的工人的工作类别以及每个工作类别所占的具体百分比；餐厅所有者小彼得·恰罗基将为一家餐饮业刊物撰写一篇文章，阐述《公平劳动标准法案》规定的雇主义务；永远禁止 Chickie's & Pete's 和恰罗基未来违反《公平劳动标准法案》。

资料来源：U. S. Department of Labor, WHD News Release, Number 14-0940-SANI and WHD News Release, Number 13-0044-PHI.

宗可能提起上诉的案件中，法院下令沃尔玛支付 1.88 亿美元（因为其再次要求工人跳过或缩短休息时间或用餐时间）。

《公平劳动标准法案》的一个目标是通过提高在职雇员的加班成本并相对降低雇用额外雇员所需的工资成本，使更多的人可以分享现有的工作。然而，在《公平劳动标准法案》通过后的这些年里，当时催生这一立法的条件已经发生了变化。今天的雇主面临以下情况：（1）一个技能日益增加的劳动力群体，其中每个雇员的培训成本都相对较高；（2）更加高昂的福利成本，其中每个雇员的福利成本都相对固定。这些因素已经降低了收支平衡点——对于雇主而言，延长工作时间和支付加班工资比雇用更多雇员、开展更多培训和提供更多福利更合算。

同样，各州法律有时比《公平劳动标准法案》的规定更为严格。例如，加利福尼亚州规定，对每天超过 8 小时的工作时间支付数额为标准工资 1.5 倍的报酬，对每天超过

12 小时的工作时间支付数额为标准工资 2 倍的报酬。它同时还要求对每周工作 7 天的雇员支付额外的报酬。

豁免

负责执行《公平劳动标准法案》的美国劳工部工资与工时司就哪些工作可以不受《公平劳动标准法案》最低工资和加班条款限制规定了严格的**豁免**（exempt）标准。图表 17 - 6 对此进行了总结。奥巴马在总统任期结束前，发布了一项行政命令，指示劳工部长对《公平劳动标准法案》加班条款的豁免规则进行"更新和现代化"。[17] 这种做法所带来的预期是图表 17 - 6 所示的每周 455 美元的工资下限将大幅提高。具体而言，工资与工时司提议将这项薪水的"检验"标准提高到每周 970 美元，这将大大增加美国非豁免型雇员（即受《公平劳动标准法案》加班条款限制的雇员）的数量。（例如，美国人力资源管理协会已建议将这项薪水的检验标准提高到每周 615 美元。）[18] 请注意，在 2019 年 3 月，由特朗普总统领导的工资与工时司提出新的薪水检验标准——每周 679 美元（每年 35 308 美元）。如果是这样，那么图表 17 - 6 中的 455 美元都将变成 679 美元。如果需要即时更新的信息，请访问稍后的"网络资源"提供的工资与工时司的网站。

图表 17 - 6   情况说明书（17A）：《公平劳动标准法案》对管理人员、行政人员、专业人员、
计算机行业雇员及外部销售人员豁免条件的规定

管理人员豁免资格

管理人员要获得豁免资格，必须通过以下所有检验：

- 该雇员必须以月或者周为基础（以法律规定为准）领取报酬，且每周薪水不低于 455 美元*。
- 该雇员的主要职责必须是管理企业，或者是管理企业中按照惯例被公认的部门或分支机构。
- 该雇员必须按照惯例并定期指导至少两名全职雇员或同等职位雇员的工作。
- 该雇员必须有权招聘或解雇其他雇员，或者该雇员关于招聘、解雇、开发、晋升或任何改变其他雇员雇佣地位的意见和建议必须得到特殊重视。

行政人员豁免资格

行政人员要获得豁免资格，必须通过以下所有检验：

- 该雇员必须以月或者周为基础或者以工资或费用的方式（以法律规定为准）领取报酬，且每周薪水不低于 455 美元*。
- 该雇员的主要职责必须是从事与雇主或雇主客户的管理或一般业务运营直接相关的办公室工作或非体力工作。
- 该雇员的主要职责包括对重要事项行使自由裁量权和独立判断权。

专业人员豁免资格

专业人员要获得豁免资格，必须通过以下所有检验：

- 该雇员必须以月或者周为基础或者以工资或费用的方式（以法律规定为准）领取报酬，且每周薪水不低于 455 美元*。
- 该雇员的主要职责必须是执行需要先进知识的工作，即具有明显高智力特征的工作，包括需要持续行使自由裁量权和判断权的工作。
- 执行工作所需的先进知识必须属于某个科学或学术领域。
- 执行工作所需的先进知识通常需要经过专门的长期智力教育才能获得。

创新型专业人员要获得豁免资格，必须通过以下所有检验：

- 该雇员必须以月或者周为基础或者以工资或费用的方式（以法律规定为准）领取报酬，且每周薪水不低于 455 美元*。
- 该雇员的主要职责必须是执行需要创新力、想象力、创造力的工作，或者完成这些工作需要该雇员在某个公认艺术领域拥有特殊才能或付出创造性努力。

计算机行业雇员豁免资格

计算机行业雇员要获得豁免资格，必须通过以下所有检验：

- 该雇员必须以月或者周为基础或者以工资或费用的方式（以法律规定为准）领取报酬，且每周薪水不低于 455 美元 *。
- 该雇员必须是计算机系统分析员、计算机程序员、软件工程师或者在计算机领域执行以下职责的其他类似技术人员。
- 该雇员的主要职责包括：
1. 运用系统分析技术和程序（包括咨询用户）以确定软件、硬件或系统的功能规格；
2. 基于用户或系统设计规范并与之相关的计算机系统或程序（包括原型）的设计、开发、文档编制、分析、创建、测试或修改；
3. 与机器操作系统相关的计算机程序的设计、文档编制、测试、创建或修改；
4. 上述各项职责的综合，执行这些职责需要同等水平的技能。

外部销售人员豁免资格

外部销售人员要获得豁免资格，必须通过以下所有检验：

- 该雇员的主要职责必须是销售（以《公平劳动标准法案》的规定为准），或为服务或设施的使用获取订单或合同，顾客或客户将为此支付对价。
- 该雇员必须按照惯例并定期在雇主所在地之外或商业活动地点执行销售任务。

高薪雇员

从事办公室工作或非体力工作、年薪在 100 000 美元以上（其中必须包括每周不低于 455 美元以月或者周为基础或以费用的方式领取的报酬）的高薪雇员可不受《公平劳动标准法案》的限制，条件是：他们必须按照惯例并定期执行至少一项豁免型管理人员、行政人员或专业人员的工作职责（由关于豁免的标准检验确定）。

非豁免型雇员

蓝领工人。该豁免权不适用于体力劳动者或者其他"蓝领"工人——他们执行的工作通常需要运用手、身体技能和体力进行重复性劳动。

警察、消防员、医疗辅助人员以及其他现场急救人员。

这些雇员群体都是非豁免型的，均属于《公平劳动标准法案》的调整对象。

州法律

当州法律与联邦《公平劳动标准法案》不一致时，雇主必须遵守对雇员最有利的标准。

---

　　* 表示目前正在审查每周 455 美元的薪金基数。可登录 https：//www. dol. gov/whd/overtime _pay. htm for updates 查看更新信息。

　　资料来源：U. S. Department of Labor，Employment Standards Administration，"Wage and Hour Division Fact Sheet ♯17A：Exemption for Executive，Administrative，Professional，Computer & Outside Sales Employees Under the Fair Labor Standards Act（FLSA）."

　　有些雇主试图通过把雇员归类为管理人员来规避《公平劳动标准法案》的加班条款，即使这些"管理人员"的工作与其同事的工作只有细微的差别。然而，在美国劳工部的眼中，工作名称并不重要，工作的实际内容才真正重要。

　　美林证券与其加利福尼亚分部的金融分析师就加班工资问题达成了 3 700 万美元的和解协议。美林证券的一位金融分析师认为，由于他的薪水完全来自佣金，因此他不符合"薪水基数"检验所规定的行政人员豁免条件。原告也成功证明他在工作中没有充分的自由裁量权和独立判断权。相反，金融分析师的工作被认为是"生产性工作"，在整个金融行业中美林证券的业务是标准化的，法院的这一裁定也波及其他金融服务公司，同时导致了美林证券金融分析师薪酬制度的变革。[19]

　　随后，花旗集团旗下的美邦（Smith Barney）经纪公司以 9 800 万美元了结了一起《公平劳动标准法案》加班工资诉讼，瑞银金融服务公司（UBS Financial Services）和摩根士丹利也为了结类似诉讼支付了巨额款项。摩根大通与 3 800 名按揭贷款业务员达成了 4 200 万美元的和解协议。[20]美国劳工部命令沃尔玛向其工作期限超过四年的 4 500 名视觉中心经理和资产担保协调员支付 480 万美元的拖欠工资和损害赔偿金。[21]农夫保险公司（Farmers Insurance）和州立农业保险公司为了结与保险理赔员之间的加班诉讼案分别支出了 2.1 亿美元和 1.35 亿美元。这两起诉讼案件都是根据加利福尼亚州的法律提起的，而相较于联邦立法（也就是《公平劳动标准法案》），加利福尼亚州的法律对行政人员豁免条件的规定更加苛刻。实际上，根据《公平劳动标准法案》提起的类似诉讼都没有成功。

网络资源

访问美国劳工部工资与工时司的网站（http：//www. dol. gov/whd/overtime_pay. htm），并查看图表 17-6 所示《公平劳动标准法案》豁免标准的最新情况。

合规性的另外一个挑战是，"在雇员白天需要经常加班、深夜还要从手机终端发送电子邮件，不断变化、永远处于繁忙状态的工作场所，如何计算工作日的开始时间和结束时间，对雇主而言已成为一个问题"。[22]例如，美国广播公司新闻网的作者要求雇主为他们在工作时间之外因处理工作事务而使用智能手机支付加班工资。结果，美国广播公司新闻网要求这些作者签署协议，承诺放弃就此类活动要求支付加班工资的权利。对那些拒绝签署协议的作者，公司将收回他们的手机。[23]一项调查显示，超过一半的大公司已限制在办公室之外使用通信工具，1/3 的公司已限制使用远程办公模式。[24]

为了应对此类诉讼案件，有些公司已对一些雇员进行了重新分类。例如，在花费 6 500 万美元了结一起涉及加班问题的集体诉讼案后，IBM 对 7 000 名技术和支持雇员进行了重新分类。那些平均年薪达到 77 000 美元的雇员的基本工资被削减 15％，被削减的这部分工资在未来将由公司以加班费的形式进行补偿。[25]

《公平劳动标准法案》及其他法律的影响很大程度上取决于它们的执行力度。政府问责局（Government Accountability Office）的一份报告发现，该局秘密调查员曾假扮因雇主违反《公平劳动标准法案》而受侵害的雇员，在这些调查员提起的 10 宗案件中有 9 宗没有得到美国劳工部工资与工时司的正确处理。[26]例如，一个假扮刷碗工的调查员四次申诉他几乎五个月没有被支付加班工资。四个月后他才收到工资与工时司反馈，被告知需要 8～10 个月的时间才能开始对他的申诉进行调查。政府问责局也调查了现存档案。在另一个案例中，秘密调查员假扮一个违法的雇主，他似乎通过简单辩称"自己生意不好，支付不起加班工资"就能够逃避惩罚。档案记录显示，劳工部的调查员曾向这位由秘密调查员假扮的雇主说过"好吧，也就是说你现在所处的境况使你无法支付加班工资？"当秘密调查员对此表示肯定时，美国劳工部调查员似乎就放弃了调查，并称他将告知工人由自己来解决这个案件（即需要聘请律师）。为强化对《公平劳动标准法案》的执行，美国劳工部此后增加了工资与工时调查员数量。[27]

在日本，无酬加班也是一个主要问题。日本工会联盟（Japanese Trade Union Confederation）报告称，每个月有 2/3 的男性雇员都会加班 20 小时以上却得不到加班工资。[28]直到 2008 年，丰田才开始为在非正常工作时间参加质量控制计划的工厂工人支付加班工资。有些大公司引入了"不加班"工作日，雇员在这些工作日可以在下午 5 点

30 分准时下班。然而，问题是许多雇员把工作带回了家，这种情况被称为"隐蔽加班"。[29]"过劳死"已引发许多针对日本公司的诉讼案件。

涵盖哪些工作时间？

正如我们所看到的，雇主有时会因没有为雇员的工作时间付酬（例如，让他们"无偿加班"）而受罚。除了《公平劳动标准法案》，其他法律也开始发挥作用。职业安全与健康管理署（Occupational Safety and Health Administration）的立法规定了在每天八小时工作时间中必须提供的工间休息时间。《依进出门时间计酬法案》（Portal-to-Portal Act）规定，可以不为那些花费在"主要活动"之前的活动上的时间支付报酬。催生《依进出门时间计酬法案》的最初问题是矿工被迫往返于实际采矿点所花费的时间。肉类加工业是定义工作时间的几个案例的来源。就像花在穿戴防护服装并穿着防护服装走到作业区域的时间一样，花费在打磨刀具和切割工具上的时间也被算作付酬时间。[30]

《依进出门时间计酬法案》也适用于"随叫随到型雇员"，他们必须在正常工作日之外随时待命。消防员和应急人员就是典型的例子。今天，那些必须对在正常工作日安排之外发生的问题作出迅速反应的通信和软件服务人员就是新兴的一类有资格享受"随叫随到报酬"的雇员。（也请参见前面提到的美国广播公司新闻网的例子。）一般而言，如果雇员可以使用这种"随叫随到"时间来实现自己的目的，法律就不会要求雇主对这类时间付酬，即使这些雇员被要求佩戴寻呼机或必须让雇主知道如何才能找到他们。然而，如果他们被要求留在雇主的办公场所随时听候调遣，则雇主必须为他们的等待时间支付报酬。有时候会按照统一的标准为因随叫随到等候造成的不便支付费用。在计算加班工资时必须纳入这些费用。[31]

涵盖哪些收入？

《公平劳动标准法案》为加班时间规定了 1.5 倍的工资支付标准，然而是什么报酬的 1.5 倍？当更多的雇员有资格获得奖金时，人们就是否需要把奖金、收益分享以及股票期权收入纳入加班工资的计算展开了争论。工资与工时司 1999 年的一份咨询报告称，在计算加班工资时确实应该计入上述各种报酬。但由于额外的簿记和计算给雇主带来太多负担，以至于雇主索性不向**非豁免型雇员**（nonexempt employee）提供这些形式的报酬。《公平劳动标准法案》2000 年的修正案——《工人经济机会法案》（Worker Economic Opportunity Act）允许在计算加班工资时免除股票期权和奖金。由于礼物或特殊事件奖金都是完全由雇主自行决定的，而不是雇员在符合某些条件时必然会获得的报酬形式，因此它们从来就没有被纳入加班工资计算的必要。

补偿性休假

工作场所和薪酬制度性质的变化引发了修改《公平劳动标准法案》的呼声，人们希望通过该法案的修改对工作时间的安排更加灵活，对可变薪酬计划的管理更加容易。

联邦立法提议（但还没有通过）给予雇员和雇主以加班工资换取休假的选择权。雇主可以不再向一天工作 10 小时的雇员支付加班工资，而是由雇员自行决定在另外的时间安排两个小时或更多时间的休息。或者，可以用每周 50 小时的工作时间来交换未来每周 30 小时的工作时间。[32] 雇员可以有更多时间灵活处理个人事务，同时雇主也可以节约劳动力成本。这种变革对于那些需要抚养小孩和（或）照料老人的雇员特别有吸引力。调查显示，81％的女性雇员都愿意用补偿性休假来代替加班工资。[33]

17.2.3　童工

一般而言，法律禁止雇主雇用 18 岁以下的人从事诸如肉类包装或树木砍伐等危险性工作；禁止雇主雇用 16 岁以下的人从事州际商业活动，但为父母或监护人从事的非危险性工作除外。其他的例外和限制也同样存在。[34]

美国的工会运动在阻止为美国消费者生产商品的境外雇主使用童工上发挥了带头作用。政府的指导方针帮助进口商监督为美国市场生产商品的分包商的雇佣行为。国际劳工组织最近的一份研究报告指出，全球童工的数量正在下降，这一点在拉丁美洲表现得尤为明显。作为儿童数量占整个拉丁美洲儿童总数一半的两个国家，巴西和墨西哥在限制童工使用方面取得的成就最突出，该项研究将此归因于这两个国家在政治意愿、意识水平、减少贫困及文化教育等方面的不断改进。其中，14 岁及以下童工数量以及从事危险性职业的童工数量减少得最多。童工比率最高的地区是撒哈拉以南的非洲，这一地区的高人口出生率、极端贫困以及艾滋病的蔓延导致许多家庭依靠儿童来获取收入。[35]

17.3　生活工资

虽然生活工资条款并不属于《公平劳动标准法案》的内容，但由于它与《公平劳动标准法案》的最低工资条款具有相似性，因此我们在此对这一主题进行一些讨论。

近年来的一种替代性方法不是（单独）推动《公平劳动标准法案》改革，而是推动实施地方化的"生活工资"，即根据当地的生活成本制定最低工资标准。[36] 此类法律的覆盖范围比最低工资法要窄，因为它们只覆盖城市（或州）的雇员和（或）与城市进行商业活动的雇主（即承包商和分包商）。有时候这些法律在内容上仅涵盖基本工资，但更为常见的是它们会对医疗保险、休假、带薪病假、工作保障等作出规定，并且提供激励以推动工会化。

马里兰州成为第一个在全州范围通过**生活工资**（living wage）法令的州。该法令自 2009 年起正式实施，适用范围覆盖"执行州资助的服务合同的某些承包商和分包商"。[37] 根据所在地区不同，最低生活工资为 10.36～13.79 美元，而州最低工资为 9.25 美元。在全美不同的城市、县、大学及其他公共机构共实施了 140 多项生活工资法令。加利福尼亚州的生活工资法令最多，其次是密歇根州、纽约州和威斯康星州。[38]

洛杉矶的生活工资法律覆盖了那些"与城市签订了协议的承包商/分包商"。该法律规定生活工资为每小时 12.73 美元（包括雇主提供的医疗保障福利）。对于某些职业，法律规定的生活工资标准更高，例如，机场工作人员的生活工资标准为每小时 18.99 美元（包括医疗保障福利）。[39]

一项关于洛杉矶生活工资立法影响的研究发现，在该法律覆盖的所有雇员中，有

7 735 人的工资平均增长了 20％。[40]为保持工资级差不变，另有 149 名未被该法律覆盖的雇员的工资也获得提升。为了适应该法律，雇主只在雇佣安排方面做了很小的调整——估计有 112 个工作（占该法律覆盖工作的 1％）被削减。在所有受到该法律影响的工作中，对福利的削减不到 5％，其中被削减的项目包括医疗保障、绩效加薪、奖金及雇主提供的膳食等。受到该法律影响的公司在对新雇员的培训方面没有发生变化，但未受到影响的公司正不断加强这方面的培训。由于流失率和缺勤率的降低，公司获得了实实在在的好处。新雇用人员的素质不断提高，许多人比在生活工资法律通过之前拥有更高的受教育水平和培训水平。在新雇用人员中，男性比例有所提高——达到 56％，而在生活工资法律通过之前这一比例为 45％。该项研究还发现，生活工资立法带来的收益的 70％都流向了低收入家庭。

生活工资法律越来越受到人们的青睐。工会联盟的成员和宗教团体都对这些立法持支持态度。由于这些法律适用范围太窄，有人猜测其真正意图是减少市政当局可能从外包中获得的成本节省。外包减少意味着政府工作增加，而这通常又会增加工会会员的数量。[41]

17.4　雇员还是独立承包人？

正如我们在第 12 章所看到的，美国法律规定雇主有义务为雇员支付涉及社会保障、失业救济和工伤赔偿等福利项目的税费。正如我们在第 13 章所看到的，私人企业每名雇员的平均总薪酬为每小时 33.72 美元，其中 23.47 美元是基本工资，其余 10.25 美元是福利。在 10.25 美元中，2.62 美元为刚刚提到的法定福利。[42]但是，当某个工人的身份属于独立承包人而非雇员时，雇主就无须再为其提供这些法定福利。另外，独立承包人通常也不会得到其他形式的福利。独立承包人没有资格享受加班工资待遇（标准工资的 1.5 倍）。因此，将一个工人划为雇员还是独立承包人对于一个雇主而言具有重大成本意义，而且涉及的工人越多，这种成本意义就越大。或许不太明显的一点是，守法的雇主通常被置于被动的地位——这是因为相比那些故意对工人进行错误分类的雇主（除非这种违法行为被发现），守法的雇主因守法而提升了成本。最后，如果工人得不到本应得到的福利和法律保护，他们自然就会遭殃。

就像我们在前面所讨论的《公平劳动标准法案》的例外情况一样，雇主在作出将工人划分为雇员还是独立承包人的决策时需要仔细研究合法性问题。美国联邦税务局实施的税法和美国劳工部实施的《雇员退休收入保障法案》都是相互关联的。为理解对雇员错误分类给政府造成的潜在收入损失，让我们看一个例子：俄亥俄州的总检察官估计，仅俄亥俄州就一度有 92 500 名被错误分类的工人，估计由此对该州造成的失业保险税损失达 0.35 亿美元，工伤赔偿税损失达 1.03 亿美元，个人所得税损失达 2.33 亿美元。（注意：有研究显示被错误分类为独立承包人的工人漏报了他们 30％的收入。）[43]美国联邦税务局提供了最常用的工人分类标准，如图表 17-7 所示。行为控制和财务控制是两个常见标准。公司对工人实施的控制越多，美国联邦税务局就越有可能将工人视为雇员而非独立承包人。美国联邦税务局的标准还涉及当事人双方关系的类型，包括它的永久性等。"互惠保险公司诉达顿"一案中，最高法院在裁定工人是否属于《雇员退休收入保障法案》下的雇员时就运用了类似的标准。[44]最常被错误分类的工人包括卡车司机、建筑工人、家庭健康护理工以及高科技行业的工程师。[45]

图表 17 - 7 雇员还是独立承包人：美国联邦税务局的检验标准

行为控制。表明企业是否有权指导和控制被雇用工人如何完成其指定工作的事实，这些事实的类型和存在程度包括：

    企业给予工人的指令。雇员通常要服从业务关于何时、何地以及如何工作的指令。即使没有给予指令，如果雇主有权控制如何实现工作结果，那么也会存在充分的行为控制。指令类型的例子包括：何时和在哪里工作，使用什么工具和设备，招聘什么样的工人或工人该如何辅助工作，在哪里购买供应品和服务，特定的个人必须承担什么样的工作，应该遵循什么顺序。

    企业给予工人的培训。可以对雇员进行培训，使其以特定方式提供服务。独立承包人通常使用他们自己的方法。

财务控制。表明企业是否有权控制工人工作的业务方面的事实，这些事实包括：

    工人拥有无须报销的业务费用的程度。相对于雇员而言，独立承包人更有可能拥有无须报销的业务活动费用。

    工人投资的程度。独立承包人在为他人提供服务时通常要为自己所使用的设施进行巨额投资。

    工人向相关市场提供服务的程度。独立承包人通常可以自由地寻找业务机会。独立承包人经常做广告，维持一个可见的业务活动场所，并且在相关市场上提供服务。

    企业如何支付工人报酬。雇员通常被保证在每小时、每周或每个其他时间段获得固定工资。独立承包人通常为自己所从事的工作获得一笔固定费用。然而，在某些专业领域，比如法律，按小时向独立承包人支付费用也很常见。

    工人可以实现盈利或亏损的程度。独立承包人可以盈利，也可以亏损。

关系类型。表明当事人双方关系类型的事实，这些事实包括：

    书面合同描述了双方打算建立的关系。

    是否向工人提供了雇员型福利，比如保险、养老金计划、带薪休假或带薪病假等。

    关系的永久性。如果你雇用一名工人并期望这种关系无限期持续下去，而不是为某个特定项目或特定时期所做的权宜之计，通常这会被当作你打算建立雇佣关系（雇主与雇员关系）的证据。

    工人提供的服务在多大程度上属于公司正常业务的关键方面。如果工人提供的服务是你正常业务活动的关键方面，那么你就更有可能有权指挥和控制他的活动。例如，如果一家律师事务所雇用了一名律师，它就可能将该律师的工作视为律师事务所工作的组成部分，并有权控制和指挥该律师工作。这意味着二者之间建立了一种雇佣关系（雇主与雇员关系）。

资料来源：Adapted from Internal Revenue Service, Department of U. S. Treasury, Publication 15 - A, January 31, 2012.

    微软曾以独立承包人的方式招聘工人。它要求这些工人通过签订协议来承认自己的独立承包人地位。然而，在美国联邦税务局一份审计报告得出这些工人实际都是雇员（而非独立承包人）的结论后，微软同意依法缴纳相关税费（见前文相关内容）。微软在一些项目上所使用的工人通常与普通雇员工作于同一个团队，承担的工作内容相似，工作的时间相同，并且受相同的经理监督。微软也要求这些工人在现场工作，并为他们配备了办公设备和用品。[46]

    后来两起针对微软的独立诉讼案（"比斯凯诺诉微软案"和"休斯公司诉微软案"）迫使微软向工人补充提供它已向别的雇员提供的其他形式的福利（例如，折价购买股票计划）。许多工人已经为微软服务了几年，其中一些人的服务年限长达 10 年。微软最终花费 9 700 万美元了结了这些诉讼案件，这笔钱扣除律师费后将在 8 000～12 000 名微软招聘的工人之间分配，这些人在为期几年的合同期内至少为微软工作了 9 个月。[47]微软实施了新的制度，包括将独立承包人的任务期限制在 12 个月内，而且两次任务之间的时间间隔至少为 100 天。最近，联邦快递被责令向加利福尼亚州的 203 名司机支付 2 700 万美元（"埃斯特拉达诉联邦快递地面包装系统公司案"），原因是美国联邦税务局裁定这些司机被错误地分类为独立承包人。[48] 对于联邦快递而言，事情或许远未结束。美国联邦税务局宣布，在初步裁定联邦快递错误地将工人划分为独立承包人后，它正考虑责令联邦快递缴纳一年总额为 3.19 亿美元的税收和罚金，同时也在研究其他年份的税收和罚款事宜。[49]

■ 17.5　通行工资法律

通行工资法律（prevailing wage law）旨在为按照联邦政府合同生产商品或提供服务的工作设定报酬。"政府确立的通行工资"是必须向涉及政府项目或政府采购的工作支付的最低工资。以波士顿耗费纳税人 150 亿美元在地下铺设高速公路的"大开挖"（The Big Dig）项目为例。[50] 如此大规模的建设项目吸引了来自各个地区的大量工人，并改变了劳动力市场的供求状况。通行工资法律禁止承包商利用工人的规模来压低工资。当时该法律得以通过主要是为了应对在大萧条时期诸如胡佛大坝等重大建设项目出现的新情况。在内华达州炎热的七月倒下的工人或因事故死去的工人都会迅速被驻扎在工地附近的失业大军替代。

为了遵守这一法律，承包商必须为一个地区的建筑工人确定"现行工资标准"。实际操作过程中，工人的"工会工资标准"变成了这种"现行工资标准"。然后这一工资标准又成为政府投资项目的法定最低工资标准。这种工资标准带来的一个影响就是扭曲了市场工资标准并抬高了政府投资项目的成本。例如，根据劳工统计局公布的数据，几年前肯塔基州管道工的市场工资标准为每小时 18.15 美元。然而，对肯塔基州奥斯利县的工资调查发现，公共项目的管道工的工资标准为每小时 23.75 美元，比政府公布的市场工资标准高出 30%。[51]

许多法律都包含通行工资条款。它们随着适用范围内的政府支出的变化而变化。主要的通行工资法律包括《戴维斯-培根法案》、《沃尔什-希利公共合同法案》、《服务合同法案》以及《国家艺术与人文基金法案》（National Foundation for the Arts and Humanities）。一连串的新法律把通行工资的适用范围推广到美国的新移民以及在特殊条款下在美国工作的非本国公民。例如，1999 年《贫困地区护理救济法案》（Nursing Relief for Disadvantaged Areas Act）允许符合条件的医院在某种特定的签证计划下雇用外国雇员作为注册护士，工作期限最长为三年。医院必须向这些外国雇员支付国内注册护士的通行工资。也存在针对合法移民和农场工人的类似法案。

目前为止所讨论的法律都是在 20 世纪三四十年代通过的，它们主要是为了应对当时特殊的社会问题。虽然这些立法一直沿用到现在，但 20 世纪 60 年代的平权运动将不同的社会问题推到了风口浪尖。《公平工资法案》和《民权法案》相继通过。这些法律对人力资源管理和薪酬管理有重要影响，我们接下来进行详细讨论。

17.6　反垄断问题

我们曾在第 8 章指出，在设定雇员薪酬时需要警惕反垄断问题。一宗以谷歌、苹果、英特尔和奥多比系统公司（Adobe Systems）64 000 名前软件工程师和程序员为原告的诉讼案（被称为高科技诉讼案）指控这些公司在 2005—2009 年达成一项协议，约定不以挖人的方式招募对方雇员。考虑到职业发展——无论是在目前任职的公司还是在另一家公司（通常是薪水较高的公司）——是雇员职业收入的主要来源之一，这些公司为避免人才争夺战而采取的行动（通过反竞争行动）被认为导致了雇员薪酬损失。该诉讼案称，不挖人协议的主要策划者是苹果公司已故的前总裁史蒂夫·乔布斯。（确实，根据协议文件的有关要求，2007 年，当谷歌的招聘人员就一份工作联系一名苹果雇员时，乔布斯提出申诉，据称谷歌的这名招聘人员在一个小时内即被解雇。）该案诉讼当事人最终同意以这些公司（上述公司再加上后来的财捷（Intuit）、卢卡斯影业（Lucasfilm）和皮克斯动画工作室（Pixar））支付 4.35 亿美元补偿工资（以及法律费用）的方式达成和解。在另一个案例中，Animation Workers 连同其他几家公司耗资 1.689 5 亿美元了结了类似诉讼案件，其中包括作为高科技诉讼案一方的卢卡斯影业和皮克斯动画工作室等公司，以及其他一些知名公司（例如，迪士尼、索尼动画和梦工厂动画（Dream Works Animation SKG）等公司）。[52]

17.7　工资歧视：定义

在考察具体的工资歧视法律之前（图表 17 - 8 对有关内容进行了总结），首先让我们讨论更为一般的关于如何从法律上定义歧视的问题。法律承认两种类型的歧视：进入歧视和评估歧视。歧视指控和反歧视指控（往往成为新闻焦点）主要是指**进入歧视**（access discrimination）：拒绝向符合条件的女性和少数族裔人士提供特定就业、晋升或培训的机会。例如，密歇根大学因为在决定学生的录取资格时针对不同种族群体采用了不同的标准而受到进入歧视的指控。作为一名少数族裔学生可以得到 20 分的加分，而入学申请论文写作只能得到 3 分的加分。（作为一名运动员也可以得到 20 分的加分。）2003 年最高法院作出裁决：虽然学校在招生时可以考虑种族因素，但因为这 20 分的分差在应用上比较机械，因此将它判定为非法。[53]然而，密歇根大学法学院的招生程序却获得了支持，因为这一程序经过严格调整而且具有更大的灵活性。与录取本科生时采用的增加 20 分的做法不同，法学院要对少数族裔申请者进行面试而且对整个记录进行审查。（法院没有处理关于运动员或校友子女或重要捐助人的优惠待遇问题。）[54]但是，密歇根州随后通过一项宪法修正案，禁止在该州的公立大学中实行具有种族意识的招生政策。

图表 17 - 8　联邦工资歧视法律及执行

	《公平工资法案》	《民权法案》第七章	《第 11246 号行政命令》
实施年份	1963 年	1964 年	1965 年
禁止基于以下事实实施歧视	性别	种族、肤色、宗教信仰、性别或民族	种族、肤色、宗教信仰、性别或民族

续表

	《公平工资法案》	《民权法案》第七章	《第 11246 号行政命令》
禁止的工资歧视类型	"工作内容相同，完成这些工作需要相同的技能、努力和责任，并且执行这些工作所需的工作条件相似，除非薪酬支付是依据：(1) 资历报酬制度；(2) 绩效加薪制度；(3) 依据产品数量或质量评价结果的计酬制度；(4) 基于性别之外任何其他因素的差异。"(《公平工资法案》)	"(参见) 雇佣的薪酬、条款、条件或特权"(《民权法案》第七章)	"在统计意义上，情况相似的雇员之间的薪酬差异显著……在考虑了影响薪酬的合法因素后。"(《系统性工资歧视》(Systemic Compensation Discrimination)，《联邦公报》(Federal Register)，2006 年 6 月 16 日)
适用范围	与《公平劳动标准法案》相同，实际上适用于所有雇主	雇员人数大于等于 15 人的雇主。雇员人数大于等于 100 人的雇主还必须提供"公平就业机会—1"年度报告，报告要说明九类工作中不同种族、民族、性别的雇员各有多少人。涵盖的雇主总数超过 600 000 个。*	政府合同标的大于等于 10 000 美元的政府承包商和分包商。雇员人数大于等于 50 人或合同标的大于等于 50 000 美元的承包商必须提供"公平就业机会—1"年度报告，报告要说明九类工作中不同种族、民族、性别的雇员各有多少人。涵盖的雇主总数超过 116 000 个。**
执行机构	公平就业机会委员会	公平就业机会委员会	美国劳工部联邦合同合规项目办公室 (Office of Federal Contract Compliance Programs)
执法行动的主要触发因素	雇员申诉驱动	雇员申诉驱动	定期审查

* U. S. Government Accountability Office，"Federal Agencies Should Better Monitor Their Performance in Enforcing Anti-Discrimination Laws,"GAO Reports，Report Number GAO-08-799. Washington，D. C. ，August 2008.

**Department of Labor. Office of Federal Contracts Compliance. Government Contractors，Requirement to Report Summary Data on Employee Compensation. Federal Register/Vol. 79，No. 153/Friday，August 8，2014/Proposed Rules.

　　对歧视的第二种法律认可的解释是**评估歧视**（valuation discrimination），它考察的是女性雇员和少数族裔雇员所从事工作的工资待遇问题。对于我们的目的而言，这是更加重要的定义。《公平工资法案》明确指出：对从事与男性雇员同等工作（即在同一个工厂并肩劳动，从事相同内容的工作，产生相同的工作成果）的女性雇员支付比男性低的工资是一种歧视行为。工资歧视的这一定义取决于"同工同酬"的标准。

　　许多人认为评估歧视的这种定义还不够深入。他们认为在男性雇员和女性雇员从事完全不同工作的情况下也可能发生评估歧视。例如，办公室及文秘类工作通常由女性雇员承担，手工类工作（电工、焊工）则通常由男性雇员承担。如果这两类工作的工作内容或工作结果不同，但是它们在某种意义上对雇主而言具有**同等价值**（comparable worth），那么向从事这两类工作的某一类雇员支付较低工资而向另一类雇员支付较高工资的做法是否算作歧视？[55]

在这种情况下，有关人士建议把工资歧视的定义建立在价值同等工作的工资相同（又称为**工资平等**（Pay equity）或**性别工资平等**（gender pay equity））的标准之上。现行的美国联邦法律并不支持这一标准。然而，有几个州已经出台法律，要求向州和地方政府雇员实施同等价值的标准。加拿大也进行了重大的薪酬公平性调整（见后面的讨论）。为了理解同等工作和同等价值标准的法律基础，让我们对立法和关键法院案例进行讨论。

■ 17.8　《公平工资法案》

如果雇员在相同的机构从事同等的工作，则 **1963 年《公平工资法案》**（Equal Pay Act of 1963）（《公平劳动标准法案》的一部分）禁止对雇员实施基于性别的工资歧视。如果完成工作需要同等的技能、努力和责任，并且工作的执行需要相似的条件，则这些工作被认为是同等工作。

如果从事同等工作的男性雇员与女性雇员之间的工资差异是基于如下四种标准（通常称为"积极性抗辩"），这些差异就是合法的：

- 资历。
- 绩效的贡献或质量。
- 产品的质量或数量。
- 除性别以外的其他因素。

这些用于比较和抗辩的条件似乎简单得令人迷惑。然而，大量的法院案例已被要求澄清《公平工资法案》的条款，尤其是它关于"同等性"的定义。

17.8.1　同等性的界定

在 1970 年"舒尔茨诉惠顿玻璃公司"案件中，最高法院首次确立了界定同等工作的指导原则。惠顿玻璃公司（Wheaton Glass Company）坚持将其生产部门的选择器包装工分为两个**工作类别**（job classification）：男性工作组与女性工作组。女性工作组的工资标准比男性工作组的工资标准低 10%。公司声称男性工作组的工作包括诸如铲除碎玻璃、开仓库大门以及搬运重物等额外任务，所有这些任务都是工资差异合理性的证明。但原告声称这些额外的任务并没有被经常执行，而且并非所有的男性雇员都执行这些任务。另外，某些男性雇员执行的这些额外任务也经常被另外一个工作组的雇员执行，而这些雇员的工资标准只比女性雇员的工资标准高两美分。一个工作组的某些雇员偶尔执行的这些额外任务是否导致了工作的非同等性？

最高法院认为这些额外任务并没有导致工作的非同等性。法院裁决指出，同等工作的标准只要求工作在"实质上"等同，而不是完全一致。另外，在其他一些案例中，雇员实际承担的工作职责与工作说明规定的职责并不一致，法院认为，必须使用"实际执行的工作内容"来决定工作在实质上是不是同等的。

17.8.2　技能、努力、责任、工作条件的界定

美国劳工部提供了这四个要素的定义：

1. 技能：按照某个特定工作的绩效要求衡量的经验、培训、受教育程度和能力。

2. 努力：脑力或体力——在完成某项工作中实际付出的努力程度（不是努力的种类）。

3. 责任：完成某些工作所要求的负责程度。

4. 工作条件：执行某项工作的物理环境和危险性，包括室内工作与室外工作、热、冷、通风条件差等衡量维度。

澄清这些定义的指导方针是通过法院的判决演化而来的。对雇主的工作非同等性主张的支持必须满足下列条件：

1. 被比较的两种工作各自所需的努力/技能/责任必须在实质上有更大的区别。

2. 对于额外工资受到质疑的所有雇员，那些需要付出额外的努力/技能/责任的任务必须消耗这些雇员相当长的工作时间。

3. 额外付出的努力/技能/责任必须与处于争议中的工资差异（就像雇主自己的评价决定的那样）具有"价值相称性"。

工作的时段（例如，晚班）并不是差异性工作条件的构成要素。然而，如果对晚班工作支付了差异性的工资，就必须将工资差额从该工作的基本工资中分离出来。

17.8.3 除性别以外的其他因素

在同工不同酬的四个积极性抗辩中，"除性别以外的其他因素"引发的法院案例最多。除性别以外的其他因素包括班次差异，临时性任务，真正的培训计划，基于能力、培训或经验的差异以及其他"经营必需性"原因。

除性别以外的其他因素已经被解释为一种广泛的例外性因素的集合，其中可能包括雇主提出的经营性原因。一种做法并不会仅仅因为产生性别工资差异就被自动禁止。然而，雇主必须证明这种做法在经营上的相关性。[56] 通常而言，人们不会单独挑出一种具体的做法进行质疑；相反，争论会集中在一种"实践模式"上。这正是美林证券一群女性经纪人在她们的集体诉讼中指控的内容。美林证券的客户主要包括离职经理人留下来的客户、自动登门的客户、被推荐的客户，而这些女性经纪人关注的是这些客户是如何在经纪人之间进行分配的。她们感觉到公司向高层男性经纪人分配了最有发展前景的大客户，而其余的每一个人，包括 15% 的女性经纪人，得到的只是一些"残羹"。这些女性经纪人认为美林证券在工资、晋升、客户分配、产假以及其他方面歧视女性。通过谈判达成的解决方法承诺确立一种更为公开的分享大客户的方法，并且在决定奖金和产量定额时不会因为经纪人休假而对经纪人作出惩罚。

由于此类案例都是庭外和解的，因此目前还没有对"除性别以外的其他因素"的法律说明。似乎确实可以从与公司经营相关的原因这一角度对同工不同酬的合理性进行有说服力的解释。但是，哪些因素与经营相关而哪些因素又与经营不相关，对此也没有令人信服的分类。

17.8.4 "反向"歧视

许多人不喜欢"反向"歧视这个词，认为即使遭受不公待遇的群体是白人男性，也仍然是一种歧视。有几个法院案例涉及调整女性工资时对男性的歧视。内布拉斯加大学建立了一个工资模型，根据教师的受教育程度、专业领域、直接经验年限、相关经验年限和个人功绩等计算其工资。基于这些条件，内布拉斯加大学为工资低于模型计算结果的 33 名女性教师增加了工资。然而，内布拉斯加大学没有给类似的 92 名男性教师增加工资，这些男性教师的工资也低于模型根据其条件计算出的工资水平。法院认为，这一制度违反了《公平工资法案》。它认为，内布拉斯加大学实际上正在使用一种基于特定的标准来决定工资发放计划的新制度。拒绝向某一性别的雇员支付这些标准要求的最低工资是违法的。

总的来说，法院已经为解释《公平工资法案》提供了明确的指导。薪酬制度的设计必须遵循"实质上同等的工作，工资必须相同"的政策。实质上同等的工作的确定必须基于实际执行的工作活动（工作内容），并且必须反映它所涉及的技能、努力、责任以及工作条件。如果薪酬制度的设计是为了以非歧视性方式认可绩效、资历以及工作结果的质量和数量差异，或者除性别以外的其他因素的差异，那么向从事实质上同等的工作的男性雇员与女性雇员支付不同的工资就是合法的。而且，如果雇主设计了新的薪酬制度，这种制度就必须应用于所有的雇员。

但是，对于那些在实质上"并非同等"的工作（差异性工作）的歧视问题，这又给予我们怎样的启示呢？58% 的职业女性从事的工作与男性从事的工作在实质上都是不同的，因此她们不受《公平工资法案》的保护。《民权法案》第七章把这部分人纳入了保护范围。

■ 17.9　1964 年《民权法案》第七章和相关法律

《民权法案》伴随着 20 世纪五六十年代的民权运动产生，是一部影响深远的法律。**《民权法案》第七章**（Title Ⅶ of the Civil Rights Act）禁止在任何雇佣环节（包括招聘、解雇、晋升、转岗、薪酬和参与培训计划等）基于性别、种族、肤色、宗教信仰或民族等歧视雇员。《民权法案》第七章分别在 1972 年、1978 年和 1990 年进行了修订。公平就业机会委员会负责《民权法案》第七章的执行。正如我们在图表 17-1 中看到的，考虑到公平就业机会委员会的执法行动和私人集体诉讼和解，在五年时间内，公平就业机会问题给雇主造成的广义损失（涉及《民权法案》第七章）约为 20 亿美元。

除了《民权法案》第七章，1967 年《**年龄雇佣歧视法案**》（Age Discrimination in Employment Act）和 1990 年《**美国残疾人法案**》（Americans with Disabilities Act）也分别禁止基于年龄和身体残障歧视雇员。当公司实施劳动力削减计划时，遵守《年龄雇佣歧视法案》通常是需要考虑的一个关键问题。《年龄雇佣歧视法案》不仅规范与年龄相关的工资差异和雇佣结果差异，它的 1990 年修正案还将《年老员工福利保护法案》（Older Workers Benefit Protection Act）纳入其中，后者详细规定了如何使用涉及老年工人的离职协议（例如，提前退休激励）。例如，签订上述离职协议时必须给予老年工人 21 天的考虑时间。

《民权法案》第七章的工资歧视案件通常集中在薪酬、晋升、加薪和绩效评价等方面的差异上。在这些方面由于种族原因造成的差异是针对美林证券的诉讼的核心内容，由于性别原因造成的差异是针对美国银行的诉讼的主要问题。这两家公司分别以 1.6 亿美元和 3 900 万美元与原告达成和解。[57] 当然，这些案件不仅在法律费用方面，而且在公司形象、雇员关系及对核心业务所投入的时间等方面，给雇主带来了巨大成本。那些能够在守法方面成功采取主动措施的雇主增加了避免发生此类诉讼案的可能性。

这些类型的和解都是集体诉讼的结果。集体诉讼是指"当事人在事情最终解决之前的某一时刻表明他们代表自己以及在诉讼中没有特别指明的其他人提起诉讼意图的民事案件"。[58]与就业有关的集体诉讼（比如，那些与公平就业机会/歧视有关的诉讼）对雇主来说代价可能非常高昂，因为这些诉讼可能包括大量的潜在原告（雇员、前雇员和潜在雇员）。这些潜在的原告可以在未经事先联系的情况下被纳入集体诉讼。相反，如果主要原告在法院获胜，或者与雇主达成和解，这些潜在原告可以选择退出。（与《公平劳动标准法案》有关的诉讼有所不同。）[59]此类和解方案通常包括向集体诉讼的每个成员支付补偿工资（在没有受到歧视的情况下本应获得的工资）。集体诉讼规模越大，雇主的潜在成本就越高。显然，集体诉讼的关键问题是对诉讼集体的定义。把大量潜在原告纳入集体诉讼的难度越小，雇主面临的潜在责任就越大，原告（及其律师）的潜在回报也就越大。《联邦民事诉讼规则》（Federal Rules of Civil Procedure）第 23 条和《美国法典》有关章节对诉讼集体的组成作出规定，其中的一个规定是利益的共同性。[60]2011年，美国最高法院在杜克等人诉沃尔玛一案中作出的裁决使得原告证明诉讼集体（潜在原告）的难度增大。最高法院"撤销了一项潜在原告集体证明决定，涉及在沃尔玛 3 400 家门店不同职位的 150 万名拿薪水和领计时工资的女性雇员共同提起的诉讼，撤销的理由是原告无法提出一个整个诉讼集体都能给出共同答案的共同问题。最高法院裁定原告必须证明沃尔玛是在'总体歧视政策'下经营的，但最高法院的认定（本案提供的证据）中完全没有这种政策"。[61]一些专家认为，关于沃尔玛的裁决已经导致雇主更积极地挑战集体诉讼，也导致雇主不太愿意通过和解来避免诉讼。[62]但是，也有证据表明原告及其律师正使用新方法来满足《联邦民事诉讼规则》第 23 条关于诉讼集体的规定，而且值得注意的是，在关于沃尔玛的裁决作出后，美林证券耗资 1.6 亿美元就一宗关于歧视的集体诉讼案达成和解。[63]

另一个阻碍提起集体诉讼的因素是雇主的新策略——不仅要求雇员同意通过仲裁（而不是诉诸法律行动）解决他们个人的雇佣歧视申诉，而且要求他们同意放弃作为集体诉讼一部分的起诉权利。（作为放弃这一权利的回报，雇主必须提供一些被称为"对价"的东西。）雇主更喜欢采用仲裁方式，因为仲裁更快捷、更便宜，特别是如果它可以代替昂贵的集体诉讼的话。目前，法律还未明确放弃这种权利是否合法。美国国家劳动关系委员会裁定，不得要求工人放弃参与集体诉讼的权利。然而，另一种观点认为，2011 年最高法院的一项关于美国电话电报公司移动分公司诉康塞普西翁一案的裁决（在非雇佣诉讼背景下）可以适用雇佣法律，以使这种放弃权利的行动合法化。西尔斯（Sears）、诺德斯特龙、优步和哈利伯顿（Haliburton）等公司都在采用这种做法。据报道，自 2011 年最高法院作出裁决以来，放弃此类权利的情况普遍大幅增加。[64]

尽管集体诉讼可能会给原告带来更大的挑战，但 2009 年通过的《莉莉·莱德贝特公平工资法案》预计将进一步加大雇主面临的合规性挑战。歧视指控的法定诉讼时效是自被控歧视性雇佣实践发生之日起 180 天内（在有些拥有自己的公平就业机会机构的州是 300 天）。莉莉·莱德贝特（Lilly Ledbetter）是在作为一个轮胎厂的主管离职后提起歧视诉讼的，她的指控基于被控歧视性薪酬决策对她所造成的后续影响，但被控薪酬决策是在 19 年前作出的，诉讼时效已远远超过 180 天。在 2007 年，最高法院裁定（"莱德贝特诉固特异轮胎橡胶公司"案）被控薪酬决策因超出法定诉讼时效而不具备可诉性。然而，2009 年《莉莉·莱德贝特公平工资法案》推翻了最高法院的这一裁决，取而代之的是它规定工资歧视发生的时间和 180/300 天诉讼时效的计算起点是"每一次雇主进行歧视性工资支付之时，而不仅仅是雇主在作出不利的薪酬决策之时"。[65] 按照公平就业机会委员会的说法，"该法案恢复了'莱德贝特诉固特异轮胎橡胶公司'案之前公平就业机会委员会的立场——每一次带有歧视性的工资支付行为都是错误的，而且在联邦公平就业机会委员会法律框架下都是可诉的，而不管歧视行为在何时发生"。[66] 有人认为，"雇主将被要求对退休的经理和主管在几年前甚至数年前作出的行动和决策进行辩护"。[67]

法院判例已经确立了《民权法案》第七章下歧视行为的两条理论：（1）**差异性待遇**（disparate treatment）；（2）**差异性影响**（disparate impact）。

17.9.1　差异性待遇

差异性或不平等待遇指针对不同的雇员采用不同的标准。例如，询问女性雇员而不是男性雇员是否有生育的打算。日本女子学院的学生一直报告说，招聘者向她们询问与男子学院学生不同的问题。在美国的法律下，仅仅是不平等待遇的事实就可以作为雇主具有歧视意图的证据。在薪酬管理方面，一个例子是要求女性雇员比男性雇员表现更好才能晋升到薪酬更高的职位。

17.9.2　差异性影响

对受保护群体的成员产生差异性影响的做法都是违法的，除非这些差异与工作相关。确立对《民权法案》第七章的这种解释的主要案例是"格里格斯诉杜克电力公司"一案，该案取消了雇佣测试和教育要求，因为这些要求剔除的黑人求职者远远多于白人求职者。即使这些做法的使用都是平等的——黑人求职者和白人求职者都必须通过测试——它们仍然受到禁止，原因是：（1）它们的结果是把一个受保护的群体不成比例地排除在外；（2）测试与涉及的工作不具有相关性。

在差异性影响之下，雇主是否具有歧视的意图无关紧要。虽然一项人事决策从表面上看是中立的，但是如果产生的结果不平等，雇主就必须证明这一决策与工作的相关性。向差异性工作支付差异化工资是合法的，因此歧视的这两个标准——差异性待遇和差异性影响仍然难以适用于薪酬问题。我们仍然不清楚在美国是什么因素构成差异性工作中的工资歧视。[68]

■ 17.10　《第 11246 号行政命令》

由美国劳工部联邦合同合规项目办公室负责执行的《第 11246 号行政命令》禁止基于种族、肤色、宗教信仰、性别或民族的歧视。它要求属于行政命令调整范围的政府承包商提交平权行动计划。平权行动计划包括三部分内容。第一，开展劳动力利用率分析——将承包商的劳动力与可用的外部劳动力相比较。如果某个群体（例如，女性）在雇主劳动力总量中所占比例明显小于该群体在外部劳动力总量中所占比例，那么就存在对该群体利用率不足的问题。第二，为完成平权行动设定目标和时间表。第三，为实现这些目标和时间表制定行动步骤。正如我们下面所讨论的，联邦合同合规项目办公室要开展审查，并在存在不合规问题的地方寻求补救措施。

在这里我们特别关注联邦合同合规项目办公室应用于薪酬管理的合规性审查程序的步骤。[69] 它的第一个步骤部分地基于所谓的"联邦承包商选择系统"的数学模型——用于预测某个承包商采取系统性（即影响到一大批雇员群体）歧视行动的可能性——选择承包商。（按照 1999 年与公平就业机会委员会达成的谅解备忘录，雇员个人的工资歧视指控可以提交至公平就业机会委员会。）联邦合同合规项目办公室也基于其他一些因素（例如，距上一次合规性审查的时间）选择承包商或者随机选择承包商。在最近几年，大约有 5% 的承包商被选择接受合规性审查。

选定雇主后，接下来的步骤就是进行案头审查。联邦合同合规项目办公室将通知被选定的雇主准备接受合规性审查，并要求雇主在 30 天内提供关于其平权行动计划和所有支持性人事活动（如招聘、晋升决定）及薪酬数据的完整信息。这是"分析是否存在系统性歧视指标（即可能受影响的 10 人以上的求职者/工人群体）"。[70] 如果发现存在这种指标，雇主将被进一步要求提供额外信息以备案头审查。案头审查完成后，如果联邦合同合规项目办公室认定雇主合规，它将出具一份结案信结束案头审查程序。

如果联邦合同合规项目办公室认为雇主可能存在系统性歧视行为，它就会进行现场审查。在这种审查方式中联邦合同合规项目办公室将进一步对数据进行深入统计分析（包括多元回归分析），同时也会与管理层和非管理类雇员进行面谈以寻找可以佐证统计分析数据的"轶事证据"。[71] 基于统计分析结果和轶事证据，联邦合同合规项目办公室将决定是否存在系统性歧视的证据。如果存在，联邦合同合规项目办公室将下发违法通知书。不过，这方面和调查过程的其他方面已被修订（见下文）。一旦下发违法通知书，联邦合同合规项目办公室将试图促使雇主签订调解协议，让其承诺停止并纠正歧视性行为。雇主也可能被要求调整某些雇员群体的薪酬水平以弥补处境相似雇员之间的薪酬差异——这种差异被联邦合同合规项目办公室裁定为系统性歧视的结果。如果联邦合同合规项目办公室与雇主之间无法达成和解，它可以将案件转介给律师办公室，并在行政法法官的听证会上处理争议。联邦合同合规项目办公室也可以设法禁止承包商在未来承接政府合同或者停止向其已承接的政府合同支付费用。

2013 年，联邦合同合规项目办公室废除了 2006 年发布的评估系统性工资歧视证据的标准，声称以前的标准"限制了联邦合同合规项目办公室执行行政命令中关于非歧视规定的能力"。[72] 联邦合同合规项目办公室发布了新的标准（第 307 号指令）[73]，并赋予它更大的"灵活性"。联邦合同合规项目办公室认为，"这一点至关重要，因为歧视可能很难识别"。2018 年，联邦合同合规项目办公室声明已取消第 307 号指令，并以 2018 - 05 号指令代替。换句话说，这是行政部门执法随不同总统政府（及机构任职者）变化而变化的又一个例子。2018 - 05 号指令旨在更清楚地说明联邦合同合规项目办公室如何评估证据以确定可能的歧视。在这方面，它详细描述了在证据评估过程中如何使用多元回归。该指令和常见问题文件均可从联邦合同合规项目办公室获得。[74]

尽管某些形式的工作歧视"很容易被发现"，比如，如图表 17 - 9 所示，向从事相同工作且绩效水平相同的男性雇员和女性雇员支付不同水平的工资，但其他形式的工资歧视可能更为复杂。来自图表 17 - 9 的一个例子"——非洲裔的销售人员被不成比例地分配到潜力较小的地区"，这意味着"无论绩效水平有多高，他们永远不可能拥有与白人同事获得同等收入的机会"。联邦合同合规项目办公室接着指出："《民权法案》第七章讨论了所有形式的工资差异，这些差异的来源包括把受青睐的群体引导到工资更高、长期发展机会更好的入门级工作，或者，玻璃天花板或其他不公平的晋升做法等基于种族或性别等非法标准错误地阻碍有才干雇员的晋升。甚至在基本工资或薪水比较公平的地方，在获得加班费、更高工资班次或奖金方面的歧视加起来也会导致拿到手的工资不平等，这违反了联邦民权法。"

图表 17-9　联邦合同合规项目办公室避免雇佣歧视的例子

差异类型	雇员比较基础	差异举例
薪水或计时工资差异	相似的工作，不同的工资	由于薪酬制度的高度主观性，西班牙裔客服人员在相同或类似职位上的工资低于白人雇员。
工作分配或安置差异	相似的资格，不同的工作	在超市从事初级工作的女性雇员大多被分配到面点部门，而男性雇员被分配到薪水更高和晋升机会更多的肉类部门。
培训或发展机会差异	相似的工作，不同的提高技能的机会	在经理的推荐下，雇员可以参加管理培训计划。某些经理只推荐白人男性雇员，造成参加培训计划的人员比例失衡。由此导致的管理职位晋升不成比例地倒向白人男性雇员。
收入机会差异	相似的工作，不同的收入	非洲裔的销售人员被不成比例地分配到潜力较小的地区。
获得加薪和福利机会的差异	相似的工作，不同的加薪机会	女性律师的基本工资与男性律师相同，但年度奖金低于男性律师。

大多数雇主整天都为管理与客户、投资者和供应商的关系而忙得不可开交。联邦合同合规项目办公室合规调查员的现场访问可能意味着至少一部分人力资源管理人员将被迫放下手中管理雇员关系的工作，转而去应对合规调查员的审查。进行外部的法律咨询是必要的，但可能成本高昂。一旦联邦合同合规项目办公室下达违法通知书，公司将面临进一步挑战。因此，为了避免违反《第 11246 号行政命令》、与联邦合同合规项目办公室发生冲突，雇主应当做什么？

简单的答案就是：不要歧视。稍微复杂一点的答案是不要歧视，并且收集和分析相关数据以证明你没有实施歧视行为。实际上，雇主的自我评估的确有必要。[75]与确定雇主是否实施或正在实施歧视有关的数据分析一样，必须谨慎行事以尽量降低法律风险。显然，及时地获得律师的帮助是必要的。为了加强数据分析的保密性（例如，在未来可能的诉讼中不让原告律师掌握分析结果），数据分析应该在律师的指导下进行，并且相关人员要严格遵守保密协议。[76]

17.11　工资歧视与差异性工作

在 1981 年"冈瑟尔诉华盛顿县"一案中，最高法院认为差异性工作的工资差异可能反映了工资歧视问题。在这一诉讼案中，俄勒冈州华盛顿县的四名女狱警声称她们的工作与男狱警的工作是同等的。女狱警看管的女犯人人数较少，但她们同时被分配从事一些文书工作。

下级法院表示，这些女狱警的诉讼理由不充分，因为她们的工作不符合《公平工资法案》中关于工作同等性的要求。但是最高法院认为，《民权法案》第七章中的工资判例不受《公平工资法案》关于工作同等性定义的约束。虽然最高法院并没有判定华盛顿县实施了工资歧视，但它确实指出对在工作不相同情况下的工资歧视的指控，可以运用《民权法案》第七章进行裁决。遗憾的是，最高法院并没有说明哪些因素构成了差异性工作的工资歧视的证据。此案被转回下级法院进行进一步的证据收集，最终双方达成了庭外和解。

因此，如果工作不相同并且不存在关于招聘、晋升或其他人事决策的歧视模式，那么构成工资歧视的因素是什么？法院已经就市场数据的使用和工作评价的使用进行了裁决。我们将依次对这些可能的标准进行讨论。

17.11.1　歧视的证据：市场数据的运用

在一个关于市场数据使用的里程碑式案例中，丹佛的护士玛丽·莱蒙斯（Marry Lemons）声称她所从事的工作（主要由女性雇员承担）被非法地支付了低于丹佛市和县男性工作（园艺工、油漆工及轮胎维修工等）的工资。莱蒙斯认为护士工作要求更多的教育和技能。因此，仅仅因为男性工作在当地劳动力市场中享有较高的工资标准而向男性工作支付比女性工作高的工资是一种歧视行为。她认为市场反映了雇主向女性工作支付低工资的历史性做法。法院并不同意莱蒙斯的观点。莱蒙斯所指出的情况——差异性工作的工资差异——本身并不构成雇主歧视意图的证据。

法院仍然支持使用市场数据来证明不同工作工资差异的合理性。"斯鲍汀诉华盛顿大学"一案最详尽地论证了这一论点。在该案中，护理系中绝大多数女性教员声称她们被非法地支付了低于其他系教员的工资。她们提供了一个比较同等院系教员工资的统计模型，这一模型控制了受教育程度、工作资历以及其他因素的影响。她们断言，任何没有通过模型检验的工资差异都是歧视性的。

但法院对这种统计分析方法表示怀疑。正如卡尔·塞根（Carl Sagan）常说的那样："仅仅因为它是一盏灯并不意味着它就是一艘飞船。"最好直接定义歧视，而不是下结论说歧视就是"剩下的一切"。斯鲍汀案的法官批评了原告提出的这种统计模型，认为它"不切实际地假定了所有硕士学位的平等性，忽视了雇员受雇于大学之前的工作经验，并且忽视了对日常责任的详细分析"。如果没有这些市场数据，"我们就没有任何有意义的方法来确定提议的工资差异有多少源于性别，又有多少源于学术科目"。按照这位法官的说法，"市场价格与工作是内在相关的"。

有意思的是，这位法官对"市场"的客观性如此有信心是否有道理？正如你在第 8 章所看到的那样，在工资调查过程中需要进行大量的判断。[77]哪些雇主构成了"相关市场"？相关市场是否因职业不同而有所不同？不同的市场定义会产生不同的工资模式吗？显然，回答这些问题都依赖于我们的判断。然而，法院到目前为止在很大程度上忽视了对这些判断是否存在偏见的检验。

17.11.2 歧视的证据：同等价值的工作

同等价值：概述

确定不同内容工作的工资歧视的第二种方法取决于找到一种比较工作价值的标准。这一标准有以下特点：第一，它必须允许不同内容的工作可以被划为同等工作，或者"在某种意义上具有可比性"。[78]第二，它必须允许向不具有可比性的不同工作支付差异化的工资。工作评价已变为这种标准。[79]如果雇主自己的工作评价研究显示不同内容的工作对自己具有同等的价值（相同的工作评价点数），那么雇主不支付平等工资的做法不正是他歧视意图的证据吗？这是"美国州县和市政工人联合会诉华盛顿州"一案所考虑的问题。华盛顿州针对同等价值的概念（后文将加以讨论）及其对州政府薪酬制度的预期影响做了一项委托研究。研究的结论是，根据外部市场工资水平，在被认为对州政府具有同等价值的工作中，州政府向女性雇员支付的工资几乎比男性雇员低 20%。华盛顿州并没有对这一研究结果采取任何行动，并声称它没有经济能力进行工资调整，所以美国州县和市政工人联合会（American Federation of State, County, and Municipal Employees）就把华盛顿州告上了法院。美国州县和市政工人联合会的指控是，州政府已经意识到了现行政策的不利效果，因此不对政策采取纠正措施就构成了歧视。

但一家上诉法院裁定华盛顿州没有义务纠正这种不平等。虽然华盛顿州已经委托相关机构进行这项研究，但它并没同意实施研究的结果。因此，按照法院的观点，雇主还没有承认工作是相同的，或者还没建立一种据称以同等价值而非市场为工资支付基础的薪酬制度。最终双方不再诉诸法院，而是在庭外达成了和解。州政府修订了它的薪酬制度，并同意动用 1 亿美元进行"工资平等性"调整。

在该案发生后，许多公共部门的雇主都已着手进行工资平等性研究以评估薪酬制度的"性别中立"。在那些已为公职人员出台同等价值立法的州和城市，这些研究的结果被用于调整主要由女性雇员承担的工作的工资。在其他地方，这些研究结果变成了集体谈判讨价还价的部分内容。我们将在本章接下来的内容中再次回到对工资平等性和同等价值问题的讨论，探讨实施这些政策的机制。

华盛顿州进行了一项研究，结论是：注册执业护士工作所需的技能、努力和责任与校园警察的工作相同。平均而言，校园警察的工资是注册执业护士的 1.5 倍。[80]

在加拿大安大略省，那些基于工作评价得分而被认为具有同等价值的工作也表现出类似的工资差异。一位首席图书管理员的工资是 35 050 美元，而一位乳牛群改良经理的工资是 38 766 美元。计算机操作主管的工资是 20 193 美元，而林业项目主管的工资是 26 947 美元。一位打字员的工资是 10 531 美元，而一位海员的工资是 14 097 美元。正是这种在某种意义上被认为具有同等性的工作之间的工资差异引起了争议。同等价值是指如果某些工作需要同等的技能、努力和责任，这些工作的报酬也就必须是同等的，而不管工作的内容有多大差异。（在加拿大和欧盟，同等价值被称为"性别平等"。）现在我们考察一下加拿大贝尔公司（Bell Canada）及其工会的经历。在律师们花了 10 多年时间争论薪酬公平性研究的质量和结果后，加拿大贝尔公司同意拿出 1.04 亿加元（0.915 亿美元）达成和解。薪酬公平性研究中所使用的计点工作评价计划随后被用于贝尔公司当前的工作场所。[81]

美国同等价值的支持者一直在游说通过新的立法或者雇主的自愿行动将同等价值标准纳入薪酬管理实践。很多这样的政治活动发生在州和地方政府。这并不奇怪，因为在劳动力总量中有一半以上的女性受雇于公共部门。

机制

建立一种同等价值计划通常涉及以下四个基本步骤：

1. 对一个单位内部所有工作采用一种"性别中立"的计点工作评价计划。对于工会化雇员，每个谈判单位都有单独的工作评价计划，并且这些计划在使用上优先于以前劳资协议的规定。对具有不同内容的工作实施单一的工作评价计划是同等价值计划的关键所在。所谓性别中立的工作评价计划一直处于争论的风口浪尖。不同观点的支持者通常会提出相互冲突的建议，而且对于这些建议的实际指导意义缺乏研究。有些支持者试图对性别中立的与传统的计点工作评价作出区分。[82]进一步研究可以发现，传统的方法是指50年以前的工作评价实践，它已无法反映当代的计点工作评价法。

2. 应该向具有同等评价结果的所有工作支付相同的工资。虽然工作评价中每个报酬要素的得分不一定相等，但如果总的评价点数相同，工资标准就必须相同。

3. 确定每个工作群中男性雇员和女性雇员的比例。那些具有相似责任和义务，要求任职者具有相似资格条件，通过相似的招募程序招聘任职者，并且在相同的工资计划下支付报酬的工作，构成了一个工作群。一般而言，女性雇员主导的工作群应有大于等于60%的女性任职者；男性雇员主导的工作群应有大于等于70%的男性任职者。

4. 工资与工作评价点数的比率应该基于支付给男性主导的工作的工资。这样做是因为男性主导的工作的工资通常被认为是非歧视工资的最佳估计值。

这些步骤是基于明尼苏达州的法律设定的，该法律要求对公共部门（例如，州、市、学区、图书馆）的所有雇员实施同等价值计划。加拿大联邦和省级劳工部门也对这些步骤的实施制定了详细的指南。[83]

为了更加清晰地理解这一机制，请看图表17-10。实心圆点代表女性主导的工作（即女性任职者的比例大于等于60%）。空心圆点代表男性主导的工作（即男性任职者的比例大于等于70%）。女性工作的薪酬政策线（实线）在男性工作的薪酬政策线（虚线）之下。同等价值薪酬政策通常使用单一的工作评价计划的结果，并把所有的工作作为男性主导的工作（虚线）进行定价。因此，工作评价点数为100的所有工作获得的报酬都是600美元，工作评价点数为200的所有工作获得的报酬都是800美元，依此类推。

通常使用男性主导的工作的市场工资标准将工作评价点数转换为薪水，然后将男性主导的工作的评价点数与薪水的比率应用于女性主导的工作。

然而，强制性工作评价尤其是用于指定所有工作的层级的单一计点工作评价计划似乎与当今大多数组织的发展方向背道而驰。合益同仁（Hay Associates）的一个合伙人这样评价：

> 我们自己认为，到目前为止，还没有一个案例能够说明某个私人部门的大型、多元化的雇主已经得出结论：一种具有相同的报酬要素和权重的单一的工作评价方法对其所有利润中心和部门的工人、专业人员、管理人员、技术人员以及行政人员都是适用的。[84]

那些支持把工作评价作为同等价值工具的人认为这种技术的解释力比它本身更强。

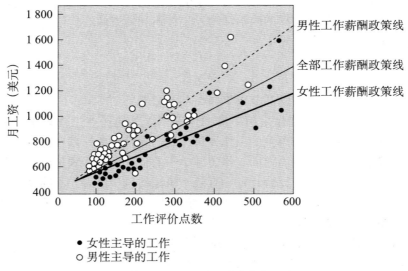

● 女性主导的工作
○ 男性主导的工作

图表 17 - 10　工作评价点数与工资

尽管如此，有关同等价值的讨论仍在继续。

工会的发展

工会对同等价值的支持程度似乎与同等价值对工会会员资格的影响有关。美国州县和市政工人联合会和美国交通工人工会（Communication Workers of America）都积极支持同等价值，而且已经签订了基于同等价值的工资增长协议，同时游说立法，提起诉讼，并就同等价值问题积极教育会员和公众。公共部门在其服务方面几乎不面临竞争，而且往往更有能力消化工资增长，因为公共部门雇员所处的位置能够使他们比纳税人更容易地对法律的制定者施加压力。这或许说明了公共部门雇员的工会在同等价值工资调整谈判中取得相对成功的原因。但是提高工资水平和减少工作机会之间的权衡使那些面临残酷国际竞争的行业的工会（例如，国际女装工人工会（International Ladies' Garment Workers' Union）和美国钢铁工人协会（United Auto Workers））不愿意贸然支持同等价值。

从工会的角度看，"平等性调整"的美妙之处在于它是一种独立预算项目，似乎无须付出为工会所有会员提高工资的代价。相对于其他方法而言，集体谈判已经产生了更多的同等价值工资增长。[85]

■ 17.12　收入差距

图表 17 - 11 显示，综合考虑所有种族因素，并将分析对象限定在全年工作的全职雇员，女性与男性年收入中值比从 1980 年的 60.2% 上升为 2016 年的 80.5%。男性与女性的工资差距因工资水平的不同而不同：在高工资水平，差距相对较大；在低工资水平，差距则更大。自 20 世纪 90 年代以来，最高收入者的工资差距略有缩小，这主要是由于女性受教育程度的提高。低收入者的工资差距缩小的幅度更大，主要是由于总体工作年限以及女性为现任雇主工作年限的增加。[86]

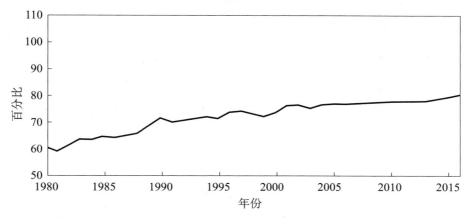

图表 17 - 11　全年工作的全职女性与男性的年收入中值比（1980—2016 年）

资料来源：U. S. Bureau of the Census，Historical Income Tables，Table P - 40.

图表 17 - 12 显示，亚裔男性的收入长期呈增长态势，已比白人男性的收入高 25%。黑人男性与白人男性收入中值比的变化范围是 68%～79%，西班牙裔男性与白人男性的收入中值比的变化范围是 55%～72%。图表 17 - 13 分别展示了亚裔、黑人、西班牙裔女性收入与白人女性收入中值比。我们看到的模式与在男性身上看到的类似，亚裔女性的收入最高。或许这部分是因为有更高比例的亚裔女性拥有学士学位。黑人女性与白人女性之间的收入差距小于黑人男性与白人男性之间的差距，这可能也是因为受教育程度的差异，因为黑人女性比黑人男性更有可能拥有大学学历。[87]

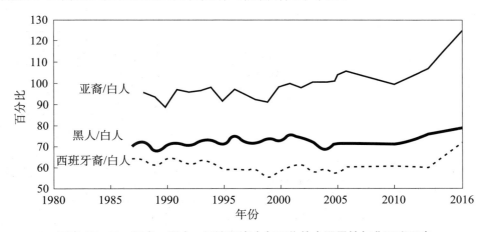

图表 17 - 12　亚裔、黑人、西班牙裔全年工作的全职男性与非西班牙裔
白人男性的收入中值比（1987—2016 年）

资料来源：U. S. Bureau of the Census，Historical Income Tables，Table P - 38.

我们对这些收入差距存在的原因了解多少？图表 17 - 14 列出了一些更为重要的收入差距来源。

让我们首先考察一些数据，然后讨论一些相互冲突的观点。

17.12.1　收入差距的来源

有大量的研究对图表 17 - 14 所列的因素进行了考察，这些因素是导致性别之间和

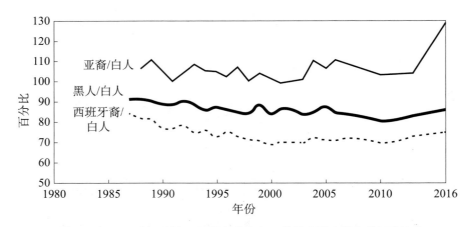

图表 17 - 13　亚裔、黑人、西班牙裔全年工作的全职女性与非西班牙裔
白人女性的收入中值比（1987—2016 年）

资料来源：U. S. Bureau of the Census，Historical Income Tables，table P - 38.

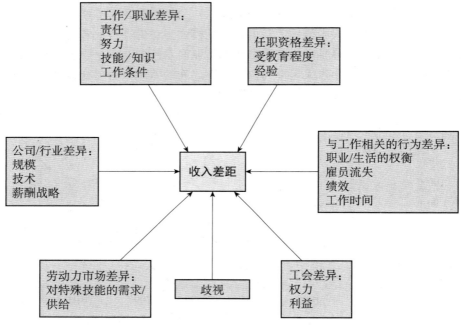

图表 17 - 14　收入差距的来源

种族（或人种）之间工资差距的主要原因。工资差距问题，尤其是为解决这一问题开出的各种"药方"，持续引发了更多的研究和讨论。我们对最近研究的解读是，导致不同性别之间存在工资差距的主要原因与导致不同种族（或人种）之间工资差距的主要原因不同。对于理解仍然存在的性别工资差距来说，工作/职业差异（例如，技术员与文秘人员）和与工作相关的行为差异（例如，工作与生活平衡的挑战）似乎尤为关键。[88]相反，任职资格差异（尤其是受教育程度、工作经验差异）及职业差异是造成黑人、西班牙裔与白人男性工资差距的重要原因。[89]

职业和任职资格的差异

有证据表明，对于所有种族的人群而言，女性总是比男性更有可能寻找临时性工作或者选择灵活就业，同时她们也比男性更有可能因为家庭责任而中止自己的职业生涯。[90]也有证据表明，在职业选择和偏好方面仍然存在性别差异。[91]根据教育统计中心的数据，如今每有 100 名女性获得学士学位，相应就有 75 名男性获得学士学位。[92]然而，尽管在生物科学领域女性比男性具有更高的入学率和毕业率，但在工程专业和某些科学技术领域，男性仍具有更高的入学率和毕业率，而且毕业后更有可能在这些领域工作。在某种程度上，女性可能比男性更不愿意争取更高的薪酬。然而，随着时间的推移，这种差异似乎已经消失。[93]

20 世纪 70 年代早期，53％的女性雇员主要从事行政辅助类（包括文秘类）和服务类职业，相比而言，只有 15％的男性雇员从事此类职业。在那个时候，每五名管理人员中女性不到一名；专业女性常常受雇于传统的女性行业，如护士、教师、营养师或图书管理员。在蓝领工作（包括更高薪水的精密生产类和手工类职业）中女性的从业比例也很低。1960 年，大学毕业的女性几乎有一半从事教师职业，而现在从事这一职业的女性不到 10％。今天，女性雇员在管理类职业的从业比例（在整个经济领域）与男性平分秋色。尽管有所进步，但仍然有一个问题（除了无法解释的总体薪酬差距之外）值得注意：在组织的高级管理职位仍然鲜见女性雇员，有时候人们把这种现象称为"玻璃天花板"效应。图表 17－15 展示了女性在组织（这里指的是标准普尔 500 指数中 500强公司）更高层级职位的任职比例是如何下降的。请注意，一些国家（不是美国）规定了（董事会）女性董事的最低数量。例如，挪威和法国都要求 40％，欧盟可能会考虑类似的要求。[94]

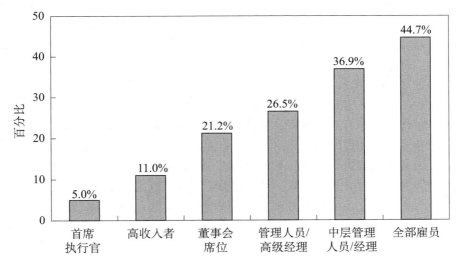

图表 17－15　女性雇员在不同层级职位的任职比例（标准普尔 500 指数中 500 强公司）
资料来源：Catalyst, "Knowledge Center, Women in S&P 500 Companies."

女性职业层级得到提升的证据并不一定意味着工资差距将会缩小。一项对从事科学和工程类职业的女性的研究发现，即使她们已经摆脱了偶尔会误导人的高中职业指导顾问和（或者）缺乏同伴支持或榜样引导的不利影响，女性科学家和女性工程师离开这些职业的可能性几乎是男性的两倍。[95]

由于种种原因，年轻一代（即刚毕业的大学生）之间相对较小的工资差距往往随他们年龄的增长而增加。或许女性在某些时候更有可能因为家庭原因离开劳动力市场，又或许因为达到较高**工作层级**（job hierarchy）导致继续晋升的障碍变得更大（玻璃天花板）。[96]

一位对所有这些研究进行评论的人猜测，在不同职业中观察到的工资差距有些可能会由于惯性或"原罪"（一种更具诗意的说法）而具有"黏性"。[97]职业间的工资差距在数十年之前就被固定下来。虽然有许多原因可以解释这些原始的工资差距为什么存在，但当时甚嚣尘上的关于性别角色和"女性工作"的信念是其中一个重要原因。尽管人们的态度发生了变化，但这些工资差异仍然存在并影响着当今的职业工资结构。[98]

受教育程度和与工作相关的经验似乎是造成黑人和西班牙裔男女工资差距的首要原因。几乎有一半的西班牙裔男性没有完成高中学业，获得大学学历的人仅占9％。[99]这可能是由于西班牙裔在持续移民方面存在相当大的差异。通常而言，西班牙裔移民在美国生活的时间越长，他们的受教育程度和经济状况就越好。然而，低学历新移民的持续涌入拉低了西班牙裔的平均工资。黑人男性的高中辍学率与西班牙裔男性大致相当。相比而言，一半以上的亚裔男性都拥有大学或更高学历。所有关于工资差距来源的研究和讨论并不意味着没有任何歧视性工资实践；它确实表明工资差距的重要来源在于其他与劳动生产率相关的因素，例如，受教育水平和质量、工作与生活的平衡，以及职业选择等。

行业和公司的差异

导致性别之间和种族（或人种）之间收入差距的其他因素主要包括雇员所在的行业和公司。一项对中年律师的研究显示，男性律师和女性律师的巨大差别在于雇用他们的公司的类型不同。男性律师比女性律师更有可能私人执业和加入大公司（拥有50名以上的律师）。他们比女性律师更不可能进入工资相对较低的非营利部门。显然，这些差别都关系到工资水平：报酬最高的律师职位都在私人执业律师事务所；律师事务所规模越大，律师的平均工资水平越高。[100]在相同行业的不同公司也可能存在不同的晋升机会。[101]

某个特定行业内部的公司薪酬政策的差异是导致收入差距的另一个因素。[102]正如我们在第7章和第8章所指出的那样，同一个行业内有些公司会采用市场领先型的薪酬政策，有些公司会采取提供更多的工作与生活平衡的福利（而非更多的现金报酬）的政策。目前我们尚不清楚的是，在某一行业内由于这些工资组合差异的存在，有些公司是否比其他公司更有可能吸引到女性雇员或少数族裔雇员，由此是否会对收入差距产生影响。

在同一个公司内部，不同工作的薪酬政策可能存在差异。例如，许多公司将秘书的工资与她们所服务的经理的工资挂钩。这种做法的依据是秘书与经理共同作为一个团队发挥功能。当经理提升时，秘书也同样承担了额外的责任，因此也要获得工资增长。然而，当管理的层级被削减时，这种传统做法就会失去根基。当IBM在几年前经历重大的结构重组时，秘书们过去所服务的管理层级不复存在，因此公司将这些秘书的工资削减了最高达36％的比例。IBM以这些秘书的工资标准高于市场工资标准为由来证明这种工资削减的合理性。

公司的规模也与工资差距系统性相关。女性就业更多地集中在小公司。大公司男性雇员的工资要比小公司男性雇员的工资高 54%。大公司与小公司女性雇员之间的工资差距为 37%。西班牙裔男性的就业通常集中在建筑和服务公司。其他一些研究结果显示，从事某些工作的雇员仅仅因为在同一个地区转行，他们的工资就会增长大约 20%，即使转行前后从事的工作基本相似。[103]尽管如此，最近的研究仍得出结论：只有白人男性才能享受这种与工作转换相关的工资增长。对五所大学获得 MBA 学位的人士的研究表明，女性和少数族裔雇员在转换工作时并没有获得与白人男性同学相同的工资增长。[104]

如果这些工作设定上的差异是个人偏好或倾向造成的结果，它们就不能作为歧视的证据。如果这些差异是行业和公司惯例造成的结果，而且这些惯例把女性和少数族裔雇员导入了某些职业、行业或某些低工资的专业领域，它们可能就反映了歧视的存在。

估计歧视程度的挑战

我们知道许多因素都会影响工资，而歧视可能只是其中之一。对于究竟是什么因素构成了歧视的证据，人们至今尚未达成统一的意见。虽然收入差距是最经常被引用的例子，但仔细观察就会发现统计方法存在缺陷。遗憾的是，许多关于收入差距的研究与对组织内部工资支付歧视的理解之间几乎没有相关性。有些研究使用聚合数据——例如，将所有的学士学位视为等同，或者过于宽泛地进行职业定义（例如，美国劳工部将勒布朗·詹姆斯与篮球比赛计时员归为同一类别的职业——"运动职业"）。另一个问题就是仅仅拥有某种资格或技能并不意味着它就与工作相关。例如，拥有大学学历的出租车司机、秘书以及油漆工等比比皆是。

用于确定歧视是否部分地解释了工资差距的一种标准统计分析方法试图将工资差异与以上讨论的因素（职业、工作类型、经验和受教育程度等）联系起来。它通常会根据那些被认为合理地影响收入的因素对收入的某些衡量指标做回归分析。如果在这些因素的一组给定值下，男性的平均工资与在同等因素下的女性平均工资存在显著差异，那么工资差距的剩余部分就被认为是歧视的结果。遗憾的是，在一个仅限于白人男性的样本中，这种方法只解释了他们收入的 60%～70%。因此，统计研究本身并不能充分证明存在歧视。[105]

网络资源

你可以通过访问 www. law. cornell. edu 追踪相关法律问题并阅读最高法院的判决副本。许多州都拥有自己的网页，其中列有它们的薪酬立法。从你所在州的网页上可以获得什么信息？比较你所在的州与另外一个州的工资歧视立法。它们立法差异的可能原因是什么？你所在的州有什么独特之处（例如，独特的行业、独特的工会化程度等）？

即使合理的因素可以充分解释性别之间和种族（或人种）之间的工资差异，歧视仍然可能已经发生。图表 17-14 所示的因素本身可能就会被歧视"污染"。例如，加利福尼亚州的建筑工人主要是西班牙裔男性。住房市场的疲软会对他们造成毁灭性影响。因此，可衡量的因素可能低估了过去歧视的影响。统计分析需要被视为证据模式的一部

分，并且需要反映特定公司的工资行为。

一个挑战是，任何有过低工资历史的雇员常常会发现很难打破这种模式，因为雇主总会询问求职者当前/上一份工作的收入（他们的"薪水历史"）。因此，低收入（包括不合理的低收入）往往会被固化。因此，一些司法管辖区（如纽约市、特拉华州、俄勒冈州、马萨诸塞州）已经禁止雇主要求求职者分享其薪水历史，至少在求职者被录用和（或）已经获得特定工资之前是如此。[106]

工资差距的全球化

工资的性别差距是一种相当普遍的现象。然而，在许多国家，这种工资差距的规模都比美国小。[107]一项分析得出结论，这种国家间的差异可以在欧洲国家更为狭窄的工资结构中发现。如第 16 章全球化指南指出的那样，在许多国家，工资标准是通过雇主联盟与工会、政府机构谈判而不是由单个公司与雇员协商决定的，这种工资标准的决定方法意味着每种工作的工资标准变化范围相对较窄，而且工作之间的工资差距更小。[108]

前面的有关章节已经强调，美国劳动力市场上各种工作的工资标准变化幅度非常之大。更加集权化的工资决定方式通常可以通过政治上或制度上的法令来缩小工资差距。各国不同的社会政策和法规对工资的影响方式大相径庭，这是身处不同国家的跨国公司需要面对的事情。

■ 17.13　合规性：一种积极主动的方法

对于薪酬经理而言，遵守法律和法规可能是一种制约，也（或者）可能是一种机会。法律环境当然会制约可以作出的决策。一旦法律或法规出台，雇主就必须遵守。但是一个积极主动的经理可以影响法规的性质及其解释。敏锐的薪酬管理专业人士必须能够意识到立法和司法的发展趋势，以保护雇主和雇员的利益，并确保薪酬实践符合司法解释。

薪酬经理如何才能出色地承担这些工作？第一，参加专业协会以及时了解出现的新问题，并且采取一致的行动去宣传和影响公众和立法机构的观点。第二，经常性地审查薪酬实践及其结果。在此过程中一定要咨询法律顾问，因为在对一个组织的合规性进行分析之前，律师-当事人的保密义务和对工作成果的保护是需要理解的重要问题。对所有雇员实施公平待遇是一个好的薪酬制度的目标，同时也是立法的目标。当对什么是公平待遇的解释存在差异时，就需要进行广泛的讨论。没有那些见多识广的薪酬经理的参与，这种讨论就不会发生。

本章小结

世界各国政府在工作场所中扮演着不同的角色。任何社会的立法都反映了人们对政府作用的期望。除了直接的法规，政府还通过可以影响劳动力供求的政策和采购来影响薪酬。

在美国，立法反映了工作和劳动力不断变化的本质。20 世纪 30 年代，立法关注的是改善雇员（包括儿童）所面临的恶劣条件和不规范待遇。60 年代，立法转向机会平等问题。这种立法已经对美国社会产生了深远的影响。尽管如此，在消除工作场所歧视（包括工资歧视）方面需要作出更多努力。当前的问题包括如何对待近年来的移民潮。目前关注的焦点已经转向提高管理人员薪酬和股票期权会计的透明度。

工资歧视法律需要受到特别关注的主要原因如下。第一，这些法律规范薪酬制度的设计和管理。第二，工资歧视的界定和用于为薪酬管理实践辩护的方法都处于不断变化之中，特别是在雇主扩展其国际业务的情况下。这些法律的许多条款只是对从一开始就应该采取的合理的薪酬管理实践作出规定。合理的薪酬管理实践应该具备三个基本特点：

1. 与工作相关。

2. 与企业的使命相关。

3. 包含一个上诉程序，对结果不满意的雇员可以通过这一程序提起法律诉讼。

是否遵守这些法律主要取决于薪酬经理。确保薪酬制度被合理地设计和管理是他们的职责所在。

导致不同种族（人种）之间性别工资差距的原因有多种。性别工资差距的来源似乎主要集中于工作/职业获得差异和工作与生活平衡的挑战差异。黑人与西班牙裔之间工资差距的来源主要集中于受教育程度、工作经验、职业获得及任职资格的差异。另一个因素是歧视，包括进入歧视和评估歧视。其他因素还包括市场力量、行业和雇主差异，以及工会谈判的优先事项等。薪酬经理要持续不断地监督薪酬实践，以确保遵守法律并且不会产生歧视。

所有这些关于工资歧视的解释的细枝末节都是必要的吗？是的。如果不理解工资歧视立法的解释，薪酬经理就有违反法律的风险，从而使他们的雇主承担相当大的责任和成本，并且当少数雇员为获得非歧视性待遇被迫诉诸法院时，雇主就会失去所有雇员的信任和尊重。

复习题

1. 政府在薪酬管理中所扮演角色的本质是什么？
2. 解释为什么最低工资的变化同样可能影响到高薪雇员。
3. 进入歧视和评估歧视的区别是什么？
4. 考虑当代的各种薪酬实践，如基于技能与胜任力的计划、工资宽带化、市场定价以及绩效薪酬计划。讨论它们可能如何影响对工资歧视问题的争论。
5. 有助于解释工资差距的因素有哪些？
6. 雇主可以采取哪些积极主动的措施来改善监管环境？

案例练习 1　从咖啡师到经理

你在一家高级咖啡店工作，它是全国 200 家连锁店之一。你开始是一名咖啡师，但后来得到了晋升。你现在的头衔是分店经理。你每周被要求工作 55 小时。你的老板说你需要熟悉顾客，当然，这么做是因为你是经理。你要确保咖啡店有条不紊地运转，确保客户有良好的消费体验，这将促进咖啡店销售量和利润的增长。顺便说一下，不论你工作多少个小时，被付酬的工作时间只有 40 小时（并且没有加班工资）。是的，因为你是经理。

然而，当你思考如何在咖啡店分配自己的工作时间时，你会不由自主地感到你的许多时间似乎并不是花在所谓的"管理"工作上——煮咖啡、查验供应品，有时还要打扫盥洗室。是的，这就是经理的生活。这看起来很像一个咖啡师的工作，除了你工作的时间更长，责任更重，薪水也不会高很多。你确实要花费一些时间培训其他雇员和面试求职者。但是，地区经理却经常造访你的咖啡店，大多数时候她对于应该招聘谁以及如何管理咖啡店会拿出自己的主意。另外，对于如何管理咖啡店方方面面的事务，也有非常清晰的公司管理指南需要遵守。

对此你思考得越多，你就越会认为公司应当为你工作的全部 55 小时支付报酬。实际上，你也有在其他行业工作的朋友，当他们每周工作 40 小时以上时，超过 40 小时的时间会被支付 1.5 倍的工资。这听起来非常好。如果你要把自己的全部时间都用在工作上，那么至少让自己的付出获得相称的报酬将是再好不过的事情。

现在，我们进行一次换位思考，从公司的角度思考一些问题。这家公司违反了《公平劳动标准法案》吗？请回想一下我们在本章前面所进行的相关讨论。这家公司能够证明分店经理符合《公平劳动标准法案》（更不必说类似的州立法）的豁免条件吗？而且，如果该公司将店面经理重新划分为非豁免型雇员，它将付出怎样的成本？如果经理们觉得加班加点却得不到应有的报酬，你认为他们在经济复苏后将做什么？这是该公司应当关注的一个问题吗？该公司是否遵守了《公平劳动标准法案》？如果被提起诉讼，公司将付出怎样的代价？你所在行业（例如，星巴克、卡里布（Caribou）、毕兹（Peet's））中还有其他公司存在不遵守《公平劳动标准法案》的问题吗？如果有，你会从它们的经验中学到什么？你会建议与公司顾问开会研究相关问题吗？在这种会议上你将建议陈述什么样的事实和观察？

案例练习 2　我曾是 Lady Gaga 的奴隶

"我曾是 Lady Gaga 的奴隶"这个标题曾出现在《纽约邮报》（*New York Post*）上。本名为斯蒂芬尼·杰尔马洛塔（Stefani Germanotta）的流行巨星 Lady Gaga 雇用珍妮弗·欧尼尔（Jennifer O'Neill）为自己的私人助理，雇用时间共 13 个月。欧尼尔女士在纽约南区的美国地区法院向 Lady Gaga 的巡演公司——美人鱼巡回演出公司（Mermaid Touring）提起诉讼，指控其违反了《公平劳动标准法案》和《纽约州劳动法》（New York State Labor Law）。

现年 41 岁的欧尼尔女士的年薪是 75 000 美元，她说自己不得不设法满足 25 岁的 Lady Gaga 的每一个心血来潮的奇思怪想——不分白天还是黑夜，也不论是行程、财务还是食品。欧尼尔女士服务 Lady Gaga 的工作不仅仅在纽约市（她位于上西区的豪宅里），在"魔神狂舞"巡演中她也为 Lady Gaga 操碎了心——"体育场、私人飞机、豪华的酒店套房、游艇、渡轮、火车、旅行大巴"，每一件事情都离不开她。

从法院文件看，欧尼尔女士宣称，她没有吃饭时间，"有时甚至没有睡觉时间"，而且她被要求必须随时满足这位格莱美大奖天后的需求——不论是她在"清醒时间"提出的，还是她在"深夜里无意识或随意"提出的。欧尼尔女士的一项任务是"确保弄到选定的服装"，我们可以推测这项任务的艰巨性，因为它是设计 Lady Gaga 独特造型的重要手段（例如，在 MTV 电视音乐颁奖典礼上 Lady Gaga 身着一套肉片装）。

欧尼尔女士声称，在 56 周的工作中她未被付酬的加班时间是 6 656 个小时。她要求为自己的加班时间支付 359 956.48 美元。除了要求支付这笔被拖欠的工资，欧尼尔女士，这位美国大学毕业生，也正在努力寻求未指定的损害赔偿。

Lady Gaga 的一位发言人称，这场诉讼"完全没有法律依据"。

一名法官拒绝驳回诉讼，裁定此案将交由陪审团审理。然而，该诉讼在审判前已在庭外和解。诉讼和解的条件没有披露。

问题：

1. 在《公平劳动标准法案》下，欧尼尔女士属于豁免型雇员还是非豁免型雇员？在此案中，哪一种豁免类型最相关？搜索相关信息并描述诉讼结果如何。

2. 你能在新闻中找到其他类似诉讼的例子吗？如果能，请再次就原告是属于豁免型雇员还是非豁免型雇员以及与哪种豁免类型最相关给出自己的观点。[109]

3. 和解是否意味着 Lady Gaga 违反了《公平劳动标准法案》或其他工资和工时（例如，州或地方）法律？

4. 用和解代替法院审判的情况有多普遍？

5. 为什么双方会选择和解而不是法院审判呢？

注　释

第 18 章

管理：让薪酬真正发挥作用

本章主要讨论如何让薪酬真正发挥作用：要确保正确的人因为以正确的方式实现正确的目标而获得相应的报酬。如果没有称职的管理，世界上设计得再完美的薪酬制度也终将毫无用处。为什么一定要不辞辛劳地设计一种正式的薪酬制度呢？如果管理如此重要，为什么不简单地让每一位管理人员支付最有效的薪酬呢？这种薪酬决策权的完全下放会造成一系列混乱的工资标准。管理人员可能会用工资来激励那些实现他们自己的直接目标的行为，而这些目标并不必然是整个组织追求的目标。雇员可能会受到缺乏一致性和公平性的待遇。有些雇员会被支付过高的薪酬（抬高劳动力成本），而有些雇员会被支付过低的薪酬（抬高雇员流失率，在当今世界还会增加诉讼风险）。

这就是 20 世纪初美国的情况。当时的"承包制度"造就了高技能水平的工人和工人管理者。雇主同意为"承包商"提供用地、照明、电力以及必要的原材料或半成品，然后由承包商招聘工人并向他们支付薪酬。[1]同工不同酬是常见的现象。有些承包商从雇员的工资中索取回扣；许多承包商雇用他们的亲戚和朋友。不满和抱怨充斥着整个工作场所，最终催生了终结这种不合理制度的立法。

腐败和财务违法也是 20 世纪初薪酬决策权下放的部分产物。在今天有些人看到了类似的情形。为了避免历史重演并把人力资源（和薪酬）副总裁从未被告发的共谋者形象中挽救出来，应该对薪酬制度进行管理以实现薪酬模型的目标：效率、公平与合法。

对于薪酬管理的任何讨论都必须再次提出这些基本问题：薪酬决策或技术的影响是什么？它可以帮助组织实现自己的目标吗？如何帮助？

尽管许多薪酬管理问题都已在本书中讨论过，但仍然有一些问题需要明确指出来，包括：（1）管理劳动力成本；（2）管理收益；（3）沟通；（4）设计薪酬管理部门。

18.1　管理劳动力成本和收益

财务规划是薪酬管理不可分割的重要内容。正如我们在第 1 章中提到的，薪酬决策通过影响成本和（或）收益来影响组织绩效。诸如更新薪酬结构、增加绩效工资或实行收益分享等行动的成本含义对作出合理的薪酬决策至关重要。预算是对这些成本的控制。制定薪酬预算需要权衡利弊，比如，加薪的数额应该根据雇员贡献、全员等额提薪和公司绩效来分配。在长期激励与短期激励、绩效加薪与资历提薪，以及现金薪酬与福利组合等方面也需要作出权衡。

　　财务规划还需要了解预算分配所带来的收益（或回报）。[2]在许多组织中总薪酬至少占运营成本的 50%。然而，大多数组织尚未尝试分析它们的薪酬决策可能产生的回报。[3]正如我们在第 2 章中指出的，薪酬战略对效果的影响不仅来自其对（劳动力）成本的影响，而且来自其对帮助增加收益或回报的影响。回报可能是新的收益分享计划或利润分享计划带来的劳动生产率的提高，或者是通过提高高绩效雇员的绩效加薪额带来的预期价值的增加。[4]过去，薪酬方面的财务规划只考虑成本。[5]出现这种情况或许是因为成本是有形的且易于衡量，而薪酬战略所带来的回报常常是无形的且难以量化。然而，需要牢记在心的是一种东西量化的难易程度与它的重要性没有关系。幸运的是，预期回报与成本的对比分析正变得越来越普遍。[6]后面我们将对此展开详细讨论。

18.2　管理劳动力成本

　　你已经了解了影响劳动力成本的许多因素。图表 18 - 1 展示了一个简单的劳动力成本模型。从这一模型中可以看出，为了管理劳动力成本，需要控制三个因素：雇佣量（例如，雇员人数和他们的工作时间）、平均现金薪酬（例如，计时工资、奖金）以及平均福利成本。现金薪酬和福利一直是本书讨论的重点。然而，如果我们的目标是更好地管理劳动力成本，就必须同时关注所有这三个因素。

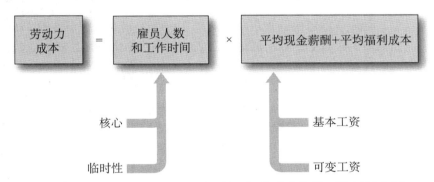

劳动力成本=雇员人数和工作时间×(平均现金薪酬+平均福利成本)

图表 18 - 1　劳动力成本管理

18.2.1　雇员人数（也称人员编制或总人数）

　　利用竞争对手的平均工资信息有助于更好地理解劳动力成本。图表 18 - 2A 展示了某个公司相对于它的竞争对手在五个工作层级（E5～E1）上对工程师的工资支付情况。斜线柱形图代表该公司对每个职位的工资支付水平。阴影柱形图代表市场工资水平，其中，中间无阴影部分代表市场工资的中值。由图表 18 - 2A 可知，该公司在 E5、E3 和 E2 上采取匹配型薪酬政策，向这三个工作层级的工程师支付市场中值工资。但该公司在 E4 上采取了市场领先型薪酬政策，在入门级职位 E1 上采取了滞后型薪酬政策。

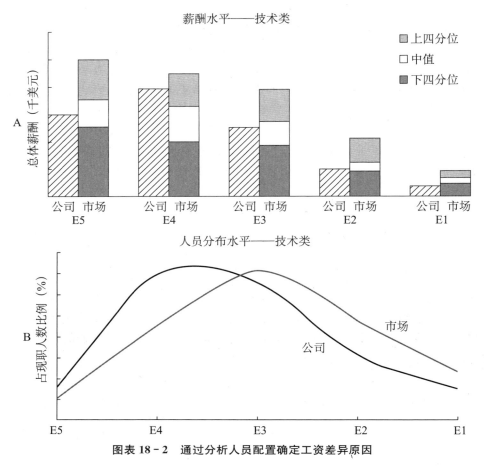

图表 18-2　通过分析人员配置确定工资差异原因

　　图表 18-2B 提供了与该公司劳动力成本相关的更多信息。这部分图表将该公司在五个工作层级上的工程师人数分布状况与竞争对手进行了比较。相对于竞争对手而言，该公司在 E4 和 E5 两个工作层级上配置的工程师比例更大。因此，即使该公司只对一个工作层级（E4）支付了比市场水平高的工资，由于人员配置模式的不同，它的劳动力成本仍然可能会比竞争对手高。这带给我们怎样的启示呢？只考虑总人数（如图表 18-1 所示）可能会产生误导，因为即使总的雇佣水平与竞争对手相似，在各个工作层级上的人员配置也可能有所不同。在本例中，该公司与竞争对手的差异主要表现在 E4 上，在这个工作层级上该公司配置了更大比例的工程人才，并且要支付更高水平的薪酬。因此对于 E4 要多加关注。为了更好地理解潜藏在这些差异背后的含义，我们需要掌握更多的信息。该公司的工程师是否更有经验并因此被晋升到 E4？该公司的业务是否更加复杂从而需要更有经验的工程师？如果没有与经营相关的一些合理理由，可以通过重新配置 E4 上的工程师数量和工资水平来降低劳动力成本。[7]显然，向更少的雇员支付同样的报酬（例如，匹配型薪酬政策）更有利于节约劳动力成本。在采取任何行动之前，需要考虑行动对薪酬目标（效率和公平）的影响。

削减雇员总数

　　对劳动力的需求是一种派生需求，意味着它取决于市场对公司产品的需求。[8]通过阅读经济萧条时期的商业新闻可以明显看出，组织经常通过削减雇员总数来降低劳动力成本。这种对雇员总数的削减可以采取裁员的方式（通常根据雇佣时间的长短向被解雇者支付一笔遣散福利），也可以采取退出激励的方式——鼓励雇员"自己选择"离职。缩减人员编制的一个主要好处是同时削减了福利成本，而降低工资、放假或缩短工作时间等通常无法达到这种效果。（林肯电气公司可能是个例外，因为它拥有一个非常精简、低成本的福利组合。）由于组织可以基于绩效来削减雇员总数，这也为组织带来一个机会——通过创造积极的筛选效应重塑劳动力结构。在这种情况下，高绩效雇员群体不会受到裁员的影响（例如，组织不会削减他们的工资），并且组织有机会与这些重要群体维持良好的雇员关系。

　　然而，削减雇员总数也存在几个潜在问题。第一，法规要求使组织难以作出有针对性的人员削减。如果组织将高薪雇员作为削减目标（以最大限度地节省劳动力成本），那么《年龄雇佣歧视法案》就开始发挥作用，因为高薪雇员通常也是年龄较大的雇员。此外，作为《年龄雇佣歧视法案》一部分的《老年工人福利保护法案》规定，退出激励计划必须详尽具体。例如，退出激励计划必须给予 40 岁以上雇员 21 天的时间考虑是否接受退出条件，而且即使他们接受了退出条件，也必须赋予他们在 7 天内改变主意的权利。这些规定以及其他一些条款常常使组织难以挑出高工资和（或）低绩效雇员。如果退出激励计划无法有效锁定激励目标，而所有雇员都有资格参与这种计划，那么你认为哪些雇员最有可能接受退出条件并离开公司？或许是那些再就业能力最强、另谋高就能力最强的雇员，不是吗？这实际上是许多组织已经经历过的事情。从本质上讲，最终的可能结果是你为高绩效雇员的离职付出了代价——一种非常不合意的筛选效应！第二，削减劳动力（尤其是在处理不当的情况下）可能会损害雇员关系。美国以外的国家对削减雇员数量的法律规定可能十分严格。（比如，参见我们在第 16 章关于劳资委员会的讨论。）[9] 第三，那些进行更大规模（非自愿）裁减劳动力的组织也会招致大批劳动力自愿离职。[10] 第四，虽然从长期看缩减编制为组织降低了成本，但是由于提高了失业保险税率、搅乱了工作程序、中断了客户服务，并且带来了处理离职问题的行政成本，因此它在一开始就会造成非常高的有形成本。如果组织再辅以实施退出激励计划，那么成本还会被进一步抬高。第五，有些公司已经学会"精益"运营（即在生产线上配备非常少的雇员），而且对人员招聘控制得非常成功，以至于削减雇员数量的空间不复存在。[11] 第六，如果对存在裁员空间的部门的人员裁减力度过大，那么在经营形势好转时，组织将无法及时作出调整以创造收益。[12] 一个组织可能会耗费大量成本来削减雇员数量，而在不久以后又会耗费更高的成本来招聘新雇员以应对市场对产品需求的增长。如果其他公司也同时增加招聘数量，那么成本就会进一步提高。宣布裁员或关闭工厂常常会对股票价格产生有利的短期影响，因为投资者可以预期到现金流的改善和成本的降低。然而，长期而言，诸如高素质的雇员流失、劳动生产率下降或者雇员士气降低等负面影响，往往会转化为比预期更低的财务收益。一些证据表明，在削减雇员总数期间密切关注裁员过程和雇员关系可以促进财务结果的改善。[13]

　　此外，正如我们在第 17 章中所看到的那样，各国的法律环境不尽相同。许多欧洲国家都把立法作为社会契约的一部分，这使得雇主很难裁减雇员或削减工资。在这样的环境下，管理劳动力成本是一项更大的挑战。

　　许多雇主采取多种措施以避免陷入必须裁员的境地。正如下面所讨论的那样，加班时间的使用就是这种策略的内容之一。此外，组织还与不同的雇员群体建立不同的关系。如图表 18-3 所示，雇员群体通常分为两大类：**核心雇员**（core employee）与临时雇员，雇主通常与前者建立一种长期稳定的关系，而后者的雇佣协议只针对某个短暂、特定的时期。临时雇员可能是正常雇员，也可能是独立承包商/供应商，或者是劳务派遣公司/供应商雇用的人员。很多雇主通过扩充或精简临时雇员而不是扩充或精简核心雇员来实现管理的灵活性和对劳动力成本的控制。例如，丰田宣称虽然在经济萧条期间没有削减在美国或日本的正式雇员，但削减了合同工人的总数。

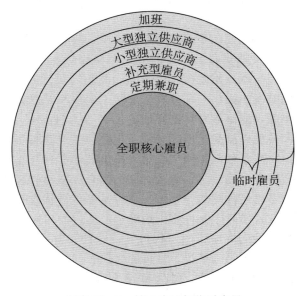

图表 18-3　核心雇员与临时雇员

第 7 章讨论的圣·卢克医院护士的分割型劳动力供给（如图表 18-4 所示）说明了使用不同来源的护士为医院劳动力成本管理所带来的灵活性。正式护士、备用护士、注册护士、流动护士分别被支付了不同的薪酬。一些护士获得了圣·卢克医院提供的福利，一些护士则从签约机构获得福利，还有一些护士必须自己购买福利（备用护士）。成本管理的权衡涉及对患者护理工作量、护士与患者的比率、可替代护士来源的成本以及护理质量的平衡。[14]

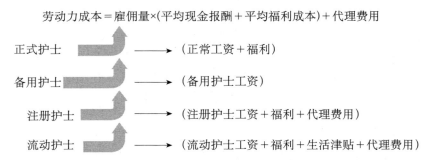

图表 18-4　分割型劳动力供给：圣·卢克医院的劳动力成本模型

资料来源：© George T. Milkovich.

18.2.2　工作时间

除了使用雇员数量来定义雇佣量，工作时间也经常被用来定义雇佣量。在美国对非豁免型雇员而言，每周工作时间超过 40 小时的劳动力成本更高（是正常工资的 1.5 倍）。因此，管理劳动力成本的另一个方法就是比较加班时间成本与增加劳动力数量的成本。圣·卢克医院或许只要保证其正式护士的特定工作时间，而合同护士（备用护士、注册护士及流动护士）只需"随时待命"。

劳动力成本模型中的四个因素——雇员人数、工作时间、现金薪酬及福利成本——都不是相互独立的。加班时间需要支付更高的工资，但加班所增加的福利成本远远低于新增一名正式护士所带来的福利成本。固定的福利成本越高，选择增加加班时间（即使要支付 1.5 倍的工资）而非招聘新雇员的可行性就越大。不招聘新雇员，组织还避免了招聘/甄选成本。如果未来市场对医疗保健服务的需求量下降，这种做法还可以使组织在削减劳动力成本时拥有更大的灵活性。组织无须削减雇员数量而只要缩短工作时间即可，这样不仅可以避免对雇员关系造成损害，而且可以避免削减雇员数量所带来的经济成本。

在经济衰退期间，许多公司都通过使用法定不带薪休假或放假的办法来削减工作时间和劳动力成本。联合信号公司（Allied Signal）采用放假而非裁员的策略，因为它希望做好准备，在经济衰退结束、业务好转时重新恢复劳动力规模，以迅速抓住增长/收益的机遇。[15]另外一个例子是，加利福尼亚州的政府雇员被要求每月放假两天，这样可以将其工资减少 10%。温迪·罗伯逊（Wendy Roberson）就是此类雇员之一，部分出于好玩的目的，他建立了一个"开心假期星期五俱乐部"（Fun Furlough Fridays Club）。没有人希望自己的工资减少，但是如果你真的可以获得额外的休闲时间，你最好还是去充分利用并享受它，不是吗？正如人们最后所看到的那样，尽管工资收入实实在在地减少了，但在许多情况下休假的时间却没有增加。因为工作量没有减少，所以许多"放假"的雇员发现自己仍被工作包围，而不是在享受所谓的"开心假期"。[16]尽管如此，减少工作时间和工资确实意味着削减雇员总数是不必要之举，而且通过避免采取这一不必要之举，组织可以减少对自己经营活动的干扰，私人部门也可以为业务再次好转作出更好的反应——只要高绩效的雇员没有在此时另谋高就。[17]

18.2.3　控制福利

最近雇主削减福利成本的最常见的方法之一是暂停向 401(k) 退休计划匹配缴费（当雇员缴费时）。2009 年经济大衰退时期的调查数据显示，大约 1/4 的公司要么已经暂停匹配缴费，要么正考虑这么做。就连美国退休者协会（American Association for Retired Persons）也决定需要暂停其向 401(k) 退休计划匹配缴费，这个决定想必不是轻易作出的！[18]雇员每向 401(k) 退休计划缴纳 1 美元，雇主平均匹配缴纳 50 美分，匹配缴费额度最高不超过雇员工资的 6%。但更多的公司可能会选择采用一种新的缴费模式——基于公司利润确定匹配缴费额度。[19]无论如何，随着近年来经济复苏和公司利润改善，我们已经看到许多公司增加了 401(k) 退休计划匹配缴费的额度。与 2009 年经济大衰退时期雇主缴费占雇员工资 3.0% 形成鲜明对比的是，到 2016 年，在经济复苏和劳动力市场紧缩后，这一比例升至 4.7%。[20]我们已经看到的另一种行动是，组织把取消诸如收益确定型（养老金）计划等福利形式作为寻求债权人破产保护的内容之一。这样的例子包括几家航空公司（例如，联合航空、达美航空、美国航空、西北航空）、汽车制造商（例如，通用汽车、克莱斯勒）和汽车零部件公司（例如，德尔菲公司(Delphi)）。正如我们在第 13 章中指出的，养老金福利担保公司向此类计划涵盖的雇员提供养老金福利。然而，养老金福利担保公司向 65 岁人群支付的养老金福利每月最高为 5 011 美元，这意味着公司破产后收入更高的雇员（例如，飞行员）可能将蒙受巨大的养老金福利损失。其他更为典型的控制或削减福利成本的做法与雇主在医疗保障领域所作的各种努力相关（见我们在第 12 章和第 13 章所做的讨论）。

18.2.4 平均现金薪酬（固定和可变部分）

平均现金薪酬包括平均工资（固定报酬）加可变薪酬，后者的形式主要包括奖金、收益分享、股票计划和（或）利润分享等。固定报酬的支付通常与经营绩效无关。相反，从理论上讲，可变薪酬的增减与组织的经营绩效直接相关。例如，当组织的利润水平低于正常年份的水平时，利润分享计划的利润分享额度通常也会相应低于正常水平。如果其他组织也遭遇类似利润下降问题，那么该组织因降低利润分享额度而招致雇员流失的风险可能就会降低，并且可以获得"自动化"劳动力成本弹性的所有好处。

在 2007—2009 年经济大衰退期间，几乎一半的公司都冻结了工资，停止了雇员的年度加薪[21]，导致 2009 年各公司平均加薪预算仅为 1.9%。如图表 18-5 所示，加薪预算在 2009 年后已开始增加。此外，只有 5%（随后几年进一步降低）的公司在 2011年冻结加薪预算，而在 2010 年和 2009 年这一比例分别为 21%和 48%。[22]另外一个不论在经济形势好的年份还是在坏的年份，都被组织用于控制工资成本的主要工具是可变薪酬。（参见第 8 章和第 10 章。）如图表 18-6 所示，虽然从长期看绩效加薪预算规模已经走低，但可变薪酬规模（例如，一次性绩效加薪、利润分享）已明显增加。不像基本工资的增加，可变薪酬并不会成为基本工资的永久组成部分。因此可变薪酬可以让公司在形势不好的年份削减劳动力成本，而在形势好的年份与雇员分享成功（和奖励雇员）。正如我们前面所看到的，美国三大汽车制造商近年来一直在采用这一战略。（关于图表18-6，请记住，正如第 10 章所指出的那样，虽然几乎所有的公司都使用绩效加薪，但有 1/2～2/3 的公司使用可变薪酬计划，而且在这些公司中，高层级雇员更有可能享受这种计划。）[23]

图表 18-5 近年来豁免型雇员基本工资的增长情况

2008 年	2009 年	2010 年	2011 年	2012 年	2013 年	2014 年	2015 年	2016 年	2017 年	2018 年	2019 年
3.7%	1.9%	2.4%	2.7%	2.9%	2.9%	2.9%	3.0%	3.0%	3.0%	3.0%	3.1%*

* 预测值。

资料来源：Stephen Miller. "3% Salary Increases Put Greater Focus on Variable Pay," *Society for Human Resource Management*, August 7, 2017. Aon Hewitt, *2014 Annual Salary Increase Survey*, August 2014. Aon. Total Cash Compensation for U. S. Employees Projected to Decrease in 2019. September 24, 2018. aon. mediaroom. com.

图表 18-6 豁免型雇员传统基本工资增长预算和可变薪酬预算的长期变化情况

	1991 年	2019 年
基本工资增长预算	5.0%	3.1%*

续表

	1991 年	2019 年
可变薪酬预算	3.8%	12.1%*

*预测值。

资料来源：Patricia Cohen. "Where Did Your Pay Raise Go? It May Have Become a Bonus," *New York Times*, February 10，2018；Stephen Miller. "3% Salary Increases Put Greater Focus on Variable Pay," *Society for Human Resource Management*，August 7，2017；Ken Abosch. "Ensuring Effective Broad-Based Variable Pay. Total Rewards 2014 Conference," WorldatWork；Aon Hewitt, *2014 Annual Salary Increase Survey*，August 2014. Aon. Total Cash Compensation for U. S. Employees Projected to Decrease in 2019. September 24，2018. aon. mediaroom. com.

可以采用以下两种方式调整平均现金薪酬水平（在此为便于讨论，我们主要关注基本工资部分）：（1）自上而下：高层管理者确定计划年度的工资预算，并将其"向下"分配到每个子单位；（2）自下而上：对计划年度单个雇员的工资进行预测和汇总，从而产生整个组织的年度工资预算。

18.2.5　预算控制：自上而下

自上而下的预算编制以管理层对整个组织加薪预算的估计为起点。一旦总预算确定，接着就要将它分配给每位经理，由经理决定如何在他们的下属之间进行分配。自上而下的预算编制方法有多种。我们将考虑其中一种非常典型的方法——**计划工资水平增长**（planned pay-level rise），它是拟加薪单位的平均工资的增长比例。关于下一个周期平均工资水平增长幅度的决策会受到多个因素的影响：本期平均工资水平的提高幅度、支付能力、竞争性市场压力、雇员流失效应以及生活成本。

本年度的工资增长

这是上年平均工资变化的百分比，用数学公式表示为：

$$工资水平增长比例 = 100\% \times \frac{上年末平均工资 - 今年初平均工资}{今年初平均工资}$$

支付能力

关于提高平均工资水平的任何决策在一定程度上都取决于组织的财务状况。财务状况良好的雇主可能愿意维持它们在劳动力市场上的竞争地位，或者通过奖金和利润分享的方式与雇员分享优秀的财务业绩。相反，陷入财务困境的雇主可能没有能力维持竞争性市场地位。就像我们在前面指出的，对于这种状况的传统应对方式是减少雇佣量。如前所述，通过分析每个工作层级的工资水平和人员配置情况，也可以发现节约劳动力成本的潜在机会。其他选择是通过控制对基本工资和（或）可变薪酬的调整来降低平均工资的增长率。还有一个选择是增加雇员福利缴费的自付额和共付额。公司也常常把降低基本工资（以及可变薪酬）作为最后的手段。近年来，航空公司飞行员和机械师的降薪受到了公众的高度关注。其他替代性的方法也同样存在。再次考察一下圣·卢克医院的劳动力成本模型以及它的分割型劳动力供给。该医院可以通过调整合同护士的不同来源来降低劳动力成本。

竞争性市场压力

在第 8 章我们讨论了管理者如何根据竞争对手来确定组织的竞争地位。回想一下我们当时讨论的内容：收集基准工作的市场工资标准分布，然后将这种工资标准分布分解成每个基准工作的单一平均市场工资。这种"平均市场工资"变成组织的"通行市场工资标准"。这种通行市场工资标准每年都会根据各种外部市场因素的变化而调整。

雇员流失效应

雇员**流失效应**（turnover effect）有时称为**"搅动"**（churn）或**"滑动"**（slippage），它承认这样一种事实，即当雇员离开公司（解雇、辞职或退休）时，他们通常被工资较低的新雇员取代。图表 18-2 说明了与竞争对手相比，公司在哪些方面配置了过多的雇员。通过减少 E5 和 E4 工作层级的雇员并代之以 E1 和 E2 工作层级的雇员，可以降低公司的劳动力成本。然而，需要记住的是，这种做法可能会给公司收益和客户满意度带来不利影响，同时有可能违反《年龄雇佣歧视法案》。

雇员流失效应可以通过如下方式计算：年度雇员流失率乘以计划平均工资增长率。例如，假定每年劳动力成本为 1 000 000 美元的组织的雇员流失率为 15%，并且计划平均工资增长率为 6%。雇员流失效应为 $0.15 \times 0.06 = 0.9\%$ 或 9 000 美元（$0.009 \times 1\ 000\ 000$）。因此为应对 6% 的平均工资增长，并不需要增加 60 000 美元的预算，而只需 51 000 美元即可。雇员流失效应也将降低与基本工资相关的福利成本，比如养老金。[24]

生活成本

虽然很少有研究支持**生活成本加薪**（cost of living increase），但很显然，雇员会把自己的工资增长与生活成本的变化做对比。工会一贯认为，生活成本的增加证明增加工资是合理的。

对三个相关的概念作出区分很重要：生活成本、产品和服务市场的价格变化及劳动力市场的工资变化。如图表 18-7 所示，劳动力市场的工资变化是通过薪酬调查进行衡量的。这些变化通过工资预算的市场调整及薪酬政策线和工资全距结构的更新而被纳入薪酬制度。产品和服务市场的价格变化是通过政府发布的几个指数进行衡量的，其中一个常用指数是消费者物价指数。第三个概念生活成本是指个人对产品和服务的支出模式。由于雇员的支出取决于多种因素：婚姻状况、赡养或抚养的人数及年龄、个人偏好、生活地点等，因此生活成本更加难以衡量。不同雇员有不同的生活成本，衡量这些成本的唯一准确的方法就是考察每个雇员的个人支出。

这三个概念是相互关联的。劳动力市场的工资是生产产品和服务的成本的一部分，而且工资的变化会对产品和服务的价格产生压力。同样，为了维持相同的生活方式，随着产品和服务价格的变化也需要提高工资。

许多人都将消费者物价指数看作一种"生活成本"指数，而且许多雇主在制定薪酬政策或者应对工会压力时也愿意将工资与之联系起来。然而，消费者物价指数并不必然反映雇员个人的生活成本，相反，它衡量的是"长期价格的变化"。消费者物价指数的变化只是表明某个地区自基期以来价格增长得更快或更慢。例如，芝加哥的消费者物价指数为 110，亚特兰大的消费者物价指数为 140，并不必然意味着亚特兰大的生活成本

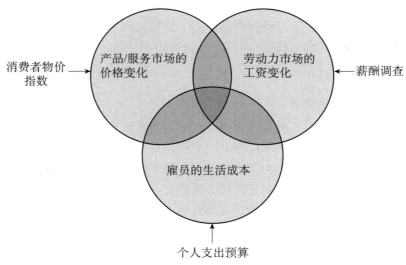

图表 18 - 7　三个相关概念的区别与衡量

就比芝加哥高。它的实际含义是：自基准年以来，亚特兰大的物价上涨速度快于芝加哥，因为两个城市消费者物价指数计算的基数均为 100。

网络资源

www. westegg. com/inflation/ 上提供了一种简单的通货膨胀计算器，它使用消费者物价指数来调整 1800 年以来任何给定数据的通货膨胀水平。大多数政府都为它们的国家计算某种形式的消费者物价指数。美国劳工统计局的网页（stats. bls. gov）提供了许多这样的指数。它们在捕捉价格实际变化的真实性程度上不尽相同。

一个警告是：如果你决定使用消费者物价指数而不是劳动力市场薪酬调查来决定公司的绩效加薪预算，那么你基本上是在为通货膨胀而不是雇员绩效或市场工资标准变化付酬。

网络资源

比较生活成本的一种更加快捷的方法就是使用 www. homefair. com/homefair/calc/salcalc. html 提供的"迁移工资计算器"。输入你当前所在的城市、可能迁至的新城市，你就可以根据生活成本差异得出你在新城市需要的工资水平。这一网站信息的准确度如何？

消费者物价指数事关公众的利益，因为它的变化会牵动劳动合同、社会保障给付、联邦和军队的养老金以及食物券领受条件等的变化。把预算或各种给付与消费者物价指数挂钩的做法称为"指数化"。

综合考虑

让我们假定管理者考虑了所有因素——本年度的工资增长、支付能力、市场调整、雇员流失效应、生活成本的变化以及**地区差异**（geographic differential）——并决定下一年度的平均工资计划增长率为 6.3%。这意味着组织已经为下一个预算周期的平均工资设定了 6.3% 的增长目标。这并不意味着每个人的工资增长比例都是 6.3%，而是指在预算年度末，以所有雇员为基础计算的平均工资将比现在高 6.3%。

下一个问题是：我们如何按照有助于满足薪酬制度管理的目标要求以及实现组织目标的方式来分配这个 6.3% 的预算？

向下级单位分配工资预算

确定每个下级单位管理人员应该获得多大比例的工资预算的方法有多种。有的组织使用统一的比例：基于每个下级单位雇员的工资，每个管理人员都获得相同比例的工资预算。有的组织基于各种与工资相关的问题——如下级单位确定的雇员流失情况或绩效水平——向每个管理人员分配不同比例的工资预算。

一旦工资预算被分配给每个下级单位的管理人员，它们就变成了一个约束：每个管理人员必须把这笔有限的资金在自己的下属之间分配。通常使用**绩效加薪指导方针**（merit increase guideline）来帮助管理人员作出分配决策。绩效加薪表有助于确保不同的管理人员向那些绩效评价结果相同和在各自的工资全距内处于相同位置的雇员支付一致的加薪额。另外，绩效加薪表还有助于控制成本。第 11 章提供了绩效加薪表的例子。为了限制归入高绩效类别的雇员数量（从而限制获得最大绩效加薪的雇员数量），有些公司使用强制性工资预算分配方法。

18.2.6　预算控制：自下而上

在自上而下的预算模式中，管理人员通常被告知他们未来的工资预算水平；相比而言，自下而上的预算模式以管理人员对即将到来的计划年度的工资增长建议为起点。图表 18-8 展示了自下而上的预算模式的相关流程。

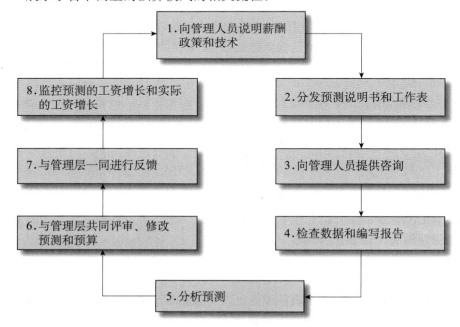

图表 18-8　薪酬预测与预算循环

1. 向管理人员说明薪酬政策和技术。就合理的绩效薪酬政策的概念和标准的公司薪酬技术（例如，工资增长指导方针和预算技术的使用）对管理人员进行培训。向管理人员传递市场数据和工资全距信息。

2. 分发预测说明书和工作表。向管理人员提供对工资增长进行预先计划所必需的表格和说明书。大多数公司都向管理人员提供电脑软件以支持这些分析，只要输入相关信息即可进行模拟分析。[25]把对每个人的调整输入简要的绩效预算、晋升预算、公平性调整预算等项目中。这些建议以电子方式提交。

每位主管可以获得的用于指导自己提出建议的信息包括：绩效评价历史记录、过去的工资增长情况、培训背景以及股权分配等。在提供了基于绩效、晋升和公平性调整的加薪指导方针并且将所有的工作表关联在一起后，管理人员就可以为雇员模拟工资调整，并立即看到这些调整的预算效果。

有些人认为向管理人员提供如此详细的数据和建议会导致整个过程产生偏差。在你的老师给你这门课的成绩打分之前，你想让他怎么看待你的总平均成绩？然而，工资历史可以确保管理人员至少了解这一信息，并保证任何时期的工资增长都是向个体雇员发出的持续信息的一部分，而不是对短期变化的临时反应。

3. 向管理人员提供咨询。应管理人员的要求向他们提供建议和薪酬信息服务。戴尔公司的在线服务方法使请求和应用这样的指导变得更加方便。

4. 检查数据和编写报告。对所预测的工资增长幅度进行审计，以确保它们符合工资指导原则并且与适当的工资全距保持一致。然后使用这些数据反馈工资预测与预算的结果。

5. 分析预测。检查每个管理人员的预测，并基于不同管理人员注意到的不公正情况提出修改建议。

6. 与管理层共同评审、修改预测和预算。就数据分析和任何所建议的变更咨询管理人员。获得最高管理层对预测的批准。

7. 与管理层一同进行反馈。按部门汇总预测数据，并确立单位目标。

8. 监控预测的工资增长和实际的工资增长。通过追踪并向管理层报告周期性状况来控制预测的工资增长和实际的工资增长之间的平衡。

预测循环的结果是对即将到来的计划年度内每个组织的下属单位及每个雇员的估计工资待遇的一种预算。预算并不禁止管理人员对每个雇员的建议工资进行调整。相反，预算代表着一种计划，而且由于意料之外的各种变化如绩效改进和没有预期到的晋升等导致偏差也是常见的。这种预算方法将薪酬管理的责任放到了管理人员身上，它要求管理人员为自己主管的每个雇员规划工资待遇。薪酬经理扮演了一种顾问的角色，负责推动管理层对这一系统的使用。[26]

18.2.7 嵌入薪酬技术设计中的控制

对于管理人员薪酬决策的控制主要来自薪酬管理过程的两个不同方面：（1）融入薪酬技术设计中的控制；（2）前面所讨论的正式的**预算**（budgeting）过程。回忆一下我们讨论过的多种薪酬技术：工作分析和工作评价、基于技能和胜任力的计划、政策线、**工资全距最小值与最大值**（range minimum and maximum）、工资宽带、绩效评价、收益分享以及加薪指导方针。为实现主要目的，这些技术通过指导管理人员能做什么和不能做什么来规范他们的薪酬决策。为确保薪酬决策与薪酬制度的目标保持一致，对管理人员薪酬决策的控制被嵌入这些薪酬技术的设计之中。下面我们将详细考察其中的一些控制。

工资全距最大值与最小值

工资全距设定了向特定工作支付的工资的最大值和最小值。工资全距最大值是一种重要的成本控制工具。在理想状态下，它代表组织赋予工作产出的最大价值。在基于工作的结构中，雇员拥有的技能和知识在另一种工作中的价值可能会更大，但是工资全距最大值代表了某一特定工作所完成的任务量对组织的最大价值。当沃尔玛设定工资全距最大值和最小值时，批评者指责它为工人设置了"封顶工资"。那些对第 8 章有关工资全距设计的讨论尚有记忆的读者会认识到，特定的工作可以有一个最大工资标准（上限），但雇员个人仍然可以通过晋升、利润分享等获得加薪。[27]

如果雇员被支付了高于工资全距最大值的工资标准，这些工资标准就被称为**红圈工资标准**（red circle rate）。大多数雇主都"冻结"红圈工资标准，直到市场工资标准的更新调整推动工资全距上移，使红圈工资标准重新回到工资全距以内。一个组织也可以选择将工资冻结与绩效奖金结合起来，因为绩效奖金与绩效加薪不同，它不会成为基本工资的一部分。如果红圈工资标准成为整个组织的普遍现象，就应该考虑对工作评价和工资全距进行重新设计。**绿圈工资标准**（green circle rate）是指雇员的工资低于工资全距最小值的情况。与红圈工资标准一样，组织通常会采取措施防止组织长期存在这些绿圈工资标准。

工资全距最小值就是组织赋予特定工作的最小价值。低于工资全距最小值的工资标准通常被用于培训生。当优秀雇员获得一系列快速晋升但工资标准的调整没有及时跟进时，也会出现工资低于工资全距最小值的现象。

工资宽带

与工资等级和工资全距设计相比，工资宽带设计的目的是向管理人员提供更大的灵活性。工资宽带通常伴随着市场"参考工资标准"和"影子工资标准"，这些都是指导管理人员制定薪酬决策的依据。工资宽带可能更多地用于职业生涯管理而非薪酬决策。更确切地说，对管理人员薪酬决策的控制存在于分配给他们的工资预算之中。只要总薪酬不超过预算，管理人员就拥有薪酬决策的灵活性。

晋升和外部与内部招聘

基于晋升的加薪幅度通常很大，这意味着为控制成本，需要监控晋升比率及为晋升所增加的薪酬。有些组织会限制某个时期内的晋升数量，有些组织也会限制雇员晋升的等级/层级的数量及相应的加薪规模。[28]另外一个更具战略性的问题是，在多大程度上通过内部晋升或外部招聘来填补职位空缺。[29]外部招聘的雇员通常会要求支付薪酬溢价，当他们的薪酬水平被组织其他雇员知晓后，内部公平性的压力在某些情况下就会迫使组织也相应提高现任雇员的薪酬水平，以保持组织当前相对薪酬标准不变。

薪酬比较比率

工资全距中点反映了雇主相对于外部竞争的薪酬政策线。为了评估管理人员实际上如何相对于工资全距中点支付雇员的薪酬，我们通常计算一种被称为**薪酬比较比率**（compa-ratio）的指数：

薪酬比较比率＝实际支付的平均工资标准/工资全距中点值

薪酬比较比率小于 1 意味着处于某个工资全距内的雇员被支付的工资平均低于工资全距的中点。也就是说，管理人员向雇员支付的工资比预定薪酬政策要求的少。出现这种情况可能有几个合理的理由。大多数雇员可能是新雇员或最近招聘的人员；雇员的绩效表现可能不佳；晋升的速度可能过快，以至于雇员没有在一个工作岗位上工作足够长时间，从而无法进入工资全距上端。

薪酬比较比率大于 1 意味着雇员的工资标准平均超出了预定薪酬政策规定的水平。发生这种情况的原因正好与上面提到的原因相反：资历深的雇员占比大；雇员绩效水平高；雇员流失率低；新招聘的雇员少；晋升比率低。我们可以计算单个雇员、每个工资全距、每个组织的单位或职能部门的薪酬比较比率。

把对管理人员薪酬决策的控制设计到薪酬技术中的其他例子包括主管和下属所要求的对工作说明相互签字。还有一个例子就是通过工作评价将新工作配置到薪酬结构之中，这有助于确保在相同的要素下对工作进行比较。类似地，在整个组织范围实施的绩效管理制度也可以确保以相似的要素对所有雇员进行评价。

可变薪酬

可变薪酬的本质要求雇员必须在每个薪酬年度内重新挣取这笔收入；相比而言，传统的绩效加薪和全员等额提薪则增加了计算下一年加薪的基础。我们已经区分了固定薪酬和可变薪酬，并多次指出组织已经转向更多地依赖可变薪酬。这一点很重要，值得再一次强调。如图表 18-6 所示，相对于增加基本工资的传统做法，组织已经增加了对可变薪酬的使用。

计入基本工资中的加薪额会对成本产生复合影响，而且这些成本是巨大的。例如，把每周 15 美元的实得工资计入 40 000 美元的基本工资，10 年下来累计将产生 503 116 美元的现金流。另外，有些福利的成本也会增加。相比之下，该组织可以使用同样的 503 000 美元将基本工资维持在每年 40 000 美元且每年支付 26.8% 的奖金。正如本例所示，可变薪酬与基本工资的比率越大，组织劳动力成本的弹性也就越大。

可以把这一弹性应用于图表 18-1 中的一般劳动力成本模型。临时雇员与核心雇员的比率越大、可变薪酬与基本工资的比率越大，劳动力成本中的可变部分就越大，管理人员可以用于控制这些成本的选择就越多。一个警告是：工资和雇佣量的可变性可能对于劳动力成本的管理比较有利，但从管理雇员的有效待遇的角度来看，它可能并不那么吸引人。可变薪酬计划固有的财务不稳定性可能会对雇员的财务状况，尤其是对低薪雇员的财务状况产生不利影响，从而会影响他们对客户和雇主的行为与态度。对于薪酬管理而言，劳动力成本管理只不过是其中的一个目标。

成本分析

在建议加薪之前通常先要计算落实加薪建议需要付出多少成本，尤其是对于集体谈判而言。例如，在讨价还价时，牢牢记住每小时 1 美分的工资变化或者工资总额 1% 的变化带来的影响是非常重要的。掌握这些数字之后，谈判人员就能够迅速计算出要求加薪 9% 可能产生的影响。

薪酬管理的商业软件几乎可以分析薪酬信息的任何方面。软件能够很容易地将过去的估计值与实际发生的情况（例如，实际获得绩效加薪的雇员比例和加薪数量）进行比较。它可以模拟不同的工资建议并比较各自的潜在影响，也可以帮助评估薪酬调查的数据及模拟激励计划和收益分享计划的成本影响。

18.3　收益分析

尽管薪酬成本是最容易衡量（和管理/控制）的，但我们不能忘记，薪酬通过发挥对雇员的激励和筛选作用以及在支持战略执行方面的核心作用，在推动组织未来收益的增长上也扮演着关键角色。一项研究显示，大约只有 1/3 的组织真正去计算薪酬计划的成本和增加值。[30]另一份调查报告显示，对于薪酬对收益影响的评估尤其不足，约 70% 的薪酬专家认为他们的薪酬管理工具在确定薪酬计划的增值方面"无能为力"。不过，在管理顾问和研究人员的支持之下，少数公司开始着手分析薪酬决策的增值（或者投资回报），以及它如何影响收益。[31]这种分析需要人们转变对薪酬的看法。薪酬在作为成本的同时也变成一种投资。薪酬决策是基于对投资回报的分析。这么做的目的就是回答诸如"那又怎样"的问题——如果加大对进攻型球队（如西雅图海鹰队（Seattle Seahawks））的投资，或者向高绩效雇员发放大量奖金（如通用电气），或者实施一个新的基于平衡计分卡的激励计划（如花旗集团），又能够给组织带来多少收益？[32]

图表 18-9 说明了对以不同方式（它们会直接或间接影响收益）获得的价值进行评估的方法。图表中的公司进行了一项分析，结果表明绩效排名前 10% 的雇员为公司增加了相当于其平均工资 2%～5% 的收益。

图表 18-9　薪酬如何（直接或间接）影响收益的例子

价值描述	假设	衡量	增值	
			低估	高估
招聘/留住顶级人才				
增加顶级人才储备；提高接受工作机会者的比例；缩短填补职位空缺的时间。	高绩效者为公司增加了相当于其平均工资 2%～5% 的收益（68 000 美元）。	提高顶级人才的获得率和流动率。	每个高绩效雇员可为公司增加 1 400美元的收益。	每个高绩效雇员可为公司增加 3 400 美元的收益。

续表

价值描述	假设	衡量	增值	
			低估	高估
降低流失率/替换成本				
由于高绩效雇员流失的减少而降低招聘成本。	减少一名高绩效雇员的流失可节约 25 000 美元（基于 68 000 美元的平均工资）。	每位高绩效雇员可节约成本 25 000 美元；反映在"收益损失"部分的劳动生产力节约。	减少 4 名"辞职"的高绩效雇员可以节约 100 000 美元。	减少 10 名"辞职"的高绩效雇员可以节约 500 000 美元。
收益增长促进剂				
由于更快速地填补关键的客户关系职位（销售、技术支持）及其他关键职位而减少收益损失；由于关注在平衡计分卡驱动下的收益目标和客户目标而增加收益；通过市场竞争力和薪酬差异而保留下来的关键/高绩效雇员改善并稳定了客户关系，从而为公司增加收益。	将增加一定比例（例如，5%）的收益；雇员总数保持不变。	收益增加；假设当前收益为 20 亿美元。	2%或 4 000 万美元。	5%或 1 亿美元。
劳动生产率收益				
通过巨额的工资差异和富有市场竞争力的基本工资将高绩效的雇员留下来，从而提高劳动生产率；由于支付富有市场竞争力的工资并实施共同的薪酬计划提高雇员对"内部一致性"和"市场竞争性"的意识，从而提高劳动生产率。	留住和吸引更多的高绩效雇员能够显著提高劳动生产率和创造收益，因为高绩效雇员的劳动生产率比普通雇员高 25~50 个百分点；提高所有雇员的劳动生产率可以增加公司收益、提高客户满意度并减少雇员总数；解雇低劳动生产率的雇员而代之以高劳动生产率的雇员可以提高劳动生产率并增加收益。	增加收益（反映在以上收益增加上）；雇员总数减少（需要更少的雇员或雇员的数量增长更为缓慢）；由于较少的高绩效雇员可以实现与较多的低绩效雇员相同的工作成果而使雇员总数减少。	雇员总数减少 10 名可以节约 900 000 美元的成本（68 000 美元的平均工资＋福利成本）；雇员总数减少一名可以节约 90 000 美元的成本。	雇员总数减少 50 名可以节约 450 万美元的成本；雇员总数减少 5 名可以节约 450 000 美元的成本。

现在该公司正考虑实施两个行动：

1. 对单个管理人员实施基于平衡计分卡的奖金计划。
2. 增加绩效高的雇员与绩效一般的雇员之间的薪酬差距。

图表 18-9 展示了对这两种选择可能带来的增值的分析。收益被分为四类：招聘/留住顶级人才；减少高绩效雇员的流失；增加收益；提高劳动生产率。逻辑、假设、衡量以及对收益的估计都在图表中得到了描述。谨慎的读者会发现这些假设是关键的，并且是基于研究证据、最优估计和判断。

对薪酬决策产生的收益进行分析的做法还处于初级阶段。这种分析有望引导人们的思考，从仅仅将薪酬看作一种支出转向考虑它所带来的回报。我们在第 7 章附录中关于效用分析的讨论就是一个例子。[33]支持者希望开发薪酬经理的"分析能力"。读者将在财务和运营管理课程中发现类似的主题。不过，管理人员仍然必须运用他们的头脑和他们的模型。将薪酬视为一种投资，将雇员视为人力资本，可能会冒忽视他们作为人的风险。[34]不能在追逐投资回报率的过程中丢掉对公平目标的追求。

18.3.1 用薪酬留住（和招聘）顶级员工

回忆一下，筛选效应的一个启示是高绩效雇员往往会从那些不能充分补偿他们所创造的高价值的公司跳槽到能够充分补偿他们所创造的高价值的公司。这个群体中的一些人会被迫去寻找另一份工作，因为他们认为自己获得的薪酬不公平。然而，有相当一部分雇员尤其是高绩效雇员，其离职的原因是被其他地方的机会"吸引"。他们离职不是因为对目前的工作不满意，或者寻找新工作，而是因为一个主动寻找人才的组织提供的从天而降的机会砸在了他们身上。[35]事实上，谷歌的首席人力资源官认为，最优秀的雇员在他们所在的地方都做得很好，投入精力来了解这些雇员很重要。他们可能不会主动寻找或申请谷歌的工作，但谷歌希望培养这些"被动的求职者"，即使这需要数年时间，因为谷歌认为成功聘用这些人是一条可以获得更高收益的途径。[36]这意味着这些优秀雇员的当前雇主最好保持薪酬的时效性和竞争力（考虑到他们的技能和所创造的价值/收益），因为其他（主动寻找人才的）雇主最终会找到他们。这也意味着组织可以主动出击，不仅留住现有的有价值的雇员，还可以在别处寻找能够为组织创造价值和带来更高收益的雇员。

18.4 管理薪酬以支持战略和变革

在第 2 章中，我们指出了薪酬在支持组织经营战略和人力资源战略中的重要作用。我们看到，拥有不同经营战略的组织通常会拥有不同的薪酬战略。我们还看到，在能力-动机-机会（AMO）理论框架中，薪酬发挥着关键作用。这些一致性问题必须得到成功管理，以推动未来收益增长（和成本控制）。当组织重组时，薪酬往往扮演着一种独特的角色。经营战略中的战略性变革意味着薪酬战略必须重新调整。再次回顾第 2 章，薪酬的激励作用可以帮助重新定向和重新激发雇员的努力。它的筛选效应有助于把适应旧薪酬制度但不适应新薪酬制度的现有雇员替换成确实适应新薪酬制度的新雇员。变革力度越大，筛选效应就越大，作为变革的一部分，就越有可能出现一个艰难的调整期。

问题是，为了更好地实现利益相关者（所有者、雇员、客户等）的目标，组织在重新定位过程中所经历的短期痛苦是否值得。

薪酬是变革的一个强烈信号；改变雇员的薪酬会吸引他们的注意力。在更广泛的层面上，薪酬在任何组织重组中都可能扮演双重角色。薪酬可能是领导变革的催化剂，也可能是变革的追随者。从传统的全员年度等额提薪到利润分享，从狭窄的工作说明和工资全距到宽泛的工作说明和工资宽带，所有这些转变对雇员而言都意味着重大的变革。正如我们在第 2 章中对薪酬战略地图的讨论那样，确定薪酬扮演的角色是战略视角的重要内容之一。

微软公司从它独具进取性的股票期权向风险程度较低的股票奖励的转变就说明了这一点。微软公司使用它在薪酬组合中的变革来沟通这样一种转变，即从"工作第一——迅速致富"转变为"努力工作——获取高薪"。这种转变是作为一种催化剂还是作为一种支持因素，还有待进一步的论证。作为一种催化剂，这种转变比其他任何辞藻都更有力、更生动地传递了变革信息。它有助于推动对雇员的招聘和保留。然而，作为一个组织，微软可能已经改变。面对怨声载道的雇员（他们的股票期权缩水）和外部的环境（新的会计准则要求将股票期权计入公司的经营费用），这种薪酬组合的转变只是证实了这样的现实——微软公司已经变革。

不论薪酬是作为领导变革的催化剂还是作为变革的追随者，薪酬经理必须学会如何实施和管理变革。他们不仅要通晓薪酬的战略和技术，还得知道如何谈判、解决争端、向雇员授权以及开发团队。要能够抓住飞行中的子弹，同时也不会受伤。[37]

■ 18.5　沟通：管理信息

薪酬传递着信息。它表明什么重要和什么不重要。如果你因为在自己的工作岗位上多了一年的工作经验而获得加薪，那么在工作经验上增加的这一年时间是重要的。如果工资增长幅度等于消费者物价指数的变化幅度，那么消费者物价指数及其现实的意义是重要的。如果工资的增长是因为你承担了责任更加重大的工作或者工作绩效优秀，那么责任更加重大的工作或者优秀的绩效是重要的。薪酬制度的变化同样也传递了一种强烈的信息。微软公司从股票期权到股票奖励的转变告诉每个人（当前和未来的雇员及股东）对风险和回报的预期都要降低。

在本书前面的有关内容中，我们强调雇员必须理解薪酬制度。他们所获得的薪酬会间接地影响这种理解，对他们的薪酬、绩效以及组织所处的竞争市场的正式沟通会直接地影响这种理解。支持雇员参与薪酬制度设计的一个理由就是这种参与增进了雇员对薪酬制度的理解。有两项调查揭示出了一些真相。华信惠悦（Watson Wyatt）对 13 000 名雇员的调查显示，只有大约 35％的雇员理解其工作绩效与薪酬之间的联系。（华信惠悦没有指出，有些雇员可能简单地认为在他们的组织中工作绩效与薪酬之间没有真正的联系。）[38]第二项调查是由世界薪酬协会作出的，调查对象共涉及 6 000 名雇员。调查结果显示，只有大约 1/3 的人表示他们理解工资全距是如何确定的，或者对他们在晋升时将会获得多大的加薪幅度有一个合理的认识。不到一半的人理解自己的薪酬增加额是如何计算的。[39] 图表 18-10 对雇员缺乏薪酬知识的问题做了进一步考察。值得注意的是，分别仅有 8% 和 4% 的薪酬管理专业人员坚信雇员了解自己的工资全距（例如，在未晋升的情况下可以获得的工资全距最大值）和他们的上级的工资全距（如果晋升，他们能得到多少报酬）。相比之下，分别有 15% 和 20% 的薪酬管理专业人员坚决否认雇员掌握了这两方面的信息，这大概与他们的工作动机有关。最后，只有一小部分受访者认为在他们的组织中与薪酬相关的信息都是"公开共享"的。

图表 18-10 薪酬沟通与雇员的薪酬知识

	十分不同意	不同意	不置可否	同意	非常同意
雇员知道自己所在工资等级或职位的工资全距	15%	26%	18%	33%	8%
雇员知道自己直接上级所在工资等级或职位的工资全距	20%	40%	19%	17%	4%
薪酬计划信息由全组织公开共享	12%	35%	17%	29%	7%

资料来源：Scott，Dow，Tom McMullen，Bill Bowbinl，and John Shields. "Alignment of Business Strategies, Organization Structures and Reward Programs: A Survey of Policies, Practices and Effectiveness," WorldatWork, May 2009.

沟通薪酬信息的原因通常有两个。第一，已投入大量资源设计一种旨在吸引和留住合格雇员并激励其提高绩效水平的公平、公正的薪酬制度。对于管理人员和雇员而言，为了获得关于薪酬制度的准确观点——这种观点常常会影响他们对薪酬制度的态度——他们需要获得充分的信息。当然，有人可能会注意到，在薪酬制度设计比较完善并且雇员认为这种制度公平、可信的情况下，通过薪酬公开来提高雇员对薪酬制度认知的准确性是最有用的。在这种情况下，从激励的角度看，与雇员沟通并证明工作绩效一贯很高的雇员会比其他雇员获得更高的薪酬（包括晋升加薪）是非常有意义的。[40] 因此，非常有趣的是（见图表 18-11），大多数（25%+41%=66%）美国私人部门的雇员报告他们所在的组织都实施薪酬保密政策，很少（17%）雇员报告他们组织的薪酬信息是公开的。因此上面讨论的雇员缺乏薪酬知识的问题更加容易理解。同样如图表 18-11 所示，公共部门薪酬公开的程度更高（这既是因为公共部门的工会化程度较高，也是因为纳税人希望知道自己的纳税是如何被花费的）。

图表 18-11 薪酬保密政策：私人部门与公共部门的比较

	私人部门雇员	公共部门雇员
正式禁止在工作中讨论计时工资和薪水，而且（或者）被发现讨论计时工资和薪水信息的雇员将受到惩罚。	25%	6%
管理人员不鼓励在工作中讨论计时工资和薪水。	41%	9%
在工作场所可以讨论与计时工资和薪水相关的信息。	17%	15%
计时工资和薪水的信息是公开的。	17%	70%

资料来源：Institute for Women's Policy Research，Pay Secrecy and Wage Discrimination. Fact Sheet IWPR # C382，June 2011.

最后，很重要的一点是要记住私人部门组织的薪酬保密政策可能是非法的。根据

《国家劳工关系法案》（National Labor Relations Act），如果薪酬保密政策干涉雇员的"一致行动"，那么它就是违法的。此外，第 13665 号行政命令"禁止报复薪酬信息披露"一章，禁止联邦承包商或分包商"以任何其他方式对查询、讨论或披露自己薪酬或其他雇员或求职者薪酬的雇员或求职者予以解雇或歧视"。[41]它的目的是修改现行的第 11246 号行政命令，以使其更好地发挥作用。这么做的主要理由是，歧视在一定程度上解释了为什么男性与女性的薪酬不同，"限制披露薪酬可能会掩盖雇员之间的薪酬差异，这使得雇员不可能知道自己的薪酬比同事低。如果始终不允许薪酬公开，那些因性别或种族原因而被不公平地支付较低薪酬的雇员将不会意识到这个问题，也就无法根据行政命令行使他们的申诉权利"。

沟通薪酬信息的第二个原因是，根据一些研究，雇员似乎会误解薪酬制度。例如，他们往往高估那些从事低层级工作的雇员的薪酬，而低估那些从事高层级工作的雇员的薪酬。他们认为薪酬结构比实际情况更加紧缩。如果薪酬差异被低估，它们对雇员的激励价值就会减小，因为它们低估了高水平绩效应得的回报。

此外，有研究表明，关于公开薪酬所产生的善意也会影响雇员对薪酬公平性的看法。有意思的是，该研究还表明，在估计薪酬差异方面，那些实行薪酬公开政策的公司的雇员与那些薪酬保密政策盛行的公司的雇员具有同样的不准确性。[42]（注意：这些研究大多是在 20 年以前完成的。）然而，那些实行薪酬公开政策的公司的雇主对公司的薪酬及薪酬制度表现出较高的满意度。[43]其他研究显示，雇员对薪酬保密与公开做法的反应取决于他们对薪酬是否公平的敏感性，那些对薪酬公平性更加敏感的雇员，在绩效水平等变量给定的情况下，更有可能对薪酬公开作出积极反应（绩效越高，对绩效的感知越强——薪酬的工具性）。[44]还有一项以大学为背景的研究发现，在大学系统中明确公开其他雇员的薪酬信息将导致雇员进行更多的薪酬比较（尤其是在同一个系的同事之间），降低他们的薪酬满意度，并激发那些薪酬水平低于本系或同类职业薪酬中值的雇员更加频繁地去刺探其他同事的薪酬信息。这一发现使研究者得出"雇主在强制实施薪酬保密规则方面都有很强的动机"的结论，但研究者也指出，带来的另一个结果可能是劳动力构成的变化。[45]换一种说法就是，提高薪酬的透明度将降低某些雇员的满意度。一个原因是，大多数雇员认为他们的绩效高于平均水平（尽管这是不可能的）。[46]因此，雇主必须准备好去处理这些后果。然而，雇主也需要考虑哪些人对薪酬不满意，不满意的原因是什么。鉴于薪酬与绩效的挂钩，随着时间的推移，提高薪酬透明度会产生一种积极的筛选效应，这种效应最终会使低绩效者因薪酬满意度降低而离开，并且其留下的职位空缺由高绩效者填补。一项实验室研究发现，有些证据显示，提高薪酬透明度不仅对绩效有积极的激励效应（尤其是在以相对方式衡量绩效时），还具有刚刚提到的积极的筛选效应。[47]

在福利管理方面，沟通也发挥着一种潜在的重要作用。我们知道雇员通常都大大低估了他们所获福利的价值，但由于每增加 1 美元现金薪酬，福利成本就会增加 40 美分，因此雇员对福利价值的低估也是雇主需要关注的问题之一。[48]

世界薪酬协会推荐了一种六步骤的沟通流程，如图表 18-12 所示。[49]

第 1 步毫无疑问是界定沟通计划的目标。它是否确保雇员充分理解薪酬制度的各个

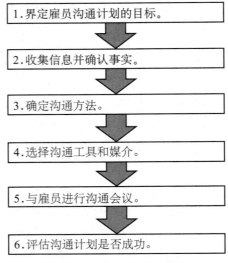

图表 18－12　薪酬沟通循环

组成要素？它是否改变绩效预期？或者它是否有助于雇员弄清医疗保障项目的各种选择？虽然把目标界定作为沟通流程的第 1 步是显而易见的，但是当人们忙于设计一种富有吸引力的宣传册、网站时常常会忽视这一步骤。

第 2 步是从主管、经理人员和雇员那里收集信息以评价他们当前对主题的看法、态度和理解。可以通过在线意见调查或焦点小组的方式收集信息，以确定在薪酬制度理解中存在的问题。

第 3 步是一个沟通程序，它将传递完成最初目标所需的信息。对于如何与个体雇员就他们自己或同事的薪酬进行沟通，并没有一个标准的方法。有些组织采用一种"营销的方法"。这种方法包括对消费者进行的产品态度调查、关于薪酬政策的时髦广告，以及精心制作的用于解释薪酬政策及原理的网站。目标就是对关于薪酬的预期和态度进行管理。相比而言，"交流的方法"往往关注解释实践、细节以及薪酬决定方式。"营销的方法"往往关注战略、价值观及总体薪酬政策的优势，而对于具体的细节诸如工资全距最大值、加薪指导方针等可能会避而不谈。

沟通流程的第 4 步和第 5 步是根据信息和受众来确定最有效的媒介并开展行动。信息可以根据受众的不同进行微调。例如，管理者应该对薪酬计划如何适应经营战略感兴趣。管理者需要知道如何对手下的雇员使用薪酬计划的开发和激励功能。雇员可能希望了解薪酬管理的流程、政策以及关于其薪酬决定方式的具体细节。风险就是信息筛选的难度大——信息过于烦琐以至于雇员被淹没其中而无法自拔。

沟通流程的第 6 步建议对沟通计划进行评估。它是否实现了既定的目标？薪酬沟通常常会导致意想不到的结果。[50]例如，增进雇员对薪酬的了解可能会在一开始引起一些短期问题。多年来，雇员或许已经将自己的薪酬与所感知的他人的薪酬及努力之间的一系列关系合理化。获得准确的信息可能需要对这些感知进行调整。

网络资源

　　一位薪酬经理报告说，他与一位雇员产生了巨大分歧：该雇员通过访问 www.homefair.com 确定当他的工作从一个办公室调到另一个办公室时，他的薪酬应该增加 30%；相反，该薪酬经理掌握的信息显示该雇员薪酬提升的比例应该为 12%～15%。你如何判断从网站上获取的信息的准确性？你如何应对这位不高兴的雇员？

18.5.1 沟通什么？（或者，有什么可沟通？）

　　如上所述，如果薪酬制度不是基于与工作或经营相关的逻辑，那么最明智的做法或许是避免正式的沟通，直至薪酬制度步入正轨。然而，避免"正式"的沟通并不等同于避免沟通。雇员通过他们获得的薪酬待遇会不断获得有意或无意的信息。

　　许多雇主会对任职者当前工作的工资全距以及雇员理所当然会追求的典型职业生涯或晋升路径中所有工作的工资全距进行沟通。有些雇主也会针对高、中、低等不同绩效水平所对应的典型加薪幅度进行沟通。这么做的原因在于雇员会交换数据（并不总是真实的）和（或）猜测标准薪酬待遇，而且谣言制造者可能会散布虚假信息。然而，正如我们在上面看到的那样，雇员的薪酬知识通常是十分有限的。

　　人们如何处理信息和制定决策？图表 18－13 提供了在思考薪酬沟通问题时可以借鉴的一些新想法。[51]

图表 18－13　来自薪酬沟通研究的指导

行为	是什么	那又怎样
坚持信念	不愿意接受与现有信念相矛盾的证据。	改变现有信念要求积极推动雇员参与薪酬制度的设计和沟通。
锚定/框定	最初的数据强烈影响决策/信念。	第一份数据很重要，例如，市场数据掩盖了工作评价结果。过去的奖金为未来的奖金设定了预期。
羊群效应	在程序、技术方面紧随潮流。	有选择地进行基准分析。使用试点项目和试错方法加以引导。
模式识别	人们"发现"随机事件中的模式。他们认为相关性意味着因果关系。	更高的薪酬可能并不意味着更高的绩效；更高的绩效可能并不意味着更高的薪酬。

18.5.2 打开账本

　　有些人支持将与雇员分享的信息从薪酬信息扩展到所有的财务信息。[52]发动机再造商斯普林菲尔德再造公司（Springfield Remanufacturing）的雇员每周都能看到从公司收益到劳动力成本的所有信息。这些拥有公司 31% 的股票的雇员认为，这种"打开账本"的方法创建了很高的组织忠诚度，并且使他们能够理解公司如何维持竞争力。我们在第 2 章还描述了全食超市"打开工资账本"的做法。虽然大多数雇主不会乐于分享信息，但他们正越来越多地向雇员披露信息。有些雇主甚至向雇员提供基本的经营和财务培训以帮助他们更好地理解这方面的信息。虽然热衷于"打开账本"和提供财务培训的人认为这些方法会改善雇员的态度和绩效，但是还没研究证据支持这一观点。通过互联网可以获取薪酬数据（虽然常常并不准确而且会有误导性），因此开发内部薪酬门户网站很有吸引力。

至少，需要沟通的最重要信息是与工作或经营相关的基本原理，它们是薪酬制度建立的基础。有些雇员可能不同意这些原理或者结果，但是至少有一点很明确：薪酬不是由主管一时的心血来潮决定的。

18.6 薪酬职能的结构及其作用

薪酬管理专业人员似乎在不断地重新评估应该把组织内部设计和管理薪酬制度的责任设于何处的问题。不同组织对薪酬职能的安排差别很大。[53]其他关键问题包括企业信息系统的使用和薪酬管理专业人员的道德问题。

18.6.1 集权化与分权化

与构建薪酬职能相关的一个重要问题与整个组织结构的分权化（或集权化）程度有关。分权化是一种让组织各个单位独立承担设计和管理自己薪酬制度的责任的管理战略。与之相对的是集权化，它把薪酬制度设计和管理的责任置于公司总部。集权化的薪酬战略和薪酬职能在规模较小和（或）业务单一的组织中比较常见。当整个组织主要在一个单一的产品市场竞争时，这种"一刀切"的集权化做法可能更有意义。例子包括米勒公司（Herman Miller）（家具行业）和麦当劳（快餐行业）。[54]但是，对于规模更大和（或）在不同产品（地区）市场竞争的公司（例如，IBM），更有可能需要对公司的人力资源与薪酬战略进行调整以使其适应不同的经营环境。在这种情况下，薪酬管理专业人员更有可能被嵌入每个经营单位。一般而言，公司总部会以所谓的技术中心的方式保留一定数量的薪酬管理专业人员。这一团队为公司提供一种内部咨询能力，经营单位的人力资源管理专业人员（通常是人力资源管理多面手）被抽调过来协助设计薪酬战略。在公司总部和经营单位两个层面的薪酬管理专业知识的组合是一种平衡之举。公司总部层面的薪酬管理团队规模太大，可能会脱离经营单位的具体需要。经营单位薪酬管理专业人员过多，可能会造成重复劳动、技术重叠（多余）、成本上涨等问题。从长期看，公司在集权化程度高低两端之间摇摆的现象并不罕见。

对于其他较为分权化的组织如伊顿和通用电气，其公司总部的薪酬管理专业人员相对较少。有时，他们的主要职责就是管理针对高级管理人员和公司总部人员的薪酬制度（尽管通用电气总部的薪酬管理驱动着全公司范围的薪酬规划过程）。这些薪酬管理专业人员可以完全以咨询的方式指导其他下级单位的薪酬管理。这些下级单位也可以雇用自己的薪酬管理专家，或者只雇用人事管理通才而不雇用薪酬管理专家，只是根据具体薪酬问题的需要向外部的薪酬管理顾问购买相关的技术。

AES公司是一家电力公司，根本就不设立薪酬管理单位，甚至不设人力资源部门，薪酬职能完全由管理团队负责。对薪酬设计和管理的某些方面实行分权化具有相当大的吸引力。把这些责任（和费用）转移给受其影响的单位、管理人员和雇员，可能有助于确保薪酬决策与公司经营相关。然而，分权化并非不会遭遇困境。例如，它可能难以将雇员从一个经营单位调入另一个经营单位。薪酬制度虽然可能会支持某个下级单位的目标，但与整个公司的目标相对立。同样，我们已看到，分权化——从定义上看它包括减少对管理人员行为的管控——可能会引发法律问题。例如，正如我们在第 17 章所指出的，沃尔玛正面临性别歧视指控，它将是迄今为止规模最大的集体行动歧视诉讼（原告人数超过 160 万名）。有趣的是，沃尔玛辩称，"提起全国性的集体诉讼是没有根据的，因为门店经理的行动都是自主性的"，他们对晋升和员工工资的决策都有自由裁量权。因此，沃尔玛辩护词的言外之意是如果商店经理有歧视行为，那是因为沃尔玛没有对他们的决策进行集权化的控制。[55]

大原则下的灵活性

通过开发一套所有人都必须遵守的全公司性的原则或指导方针，我们可以找到对于上述问题以及其他与分权化相关的问题的解决办法。对于每个主要的薪酬技术，原则可能有所不同。例如，通用电气全球范围内的经营单位都可以灵活地设计与每个独特经营单位的战略和文化相适应的激励计划。唯一的指导方针就是要确保这些激励计划遵守通用电气的基本信念，改进财务和经营目标，并且维护或提升通用电气的声誉。

要记住，薪酬制度只是组织使用的多种管理制度中的一种，因此，薪酬制度必须与其他的管理制度相适应。例如，至少从书面上讲，对某些薪酬职能实行分权化可能是有吸引力的。然而，如果财务数据或其他管理制度并没有进行同样的分权化，这种薪酬制度可能就会与其他管理制度产生冲突。

流程再造和外包

价值链分析和六西格玛是用于改进质量并确保每种技术和管理流程中每个阶段都增加价值的管理程序。对于薪酬制度而言，需要询问的一个基本问题就是："每项具体的活动（技术）是否可以直接对我们的目标作出贡献？"如果有些活动不能带来明显的增值，就需要询问第二个问题："如何进行重新设计？或者应该放弃吗？"对于那些可以带来增值的活动，接下来需要询问的问题就是："应该由谁来做？""我们是否应该自己完成这种活动，或者其他人能否更有效地完成这一活动？也就是说，我们是否应该将它外包？"

当组织整日疲于应付那些对目标没有直接贡献的活动时，外包是一种可行的替代方案。这些对目标没有直接贡献的活动通常被称为事务性活动，它们通常不是组织特有的，而且可以由外部供应商以更低的成本（或许更高的质量）完成。另外，涉及组织转型或更具战略性的活动（例如，设计与组织经营战略最匹配的绩效薪酬战略）被外包的可能性较小。[56]

成本节约是外包服务的主要潜在优势。所有提供外包服务的薪酬管理专业人员都可以被解雇和（或）再培训，也可以被重新分配到其他工作中。有时，外包服务的质量也可能会提升。一个专门从事退休福利管理的公司在承担退休福利管理工作时要比那些主业为其他行业（例如，家具或汽车制造、快餐食品销售）的公司做得更好。外包策略的主要潜在劣势包括：对组织特有的雇员与管理者的关系问题反应能力差，对于那些通常对所有雇员都至关重要的决策（即他们的薪酬）控制力弱，而且信息容易被泄露给竞争对手。另外，与任何其他合同一样，虽然外包合同约定供应商以一定的质量水平提供特定的外包服务，但双方随后就会发现，它们对协议的看法和对实际交付内容的体验最终可能会不同。[57]

平衡灵活性与控制性

对于传统薪酬计划的一个主要抨击是：它们常常会退化为令人生畏的官僚主义怪物，从而削弱了组织对外部竞争压力的反应能力。有些人建议减少嵌入到任何薪酬计划中的控制手段和指导方针。因此，工资宽带化消除或至少削弱了工资全距最大值和最小值的影响。用奖金取代绩效加薪表消除了工资增长及雇员在工资全距中所处位置与绩效评级之间的关系。用基于技能或胜任力的计划取代工作评价可以把雇员分配到内容更加广泛的工作中去，而不必考虑他们的薪酬。

这些方法与人们耳熟能详的应该让管理人员自由地管理薪酬的主张是一致的。有些人更直白地宣称，薪酬决策太重要，不能让薪酬管理专业人员来决定。然而允许管理人员按照自己的判断自由地向雇员支付薪酬取决于一个基本前提：管理人员将使用薪酬来实现组织的目标——有效、公平与合法——而不是去实现他们自己的目的。但是，公司和公共机构层出不穷的管理层丑闻使人们对这一前提疑虑重重。

显然，为了确保薪酬决策与组织的目标保持一致，同时又可提供充分的灵活性以应对特殊情况，就要求在死板的控制与管理的混乱之间作出某些平衡。实现这种平衡是一种薪酬管理艺术。

与薪酬设计和管理相关的最后一个问题是薪酬经理必须具备的技能和能力。宏伟的战略和结构可能看起来设计得很好，并且经过了深思熟虑，但如果有资格执行的人不是专业的薪酬管理人员，可能会变成一场灾难。鉴于培养高素质的薪酬管理从业人员非常重要，世界薪酬协会和人力资源经理协会（Society of Human Resource Managers）都有专业的开发课程来吸引读者进入薪酬管理领域。

发挥信息的作用——企业薪酬管理系统

我们的一个朋友发来电子邮件说："在政府批准我们开展这项经营活动的六个月之后，我仍然不能得到一个准确的雇员总数。我不知道我们实际上雇用了多少人或应该向哪些人发工资！"显然，这位经理需要更多的信息。但大多数管理人员发现自己总是被太多的信息淹没。挑战在于如何发挥这些信息的作用。

企业薪酬管理软件将数据转化为有用的信息并指导薪酬决策的制定。我们可以获得用于多种目的的软件包。[58]它们当中有些支持"雇员自助服务"，雇员借助这些软件可以访问他们的个人信息，选择自己喜欢的医疗保险项目，在成长型或价值型投资基金之间分配储蓄，获取休假时间计划，或者查看儿童或老人照顾服务提供商的名单。"管理人员自助服务"帮助管理人员合理地支付雇员的薪酬。为雇员或管理人员设计的"沟通门户网站"解释薪酬政策与实践，回答各种常见的问题，并解释这些系统如何影响他们的薪酬。[59]还有一些可用于处理日常事务的软件。它们将表单进行标准化，执行一些数据分析，并可在点击鼠标后立即生成相关报告。这些软件的优点是各个地方的全部雇员都在同一个系统上。

虽然薪酬管理软件激增，但智力资本仍是一种相对稀缺的资源——在理解哪些信息、分析和报告有用时所要求的薪酬知识和判断能力。这种智力资本的一部分包括分析

（又称为"统计与数学"）技能，另一部分是商业知识。薪酬经理对于这种知识的缺乏不仅限制了薪酬管理软件的有用性，同时还限制了薪酬管理的贡献。

计算机不可避免地会带来保密问题。如果雇员和管理人员都可以获取个人的薪酬数据，就会出现隐私与安全问题以及道德与法律问题。这方面的法律在世界各国不尽相同。欧盟已经公布了《数据隐私指令》（Data Privacy Directive），这一法规显然比美国的相关法律更强。[60]不论在公司内部还是在公司外部，未授权的用户仍然是一个威胁。

18.6.2　道德：管理还是操纵？

薪酬管理道德并不是自相矛盾的表达方法。但是由于缺乏专业的行为准则和价值观，薪酬经理很难确保他们的薪酬管理行动符合道德规范。世界薪酬协会薪酬管理分会的网页上就设置了关于薪酬管理道德的主题。公众对诸如管理人员薪酬和期权回溯等薪酬管理道德问题的讨论获益于知情的薪酬管理从业者发出的声音。

由于以下原因，按照符合道德规范的方式管理薪酬正变得越来越复杂。第一，薪酬真的很重要；它对我们每一个人都很重要。第二，实现结果面临巨大压力。对基于结果完成情况和目标实现情况的绩效薪酬计划的广泛使用可能会加剧这些压力。然而，评估结果有时给人一种虚幻的感觉。在我们参加的一个组织的薪酬战略会议上，首席财务官评论道："把我们所报告的收益控制在目标的几个百分点之内是可能的。我们可以做到比分析人员和股东的预期超出 1%～10%。"这对于这家公司而言是相对容易的，因为它大约 1/3 的收益来自对其他公司的短期投资，其余的收益来自它的产品和服务。收益管理对于雇员利润分享支出和管理人员股票估值的影响没有被忽视。关键在于对财务绩效的衡量并不存在一种一成不变的黄金法则。它们可以被"管理"。[61]

薪酬管理专业人员在哪里？

绩效薪酬并不是产生道德困境的唯一领域。滥用甚至歪曲调查统计分析、操纵工作评价、捏造竞争对手的薪酬数据、掩盖在加班和薪酬歧视方面的违法行为、曲解相关性与因果性的关系、推荐薪酬计划而不考虑它们的预期成本和收益等，都迫使我们认真审视自己的所作所为。[62]

迅桐网络（Sycamore Networks）前人力资源总监斯蒂芬·兰德里（Stephen Landry）报告说，公司的首席财务官曾经强迫他篡改某些雇员的入职日期，以增加授予他们的股票期权的价值。这些行动对公司审计人员秘而不宣。兰德里告诉高级管理人员这些行动是不道德的，并可能触犯法律，结果他被解雇。该公司的内部备忘录显示，该公司对这一行动被曝光的风险进行了评估。风险评估将篡改文件上的日期判定为一种低风险行动，因为股票期权原始授予记录"已经从系统中全部删除"。兰德里正在上诉，证券交易委员会正在调查。如果兰德里的经验对于薪酬管理界而言还不算充分，我们可以再看看美国有线电视公司（Cablevision）的例子，它把股票赠予时间回溯到了一个已故管理人员的身上。[63]

判断我们的行为是否符合道德规范的起点或许就是我们的薪酬模型，它给我们的建议就是："努力实现效率和公平两大目标。"

本章小结

我们已经完成了对薪酬管理过程的讨论。管理包括控制：管理人员对个体雇员薪酬的决定方式的控制以及对总劳动力成本的控制。正如我们所指出的，有些控制被设计到了薪酬制度的结构之中（嵌入式控制）。薪酬预算和预测施加了额外的控制。正式的预算程序着重于控制劳动力成本和为薪酬制度制定财务计划。预算设定了薪酬制度其他部分运作的范围。

我们也指出，随着组织的持续变革，薪酬经理必须理解如何管理变革并且要成为知识渊博的经营伙伴。他们有责任以公平、坦诚的方式与雇员沟通薪酬信息。最基本的一点是，薪酬制度是工具，就像其他任何工具一样，需要对它们在实现组织目标过程中的有用性进行评价。

复习题

1. 雇主如何控制劳动力成本？
2. 薪酬制度的管理如何影响薪酬目标？
3. 为什么薪酬职能的结构很重要？
4. 举出雇主如何使用嵌入式控制的例子。
5. 在对薪酬制度的管理活动中，哪些活动可能被外包出去？为什么？
6. 运用图表 18-13 的有关信息解释在薪酬沟通中如何使用有关个人决策的研究结果。

案例练习 1　复印机上的沟通

德布·爱伦（Deb Allen）在工作中的一次发现改变了自己的人生，这个发现也是对她所在公司薪酬实践的一次真正的"沟通"。由于爱伦所在的资产管理公司业务非常繁忙，她周末去了办公室并发现了遗忘在复印机上的一份文件。文件主要记载了她的80 位同事的薪酬情况，包括基本工资、加薪、绩效评价等级和奖金等信息。

当爱伦看到那些明显办事不力的人却比工作能力更强的人一年多挣 65 000 美元，新聘雇员比更有经验的老雇员一年多挣 200 000 美元时，她愤怒了。这一发现让她开始质疑——为什么自己在这里加班加点地工作，挣的钱却没有别人多？"我就是不能忍受这种不公。"她愤然道。三个月后，爱伦辞职了。

但是爱伦不愿意与同事们分享这一发现。"如果我不知道这些情况，可能我会过得更好，"她解释说，"我不能把这些信息透露给仍在那里工作的同事，因为这会让他们非常沮丧，就像这已经让我痛苦不堪一样。"[64]

问题：
1. 如果你是爱伦，你会作出怎样的反应？请解释原因。
2. 假设你是爱伦所在公司的薪酬总监。基于薪酬模型和你目前已掌握的相关薪酬知识，对于爱伦所发现的信息（也就是说，工作不称职者比工作称职者多挣 65 000 美元；新聘雇员比更有经验的老雇员多挣 200 000 美元；爱伦比其他人挣得更少），有与业务和工作相关的解释吗？

3. 作为薪酬总监，当爱伦拿着这份文件过来找你并要求你帮助她理解所发生的这些情况时，你该怎么办？（解雇那位将文件遗忘在复印机上的雇员不是一个好的选择。遗忘文件的这个人可能就是你。）

案例练习 2　管理薪酬成本、雇员总数和雇员参与/沟通

思科、惠普、美国航空、通用汽车等都是寄希望于通过压缩劳动力成本——包括减少雇佣量或削减工资和（或）福利——来提高竞争力和盈利能力的典型代表。实际上，美国汽车公司和通用汽车公司破产的部分原因是控制劳动力成本。相比而言，有些公司——西南航空、纽柯、林肯电气——都采取一种无解雇的人力资源管理模式，即使在销量大幅下降的年份，它们似乎也没有削减雇员的工资或福利。（而且它们也未经历破产。）这两组公司的差异在哪里？难道只是其中一组公司比另一组公司更加关心自己的雇员吗？或者，是因为西南航空、纽柯和林肯电气建立的薪酬战略使它们（比思科、惠普、美国航空、通用汽车）在经营困难时期更有能力削减劳动力成本吗？（为获取更多的背景知识，可使用公司名称和关键词"解雇"通过在线搜索引擎分别搜索各个公司的相关情况。）在保护对雇员的投资和保护雇员关系方面，各个公司的情况又是怎样的？

为了确保在经济萧条时期盈利能力不至于一落千丈，也为了确保不会解雇太多的雇员，雇主在劳动力成本弹性化方面可以采取哪些措施？如果你负责为一家公司设计薪酬制度，虽然该公司刚成立不久，但目前就其发展阶段和规模而言，它急需一种正式的薪酬制度，那么你将如何设计它的薪酬制度以使其具有劳动力成本弹性？你会在多大程度上允许公司其他人员参与新的薪酬制度设计？哪些人将参与薪酬制度设计？在沟通薪酬制度时你会遵循一种薪酬公开政策吗？说明你的决策依据。

注　释

术语表

360 度反馈（360-degree feedback） 一种从主管、同事、自己、客户和下属五个方面对雇员绩效进行评价的方法。

401(k) 退休福利计划（401(k)） 以《国内税收法案》中描述有关要求的章节命名，是一种允许雇员延迟支取税前收入的储蓄计划。

能力（ability） 个体为实施某种特定的行为需要具备的才能。

工资支付能力（ability to pay） 公司在保持盈利能力的同时满足雇员工资需求的能力；是公司在与工会进行集体合同谈判时涉及的一个经常性问题。一个公司支付能力的大小受制于它在产品市场上的竞争能力。

进入歧视（access discrimination） 集中于雇主的人员配置决定的歧视。它拒绝向有资格的女性或少数族裔雇员提供特定就业、晋升或培训的机会。根据 1964 年《民权法案》第七章，这种歧视是非法的。

平权行动（affirmative action） 政府项目的承包商必须采取积极措施，按照女性和少数族裔在劳动力中的比例雇用他们。

1967 年《年龄雇佣歧视法案》（分别于 1978 年、1986 年和 1990 年修订）（Age Discrimination in Employment Act（ADEA）of 1967（amended 1978，1986，and 1990）） 一项使年龄大于或等于 40 岁的非联邦政府雇员在薪酬、福利以及其他人事行动方面成为受保护阶层的立法。1990 年该法律的修正案被称为《老年工人福利保护法案》。

代理理论（agency theory） 一种描述委托人与代理人之间的交换关系的激励理论。根据这一理论，交换双方都在寻找尽可能最有利的交换，一旦有机会，就会采取机会主义行动。当应用于管理人员薪酬时，代理理论要求把管理人员的部分薪酬风险化，从而激励管理人员（代理人）以股东（委托人）利益最大化而非管理人员自身利益最大化为行动准则。

交替排序法（alternation ranking） 一种对工作说明在两极进行交替排列的工作评价方法。把所有的工作都考虑在内。在哪种工作价值最大与哪种工作价值最小两个方面达成一致。评价者在下一个价值最大与下一个价值最小的工作之间再进行交替比较，依此类推，直至最终确定工作的价值顺序。

《美国残疾人法案》（Americans with Disabilities Act，ADA） 一项于 1990 年通过的法案，要求（雇主）向残障雇员提供合理的辅助设施以帮助其完成某种工作的本质要素。

申诉程序（appeals process） 处理薪酬分歧的一种机制，为雇员和管理者提供了一个表达抱怨和听取意见的平台。

平衡表法（balance sheet approach） 一种对外派雇员的补偿方法，它基于这样一种信念，即外派雇员不应该因为接受外派工作而遭受财务上的损失。对外派雇员的薪酬进行调整，以使其在外派前的财务水平在外派期间大致保持不变，而不足的部分由公司弥补。

平衡计分卡（balanced scorecard） 一种全公司范围的全面绩效衡量方法，衡量指标通常包括财务结果、流程改进、客户服务及变革创新等。

基本工资（base pay） 参见基本工资（base wage）。

基本薪水（base salary） 参见基本工资（base wage）。

基本工资（base wage） 雇主对雇员完成的工作支付的一种基本的现金报酬。基本工资只反映工作本身的价值，忽略个人贡献的差异。

贝多计划（Bedeaux plan） 一种个体激励计划，是直接计件工资计划和标准工时计划的变体。与计算整个任务完成时间不同，贝多计划需要确定完成一项任务中每个简单动作需要的时间。如果工人完成某项任务的时间少于标准时间，就会获得工资奖励。

行为锚定评级量表（behaviorally anchored rating scale，BARS） 标准评级量表的变体，它将不同的量表等级与直接适用于被评价工作的行为描述相锚定。

基准（关键）工作（benchmark（key）job） 在组织内部或外部进行薪酬比较时作为参照点的一个或一组典型工作。基准工作有众所周知且稳定的工作内容；当前的工资标准能够被普遍接受，薪酬级差也相对稳定。综合起来，一组基准工作包含整个（比较）范围内的所有报酬要素，并且在制定工资标准时被外部劳动力市场接受。

基准转换（benchmark conversion） 匹配被调查工作的过程，即先将雇主的计划用于外部工作，然后将外部工作的价值与雇主内部的"匹配物"相比较。

福利限制（benefit limitation） 伤残收入保险给付限制在收入的某个最大比例上，特定手术的医疗/牙科保险限定固定赔付金额。

最佳薪酬实践（best-pay practices） 允许雇主优先获得高级人力资源人才和能力（即有价值的资产）的薪酬实践，这反过来影响组织采取的战略。

交易所（bourse） 一个允许就交易条款和条件进行讨价还价直至达成协议的市场。

布里托诉齐亚公司（Brito v. Zia Company） 一个基准案例，将绩效评价解释为一种视验证要求而定的测试，使用基于某种评级模式的绩效评价进行裁员，导致大量少数族裔雇员不成比例地被解雇。

工资宽带化（broad banding） 将若干工资等级压减为少量的具有宽工资全距的宽带等级。

预算（budgeting） 公司计划编制过程的一部分，用于确保对财务支出的控制与协调。内容包括预测在未来一个时期薪酬制度所需的财务支出总额和加薪数额。自下而上法与自上而下法是预算编制过程中经常使用的两种典型方法。

劳工统计局（Bureau of Labor Statistics，BLS） 公开薪酬数据的主要来源，也计算消费者物价指数。

职业路径（career path） 组织内部工作晋级序列。

现金平衡计划（cash balance plan） 表面上类似于缴费确定型计划的一种收益确定型计划。雇员有一个假设账户（就像 401（k）计划那样），通常按照一定比例将其一部分年薪存入该账户。该账户中的资金增长来自雇主缴费额和某些预定的利率（例如，通常与 30 年期国债的利率相同）。

居中趋势（central tendency）　一组测量值的中点。

搅动（churn）　参见雇员流失效应（turnover effect）。

索赔处理（claim processing）　该程序开始于雇员声称发生特定事件（比如，残疾、住院、失业）并要求雇主履行付款承诺之时。因此，理赔员必须首先确定该行为实际上是否已经发生。

归类法（classification）　工作评价的方法之一，把工作说明归入一系列的类别或等级，这些类别与等级能够覆盖被评价工作的整个范围，并可以作为工作说明的比较标准。

佣金（commission）　直接与绩效标准的完成情况挂钩的报酬。佣金直接与某种利润指标（销售额、产量水平）和雇员成本相关联，因此，会随收益的变动而变动。

委员会先验判断法（committee a priori judgment approach）　由委员会根据先验判断来分配报酬要素的重要性权重。

薪酬比较比率（compa-ratio）　一种指数，用于帮助评估管理人员实际上是如何按照既定工作的工资全距中点向雇员支付薪酬的。它评估公司的实际薪酬管理办法与预期政策的匹配程度。它的计算方法是实际平均工资标准除以工资全距的中点值。

同等价值（comparable worth）　一种薪酬政策——如果女性从事的工作在某种内在价值上被认为是相同的，除了可允许的差异（如资历、绩效、产量以及其他非性别因素）外，女性应获得与男性相同的薪酬。目标是消除利用市场来确定女性所从事工作的工资。

报酬要素（compensable factor）　为评估组织内部工作的相对价值而提供的基础的工作属性。报酬要素必须与工作、业务相关，并为当事人所接受。

补偿性差异（compensating differential）　一种经济学理论，将外部劳动力市场上工资标准的多样性归因于工作的正面特征与负面特征的差异性。为了吸引雇员，薪酬差异必须能够抵消工作的负面特征。

薪酬（compensation）　雇员获得的作为雇佣关系一部分的各种财务回报、有形服务和福利。

风险报酬（compensation at risk）　参见风险共担（risk sharing）。

胜任力（competency）　在基于胜任力的薪酬制度中为了能够完成工作、满足客户需求和实现经营目标，雇员必须具备或表现的基本知识和才能。

基于胜任力的制度（competency-based system）　一种根据完成工作所需胜任力的广度和深度支付报酬的薪酬管理方法。它通常应用于管理性和专业性工作，因为这些类型工作的完成情况很难衡量。

竞争情报（competitive intelligence）　收集和分析有关外部条件和竞争对手的信息，以提高组织参与竞争的能力。

竞争地位（competitive position）　一个雇主提供的薪酬与其竞争对手提供的薪酬的对比。

合法（compliance）　作为薪酬目标，遵守联邦和州的薪酬法律和法规。

消费者物价指数（Consumer Price Index，CPI）　衡量一个假设的普通家庭所购买的固定市场一篮子商品和服务价格变化的指标。不是对生活成本的绝对衡量，而是衡量生活成本的变化速度。由美国劳工部劳工统计局发布。

消费者驱动型医疗保障福利（consumer-driven health care benefit）　成本将消费者对高价或低价医疗保障项的选择与个人缴费负担的高低联系起来。通常也称为消费者导向型医疗保障计划。

内容（content）　工作中需要完成的东西和完成的方式（任务、行为及所需知识等）。

临时雇员（contingent worker）　不期望持续就业和（或）期望暂时就业的人。

传统工作分析（conventional job analysis）　工作分析方法（比如，功能性工作分析）的总称，在分析过程中分析者通常使用调查问卷并辅之对任职者和主管的结构化访谈。这些方法在很大程度上依赖于分析者对被分析工作的理解能力和准确描述能力。

共付额（copay）　要求雇员为保险项目缴纳一笔固定数额或比例的费用。

核心雇员（core employee）　组织期望与之建立长期全日制劳动关系的雇员。

相关系数（correlation coefficient）　衡量相关性的一种常见指标，它表示一个变量的变化与另一个变量的变化的相关程度。

成本控制（cost containment）　组织控制福利成本的一种尝试，比如，对医疗保障福利实行自付额和共同保险，或用缴费确定型计划取代收益确定型计划。

削减成本者（cost cutter）　削减成本者以效率为中心的战略强调以最低的成本创造最大的收益，鼓励提高劳动生产率，并且重视制定详细而精确的工作流程。

生活成本调整（cost-of-living adjustment）　根据某些价格指数（通常是消费者物价指数）的变化而全面提高工资水平或支付补充性工资。如果工会合同中设立生活成本调整条款，其目的是在合同有效期内根据消费者物价指数的变化自动增加雇员工资。

生活成本加薪（cost of living increase）　除根据生活成本变化（例如，消费者物价指数变动）调整加薪幅度外，其他与全员等额提薪相同。

效标污染（criterion contamination）　允许非绩效因素影响绩效评价结果。

标准缺陷（criterion deficiency）　如果某个标准无法将所有与工作绩效相关的维度囊括其中（例如，在评价秘书工作绩效时没有考虑其文字输入技能），那么该标准就是有缺陷的。

标准薪酬结构（criterion pay structure）　一种可以通过计点评价计划复制的薪酬结构。

文化（culture）　影响人们行为方式的非正式的规则、仪式和价值体系。

消费者驱动型医疗保障福利（customer-driven health care benefit）　一种医疗保障项目组合，在雇主为费用提供最高额度资金支持后，雇员自行选择最符合个人特定需要的医疗保障项目。

以客户为中心的经营战略（customer-focused business strategy）　以客户为中心的经营战略强调提升客户满意度并将雇员对这一目标的实现情况作为向其付酬的基础。

延期薪酬（deferred compensation）　一种薪酬支付方式，即在未来某个时间向雇员提供一笔收入作为其从事当前工作的报酬。延期薪酬计划的类型包括股票期权计划和养老金计划。

收益确定型计划（defined benefits plan）　一种雇主同意提供特定福利水平而不考虑最高费用限额的福利选择或福利组合。与缴费确定型计划相反。

缴费确定型计划（defined contribution plan）　一种雇主议定最高支出限额的福利

选择或福利组合。从长期来讲，除非达成新的支出限额，否则福利成本上升必然会降低福利水平。

扁平化（delayering）　取消薪酬结构中的部分等级或工作层级。

级差（differential）　组织内部各个层级之间的薪酬差异，例如，同一个职业路径中相邻工作之间、主管与其下属之间、工会化雇员与非工会化雇员之间以及管理人员与普通雇员之间等的薪酬差异。

差异性影响（disparate impact）　歧视理论认为应该将那些看似中立但会给女性雇员或少数族裔雇员带来负面影响的薪酬实践判定为非法，除非雇主能够证明这种薪酬实践与经营相关。

差异性待遇（disparate treatment）　歧视理论认为应该将那种对不同类别雇员采用不同标准的行为判定为非法，除非雇主能够证明这些标准与经营相关。

分配正义（distributive justice）　分配给雇员的报酬数量的公平性。

双重职业阶梯（dual-career ladder）　在组织中存在两种职业发展路径，每种路径都反映了对组织目标的不同贡献。管理者阶梯主要通过增加监督管理责任而获得职业发展，专业化阶梯主要通过增加不涉及对雇员监督的专业性质的贡献而获得职业发展。

风险收益计划（earning-at-risk plan）　参见风险共担（risk sharing）。

效率工资理论（efficiency wage theory）　一种理论，用于解释为什么公司向雇员提供高于必要数额的薪酬是合理的。

雇员福利（employee benefit）　总体薪酬组合的一部分（除向雇员工作时间支付的工资外），以雇主承担部分或全部费用的方式向雇员提供（例如，人寿保险、养老金、工伤保险以及休假等）。

雇员贡献（employee contribution）　在同一个组织中承担同样工作的个体之间的比较。

《雇员退休收入保障法案》（Employee Retirement Income Security Act，ERISA）针对选择实施某种退休计划的雇主，该法案制定了一些必须遵守的规则。

雇员持股计划（employee stock ownership plan，ESOP）　把公司的股票作为雇员退休福利的退休计划。

最佳雇主（employer of choice）　有观点认为公司外部工资的竞争力仅仅是其整体人力资源政策的一个方面，从公司总体政策的角度判断竞争力更为合适。具有挑战性的工作、出色的同事或者公司的声望等都必须作为对公司吸引力总体考量的因素。

权利（entitlement）　雇员认为回报和（或）奖励都是应得的，与个人或公司的绩效无关。

初级工作（entry job）　从外部劳动力市场聘用雇员从事的工作，这些工作的薪酬往往反映的是外部经济因素，而不是组织的文化和传统。

公平就业机会（equal employment opportunity）　规定所有雇主的雇佣决策必须"无视"应聘者的民族/性别情况。

1963 年《公平工资法案》（Equal Pay Act（EPA）of 1963）　1938 年《公平劳动标准法案》的一个修正案，禁止对那些在技能、努力程度、责任心及劳动条件等方面实质相同的工作支付差异化薪酬，除非这种差异真正是由资历、绩效、基于产量的制度或除性别以外的其他任何与工作相关的因素造成的。

说明文模式（essay format）　一种开放式绩效评价模式。所使用的描述符从雇员之间的比较到绩效形容词、工作行为和目标完成情况等，无所不包。

本质要素（essential element）　工作中不能分配给其他雇员的部分。《美国残疾人法案》要求，如果身患残疾的工作申请者能够执行某个工作的本质要素，那么雇主要提供合理的辅助设施以帮助其承担这一工作。

交换价值（exchange value）　竞争性市场所确定的劳动力价格（工资），换句话说，劳动力价值（价格）是买卖双方商定的。

豁免型工作（exempt job）　不受《公平劳动标准法案》有关最低工资和加班条款制约的工作。豁免型雇员包括管理人员、行政人员、专业人员以及驻外的销售代表。

外派雇员聚居区（expatriate colony）　大城市的某个区域，外派雇员通常在此居住并形成具有其本国文化特色的社区。

外派雇员（expatriate）　被公司派往其他国家工作并且工作时间超过一年的雇员。

期望理论（expectancy theory）　一种激励理论，认为个体在作出某种行为选择时，通常以这种选择与结果（比如奖励）的关系为依据。所做的选择是基于结果的强度或价值，以及这种选择带来合意结果的可能性。

经历评级（experience rating）　保险费用直接依据索赔数量变化而变化的评级制度。在确定失业保险、工伤保险甚或商业医疗保险等的保险费率时，通常使用经历评级制度。在社区评级制度中，保险费率以整个社区的医疗经历为基础。

外部竞争性（external competitiveness）　不同组织之间的薪酬对比关系，关注这些对比关系所反映的竞争地位。

外部报酬（extrinsic rewards）　雇员从工作本身之外获得的报酬。包括薪酬、监督、晋升、休假、友谊以及所有其他除工作本身之外的重要回报。

要素量表（factor scale）　反映每个报酬要素不同等级的测量方法。一般要定义 5～7 个等级，每个等级以典型技能、任务、行为或者关键工作名称锚定。

要素权重（factor weight）　反映工作评价体系中每个报酬要素的重要程度的测量方法。权重可以通过委员会的判断或统计分析得出。

1938 年《公平劳动标准法案》（Fair Labor Standards Act of 1938，FLSA）　关于最低工资、加班工资、男女同工同酬、童工以及记录保存要求的联邦立法。

《家庭和医疗休假法案》（Family and Medical Leave Act）　该项法律于 1993 年颁布实施，规定符合条件的雇员有权因特定的家庭或医疗原因（比如，照料患病的家庭成员或抚养小孩）每年享受不超过 12 周的不带薪休假。

统一工资标准（flat rate）　向从事同样工作的所有雇员支付的一种单一的工资标准，而不是一系列工资标准的组合。统一工资标准忽略了雇员的资历与工作绩效的差异。

弹性福利计划（flexible benefits plan）　一种福利组合计划，即在给予雇员关键的核心福利（最低保障所必需）之后，雇员可以根据自己的偏好来确定余下的福利配额。

弹性薪酬（flexible compensation）　与组织的薪酬目标和（或）雇员个人需要相适应的多样化薪酬分配形式。

薪酬形式（form of compensation）　工作报酬的各种表现形式，包括直接的现金形式（比如，工资、奖金、激励）和间接福利的形式（养老金、医疗保险、休假）。这一定义不包括雇员所获得的其他报酬或回报形式，诸如晋升、对优秀工作行为的认可等。

　　收益分享计划（gain-sharing plan）　基于对群体绩效而非个体绩效的衡量的激励计划。以上一个年度的数据为基础，群体计划主张把成本节约额（比如，斯坎伦计划、拉克计划以及生产力改进分享计划）或利润增长（利润分享计划）作为在相关雇员之间分配部分积累收益的标准。

　　甘特计划（Gantt plan）　一种个体激励计划，将可变激励报酬规定为每单位产量的生产时间的标准函数。在这种计划下，一个任务的标准完成时间被特意设定在一个需要付出很大努力才能完成的水平。

　　地区差异（geographic differential）　特定地域雇员所面临的当地条件，如劳动力短缺状况、居住成本差异等。

　　全球视角（global approach）　在确定外部市场工资标准时，用某种特定的技能或经验水平替代工作说明。所确定的这种外部市场工资标准包括所有拥有此项技能的雇员的工资标准。

　　绿圈工资标准（green circle rate）　低于某个工作的最低工资的工资标准，或者低于某个工资等级的工资全距最小值的工资标准。

　　群体激励计划（group incentive plan）　参见收益分享计划（gain-sharing plan）。

　　哈尔西50-50平分法（Halsey 50-50 method）　一种个体激励方法，将可变激励报酬规定为每单位产量的生产时间的标准函数。这种激励方法得名于雇佣双方对直接成本节余的平均分享。

　　命中率（hit rate）　工作评价计划匹配预先确定并协商一致的工作结构的能力。

　　人力资本（human capital）　一种经济理论，认为一个人为获得某种职业而进行的投资与其最终以薪酬为表现形式的期望收益相关。

　　人力资源规划制度（human resource planning system）　由福利管理人员负责实施，目的是对人力资源需求作出现实的估计，并避免草率招聘及由此引发的有损士气的解雇行动。

　　劳动生产率改进分享计划（improved productivity through sharing）　一种收益分享计划，通常要开发一个标准来确定完成可接受的产量所需的预期时间。如果完成事先商定的产量花费的时间短于预期时间，那么因此产生的成本结余由雇佣双方共同分享。

　　激励（incentive）　预先提供的用于影响雇员未来绩效的诱因（比如销售佣金）。

　　激励效应（incentive effect）　薪酬在任何时点对雇员个体和雇员全体动机的影响程度。

　　间接薪酬（indirect compensation）　提供给雇员的非现金形式的福利。

　　个人退休账户（individual retirement account）　雇员可以自己建立的税收优惠的退休收入储蓄计划。

　　创新者（innovator）　创新者强调产品创新和对市场趋势的快速反应。

　　工具性（instrumentality）　对一种结果（高绩效）与另一种结果（诸如薪酬等回报）之间内在联系的认知。

　　内部一致性（internal alignment）　单个组织内部不同工作层级或技能水平之间的薪酬对比关系，关注雇佣双方对这种对比关系的接受程度。内部一致性涉及为价值相同的工作设置相同水平的薪酬，并为价值不同的工作设置合理的薪酬级差。

　　定距量表（interval scaling）　一个特定的数字之差在量表的所有部分都有相同的意义。

　　工作分析（job analysis）　系统地收集某个特定工作的本质信息的过程，为工作定义和工作评价提供必要的基础。

　　工作类别（等级）（job classification（grade））　就薪酬支付而言被认为具有基本相似性的一组工作。

　　工作内容（job content）　描述工作的信息，可能包括应承担的责任和（或）须执行的任务。

　　工作说明（job description）　对工作的最重要特征的简要说明。它界定了工作并描述了工作的一般性质、具体职责、结果以及执行工作所需的雇员特征。

　　工作评价（job evaluation）　一种用于帮助确定单个组织内部不同工作之间薪酬级差的系统性程序。它包括工作分类、工作相对价值的比较、内部与外部市场力量的融合、测量、谈判和判断等。

　　工作评价委员会（job evaluation committee）　肩负如下职责的工作团队：（1）选择一种工作评价制度；（2）执行或至少监督工作评价过程；（3）对工作评价的有效性进行评估。对于不同的组织，工作评价委员会的作用可能会有所不同，但是其成员通常代表组织内部所有重要的"选民"。

　　工作族（job family）　工作的本质特征相同但对技能与责任水平要求不同的一组工作集合（比如，计算与记账是一个工作族，而簿记员、记账员、出纳员属于这一工作族的不同工作）。

　　工作层级（job hierarchy）　根据工作内容的相似性与差异性以及对组织目标的不同价值对工作进行的分组。

　　工作定价（job pricing）　在全面的工作分析和工作评价的基础上为工作分配报酬的过程。

　　任职要求（job specification）　可以作为招聘的基础，是雇员顺利完成工作任务所需具备的知识、技能和能力。

　　工作结构（job structure）　根据工作内容和每个工作对组织目标的相对贡献程度，在组织内部确立的各工作之间的对比关系。

　　基于工作的结构（job-based structure）　依赖于工作内容——任务、行为和责任——的结构。

　　基于工作的制度（job-based system）　把工作作为基本分析单位来确定薪酬结构的制度；因此，工作分析必不可少。

　　公正工资教义（just wage doctrine）　一种根据工作在更大的社会等级中所处的位置而为其设定"正义"或公平工资的工作价值理论。按照这一原则，设计薪酬结构的基础应该是社会准则、社会习俗和传统习惯，而不是经济和市场力量。

　　劳动力需求（labor demand）　组织需要的雇佣水平。其他因素保持不变，工资标准的增长会减少劳动力需求量。因此，劳动力需求曲线（雇佣水平与工资标准之间的关系）是向下倾斜的。

　　滞后型薪酬水平政策（lag pay-level policy）　内部工资标准仅仅在计划年度开始时才与市场工资标准相匹配的一种薪酬结构。在计划年度的剩余时间里，内部工资标准会滞后于市场工资标准，其目的是抵消劳动力成本，但这样可能会削弱组织吸引和留住高素质雇员的能力。

领先型薪酬水平政策（lead pay-level policy）　内部工资标准在整个计划年度内都与市场工资标准相匹配的一种薪酬结构。其目的是使组织吸引和留住高素质雇员的能力最大化，并把雇员对薪酬的不满降到最低水平。

终身雇佣（lifetime employment）　在日本的公司里最为盛行的观念。雇员在整个职业生涯中都待在同一家公司，即使雇员绩效不佳或公司绩效下滑。

薪酬视线（line-of-sight）　雇员看见个人绩效如何影响奖金的能力。在直接计件工资制度中，雇员有一个清晰的薪酬视线——他们的报酬是产量单位数的直接函数；在利润分享计划中，雇员有一个相对模糊的薪酬视线——他们的报酬是许多变量的函数，而个人绩效水平只是其中之一。

生活工资（living wage）　美国一些城市的工资立法规定，雇员的工资要远高于联邦政府最低工资。通常只适用于城市政府雇员。

东道国雇员（local country national）　美国跨国公司国外子公司所在国的公民。东道国雇员的薪酬或者与本土的工资标准挂钩，或者与从事相同工作的美国外派雇员的工资标准挂钩。

长期伤残计划（long-term disability plan）　一种保险计划，为因丧失工作能力而失去的收入提供补偿，而其他法定伤残收入计划不包括这部分收入。

长期激励（long-term incentive）　预先提供的用于影响雇员长期（多年）绩效的诱因。通常提供给高级管理人员和专业雇员，以促使他们关注组织的长期目标。

一次性奖金（lump-sum award）　一次性支付的全部加薪（通常基于业绩）。由于加薪额并不是基本工资的构成要素，因此并不增加与基本工资相关的福利成本。

目标管理（management by objective）　一种雇员计划、发展与评价的程序。在这一过程中，主管与一个或多个下属共同确认并建立绩效目标，在规定期限结束时用所确定的绝对标准对雇员的绩效水平进行评价。

劳动边际产品（marginal product of labor）　其他因素保持不变，额外雇用一个单位的人力资源所能获得的额外产出。

边际劳动生产率（marginal productivity）　与马克思的"剩余价值"理论相反，这一理论关注的是劳动力的需求而非供给，并且认为雇主支付的单位劳动工资标准等于单位劳动的使用价值（而非交换价值）。也就是说，工作的报酬与该项工作对组织目标的贡献程度成正比。

劳动边际收益（marginal revenue of labor）　其他因素保持不变，额外雇用一个单位的人力资源所带来的额外收入。

市场工资线（market pay line）　使用关键/基准工作可以建立市场工资线，它显示的是外部市场薪酬调查数据与内部工作评价点数的函数关系。在许多情况下，通过使用回归分析可以获得市场工资线，回归等式为"市场工资＝截距＋斜率×工作评价点数"。将任何工作（基准工作和非基准工作）的评价点数代入等式，就可以获得每种工作工资的预测值。

市场定价（market pricing）　几乎完全通过将很大一部分工作的薪酬与外部市场的薪酬相匹配来建立薪酬结构。

市场导向型（market-based） 参见消费者驱动型医疗保障福利（customer-driven health care benefit）

成熟曲线（maturity curve） 一种反映专业人员当前薪酬与其自获得最终学位至今的年数之间关系的经验曲线。因此，组织可以根据特定的专业雇员的经验水平确定其竞争性工资水平。

绩效奖金（merit bonus） 一次性支付的全部加薪（通常基于业绩）。由于加薪额并不是基本工资的构成要素，因此并不增加与基本工资相关的福利成本。通常又称为一次性奖金和一次性奖励。

绩效加薪指导方针（merit increase guideline） 将加薪与绩效挂钩的规范。它们可能采取以下两种形式之一：最简单的形式是为不同水平的绩效规定允许的加薪额；较为复杂的形式是要求工资不仅与绩效水平挂钩，还要与在工资全距中的位置挂钩。

绩效加薪（merit pay） 组织对雇员过去优良绩效的奖励。它可以采用一次性支付奖金的形式，也可以采用增加基本工资的形式。绩效加薪计划通常根据雇员不同的绩效水平支付不同金额的报酬（通常在不同的时间）。

梅里克计划（Merrick plan） 一种个体激励计划，将可变激励报酬规定为每个时间周期内产量水平的函数。它的运作原理类似于泰勒计划，但设定了三种计件工资标准：（1）高档——实际产量超过标准产量的 100%；（2）中档——实际产量为标准产量的 83%～100%；（3）低档——实际产量低于标准产量的 83%。

最低工资（minimum wage） 国会为大多数美国人设立的最低水平的工资标准，是 1938 年《公平劳动标准法案》的一部分。

动机（motivation） 个体实施某种行为的意愿。主要涉及如下内容：（1）激发个体行为的因素是什么；（2）指导或引导这种行为的因素有哪些；（3）如何维持或延续这种行为。

多技能制度（multiskill system） 将薪酬与雇员被认证从事的不同工作的数量（宽度）挂钩的薪酬制度，而不管其从事的具体工作是什么。

全国电气制造协会评价计划（National Electrical Manufacturing Association（NEMA）plan） 一种由全国金属贸易协会发起，后演化为国家职位评价计划的要素计点式工作评价制度。

全国金属贸易协会评价计划（National Metal Trades Association（NMTA）plan） 一种针对生产、维修和服务人员的要素计点式工作评价计划。

境外转移（offshoring） 工作的跨国界转移。

外包（outsourcing） 组织聘用外部供应商来执行对经营目标没有直接贡献且自己在这方面没有比较优势的职能。

带薪休假计划（paid-time-off plan） 用于消除病假与其他带薪休假之间的区别，这样也就取消了"泡病假"的激励。

配对比较排序（paired comparison ranking） 一种对研究范围内的所有工作尽可能进行两两对比的排序式工作评价方法。

工资歧视（pay discrimination） 歧视的定义通常包括两个方面：（1）进入歧视，即拒绝向符合条件的女性和少数族裔雇员提供特定就业、晋升与培训的机会；（2）评估歧视，即虽然工作内容的本质相同，但女性和少数族裔雇员获得的报酬却低于白人男性雇员。1964 年《民权法案》第七章规定这两种歧视都是非法的。有些人认为当男性雇员和女性雇员从事完全不同的工作（内容和结果），但这些工作对雇主来说具有同等的价值时，也会产生评估歧视。现行的联邦法律并不支持这种"价值等同工资相等"的标准。

工资平等（也称性别工资平等）（pay equity (also gender pay equity)） 参见同等价值（comparable worth）。

工资等级（pay grade） 基于薪酬管理目的将具有相同或相似价值的工作归类而形成的一个等级、层级或组别。同一个工资等级的所有工作有相同的工资全距——最大值、最小值与中点。

加薪指导方针（pay increase guideline） 一种把雇员的绩效水平转化为工资增长量的机制，并且以此规定对高绩效雇员进行奖励的规模和时机。

薪酬水平（pay level） 雇主支付的一系列工资标准的平均数。

薪酬组合（或薪酬形式）（pay mix (or pay form)） 薪酬构成要素（比如，基本工资、绩效加薪、奖金、福利）的相对重要性。

薪酬目标（pay objective） 一个组织试图通过其薪酬战略实现的目标。基本目标包括效率、公平、道德和遵守法律法规。

工资全距（pay range） 为某个工资等级或工资类别设定的工资标准从最小值到最大值的变化范围。工资全距限定了雇主为特定工作支付的工资水平。

薪酬满意度（pay satisfaction） 薪酬满意度是雇员对自己应该得到的薪酬与实际得到的薪酬的感知差异的函数。如果这种认知差异为零，那么雇员对自己的薪酬感到满意。

薪酬结构（pay structure） 单个组织内部不同工作的工资标准的组合；它们关注的是不同价值的工作之间的薪酬差异。

薪酬技术（pay technique） 薪酬管理的方法或技术，例如工作分析、工作说明、市场调查、工作评价等，这些方法或技术把四种基本的薪酬政策与薪酬目标关联起来。

知识工资计划（pay-for-knowledge plan） 一种根据雇员能够胜任的不同种类工作的数量或其掌握的知识数量来支付工资的薪酬实践。

绩效薪酬计划（pay-for-performance plan） 一种根据个人或组织的不同绩效而支付不同水平薪酬的实践，包括绩效加薪计划、一次性奖金计划、技能工资计划、奖金激励计划、可变薪酬计划、风险工资计划以及成功分享计划等。

薪酬政策线（pay-policy line） 薪酬政策线代表组织相对于竞争对手类似工作的薪酬的薪酬水平政策。

跟进型薪酬政策（pay-with-competition policy） 一种试图确保组织的劳动力成本与其竞争对手大致相同的薪酬政策，其目标是避免雇主在产品定价时处于不利地位，或者为雇主维持高素质的雇员队伍。

养老金福利担保公司（Pension Benefit Guaranty Corporation） 一种在雇主破产（和养老金计划崩溃）时确保雇员养老金收益不受损失的机构。雇主向养老金福利担保公司缴纳一笔保险费，作为交换条件，后者保证在雇主养老金计划失效时向该计划的所有受益者支付既定的养老金收益。

绩效评价标准（performance metrics） 对工作绩效的量化评价指标。

绩效维度培训（performance-dimension training） 对评价者进行培训以使其理解雇员绩效评价所基于的各个维度。

绩效标准培训（performance-standard training） 对评价者进行绩效评价准则培训以使其在对被评价者进行评价时有章可循。

津贴（perquisite（perk）） 给予高层管理人员的额外补贴，例如私人餐厅、（公司提供的）专用汽车以及头等舱机票等。

基于人的结构（person-based structure） 基于人的结构将焦点转向雇员：雇员所具备的不管在其特定的工作中是否使用的技能、知识或胜任力。

计划工资水平增长（planned pay-level rise） 在充分考虑诸如市场数据的预期变化率、生活成本的变动情况、雇主的支付能力以及雇员的更替与晋升等因素后，组织计划确定的平均工资增长比例。这一指标通常用于控制薪酬成本的自上而下的预算。

计点法（point method） 工作评价方法之一，它主要由以下几个部分构成：（1）报酬要素；（2）要素的量化等级；（3）反映每个要素相对重要性的权重。一旦确定了每个要素的等级和权重，就可以按照每个报酬要素来评价各个工作并计算每个工作的点数。每个工作的总点数决定了该工作的相对价值，也就决定了该工作在薪酬结构中的位置。

服务点计划（point-of-service plan） 一种综合了健康维护组织和优先供应商组织优点的混合型医疗保障服务选择计划。

政策俘获（policy capturing） 通过使用统计分析（例如，回归分析）推导报酬要素的重要性权重。

便携性（portability） 指转入新组织工作的雇员的养老金福利的可转移性。《雇员退休收入保障法案》并没有对私人养老金的可转移性作出强制性规定。在自愿的基础上，雇主允许雇员将其养老金收益转移到个人退休账户；或者通过达成互惠协议，将其转到新的雇主那里。

职位分析问卷（Position Analysis Questionnaire，PAQ） 一种结构化的工作分析技术，将工作信息分为七个基本要素：信息输入、思维过程、工作结果、与其他人的关系、工作环境、其他工作特征以及一般性维度。职位分析问卷按照雇员导向型的数据对工作进行分析。

通行工资法律（prevailing wage law） 该立法把政府规定的通行工资作为政府项目或政府采购中相关工作的法定最低工资。在实际操作中，这些通行工资已经成为各个地区的工会工资。

等待期（probationary period） 新雇员被排除在公司福利范围之外的一段时间，通常在达到某个期限（例如，三个月）以后才可享受公司福利。

程序公平/公正（procedural justice/fairness） 指用于制定和实施薪酬决策的过程的公平性。它表明，对雇员而言，薪酬决策的制定和实施方式与薪酬决策的结果具有同等的重要性。

专业人员（professional） 在特定的科学或知识领域经过专业化训练的雇员，其主要职责不包括管理下属。

利润分享计划（profit sharing plan） 一种将组织的盈利能力作为群体奖励标准的激励计划。这些计划通常包括如下三种利润分配方式：（1）在利润确定后（季度或年度）立即向计划的参与者全额发放奖金的现金（或当期分红）计划；（2）把当期的一部分利润分红记入雇员的账户，在雇员退休、伤残、离职或死亡时以现金的方式支付给雇员的延期支付计划；（3）当期分红与延期支付相结合的混合计划。

有免税资格的延期薪酬计划（qualified deferred compensation plan）　一种有资格获得免税待遇的延期薪酬计划。公司必须为除高级管理人员以外的雇员提供与高级管理人员同等比例的缴款或福利。

定量工作分析法（quantitative job analysis，QJA）　根据等级化的问卷和调查表采集的工作信息进行工作分析的方法。问卷与调查表采集的工作信息有很好的文字记录，能够用于统计分析，而且比其他工作分析方法更客观。

报价市场（quoted-price market）　报价市场的例子包括标注每种商品价格的商场，或者列出职位空缺起薪的广告。

工资全距最大值（range maximum）　某个工作等级的工资最大值，代表组织对该类工作的产出所赋予的最大价值。

工资全距中点（range midpoint）　工资全距最大值与最小值之间的中点。每个工资全距的中点值通常与薪酬政策线相对应，代表工作绩效令人满意的雇员的工资标准。

全距最小值（range minimum）　某个工作等级的工资最小值，代表组织对该类工作所赋予的最小价值。小于全距最小值的工资标准通常用于培训生。

末位淘汰（rank and yank）　要求管理人员按照预先设定的高、中、差分布对雇员进行绩效评价。通常属于"差"类的雇员会被淘汰或解雇。

排序模式（ranking format）　绩效评价模式的类型之一，要求评价者对雇员进行相互比较以确定在某种绩效标准上雇员群体的相对顺序。

评价者错误培训（rater error training）　针对评价者进行的心理测量培训，使评价者在对雇员进行绩效评价时识别并抑制各种心理测量错误，比如宽大化、严格化、居中趋势及晕轮错误等。

评级模式（rating format）　绩效评价模式的类型之一，要求评价者根据能够反映绩效水平差异的绝对化的评价量表来评价雇员绩效水平。

红圈工资标准（red circle rate）　高于某个工作的最高工资的工资标准，或者高于某个工资等级/工资全距最大值的工资标准。

流程再造（reengineering）　改变工作的方式是为了对外部客户加以关注。流程再造通常包括组织扁平化与工作重组。

回归（regression）　一种在现行工资标准差异与某些标准之间进行相关性分析的统计技术，这些标准包括外部市场的工资标准、男性主导的工作的工资标准或者那些为组织所有工作复制现行工资标准的要素权重。

相关性回报（relational returns）　雇员基于雇佣关系获得的非量化报酬，如社会满意度、友谊、归属感或成就感。

工作相对价值（relative value of jobs）　工作对组织目标、外部市场工资标准或其他一些议定工资标准的相对贡献。

相关市场（relevant market）　与组织在技能、产品/服务方面进行竞争的雇主。通常用于确定相关市场的三个要素是：所需的技能或知识、地理位置（迁移和/或通勤的意愿）、在产品市场竞争的雇主。

信度（reliability）　结果的一致性，即任何一种测量方法在进行重复测量时获得同样结果的程度。有信度的工作信息并不意味着这种信息是准确（有效）、全面的，或没有误差的。

租金（rent）　对某种生产要素（资本或劳动力）支付的费用超出使用该要素实际所需费用的数额，或者对该生产要素的使用费用超出其劳动生产率的数额。对雇员（劳动力）来说，经济租金是指雇员的薪酬超出留住该雇员实际所需薪酬的数额，或者该雇员的薪酬超出其边际产量的数额。

重新协商条款（reopener clause）　雇佣合同的一个条款，规定工资（有时包括诸如养老金/福利等非工资项目）在特定的条件下（生活成本、组织、盈利能力等发生变化）可以进行重新协商。

保留工资（reservation wage）　一种理论上的最低工资标准，如果某个工作的工资水平低于这一标准，不管该工作其他方面多么有吸引力，求职者都会拒绝接受这个工作。

风险共担（risk sharing）　雇员激励计划的一种，这种计划将雇员的基本工资定于某个特定水平之下（比如市场工资标准的80%），并通过奖金收入提升雇员基本工资之外的收入。雇员在业绩好的年份的奖励工资会弥补其在业绩差的年份20%以上的收入亏空，这样就使雇员有了一种风险酬金。由于雇员承担了部分风险，因此在组织业绩好的时候风险共担计划要比成功分享计划给予雇员的报酬多。

罗恩计划（Rowan plan）　一种个体激励计划，将可变激励报酬规定为每单位产量的生产时间的标准函数。虽然与哈尔西计划类似，但是在罗恩计划中雇员的奖金随着完成特定任务所需时间的减少而增加。

拉克计划（Rucker plan）　一种群体成本节约计划，由雇员共同分享因为其努力所带来的成本节约。在确定雇员的奖金额度时，拉克计划的计算公式比斯坎伦计划更为复杂。

薪水（salary）　向不受《公平劳动标准法案》有关条款限制的雇员支付的工资，因此，这些雇员没有加班工资（例如管理人员、专业雇员）。薪水按年工资标准或月工资标准计算，而不是按小时工资标准计算。

薪水延续计划（salary continuation plan）　提供某种形式的伤残保护的福利计划。有些计划是法律要求的，比如与工作伤残相关的工伤赔偿条款和针对符合条件的残疾人的伤残收入社会保障条款。

产品销售价值（sales value of production，SVOP）　一种计算生产的商品和库存产品货币价值的激励指标。

测量（scaling）　确定测量工具的指标间隔。

斯坎伦计划（Scanlon plan）　一种在确保不降低组织活动水平的情况下缩减劳动力成本的团队成本节约计划。劳动力成本与产品销售价值的比率是激励报酬的来源。

自筹资金计划（self-funding plan）　这些计划规定，只有在公司达到一定利润目标后才会发放激励报酬。然后，针对个人、团队和公司绩效的可变薪酬被触发。

资历加薪（seniority increase）　薪酬增长与基于资历的晋升模式挂钩。在一定程度上，绩效会随着工作时间的推移而提高，因此这种方法具有按绩效付酬的基础。

共同的选择（shared choice）　一种外部竞争策略，它为雇员提供了大量的薪酬形式的选择权。

怠工行为（shirking behavior）　雇员使其劳动的边际收益低于边际成本的倾向；又可称作懈怠。

短期伤残（short-term disability）　参见工伤赔偿（workers' compensation）

技能分析（skill analysis）　一种在组织内部确定、收集完成工作所要求的各种技能的系统性过程。

技能模块（skill block）　雇员为执行工作、满足顾客需求和完成经营目标所必须掌握的基本的知识单位。

技能要求（skill requirement）　以某一特定工作的绩效要求衡量的经验、培训与能力的复合体。

基于技能的薪酬（skill-based pay）　根据雇员经认证获得的技能向其支付报酬的薪酬结构。

基于技能的结构（skill-based structure）　将报酬与个人所获取的与工作相关的技能、能力和知识的深度或广度相关联的薪酬结构。

社会保障（social security）　根据联邦法律向雇员提供退休和伤残福利的计划。

筛选效应（sorting effect）　薪酬对劳动力结构产生的影响。不同类型的薪酬战略可能会导致不同类型的人申请公司的工作并留在公司。

溢出效应（spillover effect）　对一种事实的描述，即工会化公司所取得的进步从本公司"溢出"并对正谋求降低雇员组织工会的动机的非工会化公司产生影响。

现场奖励（spot award）　对绩效突出的雇员给予的一次性奖励，也称作现场奖金。

标准工时计划（standard hour plan）　一种个体激励计划，根据生产每单位产品的时间周期确定雇员的工资标准，并将工资的变动直接作为产量水平的常值函数。在这种情况下，主要根据工作任务在预定的时间周期内的完成情况确定标准工时计划的激励比率。

标准评级量表（standard rating scale）　具有以下两个特点的绩效评价制度：（1）为评价者开发和定义一种或多种绩效标准；（2）每种绩效标准都有一个测量尺度，表明在该维度上绩效水平的变化情况。评价者通过检查量表上最能代表被评价者绩效水平的点给被评价者打分。评级量表的变化取决于在该量表上对行为锚的定义程度。

直接计件薪酬制（straight piecework system）　一种个体激励计划，根据每个生产时间周期内产量的单位数决定雇员的工资标准；工资的变动直接作为产量水平的常值函数。

直接排序（straight ranking）　绩效评价模式的类型之一，要求评价者对所有被评价的雇员进行两两比较或排序。

战略视角（strategy perspective）　对那些有助于组织获取并维持竞争优势的薪酬选择的关注。

战略（strategy）　组织的基本导向。它指导组织所有资源（包括薪酬）的配置。

成功分享（success sharing）　一种激励计划（例如，利润分享或收益分享），雇员的基本工资与市场工资标准保持一致，而可变薪酬在经营业绩好的年份相应增加。由于基本工资在经营业绩差的年份也不会减少，因此雇员并不承担风险。

供应链分析（supply chain analysis）　当用于工作流分析时，供应链分析主要考察组织如何完成它的工作：为实现特定客户的特定目标所采取的行动。

剩余价值（surplus value）　劳动力使用价值与交换价值的差。按照马克思的说法，资本主义工资决定的基础是劳动力的交换价值——小于劳动力的使用价值，因此资本家只向雇员提供了最低生活工资。

调查（survey）　收集其他雇主薪酬信息并作出判断的系统性过程。

非常规工作（tacit work）　复杂工作（与事务性工作或例行性工作相对而言）。

工资协定（tariff agreement）　在一些欧洲国家，由雇主协会和工会联盟为一个行业集团内部所有公司的所有工薪阶层谈判确定工资标准。

任务数据（task data）　为工作分析而收集的关于工作（任务）的基本单位信息，并强调每个任务的目的。工作数据从实际执行的任务及其产出两个角度描述工作。

税收平衡（tax equalization）　一种平衡外派雇员税收负担的方法，根据外派雇员的基本报酬，使其在国外的纳税负担恰好等于在母国的纳税负担。

泰勒计划（Taylor plan）　一种个体激励计划，将可变激励报酬规定为每个时间周期内产量水平的函数。该计划分别为高于产量标准和低于产量标准的绩效水平确立了两种计件工资标准，这两种标准分别高于和低于正常的工资激励水平。

团队激励（team incentive）　限于对团队成员进行奖励的群体激励计划，奖金通常基于劳动生产率的提高、顾客满意度、财务绩效，或者直接与团队相关的产品与服务的质量。

第三国雇员（third-country national）　在美国公司的外国子公司工作，并且公民身份既不属于美国又不属于东道国的雇员。第三国雇员的薪酬根据东道国、美国或其国籍所在国的薪酬比较加以确定。

1964 年《民权法案》第七章（Title Ⅶ of the Civil Rights Act of 1964）　一项关于禁止工资歧视的重要立法。它的意图比《公平工资法案》更为宽泛，禁止雇主基于种族、肤色、信仰、性别、怀孕或国籍等对雇员实施歧视性待遇。

突破最高的技能等级（topping out）　技能薪酬计划中的一种情形：雇员通过积累高薪技能模块（模块组合）和（或）获得高薪技能模块（模块组合）认证，获得所在工作类别的最高工资标准。

总体现金（total cash）　基本工资加现金奖金，不包括福利或股票期权。

总体薪酬（total compensation）　支付给雇员的完整的薪酬组合，包括各种形式的现金、奖金、福利、服务和股票等。

锦标赛理论（tournament theory）　这种理论认为较大的薪酬差异比较小的薪酬差异更具有激励性。就像高尔夫锦标赛的奖金那样，薪酬增长幅度应该随着一个人工作层级的上升而逐步变大。最高层级工作与次高层级工作的薪酬差异应该最大。

传统休假计划（traditional time-off plan）　带薪休假、法定假日（如果工作须支付报酬）、病假、个人事假等，这些假期都是相互独立的。

事务性工作（transactional work）　例行性工作。

流失效应（turnover effect）　由于低薪雇员对高薪雇员的替代而对平均工资产生的下压效应。

双层工资计划（two-tier pay plan）　一种根据不同聘用日期对同一种工作支付差异化工资的工资结构。通过谈判达成的合同规定：在指定的某一日期后聘用的雇员的工资水平要低于那些资历更高、从事同样或类似工作的雇员的工资水平。

失业救济（unemployment benefit）　参见失业保险（unemployment insurance）。

失业保险（unemployment insurance）　国家管理的为处于失业期间的工人提供经济保障的计划。

使用价值（use value）　在产品或服务的生产过程中由于劳动力的消费或使用所产生的价值或价格。

效用理论（utility theory）　效用分析，通过变革一种或多种人力资源管理实践所创造的货币价值（增加收益和（或）降低成本）。它通常用于分析作出更有效的招聘/甄选决策所带来的回报。

效价（valence）　个人对特定结果所赋予的积极或消极价值的数量。

效度（validity）　测量结果的准确性，即测量工具测量到它旨在测量的东西的程度。

评估歧视（valuation discrimination）　主要针对女性和少数族裔雇员工作报酬的歧视。当女性或少数族裔雇员的工作与白人男性的工作本质相同但工资标准低于白人男性时，就发生评估歧视。这种工资歧视的定义基于"同工同酬"原则。许多人认为，这种定义具有一定的局限性，当男性与女性雇员从事的工作对于雇主来说具有同等价值，但工作的内容或结果完全不同时，也有可能发生评估歧视。现行的联邦法律并不支持这种"价值等同工资相等"的标准。

价值（value）　工作的意义；它对组织目标的相对贡献。

可变薪酬（variable pay）　与劳动生产率或一些随着组织盈利能力发生变化的衡量指标挂钩的薪酬。

归属权授予期（vesting）　一种福利计划的条款，规定福利计划的参与者达到特定的要求后，即使该计划下的雇佣关系在退休前终止，也有权全部或部分保留他们已经积累的福利。

工资（wage）　向适用于《公平劳动标准法案》加班条款和报告条款调整范围的雇员支付的报酬。非豁免型雇员的工资通常按小时计算，而不是按月或年计算。

工资与物价管制（wage and price control）　旨在维护低通货膨胀率和低失业率的政府法规。它们通常针对的是"成本推动"型通货膨胀，通过限制工资增长规模和产品与服务的价格增长率来抑制这种类型的通货膨胀。仅在限定的时期内使用。

工作流程（work flow）　将商品和服务交付给客户的流程。

工伤赔偿（workers' compensation）　每个州的法定福利项目，要求支付雇员因工伤或残疾造成的医疗费用并赔偿工资损失。

区段（zone）　为确保薪酬制度在结构上更完整，在工资宽带内用作控制手段和指导方针的工资全距。工资全距最大值、中点与最小值为组织支付特定层级工作的工资提供了指导。如果没有区段，许多雇员的工资可能就会漂移到最大值工资，而对于宽带内的许多工作来说，这种工资水平高于市场价值。

图书在版编目（CIP）数据

薪酬管理：第 13 版 /（美）巴里·格哈特，（美）杰里·纽曼著；成得礼译 . -- 北京：中国人民大学出版社，2022.1

（人力资源管理译丛）

ISBN 978-7-300-30157-0

Ⅰ.①薪…　Ⅱ.①巴…②杰…③成…　Ⅲ.①企业管理—工资管理　Ⅳ.①F272.923

中国版本图书馆 CIP 数据核字（2022）第 010918 号

人力资源管理译丛

薪酬管理（第 13 版）

［美］ 巴里·格哈特　　著
　　　杰里·纽曼

成得礼　译

Xinchou Guanli

出版发行	中国人民大学出版社		
社　　址	北京中关村大街 31 号	**邮政编码**	100080
电　　话	010 - 62511242（总编室）	010 - 62511770（质管部）	
	010 - 82501766（邮购部）	010 - 62514148（门市部）	
	010 - 62515195（发行公司）	010 - 62515275（盗版举报）	
网　　址	http://www.crup.com.cn		
经　　销	新华书店		
印　　刷	涿州市星河印刷有限公司		
开　　本	787 mm×1092 mm　1/16	**版　次**	2022 年 1 月第 1 版
印　　张	36 插页 1	**印　次**	2024 年 5 月第 2 次印刷
字　　数	848 000	**定　价**	95.00 元

教师反馈表

　　麦格劳-希尔教育集团（McGraw-Hill Education）是全球领先的教育资源与数字化解决方案提供商。为了更好地提供教学服务，提升教学质量，麦格劳-希尔教师服务中心于 2003 年在京成立。在您确认将本书作为指定教材后，请填好以下表格并经系主任签字盖章后返回我们（或联系我们索要电子版），我们将免费向您提供相应的教学辅助资源。如果您需要订购或参阅本书的英文原版，我们也将竭诚为您服务。

★ 基本信息

姓		名		性别	
学校		院系			
职称		职务			
办公电话		家庭电话			
手机		电子邮箱			
通信地址及邮编					

★ 课程信息

主讲课程－1		课程性质		学生年级	
学生人数		授课语言		学时数	
开课日期		学期数		教材决策者	
教材名称、作者、出版社					

★ 教师需求及建议

提供配套教学课件（请注明作者/书名/版次）		
推荐教材（请注明感兴趣领域或相关信息）		
其他需求		
意见和建议（图书和服务）		
是否需要最新图书信息	是、否	系主任签字/盖章
是否有翻译意愿	是、否	

 Higher Education

教师服务热线：800-810-1936
教师服务信箱：instructorchina@mheducation.com
网址：www.mheducation.com

麦格劳-希尔教育教师服务中心
地址：北京市东城区北三环东路 36 号环球贸易中心 A 座 702 室教师服务中心　100013
电话：010-57997618/57997600
传真：010 59575582

中国人民大学出版社　管理分社

教师教学服务说明

　　中国人民大学出版社管理分社以出版工商管理和公共管理类精品图书为宗旨。为更好地服务一线教师，我们着力建设了一批数字化、立体化的网络教学资源。教师可以通过以下方式获得免费下载教学资源的权限：

★ 在中国人民大学出版社网站 www.crup.com.cn 进行注册，注册后进入"会员中心"，在左侧点击"我的教师认证"，填写相关信息，提交后等待审核。我们将在一个工作日内为您开通相关资源的下载权限。

★ 如您急需教学资源或需要其他帮助，请加入教师 QQ 群或在工作时间与我们联络。

中国人民大学出版社　管理分社

🔔 教师 QQ 群：648333426（工商管理）　114970332（财会）　648117133（公共管理）
　　教师群仅限教师加入，入群请备注（学校＋姓名）

☎ 联系电话：010-62515735，62515987，62515782，82501048，62514760

✉ 电子邮箱：glcbfs@crup.com.cn

📍 通讯地址：北京市海淀区中关村大街甲 59 号文化大厦 1501 室（100872）

管理书社

人大社财会

公共管理与政治学悦读坊